U0496888

本书的出版得到“吉林大学哲学社会学院一流学科建设”项目资助

世界地理的哲学意义

龙　晶　著

吉林大学出版社
·长春·

图书在版编目（CIP）数据

世界地理的哲学意义 / 龙晶著. -- 长春 : 吉林大学出版社, 2023.1

ISBN 978-7-5768-1420-0

Ⅰ. ①世… Ⅱ. ①龙… Ⅲ. ①哲学史—世界 Ⅳ. ①B1

中国版本图书馆CIP数据核字(2022)第250611号

书　　名　世界地理的哲学意义
　　　　　SHIJIE DILI DE ZHEXUE YIYI

作　　者　龙晶
策划编辑　朱进
责任编辑　朱进
责任校对　蔡玉奎
装帧设计　王强
出版发行　吉林大学出版社
社　　址　长春市人民大街4059号
邮政编码　130021
发行电话　0431-89580028/29/21
网　　址　http://www.jlup.com.cn
电子邮箱　jdcbs@jlu.edu.cn
印　　刷　三河市龙大印装有限公司
开　　本　787mm×1092mm　1/16
印　　张　29
字　　数　470千字
版　　次　2023年1月 第1版
印　　次　2023年1月 第1次
书　　号　ISBN 978-7-5768-1420-0
定　　价　98.00元

代序：探询世界地理蕴含的深层哲学逻辑

龙晶的《世界地理的哲学意义》一书即将付梓，嘱我作序。龙晶从海外学成归来，长期从事现象学和海德格尔哲学研究，同时又以中国哲学的视角反观世界哲学，多年来致力于中西哲学史的会通和中国文化复兴之路的思考。我并非这些领域的专家，为其作序，深感惶恐。然多年同事和朋友，盛情难却，估且从命且勉为之。

龙晶这一新著，是以其2019年出版的著作《大极之音——中国文化复兴之路》为基础写成的。在《太极之音——中国文化复兴之路》中，作者以中国哲学的太极思想为基础，同时吸收西方哲学思想资源，构建了一个宏大的本体论体系，并试图从这一本体论出发，理解宇宙、人类和历史的发展过程，当成是太极的自我发展，从而进一步把握世界哲学史的内在发展逻辑。《太极之音》认为宇宙是从太极发展而来的大生命，因此星系和地球的演化受到了太极宇宙智慧的引导。《太极之音》还认为哲学是太极通过人所做的自我思考，因此世界哲学史的内在逻辑来自太极本身的结构，隐藏在太极的宇宙智慧中，并通过居住在地球不同区域的世界各民族实现出来，形成了以世界哲学史为发展主线的世界历史。结合这两个观点，可以认为地球演化形成的世界地理先天地蕴含了世界哲学史的内在逻辑（这种逻辑被太极“物化”成了种种地理特性）。本书就是以《大极之音》对太极发展过程及世界哲学史内在逻辑的推演为基础考察世界地理的一个尝试，其目的是论述“太极如何将世界哲学史的内在逻辑和特殊发展凝聚在世界地理和中国各省地理中”，从而阐发“世界地理的哲学意义”。

历史上曾经有哲学家探讨了世界地理和历史发展的内在关联，例如孟德斯鸠在其《论法的精神》中研究了自然环境（主要是气候）对民族气质乃至历史发展的决定性作用，而黑格尔在其《历史哲学》中也论述了世界各民族的居住环境，以此作为其历史发展的前提和基础。但是本书所说的“世界地理的哲学意义”却属于一个完全新的问题领域，因为它不是假定世界地理已经（偶然地）形成，然后探讨世界地理如何决定或影响民族气质乃至历史发展，而是从太极的发展过程出发推演世界哲学史的内在逻辑，然后从这种内在逻辑去解释世界地理的先天构成方式。这种探讨超出了人们熟悉的哲学框架和哲学观念之外，对哲学界来说显得是“非常规”的研究。这种“非常规性”至少体现在两方面。其一，在人们习惯的观念中，“世界地理”意指物理学的自然空间，扩而广之，充其量意味着人文地理和政治地理，它何来哲学意义？如何理解这种哲学意义？其二，在世界地理版图上的各个国家、民族均有其各自哲学的产生、演化和发展，这一点无人置疑，但如何理解“太极”的宇宙智慧与世界地理的构成方式的深层关联？如果我们能够深入把握《太极之音》和本书所论述的太极发展过程，特别是太极生成宇宙的方式和世界哲学史的内在逻辑，则这种“非常规性”或许可以在未来转化为哲学思考的“新常规”。但我尚未完全把握这些内容，因此只能介绍龙晶所提之问题和所阐发的内容的探索性和创新性，无法对其做出更为具体的评论（书中一些具体论点和内容我并非完全同意和接受，但作者不是随意得出这些结论的。我们必须深入研究《太极之音》和本书的理论体系，才能对其具体论点和内容做出恰当的评论）。总而言之，作者的这种创新性尝试是值得鼓励和尊重的。超越既有的现成观念，自由地思考，不断开拓新的思想领域，探求创造性的哲学概念和解释原则，这是哲学的宝贵特质。在此意义上，龙晶在他的著作中所体现的正是哲学的这种独特品格。

在本书中，作者立足于太极的发展过程，对世界哲学史的“34个先天位置”以及每个位置的内在发展步骤进行了系统而简略的推演（更详细的推演在《太极之音》中）。作者认为这两个层次互为表里，共同构成了世界哲学史的内在发展逻辑，此内在逻辑来自太极的宇宙智慧，因而先天地决定了世界地理的构成，为世界哲学史乃至世界历史的发展提供了必要的自然环境。对于作者在这方面的探讨、提出的诸多理论观点以及整个论述体系，读者尽可见仁见智。但是，透过作者略显晦涩的理论探讨，我们可以捕捉到其最为深层的问题意识和思想关怀，那就是要通过世界地理的哲学意义的阐发，超越人类因地理阻隔而造成的彼此分裂、冲突和对抗，推动和深化人们获得人类一体、天下大同的思想启蒙和自觉，正如作者所言："如果人类意识到太极对世界地理的运作是为了通过世界各民族的努力实现天下大同的终极目标，就可以通过更好的途径来实现人类的联合。……天下本来是一家；世界各民族是失散多年的兄弟姐妹。"我认为，作者的这一问题意识和思想关怀是高远而深沉的，它切中了我们这个时代越来越重大和迫切的挑战，那就是：生存于这个地球上的不同民族、种族、国家和个人究竟如何才可能共同存在？面对这一对于整个人类而言性命悠关的问题，本书呈现出这样一种新的价值意境：对世界地理的哲学意义的思想和理论自觉，将开显一种把整个世界联结起来的共有的精神和意义统一性。虽然现状令人忧虑，未来充满着不确定性，但这种共同的精神和意义统一性仍值得我们去追求，因为它维系着人类和世界的希望。

20 世纪三四十年代，雅斯贝尔斯反思西方文化的深层困境，曾提出了超越欧洲中心主义、在与其他文化和哲学形态的普遍交流中建构和书写"世界哲学"和"世界哲学史"的宏伟构想。雅斯贝尔斯生前做了艰辛努力并留下了《历史的起源和目标》和《大哲学家》等重要著作，但他并没有完成他的全部工作计划。雅斯贝尔斯这种以"世界共同体"和"人类整体"为基本单位所进行的哲学思考，为后来者留下了一个开放的、可持续的重大课题。在此意义上，龙晶的《世界地理的哲学意义》是一位中国学者，从其融合中西的思想背景和理论视野出发，对此课题所做出的一种积极的回应和有意义的探索，值得读者关注和讨论。

吉林大学哲学社会学院

贺来

2022 年 10 月 16 日

序　言

世界地理是世界历史的基础。虽然世界历史已经发展了几千年，人类还是没有真正理解世界地理的哲学意义。世界地理并非人们通常所想象的那样仅仅是地球演变的偶然产物。地球上的大海、高山、河流、平原、盆地、沙漠等都不是偶然产生的，其错落有致的分布方式更不是偶然形成的。世界各民族在多种多样的自然环境中成长，形成了千姿百态的民族文化，产生了大小不一、各具特色的一个个国家和地区，反映了世界地理极为丰富的哲学意义。本书的目的就是从世界哲学史的内在逻辑出发揭示世界地理的哲学意义。本书认为，哲学不仅是人类认识本源（太极）的活动，而且是本源通过人实现的自我思考，因此世界哲学史具有从太极而来的内在发展逻辑。在太极的引导下，世界哲学史的内在逻辑（及其特殊发展）被先天地凝聚在大地表面，形成了多种多样的有哲学意义的自然环境。世界各民族从其自然环境吸收到了相应的哲学意义，形成了不同的思维倾向和生活方式，以不同方式参与到世界历史中。只有当人类理解了世界地理的这种深刻意义时，世界各民族才能真正认识到天下本来是一家，从而走向天下大同的时代。

我对太极本体论和世界哲学史做了 20 多年的研究，以中国哲学的太极思想为基础吸收西方哲学的思考方式，形成了融合中西的全新哲学体系，其成果集中在《太极之音》一书。该书从太极阴阳合一、生生不息的本性出发，系统地推演了太极生成混沌的自我形象，从中孕育出宇宙智慧，产生微观宇宙和宏观宇宙，在地球上从动物进化出人的过程，指出历史就是太极在世界中的自我生成，哲学则是太极通过人所做的自我思考，是指导其他历史活动的特殊历史活动，并详细地推演了世界哲学史从中国转向西方，再从西方转回中国的内在发展逻辑。从这些研究可以合理地认为太极在其宇宙智慧中预先为世界各民族设计了有哲学意义的自然地理，再通过地球几十亿年的演化逐步实现在地球表面，为世界历史的发展提供了地理基础。[①]但由于篇幅所限，《太极之音》没有分析世界哲学史的内在逻辑（及其特殊发展）是如何凝聚在世界地理中的。本书的任务就是详细展开这种分析。为了使本书具有相对的自足性，我在《导论》中简明扼要地回顾了《太极之音》对太极发展过程和世界哲学史的论述，以便普通读者可以大致领略本书的地理分析涉及的哲学内容。希望深入理解本书内容的读者则可以进一步阅读《太极之音》的相关部分。

世界哲学史虽然是在人类历史中发展的，但其发展过程不是偶然的，而是有其来自太极的内在逻辑。通过宇宙智慧的无为运作，这种来自太极的内在逻辑先天地决定了世界地理的构成方式。当我们把握了这种内在逻辑之后，世界地理的哲学意义就变得清晰起来，世界历史为什么在不同自然地理中发展出不同的民族和国家也就变得可以理解了。从这种指导思想出发，本书系统地分析了世界各国在世界地理中的意义，其内容涉及亚洲、欧洲、美洲、非洲和大洋洲所有国家（197 个得到世界公认的主权国家）。不但如此，本书还详细分析了中国各省地理的意义。这并不是因为我对中国地理有所偏好，而是因为根据本书《导论》中所做的研究，中国地理浓缩了世界哲学史的内在逻辑，因而具有天然的世界性，以至于中国的省级地理具有国家级地理的特色。通过对世界地理和中国各省地理的分析，本书揭示了中国地理的世界性，同时解释了美国作为和中国对称的国家其地

---

① 参见龙晶，《太极之音——中国文化复兴之路》（中国社会科学出版社，2019 年 11 月），第 361—363、453 页。

理具有的相关的世界性。从太极的角度来说，世界哲学史还派生出了两种特殊的发展，即世界宗教史和三连贯运动（三连贯是世界哲学史隐含的超前地走向大同的运动，在历史发展中和共产主义运动相互共鸣）。这两种特殊发展都来自世界哲学史的内在逻辑，因此在世界地理的构成中也扮演了重要角色。本书的《导论》首先介绍了太极的发展过程和世界哲学史的内在逻辑，接着就解释了这两种特殊的发展，最后确定了哲学特性实现在自然地理中的方式。在此基础上，《分论》详细推演了太极如何将世界哲学史的内在逻辑和特殊发展凝聚在世界地理和中国各省地理中。《总论》则概括了世界地理和天下大同的关联，指出世界各民族在天下大同中有其各自的意义和作用，只要我们理解了世界地理隐含的历史蓝图，就可以走出现代主体性造成的对抗和分裂，将大地真正实现为人类的共同家园。

本书讨论的内容是人类以往的思考尚未进入的领域。目前人类对世界地理的思考停留在自然地理、人文地理和地缘政治学的层次，只知道世界地理的如何，不知道其为什么。解释为什么的工作是非常艰巨的。它首先需要有完整的太极本体论，揭示太极从生成宇宙到形成人类历史的发展过程，理解世界哲学史的内在逻辑和特殊发展，再结合实际观察到的世界地理来解释其先天构成方式。这是前人不曾做过的工作。作为第一次深入这个领域的著作，本书的理论体系和地理考察都是初步的，不少结论是试探性的，有待在今后的研究中进一步完善。本书的目的不是提供对世界地理的完备的考察，而是开辟这种考察的新途径。只要人类沿着这条途径继续走下去，就能逐步达到对世界地理的完整、深入、透彻的理解，把世界地理的意义充分发挥出来，让天下大同的理想真正落实到大地之上。

由于长期的阅读和写作造成的视力疲劳，我在完成《太极之音》书稿后突发了视网膜脱落，经过治疗才缓慢地恢复。我的同事和好友赵雄峰老师，我的研究生葛林丰、孔航、韩涛泽等同学帮我度过了治疗和恢复的艰难时期，而本书所用的各种示意地图也是韩涛泽和邵玲娟等同学帮我精心绘制的。衷心感谢你们的帮助！有条件的读者还可以在手边预备详尽的世界地图册和中国地图册，以及大尺度三维立体（凹凸造型）的世界地形图和中国地形图，外加一个地球仪，这样本书对世界地理的分析就会变得更加直观和易于理解了。

龙晶

2020 年 12 月 13 日

于长春观澜湖畔

目　录

导论　世界哲学史与世界地理

世界地理不仅是人类生存的基础，而且还无形中塑造了人类的历史。地球经过几十亿年的演化，最终形成了大海、高山、河流、平原、盆地、沙漠等自然环境，为人类历史的戏剧准备好了舞台。如果世界地理和我们今天发现的截然不同，例如，如果希腊没有众多的岛屿而是整块的大陆，如果英国和欧洲大陆接壤，如果欧洲和中国之间没有俄罗斯，如果美洲所在的地方只是一片汪洋大海，……人类将拥有一个非常不同的世界历史。但世界地理并不是以偶然的方式塑造了世界历史。宇宙万物不是偶然诞生的，而是来自太极的物化。所谓太极就是一切事物的本源。太极从自身发展出了宇宙智慧，物化出了宇宙万物，在地球上产生了动物和人，并通过人的历史活动实现自身在世界中的最终发展。哲学是指导一切历史活动的特殊历史活动。因此太极在其宇宙智慧中预先思考了世界哲学史的内在逻辑和特殊发展，确定了承担不同发展阶段和环节的世界各民族，然后才通过地球的演化将世界哲学史“物化”在地球表面，形成了世界各地多种多样的自然环境，为不同民族参与到世界历史中提供了地理基础。太极的宇宙智慧是纯粹以理性方式运作的，因此是我们可以通过理性了解的。本书的目的就是结合实际的地理观察理解太极在其宇宙智慧中是如何设计世界地理的。为此我们必须做一些准备工作。首先让我们简单地回顾一下《太极之音》对太极发展过程的论述。[①]

① 参见《太极之音》第十一讲《论太极》。

一、太极的发展过程

所谓太极就是阴阳合一、生生不息的本源。太极不是时空中的有形事物，而是完全超越时空、无影无形的本源，只有阴阳合一的本性而已。阴阳合一是太极自我同一的方式：阳是作为同一者的太极，阴是作为被同一者的太极。太极同于阳而异于阴，既同于自己又异于自己，故阴阳交合，生生不息。太极的阴阳交合发生了两次，因此有第一太极和第二太极之分。第一太极是最初完全无形的太极，即古人所说的“乾坤”。乾坤阴阳交合，从坤母生成了太极阴阳合一的自我形象。此自我形象既圆满又圆融，我们称之为“太极圆象”。第一太极接着以太极圆象为基础转生第二太极，即古人所说的“天地”。天地本身同样是无形的，但和乾坤不同的是，天地吸收了乾坤所生的太极圆象为其内部内容。天地的阴阳交合使地母所含的太极圆象演变成了有形的宇宙生命（天地还把自己物化在宇宙中，产生了有形的天空和大地）。宇宙生命是无形地母在自身内部孕育的宇宙胎儿。宇宙生命通过生物体从地母涌现到世界中，成为依靠身体活着的有限生命，并从动物进化到人，把天地之间的世界统一起来，通过人类历史实现太极的最终发展。

以上简述的太极发展过程可以用下面的图形表示：

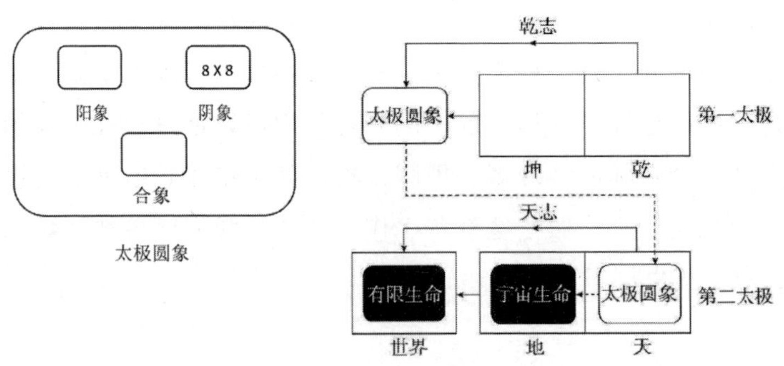

图 1 二阶太极图[①]

① 参见《太极之音》第 364 页。原图没有画出太极圆象的细节，现补充在原图左侧。

在上面的图形中，“乾志”指的是乾的意志，以太极圆象为其阴性对象；“天志”指的是天的意志，以世界本身为其阴性对象。乾志和天志是太极的阳刚之力，是推动一切事物发展的根本力量。世界本身是直接从无形地母敞开的，因此也是无形而虚空的，正因如此世界才能像地母那样容纳生命，只是地母容纳的是宇宙生命，而世界容纳的是有限生命。这里说的有限生命（简称生命）不是指生物体，而是指以生物体为基础敞开的生活领域，其中显现的生命现象（感觉、知觉、情感、欲望、思想等）总是不断变化，但又始终统一为整体，构成以生物体为基础的现象总体。作为敞开域的生命是世界的个体化（世界的一个侧面），而作为现象总体的生命则是宇宙生命的有限化。宇宙生命是隐藏在无形地母中、包含宇宙万物的客观自然，是太极圆象从地母获得额外阴性（自异性）而演变出来的。客观存在的自然万物通过其中的某个生物体出现在世界中，就成为其生活领域中出现的万物现象。这是宇宙生命通过生物体出现在世界中而被“有限化”的结果。这种“出现”是从无形地母向世界涌现，亦即从地母“生出”到世界中。总之，第一太极生成的太极圆象在第二太极的无形地母中被发展成了宇宙生命，生出到世界中就成为有限生命。但有限生命并不是太极发展的终结，因为太极还必须通过人的历史活动在世界中重新生成其自我形象，才能实现其最终发展。

世界哲学研究的主要内容就是太极的发展过程，只是不同的哲学从不同视角出发，注重太极的不同发展阶段或环节而已。为了更好地理解世界哲学史，让我们再稍微进入细节，看看从太极圆象到有限生命的发展过程。乾坤首先从坤母生出太极三象（阳象、阴象、合象）作为太极阴阳合一的象征，然后在乾志的推动下，把太极三象投射到阴象内部，让其阴阳属性交错组合生成八卦，再让八卦自我复制生成六十四卦（八卦三爻来自太极三象）。包含八卦和六十四卦在其阴象内的太极三象就是太极既圆满又圆融的自我形象（太极圆象）。乾坤接着从自身转生出无形的天地，让天地吸收太极圆象为其内部内容。天中的太极圆象始终保持来自第一太极的本色，是不变的“宇宙之精”，而且不断从天入地来实现天地的阴阳交合，促使地中的太极圆象发生变化。地中的太极圆象从地本身获得了额外的阴性，故其阴象内含的八卦和六十四卦被阳象与合象共享，导致太极三象演变成了平行并列的宇宙三界（阴、合、阳三象分别演变成了理、物、气三界）。宇宙三界构成的就是“宇宙生命”（通常人们说的宇宙只是其物界。理界有思考和组织物界的作用；气界则是混沌神秘的）。宇宙生命充分成长后就（通过某个生物体）从无形地母“出生”到世界中成为有限生命。从宇宙生命到有限生命的发展可以用图形表达如下：

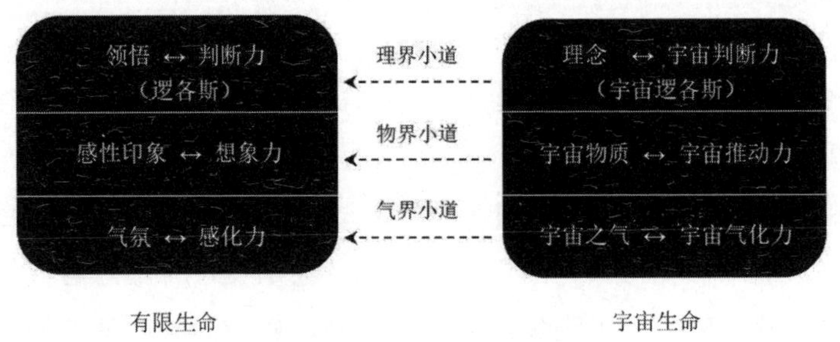

图 2 宇宙生命和有限生命[①]

有限生命是宇宙生命的有限化，因此宇宙生命可以相对地称为“无限生命”。有限生命继承了无限生命的三界结构，只是其中的具体内容有所不同。理物气三界的内容都是从八卦和六十四卦演变出来的，因此每界整体上构成了阴阳合一的“小太极”。这种小太极以“意志”和“对象”为阳极和阴极，通过二者间的回旋运动来构成（其意志称为小意志，以别于乾志和天志这类直接属于太极本身的大意志）。这种回旋运动在理界最纯粹的表现形式就是思考，其所构成的小太极就是宇宙逻各斯和（有限）逻各斯。宇宙生命被产生它的太极直接拥有，其思考即太极的自我思考，所以宇宙逻各斯就是太极的宇宙智慧。太极的思考是通过宇宙判断力及其对象（理念）进行的；有限生命的思考则是通过（有限）判断力及其对象（领悟）进行的。理念客观地存在于宇宙理界中；领悟则随着生命活动不断生灭。领悟包括两种类型：默默的、不用言词的“潜在的领悟”和通过言词凸显的“浮现的领悟”。潜在的领悟组织生命现象并融化其中，是浮现的领悟

① 《太极之音》没有画出这个图形，而是用文字来描述其内容。关于宇宙生命和有限生命的三界，参见《太极之音》第 324—327 页、374—376 页；关于理物气三界小道，参见《太极之音》第 380—381 页。

之基础，所以逻各斯起到了组织生命、发展解释和言谈的重要作用。领悟不是人偶然产生的，而是来自宇宙理界中的灵魂（太极产生的、代表人之个体性的特殊理念）；感性印象来自宇宙物界中的肉身；无影无形的气氛则来自宇宙气界中的气身。客观存在的灵魂、肉身、气身就是生命的三重根基。从宇宙生命到有限生命的“出生”运动隐含三种分运动，即理界小道（可言之道）、物界小道（可游之道）、气界小道（可化之道）。三界小道从生命的三重根基送出了相应的三界现象，有限生命才有了具体的现象内容。这些具体内容被理界小道送出的原始领悟组织成了自我统一的、有意识的现象总体。人先天地就有明性（理界小道对大道的指向性），因此可以通过小道解蔽大道，把世界向所有人敞开，通过发展语言来达到自我意识和他人意识，形成人类社会。明性意味着原始领悟除了现实地组织生命整体，还理想地指向本性虚空的世界本身，具有理想 / 现实二重性（从原始领悟派生的种种具体领悟也有二重性，只是其组织的是某种具体现象，其所指的是某种具体事物）。正是通过逻各斯（其中的领悟）的理想 / 现实二重性，逻各斯组织的生命才向世界本身敞开，使得人类可以通过语言和社会活动把世界统一起来。

我们把从无限到有限的三界运动称为“小道”是为了和“大道”区别。大道是太极整体层次上的运动。第一太极生成太极圆象的运动就是“先天大道”。先天大道产生的太极圆象被天地吸收，过渡到从天向地、从地向世界的大道运动，其中从地向世界的运动就是“后天大道”（后于天故称为后天）。所谓大道就是从先天大道向后天大道的流动。后天大道内部包含从宇宙生命到有限生命的运动，其中隐含三界小道。所以，后天大道和三界小道是互为表里的（大道为表小道为里）。后天大道完全虚无的运动总是内含三界小道具体有形的运动。生命正是因为大道自然无为的流动才像旋涡一样不停地回旋起来。但生命回旋运动还同时被天志所推动。本性虚空的世界既是大道从地敞开的，同时也是被天志敞开和统一的。宇宙生命随着大道进入世界而被有限化，同时天志从世界落入有限生命的物界，转化为“心”（心情和欲望）来统一生命整体。心就是生命的中心，是出现在物界的感性意志，但它本质上是超越生命三界区分而归属天志的。人能够在良心中体会到其超越根源（天志）的呼唤，并通过决断来回归意志之根，也可以让生命顺从大道从天向地、从地向世界的运动，回归到自然无为的大道。这两种回归本源的方式看似对立，其实是互补的。

心与生命的阴阳合一构成的就是人的“我”。判断力通过领悟组织生命，是心的下属意志，但其自我超越是人达到自我意识的途径，因此判断力对发展语言、自我意识和思考起到了关键作用。人的大我就是天志与世界的阴阳合一，但它只有通过人类活动才能真正实现出来。这种实现大我（社会）的活动在原始人类是通过天地人神的四重结构实现的。“天地人神”中的“神”指的是敞开和统一世界的天志，因其神秘莫测而可以称之为“神”。原始人类并不把天志当成天的意志来认识，而是想象成居住在天空中的对世界和人类有巨大威力的神灵（诸神）。原始人类和动物一同漫游在世界中，通过发展语言实现出了行动的世界，又通过聆听良心的呼唤形成了敬拜的世界，最后通过聆听大道的道说发展出了诗意的世界，揭示了天地人神和自然万物的意义，形成了最初的人类社会。当人类社会形成时，人的大我才以原始的方式实现了出来。

但人类社会的形成仅仅实现了“天地生人”。在人类社会基础上，太极还必须通过历史活动来完成自身的最终发展。历史就是太极在世界中的自我生成，其实现方式既可以是理想性的（在世界中实现太极的自我形象），也可以是现实性的（在世界中实现太极和人的现实关联），其所实现的内容（太极的自性）则可以分为本体、无限、有限三种类型（分别对应太极本身、宇宙生命、有限生命）。历史活动既可以根据实现的方式分类，也可以根据实现的内容分类，其综合结果如下：

表 1 历史活动分类①

历史活动	本体	无限	有限
理想性 （文化）	爱情	哲学，艺术，巫术	品德
现实性 （文明）	政治经济	科学，技术，气功	劳动

为了在世界中生成太极阴阳合一的自我形象，太极把人分成男女，通

① 关于十种历史活动的分类和内容，参见《太极之音》第 384-394 页。

过爱情实现乾坤的阴阳合一，通过性爱重演天地阴阳交合，在地母中孕育出宇宙生命（宇宙胎儿），生出到世界中成为有限生命的过程。爱情就是太极自我生成的理想性方式（性爱和家庭是爱情成为大全的方式）。政治经济（天治地养）则把天地实现为人类生活的现实基础。宇宙生命是阴阳合一的小太极，其具体内容是太极把自身投射到三界中形成的自我形象，实现的就是太极的自我认识，在理、物、气三界分别对应太极的自我思考、自我物化、自我气化。相应地，太极通过人实现宇宙生命的自性（太极自我认识）的活动也有三种，在理、物、气三界分别对应哲学（自我思考）、艺术（自我展示）、巫术（自我陶醉）。除此之外，人还可以通过和宇宙生命中的客观事物打交道来实现宇宙生命和人的现实关联，在理、物、气三界分别对应科学、技术、气功。虽然有限生命继承了宇宙生命的三界结构，但它作为一个有限敞开域是世界（原始敞开域）的个体化，而统一它的中心（心）则是天志的个体化。有限生命从世界和天志获得了超越三界的统一性，作为“我”活在世界中。所以，实现有限生命之自性的历史活动只有理想性和现实性两大类（品德和劳动）。

以上活动互相关联，共同构成了太极在世界中的自我生成。文化以理想性方式生成太极的自我形象，追求的是意义、精神、境界。文明则实现了太极和人的现实关联，追求的是体制、功利、效果。文化和文明一方面有本质的区别，另一方面又以互补方式共同完成太极在世界中的自我生成。[①] 历史的终极目标就是回归太极，实现人与太极的合一。这个目标包括永恒之爱和天下大同。人要真正回归太极就要让太极在男女之爱中实现乾坤阴阳合一的本质，形成从乾坤到爱情，从爱情回归乾坤的永恒轮回。永恒轮回是太极最完整的运动，是太极从末端返回开端，从开端重演自身发展过程的方式。当然，这是太极尚待实现的最终发展，是我们现在只能为之做准备的事情。天下大同包括天治地养和天下一家。天治就是要通过政治实现天志对世界的统一；地养则是要通过经济实现大地对世界和所有人生命的滋养。天治地养是政治经济的最终目标，而其精神基础则是天下

① 中国和西方的历史发展以相反方式混淆了文化和文明，造成了很多弊端。参见《太极之音》导论的第三节“中国文化复兴之路”。

一家。天下一家并非人类的一厢情愿。太极是人真正的父母，因此天下本来是一家，普天之下皆是兄弟姐妹。永恒之爱将使人类真正体会到天下一家的意义，因此永恒轮回的信仰不但包含永恒之爱的信仰，还包含天下大同的信仰。①

太极在宇宙逻各斯中实现了第一次自我思考，然后又在哲学中通过人实现其第二次自我思考。哲学是指导一切历史活动的特殊历史活动。因此太极在宇宙逻各斯中预先思考了世界哲学史的发展方式，据此设计了有哲学意义的世界地理，再通过地球的演化逐步实现出来，以便在大地上形成世界各民族来承担世界历史，通过人类的历史活动把太极自身实现在世界中。太极的思考不是随意的，因为太极除了自己之外没有任何可以思考的东西，没有任何可以导致随意性的“外来”因素。太极不是可以自由活动的某种神灵，其一切行动都是从自身的本性出发的必然行动，其思考纯粹是以理性方式进行的。中国古人所说的“天理”其实就是宇宙逻各斯的理性思考，只是古人没有深入探究宇宙逻各斯，无法真正揭示这种思考的内容。《太极之音》以中国哲学的宏大框架为基础吸收了西方哲学史对宇宙逻各斯的探究，揭示了太极自我思考的主要内容。在以往的人类历史中，哲学在世界各民族中经历了许多曲折的发展过程，从种种不同角度思考了太极的不同发展阶段和环节。但世界哲学史的发展目前已经开始进入其最终阶段。太极已经开始完整地向我们展现自己。哲学现在已经可以综合中西哲学史的发展，理解世界哲学史的内在逻辑，从而进一步理解太极是如何设计世界地理的。

二、世界哲学史的内在逻辑

人类思考的有限性决定了哲学对太极的思考无法一次性地完成，而是必须经历许多不同的发展阶段；每个阶段都会自发地引发下一阶段来解决它的矛盾和问题，直至哲学能够完整地理解太极。所以世界哲学史的发展具有来自太极的内在逻辑。这种内在逻辑在太极的先天思考中就已经确定

① 参见《太极之音》第691—694页。

下来，成为太极设计世界地理的基础。我在《太极之音》第十三讲《从太极看世界哲学史》中根据这种内在逻辑进行推演，发现了世界哲学史必须经历的34个发展阶段，对应世界哲学的34个先天位置，其发展顺序如下：

1 **易** 2 **孔子** 3 **老子** 4 **毕达哥拉斯** 5 **庄子** 6 **巴门尼德** 7 **杨朱** 8 **芝诺** 9 **赫拉克利特** 10 **普罗塔哥拉** 11 **苏格拉底** 12 **柏拉图** 13 **亚里士多德** 14 **伊壁鸠鲁** 15 **阿奎那** 16 **笛卡尔** 17 **斯宾诺莎** 18 **贝克莱** 19 **莱布尼茨** 20 **洛克** 21 **休谟** 22 **康德** 23 **叔本华** 24 **谢林** 25 **费希特** 26 **黑格尔** 27 **梅洛-庞蒂** 28 **维特根斯坦** 29 **罗素** 30 **尼采** 31 **胡塞尔** 32 **萨特** 33 **海德格尔** 34 **太极易**

这34个哲学位置是太极在其先天思考中确定下来，再通过理界小道向人类不断发送出来的。哲学位置的每次发送都会造成一种时代精神，亦即同时代的人们共享的思维倾向。这种思维倾向在各种历史活动中都会有所表现，而把它纯粹地发展成思考的人就自然地成了代表这个位置的哲学家。我在上面采用哲学家的名字来命名他们代表的位置，同时用黑体字表明这些名字指的是哲学的先天位置（而非哲学家）。明确这点非常重要。如果把这些黑体字（后面还会不断出现）当成指向哲学家，而不是他们所代表的先天的哲学位置，就会造成极大的误解。这些位置的先后顺序反映了世界哲学史的内在逻辑。但必须注意的是，世界哲学史的实际发展牵涉到很多后天因素，以致代表性哲学家的出现顺序不一定符合哲学位置的先天顺序；有些对世界产生重要影响的哲学家没有纯粹地发展某个哲学位置，故其名字没有出现在上面的列表中（其思考可能是某个位置的变体或几个位置的综合。这种变体或综合可以更好地适应现实生活，对世界产生更大的影响）。总之，世界哲学史的先天性和后天性的对应是十分复杂的。我在《从太极看世界哲学史》中已经讨论了这种复杂性，不再赘述。幸运的是，为了弄清太极如何设计世界地理，我们完全不需要关注世界哲学史的实际发展过程，因为决定世界地理的不是人类的后天活动，而是太极对世界哲学史的先天思考。《从太极看世界哲学史》不但推演了34个哲学位置前后相续的发展过程，而且还推演了每个位置的内在发展步骤，这两个层次互为表里，共同构成了世界哲学史的内在逻辑，决定了世界地理的构成。所以，本书将直接引用《从太极看世界哲学史》的推演结果来分析世界地理的细节。这种地理分析还可以反过来为我们的推演结果提供旁证。由于这种推演十分精细复杂，这里无法重述其内容。但为了更好地理解本书对世界地理的分析，我们不妨简单地概括一下34个哲学位置前后相续地发展的方式。

太极首先把自己完整地投射到人的原始思考中，产生了**易**这个位置，以非常宏大而混沌的方式，通过六十四卦的循环思考了第一太极发展出第二太极之后重返自身的运动过程（永恒轮回）。[①] **孔子**则从第一太极转向第二太极，从我出发通向大我，从大我通向天下，从天人合一角度思考了品德、爱情（家庭）、政治等实现太极永恒自性的历史活动。但**孔子**只突出了第二太极的自我同一性（天的阳性），忽略了第一太极到第二太极的发展过程和阴性的作用。**老子**于是让生命和世界从天志松绑，让生命回归到本性虚空的世界本身，并进一步从世界回归地，从地回归天，从天回归先天大道，再从先天大道把握太极的发展过程，揭示了大道自然无为的永恒轮回。

哲学通过**易**、**孔子**、**老子**三个位置实现了对太极的整体把握，而且还在**老子**中发现了不可言之大道和可言之小道（理界小道）的互为表里。**毕达哥拉斯**于是不再直接思考太极，而是从大道进入小道，通过思考小道送出的原始位置（**易**）来思考太极，把**易**的象数转化成了和世界对应的形式化的数，开启了从小道出发的哲学道路。但从大道进入小道的做法使大道的流动发生了中断。**庄子**于是从小道返回**老子**中的大道，顺行大道来强化其连贯性，从天向地，从地向人一气贯通，逍遥地游荡于无何有之乡，同时否定了大道与可言之小道的互为表里。这种否定掩盖了小道对大道的指向性（明性）。**巴门尼德**于是从小道出发思考大道，把明性强化为思考与

① 易经原文就是**易**在中国激发出来的原始思考。易经分为上下两篇。上篇用30卦思考第一太极的发展（包括转生天地）。下篇用34卦思考第二太极中发生的人类历史（以世界哲学史的34个发展阶段来代表）。希腊神话则是**易**在西方激发出来的原始思考，分别用旧神体系和新神体系思考第一太极和第二太极。参见《太极之音》第十二讲《易经与希腊神话》及第十四讲《易经对世界哲学史的描述》。

存在的同一，把存在当成哲学唯一可思之物（存在指的是大道末端，即大道敞开世界的运动）。[①] **巴门尼德**把哲学变成小道对大道的纯粹理想性（和世界现象无关）的思考，忽略了小道组织个体生命的现实性。哲学于是在**杨朱**中再次返回大道，特别突出了小道组织个体生命、让世界为我敞开的作用，实现了大道的个体化。然而**杨朱**丧失了**巴门尼德**为小道找到的通往大道的理想性路径。哲学于是在**芝诺**中倒回**巴门尼德**的立场，吸收了**杨朱**中被凸显的世界现象，通过思考世界现象产生的悖论来证明只有存在可思。**芝诺**的矛盾思维迫使哲学正视逻各斯的理想／现实二重性。**赫拉克利特**于是从逻各斯出发，通过辩证思维把存在和世界现象把握为不可分割、对立统一的整体。但**赫拉克利特**为了强调理想性和现实性的综合而只突出了逻各斯和世界整体的关联，忽视了逻各斯和个体生命的关联。哲学于是在**普罗塔哥拉**中反过来强调逻各斯组织个体生命的特性，强调逻各斯的判断受到个体生命的感性现象限制，真理是因人而异的。

普罗塔哥拉的相对主义激发了**苏格拉底**转向逻各斯的源头（宇宙逻各斯）去寻求普遍真理，通过发展理性知识和灵魂的自我知识（品德）来向小道的开端回归。哲学从此开始脱离了对大道末端（存在）的原始视野。**柏拉图**进一步从人间世界进入宇宙逻各斯的世界（理念世界），从理念世界统一人间世界，企图把小道开端和大道末端统一起来。**亚里士多德**则通过顺行小道的自然涌流来逆行哲学史从大道进入小道的发展过程，把宇宙逻各斯理解为自我思考的纯粹形式和作为终极目的性的最高实体（理性神），发展出了从存在者出发理解存在的形而上学，最终通过伦理学和政治学把提供目的性的小道开端和敞开世界的大道末端统一起来，完成了哲学从大道进入小道的运动。

逻各斯在**亚里士多德**中达到了和宇宙逻各斯的自我思考相似的自满自足，但这种自满自足只是理想性的，因为被逻各斯组织的个体生命并没有达到自满自足。为了实现逻各斯在现实性方面的自满自足，**伊壁鸠鲁**让逻

① 存在是西方哲学最重要的所思之物。大道敞开世界的运动与小道用系词（是）言说的运动互为表里，因此大道末端在西方哲学史中被称为“是”，即希腊文的 on 或英文的 being，中文一般翻译为“存在”，暗示大道敞开世界而使得事物可以存在于世界中。参见《太极之音》第 280 页。

各斯附属于所组织的个体生命，让形式附属于所组织的感性质料，通过理智的分析把生命组织成幸福的个体。但**伊壁鸠鲁**虽然通过哲学思考克服了对死亡的恐惧，却没有克服死亡本身，因此个体生命实际上并没有达到和宇宙生命相似的自满自足。太极在这里意识到世界历史必须暂时离开哲学，发展克服死亡的世界性宗教（基督教），再用基督教信仰来代替**伊壁鸠鲁**去和**亚里士多德**结合，以便让逻各斯在理想性和现实性两方面都达到自满自足。

阿奎那把基督教信仰和**亚里士多德**结合起来，把神等同于存在，把信仰真理和理性真理当成平行并列、方向相反的两条真理路径，最终通过理性主义神学统一了信仰真理和理性真理。在**阿奎那**中，逻各斯同时达到了理想性和现实性的自满自足，但宗教对哲学的吸收和利用使哲学丧失了思考的纯粹性。太极于是让**亚里士多德**反过来吸收基督教信仰中可被哲学吸收的成分（道成肉身），从逻各斯的自我直观发展出“我思故我是”的有限立场，形成了**笛卡尔**这个全新的哲学位置，把基督教的神吸收到理性神（宇宙逻各斯）中，通过纯粹的哲学思考证明神和广延物质的存在，从主体的意志（判断力）出发为人类知识奠定了新的基础，把哲学带上了发展主体性和自由意志的道路。

然而，**笛卡尔**的有限立场使之无法像**亚里士多德**那样从理性神出发思考理性神。**斯宾诺莎**于是把有限生命收回宇宙生命，转化为“观念—身体”，把宇宙生命的理界和物界统一起来，把理性神扩展为和自然等同的无限实体，发展出了神人合一的理性伦理学。

但是把有限生命收回宇宙生命使之丧失了属于世界的相对独立性和主体意志（判断力）的作用。哲学于是在**贝克莱**中倒回有限立场，把**斯宾诺莎**的“观念—身体”转化为“观念—感性现象”，以精神（判断力）的感知作用把物统一为观念的集合，发展出了“存在就是被感知”的经验主义立场，并把感知者扩展到无限精神（宇宙判断力），最终以理性神（宇宙逻各斯）为中心把宇宙生命和有限生命统一成了一个趋向至善的大生命体。

然而**贝克莱**的有限立场使之无法像**斯宾诺莎**那样通过对神的纯粹思考达到理想性的自满自足。哲学于是在**莱布尼茨**中重新返回无限立场，同时把物界合并到理界，从宇宙判断力角度把有限生命看成（如同灵魂的）单子，把世界看成理性神（通过定义灵魂）先天决定的和谐世界。

但是从无限立场理解有限生命遮蔽了后者在其自身的真实情形；把物界合并到理界则使物界丧失了相对独立性。哲学于是在**洛克**中倒回有限立场，让有限逻各斯逃离宇宙逻各斯的怀抱（小道因而发生断裂），同时把被合并到理界的物界拉出来，从经验出发，通过逻各斯的推理去重新通达宇宙生命，但在理性无法确知的事情上为宗教信仰留出了地盘，把**莱布尼茨**的先定和谐世界转化成了通过天赋权利和社会契约实现的后定和谐世界，发展出了自由主义。

洛克第一次在有限和无限、理界和物界之间达到了稳定的平衡。但小道的断裂使逻各斯只能从感性经验出发通过理性活动间接分享宇宙逻各斯，使其达到的理想性自满自足有很大的勉强。既然小道已经断裂，**休谟**就干脆彻底放弃让逻各斯分享宇宙逻各斯的企图，把理界合并到物界，把观念看成不过是感性印象的微弱摹本，把思考中心从判断力转移到想象力，将知识严格限制在经验范围内，否定理性对神和外物的证明，发展出了彻底经验论的怀疑主义，把**莱布尼茨**的先定和谐世界重新改造成了以情感和德性为基础的后定和谐世界。

休谟让逻各斯在纯粹的现实性（感性经验）中达到了自满自足，却在理想性方面处于极度的不满足。**康德**于是把理界从物界重新拉出来，强化逻各斯相对于经验的独立性，通过改造**休谟**的想象力法则发现了时空直观和知性范畴，否定了超越现象界的自在之物的可知，把**休谟**的怀疑主义改造成了纯粹理性的自我批判，让实践理性通过自由意志（向无限判断力自我超越的有限判断力）通达现象背后的自在之物（宇宙逻各斯），通过审美判断力通达自然的合目的性，将理界和物界、有限和无限统一了起来，并将基督教改造为纯粹理性范围内的宗教，消除了纯粹实践理性和从道德出发假定的“神”之间的矛盾。

康德把神作为德福一致的保证，无形中把神的意志（天志）引入哲学，开启了从小意志（判断力）向大意志（天志）回归的运动，却又通过对基督教的理性改造把神的意志理性化，遮蔽了天志作为大意志（原始意志）的本性。哲学于是在**叔本华**中放弃了从实践理性通达自在之物的途径，把混沌的原始意志从理性化的状态挽救出来，让面对表象世界的判断力通过身体通达原始意志，把原始意志当成表象世界背后唯一的自在之物，并把表象世界当成原始意志客体化的结果，通过对表象世界的否定性思考间接地实现了判断力向原始意志的超越。

然而，**叔本华**丧失了**康德**中作为自在之物的宇宙生命。哲学于是在**谢林**中恢复了宇宙生命（自然）这个环节，把天志思考为贯通无限意志（宇宙判断力和宇宙推动力）和有限意志（判断力）的绝对同一性，以这种“一力贯通三力”为基本框架，通过艺术哲学把无限生命和有限生命统一到天志的绝对同一性（艺术被当成神在宇宙中自我直观的方式），并把自由理解为有限判断力脱离无限判断力从而偏离天志（为恶）的可能性。

谢林对天志的思考是通过自然这个中介进行的，故其判断力无法直接通达天志，只能把后者思考为有限和无限的绝对同一性，最终只能借助启示和信仰向天志本身超越。哲学于是在**费希特**中取消了自然这个中介，让天志直接贯通有限判断力，形成自由地创造自己的绝对自我，把绝对自我隐含的客体扩展为非我，把其隐含的主客同一实现为自我和非我的统一，让自我通过不断同化非我的自由实践来向绝对自我回归，但回归绝对自我的困难迫使哲学重新思考，把天志对判断力的贯通扩展为存在的在场，发展出了关于绝对存在的真理论和现象学。

费希特恢复了哲学对存在的思考，却丧失了**谢林**中的自然。哲学于是在**黑格尔**中把**费希特**和**谢林**综合起来，形成了判断力和天志的“二力同一”（精神意志），把**费希特**的真理论和现象学改造成了以绝对自我意识为目标，从感性认识向纯粹概念运动，通过意识在有限和无限之间的相互演化，最终把世界现象统一在绝对认知中的精神现象学，接着从第二太极进入第一太极，把精神意志的“二力同一”扩展为包括宇宙判断力和乾志的“四力同一”，通过哲学大全体系（逻辑学、自然哲学、精神哲学）把从太极圆象、宇宙生命到人间世界的发展过程展开成了理念的永恒轮回（自我思考、自我外化、自我回归）。

黑格尔把从**康德**开始的从小意志向大意志的回归推向了顶峰，通过哲学大全体系彻底实现了逻各斯在理想性方面的自满自足。但**黑格尔**把领悟的现实性转化为理想性来通向概念思维，所以逻各斯达到的理想性自满自足是以牺牲现实性自满自足为代价的。太极于是让哲学放弃了以逻各斯为中心的形而上学传统，以世界的统一性为哲学的新目标，同时放弃了概念思维，倒回**康德**去寻找从领悟的现实性出发统一世界现象的途径，从**康德**的空间直观还原出了组织世界现象的一种感性领悟（我身可动性）。哲学于是在**梅洛-庞蒂**中用身体主体代替意识主体综合世界现象，把客观世界内化为感知世界，再把身体主体的自由外化到世界中，发展出了从身体出发统一世界现象的知觉现象学，并进一步从感知世界转向符号世界，从身体主体的个体化领悟转向公共领悟，最终把我身可动性提升为和世界同一的感性领悟，实现了世界的肉身化，把相互交织的种种世界现象看成世界肉身的分化，把存在解蔽为世界肉身的原始运动，达到了和精神现象学相匹配的世界统一性。

梅洛-庞蒂丧失了**康德**和**黑格尔**中意识主体（逻各斯）统一世界现象的作用，但其对符号世界的探索已经超越身体的主体性，看到了逻各斯构成的符号世界。哲学于是在**维特根斯坦**中清除了符号世界隐含的身体因素，突出了符号世界和感知世界的平行对应，以语言和世界的同构为基础把世界现象统一为可说的世界，同时把超越世界现象的事物（主要包括从**黑格尔**而来、被当作神的天志）当成不可说，发展出了通过语言的逻辑形式统一世界现象的逻辑哲学，但逻辑哲学突出逻各斯的阴性对象（领悟）而掩盖了阳性意志（判断力）在语言中的能动作用，导致**维特根斯坦**在后期思考中否定了之前静态的形式化的语言观，认为言词的意义取决于它们在日常语言中的用法，把语言看成人们通过言谈组织生活世界的游戏，让逻各斯通过其隐藏在语言游戏中的普遍意志实现世界的统一性，发展出了从言谈理解语言的语言哲学。

在**维特根斯坦**中，逻辑哲学和语言哲学分别从逻各斯的阴性和阳性出发统一世界，导致逻各斯的内部分裂和强烈的内在张力。哲学必须把这两种相反的方式结合起来才能完整地揭示逻各斯统一世界的方式，为此目的必须首先将它们单独发展到纯阴和纯阳的极端，才能以对立互补的方式结合起来。太极于是确定了接下来的三个位置（**罗素、尼采、胡塞尔**）分别具有纯阴、纯阳、阴阳合一的特性。

为了纯粹从逻各斯的阴性出发统一世界，**罗素**让从**黑格尔**而来（隐藏在**维特根斯坦**的逻辑哲学中）的宗教性天志发挥出来，将判断力拉出对日常语言游戏的沉迷，但接着便放弃了宗教的倾向，从天志转向判断力本身，把逻辑哲学中判断力对语言和世界的超越静观改造成了内在静观，并进一步清除了判断力的构成作用和主体性，从经验的最小单元出发，通过逻辑分析消解和重构一切世界现象，发展出了以经验论为基础的逻辑原子主义，以此来重构我们关于世界的知识，最终从知识论角度达到了纯粹阴性的世界统一性。

为了纯粹从逻各斯的阳性出发统一世界，**尼采**放弃了领悟在统一世界中的作用，把判断力的恰当对象从领悟转向生命，颠倒了**黑格尔**精神现象学的运动方向，进一步把判断力与心等同起来构成生命意志，通过逆行**黑格尔**的哲学大全体系，批判了束缚人心的道德和让人感觉有罪的基督教，把心提升到与天志同一的高度，实现了判断力、心、天志“三力同一”的自由意志，再让自由意志回归到乾志，形成了自我创造、自我意愿、自我发展的强力意志，并把内化在身体中的强力意志外化到心，通过意愿永恒轮回把人提升为超人，再把强力意志的中心转移到判断力来重估一切价值，为世界的统一性扫清了历史障碍，最终通过对基督教的历史批判统一了世界。

为了从完整的逻各斯出发统一世界，**胡塞尔**吸收了**尼采**中默默直观生命的判断力和**罗素**中浮现在语言中的领悟，结合成以直观方式研究逻辑的现象学，把领悟的意向性从语言扩展到一切现象，再把自然世界中的人还原成纯粹自我，通过意向性重构自然世界，把世界现象统一到支撑精神世界的完整逻各斯（先验自我），进一步把纯粹的先验自我扩展成有具体习性的先验自我，通过动态的先验交互主体性更为彻底地实现逻各斯对世界的统一，最后通过历史批判把被科学客观化的世界还原为交互主体性构成的生活世界，实现了从完整的逻各斯出发统一世界的目标。

但**胡塞尔**中的意向性仅仅是领悟的意向性，忽略了判断力通过自我超越来意指世界现象的特性（这种自我超越隐含在**尼采**的强力意志中，但没有进入和**罗素**的结合），以致**胡塞尔**发展出了以内在目光构成世界，缺乏自我超越的意识现象学。太极于是让哲学倒回**尼采**去吸收判断力的自我超越，在**萨特**中把领悟的阴性意向性改造成判断力借助从世界逃逸而出的运动反指世界，让世界为之显现的阳性意向性，把包罗万象的构成性意识改造成空洞的虚无化意识，亦即不断自我逃逸的自为存在（世界相对地成为自在存在），恢复了意识在实践中的质朴性，把人还原为绝对自由的自为，再把自为扩展到与他人的关系，通过自为的自由筹划统一世界，最后通过历史批判把**黑格尔**的概念辩证法改造为历史实践的辩证法，把个人实践结合为社会实践，为自为的整体化亦即世界的统一性扫清了历史障碍。

萨特把世界的统一性等同于存在的统一性，但其自由筹划因为缺乏领悟的意向性而无法理解存在的意义，难以真正承担起存在的统一性。哲学于是在**海德格尔**中把领悟的意向性和判断力的意向性结合起来，形成人对存在的筹划性领悟，把“在世界中”揭示为人的根本存在方式，把生命的中心从判断力转回到真正活在世界中的心，走出了从**笛卡尔**开始的主体性哲学和意识哲学的框架，通过现象学分析把时间性澄清为领会存在意义的超越视野，并通过对形而上学的历史批判为追问存在的意义扫清障碍，完成了**胡塞尔**与**萨特**的结合，但接着就被历史批判带入和**尼采**的历史性碰撞，被撞入哲学史的永恒轮回中，通过逆行哲学史从大道进入小道的发展过程，把大道对小道的居有逐步展开为地天人神四方相互归属的原始事件（天地生人），在最终逆行进入**老子**时开辟了通往语言之路，把语言的道说揭示为大道将人纳入地天人神四方游戏的根本方式，把**老子**的大道思为自道之道，即通过可言之小道解蔽自己，从而给出一切道的道，实现了从小道向大道的回归。

海德格尔虽然完整地把握了第二太极的“天地生人”事件，但这种把握是从存在而不是从太极本身出发的，而且它把这个事件当成无法再追溯的原始事件，掩盖了第二太极来自第一太极的本质。哲学于是在**太极易**中从太极出发改造**海德格尔**，发展出了生命现象学和天地人现象学，接着回归到第一太极，把太极从始至终的发展归结为乾坤的自我矛盾、自我发展和自我回归，从乾坤的阴阳合一（既同于自己又异于自己）出发，推演了太极生成圆象，乾坤转生天地，太极生成宇宙，太极生人，太极生成历史的全部发展过程，揭示了历史的终极目标是太人合一，亦即通过永恒之爱实现太极的永恒轮回，通过天下一家和天治地养实现天下大同，形成了自成体系的太极本体论，综合了世界哲学史的发展过程，揭示了世界哲学史通过 34 个先天位置不断发展，从**易**异化出各种哲学位置，最后作为**太极易**回归自身的发展方式，形成了世界哲学史的永恒轮回，并最终把太极的永恒轮回发展成了结合历史实践的信仰。[①]

以上简单地概括了世界哲学史的34个先天位置的发展。虽然这些位置的发展是前后相续的，但在发展过程中有不少转折和跳跃，以致有些位置的哲学特性相差非常大。这就决定了人类必须形成许多思维倾向不同的民族来承担世界哲学史的发展。但其中也有些位置的哲学特性比较接近。所以，人类不是形成了34个民族，而是根据34个位置按照哲学特性分成几个大类来形成相应的民族。**易**、**孔子**、**老子**、**庄子**、**杨朱**、**太极易**以太极的结构（包括大道）为基础，结合人的生活展开思考，综合了太极的本体性和人间世界的境域性，共同构成了世界哲学史的开端和终结。这些位置可归为同一类，由中国人来承担发展它们的历史使命。**毕达哥拉斯**、**巴门尼德**、**芝诺**、**赫拉克利特**、**普罗塔哥拉**、**苏格拉底**、**柏拉图**、**亚里士多德**、**伊壁鸠鲁**从不可言之大道进入可言之小道，从小道出发进行思考，初步实现了逻各斯的自满自足。可以把它们归为同一类，由希腊人来承担。**笛卡尔**、**梅洛-庞蒂**、**萨特**的共同特性是以直观、切近、从人出发的方式把握世界现象。这些位置就由法国人来承担。**贝克莱**、**洛克**、**休谟**、**罗素**的共同特性是从经验出发，以保持距离的分析来把握世界现象。这些位置就由英国人来承担。**莱布尼茨**、**康德**、**叔本华**、**谢林**、**费希特**、**黑格尔**、**尼采**、**胡塞尔**、**海德格尔**的共同特性是突出了思考在统一世界中的作用。这些位置就由德国人来承担。**维特根斯坦**突出了逻辑和语言在构成世界中的作用。这种作用和思考的作用密不可分但又并非同一回事。因此承担这个位置的是和德国人同根同源、若即若离的奥地利人。34个位置中剩下的**阿奎那**和**斯宾诺莎**比较独特，因为不存在和它们相似的其他哲学位置。所以它们各自单独成类，分别由意大利人和荷兰人来承担。

上面提到的"中国人""希腊人""法国人""英国人""德国人""奥地利人""意大利人"和"荷兰人"是从世界哲学史的34个先天位置出发所做的分类。它们基本上对应人类历史中产生的相应的8个民族。必须指出的是，哲学是人类的事业，不是某些民族的事业。每个哲学位置都会被发送到世界所有民族中，只是这8个民族的先天思维倾向使他们能够纯

---

① 《太极之音》是发展**太极易**的一个初步尝试。

粹地发展所承担的哲学位置，而其他民族则会发展出这些位置的变体，或者某些反映其独特民族性的哲学思想（其他民族承担了世界哲学史的特殊发展，参见下节）。民族的历史形成非常复杂，不但牵涉世界哲学史的发展方式，还牵涉一个民族如何通过男女结合产生后代，如何与其他民族融合产生新的民族，如何通过政治经济形成国家，等等。世界各民族是哲学、爱情、政治经济三条历史主线交织发展的结果。[①] 这种交织发展需要大地上相应的居住领域作为其发生的舞台。因此，在太极的先天思考中，世界哲学史不同阶段的关联被转化成了大地不同区域的关联。世界各民族在不同的自然环境中形成和发展，以不同的方式参与到世界历史中，其主要方式就是在居住地形成国家。所以，世界地理的设计首先是国家的设计。

如果本书论述的世界哲学史的内在逻辑可以成立，世界哲学史以中国哲学为开端和终结，那么世界地理的设计自然地应该以中国为起点和终点，而且中国地理还必须浓缩世界哲学史的发展过程，以致其地理具有天然的世界性。在分论中，我们将姑且以此假设为基础分析世界地理和中国地理，通过分析和实际观察来验证它。必须说明的是，中国地理对世界哲学史的浓缩只是象征性的。我们必须以中国古代哲学为基础吸收西方哲学史，才能真正形成具有世界性的当代中国哲学。相应地，当代中国的历史使命不是自我封闭，孤芳自赏，而是向世界开放自己，兼容并蓄，团结世界各民族，共同走向天下大同的时代。

另外，必须注意的是，“开端和终结”是从世界哲学史的内在逻辑而言，而不是从世界哲学史的实际发展而言。决定世界地理构成的是从太极的结构而来的世界哲学史的内在逻辑，而不是其实际发展。正如前面已经指出的，哲学是人类的事业，不是某些民族的事业；每个哲学位置都会被发送到世界所有民族中，只是某些民族的思维倾向使他们能够更为纯粹地发展某些哲学位置（其他民族则发展出这些位置的变体）。中华民族喜欢把握总体的思维倾向使其相对而言更适合承担世界哲学史的开端和终结，而其他民族也会被同样的时代精神呼唤，形成开端和终结的各种变体（例如，

① 关于历史的这三条主线，参见《太极之音》第385—389、453页。

希腊神话以变异的方式实现了**易**的原始思考。参见《太极之音》第十二讲《易经与希腊神话》）。中华民族的这种相对而言的独特性已经足以决定其在大地上的居所必须凝聚世界哲学史的发展，构成世界地理发展的起点和终点。因此，在太极的先天设计中，世界地理的发展形成了从中国开始，最终向中国方向回归的运动。这种运动不是时间中的物理运动，而是通过空间展开的地理意义的运动。世界地理的这种内在运动构成了首尾相接的封闭圆圈，其中每个环节都具有不可替代的独特意义。因此，本书的地理分析从“中国是世界地理发展的起点和终点”这个合理的假设出发来进行，只是为了澄清世界地理的构成方式，而不是为了证明中国地理的优越性。事实上，事物的发展过程往往比其开端和终结在细节上更为精美或更为奇特。世界地理就如同一首被凝聚到大地上的哲学交响曲，其中每个乐章甚至每个音符都同样重要和必不可少，而我们只有把这首交响曲当成整体来欣赏，才能真正领略其美妙动人的发展过程。在《分论》的地理分析中，我们还会不断揭示许多国家在世界地理中的独特性，但不论其地理意义如何独特，这种独特性都不是优越性，而只是其贡献于世界地理整体意义的独特方式。

三、世界哲学史的特殊发展

世界哲学史的 34 个先天位置的 8 个分类决定了大地上必须产生 8 个国家。这 8 个国家在今天属于亚洲和西欧。然而，目前世界上有五大洲，其中得到世界公认的国家共有 197 个，远远超出了世界哲学史直接决定的 8 个国家。这是怎么回事呢？其主要原因在于世界哲学史不仅包含 34 个位置前后相续的发展，还派生了某些相关的特殊发展，使世界哲学史决定的世界历史变得非常丰富多彩。[①] 世界哲学史派生的特殊发展有两种：第一种是世界宗教史；第二种是它的三个相互呼应的位置（**黑格尔**、**尼采**、**太极易**）形成的，超前地走向大同的“三连贯运动”。这两种特殊发展都来

① 如果某种地理设计隐含内在矛盾或尚未实现的因素，太极就会产生另外一种地理设计来解决问题。这是世界上有如此众多国家的另一原因。《分论》中的地理分析将不断遇到这种情形。

自世界哲学史的内在逻辑，因此决定了世界上许多国家的地理设计。

三大世界性宗教（基督教、佛教、伊斯兰教）都在世界哲学史中有其先天起源。这不是说它们在人类历史中实际起源于世界哲学史，而是说世界哲学史的内在逻辑隐含产生它们的必然性。在《太极之音》中我已经分析了基督教和佛教的先天起源。[①]下面让我们先做一个简单的回顾。必须事先说明的是，本书对宗教的讨论是从哲学出发的，采取的是太极本体论的视角，目的只是为了研究世界地理的哲学意义，不是为了研究宗教，因此其对宗教的解释和宗教的自我认识有所不同（两者之间的差异只能留待今后的研究来澄清）。基督教在世界哲学史中的先天起源是希腊哲学。太极在确定**伊壁鸠鲁**这个位置后意识到哲学只能思考死亡而无法克服死亡，因此历史必须转向克服死亡的实践，产生基督教，然后在**阿奎那**中把基督教信仰和**亚里士多德**结合起来，以便让逻各斯在理想性和现实性两方面都达到自满自足（参见上节）。基督教先天地起源于希腊哲学，通过**阿奎那**进入西方哲学史并在之后的西方哲学史中不断发展演变，自然地成为伴随西方历史发展的世界性宗教。从世界哲学史的内在逻辑来说，希腊哲学所思之物（存在和逻各斯）最初是从中国哲学（**老子**）中的大道和小道分化出来的。所以，中国哲学史也应该先天地派生出世界性宗教，但中国哲学没有把死亡当成一个问题，缺乏产生宗教的动机，因此作为基督教对应物的佛教只能在介于西方和中国之间的一个民族，亦即印度民族中产生，然后传播到中国。佛教和基督教一样具有世界性，并由于其在中国哲学史中的先天源泉而在中国佛教（特别是最接近道家精神的禅宗）中实现了最终的发展。[②]

基督教和佛教本质上是阴阳互补的（基督教突出天父的意志，而佛教则突出本性虚空的世界本身，亦即天志的阴性对象）。但这种阴阳互补并不完美，因为基督教的三位一体不仅包含天父，还包含圣子和圣灵，而后两者在佛教中没有阴性对应物。伊斯兰教则放弃了基督教有关圣子和圣灵

① 参见《太极之音》第510—516页。

② 佛教和基督教的历史发展有时间上的对应。公元1世纪基督教在西方形成，同时佛教从印度传入中国。但佛教在世界哲学史中的先天起源是**老子**。所以佛教最初诞生于**老子**的时代（根据流行的说法佛陀和老子的生年分别是公元前565和570年）。

的教义，单纯地突出了真主的能力（天志），既改造了基督教，又和佛教形成了完美的阴阳互补。[①]所以，伊斯兰教在基督教已经发展成熟并传播到了亚洲，佛教已经开始实现中国化的时代（隋唐）才在西亚产生并开始向世界传播（从印度传来的佛教只有发展成中国佛教才能真正实现其先天本质）。伊斯兰教放弃了三位一体，成为完全纯粹的一神教，但基督教中隐含的希腊哲学基础并没有被简单地放弃，而是以转化的形式吸收到伊斯兰教中，使伊斯兰文化具有吸收希腊文化的倾向，构成了从希腊文化到欧洲文艺复兴的一座桥梁。

从太极的角度看，三大世界性宗教都是从世界哲学史派生出来的。历史之所以要产生三种不同的世界性宗教，正是为了通过它们的互补实现宗教的完整意义。作为克服死亡的实践，宗教的启示或觉悟对一切事物的理解都是从其实践目的出发的，因此宗教提供的世界解释体系并不全面，需要吸收哲学的智慧来弥补其思考的局限性。但宗教实践的目标和哲学不同;二者并不能相互代替。[②]在《分论》中我们会详细分析三大宗教的产生、发展和传播如何决定了一系列相应的亚洲和欧洲国家。人类必须理解和宗教相关的这些地理设计，才能更好地看到宗教的历史性本质，真正实现不同宗教之间的相互理解、相互宽容、相互交流和自我更新，在更高的层次上实现宗教的意义。

基督教三大流派（天主教、新教、东正教）的产生并非偶然。三大流派先天地起源于基督教和世界哲学史的内在关系，因此对世界地理的设计产生了重大影响。让我们考察一下三大流派产生的先天基础，以便为相应的地理分析做准备。从太极的角度看，基督教的三大流派是由它和世界哲学史的三种关系派生出来的：基督教最初进入世界哲学史是在**阿奎那**这个位置，其在世界历史中对应的就是罗马天主教。在**阿奎那**中哲学是被宗教利用的，服从于宗教的权威，因此天主教具有最强的宗教普世性。但在**阿奎那**之后，哲学开始从宗教权威走出来，发展现代主体性，不断强化个人的自主性，因此历史必须产生新的基督教形式，亦即强调个人因信称义的

---

① 这里谈论的是伊斯兰教在太极思考中的先天起源，而不是伊斯兰教的自我认识。
② 参见《太极之音》第 516 页。

新教。新教就是基督教顺着世界哲学史的发展而采取的新形式。但基督教的哲学基础是希腊哲学，因此它不能仅仅从**阿奎那**顺行进入现代哲学史，还必须逆行进入希腊哲学史，否则希腊哲学就无法真正参与它的发展过程。基督教逆行进入希腊哲学史而发展出来的就是以希腊文化为基础的东正教。这种逆行是从基督教与世界哲学史的先天关系而言，不是世界时间中的逆行，而是内在逻辑上的逆行，所决定的是东正教的特色，而不是其在历史中的实际发展过程（基督教不可能倒回古希腊去发展出东正教）。[①]这种逆行使东正教具有重视传统的保守性和神秘主义倾向（希腊哲学史从**苏格拉底**开始转向作为小道开端的理性神，丧失了对存在的原始视野，最终在**亚里士多德**中发展出了富于科学和理性精神的形而上学，所以逆行希腊哲学史相当于从科学和理性回归到对存在的原始体会）。希腊哲学突出了大道末端（存在）和小道，但却缺乏基督教突出的天志。**阿奎那**把天志（圣父的意志）引入哲学，成为开辟和统一世界的最强力量，而东正教则更为突出存在敞开世界的作用，其表现就是东正教不像天主教那样通过教皇的至高权威从上自下地统一所有教会，而是采取较为松散的自主教会的组织方式（有点类似于罗马帝国和希腊城邦的区别），同时还与世俗权力融洽地结合在一起。东正教还淡化了基督的意志统一教会的作用，认为圣灵（辅助基督统一教会的中保）是由圣父独立发出的，而不像天主教那样认为圣灵是由圣父和圣子（基督）共同发出的。但东正教虽然淡化了基督的意志，却更为突出了耶稣道成肉身的意义。从太极的角度看，道成肉身就是宇宙逻各斯“出生”为人的有限逻各斯，亦即小道从其源头流入人间世界的运动（耶稣的出生特别地代表了这种运动）。所以，东正教认为神变成人是为了让人变成神，突出了人潜在的神性，主张通过静修来达到人神合一的存在境界。

世界哲学史的第二种特殊发展和太极的永恒轮回相关。太极的发展构

① 基督教最初是以犹太文化和希腊文化为背景发展的，这其中已经隐含了逆行进入希腊哲学史的因素。当历史向着**阿奎那**对应的中世纪过渡时，逆行的趋势就逐渐被拉开了距离，导致了东西基督教的不同，在 11 世纪**阿奎那**开始真正起主导作用时就分裂成了东正教和罗马天主教。东正教的全名是“东方正统教会”，其中的“正统”代表的就是基督教在早期发展中形成的传统。

成了从开端到末端再返回开端的永恒轮回。虽然34个哲学位置的发展有固定的先后顺序，但思考了永恒轮回的哲学位置却有可能发生超越发展顺序的前后呼应，派生出一种连贯的哲学运动。在世界哲学史中**黑格尔**、**尼采**和**太极易**这三个位置都思考了永恒轮回，而且还展开了太极的统一性：**黑格尔**从阴性的领悟（理念）出发思考了永恒轮回；**尼采**以**黑格尔**为背景，从阳性的强力意志出发思考了永恒轮回；**太极易**则从阴阳合一的太极本身出发思考了永恒轮回。这三个位置并不相邻，但它们在世界哲学史中前后呼应，先天地形成了“**黑格尔—尼采—太极易**”的“三连贯运动”。世界哲学史是世界历史发展的主线。因此，三连贯意味着历史在**黑格尔**阶段和**尼采**阶段会超前地向**太极易**阶段运动，构成超前地走向大同的趋势（**太极易**对应的就是人类最终实现大同世界的历史阶段）。这种超前地走向大同的趋势直接来自世界哲学史的内在逻辑，是太极在其先天思考中已经看到的。太极因此根据三连贯的特点设计了介于德国和中国之间的一系列东欧国家来代表人类超前地走向大同的趋势。另一方面，马克思颠倒了**黑格尔**的唯心主义立场，把**黑格尔**的概念辩证法和唯心史观改造成了辩证唯物主义和历史唯物主义，展望了超越国家的局限性，在大地上实现全人类自由解放的前景。以马克思主义为指导思想的共产主义运动本质上是人类超前地走向大同的运动。三连贯运动在共产主义运动中找到了共鸣。因此，三连贯对应的东欧国家在共产主义运动中找到了实现其地理意义的契机，在欧洲共产主义运动及其向中国的传播中起到了重要作用。

综上所述，世界地理的设计不仅要反映世界哲学史从中国到西方，从西方返回中国的内在逻辑，而且还要反映这种内在逻辑先天地派生世界宗教史和三连贯运动的方式。这种设计在世界地理中的实现产生了亚洲和欧洲。太极对世界地理的设计从中国开始，经历了欧洲和亚洲许多国家的发展，最后又返回中国，形成了“天下一家，和而不同”的地理格局。然而，中国所代表的天下大同还隐含一种尚未彻底实现出来的因素，亦即超越历史性和民族性的“文明普世性”。所以，除了亚洲和欧洲，世界地理的设计还需要在地球的另一面（中国的反面）产生美国（和其他美洲国家），作为天下大同在文明方面的纯粹的、相对独立于历史性和民族性的发展。但美国地理没有继承中国地理浓缩的世界哲学史，以致美洲的统一性是松散的。太极于是设计了具有强烈自我统一性、以前历史性超越历史性的非洲大陆作为弥补，把人类历史带回世界哲学史发展之前的共同基础。最后，太极通过以澳大利亚为中心的大洋洲实现了美洲和非洲的结合，将世界地理带向其最终发展，同时让大洋洲出现在东南亚的南方海域中，让大洋洲的地理意义通过东南亚传递回中国，完成了以中国为起点和终点的世界地理设计。在这种地理设计中，世界各大洲的地理意义都是独特的，而中国和美国等国家也显示出了其在世界地理中的独特性，然而正如我们在上节中指出的，这种独特性不是优越性，而只是这些国家贡献于世界地理整体意义的独特方式。美洲、非洲和大洋洲虽然隐含对历史性和民族性的超越，但其地理意义仍然是以亚洲和欧洲的地理意义为基础的，其诸多国家的设计依据的仍然是太极对世界哲学史的先天思考。所以，归根到底，世界地理就是凝聚在地球表面的世界哲学史。

四、世界哲学史的地理实现

太极在其宇宙智慧中思考了世界哲学史的内在逻辑和特殊发展。这种思考完全是自然无为的，是太极对自身发展过程的必然性思考。在这种思考完成之后，太极还必须根据它来设计世界地理。世界地理的设计分成两个步骤：第一步是根据世界哲学史的内在逻辑和特殊发展，在地球表面为世界各民族形成相应的居所；第二步是根据世界各民族的哲学特性决定其居所应该具有的自然环境。通过这两个步骤，太极就可以把世界哲学史凝聚在地球表面，为世界历史的发展提供先天的地理基础。这里必须再次强调，太极不是根据世界哲学史的后天发展，而是根据其先天的内在逻辑和特殊发展来确定世界地理，再通过地球的演化实现在地球表面，所以必须牢记，后面所有讨论中提到的“世界哲学史”都是从先天角度而言，否则就会误以为世界地理的构成取决于人类的后天思考，陷入颠倒发展顺序的唯心主义。太极的思考比宇宙万物更早形成，但不是自由的随意的思考，而是完全遵循自身必然性的理性思考，是物质运动的种种客观规律的来源，也是人类理性的客观来源。人类正是因为生活在以自然万物为基础的客观世界中，才发现了万物的客观规律，发展出了人类的理性，最终通过人类理性反过来理解其客观源泉，亦即太极在宇宙生命中发展出来的宇宙理性。科学之所以能够用理性发现宇宙物质的客观规律，就是因为人类理性是宇宙理性的有限化，但科学只是从实证角度发现这些客观规律，而没有真正探入组织宇宙万物的宇宙理性。哲学则可以探入宇宙理性中，揭示其组织宇宙万物的方式，包括把世界哲学史物化在地球表面的方式。①

由于世界各民族参与世界历史的主要方式是在其居住地形成国家，第一步实际要做的就是在地球表面为世界各国设计相应的地理位置，以便把世界哲学史的发展转化为从国家到国家的发展，把世界哲学史“空间化”到地球表面。如果说世界哲学史是太极为自己演奏的一部宏大的思想交响曲，那么世界地理从国家到国家的空间发展就是这部交响曲被凝固在地球表面而形成的、充满了内在动感的巨幅图画。目前人类所说的“国家”其实是“民族国家”（Nation-State）。民族国家把世界各民族的居所划定在具有明确边界的地理范围中，形成在地理上有独立主权的民族共同体，从而把世界哲学史先天地决定的民族性以界限分明的方式实现在世界地理中。所以，前面我们一再提到的“世界各民族”落实到世界地理中时对应的就是“世界各国”。世界地图展示了世界各国的位置、边界形状、相邻方式等情况，反映了世界哲学史的内在逻辑和特殊发展。对世界地理进行哲学分析的主要任务就是理解世界地图的哲学意义。

虽然国家需要通过人类的历史活动来形成，但国家从来就不是人类任意形成的，而是太极在世界中自我实现的结果。政治经济（天治地养）把第二太极（天地）实现为人类生活的现实基础，因此人类通过政治经济形成国家的活动总是潜在地受到了太极的引导。国家就是太极在世界中的现实的、局部的自我实现。世界上有多少个国家，太极就把自己实现成了多少个不同的现实形态。所以，世界各国的划分反映了太极通过世界各民族达到的自我认识，亦即反映了世界哲学史的内在逻辑和特殊发展。这是为什么太极对世界地理的先天思考以国家为单位的原因。作为民族的居住地，国家是以其边界来和其他国家区分开的。国家边界是实现世界哲学史最重

① 《太极之音》已经从太极的物化出发推导了太极产生微观宇宙和宏观宇宙的方式，解释了牛顿力学、相对论和量子力学的主要结果。参见第十一讲《论太极》的第四节“太极生成宇宙”。

要的地理要素，其几何形状从整体上代表了国家，因此被太极用来反映国家的哲学特性（有时太极甚至会用国家的几何形状来图示某种意义，例如让某国的边界构成箭头形状来指向其邻国，或者在邻国旁边甚至其内部形成自己的飞地，以此来象征两国之间的某种特殊关系）。如果有人觉得国家边界是人们随意做出的划分，那么这个人就应该好好读读世界历史，看看谁能够随意地划分国家的边界，看看国家边界的形成和变动需要经过多少血流成河的战争或者异常艰难的谈判。历史就是太极通过人在世界中实现自身的过程，因此世界各民族最终实现出来的国家边界不是偶然的，而是无形中反映了太极对世界地理的先天思考。世界地图通过展示世界各国的位置、边界形状和相邻方式，以最清晰、最明确的方式反映了世界哲学史的内在逻辑和特殊发展。世界地图就是眼睛看得见的世界哲学史。问题只是在于我们的眼睛是否已经充分睁开。

国家内部的行政区划不像国家边界那样直接源自太极对世界地理的先天思考，而是综合了国家自然地理和人类活动的许多后天因素。然而，中国在这方面是一个例外。中国地理浓缩了世界哲学史的内在逻辑，其基本方式就是用某省地理来反映某个哲学位置的特性，用该省的下级单位（市县）来反映该位置的发展步骤或内在结构。所以，中国地理本质上就是世界性的，其省级地理具有国家级地理的特性，甚至各省的内部地理（行政区划）也间接分享了国家级地理的特性。这意味着中国各省乃至各市县的地理要素都被太极用来反映世界哲学史的发展过程。我们在分析世界各国时通常只需要考察其位置、边界形状、相邻方式等地理要素，而不必进入其内部行政区划，但为了理解中国地理，我们就不得不进入省级甚至市县级的行政区划。这样做使得中国地理的分析在细节方面远远超越了其他国家。这不是纯粹出于作者的偏好，而是中国地理的世界性导致的特殊情况。

这里我们还必须面对一个看似棘手的问题：世界各国的边界形状在历史发展中是不断变化的，我们应该以哪个时代的边界划分为基础来进行地理分析？这个问题可以转化为：哪个时代的世界地图最能反映世界哲学史的内在逻辑和特殊发展？答案是“目前最新的世界地图”。哲学的最后位置**太极易**把世界哲学史的发展过程综合起来，形成对太极的完整理解，但它并不简单地否定或取代之前的哲学位置，而是揭示它们在世界哲学史中的意义和过渡方式，让它们真正是其所是。**太极易**对应的就是“天下一家，和而不同”的大同时代。中国的迅速崛起和不断走向世界就是人类开始走向天下大同的标志。在天下大同的时代中，目前已经形成的民族国家将会作为人类联邦的次级结构得以保留。[①] 未来的人类历史不是形成新国家的历史，而是把已经形成的民族国家带向天下大同的历史。在世界历史的漫漫长河中，许多国家不断兴起和衰落，使世界地图随着时代不断发生变化。虽然地球的演化早已把世界哲学史的内在逻辑和特殊发展凝聚在世界地理中，但在人类历史的发展过程中，这种凝聚只能根据某个时代的哲学特性来发挥作用，由此形成的民族和国家更多地反映了该时代的哲学特性，而不是**太极易**时代的哲学特性。所以，以往的世界地图不能很准确地反映世界地理的哲学意义。当人类开始迈向**太极易**阶段时，实现了地理主权的民族国家已经被固定下来，其在大地上的分布已经完整、恰当地展现了世界哲学史的内在逻辑和特殊发展（尽管这些发展的绝大部分内容是在以往的世界历史中实现出来的）。从这个意义上说，太极正是为了人类在**太极易**阶段将要进入的大同世界而设计了世界地理。世界地图在历史上的不断变化反映的正是人类通过曲折的发展向大同世界迈进的艰难历程。所以，我们可以忽略世界地图在以往历史中的种种变化，仅仅以目前最新的世界地图为准来理解太极在其先天思考中是如何设计世界地理的。当然，如果我们把世界地理凝聚的世界哲学史和人类历史某个阶段的哲学特性结合起来，就有可能对该阶段的世界地图做出相应的哲学分析，但这不是我们在这里要做的事。本书的目的不是研究世界历史，而只是为这种研究提供地理基础。我们的分析也会触及某些历史发展过程，但不是作为严格研究，而只是为世界地理的哲学意义提供一点粗浅例证而已。以上关于世界地图的说明同样适用于中国地图。虽然中国的行政区划在历史上经历了很多变迁，但在今天的时代，中国的行政区划已经基本上固定了下来，和世界各国的划分一样很好地反映了地理的哲学意义。因此，我们将以目前最新的中国行政区划图为准来分析中国各省的哲学意义。

以上讨论了太极设计世界地理的第一步，即根据世界哲学史的发展方

---

① 参见《太极之音》第 395 页。

式为世界各民族形成相应的居所，以便他们在居住地产生国家。在第一步基础上，太极还必须进行第二步考量，亦即从世界各民族的哲学特性出发决定其居所应该具有的自然环境。从哲学特性到自然地理的转化究竟依据什么来进行呢？换句话说，如何把哲学特性“物化”在地球表面？这是一个比较复杂的问题，但又是我们无法回避的。回答这个问题首先需要我们对太极的物化有所理解。

如前所述，宇宙生命的具体内容是太极把自身投射到宇宙中形成的自我形象，实现了太极的自我认识，在理、物、气三界分别对应太极的自我思考、自我物化、自我气化，前二者就是形成世界地理的基础。我们通常把宇宙看成无生命、无思考、无意义、按照某些固定规律运行的物质体系。这是被现代科学误导的粗浅的宇宙观。[①] 宇宙万物虽然是客观存在的，但不是独立存在的，而是属于太极形成的宇宙生命。宇宙生命中最先形成的是我们无法直接观察到的理界（宇宙逻各斯），其内容（宇宙理念）来自太极的自我思考。接着形成的是物界，其内容（自然万物）来自太极的自我物化。太极在宇宙逻各斯中达到了自我意识，思考了自身的发展历程和未来必须经历的发展过程，包括如何在物界投射自己来形成自我形象，然后才根据思考的结果把自己物化在物界。看似独立存在的宇宙万物，其实就是太极在物界形成的自我形象。第一太极物化成了宏观星系：每个“恒星—行星”体系都是第一太极的形象（乾物化成了发光发热的恒星，太极圆象物化成了围绕恒星运动的行星，坤物化成了散布在星系中，默默地在恒星和行星之间起到维系、滋养和保护作用的暗物质）。[②] 为了避免和第一太极的物化混淆，第二太极物化成了微观原子体系：每个原子都是第二太极的形象（天物化成了原子核，天内含的太极圆象物化成了质子、中子等粒子，地内含的宇宙生命则物化成了在核外围绕原子核运动的电子）。[③] 从宏观星系到原子体系的发展对应的

① 参见《太极之音》第七讲《天地与万物》第四节“宇宙智慧 科学真理”。
② 参见《太极之音》第 350、367—368 页。
③ 参见《太极之音》第 333—341 页。

就是从第一太极到第二太极的发展。[①]然而，生命必须在宏观层次上物化成身体，所以第二太极还必须实现宏观物化来支持生命，因为生命在世界中的活动是以天、地、天志、大道为基础的（参见图1）。天、地、天志、大道的宏观物化形成的就是气、土、火、水四大元素。[②]地球本身对应土元素，把无形的地物化成了可见的大地；环绕地球的大气则把无形的天物化成了可见的天空；天志随之物化成了大气（氧气）的能量，可以在生物的呼吸和物体的燃烧中释放出来（呼吸和燃烧都是释放氧气能量的过程，都是火元素的表现）；大道则物化成了从天空向大地、从大地向海洋流动的水（海洋物化了大道从地敞开的世界）。在四大元素的基础上，生物出现在海洋中，经过漫长的从地向天的进化，最终出现了居于天地之间的人。人行走在天地之间，通过呼吸获得大气中的能量，通过饮食吸收从大地而来的养分，通过火的使用形成最初的原始社会，在此基础上发展出真正的人类社会，开始了把太极实现在世界中的历史进程。

以上简述的太极物化过程在《太极之音》中有详细讨论，这里就不展开了。我们主要关心的是太极如何把世界哲学史物化在地球表面来形成自然地理。这种物化依据的就是气土火水四大元素。哲学对第二太极的思考可以直接通过四大元素物化在地球表面（对有限生命的思考还可以物化在人的身体中，形成和民族的哲学特性相应的外表）。第一太极物化成的宏观星系超出了世界地理的范围。但第一太极和第二太极是相互对应的太极，因此哲学对第一太极的思考也可以间接地通过气土火水四大元素物化在地球表面。至于世界哲学史的特殊发展，可以根据它们和世界哲学史的关联（例如三连贯中的三个哲学位置）或者它们和太极本身的关联（例如基督教的三位一体、佛教对世界本身的突出、伊斯兰教对天志的突出），亦即根据它们先天具有的哲学特性来物化在地球表面。

四大元素中其实只有土和水才是直接属于地球表面的地理要素。所谓“地理”其实就是“地之理”，即由土和水构成的“大地之哲理”。世界

① 由于宏观物质必须由微观物质相互关联来构成，首先被物化出来的是微观宇宙，其次才是宏观宇宙，但宏观宇宙作为微观宇宙演化的目标其实在意义上更早。参见《太极之音》第328页。

② 参见《太极之音》第173—180、358—359页。

哲学史的一切内容都必须通过土和水物化（凝聚）在地球表面上。但这些内容并不仅仅涉及地和大道，还涉及天和天志，以及太极的许多其他环节。如何才能仅仅通过土和水这两种要素把所有这些内容都凝聚在地球表面呢？其基本方式就是把哲学所思的种种不同事物凝聚为土的种种不同类型（山地、平原、盆地、沙漠等），把哲学思考这些事物的方式凝聚为这些类型的某种属性（高低、形状、位置、大小等）。例如，哲学所思的天志可以凝聚为向天空隆起的高山，其高度象征天志在思考中被突出的程度。水是大道的物化，而大道和小道是互为表里的，所以河流可以用来象征哲学所思的大道和小道，或者太极的其他运动方式，其源头、流径等属性则可以用来象征太极运动的起点、所经历的环节等特性。水还可以起到分隔土地的作用。海洋物化了作为原始敞开域的世界本身[①]，可以用来隔开世界的不同区域。湖则如同小范围的海，可以用来象征某种特定的世界。总之，山水就是世界地理的精华。正因为中国古人对山水的哲学意义有潜移默化的深刻体会，才会孜孜不倦地“寄情于山水之间”。

虽然世界地理只有土和水两大基本要素，但土和水的类型和属性是多种多样的，足以把世界哲学史的内容凝聚在世界地理中。在这里我们只需要指出几种常见的凝聚方式。高山通常象征天志（或乾志），隐含了神圣性，因此有时也被用来象征被哲学当成神圣的某些事物（例如存在或宇宙逻各斯）。高山也可以用来象征天志的下属意志（无限判断力和宇宙推动力），或天志在生命中的个体化（心）及其下属意志（有限判断力）。宽阔的高原可以用来象征天本身，也可以用来象征覆盖面很广的天志，推而广之也可以用来象征和天志相关的其他意志。平原通常象征充分敞开的世界。草原被绿草覆盖，可以用来象征在高天的俯瞰下（天志的推动下）生生不息地发展的世界。沙漠象征蛮荒的世界，其出现通常和过于强烈的天志有关（过于强烈的天志会压制宇宙生命和有限生命的阴性内容，导致世界的丰富内容被掩盖而实现为沙漠，过度的掩盖则形成戈壁荒漠）。盆地向地下凹陷，因此通常象征（深藏于无形地母中的）宇宙生命，或者和宇宙生命相关联的有限生命，有时也用来和高山对比，象征和高山的意义相反的阴

① 参见《太极之音》第 178 和 359 页。

性事物，例如被天志（或人的意志）统一的世界。河流除了用来象征大道和小道，或者太极的某种运动，还起到了连接大地不同区域的作用，因此有时被用来代表哲学所思之物的相互关联或统一性。这种所思之物甚至可以是阳刚的意志。最典型的例子就是黄河（代表中国在大意志上的统一性）和长江（代表中国在小意志上的统一性）。海洋象征原始意义上（尚未分化，被诸多民族共享）的世界。湖泊通常象征从某个特定的思考角度敞开的世界，或者和世界相似的某种阴性事物。山与湖的结合可以用来象征意志和对象的关系。由许多湖构成的湖群象征世界的离散化，凝聚了世界的精华，所以有时被用来象征理念世界，例如湖北的云梦泽和西藏的美丽湖群。湖常常与河相连，因此也可以用来象征属于小道的逻各斯。这方面的典型例子就是和长江相连的洞庭湖和鄱阳湖。岛屿通常象征相对独立于其他国家或地区的小世界。半岛通常象征从大陆的意义延伸出来的意义。岛群和半岛群常用来代表哲学思考中若干密切相关但又相对独立的环节。很多岛的岛群常用来象征支离破碎的世界。岛链则通常用来展现两个靠海的地区在地理意义上的相互吸引。

太极不仅在宏观层次上物化自己，同时也在微观层次上物化自己。这意味着世界哲学史也可以在微观层次上物化在地球表面。如果说气土火水是太极把世界哲学史物化在地球表面的宏观依据，其微观依据就是原子体系。换句话说，太极不但把世界哲学史的内容通过土和水两个基本要素物化出来，而且还通过土和水所含有的原子体系物化出来。这种微观物化不能被我们直接观察到，但仍然是世界地理先天凝聚的意义。天地阴阳合一的结构被物化成了原子核与核外电子的阴阳合一。核外电子的分布是根据宇宙生命的先天形式（八卦和六十四卦）设计的，可以包含 1 到 8 个主层及其次层，导致核内的质子和中子的数目也有很多相应的变化，形成了元素周期表所展现的非常多种多样的原子。[①] 天地的内容（太极圆象和宇宙生命）本来只有一种构成方式。但天地的微观物化（原子）却有很多不同类型。原子的这种多样性不仅被太极用来构造丰富多彩的宏观物质，同时也用来象征哲学思考天地（包括宇宙生命）的许多不同方式。至于哲学对

① 参见《太极之音》第 336—338 页。

天志和大道、世界和有限生命的思考则可以根据它们和天地的关系来实现其微观物化。总之，哲学对第二太极的思考可以物化成与思考特性相应的原子体系。和宏观物化的情形相似，哲学对第一太极的思考可以利用第一太极和第二太极的对应，世界哲学史的特殊发展可以根据它们先天具有的哲学特性来实现其微观物化。所以，世界哲学史不仅决定世界地理的宏观构成（土和水），还可以决定其微观构成（土和水包含哪些类型的原子体系）。我们直接观察到的是世界各地千姿百态的山水。但如果我们通过科学技术深入大地的微观层次，就会发现原子体系在世界各地的分布方式同样是千变万化的，而且更加复杂和微妙。

世界哲学史物化在微观层次的主要方式就是以高度集中的方式把某种微观元素（或以之为基础构成的微观分子）大量聚集在一起，在地壳中形成某种矿藏。科学可以帮助我们追溯矿藏形成的原因，但这种追溯只是从一种物质（矿藏）追溯到另一种物质（影响矿藏形成的物质）。这种追溯没有尽头，因为它只是解释了某种物质是如何形成的，而没有解释它为什么会形成，亦即地质演变形成这种物质的目的是什么。科学从实证角度追问万物的如何，而不关心它们的为什么（目的性或意义）。这是科学的本质所决定的。然而，正如星系和原子体系的形成不是偶然的，矿藏也不能简单地归结为某些偶然的初始状态按照固定的科学规律演变的结果，其形成过程其实隐藏了非常微妙的、来自宇宙逻各斯的引导（正如人的行动受到逻各斯中的意念引导一样）。[①] 宇宙理界本来就先于物界形成，事先思考了物界并且时刻组织其运动。科学之所以能够发现宇宙物质的运动规律，就是因为人的逻各斯是宇宙逻各斯的有限化，但科学没有看到宇宙逻各斯不但组织宇宙物质，而且这种组织带有目的性，其目的就是为了实现太极的物化，包括将太极对世界哲学史的思考物化在地球表面，为世界各民族参与世界历史提供恰当的自然环境。然而，科学研究的成果对我们了解地球的演变方式和过程非常有帮助，所以我们研究世界地理时应该充分利用科学研究的成果，同时又不能仅仅从科学角度理解问题，而必须从太极的物化角度理解地球演变的目的和意义。

① 参见《太极之音》第194—195页。

山水是世界地理在宏观层次的精华，而矿藏则是其在微观层次的精华。矿藏和山水一样被太极利用来象征某种哲学特性。例如，**黄金**有很强的化学稳定性，不易和其他物质发生反应，能够不受外界影响而始终保持自身的本性，因此金矿可以用来象征太极某个环节不受外界影响的自我同一性（铂族金属的性质接近黄金，也被用来象征自我同一性）。从原子核角度来说，**铁**是最稳定的元素，因为其原子核的平均结合能最大，最不容易发生变化（比铁轻的元素容易聚变，比铁重的容易裂变）。故铁矿可以用来象征稳定的内部结合。特别地，铁被太极用来象征组织生命的原始领悟，这一方面是因为原始领悟把所有具体领悟结合为不可分割的整体[①]，另一方面则是因为生命的物化（生物有机体）是由碳元素（氧的天然阴性伴侣[②]）构成的，而铁和碳一样是典型还原剂，可以通过氧化还原反应转换能量（铁就是氧在金属中的天然阴性伴侣）。生命回旋运动在生物体中被物化成了血液循环，[③]而这种运动是被原始领悟组织的，所以铁元素被用来参与构成血红蛋白，帮助血液循环把氧运输到全身。另外，组织生命的原始领悟指向的是世界本身，因此铁矿的形成往往和原始领悟构建世界的作用相关。和铁相反，**铀**是最不稳定的元素，因为铀是自然界中能够找到的密度最大的元素，其原子核很容易分裂成几个较轻的原子核。所以铀矿可以用来象征不稳定的内部结合。**金刚石**是自然界最坚硬的物质，因为它由碳原子以四价键链接形成，所有的价电子都参与了共价键的形成（没有自由电子）。同样由碳原子构成、但原子结合方式不同的石墨却不坚硬。金刚石把许多碳原子以特殊方式结合成最坚硬的物质。因此，金刚石可以用来象征将许多同类事物结合在一起而产生的强烈的统一性，也可以用来象征从阴性向阳性的转化（从阴性的、分散的局部转向阳性的、有统一性的整体）。**稀土**是具有非常广泛和重要用途的金属元素，被誉为现代工业的“维生素”。抛开其用途不论，稀土本身的特殊性在于它们是周期表中性质极其相似的 17 种元素构成的元素家族，因它们的物理化学性质极为

① 参见《太极之音》第 269—270 页。
② 参见《太极之音》第 360—361 页。
③ 参见《太极之音》第 182—183 页。

相似，从氧化物中将它们分离提纯十分困难而获得了稀土的名称。稀土可以用来象征混合的世界性，亦即由多个相似事物混合形成的世界，或者由多个相似世界混合形成的多重世界。稀土在地球上的分布非常分散，但如果世界哲学史的某个环节刚好隐含了混合的世界性，就会在相应的地表中凝聚成稀土矿。中国是稀土大国，其稀土矿不但储量大而且矿种齐全。这并非偶然。中国地理具有特殊的世界性，其省级地理也具有国家级地理的特性，因此和世界统一性相关的哲学位置在中国很容易凝聚出稀土矿。①

有些微观元素不是直接通过其物理特性，而是通过它们构成的物质在生物活动中的作用来物化某种哲学特性。例如，**食盐**是饮食必备之物。生物体通过饮食从大地获得营养（食物随着水进入生物体）。饮食物化了大道从地内含的宇宙生命生出有限生命的运动（水物化了大道，食物是大地的精华，物化了宇宙生命）。②这种运动隐含理物气三界小道，和大道互为表里，从内容上充实了本性虚无的大道，对大道的运动具有内在的调节作用。盐在饮食中的作用说明它物化了三界小道对大道的充实和调节。缺乏盐的饮食让人觉得空洞贫乏、平淡无味。其实很多天然食材都含有盐的成分，但我们在烹调时还是喜欢加点盐，这样吃起来会更有味道。然而，过多地摄入盐并不是好事，因为盐进入身体后还会起到调节血液循环的作用，摄入过多时会使血压迅速升高。血液循环是生命回旋运动的物化，而推动生命回旋运动的大道则是被三界小道调节的，这是为什么盐不但可以调节口味，还能调节血液循环（这是通过太极对人体的设计实现出来的）。虽然盐（氯化钠）是土壤隐含的成分，但通常只是分散地和其他成分混在一起，然而有些地方却有天然形成的盐矿，说明这个地方物化了哲学对三界小道有充实和调节作用的某种思考。

燃料矿藏和生物活动也有密切的关系。燃料主要是以碳元素为基础的有机化合物，通过其中的碳被氧化的过程释放出光和热等能量。所以，燃

---

① 以上初步概括了几种重要元素的象征意义。元素周期表中有多达 118 种元素，其可以象征的哲学特性非常复杂而微妙，研究起来十分困难，所以本书对元素在地理设计中的象征意义只提供了思考框架，在具体细节方面还没有充分展开。人类必须通过长期、深入、全面的研究才能真正揭开其神秘面纱。

② 参见《太极之音》第 182 页。

料和四大元素中的气和火有着密切的关系。气是天的宏观物化。天内部包含的太极圆象由阳象、阴象、合象构成，分别物化成了氧气、惰性气体和氮气，因此氧气的能量代表天的阳刚之力（天志）。[①]但阴象的物化还有另外一种特殊形式，即大地中的碳（构成生物有机体的基本元素）。[②]氧和碳之间是天然的阴阳合一关系。氧气可以通过呼吸和血液中的碳结合，释放出能量来推动血液循环，也可以和燃料中的碳结合，释放出光和热等能量。呼吸物化了天志对生命活动的推动。燃烧释放的能量也可以推动生命活动，只是发生在生物体之外而已。由于世界地理是由土和水两种基本要素构成的，天志在地理中物化成了高山，和世界物化成的平原、草原、沙漠等相互对应。但这种物化只反映了天志和天的关系，以及天志和世界的关系，没有反映天志对生命活动的推动。所以，世界地理中的高山并没有完整地物化天志。为了弥补这个缺陷，必须在地球表面形成天志的另外一种物化，才能完整地反映世界哲学史对天志的思考。这种物化必须能够反映天志对生命活动的推动，但它不能是呼吸或燃烧，因为这些只是随机发生在世界上的事件，不是世界地理的固定特性。太极解决这个问题的办法就是在地球演变过程中让动物尸体大批埋入地下，经过长期的物理化学变化最终形成燃料矿藏，即我们熟悉的石油。**石油**作为矿藏是世界地理的固定组成部分，但它储存了生物从呼吸获得的能量，可以通过燃烧重新释放出来。所以，石油在世界地理中被太极用来象征天志对生命活动的推动作用（伴随石油产生的天然气有相似的意义）。

和天志相似，乾志在世界地理中也物化成了高山，而乾志的对象（太极圆象）和天志的对象（世界）对应，可以物化成和海相似的湖。然而，这种物化同样只反映了乾志和太极圆象的关系。所以，太极必须形成另一种物化来象征乾志对生命活动的推动作用。乾在太极的宏观物化（太阳系）中被物化成了太阳，而乾志则被物化成了照耀行星体系的太阳光[③]（行星体系物化了太阳圆象）。太极于是在大地中形成了可以储存太阳光能量的

① 参见《太极之音》第359—360页。
② 参见《太极之音》第360—361页。
③ 参见《太极之音》第357—358页。

燃料矿藏，即我们熟悉的**煤**。煤是植物大批埋入地下，经过长期的物理化学变化形成的。植物通过光合作用吸收太阳光的能量，同时释放出氧气给动物，并作为食物为动物提供营养，支持了动物的生命活动。所以煤在世界地理中被太极用来象征乾志对生命活动的推动作用。但乾志究竟是怎样推动生命的？乾志是第一太极的意志，无法像天志那样直接落入生命中（成为心）去推动生命活动。但乾志是最原始的太极阳刚之力，是推动太极圆象发展变化的力量，因此也是（通过拥有宇宙意志）推动宇宙生命发展变化的根本力量。乾志通过拥有宇宙判断力（无限判断力）来推动小道，从宇宙逻各斯送出有限逻各斯来组织有限生命，使生命被逻各斯澄明而获得意识，从而间接推动了生命活动。煤象征的就是乾志通过澄明生命来推动生命活动的作用（有些天然气是伴随煤层产生的，其意义和煤相似）。[①]但事实上，乾志在世界哲学史中极少被思考，即使被思考也常常不包括其对生命的推动作用。所以，煤在世界各地的大量形成主要象征的是逻各斯澄明生命的作用（世界哲学史的许多位置都涉及这种作用，只是不知道它归根到底来源于乾志的推动）。

除了石油和煤，还有一种介于两者之间，被当成非常规石油的燃料矿藏，亦即**油页岩**。油页岩是湖海中的藻类等低等植物腐烂后化成泥浆，经过长期的沉积和物理化学变化形成的。油页岩的形成环境和煤差不多，故常与煤共生，但它含有类似石油的页岩油。石油在地理中物化了天志对生命活动的直接推动，亦即天志落入生命又回归自身，通过这种循环来推动生命回旋运动的作用（这个循环运动在生物中的物化就是呼吸[②]）。天志也可以通过推动世界间接地推动生命，其方式就是通过逻各斯对世界的澄明，将世界向个体生命开放出来，成为所有生命共享的世界，从而将天志对世界的推动作用“个体化”到生命中，借此推动生命向世界超越，成为生活在世界中的人。这种推动作用其实是天志借助判断力的自我超越（自

① 太阳光照射在地球上，生命才能生活在一个澄明的境域中，这是乾志澄明生命的作用通过太阳光直接物化在世界中的方式。

② 参见《太极之音》第183页。

我意识）实现的，是天志通过澄明世界间接推动生命活动的方式。[①] 如果世界哲学史的某个环节突出了这种推动作用，太极就会利用湖海中低等植物的腐泥来形成类似石油的燃料矿藏，其结果就是油页岩，其形成方式和煤相似，来自判断力对世界的澄明作用，但其象征的仍然是天志对生命活动的推动作用，所以含有类似石油的页岩油（海洋是世界本身的物化，湖则是小海洋）。天志对生命活动的间接推动是人类通过发展语言和自我意识形成行动的世界之方式。在行动的世界基础上，人类还可以建立起敬拜的世界，让天志直接推动生命活动的作用显露出来。从燃料矿藏和世界的关系而言，石油物化了天志在敬拜的世界中的作用，油页岩则物化了天志在行动的世界中的作用（其中隐含判断力澄明世界的作用）。在敬拜的世界基础上，人类还可以进一步将天志对世界的直接把握和语言的道说结合起来，通过言说地天人神形成诗意的世界。[②] 这种结合包含天志通过澄明世界推动生命活动的作用，同样可以在地理中凝聚成油页岩。总的来说，油页岩在世界地理中象征的就是天志通过澄明世界推动生命活动的作用。

作为燃料矿藏，石油和煤一起物化了太极的阳刚之力对生命活动的推动。石油就是埋入地下的天志；煤就是埋入地下的乾志（更宽泛地说，是埋入地下的光明）。当人们从地下挖出燃料矿藏，用它来帮助建设世界的时候，应当对孕育了一切矿藏的地母心存感恩，对推动世界发展的上天心存敬畏。然而，现代社会已经丧失了诗意的世界和敬拜的世界，退化成了单纯的行动的世界。[③] 我们把上天的意志从地下挖出来，帮助我们发展行动的世界，却忘了将行动的世界纳入敬拜的世界，并进一步纳入诗意的世界中。大地埋藏的宝藏并不仅仅是为了让我们使用，而是凝聚了深刻的意义。虽然燃料在燃烧时才把其象征意义释放了出来，但同时也以不可挽回的方式消灭了这种意义。所以我们应该认真研究世界地理，从矿藏给我们的生活带来的帮助去体会天父地母的意义，帮助我们培养敬天亲地的精神。

---

① 判断力对生命的超越使它无形中向把握世界的天志超越，但它不需要意识到这点，而只需要意识到自己对生命的超越即可达到自我意识，建立起行动的世界。人必须在行动的世界基础上建立敬拜的世界才能真正意识到统一世界的原始意志。参见《太极之音》第289—298页。

② 参见《太极之音》第298—302页。

③ 参见《太极之音》第302—303页。

燃料矿藏把四大元素中的“火”隐藏在世界地理中，让“火”间接地参与了世界地理的构成。虽然“气”属于天空，不是地球表面的一部分，但太极通过地球表面的自然环境（土和水）在不同区域形成了不同的“天气”和“气候”，使“气”也间接地参与了世界地理的构成。总的来说，气土火水四大元素都参与了世界地理的构成。但火和气只能间接地通过土和水发挥其构成作用。所以，归根到底，真正把世界哲学史实现在世界地理中的是土和水两大基本要素。展现这两大基本要素的就是世界地形图，其中画有海洋、陆地、高山、平原、高原、草原、沙漠、河流、湖泊等自然地形，展现了世界地理的宏观构成。另外，虽然矿藏通常无法直接观察到，人类还是可以画出各种矿藏在世界各地的分布情况。世界地形图和世界矿藏图展现了世界地理的宏观和微观构成，成为反映世界哲学史的两幅巨型图画。世界地理的分析最终必须完整地解释这两幅图画的哲学意义。但世界自然地理和矿藏分布的哲学研究非常复杂，需要人类通过长期的努力来完善，所以我们的地理分析将主要集中在世界各国的位置、几何形状、邻接方式的哲学意义，对自然地理和矿藏分布只能选择一些重要的来说明。另一方面，中国地理具有特殊的世界性，其省级甚至市县级地理都具有国家级地理的特性，因此本书对中国的自然地理做了详细的分析，对主要的矿藏做了相应的说明。

我在分析世界地理（主要是中国各省地理）时可能会顺便提到其人文特点，包括风土人情、杰出的代表人物等。这只是为了在我有限的知识范围内为世界地理的意义提供一点例证（如果人们深入研究下去，就会发现更多的例证）。这些例证不是严格的研究，目的主要是增加阅读的兴趣。它们通常比较含糊，无法绝对化，但也不是完全偶然的。在某种自然环境中出生、成长的人们自然地会吸收到其凝聚的地理意义，久而久之就会形成该地区独特的人文特点，并且通过风俗习惯、家庭教育等方式流传给后代。自然环境对人文特点的影响超越了自然科学的因果作用模式。生命在大道的推动下不断回旋，同时还从小道接收到组织生命的各种领悟。大道和小道的运作是自然无为的，也是我们通常意识不到的。但它们仍然默默地通过天地万物流入世界之中。人们自然形成的风俗或风土人情就是它们的反映。[①] 人们把“风土”和“人情”联系在一起，就是看到了自然地理和人文特点的内在关联。在这方面人文地理学做了不少研究，但它只知道自然地理的“如何”，而不知其“为什么”。某个地区的人文特点其实是凝聚在其自然地理中的哲学意义被释放出来的结果。这种释放既可以从宏观的山水而来，也可以从微观的元素而来。人们栖居在山水之间，日日与之相亲，自然地就会对其哲学意义有潜移默化的体会，并且在活动中释放出来，形成相应的行为方式。微观元素虽然不是可以直接观察到的，但它们会被植物吸收，通过饮食进入动物的身体，默默地、日复一日地塑造着动物的生命特性，而在人身上则更是可以达到精神层次的发挥。太极有时甚至还会通过植物（药材）对人身体的特别作用来物化某些哲学特性。人是通过身体生活在世界中的；身体就是我的物化（亦即作为物的我，简称物我）。[②] 人在某个地方出生，在其自然环境中呼吸、饮食、活动，自然地就会从宏观和微观两个方面吸收到它所凝聚的哲学意义。[③] 出生是人的物我在世界中形成的关键时刻，同时也是宇宙生命开始其有限化的关键时刻。人在出生的时候第一次直接吸收到了自然环境中凝聚的哲学意义。因此出生地是人性成长的基础。某地的哲学意义或许在普通人身上表现得比较隐晦或平均化，但在其山水孕育出来的杰出人物身上则会有突出的集中的表现。然而，人文特点本质上是社会性的。人不仅是出生在某个自然环境中，而且是出生在汇集了风俗习惯、文化气质、血脉遗传、家族传统等特性的社会中，因而还可以从社会本身吸收到该地区的山水孕育出来的、一代代地积累起来的人文特点（血脉遗传和家族传统的作用使祖籍的地理意义仅次于出生地）。

总而言之，人不是生活在毫无意义的物质世界中，而是生活在有先天意义的自然地理中。人类自古以来就依靠自然地理来滋养身体，塑造心灵，并通过风土人情和文化活动来释放自然地理凝聚的哲学意义。这种意义从远古开始就已经出现在原始崇拜和古代神话中，经过人类历史几千年的发

① 参见《太极之音》第八讲《天地与人》的第二节“地生风俗”。
② 参见《太极之音》第 28 页。
③ 出生物化了宇宙生命从地母涌现为有限生命的运动。呼吸和饮食则物化了天志和大道对生命回旋运动的支持。参见《太极之音》第 152 和 183—184 页。

展，不断地沉淀在世界各地的风俗习惯和传统文化中，尽管它们在现代社会中逐渐被遮蔽了起来。现代人的生活环境越来越远离曾经孕育了民族传统文化的山水，同时我们的饮食方式也越来越人工化。我们必须改变脱离自然的生活方式，更多地生活在山水之间，重新体会山水的意义，形成更为自然的饮食和生活方式，才能真正激活传统文化，让它们在当代生活中获得新的生命。另一方面，当我们理解了世界地理凝聚的丰富多彩的哲学意义时，我们就获得了更加宽广的视野，可以主动地、有针对性地吸收不同地区的文化来丰富本地文化，从而克服地域文化的局限性。

最后，让我们面对一个可能会引起误解的问题，就是世界地理的先天意义是否意味着对人类自由的否定。人们通常所说的自由指的其实是个人的自由，主要包括自由选择和自由行动。一个人的出生地、祖籍、居住地等因素并不妨碍其自由地选择和行动，因为任何充分成长的正常人都会有这种自由，这与其所处的自然地理没有关系。但这并不意味着此人的行为不会表现出从自然地理而来的哲学意义。自由不属于某个凭空创造了自己和世界的个人，而是属于某个从自然和父母获得身体，在自然地理形成的世界中生活，在人类社会中成长为人的个人。自然、世界和社会并不是外在于个人的因素，而是内在于个人、使其能够作为人存在的基础和前提。所以，自然地理不是从外在去束缚个人的自由，而是潜移默化地从内在去塑造其自我（包括物我）。每个人都有自己的个性和倾向，但同一个地方的人的个性和倾向却有某些共同之处，隐含了从其自然地理而来的哲学意义，而这种先天意义恰恰必须通过个人的自由才能充分释放出来。

世界地理的意义不但通过个人自由，还在更高层次上通过历史活动实现出来。历史活动不能简单地归结为人类的自由行动。虽然世界历史是通过许多个人实现的，但这些个人并不可能孤立地实现世界历史。历史只能在人类社会的基础上，通过一代又一代人的努力才能实现出来，而我们并不能像谈论个人自由那样谈论人类社会的自由。如果人类社会真的拥有如同个人那样的自由，这个世界就不会有那么多问题了，如果社会想要做什么就可以做什么，那么想要消除腐败就能消除腐败，想要社会安定就能达到安定，想要经济繁荣就能实现经济繁荣……但历史的悖论就在于世界历史虽然是人类社会的作为，但又只能通过个人的自由，而不是社会的自由来实现。所以，历史充满了矛盾、冲突、斗争、压迫、反抗，甚至流血的战争。人类社会的不自由不是因为有某种外在的事物束缚了社会，而是因为自由本来就是个人的自由，而个人自由又总是可能相互冲突的。由于社会和个人处在不同层次，世界历史不能简单地分解为个人行为的总和。历史的发展既需要个人的参与，又不仅仅取决于个人的行为，而是取决于历史的内在发展逻辑。不论人类是否认识到这种内在逻辑，世界历史都会朝着它既定的方向前进。这并不意味着个人在历史中无所作为。组织生命和世界的小道不断地从宇宙逻各斯涌流出来，把时代精神默默地发送到世界各民族中，激发出相应的思维和行动倾向，最终引导众人实现出历史的转折。每个人都可以自由地参与到历史中，以自己的方式为其发展做出贡献（尽管个人往往并不是有意地要推动历史的发展）。某些卓越的个人甚至有可能以其才能或品格影响世界历史的走向，但这些人的所作所为实际上代表的就是时代的精神，否则就不会对世界历史发生这样的影响。一个时代的人们喜欢做的事，下一个时代的人们也许就不再喜欢做了，而从一代人到一代人的变化却不是个人所能左右的。这种变化本身就有超越个人、符合历史内在逻辑的因素。

世界历史的前进方向反映了世界哲学史的内在逻辑和特殊发展，而后者已经被凝聚在世界地理中，潜移默化地塑造了世界各民族的性格、思维倾向和行为方式，孕育了民族的传统文化。当世界地理的哲学意义被某个时代的精神激活时，世界哲学史的不同环节就会在不同地方和这个时代精神相互呼应，在不同民族中产生不同的表现，并且通过相互吸引、相互结合、相互激荡、相互冲突等多种方式共同决定世界历史的进程（凝聚在某个国家地理中的哲学意义在其对应的时代尚未到来之前就可以超前发挥出来，在其对应的时代中会得到最充分的发挥，在之后的时代中仍然会参与到新时代的发展中。从这个角度来说，世界历史的任何一个时代都包含了所有时代的因素，只是当代的因素占主导地位而已。这是世界地理将世界哲学史空间化的结果）。不同的民族和国家展开的历史活动虽然有可能相互冲突，但实现出来的仍然是统一的世界历史。然而，如果人类理解了世界地理的哲学意义，就可以更好地理解世界历史的意义，以相互协作的方式向历史的终极目标前进。从这个角度来说，人类确实可以通过思考获得自由。但这种自由不是指个人选择或行动的自由，而是指人类通过对世界历史的恰当的、充分的认识来摆脱行动的盲目性和自我伤害。当人类真正理解了历史的终极目标时，世界各民族就可以真正团结起来，共同努力来实现这个目标。世界地理的意义产生了许多不同的民族和国家，其存在都是合理的。但世界各民族最终必须走到一起，把世界地理隐含的“天下一家，和而不同”的意义实现出来。所以，我们必须充分认识世界地理的哲学意义，这样人类才能从几千年来的内耗中摆脱出来，有意识地实现历史的终极目标，在大地上实现人类的自由解放。

分论 世界地理的发展过程

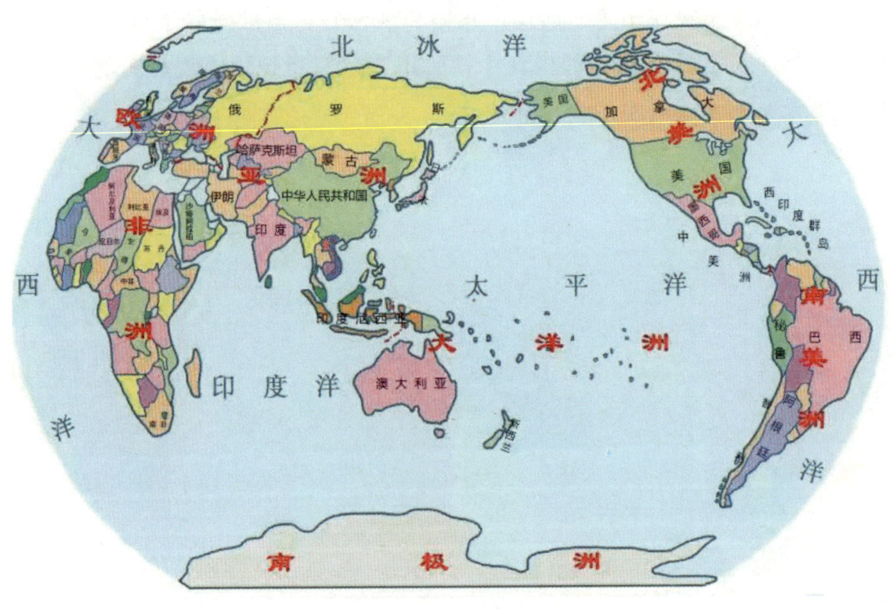

图 3 世界代表性政区示意图

一、中国

根据我们在《导论》中的讨论，世界地理的发展过程必须反映世界哲学史的内在逻辑，而其内在逻辑表明，世界哲学史以**易**为开端，以**太极易**为终结；中华民族喜欢把握总体的思维倾向使其适合承担世界哲学史的开端和终结。所以，世界地理的设计自然地以中国为起点和终点。太极把这个起点设计在北半球。为什么在北半球？地球的南北两极是地球自转的两个不变中心，正如天和地是人在地球上行走时的两个不变方向。所以，在世界地理中南北和天地有潜在的对应关系，其对应方式就是北方属天，南方属地。为什么北方属天，南方属地，而不是反过来？因为在太极设计世界地理的目光中，当北极在上方（属天），南极在下方（属地）时，东方就在右边，西方就在左边，地球自转时其表面（世界）从西向东的运动就相当于从左向右，符合太极的发展从阳到阴的特点。[①] 事实上，人类对世界地理的这种先天意义是有所感觉的。尽管由于各种原因，古代地图并不是都采取北上南下，左西右东的画法，但是在人类的视野开始扩展到整个地球的现代社会，人们自然地采取了这种画法。既然北方属天，南方属地，世界地理的自然发展趋势就是“从北向南”（从阳向阴）。这就是为什么太极把世界地理的起点设计在北半球的原因。不但如此，太极还把这个起点设计在北半球的温带，以便使它四季分明（四季物化了太极自我生成的生长收藏运动，使天地之间成为太极通过人进一步自我生成的场所，构成了历史时间的基础[②]）。在太极的最初设计中，**中国**只是这样一个在北半球温带的地理起点，其形状还无法确定。中国的形状取决于中国各省的邻接方式。因为中国哲学是世界哲学史的起点和终点，中国地理必须凝聚世界哲学史的发展过程，并且反映在中国各省的邻接方式中。所以，太极在设计中国作为世界地理的起点之后，并没有接着进入中国各省的地理设计，而是转去设计承担西方哲学史的西方各民族的居住地，然后才返回中国设计中国各省（参见后面第三节描述的中国各省的地理设计。在这种设计中，特别地凝聚了地理起点意义的省份是河北省，其形状等地理要素很好地反映了**易**的特性）。

二、西欧

西方哲学史的起点是希腊哲学。希腊哲学从大道进入小道，与中国哲

① 在三维空间的六个方位中，上为阳，下为阴，左为阳，右为阴，前为阳，后为阴。中国古人早已发现了六个方位的阴阳属性。这种属性不是偶然形成的，而是八卦三爻的阴阳属性在三维空间中的展现。参见《太极之音》第 137—139、238、315 页。南方属地还导致南极形成了近似圆形的陆地，在其上形成的巨大冰盖占了全球冰量的大约 90%。

② 参见《太极之音》第 356 页。

学拉开了一定距离。所以，太极把**希腊**设计在中国西边的一定距离上，让它和中国地理的开端(河北)有相似的纬度,以便让它同样具有开端的意义。太极还让希腊与河北在经度上的跨度约等于直角，这样希腊就离河北既不近也不远，在拉开距离的同时保持着关联。为什么希腊被设计在中国的西边而非东边？因为这样地球的自转就会使太阳光首先在中国开启世界，然后才到希腊开启世界，符合哲学史发展的过程（哲学就是从太极射来的智慧之光）。承担了西方哲学史的其他民族的居住地（国家）则被进一步排列在希腊的西边，和希腊一起共同构成了地理上的“西欧”。这种设计决定了世界区分为东方和西方的哲学意义。黑格尔曾经指出，世界历史的地理路线顺着太阳光从东方升起，亚洲是起点，欧洲是终点。这是很有洞察力的见解，但黑格尔没有想到的是，太阳从西方落下之后，还会再次从东方升起。在太极的发展中，最初的起点必定也是最后的终点。

希腊哲学的 9 个位置构成了从大道进入小道的发展，所以被当成一个整体，但其实每个位置和大道的关系都不同，例如开端位置（**毕达哥拉斯**）并没有包括大道末端（存在），终结位置（**伊壁鸠鲁**）把存在转化成了无限宇宙，其他位置则从小道出发思考存在，逐渐遮蔽了对大道的原始视野。所以，希腊哲学的统一性不在大道而在小道，这意味着希腊的世界整体上具有离散性，适合于形成海洋中的多岛之国。存在敞开世界的作用只能用岛上的山地俯视平原、盆地或海洋的作用来象征（从小道的角度看，存在是具有神圣性的，可以用高山代表）。希腊因此成为多山多岛之国。

由于希腊地理是从中国地理向西设计出来的，希腊地理应该从东向西发展，但世界地理的自然发展趋势是从北向南，所以希腊地理总体上从东北向西南发展。希腊北部从东北向西南分成了三个地区，对应希腊哲学的前三个位置，分别和今天的保加利亚、北马其顿、阿尔巴尼亚接壤（这种接壤的意义参见后面对巴尔干国家的分析）。**毕达哥拉斯**对应保加利亚南方的长条形地区，其最西端是塞萨洛尼基，由此延伸出的半岛有三个平行的分支（象征**毕达哥拉斯**最终发展出的数本论中包含开端、中间和终结，代表“全体”的数字 3，这是最能代表太极“阳阴合”运动的数字）。**巴门尼德**对应北马其顿南方的希腊地区，其中心耸立着希腊的最高峰奥林波斯山，向南俯视色萨利宽阔的平原和盆地，向东俯视大海（塞尔迈湾），象征敞开世界的存在。

在希腊神话中，打败了旧神的新神以奥林波斯山为神圣居所开辟了天地之间的新世界，因此这座神秘的山峰成为希腊精神的真正发源地（希腊神话用旧神体系思考第一太极，用新神体系思考第二太极[①]）。**芝诺**对应阿尔巴尼亚南方的希腊地区，以品都斯山脉为界与东边的色萨利平原相邻，象征**芝诺**和**巴门尼德**共享对存在的思考，但和**巴门尼德**不同的是，**芝诺**的悖论有分裂世界的作用，因此在该区的西海岸附近产生了伊奥尼亚群岛。

赫拉克利特综合了**芝诺**和**巴门尼德**，通过逻各斯把存在解蔽到现象中，开启了新的一轮从大道进入小道的运动。希腊地理于是倒回色萨利东南方的海域，重新开始从东北向西南发展，首先设计**赫拉克利特**对应的长条形的埃维亚岛，然后在其西南设计和它平行、隔海相望的长条形半岛来对应**普罗塔哥拉**（**赫拉克利特**的逻各斯是组织世界的公共逻各斯，而**普罗塔哥拉**则反过来突出逻各斯的个体性，所以二者对应的地区以海隔开，导致**赫拉克利特**对应的地区成为长条形岛屿）。**普罗塔哥拉**对应的长条形半岛从品都斯山脉终端向东南延伸，其终端（雅典）代表前**苏格拉底**哲学的最终发展，同时构成向**苏格拉底**的转折（通过科林斯地峡向西南延伸出伯罗奔尼撒半岛）。伯罗奔尼撒半岛有三个大分支，从东北向西南依次代表**苏格拉底**、**柏拉图**、**亚里士多德**。粗大的第二支（中支）的末端进一步分化出东和西两个小分支，代表**柏拉图**企图在思考中统一的存在和宇宙逻各斯（**柏拉图**无法真正统一它们，以致其所思之理念分裂在二者之间，导致其思考的自相矛盾，[②]因此用分叉来象征。在两个小分支之间结合二者的欧罗塔斯河代表的就是**柏拉图**统一存在和宇宙逻各斯的企图）。由于**亚里士多德**的逻各斯仅仅实现了理想性的自满自足，希腊哲学史接着过渡到**伊壁鸠鲁**来实现逻各斯在现实性方面的自满自足。**伊壁鸠鲁**和希腊哲学主流非常不同，因此其对应的克里特岛被设计在伯罗奔尼撒半岛（通过基西拉岛）遥遥指向的东南海域上。**伊壁鸠鲁**追求个体生命自满自足的快乐，这种哲学特性凝聚在克里特岛的自然地理中，使其风光十分秀丽，非常适合居住，是著名的长寿岛，同时还出产世界顶级的橄榄油（橄榄油有天然的保健、

---

① 参见《太极之音》第十二讲《易经与希腊神话》。
② 参见《太极之音》第501页。

养生和美容作用）。

除了半岛和两个大岛屿，希腊还断断续续地向东方的土耳其方向延伸出了爱琴海的众多小岛群，因为土耳其代表基督教逆行希腊哲学史的结果（产生东正教），导致希腊向土耳其延伸出许多过渡性小岛群（见后面对土耳其的分析。东正教突出了个人和神通过存在发生的神秘关联，其哲学基础就是存在被解蔽到现象中并进一步被个体化，所以爱琴海的小岛群主要是从**赫拉克利特**和**普罗塔哥拉**对应的地区延伸出来的）。希腊哲学把敞开世界的大道（存在）化入小道，导致希腊地理整体上具有离散性，为希腊发展小国寡民的城邦制提供了地理基础。**普罗塔哥拉**的相对主义具有最强的以个体逻各斯为基础的离散性（从地理上来看，从雅典向土耳其延伸出来的岛屿群也是最支离破碎的）。所以，希腊的城邦民主制在**普罗塔哥拉**时代的雅典实现出了最高的发展，其注重感性的特点也使希腊艺术在这个时代达到了发展的顶峰。[①] 另一方面，伯罗奔尼撒半岛的中支凝聚了**柏拉图**的国家至上立场，在结合其两个小分支的欧罗塔斯河西岸形成了斯巴达，经过长期的军国主义发展，最终在伯罗奔尼撒战争中打败雅典而成为全希腊的霸主。这种历史发展的内在逻辑就是希腊哲学从前**苏格拉底**向后**苏格拉底**的转化。

按照世界地理从北向南发展的自然趋势，希腊之后的西欧国家应该出现在其南方。但这里有一种特殊情况，使西欧国家的出现必须反过来从南向北。其原因在于中国各省的邻接方式必须符合“从北向南”的法则，以便在中国内部反映世界哲学史的发展过程（这是从一开始就确定下来的），所以承担西方哲学史的西欧国家必须从南向北出现，这样才能最终（借助“三连贯”的地理设计）从德国返回中国北方，进入中国地理“从北向南”的发展，把西方哲学史的发展过程回收到中国地理的内部发展。但这些西欧国家不仅要从南向北出现，同时还要继续向西出现，所以实际上是不断向西北方向出现。当然，这种不断向西北方向的前进也有例外，因为西方哲学史的发展并不是一味向前进的。

希腊哲学之后的第一个位置是**阿奎那**。因此，**阿奎那**对应的**意大利**就

---

① 参见《太极之音》第 495 页。

被设计在希腊的西北方向。由于希腊哲学不能从自身发展出**阿奎那**（需要基督教为中介），意大利不是直接从希腊延伸出来，而是隔海发展出来。虽然意大利出现在希腊的西北方，其内部地理的发展仍然保持了“从北向南”的自然趋势。作为起点的意大利北部伸展出了东西两端，分别代表哲学和宗教（靠近希腊的东端代表哲学，西端代表宗教）。两端合在一起向东南（希腊）方向延伸，代表宗教和哲学通过神学大全实现了结合。结合的过程实现为意大利中部的长条形，其中心在西海岸的罗马，这里因此成为意大利的天然中心（结合的方式是宗教利用哲学来支持自己，故结合的中心点在西海岸）。但长条形的末端又重新分叉成东西两支，暗示宗教与哲学的结合只是形式上的、表面上的聚合，骨子里二者其实无法合到一块。所以，意大利的形状像一只沿着“西北—东南”方向斜放的高跟皮靴：西北部即其地理的起点，如同皮靴的大开口；中部的长条形如同靴身；东南部则重新分叉成东西两支，东支如同高跟，西支如同靴尖；代表哲学的东支指回希腊，代表宗教的西支则指向隔海相望的西西里岛。为了展示基督教中天父的意志（天志）对意大利的统一作用，太极让亚平宁山脉从靴口的西支开始贯通靴身，途中不断向东海岸靠拢再逐渐折回西海岸（形成巨大的弧形），代表基督教对哲学的吸收，其高度也是从低到高再到低，最高点在罗马东北方的科尔诺山，象征宗教吸收哲学的最高努力。在靴身向靴尖过渡的西海岸则出现了著名的维苏威火山，代表宗教吸收哲学的最后（也是最艰难的）努力，过了这个地方亚平宁山脉就开始拐向并贯通了代表宗教的靴尖。维苏威火山被称为欧洲最危险的火山，虽然许多世纪以来长期处于休眠状态，但在公元 79 年却突然喷发并毁灭了繁华的庞贝古城，而且之后时不时就喷发出来，其中隐含的哲学意义值得我们深思。

西西里岛的三角形象征基督教的三位一体：直接从靴尖发展出来的东北角代表圣父，东南角代表圣灵（宇宙逻各斯），西北角则代表圣子（有限逻各斯）。[①] 亚平宁山脉在西西里岛重新隆起并从东向西贯通了它，其

① 从太极的先天思考而言，圣子耶稣的逻各斯特别地代表宇宙逻各斯，是后者的有限化（道成肉身）；宇宙逻各斯作为基督和基督徒的中介就是圣灵（参见《太极之音》第 512—513 页）。基督教通常把三位一体表述为“圣父，圣子，圣灵”，但宇宙逻各斯在发展顺序上先于有限逻各斯。所以，在太极对世界地理的设计中圣灵总是先于圣子。

最高点在东北角的埃特纳火山（比科尔诺山还高，因为西西里岛代表纯粹的宗教性）。埃特纳火山是欧洲最大和最活跃的火山，代表天父的意志永不止息地推动宇宙的发展（其南方的凹陷盆地代表宇宙生命）。西西里岛代表**阿奎那**中纯粹来自宗教的成分（三位一体），因为无法被哲学消化而从靴体（意大利半岛）分离了出来。但其中隐含的“道成肉身”其实是可以被哲学吸收的，其结果就是形成**笛卡尔**这个全新的哲学位置。[①]为了展示这个意义，西西里岛从自身分化出了两个岛屿，即代表圣灵的撒丁岛和代表圣子的科西嘉岛。西西里岛指向撒丁岛；撒丁岛则指向在它北方不远处，和它相似但更小一点的科西嘉岛。从撒丁岛发展而来的科西嘉岛代表从无限到有限的“道成肉身”，因此其形状比撒丁岛更紧凑一些。风俗习惯与法国迥异的科西嘉从18世纪开始被迫归属法国，因为它代表的“道成肉身”就是**笛卡尔**在**阿奎那**中的起源。

意大利中部的海岸还包围了两个袖珍小国圣马力诺和梵蒂冈。它们是**阿奎那**中哲学和宗教对世界的统一作用相互矛盾而形成的。**阿奎那**中隐含的**亚里士多德**之小道具有统一世界的作用，同时基督教的神权（神的意志）也有统一世界的作用。两种作用的结合是以宗教对哲学的吸收和利用为基础的，因此罗马教会的权威不断超越世俗世界的权威，并在中世纪的成熟阶段（13世纪）达到了顶峰。但哲学和宗教对世界的统一作用本质上是不同的（哲学依靠小道，宗教依靠大意志），其相互矛盾激发出了两种纯粹的统一世界方式。纯粹从小道出发统一世界的结果就是以宪法为基础的法治国家[②]，并在13世纪实现为**圣马力诺**（世界上第一个立宪制共和国）。相反，**梵蒂冈**是以基督教神权为基础的纯粹宗教性国家，其非世俗性使之成为世界上最小的国家，但其宗教权威覆盖了世界上所有的天主教会。所以，梵蒂冈出现在代表宗教的西海岸（罗马附近），而圣马力诺则出现在代表哲学的东海岸。

圣马力诺和梵蒂冈分别以纯粹方式实现了哲学和宗教（小道和大意志）对世界的统一作用。这两种作用在**阿奎那**中是相互结合的，但在这两个袖

① 参见《太极之音》第519—520页。
② 法律是宇宙逻各斯在社会活动中的具体实现。参见《太极之音》第386、507页。

珍小国却相互分离。所以，两种作用必须再次结合起来，其结果就是意大利南方海域中的袖珍小国**马耳他**。哲学和宗教相互分离之后的再次结合突出了二者共同包含的、可以相通的成分，亦即从宇宙逻各斯（圣灵）向有限逻各斯（圣子）运动的小道。因此，马耳他主要由代表小道源头的大岛（马耳他岛）和代表小道末端的小岛（戈佐岛），以及在二者间起过渡作用的微型岛屿（凯穆纳岛）构成。马耳他被排列在西西里岛的南方海域，其大小二岛排成的直线和西西里岛（从东南角到西北角）一样指向撒丁岛，因为马耳他的意义和西西里岛是相似的，只是缺少后者的东北角代表的圣父而已。设计完马耳他之后，和**阿奎那**相关的地理设计就完成了。

阿奎那之后的哲学位置是**笛卡尔**。因此，**笛卡尔**对应的**法国**被排列在意大利的西北方。由于**阿奎那**直接从自身发展出了**笛卡尔**，意大利直接向西北方延伸出了法国（不像希腊那样隔海发展出意大利）。这种直接延伸使法国对应的三个哲学位置相应地从南向北安排在其内部地理中：和意大利接壤的南部对应**笛卡尔**；中部和北部则分别对应后来才在哲学史中出现的**梅洛-庞蒂**和**萨特**。

下面让我们看看法国南部如何实现**笛卡尔**的发展过程。法国南部是意大利（靴口部分）直接向西发展出来的，象征**笛卡尔**从**阿奎那**直接发展出来，因此南部的内部地理是从东向西发展的。**笛卡尔**经历了五个发展步骤。[①]南部东边靠近意大利的普罗旺斯代表第一步“我思故我是”，是主体精神和直观判断力成长壮大的地方。普罗旺斯的首府马赛是法国第二大城市，其主体精神曾在法国大革命时期得到了充分的发挥，诞生了后来成为法国国歌的《马赛曲》。普罗旺斯还是世界著名的薰衣草故乡。薰衣草以其淡雅的幽香和对神经系统的良好镇静作用而闻名，很好地凝聚了**笛卡尔**中的直观判断力和对清晰性、确定性的追求。普罗旺斯向西过渡到中央高原东南部的塞文山脉，代表发展知识的判断力。塞文山脉先后发源了加龙河（法国南部最大河流）的三条支流（塔恩河、阿韦龙河、洛特河），分别代表发展知识的三个步骤。[②]塔恩河代表“证明神的存在”，其湍急的水流形

---

① 参见《太极之音》第520—523页。
② 加龙河最远的支流来自西班牙（参见后面大洋洲一节中对西班牙地理的补充论述）。这里讨论的是加龙河来自法国本身的三条支流。

成了欧洲最深最壮观的峡谷之一，产生了世界上最高的大桥（米约大桥），其中下游的阿尔比主教城的中世纪建筑一律用红砖砌成（包括世界最大砖石结构的天主教堂），以整座城市泛红的色调彰显着神的至高无上。阿韦龙河则代表“证明广延物质的存在”。洛特河代表“确立知识的体系”，其知识树以关于神的形而上学为根，以研究广延物质的物理学为主干，以各种应用科学为枝叶。所以洛特河从塔恩河的源头附近发源，在塔恩河与阿韦龙河汇合后才汇入其合流中。汇合了三条支流的加龙河向西北流过波尔多，然后从吉伦特河口注入比斯开湾。波尔多汇聚了**笛卡尔**发展知识的全过程，是古代高卢的主要教育中心，目前拥有欧洲最大的大学城，每个大学致力于不同知识领域，形成了类似知识树的结构（波尔多还孕育了法国著名的启蒙思想家和法学家孟德斯鸠。其在应用科学方面的潜能还使之发展成了高科技中心和世界葡萄酒中心）。**笛卡尔**的最后一步发展是“突出自由意志”（人通过判断力对生命的超越形成自由意志，成为征服自然和世界的主体）。这个发展和知识的发展相关，但又不是同一回事。所以，太极另外从中央高原北部的主峰发源了西流的多尔多涅河来代表自由意志，让它和加龙河一起汇入吉伦特河口。加龙河畔的波尔多不仅吸收了加龙河的意义，还吸收了多尔多涅河的意义，成为自由精神在南部的凝聚点和巴黎的大后方，不但是法国大革命吉伦特派的发祥地，而且还曾经三次成为法国战时的临时首都。

然而，从意大利向法国南部的过渡并不顺利。为了从**阿奎那**向**笛卡尔**过渡，必须让哲学吸收基督教的“道成肉身”，把它转化为“我思故我是”，因此太极必须让靴口西支对应圣子的地方凸显出来，让靴口东支吸收它。所以，太极在科西嘉岛北部产生了一个形如食指的小尖端来指向靴口西支的东部（米兰），以此来代表宗教中可被哲学吸收的成分（米兰因此成为意大利中隐含现代哲学开端的地方，不仅曾是文艺复兴的重镇，而且发展成了意大利最发达的现代化大都市）。西支的东部既然获得了对应圣子的意义，西支整体上就成为西西里岛的东西颠倒：其东部（米兰）代表圣子，其西部则分为南北两部分，北部代表圣父，南部代表圣灵（因此意大利和法国边界线的北端隆起了两国的最高峰勃朗峰，象征**阿奎那**和**笛卡尔**共享的圣父）。但这种“东西颠倒”使得从意大利向法国南部的过渡无法恰当反映从**阿奎那**向**笛卡尔**的过渡，因为后者本应从**阿奎那**中的“道成肉身”出发，而这个成分却被凝聚在西支的东部（而不是靠近法国的西部）。为了解决这个问题，太极从意法边界线的南端（代表圣灵）向法国的南方海岸发展出了一个长条形的袖珍小国，即**摩纳哥公国**，代表从宇宙逻各斯到有限逻各斯的“道成肉身”，作为世界地理从意大利向法国过渡的必要中介（摩纳哥靠近但不接触意大利，以致它除了海岸外三面都被法国包围，因为它不仅代表米兰还代表科西嘉岛）。所谓公国就是君主的称谓相当于王子或最高级别的诸侯（而非皇帝或国王），但在国际上有独立主权的微型国家（欧洲现存的公国实际上是君主立宪制的资本主义国家）。摩纳哥代表的“道成肉身”对应的是圣子（而非圣父），因此它自然地发展成了公国。

笛卡尔之后的哲学（从**斯宾诺莎**到**洛克**）在无限立场和有限立场、唯理论和经验论之间不断摆动。所以相应的西欧国家就不再单纯地向西北方向排列，而是在西北和东北之间交替跳跃地排列。**斯宾诺莎**继承了**笛卡尔**的唯理论，但却从有限立场变为无限立场。它对应的**荷兰**就不再排列在法国西北方，而是反过来排列在其东北方。**斯宾诺莎**的神其实是深藏地母中的宇宙生命（自然），因此荷兰实际上是一个大盆地，其四分之一国土低于海平面，成为世界著名的低地国家。[①] 由于荷兰是法国向东北方向发展出来的，其地理发展也相应地从南向北，依次经历**斯宾诺莎**的三个发展步骤[②]，分别对应荷兰的南部、中部、北部，以其东方边界上的两个凹陷形状来区分开（**斯宾诺莎**所思之宇宙生命只能对应低地，无法用地势的起伏展示其发展过程，因此只能用边界形状来区分三个发展步骤）。**斯宾诺莎**把基督教的神转化成自然，放弃了神的意志（天志），所以荷兰有天然的自由主义倾向，不但通过宗教改革发展出了新教，而且其基督教信仰不断衰落，形成了极端开放的自由主义风气。

① 荷兰的须德海本来是盆地中的大湖泊，但由于荷兰的低地势，海水上涨后涌入其中，把荷兰西北部变成了海湾，后来又通过人工建立的拦海大坝把海湾划分成了艾瑟尔湖和瓦尔登海两部分。

② 《太极之音》把**斯宾诺莎**的发展分为五个步骤（参见第 524—527 页），但其中的第二步和第三步是第一步的具体展开，所以前三步在地理设计中被当成整体性的第一步骤。

从**笛卡尔**到**斯宾诺莎**的发展并不是很顺畅，其原因有二。原因之一是**斯宾诺莎**不但放弃了**笛卡尔**中残留的大意志（神的意志或天志），而且放弃了小意志（判断力）的作用，单纯地突出了观念（领悟）的作用，以致从**笛卡尔**到**斯宾诺莎**的发展具有“从阳转阴”的不连贯性。原因之二是**笛卡尔**的“我思故我是”来自**阿奎那**中的“道成肉身”（从无限逻各斯到有限逻各斯的运动），而**斯宾诺莎**则反过来把有限逻各斯收回无限逻各斯，导致从**笛卡尔**到**斯宾诺莎**的发展具有“逆向反转”的突变性。为了顺利地从法国发展出荷兰，太极设计了两个国家作为过渡，从而在法国与荷兰之间产生了比利时和卢森堡大公国。**比利时**代表小意志（判断力）。从法国经比利时到荷兰，相当于从兼有大意志和小意志的国家过渡到只有小意志的国家，然后才成为放弃意志的国家，这样从法国到荷兰的发展就不至于太突然。[①] 相应地，比利时从法国的高地势下降，并进一步下降到荷兰的低地势。比利时连接邻国的中介作用使它与法国和荷兰都有深厚的历史渊源，导致其主体民族、语言乃至政治都呈现双重性（南部的瓦隆人讲法语；北部的佛兰芒人讲荷兰语；首都则是双语区；由荷语政党和法语政党共同组成联合政府）。[②] 比利时把法国隐含的现代性开端真正发展了出来，成为19世纪初欧洲大陆最早进行工业革命、实现全面工业化的国家。其连接邻国的中介作用和意志统一性则使其首都布鲁塞尔成为欧盟的总部所在地，因此也被称为欧洲的首都。

另一方面，**卢森堡大公国**必须代表有限逻各斯，以便成为从“道成肉身”到其反运动的过渡（从法国经卢森堡到荷兰，相当于从无限逻各斯运动到有限逻各斯，然后从有限逻各斯回归无限逻各斯）。由于卢森堡的意义来自“道成肉身”，它和摩纳哥公国一样发展成了君主制的微型国家。从法国到卢森堡是生成卢森堡的过程，而从卢森堡到荷兰却是被荷兰收回

① 荷兰靠近比利时边界的巴勒镇有许多块比利时的飞地，在这些飞地中，又有荷兰的几块飞地，构成了世界罕见的“双重飞地”（飞地中又有飞地）的现象。在**斯宾诺莎**的五个发展步骤中，第一步“把有限生命收回宇宙生命”虽然已经隐含对小意志（判断力）的放弃，但还没有具体展开，到第二步“把心灵收回宇宙逻各斯”才具体展开。所以，荷兰靠近比利时边界处形成了比利时的飞地，象征小意志，但又在飞地中进一步形成荷兰的飞地，暗示对小意志的放弃。

② 比利时在1794年被纳入法国，1815年被并入荷兰，1830年起义而获得独立。

的过程，因此太极把卢森堡排列在法国边界上（和摩纳哥一样在东侧），同时让它与荷兰拉开距离（被比利时隔开），以便保持它作为中介的独立性。[①] 但卢森堡实际上并不能代表完整的逻各斯，而只能代表其阴性成分（领悟），因为**斯宾诺莎**并没有将逻各斯的阳性成分（判断力）收回到无限逻各斯。逻各斯的阴性成分整体上就是原始领悟，其中包含了一切具体领悟。在世界地理中象征原始领悟的是铁元素（参见导论第四节）。卢森堡虽然总的来说资源贫乏，却有丰富的铁矿，不但和比利时一样成为发达工业国家，而且人均钢产量居世界第一位，成为世界最富有的国家之一。卢森堡的中介作用和发达的经济使之成为欧盟许多下设机构的所在地，被称为欧洲的第三首都。

从**斯宾诺莎**到**贝克莱**是从无限立场返回（**笛卡尔**的）有限立场，同时从唯理论转向经验论，是全然反向的跳跃。所以，太极把**贝克莱**对应的**英国**排列在法国西北方，并且用大海把它与荷兰和法国隔开，使英国成为西欧独特的海洋国家。然而英国实际上对应四个哲学位置（除了**贝克莱**，还有后来才出现的**洛克**、**休谟**、**罗素**）。**贝克莱**只对应英国北部的苏格兰（英国是从法国和荷兰隔海发展出来的，其地理的内部发展有相对独立性，保持了从北向南的自然趋势）。苏格兰东北端的设得兰群岛向西南发展出了相似但更紧密的奥克尼群岛，象征**贝克莱**把“观念—身体”从宇宙生命拉出而转化为“观念—感性现象”。最西南的外赫布里底群岛代表作为观念集合的物，其东边的斯凯岛代表和观念集合对应、被神感知的物自身，旁边包含许多半岛的西北高地代表被神感知的其他物自身，其东南的格兰扁山脉（英国最高山脉）代表作为感知者的神（其最高峰在和西北高地的交界处）；自成体系、地形舒缓的南部高地则代表**贝克莱**后期思考的宇宙生命和有限生命合一的大生命体（连接南北高地的中央低地代表**贝克莱**从早期向后期的转折，是苏格兰地理意义最为浓郁、土地肥沃、矿藏丰富的中

① 卢森堡的主体民族（卢森堡人）和法国人在血缘上相近，和法国人一样主要信天主教。卢森堡在近代曾被法国占领，在比利时独立后曾被荷兰国王遥领，但 1890 年彻底摆脱了荷兰国王的统治，成为独立的卢森堡大公国。

心地区）。[1] **贝克莱**注重判断力在感知中的作用，否定其抽象作用，和以**洛克**为代表的英国主流哲学有较大的不同，导致苏格兰有独特的民族色彩和相对独立性。

贝克莱的下一个哲学位置**莱布尼茨**又重新返回**斯宾诺莎**的无限立场和唯理论。所以，**莱布尼茨**对应的**德国**就倒回来排列在荷兰东边并与之接壤。但**莱布尼茨**实际上只是德国对应的9个哲学位置中的第一个。由于德国从英国隔海发展出来，其内部地理的发展保持了从北向南的自然趋势。所以，**莱布尼茨**真正对应的是德国大陆的最北部，其中心城市是西边（靠近荷兰）的不来梅和汉堡，而其东边则汇聚了许多大小不一的湖，代表不同类型的单子从不同角度看到的世界。

莱布尼茨之后的**洛克**继承并发展了**贝克莱**的经验论，所以**洛克**对应的地区被倒回来安排在英国，产生了苏格兰南方的英格兰。**洛克**对应英格兰的北部和中部（南部对应后来才出现的**罗素**）。**洛克**经历了六个步骤的发展。[2] 太极首先从苏格兰南部高地向东南延伸出了英格兰最北端的切维厄特丘陵，代表**洛克**中的宇宙逻各斯，其南方的克罗斯山代表从宇宙逻各斯逃离出来的有限逻各斯（分开二者的河谷代表小道的断裂），从它发展出来的奔宁山脉则代表判断力（这是贯通**洛克**认识论发展过程的意志，通过推理来接近宇宙生命的内容，所以奔宁山脉从克罗斯山向东南延伸）。奔宁山脉西边紧挨它的斯科费尔峰代表感性经验（被判断力看成其天然寓所），其东边离得较远的丘陵则代表判断力企图通过推理认识的内容（宇宙生命的物界和理界）。奔宁山脉南段两侧都是平原，象征人间世界（西部平原）和神的王国（东部平原）的区分，同时也象征人的知识无法完全理解宇宙生命的内容（东部平原比西部平原宽广得多），必须在理性无法确知的事情上为信仰留出地盘。最后，奔宁山脉越过特伦特河过渡到“东

---

① 苏格兰的内部地理具有从北向南发展的自然趋势，但从东方的荷兰发展而来，使其东和西分别有无限和有限的意义。所以第一步是从东北向西南；第二步进入最西南的外赫布里底群岛；第三步过渡到其东边的斯凯岛和西北高地，再向东南过渡到格兰扁山脉；第四步则向南过渡到南部高地。苏格兰地理的内部发展总的来说是从北向南，但有时向西有时向东，是以“西方有限，东方无限”为准则的。这个准则被英国其他地区的地理发展所继承。

② 参见《太极之音》第533—537页。

北一西南”走向的丘陵地带。此丘陵地带从奔宁山脉东南方延伸至其西南方，象征从神赋予的自然权利出发，通过社会契约实现幸福美好的和谐世界（英国第二大城市，工商业最集中最繁荣的地区，被评选为英国最佳生活质量城市的伯明翰就坐落在丘陵地带的西南部）。[①]

休谟把**洛克**的经验论立场推向了极端，把感觉经验看成知识的唯一起源，否定了理性对神和外物（宇宙生命）的证明。因此，**休谟**对应的威尔士被排列在英格兰的西南方，形成向西方开口的弧形。**休谟**中的和谐世界是以情感和德性为基础的。相应地，威尔士具有独特的纯朴的风土人情，和工商业发达的英格兰形成了鲜明对比。**休谟**的怀疑主义使之和宇宙生命拉开了距离，但**休谟**并没有因此否定神的存在，而是仍然为一种合乎经验地使用理性，对自然充满审美感受的信仰留下了空间。[②]然而，这种隐含在**休谟**中的信仰因素被其怀疑主义立场掩盖，无法得到充分的发展。另一方面，世界地理把世界哲学史空间化到地球表面，为世界哲学史中隐含但没有充分发展的哲学因素提供了发展空间。所以，太极不但让英格兰向西南方延伸出威尔士来对应**休谟**，还从威尔士向西（隔海）发展出了**爱尔兰**来充分实现**休谟**中隐含的信仰因素。爱尔兰的形状来自威尔士，但被稍微放大，其西海岸也变得支离破碎，象征爱尔兰强化了**休谟**彻底经验论的感性特点。爱尔兰保持了非常浓厚的天主教传统，是欧洲少有的几个虔诚信仰宗教的国家之一，同时还以美妙的自然环境和精湛的音乐传统著称于世，孕育出了被称为新世纪音乐女王的恩雅，其纯净美妙的天籁之音来自美丽丰富的自然和辽阔神秘的宇宙生命，把人类的心灵提升到了宇宙精神的高度。由于爱尔兰代表的不是原始的**休谟**，而是从彻底经验论出发充分发展了信仰因素的**休谟**，爱尔兰成为独立于英国的另外一个国家。但爱尔兰岛靠近英国的东北地区（北爱尔兰）仍然属于英国，象征**休谟**的彻底经验论归根到底来自**贝克莱**和**洛克**的经验论（和北爱尔兰隔海相望的就是苏格兰南部和英格兰北部）。北爱尔兰集中地凝聚了英国和爱尔兰若即若离的微妙关系，成为容易发生纠纷的特殊地区。

---

① **洛克**对应的地理发展受到“西方有限，东方无限”准则的制约，因此主要采用结构化地理展开，以致有些结构相关的步骤被重合起来展示，但总的来说仍然符合其发展过程。

② 参见《太极之音》第 541 页。

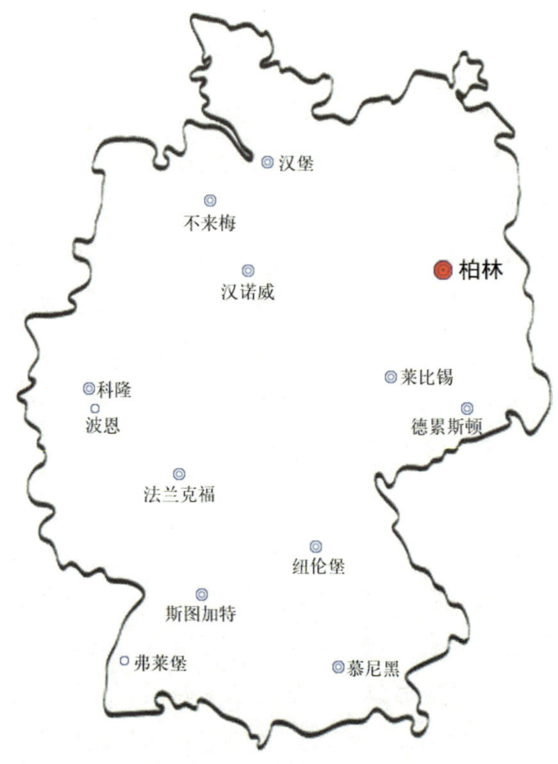

图 4 德国代表性城市示意图

休谟之后，从**康德**到**黑格尔**的 5 个位置都属于德国哲学，因此它们对应的地区就从**莱布尼茨**对应的德国大陆最北部向南逐一排列。德国和希腊一样凝聚了 9 个哲学位置。希腊哲学的统一性不在大道而在小道，因此希腊的世界整体上具有离散性，成为多岛之国。相反，德国哲学总体上构成了从小意志向大意志的回归，其统一性在大意志而非小意志，所以德国是非常紧凑的欧洲大陆国家。由于德国必须在小范围内聚集 9 个哲学位置，它们对应的地区只能在东西方向上紧密地交错排列，在历史发展过程中逐步形成了各自的代表性城市。大体说来，从北到南，**莱布尼茨**对应以汉堡和不来梅为中心的地区（汉堡和不来梅是德国三大州级市中最古老的两个。汉堡是北德的文化中心）；**康德**对应汉堡东南方以柏林为中心的地区（柏林凝聚了**康德**在德国古典哲学中的奠基作用，是德国的心脏和最大的州级市，但其历史晚于汉堡和不来梅）；**叔本华**对应柏林西边以汉诺威为中心的地区（汉诺威凝聚了作为表象的世界，成为世界著名的会展、旅游、娱乐城市。**叔本华**第一次把原始意志亦即天志在德国哲学中凸显出来，所以德国地理从汉诺威开始向南进入以山地为主的中部和南部，和北方的平原地貌形成鲜明对比）；**谢林**对应以莱比锡和德累斯顿为中心的地区（汉诺威东南方的哈茨山象征**叔本华**和**谢林**共享的天志，是德国中北部最高山脉。哈茨山向东南过渡到莱比锡盆地，代表**谢林**的宇宙生命，再过渡到德累斯顿所在的易北河河谷盆地，代表有限生命。莱比锡和德累斯顿共同凝聚了在宇宙生命和有限生命之间运动的自然哲学和艺术哲学，是兼有优美自然和艺术气质的古城）。**费希特**对应以科隆和波恩为中心的西部地区（科隆是历史悠久的古城，西部地区的文化和经济中心，以开放、自由和宽容著称。波恩凝聚了**费希特**追求绝对自由的精神，适合现代政治的实践，曾是西德首都，至今仍是德国重要的政治中心）；**黑格尔**则对应科隆和波恩东南方以法兰克福为中心的地区（法兰克福是历史悠久的中心城市，从 16 世纪中叶开始就被指定为神圣罗马帝国的皇帝加冕地，在 19 世纪初成为德意志联邦的政治中心，其地理中凝聚的集大成的哲学特性使之成为欧陆文化的中心，诞生了在**黑格尔**时代集德国文化之大成的歌德，在现代社会中则发展成了民族多元化的世界性城市，成为欧盟实质上的经济首都）。

黑格尔之后的**梅洛-庞蒂**属于法国哲学。太极于是重新返回法国，把**梅洛-庞蒂**对应的地区安排在法国中部。**笛卡尔**对应的法国南部是从东向西发展的，以东边地区代表发展的开端，中央高原代表判断力，从这里发源的多条河流向西汇合之后注入大海，代表**笛卡尔**的主要发展步骤。南部地理的这种发展模式被中部所继承。中部东边是以贝桑松和里昂为代表性城市的地区，对应**梅洛-庞蒂**的知觉现象学（包括三个发展步骤，但作为整体构成早期思考，因此其对应的地区被安排在东边）。[①] 贝桑松代表原始混沌的感知世界，是法国森林覆盖率最高的大城市之一，孕育了浪漫主义文学家雨果、空想社会主义者傅立叶、无政府主义奠基人蒲鲁东和电影发明人卢米埃尔兄弟等感性想象力特别丰富的人物。里昂代表知觉现象学

---

① **梅洛-庞蒂**的发展过程包括五个步骤，其中前三步构成知觉现象学（参见《太极之音》第 572—574 页）。

的最终成就，凝聚了从身体主体出发的世界统一性和生存时间性，发展成了法国重要的文化与艺术中心，法国的美食之都，同时也是世界电影的诞生地（卢米埃尔兄弟出生于贝桑松，后来举家迁移到里昂，在这里发明了电影来捕捉自然和人类在世界中运动变化的现象）。

法国中部接着向西过渡到从中央高原发源的卢瓦尔河（法国第一大河）的众多支流，其从东向西排列的方式代表**梅洛-庞蒂**在知觉现象学后的发展步骤。卢瓦尔河最东侧的主干发源于中央高原东南角（指向贝桑松方向）的维瓦赖山，代表感知世界，其西侧的阿列河发源于维瓦赖山西南，离洛特河的源头很近，代表和知识发展相关的符号世界。主干和阿列河向西北汇合成卢瓦尔河，代表从感知世界转向符号世界，同时也代表可见的感知世界和不可见的符号世界都是从世界肉身分化出来的（卢瓦尔河流过的宽阔盆地代表世界肉身）。卢瓦尔河流经的最北端城市奥尔良凝聚了世界肉身的意义，在被巴黎取代前曾经一度是法国的首都。阿列河西侧的谢尔河（卢瓦尔河支流）代表感知者和被感知者是从世界肉身分化出来的可逆区分（这种含混的可逆区分使谢尔河成为单独支流，而非两支流的汇合）。独特的感知方式使这里的时装和红酒享誉世界，也使得谢尔河被法国人称为“梦幻之河”，成为法国“梦幻工业”的发源地之一。更神奇的是横跨谢尔河两岸的舍农索城堡：河水从城堡一面通过五孔廊桥流到另一面；从一面看城堡被动地接受流水，从另一面看则是主动地送出流水，巧妙地象征了感知者和被感知者的可逆区分（两面河岸的花园也是对称可逆的）。法国还有一座著名的香波尔城堡，出现在从奥尔良流出（尚未接受谢尔河）的卢瓦尔河河畔。香波尔城堡的风格雄伟庄重，展示了符号世界对感知世界的统摄作用，和精致秀丽的舍农索城堡形成了刚柔对比，以致被人们封为法国古堡的一王一后。谢尔河西侧的克勒兹河与维埃纳河向西北汇合之后才汇入卢瓦尔河，代表从世界肉身分化出来的“主体—客体”的可逆区分（维埃纳河形成近乎直角的弯道，象征和主体对立的客体）。这种可逆区分使维埃纳河流域的客观自然具有向主体的构成作用转化的趋势，而河畔的利摩日则正好有大量可用来制造瓷器的高岭土，使得利摩日发展成了法国的陶瓷之都，被称为中国的景德镇。[①] 卢瓦尔河最后流经最西端的城市南特，然后便和加龙河一样注入比斯开湾。南特代表世界肉身的最终发展，凝聚了世界肉身无所不包的博大气魄，这里曾经诞生确立欧洲宗教宽容的《南特敕令》，还诞生了展示亚洲、非洲和拉丁美洲优秀影片的南特三大洲电影节。卢瓦尔河注入大西洋之前的最后一座城堡（布列塔尼公爵城堡）具有集大成的风格，其外墙粗犷浑圆，周边形成环形，象征了世界肉身的自成体系，而其顶部和内部建筑则有鲜白的颜色和优雅精细的轮廓，以刚柔结合的方式展现了世界肉身将一切对立融化在自身中的品格。

梅洛-庞蒂的下一个位置是**维特根斯坦**。**维特根斯坦**突出了逻辑和语言在构成世界中的作用。逻辑和语言是思考的形式，和思考密不可分，但并非同一回事。德国总体上突出了思考在构成世界中的作用。所以，**维特根斯坦**对应的国家**奥地利**就被排列在德国东南方（和德国的东南角接壤，以便靠近开辟了通往语言之路的**海德格尔**。参见后面对**海德格尔**的地理安排）。**维特根斯坦**的早期思考突出了领悟组织世界的作用，但同时也隐含判断力静观世界的作用，其后期思考则发挥了判断力主动通过言谈组织世界的作用。总的来说，奥地利凝聚了逻各斯的阳性意志（判断力）通过其阴性对象（领悟）组织世界的作用。因此，奥地利基本上是由代表判断力的山地和代表世界的平原（或盆地）构成的。其内部地理的发展方式是从北向南，从东向西（向西是为了向瑞士运动，参见后面对瑞士的地理设计）。奥地利的北部和东部地势较低，主要由平原、丘陵和盆地构成，代表早期哲学；南部和西部是被阿尔卑斯山脉贯通的山区，代表后期哲学。奥地利首都维也纳坐落在东北部的山地和平原之间，以超越地静观的判断力统一世界。这种判断力的作用包含伦理和审美两个维度。[②] 维也纳不仅以其伦理性代表了奥地利的世界统一性，同时还以其审美判断力推动音乐艺术的

---

① 客观自然向主体的构成作用转化的趋势有利于发展将土石转化为高级瓷器的技艺。景德镇的客观自然也有这种特点。参见后面对江西地理的分析。

② 参见《太极之音》第 576 页。

发展，成为欧洲著名的音乐之都。[①]

维特根斯坦之后的所有西方哲学位置都属于英、德、法三个国家。这意味着在奥地利之后不会再产生新的西欧国家来承担西方哲学史的发展。[②] **维特根斯坦**之后的西方哲学位置只是为已经存在的西欧国家增添一些地区，决定其最终形状而已。首先，**罗素**为英国增添了英格兰南部[③]，亦即由沃什湾和布里斯托尔湾隔开，形如向西南飞行之大雁的部分。为了纯粹从逻各斯的阴性（领悟）出发统一世界，**罗素**一步步地清除判断力在认识中的作用（构成认识对象和作为意识主体静观世界的作用）。因此，英格兰南部没有什么大山，丘陵只是用来象征领悟（命题）对经验杂多的组织作用，平原则用来象征被静观的世界。不断放弃（隐含了超越维度的）判断力使**罗素**对应的地区从东北向西南发展（自然地从北向南，同时也从东向西，即从无限向有限）。**罗素**的发展经历了五个步骤[④]，对应大雁的五个部分：尾部是近乎半圆形的平原，代表**罗素**早期被内在地静观的世界。它向西南延伸出来的大雁背脊从（以剑桥为中心的）平原地区向（以牛津为中心的）丘陵地带发展，代表对数学进行逻辑改造，在历史发展中形成了剑桥大学和牛津大学两个世界著名学府。剑桥凝聚了数学的直观性，其风格秀丽而灵动；牛津凝聚了逻辑形式的结构化，其风格经典而严谨。[⑤] 位于背脊下方（腹部）的地区包括长条形的丘陵地带及其南方的平原，代

---

① 音乐是意志的艺术，因为它通过乐音的运动调谐意志来表达意义（参见《太极之音》第三讲《生命与音乐》第一节“音乐与意志”）。德国和奥地利对应的哲学位置都以各自方式突出了意志，因此它们共同发展出了伟大的德奥音乐传统。从音乐的哲学特性来说，德国音乐传统隐含从小意志向大意志的回归，因此偏向深刻的思想性和整体性（其代表人物即巴赫、贝多芬、勃拉姆斯）；奥地利的音乐传统则隐含小意志（判断力）通过精致的分析把握领悟从而统一世界现象的能力，因此偏向精美微妙的音乐感受和生活感受（其代表人物即海顿、莫扎特、舒伯特、约翰·斯特劳斯）。

② 西欧还包括西班牙、葡萄牙和安道尔公国。西班牙和葡萄牙的设计是为了解决大洋洲结合美洲和非洲时遗留下的问题。我们将在最后一节讨论大洋洲时再分析这两个特殊的西欧国家（以及相关的安道尔公国）。

③ **洛克**和**罗素**都重视从经验出发通过推理形成知识，其知识论有相通之处，因此二者对应的地区共同构成了英格兰。

④ 参见《太极之音》第 578—580 页。

⑤ 剑桥皇后学院有一座横跨剑河的著名的“数学桥”，其桥身形成了许多几何图案。传说此古老木桥为牛顿亲自设计和建造，没有用到一颗钉子，但其学生以为老师能做到的事学生也能，于是把桥拆开来分析，却无法恢复原样，只好用钉子重新将其架好。此传说不论真假都隐含了一种深刻的意义，即一旦数学被当成逻辑，就再也无法恢复其直观性，只好靠联结命题的逻辑符号来重构了。

表**罗素**形成了逻辑原子主义，这是**罗素**最核心最系统的思想，以经验为基础通过命题的逻辑形式组织世界，同时还潜在地发挥了意识主体静观世界、统一世界的作用，所以该地区由丘陵和平原共同构成。位于平原中心的伦敦凝聚了**罗素**达到的最强的世界统一性，成为统一英格兰南部乃至整个英国的中心（伦敦集英国之大成，正如**罗素**集英国哲学之大成）。泰晤士河从背脊最西端的科茨沃尔德丘陵发源，向东流过伦敦后注入北海，象征英国的统一性。伦敦南方不断向西延伸的丘陵地带（翅膀和胸部）代表**罗素**清除判断力的主体性，把逻辑原子主义推向从逻各斯的阴性出发的极端（因为清除了意识主体，世界统一性变弱，故其平原夹杂着丘陵）。著名的英国巨石阵出现在胸部。这个石阵将两个或多个直立的巨石用横卧其上的巨石联结起来，排列成圆形等结构严谨的巨石阵，不仅象征了**易**思考的太极结构，还暗示了逻辑原子主义结合原子命题形成复杂命题的方式（这是远古人类在**易**的时代的杰作。参见后面对法国北部卡纳克石阵的分析）。最后，大雁伸向西南的头部代表**罗素**最终从知识论出发统一了世界，但其结论是人类只能通过非演绎推理得出关于世界的概然性知识，说明逻各斯纯粹从阴性出发统一的世界缺乏系统性和整体性，所以大雁头部（康沃尔半岛）不再像尾部那样是半圆形的平原，而是松弛成了菱形的丘陵山地。**罗素**是最后一个被排列的英国哲学位置，因此英国地理的发展就结束在这只向西南探头飞行的大雁。①

罗素的下一个位置**尼采**属于德国哲学。从太极的角度看，**尼采**是直接以**黑格尔**为背景发展出来的。所以太极没有（以东西交替方式）把**尼采**对应的地区排列在法兰克福西南方，而是继续从法兰克福向其东南方排列，形成了以纽伦堡为中心的地区。纽伦堡凝聚了**尼采**的强力意志，是中世纪多位德意志皇帝诞生和居住的城市，其隐含的快乐的游戏精神则使纽伦堡

① 贝克莱、洛克、休谟和罗素的出生地并不刚好是他们所代表的位置对应的地区。一般说来，代表某个位置的哲学家应该出生在该位置所决定的国家和地区。但决定世界地理的是哲学的先天位置，而不是把这些位置实际发展成思考的哲学家。所以，代表某个位置的哲学家虽然通常出生在该位置对应的国家，但不一定出现在该位置对应的地区。这种例外在西方哲学史中比较常见，因为西欧国家的内部地理不像中国的省级地理那样具有国家级地理的特性（参见导论第四节）。另外，欧洲国家喜欢向海外殖民，使问题变得更加复杂，例如有些希腊哲学家就出生在希腊之外。

发展成了世界著名的“玩具之都”。当**尼采**对应的时代在德国呼唤出强力意志的激情时，纳粹曾经利用纽伦堡的历史传统，把它变成纳粹党一年一度的党代会会址。第二次世界大战结束后曾在此举行了针对纳粹德国战犯的纽伦堡审判。但我们必须注意，哲学位置在哲学思考（和世界地理）中的表现和它在社会大众、民族国家以及国际社会中的历史性表现是两回事，不能混为一谈。

尼采之后的**胡塞尔**也属于德国哲学，但它不再延续从**黑格尔**到**尼采**的特殊发展。太极于是以东西交替的方式将它排列在纽伦堡西南方以斯图加特为中心的（巴符州）地区。巴符州西南角著名的黑森林凝聚了现象学原始朴素、自成体系的世界，隐含了**胡塞尔**以内在目光构成世界的纯洁理想性。格林童话中不少天真单纯的童话故事就取材于此。斯图加特还凝聚了**胡塞尔**对逻辑和严格性的追求，以非常密集的方式聚集了德国最出色的一些科学研究机构和高科技企业。

胡塞尔之后的**萨特**属于法国哲学。太极于是倒回法国，将**萨特**对应的地区安排在法国北部。北部和南部、中部一样是从东向西发展的。**萨特**突出了判断力的自我超越、自我逃逸形成的虚无化意识，因此代表判断力的中央高原向东北延伸出了较低的莫尔旺高原，再延伸出更低的朗格勒高原，然后过渡到法国北部最东边的孚日山脉，暗示判断力的自我超越（自我虚无化）实际上是向天志的超越。孚日山脉从西南向东北指向法兰克福，代表来自**黑格尔**的天志（**萨特**中判断力的自我超越来自**尼采**中判断力向天志的超越，而**尼采**中的天志则来自**黑格尔**）。**萨特**经历了七个发展步骤。[①]第一步“重新解释意识和意向性”对应的就是德国巴符州西边的孚日山脉，象征把**胡塞尔**中领悟的意向性改造为判断力自我超越的意向性。孚日山脉向西过渡到从莫尔旺高原开始逆时针排列的五条河流，代表从第二步到第六步的发展（这些河流的流向比较多样化，因此不是简单地从东向西排列，而是逆时针排列）。从莫尔旺高原发源的约讷河（塞纳河支流）代表第二步“发现存在的统一性问题”，其中段的S形以对称运动象征把世界统一性等同于存在统一性。约讷河接着逆时针过渡到塞纳河主干，代表第三步

① 参见《太极之音》第593—595页。

"通过现象学存在论改造逻辑研究"（此步骤发现了否定判断的起源，因此塞纳河形成了代表否定的直角拐弯，然后才和约讷河汇合）。从朗格勒高原发源的马恩河代表第四步"把人还原为绝对自由的自为"。马恩河汇入塞纳河的地方就是巴黎。巴黎凝聚了绝对自由的自为及其超越时间性：**萨特**把过去看成被人超越的自在，把人看成永远向未来超越的自为，隐含了强烈的否定过去、持续创新的革命精神。巴黎因而成为法国乃至欧洲最有自由精神和革命精神的地方。十八世纪末在巴黎爆发的法国大革命结束了一千多年的君主专制统治，确立了共和国的政治体制，对欧洲乃至世界历史产生了深远的影响。巴黎是**萨特**的存在主义最核心的凝聚点，以其精细的现象学观察和持续创新的精神成为世界著名的艺术和时尚之都（哲学家萨特就出生在巴黎）。马恩河接着逆时针过渡到默兹河，代表第五步"把自为扩展到与他人的关系"。由于**萨特**把冲突当成自为和他人关系的本质，此步骤无法通过交互主体性统一世界，所以太极没有设计默兹河向西流入巴黎盆地（代表世界）去汇入塞纳河，而是让它向北流出法国，经比利时和荷兰注入北海。由于第五步无法通过交互主体性统一世界，第六步就倒回来通过自为的自由筹划统一世界。所以，太极从默兹河流入比利时之处的西边发源了瓦兹河，让它反过来向西南流入巴黎盆地去汇入塞纳河。第六步揭示了自为想要成为自在自为的大我（完全拥有世界）的目标是注定要失败的，但正是在人们向这种不可能实现的目标努力的过程中，世界才被显现为世界，才被我们的选择赋予意义而成为我们的处境。梵高曾经在瓦兹河右岸的美丽小镇奥维尔画出了许多传世杰作，深刻地展现了人类生活处境的意义。令人叹息的是，梵高在这里度过生命的最后70天后便开枪自杀了。

塞纳河向西南过渡到了左岸的诺曼底丘陵。这个丘陵介于塞纳河流域和卢瓦尔河流域之间，代表**萨特**和**梅洛-庞蒂**共享的判断力，所以它发源了支流向东北汇入塞纳河，同时也发源了支流向西南汇入卢瓦尔河。最后，法国北部的地理从诺曼底丘陵过渡到最西边的布列塔尼半岛，代表**萨特**的第七步发展"通过历史批判为世界（存在）的统一性扫清障碍"，其内容是通过自为的整体化把个人实践结合为社会实践，隐含"从天志出发统一交互主体性"亦即"从天志角度整合判断力"的意义。这种意义被原始人类实现在了著名的卡纳克石阵。在半岛南方卡纳克的原野中直立着几千条石柱，沿东西方向分行排列，每行石柱越靠近东端就越高，排列也越密。这个神秘石阵的意义众说纷纭，莫衷一是。[①] 但从半岛的地理意义是不难理解的。每条直立的石柱都象征个人（自为），其朝天的姿态象征自我超越，众多石柱的整齐排列象征自为的整体化（从天志角度整合判断力），其向东不断升高、不断变密的排列方式象征整体化的前进方向（东边孚日山脉的西南开端）。[②] 据推测，石阵的形成大约是在公元前三千多或四千多年。这个时期对应的就是**易**的时代，其哲学精神包含了对世界哲学史的 34 个先天位置（包括**萨特**）的原始思考，其在中国的表现就是易经下篇 34 卦。[③] 原始思考虽然是混沌神秘的，但却是直接从太极送出的。布列塔尼半岛的原始人类在“知其然而不知其所以然”的情况下被这种原始思考激发，以狂热的激情将半岛的地理意义实现在石阵中，是完全可以理解的。[④] 另外，为了实现自为的整体化，**萨特**把自为的实践作为辩证法的来源，把**黑格尔**精神现象学中的概念辩证法改造成了历史实践辩证法，把个人实践结合为社会实践。**萨特**潜在地吸收了**尼采**中判断力的自我超越，才发展出了自为存在，因此**萨特**对**黑格尔**辩证法的改造使之和超前地走向大同的**黑格尔—尼采—太极易**三连贯运动有某种潜在的关联。这种潜在关联在历史上的表现之一就是 1871 年曾经短暂地统治巴黎的巴黎公社（巴黎是法国北部乃至整个法国的中心，同时又是最有自由精神和革命精神的地方）。

在设计了**萨特**对应的法国北部之后，法国地理从南向北的发展就完成了。**萨特**之后的**海德格尔**属于德国哲学，因此它对应的地区被安排在斯图加特东南方以慕尼黑为中心的地区（即巴伐利亚州南部）。慕尼黑凝聚了

---

① 参见百度百科“卡纳克石阵”词条。

② 个别石阵的排列是西边石头高大，越往东越低越小，象征向天志的超越同时也是自我虚无化的过程。

③ 参见《太极之音》第十四讲《易经对世界哲学史的描述》。

④ **易**对应的时代在欧洲不少地方形成了石阵，主要用来象征对八卦和六十四卦的原始思考，但欧洲的原始思考不像中国那样典型地反映了八卦和六十四卦，而是根据各地的地理意义发展出相应的变体。著名的英国石阵反映了凝聚在英格兰地理中的逻辑原子主义，而布列塔尼半岛的卡纳克石阵却把石柱排列得如同军队的方阵，反映了凝聚在其地理中的“自为的整体化”。

海德格尔中的艺术、大地和大道等因素，[①]不但是欧洲主要的文化中心之一，艺术家的聚集地，而且至今还保留着原巴伐利亚王国都城的古朴风情，因此被人们称作“百万人的村庄”。[②]巴伐利亚州西边的巴符州对应**胡塞尔**，和对应**萨特**的法国北部接壤。巴符州的黑森林和法国北部的孚日山脉平行对称地分列在德法边界的东西两侧，展现了**胡塞尔**和**萨特**中的现象学因素的相互呼应。东倚黑森林，西望孚日山脉的弗莱堡得天独厚，其历史悠久的大学发展成了现象学的圣地（胡塞尔和海德格尔曾先后在弗莱堡大学发展现象学）。**海德格尔**正是**胡塞尔**和**萨特**结合的结果，所以虽然**海德格尔**对应以慕尼黑为中心的地区，但它却与弗莱堡有着不可分割的内在关联（海德格尔诞生于弗莱堡附近的梅斯基尔希）。**海德格尔**是西方哲学史的最后位置。因此，当太极在德国南部和法国北部设计了**胡塞尔**、**萨特**和**海德格尔**对应的地区之后，承担西方哲学史的西欧各国的形状就完全确定了。

这些西欧国家既然都是为了承担西方哲学史产生的，其对应的地理就有内在的统一性。为了将这种内在统一性实现出来，太极在最密集地相邻的意大利、法国、德国、奥地利中间设计了**瑞士**作为西欧统一性的象征。瑞士本身并非承担西方哲学史的国家，因此并没有足够的力量来统一西欧，只能象征性地把西欧民族汇集在一起，构成多民族联邦制国家，以德语、法语、意大利语及拉丁罗曼语 4 种语言为官方语言；其宗教则兼有天主教、新教和其他宗教（宗教本质的先天多样性使瑞士在 16 世纪的宗教改革中起到了先锋作用）。瑞士的象征性使它自成体系，在西欧国家中独树一帜，成为独特的永久中立国。为了进一步强化西欧的统一性，太极把瑞士和周边国家共享的（基督教中的）天志凝聚成了东西走向的阿尔卑斯山脉（西欧最高大的山脉）。阿尔卑斯山脉的设计使瑞士成为“欧洲屋脊”，同时还强化了周边的西欧国家隐含的宗教和意志因素，从而影响了其地势的构造。在意大利和法国边界，阿尔卑斯山脉被用来象征**阿奎那**和**笛卡尔**共享

---

① **海德格尔**揭示了艺术在敞开诗意的世界中的作用。参见《太极之音》第 600 和 604 页。

② **海德格尔**的发展过程曾经和**尼采**发生历史性的碰撞（参见《太极之音》第十三讲《从太极看世界哲学史》关于**海德格尔**部分）。慕尼黑作为历史悠久的文化中心成为纳粹党的发源地，和纽伦堡一起在纳粹时期发挥了重要作用。但和**尼采**的情形一样，我们必须严格区分哲学位置在哲学思考（和世界地理）中的表现和它在社会大众、民族国家以及国际社会中的历史性表现。

的基督教因素，产生了象征圣父的勃朗峰（西欧最高峰）。在德国西南部，阿尔卑斯山脉将**胡塞尔**中的意志因素（判断力）激发了出来，形成了巴符州的高地势，在其东南部则强化了**海德格尔**中的天志（诸神）因素，形成了巴伐利亚州南部的高地势，并产生了德国的最高峰（楚格峰）。阿尔卑斯山脉因此强化了德国总体上南高北低的地势。

瑞士代表的西欧统一性使其地理和周边国家的地理密不可分。最突出的表现就是瑞士地理和法国地理的相互影响。和瑞士接壤的是法国中部（东边），代表**梅洛-庞蒂**的开端（知觉现象学）。知觉现象学将**黑格尔**精神现象学中的精神意志（天志与判断力的合一）对世界的统一作用转化成了落脚在身体的判断力（身体主体）对世界的统一作用，相当于是从大意志向小意志转化。太极于是从瑞士的阿尔卑斯山脉靠近意大利西支的地方发源了罗讷河，象征统一西欧的宗教性天志（其最高发展就是**黑格尔**中的天志），让它流入瑞士和法国边界的日内瓦湖。日内瓦湖象征被天志统一的西欧世界，同时也象征**黑格尔**和**梅洛-庞蒂**共享的世界，亦即**黑格尔**从精神意志角度，**梅洛-庞蒂**从小意志角度统一的世界（其西南端的日内瓦发展成了著名的国际城）。罗讷河流出日内瓦湖后就沿着瑞法边界的汝拉山脉向西南流入法国中部，实现了从大意志向小意志的转化，然后和从法国北部流来的索恩河汇合在一起，贯通法国南部后注入地中海。如果我们从索恩河开始，把罗讷河当成它南流过程中接受的左岸河流，就可以看到从索恩河到罗讷河的发展如何象征了**梅洛-庞蒂**知觉现象学的发展过程。索恩河发源于（从孚日山脉发源的）摩泽尔河和（从朗格勒高原发源的）默兹河之间，前者代表向天志自我超越的判断力，后者代表（以身体为基础的）交互主体性。[①] 索恩河吸收了**萨特**中的判断力和身体因素，结合成为身体主体因素，向南流入法国中部，象征知觉现象学的第一步发展“用我身代替**康德**的先验自我综合世界现象”。[②] 知觉现象学的第二步发展是“把

① 参见前面对孚日山脉和默兹河的分析。

② 在世界哲学史中**梅洛-庞蒂**早于**萨特**，但二者在法国地理中对应的中部和北部在空间中是并列的，其隐含的哲学因素可以相互呼应，因此太极发源了从北部流向中部的索恩河，以便反映二者之间的相互呼应，同时还以之象征**梅洛-庞蒂**的第一步发展（用身体主体代替先验自我来综合世界现象）。

客观世界内化为感知世界”。太极于是从汝拉山脉中部发源了杜河，先让它沿着法瑞边界向东北流，稍微进入瑞士境内后就向西急转弯折回法国境内，流经贝桑松后向西南汇入索恩河，象征把**黑格尔**中的客观世界改造成了感知世界（汝拉山脉象征**梅洛-庞蒂**和**黑格尔**的关联。杜河流经的贝桑松因此凝聚了感知世界）。知觉现象学的最后一步是“把身体主体的自由外化到世界中”，发展出了从身体主体出发的世界统一性，以及主体和客体相互交融的生存时间性。接受了杜河的索恩河于是继续南流，在里昂接受了从日内瓦湖流出的罗讷河，把**黑格尔**中从精神意志出发的世界统一性改造成从身体主体出发的世界统一性，把建立在自然基础上的客观时间性改造成主客交融的生存时间性（里昂因而代表了知觉现象学的最高成就）。从索恩河、杜河到罗讷河，太极把知觉现象学的三个发展步骤实现成了三条河流的合并过程，其中还隐含了**梅洛-庞蒂**和**萨特**在开端处的关联。为了把**笛卡尔**的开端也包括进来，太极让三河合并得到的河流（通常仍称为罗讷河）继续南流，先后接受了从法意边界的阿尔卑斯山脉发源的伊泽尔河和迪朗斯河（前者代表圣灵，后者代表圣子），象征**笛卡尔**第一步发展中隐含的道成肉身，然后才向南注入地中海中。通过法国东部的五条河流从北向南不断合并的过程，太极把**萨特**、**梅洛-庞蒂**、**笛卡尔**的开端结合起来 ，实现了法国地理的统一性。

法国地理也反过来影响了瑞士地理。法瑞边界的汝拉山脉代表**梅洛-庞蒂**和**黑格尔**之间的关联。罗讷河沿着汝拉山脉向西南流入法国中部，代表时间性从**黑格尔**到**梅洛-庞蒂**的转化过程。但地理上的影响是相互的，因此汝拉山脉反过来从西南向东北延伸，沿着法国和瑞士边界通过弧形运动延伸到瑞士和德国边界，把**梅洛-庞蒂**中的判断力带回其在德国哲学中的根源（**黑格尔**中的精神意志），相当于把**梅洛-庞蒂**中身体主体的自我超越形成的时间性拉回到**黑格尔**中的时间性，亦即精神意志在其中推动世界发展的客观时间，从而把主客交融的感性时间转化成可以精确测量的客观时间。凝聚在汝拉山脉中的这种意义使汝拉山区发展成了瑞士的钟表制造业中心，成为世界著名的“手表谷”（其最初的发展得益于为了逃避宗教迫害而从法国越过汝拉山脉逃到瑞士的能工巧匠）。[①]汝拉山脉的弧形向西南拥抱阿尔卑斯山脉的弧形，夹在其间（偏向后者）的伯尔尼因而代表了瑞士在意志上的统一性，最终发展成了瑞士的首都，同时也是瑞士著名的“表都”。爱因斯坦正是在伯尔尼专利局工作期间发展了狭义相对论，把人们凭感性直观理解的日常时间还原成了靠实际物理测量决定的客观时间。[②]

虽然**海德格尔**是西方哲学史的最后位置，根据西方哲学史设计的最后一个西欧国家却不是德国，而是**维特根斯坦**对应的奥地利（**维特根斯坦**之后的哲学位置只是为已经存在的西欧国家增添一些地区）。奥地利因此获得了“西欧国家发展终点”的地理意义。这意味着它必须向西边的瑞士运动来完成西欧的统一性。太极于是把奥地利的西南部向瑞士极力延伸，形成了指向瑞士的长条形，并让阿尔卑斯山脉横贯了它。然而，奥地利却有天然的向德国东南角运动的趋势，因为奥地利隐含的语言因素（**维特根斯坦**对语言的思考）被巴伐利亚州南部的语言因素（**海德格尔**开辟的通往语言之路）强烈地吸引。这种运动趋势束缚了奥地利向瑞士的运动，导致西欧的统一性无法顺利地完成。为了解决这个问题，太极在瑞士的长条形末端设计了一个小公国**列支敦士登**，以其尖角形状来为奥地利引路，把它引入瑞士中（这个引路的小公国目前以邮票为其支柱产业）。

虽然瑞士仅仅汇聚了周边的意大利、法国、德国、奥地利，但通过代表天志的阿尔卑斯山脉及其周围山脉，瑞士代表的西欧统一性可以扩展到欧洲大陆的所有西欧国家。然而，荷兰的哲学特性决定了它只能是低地国家，因此瑞士很难通过山脉将西欧统一性传递给它。另外，北海将英国（和爱尔兰）与欧洲大陆隔开，以致瑞士代表的西欧统一性完全无法通过山脉传递到英国和爱尔兰。为了解决这个问题，太极从瑞士境内的阿尔卑斯山脉发源了莱茵河（西欧第一大河）。[③]莱茵河流经瑞士、列支敦士登、奥地利、

① 参见百度百科“汝拉山”词条。

② 爱因斯坦的狭义相对论得出了一些违反时空直观的结论，却得到了实验的证实，因为其研究的是通过实际物理测量决定的、属于物自身的时空，而不是我们从感性直观出发想象的时空。参见《太极之音》第 192 页。

③ 莱茵河的源头靠近意大利西支的最北端，在罗讷河源头的东北方。

法国、德国、荷兰，最后注入荷兰和英国之间的北海，象征性地把瑞士代表的西欧统一性传递到了荷兰（补充了荷兰缺乏的天志），再通过北海传递到英国和爱尔兰。作为西欧的大动脉，莱茵河发展成了欧洲最大的运输线路之一。其在德国的流域最为宽广，因为德国哲学实现了从小意志向大意志的回归，对西欧在意志上的统一性有重大贡献。法国哲学（**梅洛-庞蒂**和**萨特**）中的小意志（判断力）归根到底来自德国哲学中的综合性意志（**黑格尔**的精神意志和**尼采**的强力意志）。太极于是从法国北部的孚日山脉发源了摩泽尔河，让它流过索恩河的源头附近，再向北流入德国境内去汇入莱茵河，将法国哲学中来自德国哲学的意志带回其根源，在德国境内强化了西欧的意志统一性。[①] 所以德国人把莱茵河称为父亲河，把摩泽尔河称为母亲河，把二者汇合之处称为德意志之角（从德国哲学中的大意志到法国哲学中的小意志相当于从阳到阴的发展过程）。孚日山脉还另外发源了伊尔河去汇入流过法德边界的莱茵河。两河即将汇合的法国地区发展出了斯特拉斯堡市，是西欧统一性在法国境内的凝聚点，和日内瓦一样发展成了国际城市（这里汇聚了许多欧盟合作组织的总部，被称为欧洲第二首都）。总而言之，通过设计瑞士、列支敦士登、阿尔卑斯山脉和莱茵河，承担西方哲学史的西欧国家最终实现了地理上的统一性。

---

① 西欧的统一性从两个因素得到了强化：其一是从**阿奎那**开始进入基督教的天志，其二是德国哲学从小意志向大意志的回归。瑞士因此将意大利和德国吸收进来，在自己内部产生了意大利的飞地（坎皮奥内）和德国的飞地（布辛根）。

三、中国各省

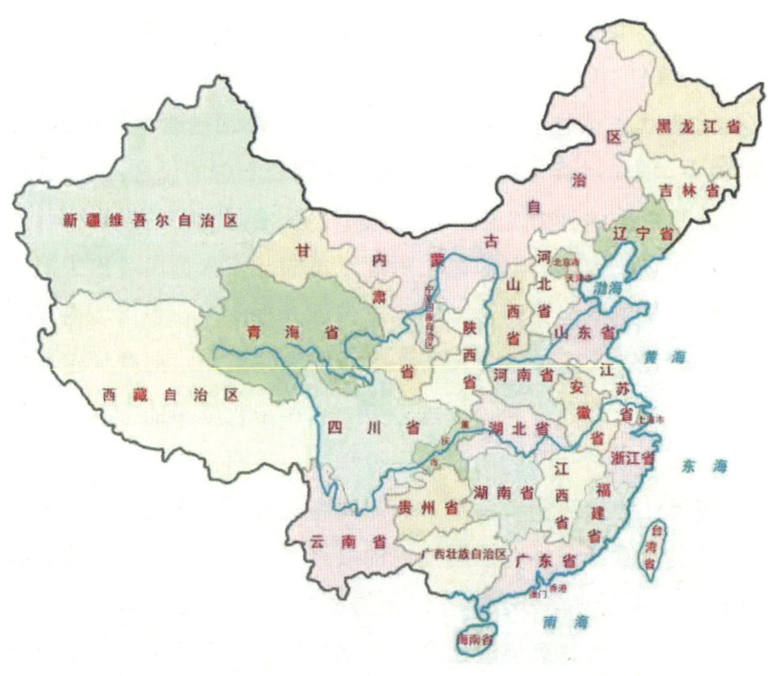

图 5 中国代表性政区示意图[①]

根据世界哲学史的内在逻辑，西方哲学史在完成其发展之后就返回中国哲学史，进入哲学史的最后位置**太极易**。从地理设计来说，这意味着从西欧返回东方的中国。根据我们在《分论》第一节的讨论，太极首先设计了中国来对应世界地理发展的起点，但其形状还没有确定，因为中国各省的设计尚未确定。为什么不从一开始就确定中国各省的设计？因为中国哲学不但是世界哲学史的起点，而且也是其终点（**太极易**是综合了世界哲学史发展过程的最后位置）。所以，中国地理必须反映世界哲学史的发展过程。为了实现中国地理的这种特殊性，太极不但要在中国大地上凝聚中国哲学史，而且还要把西欧所承担的西方哲学史也凝聚到中国地理中。这就是为什么太极在设计完西欧地理之后才倒回来考虑中国各省的设计。

① 我们只需要粗略的示意图，因此很多岛屿没有画出来。

为了在中国大地上凝聚世界哲学史，必须确定东西南北四个方位的哲学意义。根据我们在《分论》第一节的讨论，在最初设计世界地理的起点时，太极就已经确定北方属天，南方属地，因为这样东方就在右边，西方就在左边，地球从西向东的自转就相当于从左向右，符合太极的发展从阳到阴的特点。太极于是确定了中国地理的“东—西”维度是“阴—阳”关系。中国哲学把人看成居于天地之间。如果“北—南”的意义是“天—地”，那么横贯南北的“东—西”就是人所在的维度。但人不能单独作为人存在，而是通过天人合一（人的意志和天的意志合一）才成为人。所以“东—西”维度对应的是“人的意志—天志”或“人—神”（相对而言人为阴，神为阳）。太极于是确定中国地理具有“北方属天，南方属地，东方属人，西方属神”的意义，形成了中国地理的“天地人神”框架。① 这个框架使得中国整体上呈现西北高，东南低（具体到不同地区不见得一定如此，因为不同地区的哲学意义是不同的）。

在确定了中国地理的天地人神框架之后，太极就可以从中国地理的起点开始，把世界哲学史的 34 个先天位置排列到中国的几十个地区（形成中国各省）。这种排列是按照从北向南的顺序进行的，同时根据某个哲学位置偏向人还是神（天志）来决定它应该向东还是向西排列。如果某些哲学位置有相似特性，而且在哲学史的发展中相距不远，太极就会把它们都集中在同一个省。另外，在 34 个位置全部排列完之后，太极还增添了几个特殊的省来完善中国地理的世界性和统一性。所以，中国并不刚好划分成 34 个省。今天，中国有 23 个省和 5 个省级自治区。下面的讨论将显示，这 28 个省级行政区很好地实现了太极对中国各省的先天设计（为了讨论方便，我们将把这 28 个省级行政区都统称为“省”）。太极把世界哲学史的 34 个位置凝聚在中国的 28 个省中，丧失了数目上的对应。但如果我们把中国的 4 个直辖市（北京、天津、上海、重庆）和 2 个特别行政区（香港、澳门）包括进来，中国就刚好有 34 个省级行政单位，弥补了数目上的缺陷。

---

① “天地人神”中的“神”指的是天志，因其神秘莫测而可以称之为“神”。由于中国地理有东南西北四个方位，天志就和天分开，作为和人对立的因素出现在地理框架中。如此形成的“天地人神”框架刚好和原始人类的认识相似，但“神”应该理解为天志，而不是原始人类想象的“诸神”。

这种弥补只是形式上的，但仍然是有意义且符合世界哲学史内在逻辑的。总之，虽然中国目前的行政区划是通过人的后天行为形成的，但它确实反映了太极对中国各省的先天设计。

下面就让我们考察太极如何把世界哲学史的34个先天位置凝聚在28个省中。4个直辖市和2个特别行政区在中国地理的先天设计中属于某些包围它们的省份，只是由于它们在地理上的相对独立性而最终分离了出来。所以，在下面的讨论中我们必须首先把直辖市和特别行政区归属到包围它们的省份，然后再指出它们的相对独立性。

1. 河北

根据上面的讨论，太极必须把世界哲学史的34个先天位置排列到中国的几十个地区（形成中国各省）。第一个需要排列的是世界哲学史的开端位置**易**，其对应的省份必须以其形状等地理要素凝聚**易**的特性。通过观察，我们发现符合这个特点的省份就是河北省。首先让我们从**易**的特性来理解河北的形状。**易**的思考范围包括第一太极（乾坤）和第二太极（天地）。[①] 所以，河北是由北和南两个形状相似的部分（分别对应乾坤和天地）构成的。北部形如三分支的树叶（西支即张家口；东支包括秦皇岛和唐山；中支包括承德、北京、天津和所夹的区域）。西、东、中三支分别展现了第一太极的“阳、阴、合”（因此西支集中了几座高山，包括大马群山与河北第一高峰小五台山；东支是低山丘陵和平原；中支则从西北向东南阶梯下降，展现了阴阳的合一）。燕山从西向东横贯三支，代表乾对坤的同一作用，而凸起在中支东南、燕山山脉中段的雾灵山则代表了乾坤阴阳交合所生的太极圆象。[②] 太行山从西支不断向南延伸，代表太极的阳刚之力（在北部代表乾志，在南部代表天志）。南部的形状和北部基本相似，但三分支不再那么尖锐而有所收缩（因为天地是从乾坤转生的）。南部主要是平原，

---

① 关于**易**这个位置的内容，参见《太极之音》第十三讲《从太极看世界哲学史》关于**易**的部分。后面各省的地理分析涉及的哲学位置也都参见此讲座。

② 燕山山脉是世界上最古老的山脉之一。燕山运动初步奠定了中国东部的现代地貌。雾灵山凝聚的太极圆象上承乾坤，下启天地，其特殊的地理意义使之成为蒙古、东北、华北三大植物区系交汇处，同时还是南北动物的走廊和天然分界线。参见百度百科“燕山”和“雾灵山”词条。

但其西侧边界上的太行山向东俯视着广阔的平原，象征天志君临人间世界。

易通过六十四卦的循环思考了第一太极发展出第二太极，再返回第一太极的永恒轮回。所以北部凝聚了河北作为世界地理起点的特性。北部因此在其核心处（从元朝开始）产生了作为京城的北京[①]，直到今天仍是中国的首都，而且由于其特殊的中心性而演变成了直辖市。北京的形状和地形都与河北相似（仿佛是河北的浓缩）。天津则在北京的东边并与东支接壤。天津一方面联合了北部和南部；另一方面把北京连向渤海湾，使之向外开放，成为北京的辅助性直辖市（天津的形状也与河北相似，只是比北京瘦一些）。在河北南部，石家庄坐落在西侧的中心位置上，西倚高大的太行山脉，东望辽阔的海河平原，凝聚了天志对世界的开启，成为河北的天然中心（现为河北省政府所在地）。石家庄地区的开启作用在中国历史的开端就发挥了出来（北京则需要通过长期的历史发展才能逐步显露其凝聚世界性的品格）。《从太极看世界哲学史》曾指出，代表**易**的哲学家是伏羲。伏羲台就在石家庄的新乐市，据说是当年伏羲画八卦之处，故又称伏羲画卦台。伏羲台被古人当成“羲皇圣里”。当地流传着不少关于伏羲和女娲在此繁衍人类的故事。伏羲台西边靠近太行山处就是著名的西柏坡，是中共中央进驻北京（当时称北平）之前解放全中国、筹备新中国的指挥中心。从地形来看，河北是中国唯一兼有高原、山地、丘陵、平原、湖泊和海滨的省份。如此全面的地形很符合它作为世界地理起点的特性。河北在古代曾是燕赵之地（北部为燕，南部为赵），其人民有很强的大易精神，自强不息，慷慨激昂，颇有天下大事舍我其谁的气魄，形成了世代相传的燕赵侠风，涌现出了数不胜数的豪杰之士。统一天下、奠定中国几千年中央集权制度的秦始皇就出生于河北的邯郸。然而，河北并非仅仅产生了燕赵侠风。**易**的核心是太极的阴阳合一，包括乾坤与天地的阴阳合一。坤的阴性凝聚在北部的东支（秦皇岛和唐山）。但相比于第一太极（乾坤），第二太极（天地）是更加阴性的（因为天地是从乾坤发展出来的）。所以，河北阴性最强的地方是最南和最东的地方，亦即邯郸市东南角的大名县，

① 元朝的开创者忽必烈定都北京并非偶然。蒙古凝聚了从基督教获得特殊世界性的**阿奎那**，而这种特殊世界性只有北京才能与之匹配（参见后面对蒙古的分析）。

这里就是柔情似水的台湾歌星邓丽君的祖籍所在。[①]

2. 山东

易之后的位置**孔子**对应山东。按照中国地理从北向南的发展顺序，山东应该排列在河北南方，但**孔子**突出了人，所以又应排列在其东方。两个因素的结合使山东被排列在河北东南方。**孔子**的思考从第一太极的乾坤转移到第二太极的天地人。因此山东的形状来自河北南部（稍微放大）。太极还把河北和山东的南北轴顺时针旋转了一点（从南—北变成近乎西南—东北），使山东可以更多地保留在河北的南方，以便突出**孔子**对**易**的继承。这种设计使山东以其西北边界承接河北，其地理发展就自然地采取了从西北向东南的趋势。另外，**孔子**从我出发通向天地人，相当于逆太极发展而行（从末端返回根源）。故山东地理也具有从西南向东北发展的趋势（相当于旋转前从南向北的逆向发展）。两种不同发展趋势的综合是山东地理的独特之处。

山东地理的发展反映了**孔子**这个位置的发展过程，其发展趋势首先是从西北向东南。西北的长条部分（黄河以西）对应**孔子**早期以个体生命（我）为出发点的思考，其平原地形是从河北南部直接顺延过来的，象征**孔子**来自**易**的第二太极。但其东南侧（黄河以东）突然出现了山东最高的山脉泰山，象征中期的天人合一（通过礼乐敞开敬拜的世界，实现人共居天地之间的本质）。[②]因此，尽管泰山在中国不算很高的山，却作为“东岳”被古人当成“五岳之首”来祭祀，成为帝王受命于天的最高象征。泰山最高峰玉皇顶象征天志，而徂徕山则向西北遥望玉皇顶，代表人的意志。徂徕山因此凝聚了人心的同根性，成为历代文人隐居交心的乐园和修身养性的圣地。山东地理继续往东南发展，就进入了从南四湖向东北延伸的长条，依次经过丘陵地带、蒙山和沂山。这个长条代表对家庭的思考，而且利用

① 河北凝聚了太极的阴阳合一，这个意义在人类心灵中的升华就是爱的理想。邓丽君用柔情似水的歌声唱出了爱的理想，滋润了许多大陆同胞的心灵，成为两岸人民情感交流的佳话。

② 黄河在历史上曾多次改道。现代黄河的下游河道其实是古代济水的河道。所以真正分开**孔子**早期和中期的是济水。关于济水的意义，参见后面对河南地理的分析。

了从西南向东北的发展趋势来展示对父母理解的几个不同层次。**孔子**对家庭的思考突出了天地生人的意义，因而无形中突出了母亲在家庭的中心地位。[①] 南四湖所在之处是地理上的凹陷地带，凝聚了母亲容纳和养育生命的特性，其东北侧的枣庄曾在母系氏族社会的繁盛阶段孕育出了古老的“北辛文化”。[②] 从丘陵地带过渡到蒙山，就从母亲上升到地母的崇高地位。所以，蒙山高度仅次于泰山，并被历代统治者当成“亚岱”祭祀。[③] 泰山、徂徕山和蒙山刚好连成直线，代表天地人一体。蒙山向东北过渡到沂山。沂山不是单独代表地母，而是与泰山山脉延伸过来的鲁山（比沂山稍高）互为阴阳，共同展示父母阴阳合一之义。沂蒙山区因此凝聚了父母的养育性，成为沂沭泗河水系的发源地。最后，山东地理离开泰沂山脉，向东南过渡到以日照市的五莲山为中心的丘陵地带，对应**孔子**后期对政治经济（天治地养）的思考。**孔子**从人性出发思考政治经济，故其天治思想是通过人治（汇聚人心）实现的。五莲山不高，但却汇聚了数不清的各种奇峰怪石、飞瀑幽潭、奇花异草，仿佛荟萃了天下之美。五莲山丘陵地带在春秋时期曾发展出莒国，是仅次于齐、鲁的大国，其都城是中国东部的一个政治经济和文化的中心，以其荟萃天下的特性吸收了附近的贵族与国君，使他们在本国遭受排挤时大多投奔莒国避难。但由于天治受到人治的束缚，莒国无法真正成为霸主，最终在春秋末期被齐国所兼并。

孔子后期思考的政治经济本质上是现实性活动，和中期思考的理想性活动属于完全不同的领域。虽然**孔子**倾向于人治，但仍然对政治经济有强烈的现实关怀。这种现实关怀被中期形成的理想性束缚而未能展开为专门的政治经济思想。然而，地理可以把哲学位置前后相混的东西在空间上区分开来。所以，太极就从五莲山丘陵地带向东北延伸出了山东半岛，以便

① 这点在哲学家孔子的言论中有所表现。如《礼记》中孔子认为“妻也者，亲之主也，敢不敬与？”，突出了妻子生养儿女，联络亲情的重要意义和地位。详细的分析参见《太极之音》第八讲《天地与人》对婚礼的讨论，以及第十三讲《从太极看世界哲学史》对**孔子**的讨论。

② 南四湖畔（两城乡）还有一圣母泉，可自流灌溉农田，充分展现了母亲的养育性。

③ 凝聚了母性的蒙山是中国空气最洁净的养生胜地。蒙山地区还曾出现创办战时托儿所、抚养了近百名革命后代的“沂蒙母亲”，日夜不息为部队纳军鞋、护理伤病员的“沂蒙六姐妹”，以及用自己的乳汁救活了红军战士的“红嫂”等杰出女性。她们的真实故事向我们展现了蒙山所凝聚的崇高母性。参见百度百科“蒙山”词条。

突出**孔子**后期的现实关怀。这个延伸首先把后期思考中的“天下”凸显出来，形成了在海边俯视胶州湾的崂山。从泰山、鲁山、沂山到崂山连成了直线，且崂山高度介于鲁山和沂山之间，代表统一世界（天地之间）之义。从崂山再向东北发展就过渡到山东半岛，代表超越中期人文理想主义的现实关怀，成为土著（东夷）文化的成长地。另外，由于山东地理有从西南向东北发展的趋势，泰沂山脉的弧形成为中期和后期的分界线。这个弧形向南包围的地区代表了**孔子**中期自成体系的文化理想，成为保留周朝文化的最佳土地，在历史上形成了周朝的鲁国（哲学家孔子即诞生于鲁国首都曲阜）。弧形的北方外围，即以淄博为中心，从西向东延伸到山东半岛的地区则凝聚了**孔子**后期对天下的现实关怀，形成了以“尊王攘夷”为旗号成为中原霸主的齐国，其指导思想是简化周朝文化来吸收土著文化。周朝把鲁分封给制礼作乐的周公，把齐分封给创立兵家的姜子牙，并非偶然。和鲁相比，齐更偏重政治经济的现实关怀。[①]这种现实关怀隐含在**孔子**后期的思考中，但在莒国仍被理想性所束缚，而在齐国则借助其地理意义获得了相对独立的发展。[②]

山东地理的两种不同发展趋势在济南发生了汇合。济南地处黄河以东，泰山以北，在从西北向东南的发展中处于中期理想性的开端，在从西南向东北的发展中处于后期现实性的开端。济南因而成为齐鲁元素交融荟萃之地。从东夷人开创的龙山文化到以“济南二安”（李清照、辛弃疾）为代表的宋代词坛，济南一直都是文化兴盛之地。到了明清两代，亦即世界历史开始走向现代政治经济的时代，济南开始将齐鲁因素融为一体，成为山东的政治经济和文化中心，直到今天仍以其独特的地理优势统一着齐鲁大地。

3. 安徽

孔子的下一个位置是**老子**。**老子**对应的安徽被自然地排列在山东的南方。**老子**从**孔子**回归**易**的格局，但突出了太极发展过程（大道）的自然无为。

---

① 注重现实性的诸子百家（如兵家、天文学家、医学家、法家、农家、纵横家等）多出于齐，而注重理想性的儒家和墨家则出于鲁。

② 虽然有人批评管仲不忠不仁，孔子却赞扬管仲帮助齐桓公九合诸侯，保持了天下的一统，显示了孔子的现实关怀，尽管孔子没有离开儒家传统去纯粹从现实角度思考政治。

所以，安徽恢复了与河北相似的形状，但其南部被放大了（因为是从**孔子**返回**易**），同时其中心轴逆时针旋转了一点（以便指向河北）。安徽北部（树叶形）代表第一太极，南部代表第二太极。由于**老子**从第二太极逆行回归第一太极，安徽地理是从南向北逆向发展的。

老子的第一步发展是“让生命从天志松绑”，在地理上对应南部的黄山地区。黄山地区由几座大山和其间盆地构成。大山是天志象征，其间盆地则是天志为生命留下的空间，代表让生命从天志松绑而获得的自由空间。盆地的秀丽山水成了道教圣地，而盆地环绕的黄山更是道教四大名山之一（传说黄帝曾在此修炼成仙，故名黄山）。黄山是主要由岩石构成的峰林（象征被松散开来的天志），极其陡峭险峻，其主峰比泰山还高。但黄山独特之处并不是作为祭祀对象，而是作为自然的奇妙造化，把生命敞开在云海缭绕、松柏常青的峰林中，象征生命不再受天志束缚，而是在其留下的空间中获得了自然无为、逍遥自在的自由。黄山地区（古徽州）还发展出了以新安理学为代表的徽州文化。新安理学的奠基人程颢、程颐及其集大成者朱熹的祖籍均在徽州篁墩（被誉为“程朱阙里”）。程朱虽然继承了孔子，但从天命（天志）转向了天理（小道之理），而生命首先必须从天志松绑，才能被绑向天理。黄山地区的盆地中还有以丹霞地貌为特色的齐云山。丹霞地貌就是以陡崖坡为特征的红层地貌，象征含藏于大地母亲怀中，但可以（通过大道）涌现到世界中的万物（红色是最炽热的色彩，象征万物的无限丰富），特别为道教所钟爱。所以，齐云山虽然不高，却和黄山同为道教四大名山之一。黄山东北方的宣城从西南向东北不断下降，代表生命从天志松绑的结果，象征自然无为的生命回旋运动，特别适合怡情养性的诗书画等活动，成为中国文房四宝之乡（其产物包括著名的宣纸、宣笔、徽墨等）。宣城地区是黄山地区被江苏南部和浙江北部（二省交界地带凝聚了组织个体生命的逻各斯。参见后面对二省的分析）吸引而发展出来的，因此其文化实际上属于吴文化圈。

老子的第二步发展是“让世界从天志松绑”。相应地，安徽地理从黄山地区向西北过渡到了长江两岸的池州和安庆地区。长江南岸的池州把天志在生命中的作用消解到了极端，产生了象征虚静无为的九华山，为过渡到长江北岸的安庆做好了准备。大别山脉从西向东进入安庆，代表统一世界的天志，但它一路被断层分割，象征世界不断从它松绑。和黄山地区相比，大别山的山峰粗大坚实，连成整体，无法形成盆地，象征天志把握世界甚为坚定，松绑非常困难（大别山余脉天柱山代表的就是最终保留下来的天志，成为帝王祭祀的对象）。安庆凝聚的天志使之曾经（从清朝到民国初）成为安徽省会达两百多年。但安庆同时又是让世界从天志松绑的地方。安庆的长江流域因此兼有天志、大道和世界，发展出了独特的儒道释三大思想流派并重的皖江文化。安庆还是著名的戏曲之乡。中国戏曲是最有综合性的舞台艺术，善于全方位地运用身体的流转运动（包括唱和舞等）来开启艺术境界，把漫游的世界、行动的世界都统一到大道通过小道开启的诗意的世界中，而其阳刚的气势则展现了敬拜的世界中天志对人心和身体的统一作用。安庆既是阳刚的京剧的发源地之一，也是阴柔的黄梅戏的发源地和传承地，这与安庆富于阴阳内在张力的地理意义是分不开的。

老子的第三步发展是“让生命从世界回归地”。为了让世界真正摆脱天志的束缚，哲学必须通过生命（而不是人心）重新统一世界。为了实现这种转折，安徽地理反过来向东北过渡到了芜湖地区。这里地势变得平坦，仿佛天志已被放到一边，开始把生命拉回本性虚空的世界。①**老子**中的这个发展环节隐含佛教在世界哲学史中的先天起源。②芜湖产生了暗中象征此义的“无为县”。**老子**接着让生命回归地母。这个发展在芜湖西北方凝聚出了巢湖（中国五大淡水湖之一），并孕育出了祭祀主湖女神的圣妃庙（传说圣妃受命于地神，护佑居民的康宁），同时还在芜湖东北方产生了马鞍山地区，用来展示大道如何通过诗意的言说（从地母）敞开诗意的世界。马鞍山的长江两岸因此发展出了自然质朴纯真、乡土气息浓郁、语言典雅、结构完整的当涂民歌，而当涂更是吸引了最有道家风骨的诗仙李白，在此做出了 53 首美丽诗篇，成为李白流连忘返乃至终老安葬之地。马鞍山获得的“中国诗歌之城”的称号确实当之无愧。

老子的第四步发展是“从地回归天”。安徽地理于是从巢湖过渡到包围巢湖、代表天道的合肥（天道包含地道）。**老子**避开天志对世界的直接

---

① 安徽也对应**庄子**，故其地理意义以**老子**为基础吸收了**庄子**的特性；芜湖就是最能吸收**庄子**特性的地区（参见后面“浙江”一节的最后一段）。

② 参见《太极之音》第 514 页。

统一作用，通过大道从天向地、从地向世界的流动来统一世界，实现世界的自然秩序。这种做法隐含了法律通过（与大道互为表里的）小道实现的可能性，因为法律就是天志通过小道的源头（宇宙逻各斯）组织社会活动的方式。[①] 从这个角度来说，法律就是社会活动中的天道。合肥以天道贯通地道和人道，隐含了天网恢恢、疏而不漏之义。中国历史中代表此义的典型人物包拯即生于合肥。合肥隐含的天道和法治因素使之最终在现代社会（抗战胜利后）成为安徽省会所在地。合肥西边的六安地区南接大别山终端，其地理意义相当于把天志转化为天道。中国司法鼻祖皋陶就是被舜封于六安而成为六安国始祖的。六安隐含的“把天志转化为天道”极大地强化了大别山终端代表的“让世界从天志松绑”，在六安境内形成了以白马尖为中心的许多尖峰断崖，并在大别山东北麓造成了罕见的山裂奇观（皖西大裂谷）。

老子的第五步发展是“从天回归先天大道”。合肥地处安徽中心，对应从第一太极向第二太极发展的转折点，同时也就是从第二太极回归第一太极（从天道回归先天大道）的出发点。相应地，从合肥发源了两条大河：南淝河汇入安徽南部的长江，东淝河汇入安徽北部的淮河（此即合肥名称之由来）。南淝河代表中国地理从北向南的自然发展趋势，而东淝河则代表**老子**逆向回归先天大道的趋势。代表先天大道的淮河汇集了安徽北部的众多支流后流入黄海，成为中国四条单独入海的大河之一，并在其流域孕育出了以道家文化为主干的淮河文化[②]。安徽不但有两条大河横穿境内，而且还是湖泊众多、名泉汇集的水乡，反映了“道物化为水”的特性。[③] 安徽北部和中部地形平坦，象征大道的自然无为和对世界的开启。但南部的黄山和大别山地区却高山林立，奇峰荟萃，因为生命和世界必须从天志松绑才能回归平坦的大道。这就是安徽地理从南向北逆向发展的意义。**老子**的最后步骤“从先天大道把握太极发展过程”是安徽地理从南向北逆向

---

① 参见《太极之音》第十一讲《论太极》第六节“太极生成历史”关于政治本质的讨论。

② 老子的出生地有河南鹿邑和安徽涡阳两种不同说法。涡阳有 “老子故里 天下道源”之称。其位置在安徽北部树叶形的中支（亳州市），属涡河流域。涡河是淮北平原区主要河道，沿中支向西南汇入淮河，代表第一太极中先天大道之源头。所以老子出生在安徽涡阳是非常合理的。

③ 黄山地区还发源了新安江，流入浙江的下游成为钱塘江。参见后面对浙江地理的分析。

发展的逆转，但它不改变已经发展的安徽地理，而只是赋予淮河向南汇入长江的趋势。这种趋势是附加在淮河原来意义上的，因此直到 12 世纪（南宋）才最终通过黄河夺淮实现出来。[①]

作为**老子**对应的省份，安徽是道家文化的发源地。但佛教在**老子**中的先天起源使安徽隐含了“由道转佛”的意义，并在历史上典型地表现为九华山的演变。在黄山支脉上拔地而起的九华山代表天志在生命中的作用被消解到了极端，因此它隔着长江面对大别山的最终发展（天柱山），其所凝聚的虚静无为是生命向本性虚空的世界回归的前提，因此九华山的走向是从南向北指向芜湖的无为县。九华山本是上古学仙修道圣地。但从唐朝中期（佛教真正中国化时）开始，九华山就从道教圣地一步步转化为佛教名山，最终成为佛教四大名山之首。九华山被当成地藏菩萨的道场并非偶然，因为地藏菩萨在无佛之世中发愿救度众生，代表了向佛教转化的开端，和九华山所凝聚的意义是相通的。

4. 江苏

老子的下一个位置是**毕达哥拉斯**。从**毕达哥拉斯**开始，世界哲学史就从大道进入小道，发展出了一系列（9 个）从小道出发进行思考的哲学位置。这 9 个位置构成了不同于中国哲学的另一条思考道路，所以太极把它们当成一个整体，让希腊民族来承担。在设计中国各省的时候，这些希腊哲学的位置应该当成整体来考虑（穿插其间的**庄子**和**杨朱**只能等它们都排列妥当后再予考虑）。然而，如果把 9 个位置集中在同一省，会使该省分量过重，破坏中国各省的平衡。所以，太极把希腊哲学的发展区分为两个阶段，即**苏格拉底**之前的阶段（包括**毕达哥拉斯**、**巴门尼德**、**芝诺**、**赫拉克利特**、**普罗塔哥拉**），和从**苏格拉底**开始的阶段（包括**苏格拉底**、**柏拉图**、**亚里士多德**、**伊壁鸠鲁**）。前**苏格拉底**阶段刚刚从大道转入小道，注重存在通过逻各斯敞开和组织世界的作用，而从**苏格拉底**开始的阶段则转向宇宙逻

---

① 古淮河曾经独流入海，但受 12 世纪黄河夺淮的影响而最终变成从入江水道进入长江。另外，发源于山东沂蒙山区的沂沭泗河水系在古代曾是淮河的下游支流，反映了第二太极对第一太极的归属，但黄河夺淮使沂沭泗河水系与淮河水系被分离开了。参见《中国河湖大典·淮河卷》，第 191—192 页。

各斯（小道的源头），开始发展理性知识。这两个阶段在中国地理中凝聚成了两个相邻的省，即江苏和浙江。太极把江苏和浙江都排列在安徽东边（因为希腊哲学从大道转入小道，相当于转向人的思考之道），并且让江苏在北，浙江在南，以便符合中国地理从北向南的发展。

江苏的形状是由和它接壤的安徽和山东共同决定的，故其西侧和北侧边界很不齐整。但东侧的海岸线光滑齐整，很少岛屿，而且江苏还是中国地势最平坦、水面比例最大的省。江苏的世界因此具有从整体上充分敞开的特点。这是因为前**苏格拉底**阶段（除了作为开端的**毕达哥拉斯**）突出了存在（大道末端）敞开世界的作用（水就是大道的物化），同时也因为江苏从安徽发展而来，可以就近吸收安徽凝聚的大道来突出江苏所凝聚的存在（相反，希腊被与中国隔开，同时又没有把前**苏格拉底**哲学作为整体特意凸显出来，因此希腊世界整体上呈现离散性，成为多山多岛之国）。

江苏地理的发展是从北向南，逐一排列前**苏格拉底**的5个位置，构成了5个不同地区，而同一地区的内部发展则是从西向东。首先，**毕达哥拉斯**对应最北方的徐州和连云港地区。徐州是安徽北部（东支）直接延伸出来的，隐含从**老子**向**毕达哥拉斯**过渡的意义。这种过渡在希腊哲学中激发了以宇宙气物理三界为基础的思考，在中国哲学的背景中则形成了修炼气界小道和物界小道的传统，其代表人物即中国气功和养生的创始者彭祖（徐州本是彭祖封地，古称彭城）。徐州同时也代表**毕达哥拉斯**对**易**之象数的继承和转化。徐州因此结合了**易**的宏大和小道的精细，既雄浑又高雅，既崇武又尚文，既是帝王之乡，也是楚汉文化的发展中心（创建了汉朝的刘邦生于徐州）。徐州向东过渡到连云港，对应**毕达哥拉斯**后期发展出来的数本论。连云港的云台山由北中南三云台共同组成，象征数本论中包含开端、中间和终结，代表“全体”的数字3（其作用类似希腊塞萨洛尼基半岛的三个分支）。南云台山的绝顶玉女峰（624.4米）为江苏省最高峰（**毕达哥拉斯**还没有开始思考存在，故其对应的地区还可以有这种相对较高的山）。

江苏地理接着向南进入宿迁、淮安、盐城一带，对应**巴门尼德**。**巴门尼德**把存在突出为唯一可思之物，其世界敞开得最为彻底，因此这一带是最典型的平原水乡，而淮河则在这里汇聚出了洪泽湖（中国五大淡水湖之一）。[①] **巴门尼德**认为思考与存在是同一的，突出了大道和小道的互为表里。从宿迁、淮安到盐城（从西向东）的运动相当于大道向小道内化的运动，因此风格也从豪放转向柔情。西楚霸王项羽就是生于宿迁。徐州结合了**易**的宏大和小道的精细，而宿迁则以最彻底的方式敞开世界。目光远大、隐忍待发、善于变通的刘邦最终战胜了豪气万丈、雄霸世界的项羽，决定了秦始皇之后的中国命运。淮安融合大道和小道，风格刚柔相济，孕育出了韩信、周恩来这样的代表人物。盐城则突出了小道的精细，并表现在其风格柔美、表演灵活的淮剧中。江苏地理进一步向南发展，就进入到扬州、泰州、南通一带，对应**芝诺**。**芝诺**和**巴门尼德**一样以存在为唯一可思之物，但开始注重世界现象，通过思考世界现象产生的悖论来证明只有存在可思。扬州、泰州和南通也是平原水乡，但其独特之处在于对充满矛盾的世界现象的观察，和敢于怀疑和挑战世界的勇气。扬州和泰州曾经孕育出惊世骇俗、富于批判精神的“扬州八怪”和“泰州学派”；南通则在近代文化科教史上以敢于创新的“七个第一”而被称为“中国近代第一城”[②]。

从**赫拉克利特**开始，希腊哲学把存在（大道末端）解蔽到世界现象中，突出了解蔽存在的逻各斯（小道末端）。在中国地理中，黄河代表大意志和大道，长江则代表小意志和小道（参见后面对青海地理的分析）。所以，长江在江苏起到了区分大道和小道的作用（从江北到江南相当于从突出大道转向突出小道）。从**赫拉克利特**开始的希腊哲学位置于是被凝聚在长江以南。长江以南突出了逻各斯解蔽现象、组织世界的作用，其思维比长江以北更为精细缜密，风格也更加柔和优雅。长江以南的江苏又可分为东西两部分：**赫拉克利特**对应西部（南京和镇江）；**普罗塔哥拉**对应东部（从常州到上海）。**赫拉克利特**的逻各斯通过其理想／现实二重性把存在解蔽到现象中，世界本身才通过人的言谈被敞开出来。所以南京隐含了从逻各

---

① **巴门尼德**中的“存在”就是后天大道敞开世界的运动。因此，从安徽而来、代表先天大道的古淮河流经宿迁、淮安和盐城后独流入海，后来受黄河夺淮的影响才改为在扬州南下汇入长江。江苏的洪泽湖和山东的南四湖都是黄河夺淮之后形成的新湖泊。但黄河夺淮不是偶然的，而是黄河本性的表现（参见后面对青海地理的分析），因此黄河夺淮形成的湖泊同样反映了中国地理的意义。

② 参见百度百科“南通”词条。

斯出发统一世界的潜能，成为中国古代最著名的南方都城和文化中心。[①]唐朝灭亡之后，在南京建立的南唐继承了唐朝的文化理想，但最终被新兴的北宋所灭。南唐后主李煜以亡国之君的深沉心情把理想 / 现实二重性的矛盾在其词作中发挥到了极致。逻各斯组织世界现象的理想 / 现实二重性还与中国佛教的“一心开二门”相通。这种潜在的佛缘使南京从古至今都是中国的佛教文化中心。另外，南京的西南方就是安徽的马鞍山、芜湖、合肥南部（庐江）。这四个地区都隐含了组织世界现象、敞开世界本身的原始领悟，因而其地理意义相互呼应（参见前面对安徽地理的分析。合肥以天道贯通地道和人道，因此其与芜湖接壤的南部地区也参与了这种相互呼应）。这种相互呼应形成了贯通这四个地区的铁矿富集地带（宁芜—罗河成矿带）。[②]南京东边的镇江则更多地凝聚了**赫拉克利特**的生成之流，在河道众多、山头林立、山水交织的江南秀色中形成了汇聚八方、生生不息的文学传统，其方言也随着时代不断地发展变化。

普罗塔哥拉对应的东部包括常州、无锡、苏州和上海。**普罗塔哥拉**把**赫拉克利特**的公共逻各斯转化为个体逻各斯，突出了逻各斯融入感性现象的特点。这个哲学位置注重个人感觉和判断的特点曾帮助雅典发展城邦民主制，并使其艺术在**普罗塔哥拉**时代达到了发展的顶点。在江苏，这个特点从常州、无锡、苏州到上海（从西向东）不断以更个体化的方式发展出来，形成了以吴侬软语、苏州评弹和昆曲为典型代表的、柔美灵慧的吴文化。无锡和苏州之间的太湖是江苏最大的湖泊，汇聚了前**苏格拉底**阶段的发展，因而向南过渡到浙江。苏州是吴文化的中心，风格极为优雅细腻、清逸高洁，是江南文化最优美的代表。苏州女性把这种优美发挥到了极致。苏州的飘逸风格还有可能向主观性方向发挥到极致，这点在生于苏州的大书法家张旭的狂草中有明显表现（其狂草反映了盛唐时期大道的汹涌澎湃，但同时融入了个人的感性，表现出强烈的主观性）。上海是江苏南部发展的终点，

---

① 敞开和统一世界的首先是天志和大道，其次才是组织世界的逻各斯。中国北方主要从天志出发，有时也借助大道敞开世界的作用，而南方则偏重逻各斯的作用，其典型代表即南京。所以南京是中国历史上光复北方的主要基地。然而，只有从天志和大道出发才能长久稳定地统一世界。所以中国最长久的政治中心在北方。

② 铁象征组织生命、指向世界本身的原始领悟。参见导论第四节。

同时也是长江的入海口。长江代表凝聚在中国地理中的小意志和小道，而小意志和小道正是西方哲学史所特别突出的因素。长江流入大海的意义就是从小意志和小道的角度把中国向西方世界开放（海洋本来就是世界的物化）。上海地理的意义在近代社会中获得了充分发挥，使之将逻各斯的个体性推向极致，发展出了尊重个人的感觉和判断，思考精细周密，既有优美感性也有社会理性的海派文化，成为中国吸收西方文化的关键门户。因此，上海从近代开始就逐步获得独立的发展，乃至最终从江苏分离出来，成为中国的直辖市之一。

5. 浙江

浙江省地理的发展也是从北向南，逐次排列**苏格拉底**、**柏拉图**、**亚里士多德**和**伊壁鸠鲁**。从**苏格拉底**开始哲学从逻各斯向宇宙逻各斯回归（从小道的末端回归其源头）。这种发展趋势在地理上相当于从东向西（从人的思考向理性神回归）。所以，浙江省地理的发展是从北向南，从东向西。由于从**苏格拉底**开始希腊哲学丧失了对存在的原始视野，浙江无法吸收安徽所凝聚的大道，因此浙江与希腊相似，也是多山多岛少平原（浙江是中国岛屿最多的省份）。但浙江是从江苏延伸而来的：**苏格拉底**以否定**普罗塔哥拉**相对主义的方式开始对普遍真理的追求，所以首先必须把江苏南部延伸到浙江北部，然后在其东边遥远海域上展示**苏格拉底**从东向西的发展，这样才能展现**苏格拉底**在哲学史中带来的深刻转折。太极于是让江苏南部向浙江北部延伸出了湖州和嘉兴，代表浙江隐含的**普罗塔哥拉**因素，而湖州和江苏的无锡、苏州共享的太湖代表的就是前**苏格拉底**哲学注重的人间世界（**苏格拉底**的转向就是从人间世界向理念世界所在的宇宙逻各斯运动）。[①] 浙江地理的发展方式就是从湖州和嘉兴向东跳过宽阔的杭州湾，过渡到东方海域上的舟山群岛，然后从舟山群岛开始**苏格拉底**从东向西的发展。

---

① 长江水系的湖都是和小道相关的（如云梦泽、洞庭湖、鄱阳湖）。太湖汇聚了前**苏格拉底**阶段的发展，象征从存在（大道末端）敞开的人间世界，尽管和小道相关，但不应单纯从长江发源。根据科学考证，太湖最初是海湾，经海陆交替而演变成内陆淡水湖（参见《中国湖泊志》，第 262 页）。海洋是世界本身的物化。太湖的这种起源方式符合它代表人间世界的本性。

舟山群岛是中国最大的群岛，从东北向西南排列成一系列越来越大的岛屿群，象征**苏格拉底**粉碎了通过自然知识认识的世界，从个体事物上升到普遍性定义。最大的舟山岛通过普陀山转向由三个岛排列成的另一系列，代表**苏格拉底**通过三大逻辑法则（同一律、矛盾律和排中律）把自然知识转化为理性知识。普陀山因此和佛教的“转识成智”有潜在呼应，成为佛教四大名山之一，并被当成观世音菩萨的道场（观世音菩萨从耳识下手修得闻声施救的妙观察智和成所作智、大慈大悲的平等性智、圆照十方的大圆镜智，是转识成智的典范）。舟山群岛接着向西南过渡到宁波地区，代表**苏格拉底**通过（关于灵魂的）自我知识实现品德（三岛系列延伸出了嵌入宁波内部的象山港，代表宁波隐含的知识因素。灵魂超越了生命所在的世界。因此宁波地形从平坦海岸过渡到群山环绕）。**苏格拉底**把美德等同知识的做法在中国文化背景中表现为“知行合一”。宁波哲学家王阳明把知行合一的精神融进心学，开辟了理学的新方向（阳明心学在其同乡蒋介石的身上得到了继承和发扬）。宁波向西过渡到绍兴地区，代表**苏格拉底**发现了灵魂所归属的理性神（宇宙逻各斯），让逻各斯回归到其源头。代表理性神的会稽山成为宗教圣地，而向东仰望会稽山的诸暨则成为越国的早期都城。在**苏格拉底**中，逻各斯开始向其超越源泉回归，但仍然保留对人间世界的观察。在中国文化的背景中，这种特性的凝聚使绍兴人既有飞扬的文采，又善于洞察人世；既精于言辞表达，又善于圆通处事（卧薪尝胆的勾践、以色诱敌的西施[①]乃至著名的“绍兴师爷”都是其杰出代表，而鲁迅则充分展现了洞察和批判人间世界的文学才能）。

苏格拉底尚未真正进入宇宙逻各斯中的理念世界。真正迈出这步的是**柏拉图**。所以，宁波继续向西过渡到杭州地区，代表**柏拉图**发现的理念世界。理念世界是完全超越人间世界的纯粹理想境界。从安徽黄山地区发源

① 西施在中国文化中象征美的理念。**苏格拉底**在浙江地理中从东向西发展，象征从人间世界向理念世界回归。西施所在的苎萝村被浣纱溪分为东西两村，东村象征人间世界，西村象征理念世界（两村皆姓施。西施原名施夷光，因生于西村而名为西施）。东施效颦的故事暗示了人间世界不论怎样模仿理念世界，仍不过是其影子而已，必须进一步向真实的理念世界回归。从前**苏格拉底**到**苏格拉底**是时代精神的一次重大转折，在中国历史中表现为越国在勾践带领下灭掉了吴国，取代后者成为新盟主，而帮助实现这次转折的一个重要人物就是象征理念世界之美的西施。

的新安江流入杭州，既摆脱了天志的束缚，又凝聚了理念世界的纯洁无瑕，故其水清可见底。李白曾为新安江赋诗一首："清溪清我心，水色异诸水。借问新安江，见底何如此。人行明镜中，鸟度屏风里。向晚猩猩啼，空悲远游子。"新安江上游被拦截而形成的千岛湖之水质更在中国大江大湖中位居首列，被誉为"天下第一秀水"①。杭州的西湖也以其极为秀丽妩媚的湖光山色闻名天下。②总之，杭州凝聚了理想化的江南美，和苏州一起形成了"上有天堂，下有苏杭"的佳话。

浙江地理接着向东南倒回海边的台州，以便从东向西展开**柏拉图**的发展过程。台州代表**柏拉图**的最初发展，即把普遍性定义发展为理念。台州因此和宁波一样从平坦海岸过渡到群山环绕。台州还代表**柏拉图**从理念世界出发理解灵魂，隐含灵魂与身体的结合与分离、灵魂的永恒与轮回等和个体生命相关的宗教意义。在中国文化的背景中，这些和宗教相关的意义激发了佛道的发展，使台州的天台山成为佛教天台宗和道教南宗的发源地。台州接着向西过渡到金华地区，代表**柏拉图**从理念世界统一人间世界，亦即改造人间世界以符合善的理念。因此，金华的地形是三面环山，俯视盆地，且有金华江流出与衢江汇合为兰江；兰江在杭州与新安江汇合，最后作为钱塘江从嘉兴流入杭州湾，代表从理念世界出发改造（**普罗塔哥拉**所代表的）人间世界。嘉兴因此获得了特殊的意义。它不仅是吴越文化的交汇处，而且还凝聚了从理想出发改造人间世界的意义，在近现代孕育出了王国维、茅盾、徐志摩、丰子恺、张乐平、金庸等开创性的文人。由于**老子**是希腊哲学的共同源泉，从安徽的黄山地区（休宁）发源了两条河流，一条流入浙江成为新安江（钱塘江北源），另一条则成为衢江并与金华江汇合为兰江（钱塘江南源）。北源和南源都从黄山地区发源，在浙江汇合为流入杭州的钱塘江，代表生命从天志松绑才能转向大道内部隐含的理念世界，从理念世界出发改造人间世界。杭州既被排列在金华的西北来配合金华的意义，同时又排列在绍兴西边，代表从**苏格拉底**到**柏拉图**的发展，这是理念世界的核心地位在地理上造成的特别设计。杭州的核心地位使之成为统一

① 参见百度百科"天下第一秀水"词条。

② 苏轼的诗句"欲把西湖比西子，淡妆浓抹总相宜。"揭示了西施和西湖共同象征美的理念，不论其感性色彩如何变化都是同样的美妙绝伦。

浙江的中心。理念世界是宇宙逻各斯组织物质宇宙和改造人间世界的真理领域，是程朱理学之所谓“天理”的隐蔽源泉（**孔子**的天命与大道匹配，理学的天理则与小道匹配）。尽管以朱熹为代表的理学是在福建发展成熟的，但如果不是南宋建都杭州，使中国文化的中心从北向南转移，思想的核心从大道向小道转移，福建就不可能成为中国理学发展成熟之地（参见后面对福建地理的分析）。

浙江地理接着又向东南倒回海边的温州地区，以便展开**亚里士多德**从东向西的发展。温州凝聚了**亚里士多德**早期以经验为起点、以逻各斯为中心的科学思考方式，在南宋时期发展出了注重事功、反对空谈道义的永嘉学派，与朱熹的理学和陆九渊的心学鼎足相抗，在改革开放中则在个体创业实践中走在中国前列，并曾为海内外培养了大量的数学人才，被誉为中国数学家的摇篮。这种科学思考方式隐含判断力的分析作用，其出发点就是把纷繁复杂的事物归结到范畴所决定的类型（个体事物及其属性）。因此，温州隆起了雁荡山来代表判断力的作用。雁荡山从东北向西南贯通了温州市，只是因为瓯江横穿温州才分成了北雁荡山和南雁荡山。雁荡山凝聚了判断力决定的种种事物类型，荟萃了各种各样的奇山秀水，被古人称为中国的“东南第一山”。奇山象征个体事物，形态极其多样化，峰、嶂、柱、墩、岩、洞等一应俱全；几乎每个山景都伴有秀水，象征个体事物的属性，其运动或静止方式也非常多样化，瀑、泉、溪、涧、河、湖等无所不包。因此，曾经三顾雁荡山的明代旅行家徐霞客也不得不掷笔而叹：“欲穷雁荡之胜，非飞仙不能”。[①]

温州接着向西过渡到丽水地区，代表**亚里士多德**中期发现理性神是自满自足的最高实体。丽水因此是高山汇聚的地区，包括浙江第一高峰（黄茅尖）和第二高峰（百山祖），两者相距不远地对望。黄茅尖代表理性神的自满知足，而百山祖则代表理性神作为终极目的因推动一切事物运动（百山祖的名字很好地反映了这点）。黄茅尖所在的龙泉凝聚了自满自足的思考，自古以来就是人文昌盛之地（龙泉县曾在宋朝 251 年间创造 248 名进

① 参见温州市雁荡山风景旅游管理委员会，“雁荡山简介”，http://zx.wzyds.com/ydjs.jhtml。

士的科举奇观[①]）。**亚里士多德**的最后发展是从小道出发统一大道敞开的世界，其具体做法就是以（从小道源头而来的）至善为终极目的统一城邦。这个发展被凝聚为浙江的第二大江，即从百山祖发源流入温州、从温州湾独流入海的瓯江（瓯江口外的洞头列岛代表被小道统一的城邦）。

最后，丽水向西北过渡到了代表**伊壁鸠鲁**的衢州地区。**伊壁鸠鲁**否定神的存在，从理智出发寻求生命自满自足的快乐，同时还将存在转化为无限宇宙，所以衢州的主体是从西北和东南两侧山脉向下凹陷的河谷盆地（存在就是世界的敞开。该凹陷盆地是高山俯视下敞开的世界，但它实际上代表深藏地母中的宇宙物界）。衢州资源丰富，地处浙皖闽赣四省的交通要道，而且凝聚了**伊壁鸠鲁**的乐生态度和个体意识，有利于商业发展，在明清时期形成了中国古代十大商帮之一的“龙游商帮”。**伊壁鸠鲁**的乐生态度和**孔子**有所共鸣。这种潜在的共鸣使衢州成为山东人向南避难时自然地向之运动的地方。衢州在春秋时期曾有姑蔑国，是从山东辗转南迁到衢州的姑蔑族建立的。[②]在北宋末年的战乱中孔子的后人也从山东避难到此，建立了孔氏南宗家庙，和曲阜家庙一起成为中国仅有的两座孔氏家庙，使衢州成为儒学在南方的新圣地。[③]

在完成浙江地理的设计之后，希腊哲学的9个位置已经全部凝聚在江苏和浙江中。太极于是倒回来考虑穿插在希腊哲学发展过程中的**庄子**和**杨朱**对应的地理。**庄子**顺行**老子**中的天道、地道、人道，强化了大道运动的连贯性，突出了物界和气界小道，有很丰富的想象力和混沌的神秘性。但总的来说其思考范围没有超出**老子**。所以太极不必为**庄子**另外设计一个省份，而是让**庄子**和**老子**共同对应安徽。[④]**老子**逆大道而行，从人向地，从地向天，最终回归大道开端。相反，**庄子**顺大道而流，从天向地，从地向人一气贯通，把生命提升到了世界的高度，逍遥地游荡于无何有之乡。所以，

① 参见百度百科“龙泉县”词条。

② 参见魏建震，“先秦时期姑蔑族的渊源与迁徙”，《姑蔑历史文化论文集》2002年，第107—113页。

③ 参见百度百科“孔氏南宗家庙”词条。

④ 庄子的出生地有河南商丘说和安徽蒙城说等多种说法。涡河经涡阳流入蒙城（二者在亳州境内分居涡河上下游）。**庄子**是从**老子**发展出来的。如果老子出生在涡河上游，庄子出生在涡河下游，岂不是非常的合理吗？

安徽以**老子**为基础吸收**庄子**的方式很复杂，有些地区容易吸收，有些地区难以吸收，有些地区则碰撞出新的特性。**老子**的发展过程中有两个步骤突出了生命，即第一步“让生命从天志松绑”和第三步“让生命从世界回归地”。第一步对应黄山地区。黄山吸收**庄子**的结果就是变得更加奇丽神秘，使生命在其中可以更加自由地从天志的束缚中解脱出来。第二步对应芜湖和巢湖。芜湖对应的是“把生命拉回本性虚空的世界本身”。巢湖对应的是“让生命从世界回归地母”。**庄子**顺大道而行的特点不太容易被巢湖吸收（回归地母是逆大道而行）。然而，把生命拉回本性虚空的世界正是逍遥游的前提。因此芜湖最能吸收到**庄子**逍遥游的特性。

6. 河南

在确定了**庄子**对应的省份之后，太极继续考虑**杨朱**对应的省份。**杨朱**从**巴门尼德**返回**庄子**中的大道，在地理上相当于从江苏（北部）返回其西边的安徽。但**杨朱**吸收了**巴门尼德**中的小道，突出了小道组织个体生命的作用，使大道被个体化，和**庄子**有较大不同。因此**杨朱**对应的省份就从安徽继续向西排列，成为河南。河南地理从东向西发展，同时也自然地从北向南，结果就是从东北向西南。但河南不能一直向西南直线发展，否则就会失去和江苏北部在纬度上的对应。所以河南的发展变成了之字形：首先向西南，然后向西北，如此反复，直至把**杨朱**的六个发展步骤从东向西实现在地理中。河南北部和东部必须迁就已经设计的河北、山东和安徽的形状。西部和南部则依靠山脉形成简单的三角形。由于河南的形状有较多迁就，六个步骤的实现只能跳跃式地进行，且跳跃方向只能大致符合“西南—西北”的运动趋势（比较接近于“南—北”）。我们只需指出每次跳跃的落脚点即可（其他地区的意义是由这些落脚点共同决定的）。

河南地理从最东边的商丘开始，对应第一步“突出生命属我的本质”。这个步骤把散乱变动的生命现象组织为稳定的统一整体（即我的生命）。突出生命属我的本质同时意味着把他人生命当成属于他人。因此商丘地理适合从个体到社会的最初发展。根据传说，商丘的燧人氏发明了钻木起火并教人熟食，开创了华夏文明；商丘还是商汤开创商朝的地方和商业的开端。[①]商丘是孔子的祖籍所在。西周时期，商朝遗留的贵族在商丘建立了宋国。孔子的祖先是商汤的后代，世居宋国，其父亲因为逃避宋国战乱而迁居山东曲阜。**孔子**这个位置对应的时代萌芽于夏商，成熟于西周[②]，而且**孔子**是从我出发通向大我的，所以商丘很适合为**孔子**的发展做准备（商丘北接山东菏泽。在山东地理的第二种发展趋势中，菏泽正是**孔子**从我出发通向大我的起点）。孔子的祖先继承了商汤的血脉，最终从商丘转移到山东去发展，才造就了哲学家孔子的伟大人生。商丘与**孔子**的这种潜在关联在唐宋之际再次被激发出来，形成了中国古代四大书院之一的应天书院，并逐渐发展为北宋最具影响力的书院（北宋实现了大道的个体化，和**孔子**早期从个体生命出发的倾向有所共鸣）。

河南地理接着从商丘向西南跳到信阳，对应第二步“突出生命现象的意义”。此步骤展示了生命中种种现象的丰富意义，包含了对生命中种种美好事物的天然喜爱，在地理上化作秀丽多姿的山水，使信阳获得了“江南北国、北国江南”的美誉。信阳是土地肥沃、物产丰富的鱼米之乡，还孕育出了中国十大名茶之一的“信阳毛尖”。

信阳向西北跳跃，就跳到了安阳与鹤壁，对应第三步“突出自我保存的理智”。此步骤中判断力以理智的态度审视周围环境以保存生命，以物养生而不被其拖累，在地理上实现为俯视安阳大地的极为陡峭的太行山绝壁，以及在鹤壁半山坡上环视世界的云梦山（绝壁代表从天志到判断力的不连续过渡；云梦山则代表过渡的完成）。安阳西倚太行山，凝聚了在天志的支持下，判断力以理智的态度把握周围环境的作用，隐含很强的组织世界的力量，是中国著名的“七朝古都”。商朝早期都城变化很多，直到迁都安阳才稳定下来，开始了商朝的长期大发展（末代帝王纣迁都鹤壁的朝歌[③]）。云梦山则凝聚了最强烈的自我保存的理智。战国的道家和谋略家

---

① 保持火种是人类自我组织的最早方式（参见《太极之音》第七讲《天地与万物》）。商业则是以个体为基础的社会交往。商丘不仅是中国火文化之乡，同时还是商人、商品、商文化的发源地。参见百度百科“燧人氏”和“商丘”词条。

② 参见《太极之音》第 470 页。

③ **杨朱**有享受生命和理智克制两种相反倾向。当前者不堪忍受后者制衡时，就会出现过度放纵。根据史料记载，纣王就是因为过度放纵而葬送了商朝（酒池肉林的典故形容的就是纣王在朝歌的荒淫生活）。

鬼谷子曾隐居云梦山，在这里全面地发展了战乱中的自我保存之道，开设了中国最早的军事学校，培养出了孙膑、庞涓、白起、苏秦、张仪、毛遂等一大批杰出的兵家和谋略人才。

安阳与鹤壁向西南跳跃，就跳到了南阳，对应第四步“突出世界为我敞开的特性”。南阳是北边的伏牛山脉和南边的桐柏山共同包围起来的盆地。桐柏山是大别山脉的开端，从后者获得了“让世界从天志松绑”的意义。这种松绑是**老子**回归先天大道的前提，所以流入安徽北部（代表先天大道）的淮河就发源于桐柏山下。桐柏山俯视南阳盆地，代表天志统一世界，但世界被松绑，所以真正统一世界的是伏牛山脉所代表的判断力（组织生命的判断力把世界组织成“为我敞开”的世界。参见后面对三门峡地区的分析）。南阳盆地的自我统一性使它曾是楚国早期都城的所在，成为楚汉文化的发源地之一。

南阳盆地向西北跳跃，就跳到洛阳，对应第五步“突出大道的个体性”。此步骤把大道拉向生命回旋运动，使大道被个体化。在中国地理中代表大道的是黄河。因此黄河流域是大道敞开世界的最佳场所。但大道必须通过小道把自己个体化到生命中，人们才能通过逻各斯来组织大道敞开的世界。黄河走出被高山夹住的晋豫峡谷后，从西向东流过洛阳、郑州到开封的开阔地带，仿佛大道从自身所在的高处降落到了生命所在的世界（被个体化）。所以大道的个体化虽然开始于洛阳，其发展和完成是在郑州和开封。太行山和中条山交汇处的王屋山（在济源市西北）俯视着黄河流入洛阳地区。太行山代表天志。中条山则代表判断力向天志的超越，同时也代表小道向大道的超越（参见后面对山西地理的分析）。王屋山位于中条山向太行山拐弯后的余脉，因此它代表纯粹的天志和大道，而不像中条山的终端（历山）那样代表与判断力合一的天志、与小道合一的大道。[①] 王屋山因其独

① 王屋山的这个意义衍生出了代表天志本身和大道本身的济水。济水发源于王屋山上的太乙池，伴随黄河东流，是古代独流入海的“四渎”（黄河、长江、淮河、济水）之一。黄河从渭河吸收了小道（参见下节对陕西地理的分析），而济水则代表纯粹的大道本身，因此它时而潜流地下，时而浮出地面，三隐三现，百折入海，神秘莫测，展示了从地母而来的大道之虚无缥缈，难以捉摸。济水同时也代表天志本身，所以古济水从山东入海，成为**孔子**从（注重生命的）早期向（注重天地人的）中期过渡的分界线。但儒释道三教并流的唐朝到了末期就开始向注重小道源头（天理）的宋朝转化。相应地，代表纯粹大道的济水在唐末干涸而断流。现代黄河改道从山东入海后所走的就是济水故道。参见百度百科“济水”词条。

特的代表大道的王者风范而成为道教十大洞天之首（传说黄帝曾在王屋山祈天）。王屋山还孕育出了《列子》中记载的愚公移山故事。愚公及其子孙代表大道的一系列个体化，而智叟则代表世俗的智慧之道（脱离了大道的可言之小道）。愚公移山依靠的并非一己之力，也不仅仅是众人之合力，而是生生不息的大道（子子孙孙无穷匮也）。大道最终会成就其个体化行为。由于太行山和王屋山代表天志，它们最终是由天帝命令大力神的两个儿子搬走的，但天帝的意志所成就的正是大道的一系列个体化行为，因为天志与大道是合一的（这正是王屋山的独特意义）。

黄河从西向东依次经过洛阳、郑州、开封的北方边界，把它代表的大道个体化到其南方区域中（中国地理是从北向南发展的）。所以，最适合把世界组织起来的地方就是从洛阳到开封的黄河流域。为什么只到开封为止？因为在开封的东端黄河就开始向东北拐弯，其意义发生了变化（黄河拐弯本是为了从河北流入渤海。近代黄河改成从山东入海也需要这种拐弯）。世界既是由天志敞开的，也是大道从地敞开的。大道敞开世界的作用仅次于天志。因此中国古代的第一性都城是天志被特别突出的西安（参见后面对陕西的分析）。第二性都城则是大道通过小道来组织世界的洛阳、郑州、开封。天志尚未在周朝突出之前，郑州就曾是夏商的都城。西安所代表的天志开始突出后，洛阳和开封就成为天然的“陪都”或“东都”，在天志衰落时则被升格为国都。这是为什么中国的朝代衰落后都城总是从西安转移到河南的原因。

伏羲代表的**易**是历史的开端，但**易**突出太极的运动变化而非天志，其统一世界的作用更接近大道。所以虽然**易**对应河北，它对应的时代（伏羲女娲和三皇五帝）却在河南产生了中国最早的一批都城。**易**和天志的结合是从元朝才开始的，从此河北才成了中国都城所在地（虽然北京后来成了直辖市）。**杨朱**最重要的成就是大道的个体化，对应从洛阳到开封的黄河流域（哲学家杨朱就是开封人）。洛阳是开端，是天志衰落而转向大道时（东周，东汉）的都城。开封是终结，是大道完成个体化时（北宋）的都城。郑州居中，大道和小道并重而产生张力，隐含了以小道规范大道、以理智观察社会的倾向，凝聚了很强的社会现实感（战国的法家申不害和韩非，以及唐朝现实主义诗人杜甫和白居易都出生在郑州）。洛阳代表刚开始个体化的大道，以其大道敞开世界的宏伟气魄成为中国十三朝古都所在地。郑州居中的特性使它成为河南的一个天然中心，但它不像洛阳和开封那样可以长久成为国都，因为它处在大道个体化的中途，容易被中国历史的运动趋势所改变（在新中国成立并取得抗美援朝的胜利后，中国历史的发展开始趋于稳定，郑州于是成为河南省会至今）。开封作为大道个体化的最终完成，使社会可以稳定扎根在个人理智中，帮助北宋在文明方面（政治、经济、科学、技术等）的发展达到了中国古代社会的顶峰。但大道个体化的完成同时也意味着大道敞开世界的作用已达终点，以小道的“天理”为基础的理学开始兴起。当理学迈向成熟时，南宋定都杭州，依靠小道源头的理念世界（天理）来统一人间世界，河南就结束了作为中国国都所在地的辉煌历史。

最后，河南地理从黄河流域向西南过渡到三门峡地区，对应第六步“突出生命自身的澄明”。此步骤把逻各斯澄明世界的作用下放到生命，使生命如同世界般放射出威严光辉，在地理上实现为秦岭在河南的三条高大支脉（小秦岭、崤山和伏牛山）。[①] 小秦岭直接从陕西的秦岭向东延伸而来，是河南最高的山脉，和秦岭一样代表天和大道（参见下节对陕西地理的分析）。但小秦岭向南迅速下降而发展出了崤山，象征天志下降到判断力，大道下降到小道（同时世界下降到生命）。崤山南边的伏牛山则单纯地代表判断力和小道。伏牛山向东南包围南阳盆地，把后者变成“为我敞开”的世界。伏牛山还向洛阳发展出了熊耳山，代表被小道个体化的大道。熊耳山因而形成万山向熊耳主峰朝拜之势，集大气、秀气、灵气于一体，成为道教文化圣地。[②] 伏牛山向郑州延伸的余脉则在登封高耸起来，形成了嵩山，代表被个体化的大道中隐含的澄明世界的小道。嵩山处在大道个体化的中途，还隐含天志个体化为判断力的意义，既凝聚了大道和世界，也凝聚了小道和判断力的澄明作用，成为河南诸多地理要素的汇集点，是中

---

① 易经下篇 34 卦用筮辞形式描述了哲学的 34 个先天位置（参见《太极之音》第十四讲《易经对世界哲学史的描述》）。描述**杨朱**的“家人”卦分别用“富家大吉”“王假有家”“威如”形容其最后三步，和南阳盆地、黄河流域（洛阳，郑州，开封）、三门峡的地理甚为吻合。

② 参见百度百科“熊耳山”词条。

国地质演化最具多样性和全面性的地点之一。因此，嵩山不但是道教和佛教禅宗的圣山（少林寺即坐落于此），而且还是儒家（理学）的圣山（理学将匹配大道的天命转化为匹配小道的天理，因而与此山有缘）。嵩山南麓的嵩阳书院吸引了许多名儒在此讲学，成为中国古代四大书院之一。嵩山隐含天人合一的多种意义，因此作为“中岳”而成为中国五岳之一。

杨朱把大道个体化的同时把世界本身（原始敞开域）下降到个体生命中，在佛教背景中对应佛菩萨在人世间的现身。河南因此在佛教进入中国的过程中发挥了先驱作用。洛阳代表刚开始个体化的大道，成为佛教在中国的最初落脚点。公元 64 年，汉明帝梦见一个身高六丈、头顶放光的金人自西方而来，于是派大臣出使西域拜求佛经和佛法。三年后两位印度高僧和东汉使者一道用白马驮载佛经和佛像返回洛阳，从此开始了佛教在中国的传播历程。为纪念此事而修建的白马寺成为中国第一座佛寺，在翻译佛经、组织僧侣生活等方面起到了开创性的作用，成为中国佛教名副其实的祖庭。另外，平顶山是伏牛山向郑州延伸的余脉和向南阳延伸的主脉夹出来的地区，结合了判断力“澄明世界”的作用和“把世界组织为我的世界”的作用，刚好与开启佛教中国化进程的“一心开二门”有所呼应。[①] 平顶山因而与佛教的中国化进程有着深厚的因缘。根据传说，唐太宗曾梦见佛祖立于中州之玉枕山下，即依梦境画图，命人于中原大地寻觅，终于在（平顶山地区的）鲁山找到了相似地形，建起了佛泉寺（鲁山刚好在伏牛山余脉和主脉的夹角上）。21 世纪初则在鲁山建起了世界最高的佛像（中原大佛）。根据民间传说和大量文献资料的佐证，观世音菩萨在平顶山诞生、出家、成道，其香山是观音肉身应化之地，香山寺就是观音祖庭。根据中国佛教界的说法，观音肉身应化在香山标志着中国佛教汉化过程的完成。平顶山市因而成为中国观音文化的发祥地和传播地。[②]

7. 陕西

在完成了**庄子**和**杨朱**对应的地理设计之后，穿插在希腊哲学史中的两

① 参见《太极之音》对佛教本质的分析（第 514—515 页）。
② 参见百度百科“中国观音文化之乡”和“香山寺”词条。

个中国哲学的位置已经排列完毕。因此，下一步应该继续排列希腊哲学史之后的哲学位置，亦即结合了**亚里士多德**和基督教信仰的**阿奎那**。**阿奎那**对应的省份本应从（凝聚了**亚里士多德**的）浙江发展出来，但由于**阿奎那**突出天父，它对应的省份应该排列在中国北方，而且作为紧接河南后排列的省份，它应该从河南进一步向西发展出来（河南是安徽向西发展出来的）。综合所有这些因素，河南就向西北方向延伸出了**阿奎那**所对应的陕西。**阿奎那**在西欧对应的是意大利。作为中国省份，陕西必须更加紧凑。所以，陕西的形状是意大利的齐整化：北部代表宗教的西端被缩小，代表哲学的东端则被放大拉直；西南海域上的三个海岛被聚拢且合并到南部。由于中国哲学不包含基督教因素，陕西不再像意大利那样以哲学和宗教的结合为其地理发展的线索，而是从北到南分成三大块，亦即陕北、关中、陕南，分别对应**阿奎那**的三个发展步骤。因此，这三个区域在自然和人文方面各有不同特色。

陕西北部包括榆林和延安地区，对应第一步“把神等同于存在”，在中国哲学背景中相当于“把天等同于大道”，隐含“把大道敞开的世界当成天之所在”的意义。陕北的世界因此布满了高原。榆林宽大的东部对应意大利中代表哲学的东端，在此代表存在（大道），而其狭窄的西部对应意大利中代表宗教的西端，在此代表神（天）。因此，榆林东部是宽广的高原，而其西部则有高大的白于山脉，其最高峰魏梁是榆林最高点。但东西两部分是连续过渡的，代表大道和天可以相互交融。延安西北部承接了白于山脉，但逐步向东南下降，代表天向大道融合；其东北部承接了榆林的高原，但向南发展出了隆起的黄龙山（比白于山稍低），代表大道向天融合。榆林和延安共同实现了“把天等同于大道”的意义。从世界角度来说，陕北把世界当成天之所在，实现了世界和世界统治者（实现天治者）的密切结合。榆林在古代就被誉为天下最忠烈之地。延安则是中国工农红军从南向北长征到达陕北后的最终落脚点，成为中国革命的圣地和早期发展中心。延安曾经是黄帝活动的区域，也是黄帝最终安寝之地（黄帝陵在黄龙山西边，更偏向大道一些）。黄帝被尊为华夏始祖，同时也是道教尊奉的古仙。延安因此不仅是革命圣地，也是民族圣地。

陕西中部包括关中盆地和秦岭，对应第二步“区分理性真理和信仰真理”。秦岭以其东西向绵延的巍峨山脉代表信仰真理；和秦岭平行（在其北麓）的关中盆地则以形成对比的低地势来代表理性真理。秦岭和盆地之间是极为陡峭的绝壁，代表信仰真理和理性真理的相对独立。渭河从西向东贯通盆地到达延安南方的渭南地区，在此汇入黄河，代表从存在者通达存在（大道）、实现理性真理的小道（上升的路径）。秦岭则从宝鸡的太白山（青藏高原以东第一高峰）经过西安的终南山下降到渭南的华山（下降的路径）。秦岭总的来说代表人所仰望的天，但从太白山到华山的运动相当于把天的意志下降到人的意志，因此华山脚下的华阴地区是天人混同的刚烈混沌之地。由于**阿奎那**把神等同于存在，所以秦岭既代表天也代表大道，成为道教的圣山。华山不仅混同天人，而且在陕西地理从北向南的发展中继承了黄龙山融合天与大道的意义。这种独特的天人合一内涵使华山作为“西岳”成为中国五岳之一。另外，渭河与秦岭从西向东结伴而行，但分别代表上升的路径和下降的路径。两条路径在中部的西安地区（包括咸阳）发生了最密切的呼应，使终南山脚下的这片土地成为天人合一最恰当的发生地（西安的这种综合性与罗马的综合性相似）。在哲学史中天人合一首先在**孔子**中被突出，但**孔子**从我出发的发展方式使其天人合一始终以人为中心。另一方面，**阿奎那**对神（天）的突出使天志在陕西比在山东更为突出，具有更强烈的统一天下的力量，同时还兼有（从**亚里士多德**而来的）小道组织世界的能力。西安因此成为中国古代最能统一天下的第一性都城（曾是十三朝古都）。西安聚集了天志、大道和小道，隐含儒道佛三教并流的可能性，并在唐朝得到了最充分的实现。代表小道的渭河是黄河最大的支流。它从西向东汇入黄河之处就是黄河拐弯流入河南之处。白于山还发源了从西北流向东南的洛河，在渭河即将汇入黄河时汇入渭河中，把延安西部隐含的“天向大道融合”的意义注入渭河，为它汇入（代表天志和大道的）黄河做好了准备。渭河汇入黄河使流经河南的黄河隐含了小道，可以在黄河流域实现出大道（通过小道）的个体化，所以天志衰落时中国的都城就会从西安顺着渭河与黄河向东转移到洛阳和开封。

陕西南部即秦岭以南地区，对应第三步“统一理性真理和信仰真理”，在地理上意味着统一盆地和高山。因此相比陕中，陕南的盆地上升，高山则逐渐向盆地下降。陕南又分为商洛、安康和汉中三个地区，是西西里岛、撒丁岛和科西嘉岛被聚拢的结果（因此商洛是像西西里那样的三角形；安康是撒丁岛那样的长条形，只是迁就了商洛的三角形；汉中是象科西嘉那样的长条形，其西南角同样凸出了类似手指的形状）。西西里岛象征的三位一体是信仰真理的独特内容，因此商洛实际上没有盆地，而是高山和山地的聚集。撒丁岛和科西嘉岛分别代表无限逻各斯和有限逻各斯，即小道的源头和末端。相应地，代表无限逻各斯的安康从山地逐渐向中间过渡到盆地；代表有限逻各斯的汉中盆地则陷得更低一些。渭河在陕南变成了从汉中发源、横贯汉中盆地和安康盆地的汉水。汉水继续东流而最终汇入代表小道的长江，成为长江的第一大支流（参见后面对湖北地理的分析）。汉中作为汉水的发源地与宝鸡作为渭河（在陕西）的发源地相互呼应。正如宝鸡是周秦的发祥地，汉中是汉朝的发祥地（汉中王刘邦凭借这块封地隐藏锋芒，发展壮大，最终战胜了项羽，在西安建立了汉朝）。从西西里岛、撒丁岛到科西嘉岛的发展是把基督教信仰逐步“析出”为具体环节的过程。相应地，从商洛、安康到汉中，陕南逐步地从代表信仰真理的、风格粗犷的秦岭发展出越来越精细、越来越丰富的自然环境。所以，商洛的自然和人文南北兼容，而安康和汉中则更南方，山清水秀，物产丰富，成为陕西独特的“小江南”。

8. 山西

阿奎那的下一个哲学位置是**笛卡尔**。**笛卡尔**把信仰真理转化为理性真理，把“道成肉身”转化为“我思故我是”，相当于从神向人运动。因此**笛卡尔**对应的省份山西被排列在陕西东边（填入河北、河南与陕西围成的缺口）。**笛卡尔**在法国对应其南部，其地理发展是从东向西（因为法国是意大利向西发展出来的）。山西的形状是将法国南部的横长条逆时针旋转成竖长条得到的（这样山西地理的发展才能从北向南）。其边界迁就了邻近三省的形状。太极还把“西方属神，东方属人”的意义在山西颠倒成“西方属人，东方属神”，因为这样山西东部才能与河北西部共享代表天志（神）的太行山[①]。所以，山西主要由两条从北向南贯穿的大山脉（及其所夹盆地）

① **笛卡尔**中的神是理性神（宇宙逻各斯），但它吸收了基督教中天父的全能特性，亦即天志的特性（参见《太极之音》第521页）。因此，**笛卡尔**中的神可以用太行山来代表。

构成：太行山贯穿东部（代表神）；吕梁山贯穿西部（代表人的判断力）。由于山西处在河北、陕西与河南的包围中，其地理发展吸收了周围省份的因素而变得非常复杂，历史意义极为丰富。中国保存完好的（宋之前的）古代建筑物大部分在山西境内，使之享有了“中国古代文化博物馆”的美称。

山西地理从北到南分成了五段，对应**笛卡尔**的五个发展步骤。第一段包括大同和朔州，对应“我思故我是”。“我思故我是”是把**阿奎那**中的信仰真理转化为理性真理的结果。太行山在河北张家口境内代表乾志（其最高峰小五台山是河北第一高峰）。但它分出了一条支脉进入山西大同，稍微下降后重新隆起为太恒山，代表从乾志发展而来的天志。太恒山从大同向朔州延伸成了恒山山脉[①]，代表信仰真理，而山脉西北侧的大同盆地（包括朔州盆地）则代表理性真理。这其实是把陕西的秦岭和关中盆地复制到了山西（逆时针旋转成西南—东北朝向）。从西南向东北贯通盆地的桑干河保持了渭河的流向。它流入河北后形成永定河，最终流入渤海而与黄河殊途同归，完成了小道的上升路径（为了让永定河的上游支流进入河北，代表乾的张家口除了高山外还包含凹陷低地）。渭河南边的秦岭变成桑干河东南侧的恒山山脉，从西南端的最高峰馒头山（对应秦岭最高峰太白山）下降到东北端的主峰太恒山（对应华山）。由于**笛卡尔**把信仰真理转化为理性真理，恒山虽然具有沿桑干河下降的趋势（模仿秦岭从天向人下降的路径），但同时隐含上升趋势（模仿渭河代表的上升路径）。所以恒山山脉从西南向东北经历了许多“下降 / 上升”的起伏才到达太恒山。这种在天人之间不断起伏的运动在太恒山实现了综合。太恒山就是恒山山脉最终实现天人合一的地方。所以，虽然太恒山不是恒山山脉的最高峰，却凭借其独特意义成为中国五岳中的“北岳”。太恒山虽然实现了综合，但它比馒头山低，主要实现了下降的趋势。因此太恒山接着向北上升到仅比馒头山低几米的六棱山[②]，象征信仰真理对理性真理的模仿。为了真正把信仰真理转化为理性真理，恒山山脉从六棱山向北下降出了一条支脉，紧贴桑干河的南岸伸展开来，代表信仰真理最终转化成了理性真理。这种转化意味

① 太恒山也叫恒山，容易与恒山山脉混为一谈。为了区别起见，下面一律称为太恒山。
② 根据网络的数据，馒头山海拔 2426 米，太恒山海拔 2016.1 米，六棱山海拔 2420 米。

着天志本身的失落，因此在恒山山脉的另一侧（太行山从张家口往南下降之处）产生了孤立地高耸的太白山（与秦岭最高峰同名），代表从乾志而来但已经在山西失落的天志本身。总之，大同和朔州共同构成了“我思故我是”对应的山西地理。这种地理把河北凝聚的乾志在山西下降为天志，再把天志下降到小道的理性真理来澄明主体的生命，因此埋藏了极为丰富的优质煤矿（煤象征乾志通过推动小道来澄明生命的作用，参见导论第四节）。这些煤矿主要集中在桑干河北岸的大同煤田，因为从恒山山脉下降到桑干河南岸，再从桑干河过渡到其北岸象征了天志下降到理性真理，再进一步去澄明生命的过程。

第二段即横贯东西的忻州市，对应“证明神的存在”。[①] 从第二段开始，山西地理进入了太行山和吕梁山平行南延的发展方式（吕梁山代表判断力；太行山代表其思考对象）。在忻州，恒山山脉的西南端进一步向西南隆起而发展出了吕梁山，代表信仰真理转化为理性真理的另一种方式，即用判断力证明神的存在。吕梁山的高峰荷叶坪代表判断力所用的观念，而其东边的太行山脉则发展出了山西最高峰五台山，代表理性神（宇宙逻各斯）。**笛卡尔**通过神的观念（无限完美者）来证明其存在，实际上是把神的存在当成思考可以决定的一种性质。所以，荷叶坪与五台山之间隆起了云中山来代表神的存在（云中山和吕梁山一样是恒山山脉发展出来的）。五台山和云中山围成的椭圆形的忻定盆地代表理性神所在的理念世界（该盆地是由五台山和云中山包围形成的）。宇宙逻各斯以其无限判断力发展理念世界，先天地思考了地球的演化过程，太极才能据此实现地球的演化。为了展示宇宙逻各斯对地球演化的先天思考和设计，五台山比其他高山更早形成，经历所有地质变化并积累记录。这是为什么地质科学界发现五台山是大于 25 亿年的世界已知古老地层构成的最高山脉，提供了研究地球早期演化和造山过程的最佳记录[②]。由于**笛卡尔**的理性神有天志特性，所以五台山属于太行山脉（太行山脉首先在张家口往南下降到太白山，然后就发展出了五台山）。五台山代表了上天通过无限智慧设计地球的演化，并通

① 桑干河发源于忻州北部，因为证明神的存在是**笛卡尔**发展理性真理的一种方式。

② 参见百度百科“五台山”词条。

过天志观察地上世界的演化过程。但五台山能够实际“观察”的只是中国地理的演化。为了通过五台山“观察”中国地理的演化，太极按照中国地理的天地人神框架产生了北南西东四座山峰（注意“神—人”维度在山西已经被颠倒），并在中间产生代表“观察者”的中峰。为了不妨碍“观察”，五座峰顶都平坦如台（五台山因此得名）。五台山的五台高度分别是：北台 3061 米，南台 2485 米，西台 2773 米，东台 2795 米，中台 2894 米。北台代表天，在五台中最高而有华北屋脊之称。南台代表地，最低但细草杂花如铺锦绣。西台代表人，其高度正好是北台和南台的平均值，象征人的本质是居于天地之间。东台比西台高一些，符合“神—人”关系。中台是五台山整体的代表，凝聚了太行山脉代表的天志，因此中台比“天地人神”框架中代表“神”（天志）的东台略高一些。荷叶坪峰顶也是平台，且其高度（2784 米）正好是五台山东西两台的平均值，象征人对神的认识。荷叶坪上还有几十个天然形成的大小不一的圆形湖泊（海子），不仅常年有水，而且大都圆得非常规则。[①]它们代表**笛卡尔**从“神是一切存在者中最完美的存在者”的观念推导出神的存在（圆形代表完美）。五台山与荷叶坪的设计如此巧妙，实在是太极的杰作。由于五台山象征了上天的无限智慧，它被佛教当成是文殊菩萨的道场（文殊菩萨是大智慧的象征），成为佛教四大名山之一，而且是中国唯一一个青庙黄庙共处（藏传和汉传并重）的佛教道场（汉传佛教突出智慧，而藏传佛教则隐含天志的成分，见后面对西藏的分析）。

太行山脉在张家口的最高山小五台山也有东西南北中五座山峰，其顶部也平坦如台，但海拔高度比五台山低，故称“小五台”。小五台山和五台山分别代表乾志和天志，因而相互呼应（天志是从乾志发展出来的）。小五台山必须和五台山相似才能发展出后者，这是为什么它也有五台的原因。小五台山的五台高度分别是：北台 2838 米，南台 2743 米，西台 2671 米，东台 2882 米，中台 2801 米。小五台山的五台高度不像五台山那样恰当地反映了天地人神的关系，因为它只是间接地从五台山分享了天地人神的意义。按理说小五台山整体上应该高于五台山（乾志高于天志），但既然天

① 参见百度百科“五寨县荷叶坪旅游区”词条。

志在河北北部尚未发展出来，小五台山中代表天志的西台反而是五台中最低的（注意河北的“神—人”维度没有颠倒），甚至低于五台山的西台；代表天的北台也不再是最高的，同样低于五台山的北台。东台和南台不受这个因素的影响，因此仍然高于五台山的东台和南台。五台山的东台高过南台，所以小五台山的东台也高过南台，成为五台中最高的台。最后，小五台山的中台比代表天志的西台高一些，保持了五台山的中台高于东台（代表天志）的关系。小五台山也曾是佛教圣地，但其地位不如五台山，因为它只是间接地分享了五台山的意义。

第三段包括吕梁、太原、阳泉和晋中，对应“证明广延物质的存在”。西部的吕梁地区包括吕梁山中段，以高大的关帝山俯视东部，代表进行证明的判断力；东部则代表被证明的内容。**笛卡尔**从理性神的完美属性出发证明物质的客观存在。因此，太行山脉从阳泉的低地开始向西南分化出了不断升高的太岳山脉，直至晋中南部的最高峰，代表思考从低到高地上升到理性神。吕梁山和太岳山脉所夹的晋中盆地代表宇宙物界，象征判断力向神前进的思考推论出了广延物质的存在（宇宙生命深藏地母内部，故以盆地象征）。从大同盆地、忻定盆地到晋中盆地，山西盆地发展到第三阶段才真正（从物质角度）复制了关中盆地。但从东北向西南贯通晋中盆地的汾河采取了和渭河相反的流向，因为从神推导出物质是下降的路径，而渭河代表的是上升的路径。[①] 证明物质存在的判断力凝聚为关帝山，高昂地俯视晋中盆地，象征**笛卡尔**中精神实体对物质实体的超越。关帝山脚下的地区凝聚了强烈的超越客观世界的意志，孕育出了武则天、于成龙、刘胡兰等代表人物。[②] 晋中盆地靠近太岳山脚下的地区（太谷、祁县、平遥）则凝聚了理性神对宇宙物界的俯视，隐含对客观世界的深刻理解（这些地区在明清两代孕育出了威震海内外的晋商，并在清朝成为中国的金融中心[③]）。晋中盆地北部的太原则西接吕梁山脉，东接太行山脉，从盆地开

① 桑干河与汾河都发源于忻州北部，但流向相反。证明神的存在既是实现理性真理的方式，也是证明物质存在的前提，但前者是上升的路径，而后者是下降的路径。

② 武则天祖籍山西文水。刘胡兰出生于文水（文水在关帝山东侧俯临晋中盆地的地方）。清朝著名清官于成龙出生于山西永宁州（今吕梁市，在关帝山西南的山脚下）。

③ 参见百度百科“晋商”词条。

端处俯视它并流出汾河来贯通它。太原综合了第三段的各种因素，像西安那样统领山脉、盆地与河流，因此不但具有统一山西的潜力，而且还是唐朝的发祥地。[①]

第四段包括临汾、长治和晋城，对应“确立知识的体系”。西部的临汾包括吕梁山的南段，代表通过推理形成知识体系的判断力（因此连贯延伸如瘦长屋脊）。东部的长治和晋城是由太行山余脉（包括太岳山）围成的高原盆地，代表知识体系。长治北部的山地代表研究神和心灵的形而上学，故其西北角与晋中共享（代表神的）太岳山脉最高峰，同时太行山主脉在其东北角凸起了尖峰来与之相应。长治南部的高原盆地代表物理学（其西侧的临汾盆地是晋中盆地的进一步发展，代表宇宙物界）。长治的高原盆地往南下降，就发展出了晋城盆地，代表建立在物理学基础上的其他实用科学，所以晋城凝聚了极为丰富的自然资源，自古就已经发展为“冶炼之都”。 晋城市郊的娲皇窟据说是人文始祖女娲氏炼石补天的遗址和栖息地。[②]临汾盆地南部（临汾和襄汾一带）处在吕梁山和晋城之间，凝聚了判断力发展实用知识的作用，是中国最早的都城——帝尧都城的所在[③]。

第五段是西南角的运城地区，对应“突出自由意志”。自由意志是判断力的自我超越，不是和对象相关的认识过程。因此吕梁山在运城消失了（判断力超越了自己），而运城东边也不存在代表认识对象的地区。为了展现判断力的超越运动，运城南部产生了从西南向东北延伸的中条山。中条山的运动从西南端的尖峰（代表判断力）开始，沿着连贯的屋脊式山脉（代表超越运动）到达中部大山（天人混同之处），再上升到东北端的最高峰历山（代表天志）。[④]帝舜建都于此运动的开端（永济），帝禹建都（开

---

① 山西曾有古唐国。驻守太原的唐王李渊在此起兵反隋，最终在西安建立了唐朝（其名称即来自古唐国）。所以，唐太宗认为山西是唐朝的“龙兴”之地，并封太原为唐王朝的“北都”和“北京”。参见百度百科“山西”词条。

② 女娲补天的意义就是用坤母所生的圆象补充天的内容，实现从乾坤向天地的过渡（参见《太极之音》第463页）。这个意义与山西地理的开端（从乾志过渡到天志）相关，但它到了晋城才孕育出相应的神话，因为晋城丰富的矿藏适合女娲炼五色石来补天。

③ 参见百度百科“山西”词条。

④ 判断力必须向无限判断力超越自身才能达到自我意识，成为自由意志。由于**笛卡尔**把天志下降到无限判断力，自由意志也潜在地向天志超越。注意不同的哲学位置可能会突出自由意志的不同成分，但其基本的不变成分是判断力的自我超越。

创夏朝）于其中部（夏县），尧的后人建唐国于其终端（翼城）。[①]尧舜禹和尧的后人顺着山西地理的发展建起了中国最早的都城和朝代，不但完成了大同精神的发展，同时也为唐朝继承尧的大同精神，开创辉煌盛唐埋下了伏笔。**易**已经隐含天下大同的精神，但仍以乾坤为中心。从**易**的时代向**孔子**时代过渡时，首先要把太极的中心从乾坤转移到天地，产生天下为公的大同精神，然后才开始突出人，产生天人混同的夏、天人对立的商和天人合一的西周。尧舜禹代表大同精神的发展和转化过程。但这个过程为什么要在山西实现？因为山西大同就是太行山从代表乾志过渡到代表天志的地方。大同精神首先凝聚在张家口西边的山西大同，然后顺着山西地理不断向南发展，在尧舜禹时代建立了中国最早的都城，直至禹的儿子启把公天下转化为家天下。[②]山西地理的开端被称为“大同”，这难道仅仅是巧合吗？

黄河从陕西和山西边界向南流，到中条山西南端就突然拐向东北，沿山西与河南边界，顺中条山流到历山脚下，然后向东拐入河南境内。南流的黄河代表**阿奎那**和**笛卡尔**共享的“存在”（即大道末端，尽管**笛卡尔**把存在归结到思考，产生了俯视黄河的吕梁山）。它接受渭河后就改成和渭河同向运动，隐含了大道通过小道个体化自己的趋势。但小道首先要向大

---

① 参见百度百科“山西”“夏县”和“唐国”词条。夏县在中条山中点，凝聚了天人混同之义，成为禹开创夏朝的地方，因为夏朝的本质就是天人混同（参见《太极之音》第470页）。另外，天人混同是巫文化的特色之一。夏县的巫咸山被公认为中国巫文化的发源地。根据文献记载和考古发现，夏朝先后建都于河南洛阳偃师（二里头）、郑州登封（阳城）、许昌禹州（阳翟）。夏县、偃师、登封、禹州构成了一条从西北向东南运动的轨迹。因此，我们可以推测夏朝初创于夏县，然后沿这条轨迹迁移发展。从夏到商的运动是从“天人混同”到“从天转向地”，因此夏朝的发展自然地从北向南，但此运动还意味着人的意志从天志脱离，故又自然地从西向东，结果就是从西北向东南。

② 大同精神不仅仅凝聚在山西。陕西对应的**阿奎那**隐含天下人皆是神之子民的意义，在中国文化背景中也对应大同精神。从伏羲女娲到尧舜禹就是把**易**隐含的大同精神发展出来的过程。根据史料，可以推测伏羲女娲首先受山西的大同因素吸引，从河北进入山西，顺山西地理的发展向河南迁移，在河南生了少典；少典所生的炎黄二帝则被陕西的大同因素吸引，向西进入陕西活动。陕西的天志和大道是合一的，同时还兼有小道及其判断力。黄帝偏向天志和大道，炎帝偏向判断力和小道（其区别类似于黄河与长江的区别）。因此黄帝主要在陕西活动，而炎帝则可能向河南、湖北、湖南等突出判断力和小道的地区迁移，在这些地区留下了不少遗迹。黄帝的后代尧帝则返回山西，实现了天下为公的大同精神；舜和禹完成其最终发展并转化出了夏朝。夏商周延续了从山西、河南到陕西的发展过程。从伏羲女娲的时代到夏商周，中国古代历史走了一条顺时针发展的路线，这是河北、山西、河南与陕西地理的密切关联造成的。

道超越（同时判断力向天志超越）才能把大道个体化。中条山总体上代表判断力向天志的超越，同时也代表小道向大道的超越（这种超越凸显了小道对大道的充实和调节作用，在中条山中部凝聚成了著名的运城盐湖，含盐量极高，是中国古代最大的产盐基地）。所以，黄河作为山西与河南的边界河沿中条山流到历山脚下才拐向河南境内，象征大道从最高处个体化自己，产生了从洛阳到开封的黄河流域。芮城在中条山开端处的山脚下，是山西、陕西与河南的交汇处，吸收了秦岭凝聚的大道与河南凝聚的小道，隐含“道之开端”的意义，是道教丹鼎派祖师吕洞宾的诞生地、成道地和祖庭所在地（拥有中国最大的道观）。中条山开端处的另一城市永济则与陕西的渭南隔黄河相望，吸收了渭南隐含的（从黄龙山和华山吸收的）融合天与大道的意义。永济因此为中条山代表的超越运动奠定了基调。永济在中条山开端处俯视黄河，遥望渭南，隐含了把自由意志融入大道，为大道的个体化奠定基础的意义。曾为女道士的杨贵妃的故居就在永济西南端的首阳乡独头村。[①] 她与唐玄宗的结合象征儒道的合一，把中国文化的发展推向了顶峰。

黄河只是沿着山西边界流动，真正贯通山西大地的是汾河。汾河发源于忻州北部，从太原开始从北向南贯通山西中部盆地，代表小道在认识真理中的作用。因此它不是向南穿过突出自由意志的运城，而是向西汇入黄河，其意义与渭河汇入黄河相似。汾河就像渭河一样在其流域孕育了中国最古老的文明。

9. 宁夏

笛卡尔的下一个位置是**斯宾诺莎**。**斯宾诺莎**把有限生命收回宇宙生命，把宇宙生命当成唯一实体（神）来统一其理界和物界，发展出了神人合一的理性伦理学。这种把人收回神的运动使**斯宾诺莎**对应的宁夏应该排列在山西的西边。但山西的西边已有陕西。因此，宁夏就从陕西进一步向西延伸出来。**斯宾诺莎**中的神（宇宙生命）虽然不是天地人神框架中的神（天志），但其神圣性可以和天志相比。因此太极就用宁夏西部代表宇宙生命（无

① 参见百度百科“杨玉环”词条。

限生命），用东部代表人的有限生命。**斯宾诺莎**把有限生命收回宇宙生命，是逆太极发展而行，所以宁夏地理的发展不采取从北向南的自然趋势，而是反过来从南向北，依次经历**斯宾诺莎**的三个发展步骤。在西欧的地理安排中，**斯宾诺莎**对应的荷兰只能是低地，但中国地理有天地人神的大框架，因此宁夏可以用地势的起伏来展示**斯宾诺莎**的发展过程。

南部的固原被从南向北延伸的六盘山隔开成东西两翼，对应第一步“把有限生命收回宇宙生命”。[①] 六盘山东坡陡峭，西坡和缓，代表无限生命对有限生命的吸收（东坡被吸向西坡而相对变得陡峭）。宁夏南方有代表小道的渭河从西向东流过。小道的运动是从无限逻各斯流向有限逻各斯。所以，六盘山发源了汇入渭河的葫芦河与泾河：发源于西侧的葫芦河代表无限逻各斯，而发源于东侧的泾河则代表有限逻各斯；渭河在上游接受了葫芦河，然后在中游接受泾河。泾河汇入渭河时清浊不混，出现了“泾渭分明”的奇特现象，展现了六盘山东西两侧的不同意义。泾渭分明说明无限逻各斯虽然吸收了有限逻各斯，但还不能完全接纳它（其无限性尚未彻底实现出来）。为了展示下面的步骤将会实现这种接纳，太极让清水河从六盘山东麓发源，向西北流动，汇集西部诸水后在中卫汇入黄河，实现了与渭河反向的运动（中卫代表作为无限实体的宇宙生命，见下面分析）。

中部对应“统一理界和物界”，亦即把（已经吸收有限生命的）宇宙生命的理界和物界统一起来，成为自满自足的无限实体（神或自然）。为了展示这种统一，宁夏中部由东边的吴忠和西边的中卫共同构成（中部主要展现理物二界的统一方式，而非神人关系，所以中部没有大山来隔开东西）。吴忠的形状从南向北分叉，形成Y字形，代表理界和物界的差异（西分支代表理界，是吴忠市的市府所在地）。中卫的形状则是把吴忠的Y字形分叉合并得到的（象征理物二界在神中获得了统一）；吴忠市的市府所在地变成了中卫市的市府所在地（虽然行政区划是通过人的历史活动形成的，但它潜在地实现了地理的先天意义，参见导论第四节）。中卫凝聚了自满自足的无限实体（自然），故其自然资源极为丰富，素有“天下黄河

① “把有限生命收回宇宙生命”隐含“把心灵收回宇宙逻各斯”和“把身体收回物界宇宙”。《太极之音》把它们区分为三个步骤（参见第524—525页），但第二步和第三步是第一步的具体展开，所以三者在地理设计中被当成整体性的第一步骤。

富宁夏，首富中卫”之说。中宁县是其主要代表。中宁是从六盘山发源的清水河最终汇入黄河的地方，代表了中卫所凝聚的无限实体，因而成为中卫精华荟萃之处，其石膏储量居全国第二位，其储藏的优质无烟煤被誉为“天下第一煤”（**斯宾诺莎**把有限生命纳入宇宙生命的自我澄明，突出了澄明的源泉）。[①] 中宁不仅是自然资源的集中地，还是枸杞的发源地和正宗原产地（枸杞富含人体所需的微量元素、多糖、维生素和氨基酸，是自然精华的浓缩，具有阴阳双补的作用，是养肝补肾的首选药材）。

北部对应“发展理性伦理学”。从南向北贯通银川和石嘴山的贺兰山（宁夏最高峰）挺立在其西半部分，代表**斯宾诺莎**中的神或实体（宇宙生命），以其陡峭如刀削的东坡俯临银川平原，仿佛是六盘山的东坡被彻底吸入西坡而得到的，象征人超越了自身的有限性，通过对神的理智性的爱完全融入神中，实现出神人合一的幸福。贺兰山从南向北升高，象征理性伦理学的发展过程，亦即人不断向神上升的过程，其最高的北段象征理性伦理学的最高境界（神人合一的幸福）。这种最高境界彻底清除了天志（通过心）对有限生命的推动作用，纯粹依靠宇宙逻各斯来澄明有限生命，在地理中凝聚成了贺兰山北段地区出产的著名的“太西煤”（质量最好含杂质最少的无烟煤）。贺兰山脚下的银川凝聚了求真尚义的精神和融合世界的能力，成为统领宁夏的中心城市（曾是古代西夏王国的都城）。

斯宾诺莎在西亚地理的设计中对应巴勒斯坦地区（见后面对西亚的讨论），所以宁夏隐含与巴勒斯坦地区的天然渊源。巴勒斯坦地区是犹太教的诞生地，同时也是伊斯兰教发展过程中的一个环节，具有犹太教 / 伊斯兰教二重性。但犹太教是民族宗教，不像伊斯兰教那样是世界性宗教。所以宁夏和巴勒斯坦地区的渊源就实现为和伊斯兰教的关联（犹太人和阿拉伯人有共同起源，而且犹太教和伊斯兰教都承认唯一主宰，不承认基督教的三位一体）。根据史料记载和现代考证，从唐朝开始阿拉伯和波斯的穆斯林商人就陆续来华并定居，成为回族的先民；后来，信仰伊斯兰教的许多族群不断融入其中，到明代就形成了回族。[②] 作为回族在中国的主要聚

① 参见百度百科“中宁”词条。
② 参见百度百科“回族”词条。

居地，宁夏最终成了中国的回族自治区。

10. 湖北

斯宾诺莎之后的哲学位置是**贝克莱**。**贝克莱**倒回有限立场，发展了经验论哲学，故其对应省份应该排列在宁夏东边。然而陕西、山西、河北、山东、河南五省已经挤满了宁夏东边的区域。所以，太极只能在五省中寻找合适的来凝聚**贝克莱**。河南所代表的**杨朱**与**贝克莱**有相似之处，因二者皆从有限立场出发，且**杨朱**对生命现象的关注和**贝克莱**对感性经验的注重可以相通。**贝克莱**于是被凝聚到河南。由于**杨朱**中的大道可以吸收**贝克莱**的内容，这种凝聚并不改变河南的形状和地理发展，只是让河南凝聚了经验主义的因素，使之更适合发展经验知识和人类早期实践。在**贝克莱**之后，**莱布尼茨**返回无限立场，从理性神（宇宙逻各斯）出发理解人间世界，故其对应省份应该排列在河南西边。但河南西边已排列陕西和宁夏，而且**莱布尼茨**在哲学史中第一次突出了宇宙逻各斯的意志（无限判断力），无法被任何已设计的省份吸收，所以太极就把**莱布尼茨**对应的省份（湖北）排列在河南的南边，填入河南、陕西和安徽的南边界共同围成的区域。**莱布尼茨**对应的德国北部基本上是横长条形，但湖北必须迁就相邻三省的形状，而且**莱布尼茨**不太适合按照其发展阶段设计相应地理，而更适合按照所思内容进行结构性设计。这些因素共同决定了湖北的形状和地理构造。

莱布尼茨把物界合并到理界的做法决定了它的思考。为了反映这种合并，湖北的长条形西端分裂为南北两支，分别代表宇宙生命的物界和理界，这样湖北从西向东的发展就反映了把物界合并到理界的方式和结果。从西向东即从神向人，可以反映宇宙生命中发生的合并如何改变人的世界，因此，湖北的西部、中部和东部分别代表“理界把物界拉向自己”“理界统一物界”“从宇宙理界统一人间世界”。代表小道的长江从西向东贯通湖北，用来反映理界和物界的关系：长江以北代表理界，长江以南代表物界。长江从南北两支中间流入湖北，不断向东南倾斜，在中南部变成湖北的边界河，然后向东北重新流入湖北境内，导致长江以南区域不断缩小，以北区域不断扩大，直至前者在中南部消失，代表物界被合并到了理界；东部长江以北区域则构成向南弯曲的弧形，包围了长江以南的区域，代表从宇宙理界统一人间世界。从陕西汉中盆地发源的汉水从西端北支（代表宇宙理界）贯通湖北北部，沿途收集了从河南（南阳盆地）而来的诸水，在湖北东部汇入长江。在古代哲学中，**杨朱**第一次突出了小道的现实性；**亚里士多德**把希腊哲学中的小道发展到了顶峰；**阿奎那**则把**亚里士多德**的小道吸收到基督教信仰中。汉水的地理意义就是把小道在古代哲学中的发展汇入现代哲学中的**莱布尼茨**，最终汇入到代表小道的长江中。汉水从地理上汇集了小道在古代和现代、中国和西方的发展，起到了为长江继往开来的作用。其特殊意义使之成为长江当之无愧的第一大支流。

为了反映宇宙的物界和理界，湖北地理吸收了山西地理"两山夹一盆"的构造模式：西端南支（恩施）包括南北两列山脉（武陵山脉北支和巫山山脉）围成的长条形盆地，代表宇宙物界；北支（十堰和神农架林区）则包括神农架和武当山围成的椭圆形盆地，代表宇宙理界①。北支盆地流出的堵河汇入到汉水。发源于南支的清江则从两列山脉之间向东流，在长江到达中部之前就汇入长江，把物界带向小道（以便从理界改造它）。巫山在南北两支的开端处联结了它们。巫山向西南延伸出来的流脉构成南支的北部山脉，暗示理界对物界的同一作用（把物界拉向理界）。这种同一作用也表现在恩施的形状中——恩施并不刚好包括南支，而是越过长江，向北延伸到神农架山脚下，展现了北支对南支的拉力。恩施横跨长江的部分（巴东）集中地凝聚了宇宙逻各斯统一自然万物（包括生物体）和生物灵魂的力量。巫山正是从巴东的西侧跨过长江，向西南延伸为巫山流脉的。宇宙逻各斯不但能够组织自然万物、赋予万物以目的和意义，而且还通过灵魂统一动物和人的生命。因此，它在中国古代文化中不是表现为"天命"，而是具有神灵性质的"天灵"，隐含很强的万物有灵和灵魂不灭的精神因素，成为古代巫文化发展的一个潜在动力。总的来说，湖北从整体上凝聚了宇宙逻各斯在**莱布尼茨**中的核心地位。因此，发源于湖北的楚文化总的来说有很强的巫文化气质，对自然神灵和神人沟通的想象极为丰富。这在中国古代文化中是非常独特的。

代表宇宙物界的南支主要由原始的山地林海构成，蕴含了非常丰富的

---

① 陕西安康盆地代表宇宙逻各斯（无限逻各斯），故太极把该盆地设计在安康盆地旁边。

矿藏和种类繁多的动植物，吸引了许多少数民族在这里世代居住，成为湖北唯一的少数民族自治州（恩施土家族苗族自治州）。北支代表的是理界，但**莱布尼茨**把物界拉向理界，所以北支的自然界也很丰富，而且还反映了理界对物界的设计作用。这种作用集中表现在神农架上。俯视北支盆地的神农架代表的就是俯视理念世界的宇宙判断力。北支盆地对应山西的忻定盆地。被称为华中屋脊的神农架对应的就是山西的五台山（略高于后者）。五台山象征上天通过无限智慧设计地球的演化，并通过天志观察地上世界的演化过程。但**莱布尼茨**中没有天志而只有宇宙判断力。所以，神农架突出的不是上天对地上世界演化过程的观察，而是理界小道通过宇宙判断力设计地球的演化，并通过物界小道实现演化过程。这种设计包括地质演变和植物的出现（为动物进化做准备）。神农架山林是中国生物多样性最为丰富的三大区域之一，其植物种类繁多，功能齐全，以“天然药园”驰名中外。[①] 传说炎帝神农在神农架尝百草而写下了《神农本草经》（神农架因此得名）。炎黄二帝禀性相异：黄帝更偏向天志和大道，炎帝则更偏向判断力和小道。《黄帝内经》注重先天大道在人的气身中的浓缩[②]，而《神农本草经》则注重物界小道形成的植物对人体的作用。《黄帝内经》和《神农本草经》共同创造了中国医药，实现了两种智慧的互补。

和神农架共同包围北支盆地的武当山对应山西的云中山。云中山代表神的“存在”，但只是作为思考可以决定的一种性质，而非存在本身。所以，云中山虽然很高，但几乎没什么名气。然而，神农架和武当山并不是为了证明神的存在而设立的。武当山从云中山分享到的“存在”失去了“神的存在”和“思考可以决定的性质”之特性，只剩下了“存在本身”的意义，代表的就是敞开世界的大道[③]。在山西，代表乾志的小五台山延伸出了代表天志的恒山山脉，并进一步发展出了云中山，这个过程隐含了乾志和天志推动（先天和后天）大道运动的意义。但云中山代表的存在被“思考可以决定的性质”束缚，无法显露所隐含的大道。武当山把云中山隐含的大道

① 参见百度百科“神农架林区”词条。
② 先天大道在气身中的浓缩是中医的重要基础。参见《太极之音》第 374 页。
③ 所谓“存在”其实就是大道敞开世界的运动。参见《太极之音》第 280 页。

释放了出来，因此自古就已经是修道圣地，最终成为道教四大名山之首。武当山凝聚的大道是以第一太极和第二太极的连贯发展为背景的，和**易**有内在关联。在武当山修道二十多年的五代道士陈抟对易学深有研究，其学问传至周敦颐而成《太极图说》，为北宋理学奠定了基础。

恩施代表了被拉向理界的物界，而恩施东边的宜昌则代表了理界对物界的统一过程。宜昌的长江北岸是纯粹地凝聚了宇宙逻各斯的地方。特别是靠近巴东的长江北岸，从神农架山腰俯视着长江，是最纯粹最集中地凝聚了宇宙逻各斯的地方。楚文化的杰出代表屈原就出生在这里。这里还孕育出了实现汉匈和亲的王昭君。蒙古代表从基督教获得特殊世界性的**阿奎那**（参见后面对蒙古的分析）。**孔子**和**阿奎那**都包含天人（神人）关系，但**阿奎那**中的神还包含了宇宙逻各斯（圣灵），是**孔子**中所没有的。独尊儒术的汉朝只突出了天的地位。但中国的湖北却凝聚了**莱布尼茨**中的宇宙逻各斯。所以，汉匈和亲的使者出自湖北最有灵性的地方并非偶然。昭君和亲不仅带来了汉匈边界长久的和平，而且其深刻的内涵不是任何其他和亲可以相比的。这是为什么千百年来关于王昭君的民间传说和文学艺术络绎不绝，数不胜数，形成独特的“昭君文化”的潜在原因。

北支东边的襄阳是神农架的进一步发展。神农架代表的宇宙判断力是理界统一物界的力量，需要延伸到湖北中部来完成统一过程。因此，神农架向东延伸出了荆山，并隔着汉水发展出了大洪山来延续宇宙判断力的作用。襄阳西部是荆山，东部是汉水流域，北接河南的南阳盆地，凝聚了宇宙判断力通过小道组织世界，让世界为小道的判断力（我的判断力）而敞开的意义，曾汇聚了许多有志于天下的智慧之士（诸葛亮就曾在襄阳的隆中山隐居十年，观察和思考天下大事）。襄阳向东发展出了随州，后者北接桐柏山，把为天志敞开的世界当成为我敞开的世界，隐含了从我出发统一天下的意义，曾是杨坚建立隋朝的滥觞之地（隋朝的“隋”字就来源于随州）。随州西南部的大洪山虽然不算很高，但与江汉平原的相对高度超过了1000米，故有“登大洪山而小湖北”之说。“西北一东南”走向的大洪山代表宇宙判断力俯视着从不远处流过的汉水，并越过汉水俯视着汉水和长江所夹的平原地区。这些地区在古代曾有许多湖构成的大湖群，即所谓云梦泽，象征理念世界（云梦泽因长江和汉水泥沙淤积而不断缩小，到今天只剩下一些零散湖泊）。大洪山俯视着长江以北的云梦泽，从西向东地把它向长江推进，逼迫长江不断向东南倾斜，最终在荆州成为湖北的南部边界，把长江以南代表的物界合并到了长江以北代表的理界。荆州就是最终实现“把物界合并到理界”的地方，以集大成的方式凝聚了精神世界对物质世界的统一作用。荆州古城曾在春秋战国时成为楚国（南方最大诸侯国）的都城长达400多年。但宇宙判断力终究只是天志的下属意志，其统一世界的作用是间接的。所以最终完成统一中国大业的是以陕西为根据地发展壮大的秦国。

长江过了湖北中南部后就重新成为内河，在武汉接受汉水后向东南拐，构成了以武汉为中心向南弯曲的弧形。弧形包围的三角形区域（包括武汉南部、咸宁、黄石、鄂州等）代表从宇宙理界统一起来的人间世界，亦即由单子体系构成的先定和谐世界，至今还保留着代表单子体系的湖群。湖群以南的咸宁有两列平行山脉（幕阜山及其北支大幕山）夹出的长条形低地，代表从单子体系出发重新改造过的、被精神世界统一起来的有限生命（物界），其终端（黄石）在古代就已形成了发达的矿冶文化。武汉把继往开来的汉水汇入到长江中，凝聚了从宇宙逻各斯出发重新改造人间世界的意义。汉水汇入长江之处（汉口）最集中地凝聚了改造世界的意义，而汉口对面的长江南岸则最集中地凝聚了被（从小道源头）改造的人间世界，在历史发展中形成了著名的黄鹤楼。黄鹤楼所在之处隐含从人间世界向小道源头回归之义，激发了关于道士在此骑鹤升天的传说，因此而建的黄鹤楼则从北宋开始成为道教圣地（传说是吕洞宾传道、修行、教化、飞升的道场）。[①] 崔颢的诗《黄鹤楼》描写了不能像仙人那样骑鹤飞升，只能在人间寻找归宿的愁绪，更为黄鹤楼增添了感情色彩。另一方面，武汉东边的黄冈是湖北向安徽过渡的地方，隐含了小道向大道回归之义。黄冈北倚大别山，南临长江，东接安徽，综合了天志和宇宙判断力、大道和小道，凝聚了从大意志贯通小意志，从大道贯通小道，从世界贯通生命现象的意义，在历史上孕育出了许多开创性的杰出人物（包括禅宗五祖弘忍、毕昇、李时珍、闻一多、李四光、熊十力等）。

---

① 参见百度百科“黄鹤楼”词条。

武汉不但是华中最重要的交通枢纽，而且是中国南方一个特殊的中心城市。这种特殊性在于长江不但代表小道，还代表了中国在小意志（有限判断力和无限判断力）上的统一性（参见后面对青海的分析）。武汉凝聚的地理意义就是从宇宙理界的判断力（无限判断力）的立场出发，把人间世界改造为由单子体系构成的先定和谐世界。哲学史中第一次凸显无限判断力的位置是**阿奎那**（基督教的神是全知的、通过意志创造万物的神。从太极的角度看，全知的意志就是无限判断力）。**莱布尼茨**进一步从无限判断力的立场看人间世界，为无限判断力从**康德**到**黑格尔**的发展奠定了基础。因此，长江必须吸收小意志从**阿奎那**到**莱布尼茨**以及从**康德**到**黑格尔**的发展，才能真正代表中国在小意志上的统一性。长江从青海发源、流经四川之后就吸收了小意志从**康德**到**黑格尔**的发展（青海对应**康德**，四川对应**黑格尔**，参见后面对青海和四川的分析）。但它还必须吸收小意志从**阿奎那**到**莱布尼茨**的发展，而代表这种发展的就是从陕西发源、流入湖北的汉水。长江在武汉接受汉水后才实现了它代表小意志统一性的本质。从哲学史的角度来说，从**阿奎那**到**莱布尼茨**的发展先于从**康德**到**黑格尔**的发展。因此汉水是为长江奠基的河流，而武汉则是为中国在小意志上的统一性奠基的城市，凝聚了从小意志出发改造人间世界的意义。中国从元朝开始就以北京为首都并一直延续到清朝，继承了中国历史上以北方的大意志（天志）统一天下的传统。要破掉这个传统就必须依靠小意志更为发展的中国南方。武汉特殊的地理意义使之当之无愧地承担了为现代中国奠基的历史使命，通过武昌起义成为辛亥革命的发源地，在中国大地上启动了从几千年来的君主集权制度向现代法治国家的过渡①，为中国破除清朝的统治，吸收西方现代文明，进入全新的历史时期做出了卓越的贡献。新中国从一开始就凝聚了通向天下大同的意义，因此再次在北京建立首都。但如果没有中国南方（首先是武汉）在辛亥革命中的卓越贡献，中国就很难实现从清朝过渡到现代中国的历史发展。所以武汉在中国近代史中占据了一个特殊的位置。

① 宇宙逻各斯作为人类理性的共同源泉是法治的根基所在（参见《太极之音》第386—387页）。

11. 青海

莱布尼茨之后，**洛克**和**休谟**进一步发展了**贝克莱**开创的经验论哲学。因此，**洛克**和**休谟**就和**贝克莱**一样被凝聚到河南（**洛克**的自由主义和**休谟**的彻底经验论被**杨朱**自我保存的理智和关注生命现象的倾向吸收，强化了河南从个人出发的经验主义因素和保守的现实主义倾向）。**休谟**之后的哲学位置是**康德**。**康德**把神作为德福一致的保证，把神的意志（天志）引入哲学中。因此，**康德**对应的省份（青海）应该排列在河南西边。但河南西边已经排列了陕西。因此，青海被进一步排列到陕西的西边。另外，**叔本华**、**谢林**、**费希特**和**黑格尔**进一步发展了**康德**中的意志，实现了德国哲学从小意志向大意志的回归。中国地理的综合世界性和内在统一性强化了从**康德**到**黑格尔**的连贯发展，可以将其内在发展逻辑以广阔的土地展现出来。因此，太极就以青海为中心，将这四个位置对应的省份（西藏、新疆、甘肃、四川）围绕青海排列成顺时针旋转的圆圈，以便突出它们以**康德**为共同基础连贯发展的特性。从**康德**到**黑格尔**的发展于是在中国地理中形成了以青海为中心的“西部五省”。

青海作为大意志和小意志的共同中心统一了周围四省。但大意志和小意志不仅出现在西部，也出现在整个中国。太极于是设计了两条大河从青海发源来统一中国地理中的意志：黄河代表大意志（乾志和天志），长江代表小意志（无限判断力和有限判断力）。黄河从西向东的流动隐含从天志敞开人间世界的意义，因此黄河也代表敞开世界的大道（河流本来就是大道的物化）。长江从西向东的流动隐含从（神的）无限判断力向（人的）有限判断力运动的意思，因此长江代表从无限逻各斯向有限逻各斯运动的小道。一句话，黄河象征大意志和大道，长江象征小意志和小道，故相对而言，黄河混浊凶猛，长江清丽妩媚。黄河和长江相对构成了阳和阴的关系，故黄河更原始，长江更发展。由于中国地理的发展是从北向南，黄河就在北方从西向东横贯中国，而长江则在南方从西向东横贯中国，共同实现了中国在意志上的统一。只要黄河和长江还在奔流不息，中国就必然能保持统一。从地理的意义来说，中国东部包含大意志的省份是河北和山东。河北凝聚的**易**不仅隐含天志，还隐含比天志更原始的乾志，因此黄河自然应该从河北入海，但山东凝聚的**孔子**特别突出了对天命的敬畏，其天志比河北更为发展，故黄河也有从山东入海的倾向；南方的淮河代表的先天大道也对黄河产生了吸引力（先天大道是被乾志推动的）。这些因素的综合作用使黄河下游具有在南北方向上分流和摆动的天然趋势。这种趋势借着黄河的淤积和决口而演变成黄河在历史上的不断改道。[①] 另一方面，长江自然地应该从江苏入海，因为江苏凝聚的前**苏格拉底**哲学从大道为主转向小道为主，这个转变在地理上对应江苏地理从江北到江南的发展。

康德的发展过程主要是为了统一有限和无限、理界和物界。因此，青海地理吸收了湖北地理的结构化设计，并从北向南、从西向东地展示**康德**的发展过程。青海首先从北向南分为两大块：北部从祁连山脉到柴达木盆地代表**康德**统一有限和无限、理界和物界的努力。南部和西藏高原连成一片的青海高原则代表**康德**后期企图加以理性化的天志。祁连山脉最北的主脉在甘肃境内，代表**费希特**中（贯通判断力）的天志。但它在青海境内的支脉只代表（无限或有限）判断力，因为青海北部对应**康德**前期（天志尚未突出）。青海境内的疏勒南山是祁连山脉最高处，代表无限判断力，以其最高峰岗则吾结（团结峰）向南俯视着椭圆形的哈拉湖。哈拉湖代表无限判断力的对象（无限生命中的领悟，亦即理念世界）。疏勒南山和哈拉湖一起代表了无限逻各斯。在哈拉湖东南较远的地方出现了近乎椭圆形的青海湖。青海湖南边耸立着陡峭的青海南山，向北俯视着青海湖，代表有限判断力（先验统觉），而青海湖则代表其对象（有限生命中的领悟，主要是组织现象界的知性范畴）。青海南山和青海湖一起代表了有限逻各斯。由于**康德**系统地揭示并极力凸显了知性范畴组织现象的作用，青海湖被放到很大，目前已经成为中国最大的湖。从疏勒南山的南麓还发源了布哈河，向东流入青海湖，成为青海湖的母亲河，暗示有限逻各斯的形式来源于无限逻各斯。然而哈拉湖比青海湖小很多，因为尽管无限领悟是有限领悟的先天根源，**康德**并不清楚这个根源，而仅仅把知性范畴当成属于人（主体）的认识形式，把超越现象界的东西（包括无限逻各斯）当成是不可知的。

---

① 参见百度百科“黄河改道”词条。据历史文献记载，黄河下游较大的改道有 26 次，其范围北到（河北的）海河、南达（江苏的）淮河；古黄河曾经从天津流入渤海，12 世纪开始长期夺淮流入黄海，直到 19 世纪中叶改道从山东流入渤海后才逐渐稳定下来。

相应地，青海湖北岸的大通山虽然从疏勒南山过渡而来，代表的是无限判断力，却无法很好地俯视青海湖，只能平缓地通过脉络不清楚的斜坡向青海湖过渡，与青海南山陡峭而又精致的轮廓形成了鲜明的对比。

然而，大通山继续向东过渡到了达坂山，后者以其陡峭精致的轮廓向南俯视着向下凹成碗形的西宁盆地。这种戏剧性的变化展现了**康德**从纯粹理性批判向实践理性批判的过渡：超越的无限领域虽然不可知，但可以通过自由意志的实践去通达（自由意志本质上是向无限判断力超越的有限判断力）。相应地，青海南山向东过渡到了向北俯视西宁盆地的拉脊山，代表自我立法的自由意志。西宁盆地代表自由意志的自在领域（道德领域），凝聚了**康德**的实践理性，在古代曾是羌族的聚居地，今天仍是青海的天然发展中心。达坂山的东段不断向拉脊山接近，代表从无限判断力而来的绝对命令被贯彻到自由意志中，但其终端仍然无法接触到拉脊山，而只能和后者隔着深谷对望，因为**康德**虽然通过实践理性通达了无限判断力，但并不知道所通达的自在之物究竟是什么。青海南山不仅向北俯视青海湖，而且还向南俯视一个和青海湖所在盆地类似的盆地（黄河上游流经的谷地），代表被先验统觉和知性范畴组织的现象界。黄河谷地向东过渡，就进入拉脊山向南俯视的谷地，代表被自由意志超越的现象界。这两个谷地其实代表同一个东西，只是因为**康德**从认识和实践两个不同角度看待现象界才分成了两个（正如青海湖和西宁的分离）。

青海地理接着从哈拉湖向西南（越过山脉）过渡到了柴达木盆地。这个过渡相当于从宇宙的理念世界过渡到物质世界（柴达木盆地因此蕴含了丰富的铁矿、铜矿、锡矿、盐矿、煤矿、石油、天然气等自然资源而有“聚宝盆”的美称）。哈拉湖以南的众多山脉（最南高峰即柴达木山）俯视着这个无比浩瀚的盆地。这些山脉代表的不是无限判断力，而是统一宇宙物界的意志，即宇宙推动力。**康德**虽然认为宇宙万物的物自身不可知，但又通过审美判断力通达自然的合目的性，从而通达了（根据无限判断力的目的性）推动万物的宇宙推动力（它同时也就是无限想象力）。所以，青海南山向西通达哈拉湖以南的山脉，暗示审美判断力是有限判断力通向无限想象力的一种方式。总的来说，青海北部以“西—东”维度对应“无限—有限”，以“北—南”维度对应“理界—物界”（继承了湖北的地理格局）。

但**康德**以相互渗透、相互通达的方式统一有限和无限、理界和物界，所以这种结构划分不是表现为简单的界限，而是相互交织的复杂整体。

青海南部相对简单很多。南部代表**康德**后期对神的意志（天志）的注重。尽管**康德**企图将天志理性化，它在**叔本华**中被恢复成了混沌的原始意志。青海南部和西藏接壤，吸收了西藏的哲学因素（**叔本华**），把**康德**中隐含的天志凸显了出来，使青海南部和西藏整体上连成了一片高原（这是地理设计附加在哲学史上的效果。青藏高原因此作为整体成为藏族广泛分布的地区）。代表天志的黄河自然地发源于青海高原。由于**黑格尔**把从**康德**开始的从小意志向大意志的回归推向了顶峰，太极就从青海高原的昆仑山东段发源了南支巴颜喀拉山，代表从**康德**而来的天志，让它向东南横贯四川西部的高原。黄河就发源于巴颜喀拉山的北麓。由于长江必须出现在黄河南边，其源头也只能出现在青海高原上，其代表小意志的本质被青海高原代表的天志遮蔽。为了突出长江代表小意志的本质，太极把长江的源头（沱沱河）设计在接近西藏的格拉丹东峰（属于唐古拉山脉）山脚下，让它向西藏的反方向（北方）直线流动一段，象征**康德**把混沌的原始意志理性化（向无限判断力转化）的倾向，然后才让它拐了一个 90 度的弯来向东流。所以，虽然格拉丹东出现在代表天志的青海高原，它真正代表的是无限判断力。[①]有意思的是，包含格拉丹东的区域（唐古拉山镇）不属于包围它的玉树藏族自治州，而是属于主体在北方的海西蒙古族藏族自治州（其北部的疏勒南山代表的就是无限判断力）。海西州包括互相隔离的两块土地有其历史的原因[②]，但历史本来就是地理在时间中的展开。这种历史性的隔离无形中凸显了青海高原的一个特殊地区，亦即和北部的疏勒南山一样代表无限判断力的地区——长江源头所在地。

① 格拉丹东不仅代表无限判断力，也代表有限判断力，因为它属于唐古拉山脉，而后者代表的就是有限判断力（参见后面对西藏地理的分析）。长江从其发源地吸收到了无限判断力和有限判断力，因而能够完整地代表小意志。

② 唐古拉山镇本属玉树州，后来由于公路和铁路建设等诸多原因而由海西州的格尔木市代管。

12. 西藏

在设计了青海地理之后，太极就开始围绕青海排列西藏、新疆、甘肃和四川。由于四省是按顺时针运动的，它们内部地理的发展也采取了顺时针方式，故不能再从天地人神的框架来理解。**康德**的下一个位置**叔本华**对应的西藏被自然地排列在青海南边，其形状是围绕青海顺时针发展的弧形。由于**叔本华**把原始意志（天志）突出为唯一的自在之物，同时把世界当成其客体化，西藏不但是世界最高的高原，其领域也被扩展得极为辽阔。[①]在地理设计中高山一般用来象征意志，山与湖的结合通常用来象征意志和对象的关系，所以西藏地理主要是通过山与湖的发展来实现。**叔本华**最终否定了意志客体化生成的表象世界，把它当成纯粹的虚无，使意志获得了解脱的自由。从太极的角度看，这种做法和佛教是相通的。因此，西藏成为佛教从印度向中国传播的主要路径之一。

西藏最东部分（昌都）代表**叔本华**的第一步发展，即“建立表象世界”。这个步骤从判断力角度展开表象世界，还没有从原始意志角度敞开世界本身，所以昌都没有什么湖，其地理主要靠山脉实现。昌都把几条“西—东”走向的山脉扭成了接近“北—南”走向，使之属于西藏和四川交界地区的横断山脉。从西藏开始的四省顺时针旋转最后到达四川，导致四川与西藏接壤并向后者运动（继续顺时针旋转）。但**黑格尔**之后的位置其实是**梅洛-庞蒂**（对应四川南方的云南），而不是**叔本华**。所以太极设计了“北—南”走向的横断山脉来阻挡四川向西藏的运动，同时借助这些山脉向南下降的趋势把四川引向云南。这就是为什么西藏的几条“西—东”走向的山脉在昌都被扭成“北—南”走向的原因。这些山脉的扭转和阻挡作用蕴含很强的阳刚之力。但在**叔本华**的第一步发展中判断力只是直观表象世界，因此本质上是阴柔的。昌都的康巴汉子以粗犷豪放闻名，但昌都历史上却曾属于著名的东女国，其中女性起到统治的作用，男人只是负责征战而已。

---

① 中国各省地理的意义是以中国哲学的全世性为背景的（全世性指全体性和境域性。参见《太极之音》第 7 页）。所以中国各省往往可以比西欧的国家或地区更彻底地展现西方哲学位置的特性，包括对应更辽阔的土地。但必须注意，各省展现的西方哲学位置不再是原本意义上的，而是它们在中国哲学背景中的出现，其对应的地理特性和西欧不尽相同。

西藏地理接着向西过渡到唐古拉山脉、念青唐古拉山脉和喜马拉雅山脉东段所在地区，对应“从表象世界到原始意志”。唐古拉是西藏和青海的边界山脉，代表**叔本华**和**康德**共享的有限判断力。在唐古拉山脉南方的念青唐古拉山脉则代表身体。它向唐古拉山脉弯成弧形，形成承接后者的格局。[①] 唐古拉山脉向南过渡到念青唐古拉山脉，代表判断力（主体）找到了通达原始意志的落脚点（身体）。怒江发源于西藏唐古拉山脉的南麓，向南流向念青唐古拉，遇到念青唐古拉后就顺其北麓向东流，最后沿横断山脉流入云南，既代表从判断力到其落脚点的过渡，又把**叔本华**第一次发现的身体主体带向了云南（汇入**梅洛-庞蒂**中的身体主体）。**叔本华**把身体和意志的互为表里推广到万物，发现了一切表象的自在之物，即不断客体化自己的原始意志。为了展现从身体到原始意志的过渡，念青唐古拉山脉包围了林芝、山南和拉萨地区，并通过它们过渡到西藏南边缘的喜马拉雅山脉（代表天志）。除了这种从北向南的自然过渡之外，这些被包围的地区还以顺时针方式（从林芝、山南到拉萨）展示了推导原始意志的过程。最东边的林芝代表推导的开始，亦即把身体和意志的互为表里推广到万物。这种推导使万物和身体一样获得了灵性。这种灵性凝聚在林芝秀丽多姿的山水中，使林芝获得了“西藏江南”的美称。这种灵性还暗中契合了原始宗教的万物有灵信仰。聚居在林芝东部的珞巴族发展了丰富多彩的具有强烈巫文化特点的原始宗教，并保留至今。

为了展示推导的结果，林芝向西南过渡到山南（代表表象世界），然后又向西北过渡到拉萨（代表表象世界背后的自在之物），暗示表象世界背后的自在之物是原始意志（天志）。相应地，山南最南边的喜马拉雅山脉也开始变得宽厚（进入主干）。拉萨和山南阴阳合一而构成了通常所说的“前藏”地区。代表自在之物的拉萨是推导的顶点，也是后面所有步骤的出发点和归宿，成为凝聚西藏精神世界的中心。山南则在拉萨南方、喜马拉雅山脉北方产生了美丽的羊卓雍措湖。拉萨和喜马拉雅以各自的方式代表了表象世界背后的自在之物。二者把羊卓雍措夹在中间，将其阴性本质强烈地凸显了出来（世界就是天志的阴性对象）。羊卓雍措凝聚了表象

---

① “念青”在藏语中是“次于”的意思，隐含“承接”的意义。

世界的绚丽多姿，不同时刻阳光的照耀更使她显现出多层次的、极其丰富的蓝色，如梦似幻，其艳丽让人无法置信。她不仅被誉为世界上最美丽的湖泊，还被西藏人民当成是龙女的化身、女护法神的驻锡地、天上下凡的仙女，成为西藏三大圣湖之一，其西南岸的桑顶寺则是西藏唯一由女活佛主持的寺庙。[①] 由于从表象世界到原始意志的过渡是通过身体实现的，羊卓雍措不仅代表了表象世界，还代表了女性生殖器；其南方的喜马拉雅山脉的库拉岗日雪山则代表男性生殖器（女人的阴户浓缩了向天志敞开的世界；男人的阳具则浓缩了天志本身[②]）。库拉岗日和羊卓雍措共同构成了性爱的象征。为了实现这种象征，太极把羊卓雍措设计成了弯角羊头的形状（羊头象征阴道，两个弯角象征左右两条输卵管）。库拉岗日流出的雪水首先储藏在高山上的普莫雍措（其形状如同男人的精囊腺），然后向东流经一条短河进入羊卓雍措（羊头部分）。这个过程象征的就是男人的精子进入女人的阴道。

羊卓雍措北岸的雅鲁藏布江发源于喜马拉雅山脉北麓，沿着喜马拉雅从西向东流，和喜马拉雅一样代表了天志（黄河代表中国在大意志上的统一性，因此喜马拉雅山脉发源了雅鲁藏布江来代表西藏在大意志上的统一性）。由于**叔本华**把表象世界的自在之物归结为原始意志，羊卓雍措的湖水自然地流入到雅鲁藏布江中（后天发生的变化使这种设计被改变[③]）。羊卓雍措凝聚的生殖能力使它成为野生动植物繁殖的绝佳场所，不但是富饶的天然鱼库，还是西藏最大的水鸟栖息地和野生禽类的乐园。这种生殖能力也使它和藏传佛教关于转世灵童的信仰发生了关联（转世的关键就是怀孕）。据说羊卓雍措能帮助人们寻找达赖喇嘛的转世灵童。达赖喇嘛圆寂后，寻找灵童的班子不但要请大活佛和巫师指出灵童所在的大方位，而且还要到羊卓雍措诵经祈祷，向湖中投哈达、宝瓶、药料等，才能从湖中

---

① 佛教所说的空就是本性虚空的世界本身，因此本质上是阴性的。但世界的阴性本质只有在天志的阳性衬托下才能真正显露。汉传佛教仅仅专注于世界的虚空本性，反而无法凸显其阴性本质。西藏地理凝聚了天志和世界的阴阳合一，很好地凸显了世界的阴性本质，并典型地表现在雪山和圣湖的组合中。

② 参见《太极之音》第 372 页。

③ 历史上的羊卓雍措本来是连成一体的外流湖，湖水流入雅鲁藏布江，后来由于湖水退缩而成为内流湖，并分成了若干小湖（参见百度百科“羊卓雍措”词条）。目前，羊卓雍措基本上仍是弯角羊头的形状，但其弯角终端（象征卵巢的部分）分裂成了若干小湖。

看出显影，指示灵童所在的具体方位。[①] 但是要寻找的转世灵童其实已经出生为孩子。从羊卓雍措到雅鲁藏布江相当于胎儿的出生，而雅鲁藏布江的流动则相当于成长。从羊卓雍措顺着雅鲁藏布江继续往下游走，就可以到达加查县的拉姆拉措湖，这是人们认为寻找达赖喇嘛转世灵童最重要的圣湖。西藏有达赖和班禅两个活佛转世系统：达赖居住在拉萨，管理前藏；班禅居住在日喀则，管理后藏。所以，日喀则雅鲁藏布江南岸的仁布（在拉萨西南角的河对岸）有一个雍杂绿措湖，被人们认为是寻找班禅转世灵童的圣湖（其地理意义相当于转世前就已经决定了转世后的去向）。雅鲁藏布江沿岸的羊卓雍措、拉姆拉措和雍杂绿措成为寻找转世灵童的三大圣湖不是偶然的，而是羊卓雍措代表的生殖能力和雅鲁藏布江的意义决定的。

山南的南部还生活着风俗独特的门巴族。门巴族主要聚居在错那县，即喜马拉雅山南麓靠近不丹的地方。在**叔本华**的这个发展步骤中，表象世界的自在之物被归结为原始意志，但表象世界只是被当成意志的客体化，还没有被当成虚无来否定。喜马拉雅山脉南麓背对北麓的广大世界，以最纯粹的方式凝聚了“表象世界背后的自在之物”。但从太极的角度看，世界和意志是密不可分的阴阳合一关系，因此南麓的纯粹阳性具有向阴性运动的趋势，同时又具有把阴性拉向自己，转化为自身之客体化的趋势。阴阳之间的这种张力典型地表现在了门巴族奇特的婚俗中。男家要在新娘来的路上三次摆酒，极力讨好娘家人。娘家人则摆出高高在上的面孔，直到被盛情感化才露出满意的笑容。三道酒后，伴娘把新娘带入室中，帮助新娘把从娘家穿戴来的衣服首饰全部脱去，里里外外都换上婆家的东西。这种“换衣”干净又彻底，暗示新娘要脱胎换骨、重新做人（仿佛她出自新郎自己家）。这时一直没露面的（作为自在之物的）新郎才出场和新娘喝交杯酒。在第二天的婚宴上新娘的舅舅还会对婚宴的细节百般挑剔，直到闹够才收场。第三天娘家人告别时，还会突然带上新娘离开，演出一场“婚变”闹剧，直到男家承诺像亲人一般对待新娘，才能凭借人多势众把新娘再抢回来。[②] 这种奇特的婚俗所展现的阴阳张力是十分耐人寻味的。这种

① 参见百度百科“羊卓雍措”词条。

② 参见百度百科“山南”词条和“门巴族的习俗与婚俗”词条，以及靳坤．门巴族婚俗初探[J]《四川民族学院学报》，2016,25（01）第37—41页。

张力还以另一种形式体现在六世达赖喇嘛仓央嘉措的身上。仓央嘉措是17世纪的门巴族人，出生在错那县城南边的达旺城（即最靠近不丹处）。他15岁时被认定是五世达赖喇嘛的转世灵童，被带到拉萨而成为六世达赖喇嘛。但他无法忘却自己所爱的女人，写下了许多质朴清新、感情真挚、充满内心矛盾和痛苦的情诗，被后人编成《仓央嘉措情歌》而流传至今，成为西藏文学的一颗独特的明珠。

西藏地理继续向西过渡到了喜马拉雅山脉中段和它向青海方向包围的湖群（在日喀则以及那曲中南部），对应“发现表象世界中隐含的理念”。太极用湖群象征众多理念，使西藏成为中国湖泊最多的地区（约占中国湖泊总面积的30%，且类型特别齐全）。日喀则即所谓的“后藏”，其南边缘即喜马拉雅山脉中段。中段（从干城章嘉山峰到纳木那尼峰）是喜马拉雅山脉最高的一段，代表天志在这个步骤中被提升到了最高的（俯视理念的）层次。这个步骤可以进一步分为两个小步骤（1）中段东部分：主体摆脱了身体的束缚，成为纯粹认识主体，看到了天志最恰当的客体化（理念）。为了凸显从身体主体到认识主体的转变，念青唐古拉山脉向西过渡到了代表纯粹认识主体（纯粹判断力）的冈底斯山脉。冈底斯山脉不像念青唐古拉那样包围南方，而是和喜马拉雅山脉一样包围北方。以珠穆朗玛峰为代表的喜马拉雅高峰群俯视着冈底斯北侧的大湖群，象征着原始意志从自身客体化出了（判断力所认识的）许多理念。这些大湖群出现在念青唐古拉的西方。其中最靠近念青唐古拉，在其西端山脚下的纳木措湖象征着被客体化为身体的理念，凝聚了念青唐古拉的精华（在民间传说中纳木措是念青唐古拉挚爱的妻子），成为西藏三大圣湖之一。最远离念青唐古拉的当惹雍措湖（在那曲西南角）象征作为“原始意志最恰当之客体化”的理念，成为西藏原始苯教崇拜的最大的圣湖（原始宗教崇拜的诸神是原始意志的人格化。[①] 这种人格化在哲学上相当于客体化）。当惹雍措的长条形状指向日喀则靠近西南边界的吉隆，这里就是分开中段东部和西部的凹陷地区，代表从理念本身向其艺术直观的过渡。（2）中段西部分：主体通过艺术来直观永恒的理念，摆脱求生存的意志，得到心灵的宁静。冈

① 参见《太极之音》第297页。

底斯北侧的大湖群被拉近了，因为艺术直观能以最切近的方式直观理念。但与此同时，中段西部的群峰整体上比东部群峰略低，因为艺术直观虽然能帮助人们切近地把握理念，但最终目的不是认识天志的客体化，而是为了摆脱求生存的意志，隐含了对原始意志的否定。所以，喜马拉雅山脉的最高峰就是中段东部的珠穆朗玛峰。她以世界第一高峰的姿态俯视青藏高原，在冈底斯北侧把自己客体化为世界上海拔最高的一些大湖，以令人敬畏的方式展现了天志对世界的超越。

最后，西藏地理过渡到了喜马拉雅山脉西段和它向青海方向包围的区域（阿里以及那曲北部），对应“通过否定表象世界回归原始意志”。**叔本华**放弃对一切事物的执着，否定了意志在世界中的一切追求，使意志通过自我否定得到最终解脱。所以，这部分的总特点是喜马拉雅山脉进一步下降；冈底斯山脉则反而上升，代表思考意志困境的认识主体达到了最终解脱。冈底斯因此成为西藏和印度多种宗教流派的发源地。解脱的开始是西段开端处（阿里靠近日喀则处）的纳木那尼峰突然向南下降到比它低得多的小山峰，向西低迷了一段后，出现一个回光返照式的较高山峰，然后就陷入喜马拉雅山脉西端的低矮部分（代表意志最终的自我否定）；冈底斯山脉在此发展出了非常陡峭而连贯的围墙式大山脉（阿伊拉日居），挡住了喜马拉雅眺望青藏高原的视线，代表天志在判断力中自愿放弃了它客体化出来的世界。阿伊拉日居是色彩斑斓的奇异山脉（故亦称五彩山），象征表象世界虽然五彩缤纷，其实背后什么也没有。冈底斯山脉包围的区域也不再有大湖群（只有许多小湖群），代表判断力对理念的放弃。另外，处在解脱开端的纳木那尼峰通过其脚下的大湖（玛旁雍措）过渡到冈底斯山脉的冈仁波齐峰，代表天志客体化出来的世界最终被判断力当成是纯粹的虚无。玛旁雍措代表本性虚空的世界[①]，因此是中国透明度最大的湖，被西藏人民当成最圣洁的、心灵中尽善尽美的湖，宇宙中的天堂，众神的香格里拉，万物的极乐世界，成为藏传佛教的三大圣湖之一。玛旁雍措湖和西边的拉昂措湖有水路相连，但两湖特性截然相反：前者形状饱满，后者形状扭曲；前者清爽甘甜，后者苦涩难咽；前者生机勃勃，后者死气沉沉。

① 世界本身的物化是海洋，所以在内陆地区太极有时会用大湖（小海）来象征世界本身。

拉昂措因此被人们称为“鬼湖”。圣湖和鬼湖的对比其实就是解脱的智慧：世界的虚空本性才是其本相；不认识本相就只能沉陷在痛苦烦恼中。冈仁波齐通过纳木那尼和玛旁雍措把天志和世界吸收到了自己中。虽然它代表的是摆脱身体束缚的判断力，但身体并没有因此消失，因此它以否定的方式隐含（从念青唐古拉而来的）身体因素。冈仁波齐凝聚了**叔本华**的四大要素（天志、世界、判断力、身体），成为藏传佛教、西藏苯教和印度教的共同圣地（印度教突出了天志和世界合一的无形大我。参见后面对南亚地理的分析）。先天地凝聚的四大要素使冈仁波齐四壁对称，呈圆冠金字塔状，其峰顶则直插云霄，展示着人在意识中达到的、从天志和世界角度超越现象界的境界，所以每年都引来无数的朝圣者在此转山，但至今还没有人登上这座神山，或者根据人们更为敬畏的说法——还没有人胆敢触犯这座世界的中心。冈仁波齐凝聚的天志使它成为雅鲁藏布江上游（马泉河）的发源地之一。但阿里地区的冈仁波齐代表的天志已经开始自我否定，而雅鲁藏布江则是正面地代表天志的大江，所以雅鲁藏布江的主要源头在阿里与日喀则交界处的喜马拉雅山脉北麓，并从西向东流至林芝才离开喜马拉雅山脉，向南下降到印度境内。

从太极的角度看，西藏地理凝聚的天志和世界是阴阳合一的，但二者的关系在**叔本华**中有复杂的发展过程。这两个因素在西藏历史上的发展有先有后。西藏历史基本上可以据此划分为两个时期：第一个时期是“世界”占主导地位的时期，对应西藏最古老的、大约从夏商时期开始延续到唐朝初年、以苯教为中心的象雄文化；第二个时期是“天志”占主导地位的时期，对应从唐朝开始以藏传佛教为中心的西藏文化。“世界”（表象世界）因素主要凝聚在三个地方，即昌都、那曲和阿里地区：昌都是表象世界占主导的地方；那曲中南部的大湖群代表从世界分化出来的理念；阿里是意志否定其客体化（表象世界）的地方，但这种否定反而凸显了本性虚空的世界本身，对原始人类从大道敞开世界有很大帮助[①]。根据苯教文献和现代考证，古象雄分为上中下三区，分别以阿里的穹窿银城、那曲（当惹雍

① 参见《太极之音》第276、299页。

措湖岸）的当惹琼宗和昌都的琼布孜珠山为中心。[1]穹窿银城在冈仁波齐峰的西方，正是表象世界已经被否定之处；当惹雍措湖代表了和世界本身相匹配的最高理念；昌都则代表尚未被归结到天志的纯粹的表象世界。古象雄文化就是西藏世界的原始开启，充满了原始宗教的气息。它的发展应该是以阿里为中心，并从西向东扩展到昌都，相当于从本性虚空的世界（通过理念）逐步分化出表象世界。唐朝的三教并流兼容了儒家的天志和佛教的空（世界本身），因此吐蕃王朝就在卫藏（主要包括山南、拉萨和日喀则）与唐朝同时崛起，消灭了象雄王朝，成为真正统一西藏的强大王朝，并开始从中原和印度吸收佛教，逐步形成了以藏传佛教为中心的西藏文化。[2]卫藏就是作为自在之物的天志被凸显出来的地区，因此成为吐蕃王朝和藏传佛教的发展中心（吐蕃发祥地在雅鲁藏布江和从喜马拉雅山脚流来的雅隆河交汇处，即今山南市政府所在地）。藏传佛教的发展与唐朝和蒙古对天志的正面肯定密不可分（参见前面对陕西的分析和后面对蒙古的分析）。但西藏的本土宗教有很悠久的历史，在远古时期就发展出了崇拜自然神灵的原始宗教（苯教），在此基础上又发展出了被称为古象雄佛法的雍仲本教。[3]从唐朝开始传入藏区的佛教逐步取代了苯教的地位，但同时也吸收了苯教的许多内容（苯教则被迫模仿佛教来改造自身）。今天藏传佛教的本尊、护法神、仪轨、法器、供品、装束乃至象征物大多延续自苯教，而转神山、拜神湖、插风马旗、插五彩经幡、供奉酥油花、使用转经筒等许

---

① 参见百度百科“苯教”词条，以及才让太，顿珠拉杰．苯教史纲要［M］．北京：中国藏学出版社，2012年。

② 吐蕃王朝的开创者松赞干布在唐文成公主和尼泊尔尺尊公主的共同影响下皈依了佛教，之后便派人到印度学习梵文，开始翻译佛经，制定法律传播佛教，其继承人则把佛教定为国教，同时打击苯教，直至佛教取代苯教成为西藏文化的中心。

③ 根据现有资料推测，雍仲苯教的创立者辛饶米沃可能是释迦牟尼的同时代人（参见维基“敦巴辛饶·米沃切”词条）。据说他改革了古老的原始苯教，创立了古象雄佛法（雍仲本教）。西藏地理凝聚的**叔本华**使其具有潜在的发展佛教的趋势。因此辛饶米沃确实有可能与释迦牟尼同时（在**老子**时代）受到时代精神的激发而独立地（以原始苯教为基础）发展出了古象雄佛法。

多风俗也都源于苯教。[①] 西藏地理的超越因素就这样孕育出了独特的民族风情和古老的文化遗产，使西藏成为中国的少数民族自治区。西藏人民则如同雪山圣湖那样纯真安详，虔诚地守护着这片圣洁的土地。在世界最高的这片土地上，西藏始终以其超凡脱俗的神秘气质吸引着在红尘中沉浮的芸芸众生。

13. 新疆

根据四省的顺时针运动，**谢林**对应的新疆被排列在西藏北边（青海西北方）。**谢林**不但突出天志，而且还以之贯通无限生命（宇宙生命）和有限生命，因此新疆的领域比西藏更为扩展，成为中国陆地面积最大的省（占中国国土总面积的六分之一）。**谢林**在无限生命和有限生命之间来回运动，因此适合实现为结构化的地理。无限生命和有限生命被实现为一大一小两个盆地，即塔里木盆地和准噶尔盆地。塔里木盆地的形状来自青海的柴达木盆地，但陷得更深，面积也大为扩展了。由于**谢林**用天志的绝对同一性贯通了无限生命和有限生命，使它们的内容受到了太极阳刚之力的压制，塔里木盆地和准噶尔盆地都主要是沙漠，但这种贯通同时也使新疆成为富含石油和煤的地区（过于强烈的天志压制了生命的阴性内容时，就会使世界实现为沙漠；天志对生命活动的推动作用凝聚为石油；无限判断力和有限判断力对生命的澄明作用则凝聚为煤。参见导论第四节）。塔里木盆地被实现在天山以南的地区（和西藏接壤），而准噶尔盆地则顺时针实现在天山以北的地区（**谢林**的第一步发展就是从无限生命到有限生命的自然哲学）。**谢林**以思考原始意志为目标，并通过"一力贯通三力"来统一无限和有限生命，所以新疆地理主要通过山脉的发展来实现。昆仑山脉从青海

① 参见百度百科"苯教"词条。其实象雄文化和藏传佛教都包含天志和世界的因素，只是相对有所侧重而已。西藏地理中凝聚的这两个因素很早就表现在象雄文化中。"象雄"指的是一种古老神鸟，汉译为大鹏鸟。象雄王国就是大鹏之国，其人民自认为是大鹏鸟后裔。易经渐卦的筮辞用鸿的双翼来代表**叔本华**中的天志和世界（参见《太极之音》第656页）。"象雄"的名称和易经有如此契合，可谓神奇。今天藏人崇拜的神鹰（秃鹫）是非常大的鸟，其两翼展开有两米多长。神鹰很可能就是"象雄"所指神鸟的原型，其意义和"象雄"是相似的。但象雄古国并不流行和神鸟相关的天葬。天葬风俗是藏传佛教形成后才逐步流行的。虽然天葬有佛教传说的背景，但其在藏区的流行实际上反映了藏传佛教对天志的注重。

高原进入新疆，沿新疆和西藏的边界向西延伸，接着在塔里木盆地边缘顺时针运动，在克孜勒苏柯尔克孜自治州境内发展出最高峰（公格尔山），然后越过克孜勒河向北过渡到天山山脉，后者在塔里木盆地和准噶尔盆地之间向东运动，余脉一直延伸到新疆和甘肃的边界。从昆仑山到天山的这种顺时针运动代表从**康德**和**叔本华**而来的原始意志（天志）以其绝对同一性贯通了**谢林**的整个发展过程。作为山脉发展的开端，昆仑山自古以来就被称为“万山之祖”。天山虽然把新疆分成了南疆和北疆，同时也把二者连成了密不可分的整体。

自然哲学思考了“一力贯通三力”，亦即天志贯通宇宙推动力、无限判断力和有限判断力的运动。在前面分析青海时我们已经指出，哈拉湖以南俯视柴达木盆地的众多山脉代表宇宙推动力。为了展现“一力贯通三力”，发源于哈拉湖南岸的党河南山向西过渡到了阿尔金山，后者继续向西进入新疆，把宇宙推动力传递到了新疆境内。青海凝聚的**康德**已经隐含天志对宇宙推动力的贯通，因此青海境内的昆仑山脉越过那棱格勒峡谷发展出了祁曼塔格山（昆仑山北支），通过后者通向新疆境内的阿尔金山，代表天志对宇宙推动力的直接把握（相当于把天的阳刚之力在宇宙中释放出来）。这种特殊的地理意义使那棱格勒峡谷产生了异常强烈的磁场，常常会形成让无数动物甚至人类丧命的可怕的惊雷[①]，使那棱格勒峡谷获得了“死亡谷”的称呼。在塔里木盆地的南边缘，从阿尔金山吸收了宇宙推动力的祁曼塔格山逐渐回归到昆仑山主脉。汇合了天志和宇宙推动力的昆仑山主脉通过顺时针运动过渡到天山山脉，在塔里木盆地北边缘发展出了向南俯视盆地的哈尔克山脉（汇合了天志、宇宙推动力和无限判断力，故其开端托木尔峰是天山最高峰），并通过其北分支过渡到俯视准噶尔盆地的相对较低的博罗科努山和依连哈比尔尕山（汇合了天志、宇宙推动力、无限判断力和有限判断力），把“一力贯通三力”的结果汇集到最东端的天格尔峰。天格尔峰象征自然哲学的终极发展（人的自我意识）。它向准噶尔盆地下降并落脚在乌鲁木齐市中心。乌鲁木齐因此成为凝聚新疆的精神中心。昆仑山俯视的塔里木盆地代表宇宙物界，而天山（哈尔克山）俯视的塔里木盆

① 雷鸣是天志最极端的物化形式。参见《太极之音》第176—177页。

地既代表物界也代表理界。后者的双重代表性掩盖了宇宙理界（无限逻各斯）相对独立地组织宇宙物界的作用。太极于是通过哈尔克山的北分支（代表无限判断力）和南分支（代表宇宙推动力）继续向东发展出萨阿尔明山和霍拉山，分别过渡到博斯腾湖的北岸和南岸，使博斯腾湖象哈拉湖那样代表理念世界，并在博斯腾湖和塔里木盆地之间留出了山谷通道，让博斯腾湖起到象征性地组织塔里木盆地的作用。

在第二步和第三步中，**谢林**发展了先验哲学和同一哲学，其过程是在无限生命和有限生命之间反复运动，最终把它们统一到天志的绝对同一性，所对应的地理仍然是“一山统二盆”。但这两个步骤包含艺术哲学，通过艺术直观来实现绝对同一性，隐含了天志在生命中通过想象力实现自我直观的意义。因此，太极在准噶尔盆地的塔城地区西南角设计了厚重的马依力山来代表进入有限生命的天志，同时在东北角设计了尖峭而精致的萨吾尔山来代表直观生命的想象力。马依力山通过山脚处的长条形区域（克拉玛依）向东俯视着准噶尔盆地。克拉玛依代表了天志对生命活动的推动作用，因而蕴藏了极为丰富的石油，成为新中国成立后勘探开发的第一个大油田。

谢林的第四步发展是通过考察自由思考原始意志，亦即把自由理解为有限判断力脱离无限判断力从而偏离原始意志的可能性。为了在地理上实现这个发展，已经向乌鲁木齐下降的天山山脉在其东边又高耸了起来，形成了博格达峰（博格达山的西边开端）。博格达峰出现在天格尔峰东北方，把天山北脉（博罗科努山和依连哈比尔尕山）的运动扭向了准噶尔盆地方向，象征人的自由意志向有限生命偏斜，具有脱离无限判断力和天志的倾向。博格达峰隐含了让生命从天志松绑的意义，因而成为道教神山，其北坡的天池（瑶池）则是传说中西王母修道成仙的地方。[①] 博格达山接着从博格达峰逐渐向东南回归到与哈尔克山脉相同的前进方向，但高度已经下

① 在**老子**的思考中，人要回归大道就必须让生命从天志松绑（参见《太极之音》第471页）。在道教传说中西王母是居住在昆仑山的代表阴性的最高女神，也是生育万物的创世女神，其蟠桃食之长生不老。从昆仑山到天山的顺时针运动代表从宇宙生命到有限生命的运动，亦即宇宙胎儿的出生，因此包围塔里木盆地的昆仑山不仅是万山之祖，还隐含了地母的生育滋养能力。博格达峰北坡的天池进一步强化了从天志向生命偏离的意义，所以被当成西王母修道成仙的地方，其岸边建有西王母祖庙。

降。为了展现自由意志对宇宙理性的偏离，太极在博格达山南侧（准噶尔反方向）设计了椭圆形的吐鲁番盆地，代表深深藏身于地母中（被自由意志视而不见）的宇宙逻各斯。盆地中横贯浑身赤红的火焰山，代表宇宙逻各斯散发的无限光明。吐鲁番盆地是中国陆地最低的地方，具有优越的光热条件和独特的气候，盛产葡萄、哈密瓜和反季节蔬菜，展现了宇宙生命深藏于地母中的生命力。尽管天山的运动发生了偏离，乌鲁木齐刚好处在偏离前后的中间位置，从南向北将准噶尔盆地的前后两部分结合为整体，形成了独特的由东西两部分构成的昌吉回族自治州，维持了新疆的统一性。

谢林的最后发展是通过启示和信仰通达原始意志。天山山脉回归到与哈尔克山脉相同的前进方向之后，向东下降为丘陵，然后又在哈密地区重新隆起，在天山东段发展出了鼎足而立的三座高峰[①]，代表三位一体，接着在甘肃边界重新降为丘陵，代表**谢林**的发展到此为止。三座高峰构成的山脉以其南侧的陡峭侧壁俯视从吐鲁番盆地延伸而来的高浅的哈密盆地，代表无限逻各斯的真理被转化为可传达的启示；其北侧则逐渐向西北过渡到准噶尔盆地，代表启示在人间世界转化为信仰。哈密盆地边缘是哈密戈壁，象征**谢林**的最后发展具有最强烈的宗教性（戈壁是被粗砂砾石覆盖、植物稀少的荒漠地带，比沙漠更能象征宗教性天志对世界内容的掩盖）。虽然**谢林**中的天志来自基督教的神，但**谢林**最终把天志抬高到了绝对高度，和单纯地突出天志的伊斯兰教更为接近，所以新疆和伊斯兰教在中亚的传播路径相连（参见后面对中亚的分析）。新疆曾经盛行萨满教、摩尼教、祆教、景教和佛教等多种宗教信仰，到了伊斯兰教传播的时代则成为伊斯兰教盛行的地区，与宁夏和西藏一样成为中国的少数民族自治区之一。

14. 甘肃

按照顺时针运动方式，**费希特**对应的甘肃被排列在新疆的东边（青海东南方）。**费希特**经历了六个步骤的戏剧性发展，所以甘肃围绕青海形成了形状不断变化的长条形。前三个步骤是“自我设定自己”“自我设定非我”“自我设定自我与非我的统一”。它们被实现为甘肃北方边界线的三

① 三座高峰即巴里坤山、哈尔里克山和莫钦乌拉山。

个形如人头的凸起，并按大、小、中的顺序排列（第一凸起和第二凸起在酒泉市北部和东北部；第三凸起在武威市和金昌市北部；张掖市则构成从第二到第三凸起的过渡）。第一凸起指向北方（代表自我）；第二凸起偏向东北（代表非我）；第三凸起也偏向东北，但其形状综合了第一凸起和第二凸起，其大小也介于二者之间（代表自我与非我的统一）。为了突出三个步骤的连贯发展，太极在张掖市东北边界（近第三凸起处）设计了长条形的龙首山来伴随过渡的运动。龙首山由西、中、东三段组成并按高、低、中方式排列，从地势上浓缩了三个凸起的连贯发展。更有意思的是，龙首山东段（金昌市）刚好进入它所浓缩的第三凸起。金昌因此以高度浓缩的方式凝聚了“自我设定自我与非我的统一”，产生了世界罕见的以镍和贵金属为主的大型矿藏[①]。从地形来看，第一凸起是隆起的北山；第二凸起是低矮的平地；第三凸起大部分是低矮平地，但也有龙首山东段的高峰，所以三个凸起的地形也构成了高、低、中的运动。如此巧妙的设计通过人类划定的边界显露了出来。足见历史活动并不仅仅是人的作为，而是太极通过人所做的自我实现。

祁连山主脉在甘肃中代表（贯通判断力的）天志。在第二步发展中，自我设定非我其实就是天志把被它贯通、内在于生命的判断力所隐含的客体扩展到作为纯粹客体的生命。[②]这种扩展无形中凸显了天志对生命的直接把握和推动作用。这个地理意义在祁连山向第二凸起开端处过渡的地方（祁连山北麓近山脚处，即酒泉市东邻嘉峪关处）凝聚出了大量石油，形成了玉门油田（从1939年开始被开发，并成为新中国的第一个石油基地）。但**费希特**在前三阶段中并没有意识到天志的这种贯通作用，所以祁连山只是高高在上地俯视三个凸起从西向东的发展，这样就为祁连山和北方山地之间留下了长条形的堆积平原，亦即著名的河西走廊。河西走廊是中原和西域的交通要道，成就了丝绸之路和佛教东传路线，汇集了东西方各种文

① 镍是在室温下有铁磁性又难氧化的金属；贵金属（铂族元素和金银）的化学稳定性特别高，具有很强的抗氧化能力。金属的铁磁性是由许多电子的自旋磁矩按相同方向排列产生的，实现了自异性的统一，而化学稳定性和抗氧化能力则是自我同一性的表现。金昌的镍储量居世界第二，亚洲第一；金昌还是中国铂族金属的主要生产基地。

② 参见《太极之音》第558页。

化，并集中体现在酒泉市的敦煌莫高窟。

在第二和第三凸起之间还有著名的张掖丹霞，由祁连山脉上的冰沟丹霞和接近山脚处的七彩丹霞构成。冰沟丹霞是独特的“窗棂状宫殿式丹霞”，而七彩丹霞则以山坡上七彩缤纷的彩条惊艳世间。前面分析安徽地理时曾指出，丹霞地貌是以陡崖坡为特征的红层地貌，象征含藏于大地母亲怀中，但可以通过大道涌现到世界中的丰富多彩的万物。然而，甘肃省的丹霞地貌有其特殊之处，因为它虽然也象征涌现到世界中的万物，这些万物并没有被当成从大地涌出（**费希特**不包含地母），而是涌现在天志所敞开的世界中。在“自我设定非我”这个步骤中，“非我”是完全空洞的纯粹客体，但潜在地可以容纳万物涌现其中。由于**费希特**的绝对自我是原始意志（天志）贯通人的判断力形成的，“非我”既是空灵的生命整体也是本性虚空的世界本身。祁连山脉于是直接向北发展出了冰沟丹霞，把天志敞开世界的作用展现为向天空高高耸立的窗棂状峰林，再继续往下在接近山脚处发展出了七彩丹霞，把涌现到世界中的万物展现为丘陵上七彩缤纷的色带（众多色带象征世界包含的众多生命）。张掖丹霞因此没有成为道家圣地，而是成为发源于蒙古高原的游牧民族（裕固族和蒙古族）的居住地①。第三步“自我设定自我与非我的统一”也包含“非我”，但不够纯粹。所以张掖丹霞出现在第二凸起和第三凸起中间较为靠近第二凸起的地方（肃南和临泽）。

甘肃与青海的接壤决定了祁连山脉向南扩展的方式。首先，祁连山主脉从甘肃向青海延伸出了托来山作为分支，代表从**费希特**中分离出来的判断力（**康德**中的判断力没有被天志贯通，所以必须分离出来）。托来山向南过渡到托来南山，代表已经获得独立性的判断力。但判断力在**费希特**和**康德**中都不是独立存在的，而是分别向天志和无限判断力超越的。所以托来南山反过来向西（甘肃境内）过渡到高高隆起的大雪山，代表判断力在**费希特**中被天志贯通而凸显为绝对自我，同时还向南过渡到青海境内代表无限判断力的疏勒南山。疏勒南山继续向西（甘肃境内）延伸出了低矮零碎的野马南山（虽然**费希特**已经丧失**谢林**中的无限判断力，但甘肃仍然从

① 蒙古高原凝聚了天志，参见后面对蒙古的分析。

青海吸收到了**康德**中的无限判断力，象征性地出现为野马南山，故低矮零碎）。最后，党河南山从哈拉湖南岸发源并向西延伸到甘肃境内，代表从**康德**而来的宇宙推动力（**费希特**本来已经丧失**谢林**中的宇宙推动力，但甘肃从青海吸收到了它）。党河南山并不像野马南山那样低矮零碎，因为它不仅有象征意义，还必须把**康德**中的宇宙推动力传递到阿尔金山，汇入新疆的昆仑山脉。野马南山向南俯视的小盆地是从哈拉湖过渡而来的，代表理念世界。党河南山则向南俯视一个较大的盆地，代表物质世界。**费希特**本来已经丧失**谢林**中的宇宙理界和物界，但甘肃却从青海吸收到了它们，形成了对应哈拉湖和柴达木的两个盆地。当然，这两个盆地只是象征性的。以上所谈的这些都是地理设计造成的附加效应。这种附加效应使祁连山脉变得特别复杂，展现了从**康德**到**费希特**的连贯发展和内在关联。

费希特的第四步是“发展知识学”。这个步骤在前三步的基础上发展理论知识和实践知识，因此甘肃地理在这里开始向南转弯，通过乌鞘岭过渡到兰州盆地。从第三凸起的平地上升到乌鞘岭的过程代表理论知识的发展（自我设定自己为受非我限制）。从乌鞘岭向南下降到白银和兰州所在盆地的过程代表实践知识的发展（自我设定自己去限制非我）。理论知识和实践知识的运动方向是相反的，而乌鞘岭的作用就是区分二者。兰州盆地是青海的西宁盆地（自由意志的道德实践领域）向东南进一步发展的结果。因此，兰州不仅是西北的交通枢纽，还凝聚了实践知识中联合他人共建理想社会的意义，成为甘肃的天然发展中心。

费希特的第五步是“通过天志的贯通为知识学奠基”。首先，在兰州的东南方向隆起了著名的兴隆山，代表超越世俗的感性生活、听从天志在良心中的呼唤、通过信仰为知识学重新奠基的判断力。兴隆山因此隐含复兴信仰之义（故而得名“兴隆”），在中国文化的背景中成为佛道胜地。兴隆山向西南仰望着代表天志的甘南山地。甘南藏族自治州处在青藏高原东边缘，其所隐含的“为知识学奠基”的意义使它很适合于藏传佛教的学习和研究，其拉卜楞寺是藏传佛教格鲁派六大寺院之一，保留了全国最好的藏传佛教教学体系，被誉为“世界藏学府”[①]。甘南西部的高峰白石山（兴

① 参见百度百科“拉卜楞寺”词条。

隆山所仰望的高峰）向东南下降到定西的鸟鼠山，进一步下降到更低的山峰，直至在天水一带完全变为低丘陵，代表天志下降到了知识学中。天水代表了从天志高度为知识学重新奠基的最终成果，形成了“天河降水成湖”的美丽传说（天水因此得名）。广义上的秦岭西起白石山，向东经天水南部进入陕西。秦岭在甘肃的开端已经带上“通过信仰为知识学奠基”的意义，因此可以在陕西代表信仰真理；相应地，渭河发源于鸟鼠山下，向东流过天水之后进入陕西，从起源处就带上了知识学的意义，因此可以在陕西代表理性真理（白石山下降到鸟鼠山，代表天志开始下降到知识学）。这些都是巧妙的地理设计产生的附加效应。

甘肃因为和陕西接壤而成为秦岭与渭河的开端，隐含了为陕西奠基的意义。这种潜在的地理意义使甘肃成为秦人的发祥地，并使和甘肃接壤的宝鸡成为周秦王朝的发祥地，甚至产生了中国人文始祖伏羲和女娲诞生于天水的传说。伏羲和女娲的事迹表明他们代表哲学史的第一阶段（**易**）。所以，他们更有可能来自河北。但河南、山西、陕西、甘肃的特殊意义使伏羲和女娲及其后代有可能向这些省份迁移，留下了很多遗迹和神话传说。**费希特**中自我设定并同化非我的过程暗中契合了太极的“阳、阴、合”内在运动，并通过甘肃与陕西的地理关联而与**阿奎那**中自有永有的创世神相呼应。因此，把甘肃连向陕西的天水凝聚了太极的原始创生运动，在**易**对应的时代中很好地发挥了时代精神，产生了和伏羲女娲相关的一系列传说。尽管伏羲和女娲更有可能来自河北，甘肃（特别是天水）为陕西奠基的意义已经足以使它在中国古代历史的早期发展中占据非常重要的位置。

费希特的最后发展是“通过存在的在场实现知识学”。**费希特**最终放弃了自我意识，把哲学的目标从思考原始意志转化为思考绝对存在，因而离开了“从小意志向大意志回归”的运动，变得和其他的德国哲学位置非常不同。为了展现这种特殊的转变，天水的北方地区向东北运动，穿过非常狭窄的通道（平凉境内的六盘山南段），进入到宁夏和陕北高原共同围成的广阔区域（庆阳）。庆阳地势低阔，代表存在对世界的敞开，因此它直接向西过渡到同样代表存在的陕北高原。和它接壤的宁夏部分在六盘山东侧，代表有限生命。庆阳与陕北和宁夏的接壤隐含通过有限生命敞开世界的意义，展现了“存在的在场”。陕西和宁夏的地理设计本来就形成了被二者包围的中间区域。**费希特**最后的发展则刚好可以填入到这个区域中。这就是为什么甘肃要延伸出这个奇怪的“多余部分”，仿佛从四省的顺时针运动中逃脱了出来。[①] 太极对中国地理的设计不但十分合理，而且巧妙之极。

15. 四川

最后，**黑格尔**对应的四川被排列在甘肃南边，和西边的西藏接壤，完成了四省围绕青海的顺时针运动。**黑格尔**的发展分为两个阶段：第一阶段是精神现象学；第二阶段是哲学大全体系。第一阶段从感性现实出发，通过意识的辩证发展过程综合了极为广泛的社会内容，最终把世界统一到绝对自我意识中。第二阶段形成了更为完备、自成体系的哲学理论，但其思考的出发点是无限逻各斯中的理念，始终受到思想与事物同一的限制。所以四川地理分为一大一小两块：较大的块就是与甘肃和青海接壤的主体部分，即目前四川省的行政范围，对应精神现象学；较小的块就是东边远离青海的部分，即目前已变成直辖市的重庆，对应哲学大全体系。虽然重庆自成体系的特点使之最终从四川省脱离出来成为中国的直辖市，但我们在分析**黑格尔**对应的地理设计时必须首先把它当成四川的一部分。按照顺时针运动的趋势，四川地理应该从东北向西南发展。但重庆的特殊性使它出现在四川主体部分的东边，而非西南边（详见后面分析）。虽然如此，主体部分和重庆的内部发展还是采取了从东北到西南的方式。**黑格尔**有非常丰富的发展阶段，更有复杂的意志结构，因此其对应的地理主要靠山地的起伏变化来展开，同时依靠诸多河流的交汇来实现**黑格尔**集大成的特点，把四川造就成了山川俊秀、人杰地灵的天府之国，其内容丰富的山水还使四川成了中国的酿酒大省。**黑格尔**的概念辩证法是以阴性对象为主导的、

① **费希特**后期从思考原始意志转向思考绝对存在，在中国哲学背景中相当于从天志转向大道。平凉作为从天水到庆阳的中介凝聚了转向的意义。平凉境内的六盘山东麓凝聚了有限逻各斯的思考，自然地代表了转向的开始；相应地，最东边靠近庆阳的泾川县则代表转向的完成。在转向开始处有著名的道教圣山崆峒山（具有西北黄土高原罕见的丹霞地貌），而泾川县（泾河南岸）的回山则被中国古人当成西王母的降生地和发祥地，甚至当成瑶池所在地。

偏向阴性的太极思维[①]。这种阴性思维非常有利于艺术活动中的审美感受，孕育出了不少杰出的艺术人才。凝聚在四川地理中的以阴性为主导的倾向还使四川女性充满了才气和魄力，从古至今例子不胜枚举。

精神现象学立足于天志和判断力的“二力同一”（精神意志）。太极分别用高原和盆地来代表精神意志和它面对的现象界（有限生命所在的世界）。四川地理的主要结构就是西部高原俯视东部盆地。精神现象学是对**谢林**的改造，所以四川盆地实际上是准噶尔盆地的改造（二者面积差不多），但它不像后者那样主要是沙漠，而是紫色土（中国最肥沃的自然土壤）分布最集中的地方，矿藏资源也非常丰富，造就了富饶的天府之国，因为在**黑格尔**中天志就潜伏在有限判断力中，通过后者把握了异常丰富多彩的生命现象，而不像**谢林**中那样以其绝对同一性压制了生命的阴性内容（从而使世界实现为沙漠）。**黑格尔**把从**康德**开始的从小意志向大意志的回归推向了顶峰，因此从青海发源的巴颜喀拉山向东南延伸到川西高原东北部的阿坝藏族羌族自治州，把天志一直传递到横断山脉东部；横断山脉在甘孜藏族自治州境内不断向南发展，把天志不断向南扩散，同时阻挡了四川向西藏运动。为了展开从**康德**到**黑格尔**的发展，太极还让昆仑山脉在青海的东段向四川北部延伸出了阿尼玛卿山，让其终端穿过甘肃西南角后过渡到阿坝的松潘高原。昆仑山是青海、西藏、新疆共享的山脉，因此阿尼玛卿山凝聚了从**康德**、**叔本华**、**谢林**、**费希特**到**黑格尔**不断发展的天志。[②]松潘高原则自然地成了四川地理的开端。四川地理的基本发展方式就是从松潘高原开始，以青海为中心由近及远地伸展，同时从东北向西南不断地顺时针运动。

费希特中天志向知识学的下降（亦即向判断力的下降）是**黑格尔**中精神意志的直接源泉。所以甘南的高山群向南包围出了松潘高原。松潘高原相对平坦但布满沼泽，象征精神意志在其开端处对自己的茫然无知（当年

---

① 参见《太极之音》第570页。

② 黄河发源于青海的巴颜喀拉山北麓，接着流向甘肃和四川的边界地区，围绕阿尼玛卿山的终端流了一个U型后返回青海，然后才向中国北方和东方流去。黄河的这种迂回路线使它完整地吸收到了西部五省所凝聚的从**康德**到**黑格尔**不断发展的天志，代表了中国西部在大意志上的统一性，然后才能流向中国北方和东方，最终横贯中国东部，完成中国在大意志上的统一性。

红军在长征中以顽强毅力通过了这片茫茫的松潘草地，才踏上了通往陕北的道路）。松潘高原向东过渡到了岷山。岷山代表精神现象学第一阶段“意识”中的天志，其中著名的九寨沟分布着许多色彩斑斓、如梦如幻的湖泊群，象征此阶段的天志仍然忘我地沉浸在判断力直接感知的对象。九寨沟接着向南上升到岷山的高峰群，直至到达最高峰雪宝顶，代表判断力的意识从感性确定性和知觉过渡到了知性。但岷山并没有真正展开第一阶段的这个发展过程，因为它代表的只是推动这个发展的精神意志。阿坝从松潘高原到岷山的发展实际上只是展示了精神现象学对**费希特**的吸收。

四川东北部不仅和甘肃接壤，还与陕西南部接壤。精神现象学中的天志不仅潜伏在有限判断力中，还通过克服自然的中介性把无限逻各斯内化到有限逻各斯中。这种做法和**阿奎那**中的信仰真理（天父的意志成就道成肉身）遥相呼应，并在地理上实现为岷山向川陕边界的延伸。岷山首先沿着川甘边界过渡到不断向东下降的摩天岭，暗示天志下降而潜伏在有限判断力中。摩天岭下降到谷底后又在川陕边界重新升起，先后发展出了米仓山和（狭义的）大巴山。米仓山向北俯视汉中盆地，向南则俯视四川盆地中的巴中市；大巴山向北俯视安康盆地，向南则俯视四川盆地中的达州市（这是陕西地理和四川地理相互呼应的结果）。摩天岭和米仓山之间的谷地刚好可以让嘉陵江流过。嘉陵江发源于陕西秦岭西端南麓，和秦岭一样代表信仰真理。在信仰真理中，天志不是潜伏在判断力中，而是被判断力突出为至高无上的意志。嘉陵江于是在其流过的山谷地区把潜伏在判断力中的天志激发了出来，形成了横跨嘉陵江两岸的广元。广元市中心在嘉陵江东岸，也就是从摩天岭到米仓山的发展刚刚越过嘉陵江，潜伏在判断力中的天志已经被嘉陵江激发出来的地方。这里曾经诞生一个惊天动地的女性，亦即中国历史上唯一正统的女皇帝武则天，以卓越的方式从偏向阴性的判断力中发展出了统一天下的意志（由于基督教在中国对应佛教，武则天不但利用佛教登上宝座，还大力扶持佛教，把自己渲染成了佛的化身）。①

① 武则天祖籍在山西文水，但传说她是其父在利州（今广元）任都督时所生。武则天的祀庙皇泽寺位于广元市城西嘉陵江畔（传说其父曾泊舟此处水域；其母“感龙孕”而生武则天）。每年农历正月二十三，皇泽寺举行盛大庙会，广元人民都会去划龙舟、游河湾来纪念武则天生日（游河湾活动发展成了延续近千年的“正月二十三、妇女游河湾”的“女儿节”习俗）。参见百度百科“广元”和“武则天”词条。

由于嘉陵江激发了潜伏在判断力中的天志，米仓山和大巴山可以和秦岭一样从天志高度俯视汉中盆地和安康盆地。从秦岭发源的嘉陵江因此具有统一米仓山和大巴山的力量，这意味着广元具有统一巴中和达州的力量，但这种统一只能通过嘉陵江完成。嘉陵江于是从广元向东南流入南充，把广元对巴中和达州的统一性实现在南充。南充把广元、巴中和达州的地理意义融为一体，实现了川东北的统一性，成为川东北的交通枢纽和经济中心。南充还诞生了以红军总司令闻名天下的朱德，其“临大节而不辱”“度量如大海，意志坚如钢”的品格充分体现了南充融汇多方的同时保持自我同一的本性。[①] 川东北把潜伏在判断力中的天志激发了出来，大大地强化了天志推动生命活动的作用，成为和石油相似的天然气特别富集的地区（达州的普光气田和分布在广元、南充和巴中境内的元坝气田是目前中国发现的仅次于鄂尔多斯苏里格气田的超大气田）。另外，南充所结合的巴中和达州分别从汉中和安康吸收了“有限逻各斯”和“无限逻各斯”。这两个因素在代表生命的四川盆地中被贯通为从无限生命向有限生命流动的小道，在南充地理中凝聚成了面积特别大的盐矿（盐物化了小道对生命回旋运动的调节作用，参见导论第四节。南充地处四川最大的岩盐沉积盆地——南充岩盆的核心）。

川东北是岷山向川陕边界延伸而产生的，实现的是**黑格尔**和**阿奎那**的相互呼应。和阿坝一样，川东北也没有真正展开精神现象学的发展过程。岷山代表了推动第一阶段“意识”发展的精神意志。因此，这个发展过程只能从岷山由近及远地实现出来。岷山的主峰雪宝顶凝聚了“意识”从感性确定性和知觉发展到知性的过程。它向东南方俯视着代表有限生命的四川盆地，把这个发展过程投射到盆地中。感性确定性被投射到从岷山向盆地中央延伸的绵阳市。岷山通过其最接近盆地的山腰（江油县）俯视着盆地的开端。这个开端成了统一绵阳的市中心，而俯视中心的江油则成了感性确定性最强烈的地方，孕育出了想象力（梦幻能力）极为丰富、具有超强的直接把握生命现象能力的诗仙李白。江油通过俯视绵阳市中心来推动绵阳向盆地中心发展，其极为强烈的感性确定性同时具有极大的推动作用，

① 这两句是毛泽东赞扬朱德的话。参见百度百科“朱德”词条。

在江油一带凝聚成了性质大热、可以大助心阳的附子，使江油自古就成了著名的附子之乡。绵阳接着向南过渡到和它平行的德阳。德阳凝聚了知觉对物之属性的综合把握，其自然资源也相应地有利于发展物的工艺，并集中地体现在绵竹用传统工艺生产的中国著名白酒剑南春（前身剑南烧春为大唐御酒），以及古蜀国制造的大量青铜器（广汉三星堆遗址挖掘出来的大约来自夏商时期的青铜器）。知觉只是对感性确定性的发展，而知性则从力的角度思考物，是对二者的超越。相应地，绵阳和德阳一起过渡到了代表知性的遂宁。遂宁与绵阳接壤的射洪县直接吸收了感性确定性，因此主要从力在现象中的表现来理解力，而它与德阳接壤的大英县直接吸收了知觉，因此主要从物自身来理解力。射洪因此有利于文学对力的表现，并孕育出了唐朝著名的诗文革新者陈子昂，其风格苍劲有力、壮阔大气、一扫齐梁颓靡诗风，为盛唐诗坛的宏伟气象奠定了基础。大英以强有力的方式凝聚了从物自身流向有限生命的物界小道，因此蕴含了丰富的盐资源（其盐湖的含盐量极高，人在水中可以漂浮不沉，被称为“中国死海”）。知性的下一步发展是建立两个超感官世界。为了展现这两个世界对有限生命所在现象界的超越，太极在遂宁东边设计了广安（二者仅以尖端接壤，以示超越）。广安的西部是相对平坦的丘陵，代表充分发展的知性在有限生命中的落脚处，而东部的平行岭谷则代表知性建立的超感官世界。西部因而成为广安市中心所在。这里还孕育出了善于透过感性现象看到事物本质，以冷静的知性超越风云变幻的杰出的改革设计师邓小平。东部的岭谷有三条从西北向东南平行排列的山脉（华蓥山、铜锣山、明月山），形成了两条凹槽形山谷。华蓥山和铜锣山之间的槽谷代表第一个超感官世界（有限理界）；铜锣山和明月山之间的槽谷代表第二个超感官世界（宇宙理界）。明月山东边属于重庆范围，不再是精神现象学的领域。明月山的西南端于是通过丘陵向西北过渡回到华蓥山，代表化无限为有限。内化了无限逻各斯的有限逻各斯开始向自我意识过渡。华蓥山西北方的广阔盆地于是就从岷山脚下向西南过渡到了成都。

成都属于精神现象学的第二阶段“自我意识”。岷山向西南过渡到了邛崃山。邛崃山以其陡峭的侧壁俯视着成都平原，代表第二阶段的天志。成都背倚邛崃山，面向成都平原，凝聚了向天志超越的自由意志，自古以来就是得天独厚、人杰地灵之地，成为统领四川盆地乃至全省的中心。但这个步骤只能把自我意识作为自由意志外化到自然中，这意味着判断力“向绝对意志（天志）的超越”被转化成了“向自然的超越”。这种转化在中国文化的背景中暗中契合生命从天志向大道的转化。青城山正好处在邛崃山向成都平原下降的地方，凝聚了从天志向大道转化的意义，成为道教四大名山之一，而青城山畔的导江县则是传说中杨贵妃的诞生地。[①]成都平原的东南边缘是狭长的“东北—西南”走向的龙泉山脉，超越它就进入更为广阔的川中丘陵。这种超越龙泉山的运动沿着资阳市的长条形展开，直至到达重庆市中心所在地区（代表精神哲学，见后面分析）。自由意志向天志的超越只能从自然状态的自我意识（欲望）上升到普遍自我意识，通过相互承认（和相互征服）来建立。资阳凝聚的地理意义因此和**孔子**早期从我通向大我的方式相通。这里诞生了孔子的老师苌弘，还有成为新中国外交家的陈毅。

但自由意志在此阶段还无法进入精神哲学，因此资阳所代表的超越运动就以内江为中介过渡到了重庆西南方的泸州。内江代表了自由意志（自我意识）向自然的外化，而泸州则代表外化的结果，即通过劳动改造自然。内江的中介和外化本质孕育出了许多博采众长、敢于开创的人才，其杰出代表就是综合了各种流派的画家张大千，其率真豪放的诗文、劲拔飘逸的书法和泼墨充分展现了自由意志外化的风采。泸州的自然资源十分丰富，为劳动改造自然提供了先天条件。泸州诞生了通过复杂的酿造过程制作出来的泸州老窖（中国浓香型白酒的代表）。其大曲酒酿造工艺使之成为中国大曲酒的发源地。泸州还诞生了通过独特的传统工艺制作的郎酒（和贵州茅台同为酱香型白酒的代表）。在精神现象学中，意识从改造大自然的劳动发展出了思考中的自由。这种自由经历了三个阶段的发展，分别对应历史上的斯多葛派、怀疑论和（基督徒的）宗教

① 东汉时期张道陵在青城山结茅传道，青城山因而成为道教名山之首。传说杨贵妃生于青城山畔的导江县。王双怀在《大唐贵妃》（陕西师范大学出版社，2015）中经过考察认为杨贵妃祖上来自陕西华阴，后迁至蒲州（今山西永济），其父出任四川后，在导江县生下杨玉环。永济和青城山都隐含化儒为道的意义。杨贵妃和这两个地方都有关联是合理的。

意识，这是自由意志从自然返回自身的过程，在地理上对应从宜宾、自贡到乐山的发展。斯多葛派顺应自然，根据自然本性来生活（把自然内化到自我意识中，而不是把自我意识外化到自然中），在理性的思考中获得内在满足。这种特性和中国文化顺应自然、自得其乐的特点相通。宜宾森林茂密，空气极佳，尤其是一望无际的竹海更使宜宾获得了“中国竹都”的美称。竹既挺拔向上，又能顺风摇摆，既高直又能顺应自然，其在宜宾的大量生长并非偶然。宜宾独特的黄泥黏土和岷江清澈甘甜的水酝酿出了著名的五粮液白酒，其香气和美味协调而又全面，口感极佳，凝聚了中国人吸收自然精华而自得其乐的生活情趣。宜宾还孕育出了注重生命和心灵内在满足的当代新儒家唐君毅（其哲学曾深受黑格尔的启发）。宜宾北方的自贡与资阳和内江一样是长条形，但其代表的运动不是从内向外，而是从外向内。在精神现象学中，斯多葛派在思考中获得的内在自由进一步发展成了怀疑论，在四川地理中对应的就是从宜宾到自贡的发展（自贡被排列在宜宾北方是为了和内江接壤，以便将资阳和内江从内向外的运动逆转过来）。自贡凝聚的怀疑论使生命的丰富内容被质疑，因此自贡的自然资源很贫乏。但怀疑论把外化到自然中的自由意志收回自我意识，刚好符合了物界小道从宇宙物质向有限生命的流动，凝聚了物界小道对生命回旋运动的调节作用，使自贡成为盛产井盐的地区，获得了“千年盐都”的美誉（自贡的名字就来自“自流井”和“贡井”两个盐井）。自贡的地理意义在其人文特点中反映为敢于怀疑世俗、批判社会的自由精神，其代表人物包括民国时期的怪杰李宗吾和当代中国摇滚乐坛新秀谭维维等。

在经历斯多葛派和怀疑论之后，思考中的自由过渡到了（基督徒的）宗教意识。思考中的自由是抽象的、逃避现实的，无法真正通向绝对意识，导致自我意识把自己撕裂在有限和绝对之间，产生了既向往永恒不变的本质，又无法超越变动不居之人世的苦恼，意识到了人生的虚无，只能把永恒的快乐寄托在从不变者而来的救赎。基督教在中国先天地对应佛教。但佛教主张自己度自己，而不是依靠至上者之拯救，因为在佛教中有限（变动者）和绝对（不变者）只是一事之两面（空有不二，一心开二门）。佛教徒需要做的只是觉悟这两面的不一不二。在精神现象学中，苦恼意识的自相矛盾在“自我意识”的下一阶段“理性”中获得了解决，所以“理性”成为精神现象学的最后发展。但在佛教背景中，苦恼意识本身就是解脱所在（苦恼只是假象）。所以，第二阶段“自我意识”的最后环节（苦恼意识）和第三阶段“理性”在中国地理中凝聚成了密不可分的整体，亦即成为佛教圣地的乐山。宜宾和自贡于是顺着“从外向内”的运动过渡到了西北方的乐山市。

宜宾和自贡首先过渡到了乐山市中心。苦恼意识在这里被转化成了离苦得乐的境界，形成了著名的乐山睡佛和乐山大佛。20 世纪 80 年代发现的巨型睡佛位于乐山城侧的三江（岷江、青衣江、大渡河）汇流处，全身长达 4000 余米，其头、身、足由乌尤山、凌云山和东岩联襟而成，安详地漂卧在青衣江山脊上，仰面朝天，慈祥凝重，其肩胸部位则安坐着乐山大佛（中国最大摩崖石刻，世界最大佛像，建于唐朝）。[①] 睡佛代表“不生不灭”的自性，而其怀抱中的乐山大佛则临江危坐，俯视着脚下的流水和熙熙攘攘的尘世，象征自性（真心）是它映现的种种“变动不居”事物的实相。睡佛和大佛共同构成了“心中有佛”“佛中有佛”的奇观，非常巧妙地展现了精神现象学寓“绝对”于“有限”的境界。但精神现象学要在最后阶段“理性”中才能真正实现这种境界，而佛教则直接把苦恼意识转化成了这种境界。

乐山市中心接着向西过渡到了市境内的峨眉山。峨眉山在四川盆地西南角俯视着整个盆地，代表精神现象学的最后阶段（“理性”）。在最后阶段中，绝对终于在有限中意识到了自己，实现了绝对的有限化，有限的绝对化，所以该阶段用盆地西南角的高山来代表，其发展环节则用山峰来象征：峨眉山由四峨山、三峨山、二峨山、大峨山组成，象征最后阶段的四个环节（主观理性、客观精神、宗教意识、绝对认知）。代表绝对认知的大峨山最为高大雄伟，构成了峨眉山的主体（通常所说峨眉山指的是大峨山）。绝对认知解决了绝对和有限之间的矛盾，和佛教的终极境界相互对应。峨眉山（大峨山）因而成为佛教四大名山之一，并被认为是普贤菩萨的道场。普贤菩萨象征理德、大行愿和真理，其特点是以智导行，以行

---

① 参见百度百科“乐山睡佛”和“乐山大佛”词条。

证智，解行并进，并守护虔诚的信众。在最后阶段的四个环节中，前二环节包含理论哲学和实践哲学的统一，以及具有客观精神的伦理世界，隐含智行合一的意义；后二环节则包含信仰和真理。因此峨眉山的整体意义可以和普贤菩萨相通，并集中表现在大峨山。二峨山代表宗教意识，但它还没有达到真正的绝对自我意识，且其发展是从自然宗教开始的，因而与道教有更多关联，成为道教的名山之一。峨眉山通过四峨山、三峨山、二峨山、大峨山的排列来展示最后阶段的四个发展环节。这种发展不是从东北向西南，而是反过来（二峨山在大峨山西南；三峨山和四峨山进一步向南排列[①]）。为什么峨眉山的发展方式和四川地理的发展方式相反？峨眉山代表精神现象学的最后发展，接下去就要过渡到重庆代表的哲学大全体系，但太极让重庆出现在东边，以便让四川的主体部分可以直接向南过渡到云南，因为**梅洛-庞蒂**的知觉现象学就是**黑格尔**精神现象学的进一步发展；然而，这种发展同时也是对精神现象学的颠倒（反过来从绝对概念返回感性），所以峨眉山的发展和从四川到云南的过渡反方向进行，这样峨眉山才能自然地向云南过渡。

从乐山市中心到峨眉山的发展被佛教境界所贯穿。这是“自我意识”的最后环节（苦恼意识）和下一阶段（“理性”）在中国地理中被凝聚成整体的结果。相应地，乐山市中心也分享了“理性”这个阶段的理性本质，并实现为岷江、青衣江和大渡河在乐山市中心的汇流。这三条江的发源和长江有密切关系。长江发源于青海并横贯中国南部，代表了中国在小意志上的统一性。所谓小意志就是无限判断力和有限判断力，亦即造就“理性”的意志（和混沌的乾志和天志形成对比）。金沙江作为长江上游从青海发源处吸收了**康德**中的小意志，但还没有真正吸收到小意志从**康德**到**黑格尔**的发展。因此，太极从青海玉树藏族自治州境内阿尼玛卿山脉的果洛山南麓发源了大渡河。阿尼玛卿山是昆仑山（穿过甘肃西南角）向松潘高原过渡而发展出来的，凝聚了青海、西藏、新疆、甘肃和四川的天志，同时也就吸收到了天志潜伏于其中的小意志（从**康德**到**黑格尔**，天志的发展始终

---

① 根据百度百科“二峨山 ”词条，四峨山有两种说法，一说在大峨山之北二十里，二说在乐山市沙湾区南，北临大渡河（相当于在三峨山之南）。后者将大峨山、二峨山、三峨山、四峨山不断向南排列，显得更为合理。

和小意志密切关联，并最终在精神意志中实现了大小意志的同一）。大渡河代表的就是从**康德**到**黑格尔**不断发展的小意志。它首先从川西高原沿着大雪山东侧流向峨眉山，绕过峨眉山南麓后向东北流入乐山市中心，把理性意志传递给了后者。大雪山是邛崃山（通过夹金山）向西南过渡的结果，代表的是精神现象学最后阶段的天志，同时也隐含了和天志同一的小意志。大渡河虽然从大雪山吸收到了**黑格尔**中小意志的最终发展，但还没有吸收到精神现象学前两个阶段中的小意志。太极于是从岷山南麓发源了岷江，又从邛崃山西南麓发源了青衣江，分别代表第一阶段和第二阶段中的小意志。大渡河、青衣江和岷江在乐山市中心汇合，把小意志在**黑格尔**中的发展完整地带向了乐山市中心，使后者不但实现了佛教的境界，同时也分享到了精神现象学最后阶段的理性本质（乐山睡佛和乐山大佛就出现在三江汇流处）。但大渡河的作用本来是要把小意志从**康德**到**黑格尔**的发展带向金沙江。因此大渡河在吸收了青衣江和岷江之后就从乐山流向宜宾，在宜宾汇入金沙江（宜宾实现了理性意志的自我满足，是大渡河汇入金沙江的恰当地点）。[①] 接受了大渡河的金沙江完整地吸收到了从**康德**到**黑格尔**的小意志发展过程，代表了中国西部在小意志上的统一性，变成人们通常所说的长江。长江东流到重庆后流入湖北，在武汉接受从陕西发源的汉水，补充了小意志从**阿奎那**到**莱布尼茨**的发展，然后才横贯中国东部，最后从江苏入海，实现了中国在小意志上的统一性。

峨眉山既然代表精神现象学的最终发展，它的最高峰（大峨山主峰万佛顶）就代表了精神意志的最终发展。但川西高原的岷山、邛崃山和大雪山才真正代表了推动精神现象学发展的精神意志。其中，大雪山主峰（四川最高峰）、海拔 7556 米的贡嘎山代表的就是统一绝对自我意识的绝对意志（天志）。绝对自我意识是第二阶段“自我意识”中隐含的绝对意志在第三阶段“理性”中意识到自身的结果。成都代表的“自我意识”通过

① 大渡河在历史上被当成是岷江的支流，但从河源学来说岷江反而是大渡河的支流（中国科学院于 2013 年确认了这点，参见百度百科“岷江”词条）。由于大雪山是从岷山、邛崃山过渡而来，大渡河可以当成是岷江的支流，但大渡河发源于青海，其作用是为了把小意志从**康德**到**黑格尔**的发展带向金沙江，从这个角度看岷江和青衣江就成了大渡河的支流。两种说法都有道理。

资阳、内江和泸州外化到自然中之后，又通过宜宾和自贡从外化返回自身，在乐山的峨眉山发展成了“绝对自我意识”。乐山于是进一步过渡到和成都接壤的雅安，以便最终完成自我意识从外化回归自身的运动：雅安的长条形南端是被贡嘎山和峨眉山共同俯视的凹陷山谷；雅安的发展就从这个山谷开始，沿着邛崃山脉边缘延伸到成都地区，通过这个逆向回归的运动把“绝对自我意识”带回到“自我意识”，完成了“自我意识”从外化回归自身的螺旋式上升运动，进一步强化了成都统一四川的能力。雅安市中心是峨眉山和邛崃山脉共同俯视的谷地。邛崃山脉代表的是“自我意识”阶段的精神意志，即推动“自我意识”外化并最终回归自身的意志。从邛崃山脉西侧发源的青衣江沿其余脉向南流，在绕过余脉最南端的蒙顶山后进入雅安市中心（然后才流向乐山去汇入大渡河）。因此，蒙顶山和青衣江向南交汇发展出来的雅安市中心实现了小意志（判断力）向自然外化后又回归自身的运动。隐藏在邛崃山脉中、经过外在发展后又回归自身的小意志集中地凝聚在其终端蒙顶山，以至于蒙顶山成了中国最早的茶叶种植地。茶水清淡提神，是凝聚了大地精华的水，也是推动思维运转的小道之物化。[①] 所以，生长好茶叶的山岭必然以某种卓越的方式代表了小意志。蒙顶山不仅凝聚了邛崃山脉隐含的小意志，而且还是曾经外化到自然中，吸收了自然精华之后回归到自身的小意志。蒙顶山因此成为世界茶文化的发源地，而雅安也自然地成了川藏茶马古道的起始地，在汉藏交流中发挥了重要作用。蒙顶山还发展出了独特的“龙行十八式”长嘴壶茶技：掺茶师手持嘴长一米多的铜壶，招招模仿龙的动作，通过扭身、翻转、前倾、后仰等多种方式准确地将水注入杯盏中，充分展现了小意志通过迂回的路线外化自身又重返自身的发展方式。

第二阶段“自我意识”螺旋式上升的发展过程在四川地理中形成了一条顺时针的环形运动，并在环的中心产生了眉山市来代表自我回归的自我意识。眉山就是成都、资阳、内江、自贡、乐山、雅安的环形运动所包围的中心地区（从内江到自贡的过渡代表从向外转为向内运动，因此隐含了泸州和宜宾这两个过渡环节）。虽然眉山不像峨眉山那样直接代表精神现

① 参见《太极之音》第 210 页。

象学的最终成就，但它在环形运动的中心吸收了这个运动的发展过程，从而吸收到了峨眉山的地理意义。眉山因此成为一个海纳百川、兼容并蓄的特殊地区。正是在这个地方诞生了中国著名文学家苏洵、苏轼、苏辙，成为三苏文化之乡，而其中的苏轼（苏东坡）更是兼容儒道佛三家，吸收了中国文化多种精华的集大成者。

代表最终阶段精神意志的大雪山在甘孜的横断山脉东边缘。过了主峰贡嘎山之后，大雪山就和横断山脉其他大山一起向云南下降，并包围了四川盆地的西南边缘，起到了阻挡四川做顺时针运动的作用。横断山脉向云南下降象征从**黑格尔**的精神现象学到**梅洛-庞蒂**的知觉现象学的过渡，而四川盆地上升到大雪山余脉形成的山区同样象征了这种过渡（前者是意志的过渡，后者是意志对象的过渡）。两种过渡向南交融在一起，在四川南部聚集了风俗文化更像云南（而非西藏）的彝族，最终形成了凉山彝族自治州。彝族代表了精神现象学中的世界统一性。**梅洛-庞蒂**只是以现实的、感性的方式来重新实现这种统一性。因此彝族不仅聚集在四川的凉山，还进一步向南扩散到云南的楚雄彝族自治州、红河哈尼族彝族自治州等地。根据汉文和彝族的历史资料，彝族主要发源于从西北不断南迁的古羌人。今天聚集在阿坝藏族羌族自治州一带的羌族就是古羌人的后裔。阿坝代表精神现象学的开端。从古羌人发源的彝族不断南迁，把世界统一性从其开端不断地带向云南，使得处在精神现象学开端的感性在知觉现象学中得以恢复，并把世界统一性不断向南深化。彝族一方面凝聚了带有感性色彩的世界统一性，另一方面又通过不断迁徙来发展它，因而分布广泛，分支众多，成为中国的第六大少数民族，发展出了非常丰富多彩的少数民族风情。

凉山彝族自治州顺着四川地理的发展趋势实现了从四川到云南的过渡。但峨眉山和四川的发展方式是相反的。为了把峨眉山代表的精神现象学最终成果带入云南并加以转化，峨眉山向西南过渡到了大雪山余脉中的一条凹槽（低丘陵地带）；该凹槽贯通了凉山彝族自治州中部，并一直延伸到四川最南部和云南接壤的攀枝花。攀枝花是被山脉包围的凹陷谷地，暗示世界在绝对概念中的统一性已经被转化，下降到了感性层次上的统一性。繁花似锦的攀枝花是中国唯一以花命名的城市，享有“花是一座城，城是一朵花”的美誉，其亚热带风光和多姿多彩的花果充分展现了感性层次的丰富。从世界的概念统一性下降到感性层次的统一性借助了组织生命而又指向世界的原始领悟。攀枝花凝聚的原始领悟使之成为中国铁矿集中分布的地区之一。

四川地理凝聚了精神现象学从感性到理性、从细节到整体、包罗万象的思维方式，不但产生了以成都为中心的天府之国，同时也孕育了综合能力非常强的四川人。除了三苏，四川还诞生了中国著名的黑格尔学者，“新心学”的创建者贺麟（生于成都五凤镇）。精神现象学的思维方式还反映在四川非常复杂的山地起伏中。人们常说“蜀道难”。其实蜀道难是有深刻内涵的，因为四川地理主要靠山地的起伏来展现**黑格尔**精神现象学中非常迂回、曲折、缠绕和繁琐的思考方式。在《太极之音》第十四讲《易经对世界哲学史的描述》中，我曾指出易经下篇 34 卦如何以筮辞的方式思考了世界哲学史的 34 个先天位置。其中，描述**黑格尔**精神现象学的筮辞是旅卦初六的“旅琐琐，斯其所取灾”。这个描述非常贴切。更有意思的是，李白在一千多年后发出了“蜀道难，难于上青天！”的感慨，刚好构成了易经筮辞的下联。四川的山脉主要集中在川西高原的阿坝和甘孜，代表的是推动意识不断发展的精神意志。这些地区凝聚的天志只是潜伏在偏向阴性的判断力中静观意识的发展过程，因此具有潜在的以女性判断力为准的倾向，在古代少数民族的社会背景中发展出了著名的东女国（东女国于公元六、七世纪出现在川西高原，其王城遗址位于今甘孜州丹巴县。和甘孜接壤的西藏昌都突出了判断力静态地直观的表象世界，因此也曾在东女国历史中发挥了重要的作用）。

在精神现象学之后，**黑格尔**过渡到了哲学大全体系。相应地，四川地理过渡到了重庆地区。重庆的形状包含三个不同方向的分支，分别对应哲学大全体系的三个部分。三个分支按照从东北到西南的自然方式发展。第一分支是从重庆东北端延伸到中部的长条形（简称东北支），对应逻辑学。第二分支是中部向东南方向延伸出来的长条形山地（简称东南支），对应自然哲学。第三分支是重庆市中心所在的西南端（简称西南支），对应精神哲学。东北支包含许多平行山岭隔开的山谷，代表逻辑学中多种层次（包括宇宙理界和有限理界）被混同起来，平行并进、相互呼应、相互渗透的发展方式（东北支的岭谷因此和广安东部的岭谷相互呼应，共同组成川东平行岭谷，构成了世界上特征最显著的褶皱山地带）。东南支则是众多高山组成的高山群，展示了自然哲学的丰富发展过程。西南支凝聚了精神意志统一起来的世界，因而从高到低地向西融入四川盆地中。三分支的结合点在涪陵，这里因而成为重庆最有综合性的地区。

逻辑学从宇宙逻各斯出发思考第一太极中先天大道的发展过程。东北支凝聚的就是这个发展过程。东北支背倚神农架的余脉阴条岭。阴条岭以重庆最高点的姿态俯视重庆，代表推动逻辑学发展的无限判断力（神农架在湖北境内代表的就是无限判断力或宇宙判断力）。它向西遥望的观面山代表逻辑学第一部分（存在论），其最高峰老鹰岩有一名为“三块石”的巨石，腰间水纹线把石头分为三层，构成梯状重叠，周围数十里外都能远望而见①，代表存在论的三个层次（即质量度。存在论以直接性为主，故三层次有相似性）。存在论对应太极三象中的阳象，故在地理上物化为高山（观面山是重庆和四川主体部分的交界山，因为精神现象学和逻辑学都开始于直接性）。观面山以东（阴条岭山脚下）的巫溪县和巫山县凝聚了阳象的极端混沌和不可思议（尚未有阴性）。这里曾经产生古代的巫咸国。逻辑学混同了先天大道和宇宙逻各斯所属的小道，而湖北正好凝聚了宇宙逻各斯，所以重庆东北支自然地受到湖北地理的吸引，产生了嵌入湖北南北支夹角的巫山县。巫山县吸收了具有神灵性质的宇宙逻各斯，为混沌神秘的先天大道增加了灵性，隐含丰富多彩的巫文化气质，并凝聚在它与湖北南北支交界处的巫山。作为重庆与湖北地理开端的结合点，巫山浓缩了整个东北支所凝聚的先天大道。先天大道的完整形式是十二地支。②因此，巫山被代表小道的长江划分成江北六峰和江南六峰，共同构成著名的巫山十二峰，象征从宇宙逻各斯的小道出发进入混沌神秘的先天大道。巫山十二峰不但秀丽多姿、充满灵性，而且常常云雾缭绕，烟雨朦胧，变幻莫测，充分展示了先天大道的混沌神秘。先天大道是第一太极阴阳交合、生生不息之道。在**黑格尔**的逻辑学中，先天大道与世界的发展过程是被混同起来思考的，在中国哲学背景中相当于混同了乾坤阴阳交合之道与天地阴

① 参见百度百科词条“观面山”。
② 参见《太极之音》第319页。

阳交合之道。云行雨施其实就是天地阴阳交合之道的物化。[①]巫山不仅以其十二峰象征乾坤阴阳交合、生生不息的运动，同时也以其美丽多姿的云雨来象征天地的阴阳交合、生生不息。这种意义被中国古人凝聚在了十二峰中云雨最为多姿多彩的望霞峰（在长江北岸），并赋予她“神女峰”的浪漫名字。巫山神女的传说展现了巫山所凝聚的阴阳交合、生生不息之义，成为宋玉（屈原学生）的浪漫诗篇《高唐赋》的灵感来源。

东北支接着离开巫山县，向西南过渡到长江以南与恩施接壤的高山地区，代表逻辑学第二部分（本质论）。本质论以混淆先天和后天、无形大象和具体事物的方式，隐隐约约地反映了太极在阴象内部产生八卦和六十四卦，并据此产生宇宙万物和世界现象的过程（故其对应的地区和恩施接壤）。本质论以间接性为主，包含许多相互映射，加上思考中的多种混淆，在这个地区凝聚出了著名的“天坑地缝”，包括千姿百态的岩石、石林、溶洞、洼地、竖井……以及数不清的天坑（漏斗）和被地下暗流贯通的极为庞大的洞穴群，构成了人们至今仍难探测清楚的地下迷宫，象征阴象内部复杂的阴阳交错组合，以及**黑格尔**极度混淆的思维方式。最后，东北支从长江以东的山地返回长江以西，向西南过渡到重庆中部的丘陵地带，代表逻辑学第三部分（概念论）。重庆中部凝聚的绝对理念是宇宙理界的终极发展，因此它以明月山为界与四川盆地中代表宇宙理界的地区（铜锣山东边的槽谷）相互呼应。逻辑学就结束在明月山以东，长江以西的这片丘陵地带。

但逻辑学必须过渡到自然哲学，把绝对理念外化为自然。这个发展在地理上实现为东北支的末端（重庆中部）向东南越过长江，进入布满崇山峻岭的东南支。这是土家族和苗族聚居的山区，其山地从西北向东南经历了高山群、低山峰、环形低山群三个发展阶段，分别代表自然哲学中的力学、物理学、有机物理学（环形低山群是自我发展的山群，对应生命有机体的自我统一、自我保持）。东南支凝聚了自然哲学的发展过程，隐含了强大的自然力。但对于**黑格尔**而言，绝对理念外化为自然其实是自我异化；精神变成了僵死的物质，必须通过物质的发展逐步过渡到生命有机体（然

---

① 参见《太极之音》第177页。

后才能在下个步骤中重新返回精神）。在中国古代文化的背景中，隐含在地理中的这种意义产生了著名的“丰都鬼城”。丰都鬼城就在中部丘陵地带结束于长江西北岸，即将越过长江进入东南支山地的地方，历来被人们当作人类亡灵的归宿之地，以各种阴曹地府的建筑和造型而著名[①]。

最后，自然哲学过渡到了精神哲学。理念从它在自然的外化向自身回归，在世界中发展为精神。这个发展实现为重庆地理从东南支的山地返回丘陵地带，进入重庆市中心所在的西南支，这里凝聚了人类的主观精神、客观精神和绝对精神，建立起了充满理想主义光辉的重庆古城，成为统领重庆地区的中心城市。另外，嘉陵江发源于陕西秦岭西端，向西南流入四川盆地后一直流到重庆市中心汇入长江，把信仰真理转化成了绝对精神，进一步强化了重庆的精神气质。在抗日战争时期，重庆成为中国的战时首都，以其不屈不挠的精神支持了中国人民长达八年的艰苦抗战。在解放战争时期，重庆孕育出了充满崇高理想和坚定信念的“红岩精神”。新中国成立后，重庆以其独特的、自成体系的地理优势成为中国唯一在高山盆地中设立的直辖市。作为哲学大全体系的地理实现，重庆构成了**黑格尔**在四川的最终发展。这个发展没有接着横断山脉往南排列，而是向东排列在和陕西、湖北二省接壤的地方。这样做能够巧妙地让东北支与代表无限逻各斯的安康盆地接壤，同时利用湖北开端处的北支和南支分别代表宇宙理界和物界的特性，在其邻近地区分别实现逻辑学的存在论和本质论，并让湖北南支顺理成章地向南过渡到代表自然哲学的重庆东南支。另外，**黑格尔**之后的**梅洛-庞蒂**是从其精神现象学转化发展出来的，其对应的云南应该直接排列在横断山脉的南方。所以代表哲学大全体系的地区不能接着横断山脉往南排列，否则就会隔断精神现象学和**梅洛-庞蒂**的关联。太极对四川地理的设计实在是非常周到的。

16. 云南

梅洛-庞蒂用身体主体代替意识主体，把精神现象学转化成了知觉现象学。它对应的云南就被直接排列在四川的南方。**梅洛-庞蒂**注重身体和

① 参见百度百科词条“丰都鬼城”。

感性现象，恢复了知觉的原始性和肉身的野性。凝聚在云南地理中的这种特性使其动植物种类数居全国之首，其风土人情也非常多姿多彩，是中国少数民族种类最多、风格最多样化、感性色彩最鲜明的省份。**叔本华**在哲学中第一次把身体凸显为主体（判断力）的落脚点，因此西藏和四川一起通过横断山脉过渡到了云南。由于**梅洛-庞蒂**中的判断力不再向天志超越，横断山脉在云南境内不断下降，象征天志被转化成了判断力（大意志转化成了小意志）。横断山脉从西向东展开了**叔本华**和**黑格尔**过渡到**梅洛-庞蒂**的方式。在西藏，念青唐古拉山脉（代表身体）过渡到横断山脉的伯舒拉岭，再向云南西部过渡到高黎贡山；唐古拉山脉（代表判断力）则过渡到横断山脉的他念他翁山，其余脉向南贯通了云南西部。相应地，从唐古拉山脉南麓发源、沿着念青唐古拉山脉北麓流来的怒江（代表身体主体）沿着高黎贡山东麓流入云南，而发源于青海境内唐古拉山脉北麓的澜沧江（代表判断力）则流过西藏昌都，再沿着他念他翁山东麓流入云南。澜沧江代表的就是从**康德**而来、被**叔本华**和**梅洛-庞蒂**进一步发展的（面向世界现象的）判断力。在澜沧江的东边，金沙江沿着四川边界进入云南西北角，把**黑格尔**精神现象学中的判断力带向**梅洛-庞蒂**的知觉现象学。怒江、澜沧江和金沙江在云南地理的发展中起到了继往开来的作用，在云南西部形成了世界闻名的“三江并流”景观。另外，由于**梅洛-庞蒂**从身体出发统一世界，其世界统一性经历了多种多样的发展过程，因此云南有很多高原湖泊，是中国西南部淡水湖泊最多的省份（湖泊在这里代表从特定角度看到的世界）。

云南地理从北向南经历了**梅洛-庞蒂**的五个发展步骤，但从西藏和四川而来的结构性因素也同时在“西—东”维度上铺开，使云南地理复杂而多变。前三个步骤构成的知觉现象学实现了从**黑格尔**到**梅洛-庞蒂**的转化。其中，前两个步骤是（一）用我身代替**康德**的先验自我综合世界现象（二）把客观世界内化为感知世界。这两个步骤是通过云南西北角的三个地区（怒江傈僳族自治州、迪庆和丽江）实现的。所谓先验自我就是通过自我意识自发地综合经验对象的逻各斯。怒江把身体主体带向傈僳族自治州境内。澜沧江把从**康德**而来的判断力（逻各斯的意志）带向迪庆西部。怒江自治州南部则向东横贯怒江和澜沧江直达丽江（用身体主体吸收从**康德**而来的判断力，把身体主体带向丽江）。金沙江包围的迪庆东部（香格里拉）吸收到了从精神现象学而来的进行绝对认知的判断力（意识主体）。然而，金沙江在丽江西南角吸收到了从怒江自治州而来的身体主体，其流向被突然扭转，倒流回丽江北部（用身体主体代替了意识主体），再从北向南贯通丽江全境（以身体主体为基础发展感知世界）。通过“三江并流”的综合作用，西北角的三个地区实现了从意识主体到身体主体、从绝对概念到感性领悟的转化。

香格里拉吸收到的绝对认知是精神现象学的最终成果，带有纯粹的理想色彩，因此其雪山和湖泊非常原始、纯净、超越，适合藏族文化的发展，也是它获得“香格里拉”名字（暗示“人间天堂”）的原因。丽江也从香格里拉吸收到了一些理想色彩，并集中地体现在和香格里拉的哈巴雪山隔着虎跳峡对望的玉龙雪山。这两座雪山相互呼应，共同代表从精神现象学而来、统一世界现象的绝对概念。金沙江在丽江拐弯倒流后，它代表的判断力已经落脚在身体中，意识主体已经被转化为身体主体。但金沙江接着就被夹在玉龙雪山和哈巴雪山之间的虎跳峡，仿佛身体运动受到了绝对概念的阻挡，被概念思维压抑已久的“我身可动性”突然间怒不可遏地爆发出来，以雷霆万钧之势将金沙江从大地抛向空中，化作三山五岳似的狂涛怒海，以极为惊心动魄的方式展现了身体主体综合世界现象的巨大威力。金沙江接着继续向东北流，接触到四川边界后再向南折回丽江境内，将精神现象学中的客观世界内化为知觉现象学的感知世界。丽江因此凝聚了感知世界的混沌、神秘、原始和纯真。丽江古城更以其扑朔迷离的空间布局和绚丽多彩的生活气息浓缩了感知世界的精华。感知世界恢复了尚未被理性和知识掩盖的混沌神秘的原始世界，在知觉层次上还原了**易**的原始思维。相应地，丽江的纳西族发展了具有强烈的原始感性色彩的东巴教，而东巴文则成为世界上唯一还活着的象形文字。另外，**黑格尔**探入太极的发展过程，和**易**有内在关联。[①] 因此从**黑格尔**到**梅洛-庞蒂**的过渡把**易**中的性爱因

① 参见《太极之音》第569—570页。

素激发了出来。[①]玉龙雪山代表的就是从**黑格尔**到**梅洛-庞蒂**的过渡把绝对概念落脚到身体的开始。在中国地理的整体大背景中，玉龙雪山凝聚了**易**的时代精神（性与爱浑然一体），在丽江纳西族的古老文化中产生了对爱情原始性（自我成立）的深刻领悟，形成了“玉龙第三国”的美丽传说：相传当男女的感情和社会冲突而无法实现出来时，如果他们在玉龙雪山脚下的云杉坪殉情，其灵魂就会进入比人世间更美丽的“玉龙第三国”，升入理想的爱情国度，得到永生的幸福。[②]

绕过丽江古城后，金沙江在丽江南部向东拐弯，流入四川的攀枝花市去接受雅砻江（金沙江最大支流）。雅砻江发源于巴颜喀拉山最高峰的南麓，收集了大雪山南麓诸水之后继续南流，代表了从**康德**开始、被**黑格尔**推向顶峰的从小意志向大意志的回归。但攀枝花把世界在绝对概念中的统一性下降到感性层次上的统一性，相当于把天志转化为判断力。所以，雅砻江流入攀枝花市后就被代表小意志的金沙江拦腰截住。金沙江接着从攀枝花南流进入云南境内，洗掉了从雅砻江而来的天志，然后重新返回攀枝花，放弃从云南获得的身体因素，恢复了它纯粹代表小意志的本质，再沿着四川和云南（昭通市）边界流入四川盆地，在宜宾接受大渡河后变成人们通常所说的“长江”，继续东流到江南，在那里尽情地展现其清丽妩媚的本性。伴随金沙江走完最后路程的昭通因此代表了把天志转化为判断力的最终成果，成为中原文化进入云南的重要通道。

云南地理接着重新返回西部，从西向东地经历德宏、保山、大理、楚雄、昆明，对应知觉现象学的第三步“把身体主体的自由外化到世界中”。这些横贯云南中部的地区充分发挥了身体主体与世界的相互渗透和相互成就，通过外化其自由来实现世界的统一性，因此自古以来就发展了比较强的社会性。怒江从代表判断力的唐古拉山南流到代表身体的念青唐古拉山，

---

① 在**易**对应的时代中，太极通过男女之爱第一次把自己实现在世界中。这种爱情是与性爱浑然一体的（参见《太极之音》第462页）。从**黑格尔**到**梅洛-庞蒂**的过渡使前者隐含的太极发展过程被落实到身体中，因此激发出了性爱因素。

② 参见百度百科“东巴教”和“玉龙第三国”词条。**黑格尔**是在哲学大全体系中探入太极发展过程的。代表哲学大全体系的重庆被放到了四川东部，以便让代表精神现象学的四川主体部分可以直接过渡到代表知觉现象学的云南北部。但精神现象学的最终成果（绝对概念）构成哲学大全体系的开端。因此云南北部仍然可以吸收到哲学大全体系的相关内容。

让判断力落脚在身体，然后顺着念青唐古拉北麓东流，最后向南拐弯流入云南西部，把身体主体传递到云南。怒江隐含的“判断力 / 身体”二重性使其东西两岸有不同特色：西岸对应念青唐古拉山，突出了身体主体中的“身体”因素；东岸对应唐古拉山，突出了身体主体中的“判断力”因素。保山兼有西岸和东岸，凝聚了最统一最强大的身体主体性。把身体主体的自由外化到世界中同时也就是外化到自然中。和四川的泸州相似，这种外化的最终结果就是通过劳动改造自然。所以，保山资源丰富、利于耕种，自古以来就是著名的“滇西粮仓”，是云南最早开发的地区之一。由于**梅洛-庞蒂**的身体主体、世界肉身等和身体相关的因素主要凝聚在云南西部的怒江和澜沧江流域，所以傣族先民曾以保山盆地为中心建立了联盟国家“哀牢国”，从公元前 5 世纪开始统治云南西部达四百多年。

德宏在怒江西岸，更多地凝聚了身体主体中的“身体”因素。德宏的傣族人民特别擅长拟兽舞，其孔雀舞更是代表了傣族民间舞蹈艺术的最高水平。大理则在怒江东岸，更多地凝聚了身体主体中的“判断力”因素。在知觉现象学中，自由不再是判断力向天志超越的自由而是在身体处境中自我超越的自由。但知觉现象学中的判断力归根到底来自精神现象学中的精神意志（把其中的天志因素转化掉，只剩下判断力因素）。所以大理凝聚的判断力必须以某种方式从四川的横断山脉转化而来。这种转化是由沙鲁里山实现的。沙鲁里山从巴颜喀拉山向南分化出来，从四川甘孜州一直延伸到云南的香格里拉，然后从哈巴雪山越过金沙江，把天志传递到丽江的玉龙雪山，接着就中断在丽江古城所在的低谷，但接着又向南隆起，过渡到大理境内的苍山山脉。组成苍山的十九峰从北向南排列成屏，向东俯视着与之平行的长条形大湖（洱海），并发源了十八条溪流流入其中（山峰的排列象征从天志转化到判断力的漫长路程）。苍山代表从天志转化而来、落脚在身体的判断力；洱海则代表被这种判断力统一的世界。大理比保山更突出判断力自我超越的自由，且其判断力从天志转化而来，具有更强大的统一世界的力量。这种力量在苍山洱海的南端凝聚在了大理市中心。在唐朝帮助下建立的南诏国曾以大理为中心统一了洱海地区，而后来的大理国则统治云南达三百多年，贯穿了整个宋朝（唐朝开创的融合各民族的大同世界性在南诏国发生了回应。但唐朝突出的是大道和大意志。南诏国对唐朝的回应不是很稳定，时有反叛。宋朝突出了小道和小意志，在大理国发生了更密切的回应）。

大理的世界统一性有赖于从天志转化而来的判断力，但这种转化并不仅仅发生在大理。在四川南部，攀枝花把凉山彝族自治州（从横断山脉和四川盆地而来）的世界统一性从绝对概念的层次下降到了感性层次。这种下降也相当于把天志转化为判断力。因此，大理向东过渡到了楚雄彝族自治州。楚雄是凉山和攀枝花共同向云南发展出来的，其世界统一性比凉山更为感性。深陷山谷中的攀枝花向南进入楚雄就过渡到了元谋县被山脉环绕的凹陷山谷，这里的少数民族发展了感性色彩非常丰富的民俗文化，而元谋猿人则是迄今为止发现的中国乃至亚洲最早的直立人（感性的发达有利于人类始祖的进化）。另一方面，楚雄的感性是和判断力密切结合的，有利于楚雄吸收来自江南的汉文化，形成了彝汉交融的文化传统。金沙江从攀枝花进入楚雄后就再次返回四川，恢复了纯粹代表小意志的本质，沿着四川和昭通边界一直流到宜宾去接受大渡河，所以昭通代表了把天志转化为判断力的最终成果。这意味着判断力对世界的统一作用还有第三种实现方式。楚雄于是向东过渡到了昭通西南方的昆明。昭通把天志转化为判断力的最终结果集中地凝聚在靠近宜宾的北部端点。从这个端点发源的五莲峰（山脉）从东北向西南运动，发展出了一直延伸到昆明并最终包围了滇池的山脉，把天志转化为判断力的最终结果传递到环绕滇池的群山，尤其是滇池西岸的西山更是与滇池形成了类似苍山洱海的地形，把大理的世界统一性以新的方式实现在昆明市中心。西山不像苍山那样把十九峰排列成线，昆明市中心也不像大理那样处在山与湖的南终端，而是处在西山与滇池的北开端，因为从昭通而来的已经是天志转化为判断力的最终结果。昆明完成了从四川到云南的过渡，实现了从大理开始的世界统一性的最终发展。所以，当宋朝被元朝取代时云南的中心就从大理转移到昆明，使昆明最终成为省会所在地。昆明作为发展的终点凝聚了“不再变化”的意义，故其地理构造的综合效果使之气候稳定、四季如春，成为全国年温差最小的“春城”。

梅洛-庞蒂的前三步发展构成了知觉现象学。第四步发展是“从感知世界转向符号世界”。这个发展是十分特殊的，因为它从个体领悟转向公共领悟，进入语言的符号世界，为**维特根斯坦**和**罗素**对语言的研究做了最初的铺垫。由于从**维特根斯坦**到**罗素**的发展将出现在云南东边（参见后面对广西和贵州的分析），太极就让第四步发展实现在昆明东部的曲靖及其南方的文山，以便让它们与贵州和广西接壤。曲靖和文山隐含的语言哲学因素使它们拥有不少溶洞和峰林（这种岩溶地形被用来代表哲学中的语言因素，见后面对广西和贵州的分析）。曲靖代表从个体领悟转向公共领悟，亦即从融化在个体生命现象中的领悟转向组织世界现象的公共领悟。这种转向使曲靖获得从阴性出发统一世界的能力（领悟是判断力的阴性对象）。领悟统一世界的方式就是澄明世界，因此曲靖凝聚了大量（约占云南一半）的煤炭资源（煤物化了逻各斯的澄明作用，参见导论第四节）。从昭通而来、贯通昆明的山脉向东俯视着曲靖的低丘陵。曲靖与昆明接壤的地区吸收到了从天志转化而来的判断力，补充了领悟对世界的阴性统一能力，而与红河接壤的地区则吸收到了“世界的肉身化”（参见下面对红河的分析）。所以，曲靖、昆明、红河三者交界处的陆良隐含了从领悟、判断力和身体出发统一世界的综合能力。从太极的角度看，这种综合能力是以领悟的世界性为基础的，而这种世界性（原始领悟对世界本身的指向性）和佛教有密切的关系①。就在魏晋时期佛教开始在中国兴盛时，云南的爨氏崛起为大姓豪族，以陆良为根据地形成了统一南中（云南、贵州和四川南部）的爨氏王朝，从东晋到唐玄宗天宝七年统治南中地区达400多年（唐朝是三教并流的，包括了儒家天志的因素。从天志转化而来的判断力在大理兴起了唐朝扶持的南诏国，建立后不久就灭了和唐朝对抗的爨氏王朝）。爨氏王朝的统治形成了以阴性的世界性为基础、融入小意志（判断力）和肉身性的爨文化，并典型地表现在其形式壮阔、刚柔相济、朴拙通达的书法艺术中。

为了展现以公共领悟为基础建立的符号世界，太极在曲靖南方设计了文山。文山具有更突出的语言哲学特性，因此像广西那样聚集了许多壮族，像贵州那样聚集了许多苗族，成为云南的壮族苗族自治州。符号世界是逻各斯把生命现象组织为世界现象的方式，其特点是公共领悟的分化和制度

① 参见《太极之音》第170、381页。

化构成符号体系；符号的意义来自其在符号体系中区别于其他符号的使用方式。这种符号世界具有极为强大的内在统一性，在地理中凝聚成了矿种多、储量大、品种齐全的金属矿藏（金属作为具有内在统一性的化学元素家族与符号体系类似），使文山成为“有色金属王国中的王国”，同时还在文山大地上孕育了大量的名贵中药材三七，使“文山三七”在产量、质量、产值等各方面均为全国第一、世界之最，成为中国著名的三七之乡（三七是止血妙药，其功能暗中契合了具有极强内在统一性的符号世界对血液循环所物化的生命回旋运动的统一能力和规范作用）。[①]

由于第四步发展从向东改为向南（从曲靖到文山），第五步发展就从文山西边开始从东向西填满云南南部，经过红河、玉溪、普洱、临沧，最后终结于最南方的西双版纳。第五步的内容是“通过世界的肉身化统一世界现象”。这个内容在这些地区的凝聚孕育出了云南著名的普洱茶（普洱茶降脂暖胃、消食化痰、利尿散寒、抑菌解毒，其功能就是维护身体和环境的通道，亦即保持肉身和世界的相互通达）。肉身化的世界是非常多元的。因此这些地区吸引了众多少数民族在此聚居，形成了民族和谐相处的大家庭。红河代表了世界肉身化的开端，具有很强的把身体向世界开放的特性，不但塑造了红河地区开放容纳的胸怀，使之成为滇南的发展中心，还孕育出了综合身体性和集体性的哈尼族和彝族文化（红河的世界性吸引了不断从四川南迁的彝族，而哈尼族则代表这种世界性的肉身化）。玉溪北接昆明，把昆明的世界统一性进一步深化（从肉身的世界性出发深化被判断力统一的世界）。因此，从昭通延伸而来的山脉并没有终止于昆明，而是继续向南延伸到玉溪的抚仙湖周围才告终结。抚仙湖深化了滇池代表的世界性，因而成为中国第二深淡水湖（仅次于长白山天池），是中国蓄水量最大的深水型淡水湖泊（相当15个滇池和6个洱海）。苍山山脉在大理中断之后，重新向南隆起并分化出东西两支（哀牢山和无量山），代表落脚在身体的判断力。他念他翁山余脉（澜沧江西岸山脉）从西侧接近两条山脉的起点（相互同化）后才分开。从共同起点分叉出来的三条山脉具有共同本质（都代

① 参见百度百科“文山壮族苗族自治州”词条。关于生命回旋运动如何物化成血液循环，参见《太极之音》第182页。

表落脚在身体的判断力）。因此和他念他翁山一样，哀牢山和无量山东麓也有河流伴随（元江和把边江）。他念他翁山和哀牢山包围出了一个巨大的、相对平坦的扇形区域，代表世界肉身。无量山则居中贯通扇形区域，把它分裂为对称互补的东西两部分，代表世界和判断力相互交融，以至于主体和客体、感知者和被感知者、可见和不可见等等区分都成为从世界肉身（扇形区域）分裂出来的可逆区分。太极用三条山脉包围出来的扇形区域巧妙地展现了世界肉身的分化和统一。把世界肉身化的哈尼族就主要聚居在这个扇形区域（包括红河的哀牢山以西、普洱和西双版纳的澜沧江以东地区。玉溪也和世界的肉身化有关，所以哈尼族在玉溪也有聚居）。

为了进一步展现世界肉身的原始运动（蛮荒的、野性的存在），普洱越过澜沧江过渡到扇形区域西侧，进入临沧（及普洱西南部）。在澜沧江以西的这些地区成为充满原始野性的少数民族（佤族）的聚居地。世界肉身的原始运动是其统一种种世界现象的最高形式。世界现象的这种原始统一性在临沧凝聚出了世界罕见的超大型独立锗矿床（锗是地壳中分布最分散的元素之一，极少独立成矿）。澜沧江是代表判断力的江。野性的存在（大道末端）敞开世界肉身的原始运动和判断力所属的精细的小道必须相互融合，才能构成圆融的世界统一性。所以，澜沧江从临沧和普洱继续南流，进入西双版纳境内，以便在这里实现二者的融合。西双版纳以其热带的鲜艳色彩向我们展现了肉身化的世界，孕育了极为丰富多彩的傣族文化。傣族在云南聚居在德宏和西双版纳，拥有对“我身可动性”的极度敏感和对“世界肉身”的深刻体会，特别擅长拟兽舞蹈。德宏的傣族凝聚了身体的内在力量。西双版纳的傣族则把世界肉身的原始运动和精细优雅的小道融为一体。德宏民间艺人毛相开创的徒手孔雀舞充满了阳刚气质。西双版纳舞蹈家刀美兰则把孔雀舞转化成富于女性阴柔美的舞台艺术。来自大理的杨丽萍以其自由精神将孔雀舞进一步升华，释放出了古老的云南大地隐含的生命力和自然韵律，使孔雀舞成为充满精神性和审美意境的当代舞蹈。杨丽萍还综合了云南的诸多因素，把它们荟萃在其编导的原生态歌舞剧《云南映像》中，以震撼人心的方式展现了中国西南这个神秘省份的原始激情、丰富感性和永远鲜活如初的世界肉身。

17. 广西

梅洛-庞蒂走出了**黑格尔**的理想主义，从现实性出发追求世界的统一性，把哲学引向了全新的发展道路，直至**海德格尔**把西方哲学史带向终结。因此，**梅洛-庞蒂**后的西方哲学位置（**维特根斯坦**、**罗素**、**尼采**、**胡塞尔**、**萨特**、**海德格尔**）对应的省份（广西、贵州、湖南、江西、福建、广东）形成了一个顺时针旋转的封闭圆圈，共同实现了它们追求的世界统一性。但云南并不像青海那样成为圆圈的中心，因为**梅洛-庞蒂**只是为之后的西方哲学位置开辟了道路，而不像**康德**那样成为之后德国哲学位置的共同基础。从广西到广东的六省被排列在云南的东边，构成扁平的圆圈来填满长江以南的区域，构成了中国的“南部六省”。作为云南中隐含的语言哲学因素的进一步发展，广西被排列在云南东边和文山接壤的地方，贵州则被排列在和曲靖接壤的地方。剩下的四省则以顺时针方式继续排列下去，直到广东返回和广西接壤。

让我们看一下广西的地理设计。**维特根斯坦**的发展分成两个相反的步骤，即早期的逻辑哲学和后期的语言哲学，分别从逻各斯的阴性对象（领悟）和阳性意志（判断力）出发统一世界。所以，广西的地理分为两大块：从云南延续过来的弧形区域（从百色到玉林）对应早期；它包围的以桂林为中心的弧形（扇形）区域对应后期。更准确地说，从河池到梧州贯通广西的红水河把广西划分成了右岸的外弧区域和左岸的内弧区域，分别对应早期和后期（左右是针对河水流动方向而言。红水河下游接受不同支流后有不同的名称。为了叙述方便，我们把从河池到梧州贯通广西的这条干流统称为红水河）。红水河上游南盘江发源于云南曲靖的马雄山东麓。曲靖是云南隐含的语言哲学因素最早出现的地方。这是为什么曲靖发源了南盘江来流入广西和贵州边界，象征**维特根斯坦**和**罗素**中语言哲学因素的共同来源。事实上，从**梅洛-庞蒂**开始语言就已经成为西方哲学史共同关注的问题，所以太极在长江以南地区形成了珠江来汇聚云南和南部六省中的语言哲学因素。珠江就是语言哲学之江，其正源就是从云南而来的南盘江。为了完整地收集云南中的语言哲学因素，南盘江从曲靖发源后不是马上流入广西和贵州边界，而是首先向南拐一个大弯，经过昆明、玉溪、红河、文山之后返回曲靖，然后才向东流入桂黔边界（**梅洛-庞蒂**的知觉现象学虽然没有突出语言，但已经从身体主体角度做了初步解释，而知觉现象学的最终发展就在昆明。曲靖和文山的语言哲学因素在红河和玉溪的世界肉身化过程中被发展和转化，代表了**梅洛-庞蒂**后期的语言哲学因素）。为了吸收从**罗素**而来的语言哲学因素，太极还从马雄山西北麓发源了北盘江，从曲靖北部流入贵州西部，在贵州和广西边界汇入南盘江。南盘江接受北盘江之后就成了红水河。为了吸收从**维特根斯坦**而来的语言哲学因素，红水河沿着桂黔边界流了一段后就拐入广西境内，把广西划分成了两半，分别对应**维特根斯坦**的早期和后期哲学：其右岸是领悟主导的外弧区域，对应早期；左岸是判断力主导的内弧区域，对应后期。红水河代表了从**梅洛-庞蒂**而来，被**维特根斯坦**和**罗素**发展的语言哲学因素，因此它最终从梧州流入广东，成为珠江的主流（西江）。

广西地理开始于和云南接壤的百色。为了展现从**梅洛-庞蒂**到**维特根斯坦**的过渡，文山向东延伸到百色的凹陷形状中（被百色吸收和改造）。右江从文山发源，进入广西后向东南贯通了百色，把符号世界带入广西境内，然后在南宁和来自崇左的左江汇合在一起。百色继承了文山的山区地形。另一方面，崇左代表语言与世界的同构，包含现象世界，因此是开阔的丘陵地带，其中布满了无数岩溶峰林（在地形图中的标志是两个黑色山峰合在一起）。峰林汇集了许多结构相似的岩溶小山，代表由句子汇合成的语言；峰林环视的平地则代表句子所描述的世界。这样的岩溶峰林可以用来展现语言组织世界的作用。广西是中国岩溶峰林最集中的地区，因为哲学史发展到**维特根斯坦**才真正把语言和世界的关系作为哲学的主要思考之物。崇左的峰林特别地代表了语言和世界的同构（峰林的结构就是这个区域的世界结构，决定了这个世界的可能性空间）。右江和左江汇合而形成的南宁综合了早期思考的两种因素，代表了早期的成果，凝聚了很强的由语言和世界的同构保证的世界统一性，成为统一广西的中心城市。两江汇合而成的郁江向东北汇入红水河，把早期哲学带向了后者。南宁北部有“西北—东南”走向的大明山（其主峰龙头山是广西中西部的最高点）。它向西南遥望右江汇入左江，代表早期哲学中静观符号世界的判断力。为了更好地展现判断力的静观作用，太极还在防城港设计了“东北—西南”

走向的十万大山，向西北遥望左江汇入右江，代表静观语言和世界的判断力。大明山和十万大山包围的左右江流域代表了早期可言说的“世界”。十万大山西北侧陡峭，东南侧则比较平缓，使它自然地面向崇左，难以回望背后的海岸地区，暗示判断力的目光仅仅看到和语言同构的世界现象。这片海岸地区进一步向东扩展为钦州和北海宽阔的大平原，暗示**维特根斯坦**认为很多事情虽然真实但无法用语言描述，应该对它们保持沉默。这片大平原接着向东北过渡到六万大山和云开大山，其众多山峰围绕玉林的大容山主峰梅花顶排成弧状，仿佛在向它朝拜。梅花顶象征至高者（神），是桂东南第一峰。但十万大山的东北端指向梅花顶，因此它不论朝西北或东南都无法看见梅花顶，而只能隐约看见梅花顶附近的区域，暗示神是不可言说的神秘之物中的至高者。环绕梅花顶的山脉代表语言，其中云开大山的望君顶（桂东南第二峰）仅比梅花顶低一米，但它和其他山峰一样也被梅花顶周围的玉林盆地隔开，只能遥遥望着梅花顶，暗示语言即使谈论神也无法真正通达神（只能“望君”而无法“达君”）。玉林和前述的大平原一样没有岩溶峰林，都是广西少有的无峰林地区，暗示在不可言说的事物面前必须保持沉默。**维特根斯坦**的早期哲学就结束在玉林沉默的神秘大山中。在中国文化的背景中，玉林的这种地理意义孕育出了鬼门关的传说。中国古人认为亡者到了鬼门关会有小鬼查看通关路引，确定来的是亡者，才可放入鬼门关之中进入鬼国，到阎王殿里接受阎王爷的功过评判。传说现实中的鬼门关（也称天门关）就在玉林市中心东边的北流城西（在望君顶和梅花顶之间的盆地中）。[①] 这个传说把不可言说的至高者解释成了神秘而无法通达（除非死后）的审判者。

玉林接着向东北过渡到了梧州。梧州被红水河分成南北两部分，象征从**维特根斯坦**早期向后期的过渡。梧州是从玉林发展而来的，继承了玉林对不可说事物的沉默，因此也是没有峰林的地区。梧州北部属于内弧，代表后期的开端，并向西北过渡到来宾的大瑶山。大瑶山远远高于十万大山（其主峰圣堂山是广西中部最高峰）。但和十万大山相似，大瑶山西北侧陡峭，东南侧则比较平缓。它向西北遥望着一望无际的布满无数峰林的河

① 参见百度百科“玉林”和“鬼门关”词条。

池，代表判断力在后期变成了主导语言游戏的意志（高高隆起的大瑶山象征判断力变得主动，成为组织世界的言谈者，因此河池的峰林不再象征静态的语言形式，而是生活中的语言游戏）。大瑶山凝聚的主动的阳刚意志吸引了瑶族在这一带聚居，成为中国乃至世界瑶族人口最集中的地方。瑶族和苗族都喜欢在大山中居住，但相对而言瑶族偏向阳刚，苗族偏向阴柔，是中国互补的少数民族。另外，由于大意志和小意志的关系类似阳和阴的关系，所以瑶族有从小意志（判断力）向大意志（天志和乾志）运动的倾向，而苗族则正好相反。**维特根斯坦**突出了判断力统一世界的作用，且其判断力中有从**黑格尔**而来的天志之残余；相反，**罗素**把从**黑格尔**而来的天志向判断力转化，再进一步将判断力的作用清除掉，以便突出判断力的阴性对象（领悟）统一世界的作用（参见后面对贵州地理的分析）。所以，广西是中国瑶族人口最多的省，而贵州则是中国苗族最多的省。横跨红水河的贵港和来宾把南宁分别连向大瑶山的东南侧和西北侧，实现了从早期中心到后期真正开端的过渡。河池代表语言游戏发生的场域（生活世界），是岩溶峰林最集中的地方。在唐中宗时期，出生在河池的刘三姐通过山歌展开了美妙的语言游戏，战胜了无数的挑战者，成为著名的壮族歌仙。虽然河池凝聚的是**维特根斯坦**的后期哲学，但它并不完全在红水河左岸（内弧区域），而是把其领域扩展到红水河右岸、百色东边的地区。这是因为**梅洛-庞蒂**的符号世界不但是**维特根斯坦**早期也是其后期的隐蔽源泉（生活世界实际上是符号世界和感知世界结合的结果[①]）；百色从云南文山吸收到了符号世界，所以河池包括红水河右岸和百色接壤的一部分地区。红水河划分早期和后期的作用并没有被破坏。河池包含一部分右岸地区只不过说明后期的某些因素是从早期发展而来的。

河池东边的柳州代表语言游戏产生意义的方式（词语的意义在于其在日常生活中的使用）。这种方式不断顺着柳江向南发展，把柳州延伸到了大瑶山西北侧。大瑶山直接俯视的柳州南端自然地发展成了市中心。柳州比河池更加突出了语言游戏的实践性和技巧性（刘三姐出生在河池，但其传歌的主要地方就是柳江领域）。柳州千奇百怪的石头展现了意义在日常

① 参见《太极之音》第576页。

语言中的极端多样化，使柳州负有“柳州奇石甲天下”的盛名，被誉为“中华石都”。柳江贯通柳州之后就汇入红水河，再接受从外弧而来的郁江而变成浔江，把**维特根斯坦**早期和后期哲学结合在一起传递到了梧州。梧州本来代表的是从早期向后期的过渡，而不是二者结合的结果。但红水河最终要从梧州流入广东，因此不可避免地把“早期和后期结合的结果”这个附加意义传递给了梧州。为了保持纯粹的“从早期向后期过渡”的意义，梧州向东北方延伸出了贺州。贺州的形状（和大小）与梧州相似，只是相互迁就了边界。贺州南部代表早期，而且是从玉林到梧州一路发展过来的，突出了对不可说事物的沉默，因此也是没有岩溶峰林的地区，其北部则代表后期，因此在小范围内集中了大量的峰林。通过分化出贺州，梧州保持了集**维特根斯坦**之大成的意义。

最后，柳州向东过渡到了处于内弧中心的桂林（同时贺州也向西北过渡到桂林）。桂林作为广西地理的最后发展，代表的是通过家族相似性统一生活世界（语言游戏之间的家族相似性是**维特根斯坦**通过判断力统一世界的最终形式）。桂林盆地坐落在越城岭和都庞岭（西支）之间。夹住桂林盆地的两列山脉都是“西南—东北”走向，面对面相望，其山峰排列方式（高低、间隔等）既相似又不同，象征家族相似性。桂林盆地则象征通过家族相似性统一起来的生活世界。越城岭是由西中东三个平行的分支相互连接构成的。西支隆起的主峰（蔚青岭）在桂林盆地边缘上直接俯视它，代表判断力本身。中支的主峰（猫儿山）是华南最高峰，代表天志，而东支的主峰（真宝顶）则代表心。从太极的角度看，生活世界不仅仅是判断力通过语言游戏统一起来的，其中还隐含天志和心的作用，但这种作用在**维特根斯坦**中是隐蔽的，所以中支和东支只是在桂林盆地外边远远地望着它。家族相似性和概念普遍性不同，是在日常生活中不知不觉地发挥作用的语言因素，非常有利于人类最初组织社会、发展生产的实践。桂林是目前世界上唯一具有三处万年古陶遗址的城市，也是目前中国发现洞穴遗址最丰富、最集中的城市之一，被誉为“万年智慧圣地”。[①] 作为生活世界的中心，桂林成为凝聚各种美景的地方，成为中国最著名的风景区之一。

---

① 参见百度百科“桂林”词条。

发源于猫儿山的桂江贯通了桂林，其上游（漓江）是岩溶峰林丰富集中的地带，山清水秀，洞奇石美，凝聚了桂林山水的精华。桂江从桂林一直流到梧州去汇入浔江，把家族相似性的意义带入浔江，使浔江（红水河最后一段）能够完整地代表**维特根斯坦**，然后才流入广东成为珠江主流（西江），帮助实现南部六省圆圈的首尾相接。作为浔江、桂江、西江“三江总汇”的地方，梧州不但集**维特根斯坦**之大成，而且还把广西带向了广东。所以梧州城区（古称广信）是珠江文化和粤语的发源地，也是“两广”之“广”的所在地（广信之东谓广东，广信之西谓广西）[①]。广西大地凝聚的语言因素孕育了具有天生的语言才能、特别喜欢和非常擅长对歌的壮族（刘三姐是其最杰出的代表）。壮族在广西主要聚居在早期和言说相关的百色、崇左、南宁以及后期展开语言游戏的河池、柳州等地。百色和崇左所在的左右江流域代表早期可言说之“世界”，其主体部分是左右江所夹区域，在其中心处的靖西市壮族人口达到了总人口的99.4%，是中国壮族人口比例最高的县级行政区（相反，玉林代表不可言说的事物中最神秘的至高者。玉林的汉族人口比例高达98.779%，几乎没有壮族）[②]。以壮族为主体使广西最终成为中国的壮族自治区。但广西的汉族代表**维特根斯坦**中不可言说的成分，和壮族构成了密切的互补关系，与其他少数民族一起共同组成了和谐相处的民族大家庭。

18. 贵州

按照南部六省的顺时针排列，**罗素**对应的贵州被排列在广西西北方。**罗素**放弃阳性意志对世界的统一作用，把一切世界现象消解后再从逻辑出发进行重构，因此贵州到处都是起伏不定的山地和丘陵，是中国唯一没有平原支撑的省份。[③]放弃阳性意志的单一性，从阴性出发统一世界使贵州拥有丰富多彩的自然环境，孕育了多姿多彩的少数民族文化，获得了“多

① 参见百度百科“梧州”词条。

② 参见百度百科“靖西“词条”，以及《玉林市发布人口普查主要数据公报》，www.yulin.gov.cn/zwgk/sjfb/tjgb/tqo43657.html。

③ 在易经中**罗素**对应的卦是“涣”（参见《太极之音》第667页）。此卦名非常形象地概括了**罗素**的特点。贵州地理就是以涣散为主要特色，素有“地无三里平”之说。

彩贵州”的美称。

南部六省的顺时针运动决定了贵州地理从西向东（接近于从西南向东北）发展。其地理发展开始于西端的毕节。毕节对应**罗素**的第一步“从语言哲学返回逻辑哲学”。这个步骤中**罗素**借助从宗教信仰而来的绝对意志（天志）从日常生活的语言游戏中走出来，但又最终放弃了天志，转向静观语言和世界的判断力。所以，毕节不但和云南的曲靖（语言因素的开端）接壤，而且还与曲靖北方的昭通接壤（昭通代表的是把天志转化为判断力的最终结果。参见前面对云南地理的分析）。毕节的横长条形状被昭通和曲靖包围，仿佛是从二者延伸出来的。从昭通五莲峰分化出来的乌蒙山从西向东贯通了毕节，展示了把天志转化为判断力的发展过程。毕节西部的韭菜坪是乌蒙山主峰，由大小韭菜坪两个山峰构成：西边的小韭菜坪是贵州最高峰，代表天志；东边的大韭菜坪象征判断力；两峰从西向东的发展象征从天志向判断力转化。小韭菜坪俯视着脚下的千亩石林，而大韭菜坪则长满了野生韭菜花，是世界上最大面积的野韭菜花带，开花时形成一片紫色海洋，被称为“天上花海”。民间传说认为大小韭菜坪是情侣峰：小韭菜坪属男性，雄性而苍劲；大韭菜坪则是女性，雌性而柔顺。这个传说很好地揭示了二者分别代表大意志和小意志的本质。韭菜本来有补肾温阳的功效，但大韭菜坪上的野生韭菜不能食用，仅仅以其紫色花海来象征阴性的柔美，展示了从阳转阴的意义。毕节还拥有中国核桃之乡、中国天麻之乡和中国竹荪之乡的美誉。这三种药材都有补脑作用（核桃补肾健脑；天麻熄风定惊、激活脑细胞、改善微循环、预防心脑血管疾病、治疗头晕头痛失眠和神经衰弱；竹荪养阴宁神、益气补脑）。这是毕节的地理意义在药材中的集中反映，因为其地理意义就是把天志转化为静观语言和世界的判断力（从高亢的宗教热情转向理智的静观）。有趣的是这三种药材的具体产地还反映了毕节地理意义的发展过程：被称为“中国核桃之乡”的赫章县在毕节西部，是大小韭菜坪所在，既有天志的阳刚之力又开始向判断力转化，在药材中反映为核桃性温而补肾健脑的功能；被称为“中国天麻之乡”的大方县在毕节东部中央，代表天志向判断力转化的最高努力，在药材中反映为天麻性平而熄风定惊、治疗头晕头痛失眠等功能；被称为“中国竹荪之乡”的织金县在大方县的南方，亦即毕节的最南方，代表转化已经完成，只剩下纯粹静观的判断力，在药材中反映为竹荪性凉而养阴宁神、益气补脑的功能。

毕节把大意志转化为小意志的做法正好是长江流过重庆时所需要的。所以太极从毕节的乌蒙山脚下发源了乌江去汇入长江。前面曾经指出，嘉陵江从陕西秦岭发源而流入四川，在重庆西南支（市中心）汇入长江，把**阿奎那**中的信仰真理转化为**黑格尔**中的绝对精神。这是**黑格尔**和**阿奎那**的相互呼应在地理上的实现。但长江必须保持它代表小意志的本质，因此它流向中国东部之前必须首先清除从**阿奎那**而来的天志。乌江代表的就是把天志转化为判断力。在重庆的三分支中，西南支代表的精神哲学必须实现天志对世界的统一性，而其他两支则不必。所以清除天志的工作必须避开西南支。乌江于是在重庆三分支的结合点（涪陵）汇入长江，让长江恢复了纯粹代表小意志的本质，再沿着东南支和东北支的边界流动，最后从东北支流入湖北，接受汉水后流向中国东部。这种设计真可以说是巧妙之极。

由于**罗素**把天志转化为判断力，**维特根斯坦**早期对语言和世界的超越静观被改造成了内在静观。内在静观比超越静观更加突出了阴性的领悟统一世界的作用。这种从阳转阴的发展在毕节地理中有所反映。毕节城北部有中国城市唯一的天然大瀑布响水滩，形成落差 30 多米的三叠瀑布群，其波涛如天上来水，故其河流被称为“倒天河”，彰显了从天志下降到判断力的巨大落差。毕节城南方有著名的九洞天，是乌江的地下伏流造成的溶洞奇观，而东南方则有被称为中国溶洞之王的织金洞，被赞曰“黄山归来不看岳，织金洞外无洞天！”。峰林和溶洞都属于“喀斯特地貌”。在南部六省这种地貌被太极用来展现哲学中的语言因素。峰林代表的是语言通过句子群组织世界的作用，而溶洞则代表语言通过阴性的公共领悟统一世界的作用（这种阴性的统一不是从天上而是从地下统一，形成了千姿百态、奇丽壮观的地下世界）。语言因素首先出现在**梅洛-庞蒂**。因此峰林和溶洞首先出现在云南的曲靖和文山（主要是溶洞，暗示符号世界是由领悟组织的），然后才出现在广西和贵州。贵州的喀斯特地貌占了全省总面积的 60% 以上。**维特根斯坦**把语言凸显为哲学所思之物，突出了句子群统一世界的作用，而**罗素**则主要突出了阴性的领悟统一世界的作用。所以广西是峰林最集中出现的地区，而贵州的溶洞则天下无双。

贵州地理接着从北向南发展，过渡到毕节南方的区域，对应第二步“清除判断力在理界的构成作用”。因为第二步内容比较丰富，所以这个区域进一步分成了三块，即六盘水、安顺和黔西南。作为第二步的开端，六盘水继承了毕节南部凝聚的内在静观的判断力，突出了这种静观统一世界的作用。这种偏向阴性的内在静观从整体上塑造了六盘水的地理，其综合效果就是使它的气候特别凉爽舒适清新，被中国气象学会授予“中国凉都”的称号。六盘水还没有开始清除判断力的构成作用。具有构成作用的内在静观是逻各斯澄明世界现象的方式，因此六盘水聚集了品种齐全的优质煤，拥有华南最大的煤田，获得了“西南煤海”“江南煤都”的美誉（毕节南部向六盘水过渡的织金和纳雍两县已经对应纯粹的内在静观了，所以织纳地区也聚集了大量煤矿）。

罗素突出了逻各斯的阴性统一世界的作用，因此贵州成为苗族聚居的最佳场所。苗族祖先是被炎黄部落打败的蚩尤。虽然蚩尤被打败，以致其后代从中原退却而隐居大山之中，但正因如此苗族才为我们保留了最古老的突出阴性的风俗，展现了世界的阴性美，且最典型地表现在苗族女性辉煌而又夸张的服饰中（苗族妇女的服装多达二百多种，插在发髻上的头饰有几十种，挂满全身的银饰可以达到几公斤重，这些都堪称世界之最）。但逻各斯的阴性不仅集中在判断力的阴性对象（领悟）中，还可以表现在通过领悟静观世界（而不是通过主动的语言游戏组织世界）的判断力中。在六盘水靠近织金县的崇山峻岭中居住着奇特的长角苗族（其妇女头戴长角大木梳，两角高于头顶，还在角上绕了 3 至 4 公斤重的毛发）。这个古老神秘的部落浓缩了从偏向阴性的（静观的）判断力出发统一世界的意义，并以形式化的方式体现在妇女头顶发髻的极度膨胀中（其长长的尖角代表判断力的意志性）。长角苗所在的山区再往南就是六枝特区深陷的盆地，代表被判断力静观的世界。六枝特区凝聚的丰富煤矿使之成为重点产煤县，并成为中国唯一以“特区”命名的行政区划。

六盘水突出了判断力对世界的内在静观，为清除判断力在理界的构成作用做好了准备。为了实现这种清除，六盘水向东过渡到了安顺。从六枝发源的可布河流入安顺，形成了黄果树瀑布。黄果树是亚洲第一大瀑布，周围分布着十几个风格各异的瀑布，构成了世界最大的瀑布群。这些瀑布群将河水从最高处抛下，化作无数水珠，仿佛将日常语言解构为最小单位（专名），展现了在语言中清除判断力的构成作用而导致的涣散。黄果树的东北方是著名的龙宫，是喀斯特地貌形态最全面、最集中的地方，拥有世界最大最多的水旱溶洞群，享有“天下喀斯特，尽在龙宫”的美誉，象征了**罗素**的逻辑形式给日常语言带来的根本性改变。在黄果树东方、龙宫南方的地区还居住着独特而神秘的、以夜郎竹王为图腾的蒙正苗族。蒙正苗族坚信自己是夜郎竹王的后裔，是夜郎国灭亡后遗留下来的。夜郎国是西南地区少数民族先民建立的第一个国家，从战国到西汉末年延续了大约300年，其疆域以贵州为中心，但扩展到了周围省份。从毕节西北角的可乐乡发掘出来的成千上万的古墓葬证明了这里曾是夜郎政治经济文化的一个中心。可乐乡在小韭菜坪向西北遥望的凹陷盆地中，代表天志（尚未向判断力转化之前）统一的世界，因此很有可能就是夜郎国的发源地。但毕节的意义就是从天志向判断力转化，而且从毕节发展到安顺后判断力的构成作用就开始被清除。所以，夜郎国的中心有可能是从可乐开始从西向东、从北向南地不断迁移，最后终结于安顺，而其后裔就隐居在黄果树东方、龙宫南方的地区，成为今天的蒙正苗族。劫后余生的夜郎国后裔自称“蒙正”，意即“遗留下来”，同时还将族字改为“巴身小”，意思就是从此摆脱“夜郎自大”的张扬，隐没低调地存活。[①] 正是夜郎国不断从阳向阴的转化使它最终以苗族的身份保存了下来。和长角苗妇女向头顶两侧翘起的长角不同，蒙正苗族妇女用来绑发髻的竹片一律向右下方倾斜，使长长的发髻向右下方歪倒，形成非常奇怪的左右极不对称的发型，象征从阳到阴的极端发展（上为阳，下为阴；左为阳，右为阴）。苗族妇女的服饰常常起到识别族类、支系和语言的作用，甚至会记录下祖先迁移的过程，因而被研究者们称为“穿在身上的史诗”。从上面的例子来看，发饰也在其中起到了重要的作用。

在理界清除判断力构成作用的最高成就是数学的逻辑化。为了展示这个成就，贵州地理从六盘水和安顺过渡到了它们所夹的南方区域（黔西南）。

---

① 参见百度百科“安顺”词条，以及《巴［身小］苗族 从活人坟中复活的夜郎后裔》（《环球人文地理》2011年第10期，第52-59页）。

数学的逻辑化意味着用逻辑形式重构人们在生活中早已熟悉的自然数等数学知识。黔西南的自然地理凝聚了这种从逻辑重构自然知识的意义，隐含冷静的理性和对形式的注重，孕育出了聚居在黔西南的布依族。注重语言的逻辑形式是**维特根斯坦**早期和**罗素**早期共同的特点。因此布依语和壮语有密切的亲属关系。从逻辑重构自然知识的倾向使布依族很善于在自然中安居乐业，很早就开始种植水稻，享有“水稻民族”的称号。布依族的服饰使用的是自制的织锦和蜡染，通常是以深蓝色为底配上各种白色的象征自然万物的几何图案（例如圆圈纹象征太阳，方格纹象征田地，菱形纹象征鱼，螺旋纹象征蛇，等等）。这种形式化的“蓝—白”风格在少数民族服饰中显得非常独特。深蓝色其实是最冷静最理性的色彩，而白色几何图案则象征把对自然万物的崇拜（自然知识）转化成逻辑形式。布依语中没有表达加减乘除的词汇，计算时只能借助语言描述或转化为其他意思来进行（用语言形式重构数字）。布依族对数字和几何图形的独特理解和应用在其文化风俗中有很多表现，以至于某些研究者认为“布依族数学文化”是其传统文化的重要组成部分。① 清除判断力构成作用的结果就是反过来突出了它的阴性对象，亦即领悟（包括逻辑形式）。所以，黔西南也吸引了不少苗族在这里聚居，使之最终成为布依族苗族自治州。黔西南的苗族服饰也通用从自然万物抽象出来的几何纹样。但苗族只是一般性地突出阴性统一世界的作用，不是专门地突出“从逻辑重构自然知识”。所以苗族妇女喜欢用浓郁的色彩来强化女性的艳丽风采，展示阴性统一世界的无比魅力，特别是那些挂满全身的光彩夺目的银饰体系，是各地苗族妇女都非常喜爱的。黔西南凝聚的理界统一性使之人杰地灵。晚清洋务派的代表人物张之洞即出生于此。这里的布依族还出现了一个有领导才能的杰出女性，即清朝嘉庆年间的布依军起义首领王囊仙。

由于安顺和黔西南清除了判断力的构成作用，仅仅靠领悟来澄明世界现象，所以这两个地区虽然有比较丰富的煤炭资源，但储量比不上六盘水。然而黔西南蕴藏了大量的高品质黄金，被中国黄金协会命名为“中国金州”。

---

① 参见孙健．布依族数学文化研究——以黔西南布依族苗族自治州为例［J］．贵州民族研究，2018（10）第115-119页。

黄金有很强的化学稳定性，不易和其他物质发生反应，能够不受外界影响而始终保持自身的本性，可以用来象征太极的某个环节具有的纯粹自相关的特性。数学和逻辑是逻各斯通过语言产生的纯粹自相关的知识，但数学还是要依靠判断力和直观来构成对象，而逻辑则仅仅关乎纯粹形式。从逻辑重构数学使数学不再依赖任何外在于纯粹形式的因素，彻底实现了数学纯粹自相关的特性。这个意义在地理中的凝聚就是黔西南盛产的黄金。

从第一步到第二步的发展属于**罗素**的早期。贵州西部的水系把早期发展的过程综合了起来。北盘江上游革香河从云南曲靖马雄山西北麓发源，流经贵州六盘水和安顺，在黔西南汇入南盘江，把第二步对日常语言的改造带向代表语言哲学的红水河。但第二步的改造建立在第一步从日常语言摆脱出来的努力，所以北盘江还有一支流可渡河从曲靖发源，沿曲靖和毕节的边界向南流去与革香河汇合（第一步只是转化立场，还没有真正展开对日常语言的改造，所以可渡河只是沿着毕节边界流动而不进入其境内）。北盘江从北向南的发展展示的就是**罗素**从第一步到第二步的发展过程。另外，从六盘水发源的可布河与从安顺发源的王二河汇合形成了打帮河，向南汇入北盘江；接受了打帮河的北盘江才开始进入黔西南境内去汇入南盘江。打帮河因此起到了把六盘水和安顺结合起来带向黔西南的作用。

罗素的第三步发展是“清除判断力在物界的构成作用”。这一步首先把物改造为感觉材料的逻辑构成，把物理世界内化为感官世界，从逻各斯的阴性出发统一物界，然后进一步形成了逻辑原子主义哲学。所以第三步发展是通过黔南和贵阳两个地区实现的。理界和物界是生命中密切关联的两个平行层次。所以黔西南直接向东延伸出了黔南来实现物界的改造工作。从逻辑出发重构自然之物和重构自然知识相互呼应，使黔南和黔西南一样成为布依族和苗族聚居的自治州。黔南代表的改造工作仅仅关乎物界，缺乏理界的澄明作用，因此黔南的煤储量极少，但注重物界使黔南拥有丰富的非燃料矿藏，特别是磷矿更是占了全国储量的五分之一[①]（磷是能在暗处发光的物，可以用来代表物界自身隐含的澄明）。在对物界进行逻辑改造的基础上，**罗素**形成了逻辑原子主义哲学，真正建起了**罗素**哲学的核心

① 参见贵州磷矿．全国磷矿业的核心地带[N]．贵州民族报，2017-03-10。

架构。黔南于是向北过渡到了贵州中部的贵阳。贵阳代表的核心架构使之成为统一贵州的中心。从黔南到贵阳的发展彻底完成了清除判断力构成作用的工作。因此，从西向东横贯贵阳和黔南的苗岭伸展出南北走向的脉络，构成了自我交织、自成体系的山群，代表了纯粹从逻各斯的阴性（领悟）出发统一起来的世界。苗岭因而成为苗族集中聚居的地区（故而获名苗岭）。

贵州地理接着从黔南和贵阳向东北过渡到了遵义和黔东南，对应第四步“清除判断力的主体性”。这种清除需要在理界和物界分别进行，因此包括“心的分析”和“物的分析”两个环节，分别对应遵义和黔东南。为了清除理界（精神）中的意识主体，遵义的西北角伸向四川盆地的西南终端（泸州），吸收了泸州隐含的向自然外化出来的自我意识，然后在遵义境内把判断力的主体性清除掉。这种清除混同了感觉和所感之物，隐含了特殊的品味。西北角的茅台镇出产的著名茅台酒既香醇又黏稠，让人感觉酒即是香醇、香醇即是酒，正是这种特殊品味在贵州土地上的结晶。泸州代表自我意识从成都开始经过资阳和内江不断外化的最终结果，亦即把判断力“向天志的超越”转化为“向自然超越”的最终结果，隐含判断力从天志下降的意义，亦即“把天志转化为判断力”的因素。这种因素恰好是泸州与相邻的毕节和昭通共享的因素。这三个地区共享的因素互相呼应，凝聚成了贯通滇黔川三省的赤水河。赤水发源于昭通，沿着毕节和泸州边界流动一段后进入遵义境内（近泸州边界）的茅台镇，最后从遵义西北角进入泸州汇入长江。赤水河把从云南而来的身体主体、遵义凝聚的混同感觉和所感之物的特殊品味、泸州凝聚的通过劳动改造自然三种因素结合在一起，在其流域孕育出了中国酱香白酒的杰出代表——贵州茅台酒和四川郎酒，获得了“美酒河”的称号。

遵义接着向东南过渡到黔东南，到达了向西北方向高高地拱起来、仿佛在阻挡这种过渡的雷公山，并越过雷公山到达它身后（东南侧）的丘陵低地。[1]这种超越雷公山的运动代表通过“物的分析”消除（落脚在身体的）

① 由于遵义和黔东南结合起来向东北方的铜仁市过渡（参见后面对铜仁的分析），遵义东南角（余庆）向黔东南过渡的方向必须顺时针稍微扭转，以便平衡向铜仁的过渡，保持黔东南的相对独立性。所以，雷公山的位置在余庆东南方但接近于是南方，仿佛被顺时针移动了一下。

判断力之主体性(雷公山代表的就是身体主体,越过它就是消除其主体性)。在雷公山西北麓山脚下的西江镇,亦即超越运动即将开始越过雷公山的地方,十几个依山而建的自然村寨相连成片,聚集了一千多户人家,成为全世界最大的苗族聚居村寨,因为这里把从遵义而来的消除意识主体的努力发展到了顶峰,而消除意识主体(混同感觉和所感之物)非常有利于人与人之间不分彼此的心理认同和相互粘连的聚居方式。另一方面,雷公山东南侧的丘陵地带(黔东南的东南角)代表消除身体的主体性,把知觉对象和物质都改造为事件的逻辑构成(事件组),亦即把自然万物都解构成动态交织的许多事件组,实现对物界的彻底改造。凝聚在这个地区的地理意义孕育出了著名的侗族大歌。侗族大歌是无指挥无伴奏的多声部复调合唱,在中国和世界的民歌中都极为罕见。主调音乐其实就是判断力发挥主导作用的结果,而复调音乐让不同旋律相互交织地进行,突出的是音乐的逻辑形式。侗族大歌喜欢模拟鸟叫虫鸣、高山流水等自然之音,仿佛通过复调合唱把自然万物解构成了动态交织的许多事件组,其效果十分奇妙。侗族大歌的这种奇妙特性说明侗族代表的就是消除身体主体性带来的对自然万物的全新认识。从黔南发源的清水江流过黔东南后流入湖南,成为湖南中代表逻各斯阴性的沅江(参见下节对湖南地理的分析)。清水江从雷公山东北坡流过的地方(剑河县)汇集了逻各斯的阴性和身体主体,凝聚了“阴性的身体主体”的意义,孕育出了苗族美神仰阿莎的传说。仰阿莎诞生于深山幽谷中的水井,以最为纯粹的方式凝聚了贵州苗族女性代表的阴性美。近年来剑河县已经建起了高达 88 米的仰阿莎雕像,以纪念这位独一无二的苗族美神。

黔东南的苗族也吸收了在物界清除判断力主体性的结果,非常注重自然万物的多样化和动态发展。因此,黔东南成为中国乃至世界上苗族服饰种类最多的地区,被称为“苗族服饰博物馆”。其苗族服饰比黔西南的更加精美华贵,其纹样也不像后者那样偏向从自然万物抽象出来的几何图形,而是更加偏向动植物图案和变化繁多、让人眼花缭乱的夸张效果;黔西南的植物纹样是高度抽象的,动物纹样则很少见,只有从黔东南迁来的苗族才保留了写实和华贵富丽的效果;黔西南的银饰也比较简朴大方,只有从黔东南迁来的苗族的银饰才较为精美华贵。[①]另外，从黔南苗族的银饰来看，他们很善于观察自然物象，在直觉感应的基础上进行模拟、想象、记忆的再创造[②]，反映了黔南地理中隐含的“把物改造为感觉材料的逻辑构成”。但相比黔西南和黔东南，黔南的苗族服饰比较混杂，不像前二者那样具有统一而又鲜明的特色，因为黔南既不像黔西南那样突出理界，也不像黔东南那样把物界改造得那么彻底。

“物的分析”进一步发展了“把物改造为感觉材料的逻辑构成”。所以黔东南实际上是黔南向东北延伸的结果。但除了苗族之外，代表黔东南的不是布依族而是侗族，所以黔东南最终成了苗族侗族自治州。黔南和黔东南共同凝聚了**罗素**语言哲学因素中和物界相关的成分。不但如此，黔南从黔西南发展而来；黔东南从遵义发展而来。所以，黔南和黔东南不但构成了物界的统一，还间接代表了理界和物界的统一，因而和**维特根斯坦**后期在生活世界中进行的语言游戏相互呼应（生活世界是理界和物界的统一）。太极于是从黔南发源了柳江（在贵州省境内称都柳江），让它向东贯通黔东南，然后向南拐弯去贯通柳州全境，最终汇入到红水河中。红水河首先从云南吸收了**梅洛-庞蒂**中的语言哲学因素，然后从贯通贵州西部的北盘江吸收到了**罗素**早期在理界清除判断力作用的结果，接着又从贵州中部和东部流来的柳江吸收到了后期更为彻底的（包括了物界的）清除结果，这样它才完整地吸收到了**罗素**中的语言哲学因素，再进一步吸收代表**维特根斯坦**的郁江和桂江，才最终流入广东成为珠江的主流（西江）。太极对红水河的设计真的是合理之极，巧妙之极。

最后，贵州地理过渡到了东北角的铜仁市，对应第五步“从逻各斯的阴性出发统一世界”。这步是在已经清除判断力的构成作用和主体性的基础上，通过逻各斯的知识（领悟体系）来统一世界（同时把理界和物界统一起来）。**黑格尔**的精神哲学把从绝对理念出发的世界统一性最终实现在

---

① 参见池家晗．黔西南苗族服饰研究［J］．兴义民族师范学院学报，2010年（03）第81-89页，张君．黔西南苗族服饰图案文化内涵探究［J］．艺术科技，2015(04)第20页，邱九瑞．黔东南苗族服饰文化传承和发展［J］．大众文艺，2015(12)第93-94页。

② 参见田爱华．黔南苗族银饰的美学特点及文化特性［J］．黔南民族师范学院学报，2014，34（04）第1-4页。

哲学本身。这种以阴性的概念为主导、最终实现在哲学本身的世界统一性就是逻各斯从阴性出发达到的。这种阴性的世界统一性在**罗素**中又被复活了，但已经从概念层次下降到了经验层次。为了展现世界统一性从**黑格尔**到**罗素**的转变，太极在铜仁的中央设计了一座比雷公山还要高的梵净山（“西南—东北”走向），向西北遥望着重庆的西南支，从中吸收到精神哲学达到的世界统一性，但却向东南过渡到铜仁市中心前面的凹陷盆地，象征从概念层次下降到了经验层次，仅仅追求关于世界的概然性知识。梵净山代表了**罗素**从逻各斯的阴性出发统一世界的最终努力。这种完全阴性、仅仅通过领悟达到的世界统一性和佛教中纯粹阴性的世界统一性相通（佛教放弃了意志对世界的统一作用，通过原始领悟回归本性虚空的世界本身）。梵净山因而成为佛教名山，并被认为是弥勒菩萨的道场，成为佛教四大名山之外的第五大名山（弥勒虽然被认为是未来佛，但也被认为是唯识学的开山祖师，而唯识学与通过知识统一世界的做法是相通的）。前面的第四步是由遵义和黔东南合作完成的，所以这两个地区必须结合起来向铜仁过渡。太极于是从遵义向黔东南过渡的地方（余庆）向其东北方（铜仁西南角）发展出了佛顶山来代表第五步的起点，让它向东北过渡到梵净山。佛顶山凝聚了“清除判断力的主体性”的最终成果，和佛教中“破除我执”的修行相通，同时还作为第五步的起点为梵净山奠定了基础。所以，佛顶山是贵州东部仅次于梵净山的第二大高山，历史上也曾是黔东的佛教圣地。总的来说，铜仁凝聚的知识性有利于文化的发展。铜仁的明代名士田秋为贵州首开科举考场，还大力兴办学校，为贵州教育的发展做出了巨大贡献。铜仁的书法艺术源远流长。梵净山脚下的印江县则更是名家辈出的中国书法之乡。①

19. 湖南

按照南部六省的顺时针运动，**尼采**对应的湖南被排列在贵州东边。湖南地理和贵州一样从西向东发展，但每个发展步骤的内部运动不是从北向南，而是顺时针稍微转动，形成众多山脉按照“西南—东北”方向雁行排

① 参见百度百科“铜仁”词条。

列的地形。这些山脉都是意志的象征，代表了强力意志的发展过程。湖南地理的基本发展方式就是从西北向东南依次经历每个“西南—东北”走向的长条形区域。这种地理发展具有强烈的内在统一性。**尼采**的发展过程虽然复杂，但始终是意志的发展过程，是同一个地理意义不断以新的面目重新发展的过程。甚至约定俗成的湖南各市名称也无形中反映了湖南地理的这种内在统一性（下面的分析将逐步揭示这点）。**尼采**这个位置突出意志阳刚性的特点在湖南有很鲜明的表现。湖南人自古就有“敢为天下先”的勇气。湖南流行的一句豪言壮语就是：“吃得苦，霸得蛮，不怕死，耐得烦。”（“霸蛮”是湖南方言，指“明知不可为而为之”）。正是**尼采**这个位置中的生命意志、自由意志、强力意志和超人精神凝聚在湖南大地上，结合了中国文化的深厚底蕴，培养出了湖南人不怕苦、不怕累、不怕死、不信邪、永不屈服、永不放弃的霸蛮精神，同时也培养出了经世致用的实践倾向和独立思考的批判精神。

湖南地理本来应该从西北角的“西南—东北”长条形区域开始，但由于湖南是从贵州发展出来的，所以其地理的开端是最西边被贵州夹住的一个尖角（此角细而长，因为偏向阳性的**尼采**和偏向阴性的**罗素**是相反的，从后者摆脱出来不容易）。此尖角所属之怀化对应**尼采**的第一步发展“从理界转向物界和气界”，故尖角主要是被黔东南夹住，但统一了理界和物界的铜仁也向黔东南延伸出了一个末梢来夹住尖角，使尖角从一开始就带上了从理界向物界转化的意义。和理界不同，物界是生命丰富多彩的感性内容所在的层次，而气界则更为混沌神秘。怀化的“西南—东北”长条形被夹在武陵山脉和雪峰山脉之间，大部分地区被森林所覆盖，自古以来就有侗、苗、瑶、土家等五十个民族在这里繁衍生息，创造了浓郁多彩的民俗文化，成为“多民族文化村”。富于原始文化混沌气息的少数民族在中原汉族眼中是尚未开化的，因此宋代希望能“怀柔归化”它，从而有了“怀化”的名字。第一步发展中的判断力沉浸在生命丰富多彩的感性内容中，尚未开始自我超越，因而在地理中凝聚成了从怀化西南端向东北端（沿雪峰山西侧）排列成弧形的一系列低矮小山。

完成了开端性的发展之后，湖南地理才向西北角过渡，首先到达了怀化北方的湘西，对应第二步“发展生命意志”。武陵山脉从西南向东北贯穿了湘西，最终上升到靠近张家界边界的高峰，代表判断力上升为生命意志。**尼采**通过生命意志批判**黑格尔**精神意志的辩证思维和整体思维，这与**罗素**从**黑格尔**精神哲学的概念层次下降到经验层次刚好可以相通，因此武陵山脉其实是贵州铜仁的梵净山向湘西发展出来的（这是为什么梵净山被认为是武陵山脉的主峰）。但武陵山脉在湘西获得了新的意义，代表的是阳刚的生命意志，实现了从**罗素**到**尼采**的“从阴转阳”。湘西有独特的民族风情和浓厚的生活气息。这里的土家族和苗族生性粗犷、豪放、热烈、嗜酒，富有独立和反抗精神。明代甚至在这里修起了南方长城（苗疆万里墙）来镇压反抗，以求苗疆稳定。这个注重生命意志的地区刚好和重庆代表自然哲学的东南支及湖北代表物界的恩施接壤，而且武陵山的主脉（南支）还向湖北分化出一条支脉（北支）去包围恩施盆地，这显然是太极的巧妙设计（生命的中心在物界）。“湘西”这个名字只是“湖南西部”的意思，但它是湖南唯一的少数民族自治州，其全称是“湘西土家族苗族自治州”，暗示了土家族和苗族旺盛的生命意志。

湖南地理接着从怀化和湘西过渡到其东北方的张家界和常德，对应第三步“摆脱人性束缚以发展自由精神”。这个步骤其实包含两个环节：（1）判断力借助天志的拉力从人心对生命的沉迷摆脱出来，从感性体验上升到理性观察，用严峻的理性冷却人心的浪漫幻想，借助精神意志来超越生命意志，初步发展出了自由精神（2）以逆行**黑格尔**精神哲学的方式发展自由精神（即从绝对精神下降到客观精神和主观精神，后者的最高形式即自由精神）。在湖南地理中这两个环节分别由张家界和常德来实现。

张家界是由武陵山南支（主脉）和北支（分脉）夹起来的、中部低陷的山地。南北两支都是从湘西延伸而来，代表生命意志；它们所夹的低陷山地则代表生命本身。为了展现精神意志对生命意志的超越，张家界的地理自然地从西向东发展：西部（桑植）相对低陷宽阔，象征生命的丰富，而东部（武陵源）则集中了陡峭险峻的峰林，象征从生命向天志超越的判断力。桑植的动植物群落非常多样化，草地十分宽阔，其中的南滩草场是中国南方最大的天然草场；北部武陵山脉的八大公山则孕育和保存了亚热带最完整、面积最大的原生型常绿阔叶林，以及已经在世界各地绝迹的上千亩珙桐树林。[①]桑植丰富的生命特性吸引了28个民族长期在这里杂居繁衍，其中占大多数的是土家族，和湘西的土家族一样代表着生命意志的旺盛。但桑植还有四分之一人口是古代从大理迁来的白族，成为全国第二大白族聚居地。大理突出了身体主体中的判断力，处在生命意志向自由精神过渡的层次，其在桑植的落户代表了生命意志向自由精神超越的潜在趋势。张家界东部的武陵源有许多挺拔陡峭的峰林，但它们不是代表语言哲学的普通岩溶峰林，而是十分罕见的石英砂岩峰林，是世界上最典型的石英砂岩峰林峡谷地貌，其中有数千座形态各异的岩峰，以其直指苍天的陡峭石柱代表着居高临下俯察生命的精神意志。石英砂岩层理清晰、棱角分明，其质地比一般岩石更加远离泥土而接近玻璃（是制造石英玻璃的优质材料），显得极为高冷超然。高耸入云的石英砂岩峰林很好地象征了判断力从人心对生命的沉迷摆脱出来，用严峻的理性从天志的绝对高度俯察生命。"张家界"原名"大庸"。明朝弘治年间，朝廷因见永定卫大庸所指挥使张万聪镇守有功而将这里的一片山林之地作为封地赏赐给他，使之成为张氏世袭领地而获名"张家界"，后来成为张家界国家森林公园，而大庸市也随之改名为张家界市。[②]地方官员借助从皇帝而来的封赏上升为一片封地的主人，这种上升过程正好契合了沉浸在生命中的判断力借助从天志而来的拉力超越生命，居高临下地俯察生命的意义。虽然张家界的地名来自人的历史活动，但它还是无形中反映了这个地区所凝聚的地理意义。

湖南地理接着从张家界向东过渡到了常德。常德的地形从其西北端的最高峰壶瓶山向东南逐步下降到平原，再进一步下降到洞庭湖，象征从绝对精神下降到客观精神，再进一步下降到主观精神（自由精神）。常德完整地凝聚了**黑格尔**中集大成的精神哲学的（逆向）发展过程，因此自然资源十分丰富，是江南著名的鱼米之乡。壶瓶山是湖南第二高峰，以丰富而典型的资源著称。这里有许多险峻的峰林、迷宫般的溶洞、奇特的怪泉，

① 参见百度百科"桑植"词条。
② 参见百度百科"张家界"词条和张家界旅游官网的"张家界市情概况"（https://www.zjjw.com/shiqing/gaikuang/）。

集中了无数奇花异草、珍禽怪兽，是欧亚大陆最完整的物种宝库，有些植物甚至是壶瓶山独有的，是世界上面积最大的珙桐群落集中地。[1]这座集雄、险、奇、秀于一身，荟萃天下物种的宝山象征的就是汇聚了一切发展过程的绝对精神。平原宽阔通达，适合居住，代表人间世界，象征客观精神的领域。洞庭湖则是注入长江的湖，代表属于小道的逻各斯，象征自由精神的主观领域。在中国文化的背景中，常德地理隐含的意义就是摆脱最高权力和人类社会的束缚，在属于自己的领域中过自由自在的生活。“常德”之名取自老子《道德经》的“为天下溪，常德不离”。溪指沟溪，是天上地下的各种水汇聚流入之处，地位十分卑下，但甘愿处在这种卑下地位（而非拼命往上爬）就可以保持自然无为、不受束缚的德。常德象征精神从高山下降到平原、最终下降到洞庭湖的逆向发展。用老子的这段话来形容它岂不是再恰当不过了吗？根据考证，陶渊明所写的《桃花源记》就取材于常德。这个故事反映了古人从动荡不安的社会摆脱出来，在溪流对岸的桃花源中过着远离世俗权力、自由自在、自得其乐的生活景象。常德现有桃花源镇，曾是中国古代四大道教胜地之一，坐落于沅江南岸，据说就是《桃花源记》描述的桃花源之原型，而沅江就是“武陵人捕鱼为业”的地方（常德古时曾属武陵郡）。桃花源镇地处常德从壶瓶山下降而到达的平原，同时也是沅江从山地流入平原，准备向前去汇入洞庭湖的地方。因此，桃花源镇确实很有可能就是激发桃花源传说的地方。

湖南地理接着从怀化和常德向东南过渡到下一个“西南一东北”走向的长条形区域，从西南向东北依次经历了邵阳、娄底和益阳，对应第四步“逆行哲学大全体系”。这个步骤需要逆行**黑格尔**哲学大全体系中的精神哲学、自然哲学、逻辑学，所以太极设计了三个地区来实现。逆行精神哲学的方式就是（通过判断力）批判道德和基督教，克服天志和人心之间的断裂，实现判断力、天志和心“三力同一”的自由意志。由于**尼采**继承和发展了**维特根斯坦**中的阳性意志成分，太极就让广西北部的越城岭将其西、中、东三个分支（代表判断力、天志、心[2]）延伸到邵阳南部。西支向东北发

① 参见百度百科“壶瓶山”词条。
② 参见前面对广西（桂林）地理的分析。

展出了雪峰山。雪峰山是怀化和邵阳的界山，也是湖南最粗大的山，因为它代表自我超越的判断力（从怀化越过雪峰山进入邵阳象征判断力超越生命去形成自由意志。这是两个地区的相邻造成的巨大跨越，因为省略了生命意志的发展过程。所以雪峰山特别粗大。在怀化境内沿雪峰山西侧排列的一系列低矮小山代表的就是仍然沉浸在生命中的判断力）。为了展现天人之间的先天断裂，太极从广西中支的最高峰猫儿山（代表天志）的东南麓发源了夫夷水，却让它沿着东支（代表心）的西麓流入邵阳，代表从天志到人心的下降运动（先天断裂）。越城岭东支在邵阳段的最高峰舜皇山是湘南第一峰（据说舜帝曾南巡至此，故名）。夫夷水即将到达舜皇山脚下的地方（崀山）拥有中国发育最完整最极致的丹霞地貌。前面的分析曾指出，丹霞地貌象征大道从地母涌现出来的丰富多彩的万物。崀山在地理上象征"天人先天断裂"发生处，而这种断裂正好为人心摆脱天志的束缚，让大道自由无碍地涌现提供了契机[①]，所以崀山成为中国丹霞地貌的瑰宝。但是从基督教的角度看，这种先天断裂就是"神人断裂"，其表现就是良心中的罪感（其外化就是道德）。批判道德和基督教就是判断力克服天人先天断裂的方式。太极于是从代表天志的中支发源了资水主流（赧水），让它吸收从雪峰山而来的几条支流，然后再拐向东南去拦腰截住夫夷水，二水汇合成为完整的资水，这个过程象征的就是天志通过与判断力的同一来克服它与人心的先天断裂。完整的资水代表的就是"三力同一"的自由意志，因此在其流域中形成了邵阳市中心。邵阳通过三列山脉和资水实现了**尼采**对精神哲学的逆行。邵阳凝聚的批判精神和自由意志孕育了一些杰出的代表人物，包括清代启蒙思想家魏源和辛亥革命时期的政治家和军事家蔡锷。

邵阳向东北过渡到了娄底，代表**尼采**逆行进入自然哲学，否定了自然的秩序和统一性，把自然理解为一团混沌的力，并企图以科学的方式证明永恒轮回。为了在地理上展现永恒轮回，太极把娄底的地形构造成了南北两列弯曲山脉夹成的"∽"形盆地。盆地西部是开口向东北的弧形（半圆）；盆地东部是开口向西南的弧形（半圆）。根据传说，天上二十八星宿中的

① 参见《太极之音》对**老子**的论述（第471—472页）。

“娄星”和“氐星”在娄底交相辉映，故获名“娄底”，这个名字暗中反映了两个半圆的交相辉映、相互结合。如果把“∽”形顺时针旋转180度，西半圆就成为东半圆，东半圆就成为西半圆，看似变化了，其实没有变，象征一切事物的永恒轮回。两个半圆的结合点（涟源）是代表整个永恒轮回的中心。①但**尼采**把自然理解成混沌的力，并企图以科学的方式证明永恒轮回，这是判断力所思之永恒轮回，其中心偏向西部（西部由代表判断力的雪峰山脉围成），即涟源市西边的冷水江市。由于娄底对应自然哲学，其矿藏很丰富，特别是冷水江市更是拥有世界最大的锑矿，不论储量、质量还是产量都是世界第一，被誉为“世界锑都”（锑是晶体结构复杂紧凑、非常易碎的金属，可用来象征混沌）。

最后，娄底向东北过渡到了益阳，代表**尼采**逆行进入逻辑学。**黑格尔**的逻辑学从第二太极（天地）的领域探入第一太极（乾坤）的领域。因此**尼采**在这个步骤中吸收到了乾志；“三力同一”的自由意志被太极扩展成了“四力同一”的强力意志（尽管强力意志还无法在世界中实现自己）；通过强力意志重演的逻辑学变成了自由精神自我陶醉的快乐的科学。益阳整体上代表了形成快乐的科学的过程，因此它的自然资源非常丰富，有利于发展生产，自古以来就是鱼米之乡。为了展现从第二太极进入第一太极的发展，太极用洞庭湖来隔开益阳的南部和北部（南部代表第二太极；北部代表第一太极）。益阳南部从西南向东北发展，从雪峰山余脉过渡到平原，最终过渡到洞庭湖。顺着益阳南部的发展，资水从邵阳（经娄底）流入益阳并最终从南岸汇入洞庭湖，象征自由意志在洞庭湖找到了归宿。益阳接着过渡到洞庭湖北岸的平原（今大通湖一带）。这里是中国著名的鱼米之乡。

总的来说，湖南地理从邵阳、娄底到益阳的发展反映了**尼采**逆行**黑格尔**的精神哲学、自然哲学和逻辑学的过程。在**黑格尔**的哲学大全体系中，自然是逻辑学中的“绝对理念”外化（异化）的结果，而精神则从自然向“绝对理念”回归，最终成为“绝对精神”。所以，邵阳和益阳是形状和面积

① 涟源因处涟河上源而得名。传说姜子牙立榜封神时忘了给娄星和氐星封疆划界；两星为争夺丰饶的土地伤了和气，后经仙人调解而悔悟，落泪成河，并站在河畔立誓连约、握手言和，故此河得名连河，经传播后就成为涟河（参见娄底的“前世今生”，原来家乡的名字是这么来的！[N]. 娄底晚报，2017-08-21）。

都比较相似的弧形[①]，只是弧形的弯曲方向相反（对称）；作为中介的娄底则是面积小得多的两个对称弧形构成的“∽”形（邵阳的弧形化入娄底再出来就变成益阳的对称弧形）。这显然是太极综合考虑后所做的巧妙设计。甚至风俗形成的三市的名称也暗中反映了这种巧妙设计：“娄底”是“娄星”和“氐星”交相辉映的意思；“邵阳”和“益阳”则是“绝对精神”和“绝对理念”的前后呼应。“邵”是只用于人名地名的字，所以“邵阳”的意义其实是“纯粹的阳”，而“益”则有“更加”的意思，故“益阳”是更加强烈的“阳”，暗示益阳比邵阳更为原始（阳比阴原始，阴比阳发展），符合“绝对理念”比“绝对精神”更加原始的特点。

湖南地理继续向东南过渡到下一个“西南—东北”走向的长条形区域，从西南向东北依次经历永州、衡阳、湘潭、长沙、岳阳五个地区，对应第五步“通往永恒之路”。这是**尼采**内容最丰富的步骤（在哲学家尼采的著作中对应《查拉图斯特拉如是说》）。因此太极用了五个地区来展现。这个步骤把内化在身体中（以性爱为根本推动力）的强力意志外化到心，通过心的自我超越重新实现自由意志，开辟了通往永恒之路，故其对应的地理发展和上一步（从邵阳到益阳）相互呼应。为了重新实现自由意志，首先要把内化在身体中的强力意志外化到心。这个奠基性工作对应永州。根据永州志，“永州”代表“永山永水”。这个名字暗示了山和水的“阴阳合一”及其“永恒轮回”，非常适合用来标记“通往永恒之路”的起点。为了重新实现“三力同一”的自由意志，太极利用了越城岭和都庞岭西支之间的“家族相似性”[②]，把越城岭的西支主峰和东支主峰（分别代表判断力和心）复制到永州南部，形成了南北高、中间低的都庞岭主脉（南峰代表判断力；北峰代表心）。都庞岭主脉没有对应越城岭中支的山峰，其中部反而下陷，象征人心卸下了（来自天志的）道德和宗教的重负。为了展示内化在身体中的强力意志，太极还在都庞岭主脉的东边产生了萌渚岭来与之面对面相望（扩展了家族相似性）。萌渚岭的北峰（九凝山）粗大

---

① 由于邵阳必须实现三条平行山脉，且益阳必须被洞庭湖分为南北两部分，二者的弧形只能基本相似，无法完全相似。

② 参见前面对广西（桂林）地理的分析。

丰满，象征内化了强力意志的身体，并和都庞岭代表心的北峰（韭菜岭）面对面相互呼应。两座山岭的南峰都代表判断力，因此也相互呼应（这种呼应在二者间凝聚成了广西贺州北部密集的岩溶峰林）。九凝山向西过渡到和它对望（比它略高）的韭菜岭，这个过程象征的就是将内化在身体中的性爱推动力外化到心中。这种外化在永州南部形成了三个密切相关的县。九凝山南麓的江华县和韭菜岭南麓的江永县互相对称：江华代表内化在身体中的性爱推动力，而江永则代表它在心中的外化。江华和江永因此构成了阳和阴的对立（内为阳，外为阴）。江华吸引了偏向阳刚的瑶族在此大量地聚居，成为中国瑶族人口最多的瑶族自治县，被誉为“神州瑶都”，而江永女性发明的“女书”则是世界上唯一的女性专用文字。在二县北方，道县斜插在九凝山和韭菜岭之间，和江华、江永构成了三足鼎立之势。道县凝聚的意义就是“阴阳交合之道”。宋朝理学的开山鼻祖周敦颐即是道县人，其《太极图说》强调“乾道成男，坤道成女。二气交感，化生万物。”虽然这种思想来自《易传》，但显然也受到了地理意义的激发。

和江华、江永、道县的三足鼎立相应，九凝山、韭菜岭和它们北方的阳明山也形成了三足鼎立之势。阳明山代表以心为起点重新实现出来的自由意志。在上一步，从广西越城岭中支发源的夫夷水代表天人的先天断裂，被吸收了雪峰山支流的资水拦腰截住，象征从判断力克服了这种先天断裂。这是资水在邵阳代表“三力同一”之自由意志的方式。为了重新实现自由意志，必须在永州复制夫夷水和资水的关系。太极于是再次利用家族相似性，从广西越城岭中支在都庞岭西支对应的大山发源了湘江支流（灌江），沿韭菜岭西麓流到越城岭东支的东麓（其西麓有夫夷水），同时又从九凝山发源了湘江主流（潇水），流经道县后从阳明山脚下向北流，拦腰截住从广西而来的湘江支流，二水汇合成完整的湘江。[①] 湘江支流被主流拦腰截住，象征通过内化在身体中（且已外化到心中）的强力意志克服天人断裂。这种克服比判断力的克服更为彻底。所以，湘江是资水的进一步发展，代

① 学界曾经一度认为湘江主流来自广西，潇水则是湘江最大支流。但2011年经过核实调查，国务院水利普查办和水利部认定，湘江源头在永州蓝山县（蓝山在九凝山东麓），而从广西来的原湘江上游则被认定是湘江支流。参见百度百科“湘江”词条。

表被重新实现出来的、更为彻底的自由意志。阳明山俯视的湘江河谷于是成为统一永州市的中心。湘江主流和支流汇合处的零陵则诞生了以狂草艺术著名的唐朝大书法家怀素，其草书由身而心，由心而天，自由灵动，狂而不狂，刚柔相济，圆融无碍，展现了上通下达、毫无阻滞的天人合一境界。相比之下，苏州大书法家张旭的狂草则有点故作癫狂，更多地突出了主观的感性。

永州从内化在身体中的强力意志出发，以心为起点把自由意志更为彻底地实现了出来。但人心还必须向乾志超越，才能真正把“三力同一”的自由意志扩展为“四力同一”的强力意志（强力意志必须从其根源实现自己）。永州于是越过阳明山过渡到了山丘围绕的衡阳盆地，而阳明山则同时过渡到盆地北部的衡山。因为人心尚未认可永恒轮回，它向乾志的超越无法到达，以致自由意志仍被判断力不断流逝的时间性所限制。人心必须通过决断才能把握判断力的流逝时间性。这种决断集中地凝聚在从阳明山过渡而来的衡山。衡山以一块大花岗岩岩石为基础，在几亿年的漫长演化中经受了各种内外营力的相互作用，形成了峰林状花岗岩断块山，其主体部分将几十座超过1000米的高峰聚集在不到40平方千米的范围内，构成群峰向苍天奋勇突起的“南天柱石”（其状若可称天地之衡器，故得名衡山）。[①]衡山在盆地中的这种急剧突起象征人心以瞬间的决断咬住流逝的时间，从三力的共同根源（乾志）把自由意志转化成了强力意志（从阳明山西麓流来的湘江现在反过来从衡山东麓流过，象征流逝的时间性被决断所彻底转化）。

衡山将天志、人心和判断力从其共同根源合而为一，其独特的意义使之作为“南岳”成为中国五岳之一（高山从人居住的大地向天隆起，是天人合一的象征。因此，以独特方式实现天人合一的山峰就被古人突出为“五岳”来敬拜，即东岳泰山、西岳华山、北岳恒山、中岳嵩山、南岳衡山）。衡山的最高峰象征强力意志不可阻挡的威力，因此被认为代表中国古代的火神祝融氏，获得了“祝融峰”的名称，象征永恒的光明（古语中“祝”是永恒之意，“融”是光明之意）。在第四步中，邵阳实现了“三力同一”

① 参见百度百科“衡山”词条。

的自由意志。在第五步中，衡阳把这种自由意志发展成了“四力同一”的强力意志。从邵阳到衡阳的发展代表了从第四步到第五步的发展，因此衡阳被排列在邵阳东侧，甚至其名字“衡阳”也形成了和“邵阳”的对应。“衡”的意思源于“称天地之衡器”，突出了人心通过决断从三力共同根源（共同衡量标准）实现“三力同一”，这是对邵阳代表的“纯粹的阳”的进一步发展。祖籍湖南衡阳，出生在四川成都的著名女作家琼瑶从女性角度发挥了强力意志的情感色彩和自由意志的冲动，在其非常丰富的言情小说中展示了以爱情为核心的人间真情获得自由的艰难历程，以及在此历程中发生的极为强烈的情感矛盾和意志冲突。

衡阳盆地接着以衡山为中介向北过渡到了湘潭盆地。湘潭以衡山为起点进一步发展了衡阳，代表强力意志通过决断意愿一切事物的永恒轮回，从乾志出发把握了永恒轮回，把人提升为向第一太极超越的超人。在中国文化的背景中，湘潭凝聚了创造一切、意愿一切、推动一切的太极阳刚之力和生生不息的大易精神，孕育了无数豪情壮志的伟大人物。人们常用这句话来描写湘潭：“湘中灵秀千秋水，天下英雄一郡多。”湘潭孕育的伟大人物中最杰出的代表就是诞生在韶山的开国领袖毛泽东。湖南人的霸蛮精神在湘潭表现得最为典型。在第四步中，**尼采**企图以科学的方式证明永恒轮回。在第五步中，**尼采**不再把永恒轮回当成对世界现象的一种事实判断，而是在强力意志的决断中意愿一切事物的永恒轮回，所以从娄底到湘潭的发展也代表了从第四步到第五步的发展。湘潭于是被排列在娄底东侧，其名字“湘潭”也形成了和“娄底”的对应（湘江永远流动不息，但却形成相对不变的水潭，象征“变中有不变”的永恒轮回。这比用“娄星”和“氐星”的交相辉映象征永恒轮回更加突出了动与静的结合，得到了永恒轮回的真谛）。从娄底到湘潭的发展借助了衡阳发展出来的强力意志，因此娄底东南端（双峰）插入到衡阳和湘潭之间，这里诞生了晚清著名的政治家、战略家和改革家曾国藩，以理智、严谨、现实的思考吸收强力意志的决断，成为伟大的儒学践行者。中国共产党早期著名理论家、把马克思主义结合到中国现实中的先行者蔡和森也是双峰人，其妹蔡畅则以卓越的才华和品格成为中国妇女解放运动的先驱和领袖。

湘潭接着向东北过渡到了长沙和岳阳，代表第五步的最终发展。第四步的最终发展是从第二太极进入第一太极，在思想中把自由意志扩展为强力意志，实现了自由精神自我陶醉的快乐的科学。但在第五步中，强力意志从一开始就内化在身体中，再外化到心中，通过人心的决断向乾志超越，把自己实现了出来，这种自我实现的强力意志使第二太极和第一太极密不可分。所以代表第五步最终发展的地区不再需要像益阳那样被洞庭湖隔开成两部分，只需要把整块区域划分成南部的长沙和北部的岳阳就可以了。长沙对应益阳南部，代表强力意志在第二太极中的作用，亦即统一天地之间的世界。[①] 湘江流经永州市中心、衡阳市中心、株洲市中心、湘潭市中心，把强力意志自我实现的过程贯通为一个整体，然后才流经长沙市中心去汇入洞庭湖，大大增强了长沙象征的世界统一性（株洲市中心也代表自我实现的强力意志，参见后面分析）。[②] 长沙因此具有统一湖南的潜在能力，自古就已经是湖南的中心性城市，在新中国成立后自然地成为湖南的省会。湖南地理的发展过程就是强力意志的发展过程。所以长沙是通过汇聚湖南各地的意志来统一湖南的。不但如此，长沙东接江西，对江西地理中隐含的意志（来自湖南）也有间接的汇聚作用。“长沙”的“长”强化了长沙以其长条形状横贯东西、把湖南和江西连接起来的意义，而“沙”则强化了“被汇聚者”的众多。长沙汇聚四面八方意志的作用集中地凝聚在了长沙东部（和江西接壤）的浏阳市。浏阳隐含的“汇聚四面八方意志”的意义在其大地中凝聚成了浏阳特有的、自然天成的菊花石，其中的彩色菊花石更是全世界独有（菊花石的晶体形状就像自然菊花那样把众多花瓣汇聚到中心，因此菊花石成为象征“汇聚四面八方意志”的宝石）。另外，衡山代表强力意志的决断，故其余脉向东北贯通湘潭，最终止于长沙的岳麓山。岳麓山是衡山山脉 72 峰之尾峰，凝聚了强力意志从形成到统一世界的发展过程。因此，岳麓山自古就已经是荟萃中国文化精华的名山。山下

① 衡阳的形状来自邵阳，湘潭的形状来自娄底，只是为了突出强力意志而稍微变得紧凑。长沙的形状来自益阳南部，但没有变得紧凑，反而稍微放大了一点，以便突出长沙代表的世界统一性。

② 资水主干从益阳南部汇入洞庭湖，代表自由意志在洞庭湖找到了归宿，但第四步的自由意志在第五步发展成了强力意志，所以资水还分流出一条东支，在湘江即将汇入洞庭湖之前汇入湘江。

的岳麓书院建于北宋，历经千年而不衰，综合了经世致用的实践倾向和独立思考的批判精神，培养了许多具有革新精神的学子，成为中国四大书院之一。

长沙接着向北过渡到岳阳，对应益阳北部，代表自由精神的最终发展。自由精神最初在常德发展并在洞庭湖找到归宿，后来又在益阳获得第二次发展，把自由精神自我陶醉的快乐的科学实现在洞庭湖北岸一带。在“通往永恒之路”的终点，自由精神不但重新实现了自我陶醉的快乐，还为了使一切快乐永恒而甘愿让一切痛苦随之永恒，最终通过意愿永恒之爱与永恒轮回的统一，完成了强力意志的自我创造。所以，洞庭湖在岳阳的主体部分最为宽敞无碍，代表自由精神在永恒之爱与永恒轮回的统一中找到了最终的栖身之所。岳阳因此不仅向西包围了益阳北部，而且还延伸到常德边界，把自由精神的发展过程统一了起来。在第四步中，益阳南部必须过渡到北部才能把自由意志扩展为强力意志，实现自由精神自我陶醉的快乐，因此其南部的意义就是发展到北部，不像长沙那样具有统一世界的能力。所以，把益阳的整体意义重新实现出来的是岳阳而非长沙，故其名“岳阳”和“益阳”形成了对应（岳是山上有丘，是比一般的山更高的山）。岳阳地理中隐含的快乐并不是简单的、仅仅满足当下欲望的快乐，而是洞见了永恒轮回的快乐，是为了使一切快乐永恒而甘愿让一切痛苦随之永恒的快乐。在中国文化的背景中，这种快乐与儒家的天下情怀发生了共鸣。洞庭湖东北角的岸边有一著名的岳阳楼，自古就有“洞庭天下水，岳阳天下楼”的美誉。岳阳楼采用了独特的纯本结构，没有用一钉一铆，而是仅靠木制构件的相互勾连来形成整个建筑。这种纯木结构把中国传统建筑主要使用木材的特性发挥到了极致，凝聚了强烈的生命气息和温暖的人性，而其多层次的巨大的飞檐翘角则形成“托起苍天”的姿势，展示了向天下人“敞开自己”的胸怀和气度，把天人合一的意义突出到了极点。[①] 北宋范仲淹的《岳阳楼记》描写了登岳阳楼的感受，把“为了使一切快乐永恒而甘愿让一切痛苦随之永恒”的超人精神融入儒家的天下情怀，诵出了“先天下

① 关于中国古代建筑的意义，参见《太极之音》第247—249页。岳阳楼不像湖北的黄鹤楼那样拔地而起，高耸入云，而是从上到下逐渐拓宽，给人厚重和托起苍天的感觉。

之忧而忧，后天下之乐而乐”的千古名句。

岳阳还凝聚了对永恒之爱的意愿。在岳阳楼西边有一小巧秀丽的君山岛，和岳阳楼隔水道遥遥相对，古称洞庭山、湘山、有缘山（洞庭湖之名即来源于洞庭山）。君山是舜帝的爱妃娥皇和女英葬身处（现仍修有二妃墓）。根据传说，舜帝南巡至湖南永州，曾驻扎在永州和邵阳边界的舜皇山，途中病逝而葬于九凝山（亦有认为葬于舜皇山者）。二妃见夫君久出不归而四处寻找，在洞庭君山忽闻舜帝逝世消息，肝肠寸断，忧伤成疾，不治身亡，葬于君山。因此君山岛又名爱情岛。[1]更有传说认为二妃得知舜帝死讯，痛不欲生而跳入湘江，化为湘江女神，故人称舜为湘君，称娥皇、女英为湘妃或湘夫人；楚人为了纪念这种坚定而又凄凉的爱情，遂将洞庭山改名为君山，还在山上为她俩筑墓造庙。[2]不论这些传说有多少史实成分和想象成分，它们很好地揭示了从永州到岳阳的地理发展蕴含的深刻意义。九凝山是湘江的发源地，而湘江则贯通了“通往永恒之路”的发展过程，最终在岳阳汇入洞庭湖。从九凝山到韭菜岭的过渡将内化在身体中的强力意志（性爱推动力）外化到心中，并在舜皇山产生了呼应（九凝山代表性爱推动力；韭菜岭代表心；舜皇山是韭菜岭在越城岭东支邵阳段的对应）。从乾坤阴阳交合而来、内化在身体中的强力意志从永州开始不断向乾坤回归，最终到达了岳阳，通过意愿永恒之爱与永恒轮回的统一，实现了强力意志的自我创造，同时把对永恒之爱的意愿凝聚在洞庭湖中的君山岛，使之获得了爱情岛的名称。洞庭湖代表的自由精神在君山岛和岳阳楼一带达到了发展的顶峰，接着便从君山岛和岳阳楼间的水道流向东北去汇入长江。

最后，湖南地理向东南过渡到下一个“西南—东北”走向的长条形区域，从西南向东北经历了郴州和株洲，对应第六步“强力意志通过自我重构统一世界”。在这个步骤中，强力意志把其中心从心转移到判断力，通过两次自我重构形成超越的自我意识，最终实现了通过逻各斯的阳性统一世界的目标。为了把强力意志的中心转移到判断力，必须解构语言（通过概念等浮现领悟）统一世界现象的作用，把概念当成生命意志的虚构，还要从

① 参见百度百科“君山岛”和“舜皇山”词条。
② 参见百度百科“娥皇女英”词条。

判断力的形而上学思考出发，把世界消解为从各自角度相互斗争与妥协的力的海洋。强力意志必须从其发源处改造自身才能实现自我重构，因此郴州地理和永州地理密切相关。在永州南部，内化在身体中的强力意志凝聚在九凝山，向西过渡到韭菜岭，把强力意志外化到心中。强力意志的自我重构则需要做相反的事情，即从韭菜岭返回九凝山，再继续向东南发展，过渡到郴州最南端的莽山，代表从心返回内化在身体中的强力意志，再把强力意志推广到一切物质，把世界消解为力的海洋。莽山最高峰猛坑石（石坑崆）巍峨屹立于群山怀抱中，被称为“天南第一峰”，代表自我解构的强力意志。莽山有几百座高1000米以上的石峰，雄姿各异，尖削如刀，惊险异常，更有飞瀑从石山狂泻而成的万千水柱，象征世界被消解成了力的海洋。莽山还生活着世界上绝无仅有的巨型毒蛇——莽山烙铁头蛇，象征力的斗争之异常猛烈。为了展示对语言的解构，九凝山还同时向东北过渡到骑田岭，后者象征从生命意志角度对语言进行解构的判断力，其附近一带有很多象征语言哲学的岩溶峰林。骑田岭南麓、莽山北麓的宜章盆地象征世界。它被莽山从高处深深地俯视，象征力的海洋被理解为世界现象永恒轮回的游戏，为不断生成的世界现象打上了存在的烙印。骑田岭接着向东北方向发展，越过山谷上升到了苏仙区的高山群（包括郴州最高峰），象征强力意志以判断力为出发点不断向天志和乾志上升。苏仙区的高山群代表天志和乾志，亦即太极的阳刚之力，具有从强力意志的根源出发统一世界的潜在能力。这些高山群向西北俯视的苏仙区于是成为统一郴州的中心。它们进一步越过耒水河谷，向东北上升到郴州最东端，靠近株洲南部的八面山。八面山属于从南向北贯通郴州和株洲东部的罗霄山脉，但它同时又是骑田岭向东北不断上升发展出来的，代表判断力不断自我超越的最终结果，亦即其中心已经从心转移到判断力的强力意志。从八面山发源的耒水向南绕到八面山和苏仙区高山群之间的河谷，然后向北流入衡阳去汇入湘江，成为湘江最大的支流，为湘江补充了重构后的强力意志。

从九凝山到八面山的发展实现了强力意志的第一次自我重构。强力意志还必须再次以判断力为起点重复自我创造，不断扩大判断力的视野，以便通过自我意识生出自己，完成强力意志的自我创造，才能开始对一切价值的重估，以判断力为中心重新统一世界。湖南地理于是从郴州过渡到株洲。罗霄山脉从八面山过渡到株洲境内的山群，向东北不断上升，直至到达湖南第一峰酃峰。酃峰以高昂卓绝的姿态俯视湖南全境，代表强力意志完成了最终的自我重构，成为对一切价值进行重估的意志。[①] 正如八面山发源了耒水（代表经过第一次重构的强力意志）去汇入湘江，酃峰发源了洣水（代表经过第二次重构的强力意志）去汇入湘江。八面山还发源了永乐江，在洣水汇入湘江之前汇入洣水，象征第二次重构是在第一次重构基础上进行的。相传炎帝神农氏曾在酃峰一带采药（因此酃峰又名神农峰）。洣水流过的炎陵县鹿原陂就是炎帝寝陵所在，至今已有千余年的历史。在炎黄二帝中，黄帝代表大意志和大道，炎帝代表小意志和小道。所以虽然炎黄二帝最初在陕西活动，但黄帝留在了陕西，最终安息在延安黄龙山旁，而炎帝则可能向突出小意志和小道的（相对偏南的）地区迁移，在河南留下了不少遗迹，接着在湖北神农架尝百草，写下《神农本草经》，最后来到湖南的酃峰一带。经过最终重构的强力意志把小意志（判断力）的地位突出到了极点，因此炎帝确有可能在酃峰和洣水一带活动，并最终安寝于此。炎黄二帝生得伟大，死得其所，不愧为中华民族的至圣先贤。

尼采最终的发展就是对一切价值的重估和从判断力出发统一世界。相应地，罗霄山脉从最高峰酃峰向北下降，经过起伏的低山群，最终到达武功山在湖南境内的西南端。罗霄山脉的下降过程展示了重构后的强力意志越来越难前进的步伐。武功山不但遍布奇峰怪石、涌泉飞瀑，而且包括冰川、暗河、溶洞等特殊地貌，暗示强力意志的重估工作非常复杂而难以奏效。武功山于是向北下降到低丘陵，最后下降到株洲西北端的平原，代表**尼采**最终放弃了从强力意志出发重估一切价值的企图。西北端的这个狭小平原凝聚了强力意志统一世界的最终努力，成为统一整个株洲的中心，但它不能向前统一，而只能向后统一，意味着强力意志已经走到了发展的尽头，同时暗示它只能通过历史批判统一世界（长沙的长条形横贯了湖南东

① **尼采**的强力意志其实是从**黑格尔**的精神意志发展出来的（参见《太极之音》第581—586页）。所以，虽然酃峰比壶瓶山高，但也只是高了将近17米（根据百度给出的数据，酃峰海拔2115.2米；壶瓶山海拔2098.7米）。

部，阻挡了株洲向北发展的可能，暗示株洲无法越过长沙到达岳阳，因为经过重构的强力意志把中心转移到判断力，其对男女的思考不是心的观察，而只是判断力的反思，无法再意愿永恒之爱）。所以虽然株洲市中心代表强力意志的最终发展，且其位置靠近长沙市中心，但仍然无法代替后者成为统一湖南的中心。湖南地理就结束在株洲市中心的这种特殊的地理位置中。株洲地理凝聚了对一切价值进行重估的强力意志，隐含被重估对象的混杂多样，因此株洲有很丰富的自然资源，是著名的有色金属之乡，加上处于交通要道的优势，使株洲成为中国的重点工业城市之一。株洲凝聚的强力意志虽然无法统一湖南，但仍然作为强力意志的最终发展蕴含了独特的力量，孕育了无数的军界和政界人才（如谭震林、左权、李立三、耿飚、宋时轮、杨得志、周玉书、谭冬生、肖旭初等）。

从永州、郴州到株洲，强力意志走出了一条自我重构的道路，把其中心从心转移到了判断力，相当于从阳转阴（心是天志的个体化，而判断力则纯粹是小意志）。因此，郴州和株洲没有分享前面诸多地区带有的“阳”字。郴州的“郴”字是郴州独有的，乃篆书“林”和“邑”的组合，意思为“林中之城”。繁多的林木象征的是强烈意志的自我解构，而株洲的“株”却只属于单棵大树，象征经过重构的强力意志以判断力为中心重新统一自己，从自我意识中重新创造自己。株是露出地面的树根，是整棵树的基础，但其实已经不是根，而是从自身生长出来、已经走出了自身的根（《说文解字》徐注：“在土曰根，在土上曰株”）。所以用“株”来形容经过最终重构的强力意志是非常恰当的。另外，“州”是“洲”的本字，但加上“水”的“洲”显然更突出了阴性，可以非常恰当地展示从郴州到株洲最终实现出来的“从阳转阴”。虽然中国各省市的名称通常会或多或少地反映其地理的特点，但像湖南这样全面、系统、深刻地反映其地理发展过程的市名组合是非常罕见的。

虽然**尼采**从逻各斯的阳性（判断力）出发统一世界，这种统一暗中借助了逻各斯的阴性（领悟）组织生命的作用。湖南地理从西北向东南的发展其实就是判断力不断向意志的根源超越生命的过程，故相对而言湖南西北部偏向阴性，东南部偏向阳性。为了实现湖南地理的统一性，太极在湖南设计了两条大河，分别代表阳性的意志和阴性的领悟：第一大河湘江代表强力意志，从西南向东北贯通湖南的东南部，流经强力意志通往永恒之路和统一世界的地区，其支流耒水和洣水则发源于强力意志实现自我重构的地区；第二大河沅江从西南向东北贯通了怀化和常德南部，代表组织生命的领悟。另外，由于湖南西北部和贵州、重庆、湖北接壤，这些相邻省份或地区凝聚的组织物界的领悟也被吸收到组织生命的领悟中。在贵州，黔南、黔东南实现了在物界清除判断力作用的工作，而铜仁则实现了理界和物界的合一。所以，沅江干流（清水江）从黔南发源，流经黔东南，然后才进入怀化和常德南部，其支流还吸收了从铜仁而来的诸水，以及从湖北恩施（代表宇宙物界）和重庆东南支（代表自然哲学）而来的诸水。沅江沿途不断收集各种领悟，为的是增强湖南地理的统一性，隐含将许多同类型事物结合起来形成强烈统一性的意义，因此沅江流域以盛产金刚石闻名，是中国最早发现金刚石的地方。另一方面，接受了耒水和洣水的湘江实际上已经把判断力突出为强力意志的中心，可以代表逻各斯的阳性意志。湘江和沅江于是共同注入代表逻各斯的洞庭湖，以阳性为主、阴性为辅的方式实现了湖南地理的统一。为了使这种统一性更完整，太极还让资水从西南向东北贯通第四步的发展过程，代表自由意志（强力意志的前身），最终在益阳汇入洞庭湖，补充了湘江代表的强力意志，同时又从张家界的桑植发源了澧水，其支流还包括从湘西发源的南源，流入常德北部去汇入洞庭湖，把第二和第三步中隐含的领悟也带向洞庭湖，补充了沅江代表的组织生命的领悟。湘、资、沅、澧四条大江共同构成了汇入洞庭湖的水系，完整地实现了湖南地理的统一。

20. 江西

尼采的下一个哲学位置是**胡塞尔**，故其对应的江西被排列在湖南东边（稍微顺时针旋转）。江西的地理发展继承了湖南的特点：江西（和湖南共享）的众多山脉按照“西南—东北”方向雁行排列，和代表其发展步骤的长条形区域平行。但江西地理出现了一些不同于湖南的特殊设计，因为**胡塞尔**结合了偏向阳性的**尼采**和偏向阴性的**罗素**，通过完整的逻各斯统一世界，故其对应的省份不仅要以山脉来象征判断力，还要通过山脉围成的盆地等多种方式来完整地展现逻各斯。江西四面环山，基本上是由山脉围成的自我封闭的领域，象征**胡塞尔**从完整的逻各斯（先验自我）出发构成了自己的世界。在中国文化的背景中，这意味着江西有浓烈的心学倾向，其人民善于以精细入微的（从主观出发的）方式把握纷繁复杂的世界现象，颇有文人自得其乐的生活情趣。把握现象的精细能力非常有助于学习和探讨，因此江西在中国古代书院的起源和发展中占有重要地位，清末鼎盛时期书院多达五百多所。[①]

江西地理开始于最西端的萍乡，对应**胡塞尔**的第一步“发展算术哲学”。萍乡西部是夹在湖南边界中的角，但它不象湖南最西端的尖角那样细长（象征不容易摆脱），而是比较粗短，因为**胡塞尔**不是**尼采**的反面，而是有所吸收。**胡塞尔**放弃了**尼采**的强力意志，但却吸收到了强力意志中隐含的判断力。武功山从湖南株洲延伸到萍乡，其最高峰在萍乡东部，代表**胡塞尔**吸收了作为强力意志核心的判断力，并且进一步抬高了判断力的地位（只吸收观察生命的判断力，放弃了强力意志的其他成分）。萍乡的武功山以其十万亩高山草甸著名（其海拔之高和面积之广在世界同纬度名山中是绝无仅有的）[②]：高山之巅布满一望无际的草甸，遮盖了构成山体的岩石和土壤，使高大的山脉显得很柔和，象征走出了强力意志，把生命当成纯粹心理现象观察的判断力（正是这种判断力发展了算术哲学）。

江西地理接着向东北过渡到宜春和新余，对应第二步“发展纯粹逻辑学”。宜春是弧形的丘陵盆地，向南包围接近半圆形的新余，使后者如同宜春的隐蔽心脏（其形状类似宜春的浓缩）。这种奇特的行政区划凝聚了某种先天的地理意义。**胡塞尔**是通过现象学来为纯粹逻辑学奠基的。其现象学中隐含逻各斯组织现象和语言的作用，但逻各斯尚未意识到自身，而只关注它组织的事物，所以新余（象征逻各斯）和宜春（象征现象和语言）成为两个不同区域（武功山向新余延伸出的大岗山是新余最高峰，代表逻各斯中的判断力）。宜春境内有一小山脉从西向东贯通其弧形的西半部分，其南侧（靠近萍乡）代表语言，北侧代表现象（纯粹逻辑学从语言分析开

① 参见百度百科“江西”词条。
② 参见百度百科“武功山”词条。

始回归现象本身），因此宜春西南有很多代表语言哲学的溶洞群（**胡塞尔**对语言的分析集中在阴性的领悟上，主要对应溶洞而非峰林）。但小山脉在弧形东半部分消失了，使宜春东部变成宽敞的平原，代表**胡塞尔**最终打通了语言和现象的界限，把意向性从语言扩展到一切现象，发现了逻各斯组织现象的方式（范畴直观）。总的来说，宜春和新余的地理是从西向东发展的。西部代表现象学的开端，其主旨是破除语言的表面形式，回到语言所意向的、在直观中显现其本质的现象本身，在中国文化的背景中和禅宗有内在的呼应（禅宗的沩仰宗、临济宗和曹洞宗的祖庭都在宜春西部）。横贯宜春西部的小山脉之东端点是蒙山，位于宜春东西两部分的中点，同时也是宜春和新余边界的中点，因此蒙山既是西部佛教因素发展的终点，同时也代表了从现象界回归逻各斯（从宜春北部回归新余），和人的生命现象结束后其灵魂回归宇宙逻各斯有所呼应。蒙山隐含的这种地理意义激发了佛教中的一个特殊派别，即由六组惠能的第一个弟子道明禅师开创的、以超度亡灵为主要宗旨的圣济派（其祖庭就是蒙山圣济寺）。宜春因此在中国佛教发展史中占有重要的地位。

江西地理继续向东北过渡到了九江市，对应第三步“发展内时间意识现象学”。上一步的纯粹逻辑学只注意逻各斯所组织的现象，而忽视了逻各斯本身，缺乏高于具体现象的统一因素。**胡塞尔**于是倒回去从**尼采**的永恒轮回吸收到了判断力的（流逝的）时间性，把生命现象统一成了具有内在时间的意识流。为了展现生命现象在意识流中的统一性，太极在九江和宜昌的边界上设计了“西南—东北”走向的九岭山脉，和它北边的幕阜山脉共同夹成了具有内在统一性的、长条形的九江盆地（幕阜山脉和大幕山共同夹成了在湖北代表有限生命的长条形低地，后者被复制到江西就成了九江盆地）。修河发源于九江盆地西端的山地，在九岭山和幕阜山之间从西向东流，沿途收集了两侧山地的支流，最终注入鄱阳湖。鄱阳湖是洞庭湖的进一步发展，同样代表逻各斯，而修河则代表判断力所推动的（流逝的）时间性，因此它最终注入鄱阳湖中。借助于修河象征的意义，九江盆地很好地象征了生命现象的意识流（为了象征意识流，九江盆地被拉得很长，而修河也因其修远而得名）。为了更好地展示判断力在内时间意识中的作用，太极在九江东部靠近长江的地方设计了庐山，让它向东南俯视鄱阳湖流入长江的水道，仿佛在默默地推动流水的运动。庐山不但雄奇险秀，而且有许多蔚为奇观的急流瀑布，曾引发李白“飞流直下三千尺，疑是银河落九天”的赞叹，象征被判断力推动、构造感性时间的绝对时间性[①]。绝对时间性其实就是逻各斯本身的回旋运动，也就是小道组织世界现象的运动。因此，庐山的地理意义既隐含了内时间意识，也隐含了小道澄明世界现象的作用。这种作用和儒家的理学可以相通，因为理学就是通过小道把天命转为天理的。庐山的这种地理意义在历史上孕育出了著名的白鹿洞书院，成为儒家理学的教育和传播中心，是中国古代四大书院之一。

江西地理接着从九江东部过渡到其南边的南昌，对应第四步“通过纯粹现象学统一世界”。绝对时间性的发现使逻各斯开始觉悟到自身，成为统一世界现象的纯粹自我。第四步的内容就是以纯粹自我为中心发展纯粹现象学。南昌因此进一步发展了九江东部的地理。庐山在南昌市变成了西北郊的梅岭（其风格翠幽俊奇，素有小庐山之称）。梅岭俯视赣江从其东南麓流过，正如庐山俯视鄱阳湖入江水道从其东南麓流过。但和庐山对岸的丘陵地带不同，梅岭对岸（赣江东南岸）是一片宽阔的、镶嵌着若干小湖的平原，象征被纯粹自我统一的世界（梅岭象征自我极。平原中的湖群象征逻各斯的交互主体性）。梅岭遥望镶嵌湖群的平原，象征逻各斯以纯粹静观的方式，通过意向性重构自然世界，并通过交互主体性把世界现象统一为逻各斯的精神世界。南昌凝聚的世界统一性使之成为江西的精神中心。

梅岭主峰罗汉岭上有一著名的洗药湖。相传明朝医学家李时珍曾带领弟子来这里采药洗药，因此叫“洗药湖”。另一传说认为“八仙”之一的铁拐李曾在这里洗过脚，所以当地人又叫它作“洗脚坞”。洗药湖地区还有一个怪异的特点，就是它虽然只有840米左右，但气温总是比山下的南昌低8—10度，即便盛夏也是如此，成为中国避暑胜地之一。洗药湖的地理意义就是洗掉表面的污垢，还原内在的本性，回归到超越日常世界的纯粹自我。**胡塞尔**正是通过现象学还原，把自然世界中的人还原成纯粹自我，才实现了纯粹现象学重构自然世界的目标。所以梅岭主峰产生了洗药湖来象征这个意义。

---

① 参见《太极之音》第590页。

在南昌市中心的赣江南岸还耸立着著名的滕王阁，与湖北武汉的黄鹤楼、湖南的岳阳楼并称为“江南三大名楼”。滕王阁的造型兼有黄鹤楼高耸入云的气势和岳阳楼托起苍天的厚重，仿佛是二者的融合（黄鹤楼凝聚了小道源头的飘逸高洁，岳阳楼凝聚了强力意志的博大胸怀，而滕王阁则凝聚了纯粹自我的超越性和从自身出发统一世界的作用）。逻各斯的自我意识把客观自然主观化，以内在目光重构出一个包含万有的精神世界。因此滕王阁的造型四平八稳，富丽堂皇，而且台座以上的主阁采取了“明三暗七”的格式，亦即从外面看是三层带回廊建筑，而内部却有七层（包括三个暗层），展示了自满自足的精神世界，成为中国古代的吉祥风水建筑和储藏经史典籍之处。[1]王勃的《滕王阁序》把这种精神世界发挥得淋漓尽致，虽感命运不济但仍然乐观自励，虽感怀才不遇但仍然融入社会，在交互主体性构成的精神世界中寻找安身之处。和崔颢的《黄鹤楼》及范仲淹的《岳阳楼记》相比，《滕王阁序》更多地表现了主观的精神世界，但同时也是乐观和包含万有的精神世界。洞庭湖和鄱阳湖是流入长江的两个大湖。江南三大名楼虽然相隔千里，其精神气质却相互关联和补充，实非偶然。

江西地理接着回到西南的吉安，进入新一轮从西南向东北的发展，对应第五步“通过发生现象学统一世界现象”。纯粹现象学统一世界的方式是静态的。发生现象学则把时间性的统一作用发挥了出来，牵涉到比较复杂的动态环节，所以，太极把第五步铺开在从吉安、抚州、鹰潭、上饶到景德镇的长条形区域中。吉安的形状和宜春相似，但多出了弧形包围的部分，仿佛是宜春吸收了新余而形成，暗示新一轮的现象学发展是以纯粹自我为基础的。吉安是和宜春相似的丘陵盆地，但其周边有更多的山脉隆起，变得更加自我统一，只有北边的低地和新余直接相通，暗示纯粹自我就是达到了自我意识的逻各斯。在发生现象学中，纯粹自我吸收了时间性的统一作用，被扩展成不断积累习性的、有历史的自我，把从**笛卡尔**开始进入哲学的我思主体朝时间性和具体性方向发展到了最完备的状态。所以，吉安凝聚了在生活中不断发展自身的逻各斯，很适合需要不断学习和积累的

① 参见百度百科“滕王阁”词条。

中国古代文化修养，孕育了北宋著名文学家欧阳修，曾经是历史上著名的才子状元之乡，有“三千进士冠华夏，文章节义堆花香”的美誉。吉安西边是和湖南共享的罗霄山脉，其最高峰（笠麻顶）就在吉安西南角，和湖南境内最高峰酃峰同属于罗霄山脉中段的万洋山脉。万洋山脉起源于湖南和江西共享的判断力的最高发展，在湖南对应以判断力为中心重构强力意志，在江西对应发生现象学把判断力的主体性发展到最完备状态（万洋山把意志发展到顶点，所以又叫万阳山）。万洋山从西南向东北贯通湘赣边界，开始于湖南郴州的八面山，过渡到株洲的酃峰和江西的笠麻顶，最后过渡到井冈山。笠麻顶比酃峰稍高，暗示**胡塞尔**的发生现象学把判断力的主体性发展到了最完备的状态。井冈山则从笠麻顶向东北逐步下降到吉安市中心的低地，把万洋山脉的发展过程吸收到吉安，亦即把经过重构的强力意志通过不断的积累转化为统一世界的力量。中国工农红军创始于南昌，吸收了纯粹自我统一世界的力量，但正是在井冈山它才积累了来自湖南和江西的革命力量，开创了中国第一个农村革命根据地，开始了重新统一中国的壮举。

吉安接着向东北过渡到了抚州。抚州代表通过单子间的交互主体性重构客观自然（所谓单子就是完备状态的先验自我）。为了展现这种交互主体性，包围吉泰盆地南边缘的山脉（代表判断力）延伸到抚州南部，产生了抚州第一高峰军峰山，代表单子，然后进一步向东北发展出低一些的麻姑山，代表作为他者的单子，两山一阳一阴，相互结对，共同俯视抚州东南部的凹陷盆地，象征单子通过身体间的结对来构成从不同视角拥有同一自然的其他单子（通过交互主体性重构客观自然）。发生现象学对他人和自然的构成是从完备状态的先验自我出发的。这种思路在中国文化的背景中诱发了心学的诞生。南宋心学的创始者陆九渊就是临川人（抚州古称临川）。陆九渊主张人同此心，心同此理，宇宙即是吾心，吾心即是宇宙，所谓“宇宙内事是己分内事，己分内事是宇宙内事”，开创了从心出发通达他人乃至宇宙的心学。临川人汤显祖创作的《牡丹亭》则通过美梦成真的爱情故事把交互主体性的主观困境和最终出路发挥得淋漓尽致。

最后，抚州向东北过渡到了鹰潭、上饶和景德镇。这三个地区共同代表“通过单子共同体在客观自然基础上构成向群体开放的共同世界”。其方式就是以南方的鹰潭代表单子共同体，以北方的景德镇代表客观自然，介于二者之间又包围二者的上饶则代表向群体开放的共同世界。鹰潭代表的单子共同体被集中地凝聚在了南部的龙虎山，该山以形态多样、相互呼应的丹霞峰岩群体来代表单子共同体。景德镇代表的客观自然（宇宙物界）则集中地凝聚在其北部由东西两侧高地夹出的、向南延伸的丘陵盆地。为了展现从客观自然到单子共同体的运动，太极在上饶东部设计了怀玉山，从东北向西南斜插到景德镇和鹰潭之间，引导前者向后者运动（其西南端高峰就在二者的连线上）。从客观自然向单子共同体运动相当于宇宙生命生出到世界中而被有限化的运动，亦即大道将宇宙生命涌现到世界中的运动，以气理物三界的小道为其具体内容。[①] 所以，位于怀玉山开端处（东北端）的主峰三清山以三峰并列来代表气理物三界小道，同时象征了先天大道生成阳阴合三象的过程，在中国文化背景中成为道教名山（近代著名道士葛洪曾在此炼丹）。[②] 龙虎山代表的单子共同体接受了大道内含的三界小道，以最全面最系统的方式吸收到了大道的具体内容，成为中国丹霞地貌发育程度最好的地区之一（丹霞地貌象征大道从宇宙生命涌现出来的丰富多彩的万物），并因此成为中国道教发源地和道教第一山（道教的宗旨是追求长生不死、得道成仙、济世救人，亦即克服宇宙生命和有限生命的先天断裂，是基督教的道成肉身和永生教义在中国本土宗教中的对应，和基督教基本上同步发展。基督教在公元1世纪逐步发展成形，同时东汉的张道陵在龙虎山修道炼丹成功，创立了最早的道教组织正一道）。但龙虎山只是代表了单子共同体，为了展现向单子共同体开放的世界，太极在龙虎山东北方向（上饶境内）产生了龟峰作为龙虎山在上饶的对应，其丹霞地貌的类型非常全面，靠近龙虎山的南部主要生长峰林，而北部则以丹霞洞穴见长（峰林代表单子共同体，而洞穴则代表**胡塞尔**通过领悟的阴性意向性达到的世

---

① 参见《太极之音》第380—381页。

② 先天大道依次生成阳、阴、合三象，在宇宙生命中演化成了气、理、物三界（参见《太极之音》第313、323页）。气、理、物三界的小道在怀玉山中凝聚成了玉京、玉虚、玉华三座山峰，从东南向西北排列，象征先天大道生成阳、阴、合三象的过程。所以玉京、玉虚、玉华被认为对应道教的三清，即玉清（阳）、上清（阴）、太清（合）。怀玉山从东北向西南发展是为了插入景德镇和鹰潭之间，而三清山对应的先天大道的发展却先于宇宙万物。为了展示三清山的独立性，太极让三清山以垂直于怀玉山的方式从东南向西北发展，并依次降低三峰的高度来象征发展的顺序。

界统一性）。景德镇所凝聚的客观自然具有向主体的构成作用转化的趋势，而且这种趋势是由气理物三界小道的运动引导的，隐含了精致的道术。当这种趋势被释放到中国古人的实践中时，就形成了将土石转化为高级瓷器的精湛技艺，使景德镇成了世界著名的瓷都。上饶介于景德镇和鹰潭之间，同时又包围了二者，形成了三市的密切关联。江西的最高峰黄岗山则在上饶南部边界俯视三市，代表判断力对世界的超越，使三市获得了完整的统一性。上饶代表了**胡塞尔**从逻各斯出发统一世界的最高成就。中国理学的集大成者朱熹的祖籍就在上饶北部的婺源（景德镇东边）。陆九渊晚年在龙虎山旁的应天山建立了象山书院（把交互主体性发展成单子共同体），并与朱熹在上饶南部的铅山（鹰潭东边）举行了著名的鹅湖之会，辩论为学和教人的方法。和陆九渊偏向主观的心学相比，朱熹的理学更偏向客观。朱熹强调格物致知，主张从观察事物入手认识事物、博览群书而后有所得，而陆九渊则主张通过发明本心来贯通事物的道理。鹅湖之会可以说是中国地理中隐含的**胡塞尔**因素在中国古代文化背景中最集中的一次爆发。

最后，江西地理倒回最南方的赣州，对应第六步“通过历史批判为世界的统一性扫清障碍”。这种历史批判以主体的判断力为主导，把被科学客观化的世界还原为由交互主体性构成的、自满自足的生活世界。赣州全境是诸多山脉的交汇，形成了若干高原盆地，象征把客观世界（宇宙物界）还原为生活世界（太极通常用深陷的盆地象征深藏地母中的宇宙生命，因此交互主体性构成的世界就用山脉交汇构成的高原盆地来象征，仿佛是用山脉提升了盆地）。西部的赣州盆地周围汇集了最多的山脉，自然而然地成了生活世界的中心，成为赣州市中心的所在。东部的瑞金盆地则与福建共享武夷山脉，以生活世界为基础吸收了**萨特**的历史批判对**黑格尔**辩证法的改造（参见下节）。这种从实践出发的改造和超前地走向大同的**黑格尔—尼采—太极易**三连贯运动（因而和共产主义运动）有内在的呼应。在武昌创始、在井冈山发展壮大的中国工农红军正是在瑞金建起了自己的生活世界，亦即中华苏维埃共和国，把瑞金变成了中华人民共和国最初的实践基地，使之成为“红色故都”和“共和国摇篮”。

江西的地形基本上是以南高北低的方式构成的，为的是把江西各地的水汇入代表逻各斯的鄱阳湖。由于**胡塞尔**吸收了**尼采**中的阳性意志（判断力）和**罗素**中的阴性领悟，实现了逻各斯的阴阳合一，所以江西不需要专门代表阳性意志或阴性领悟的大江，只需要一条大江来代表逻各斯本身。这就是从赣州发源的赣江。赣江从南至北贯通江西的主要地区后汇入鄱阳湖，和其他几条河一起向鄱阳湖供水，构成了以鄱阳湖为中心的向心水系，把江西各地的先验自我因素汇集到鄱阳湖，突出了逻各斯从先验自我出发（通过交互主体性）构成世界的作用。

江西是中国钨矿最丰富的省份之一。钨是熔点最高的金属，而且硬度很大，可以用来象征意志。熔点高意味着不容易被火（天志的物化）所同化，因此熔点最高又很坚硬的钨被用来象征人的有限判断力（天志的个体化是心，能够直接同化人心。但天志只能通过无限判断力间接通达有限判断力，所以后者不容易被天志同化）。当判断力发挥其组织生命、统一世界的作用时，在地理中就可能会凝聚为钨矿。**尼采**突出了逻各斯的阳性意志（判断力）统一世界的作用。**胡塞尔**则从完整的逻各斯出发统一世界，其中同样包含判断力统一世界的作用。所以，中国钨矿最丰富的省份就是湖南和江西（两省的钨矿储量占全国一半以上）。在中国地理中，判断力统一世界的作用主要凝聚在江南，特别是南部六省（除了贵州是以阴性领悟为主统一世界），因此这些南方省份就是中国钨矿最集中出现的地方。河南虽然在北方，但**杨朱**把大道个体化，突出了判断力组织生命、统一世界的作用，所以河南的钨矿储量仅次于湖南和江西。其实钨是分布广泛的金属元素，几乎遍见于各类岩石中，但含量较低，因为在地理中最常得到突出的、也是最强有力的意志是天志，相比之下判断力要弱小得多，隐晦得多。然而，中国各省以广阔的土地把某个哲学位置单独展示出来，这样判断力就有机会得到特别的凸显（尤其是在上述几个省份中）。中国因此成为世界上最大的钨储藏国，储量占了世界的一半以上。[①]

21. 福建

萨特对应的福建被排列在江西的东南，而且整个顺时针旋转成了“西

① 参见金属百科的“钨资源分布和产量”词条，http://baike.asianmetal.cn/metal/w/resources&production.shtml。

南一东北”朝向。**萨特**中统一世界的是自我超越的判断力，具有纯粹阳性的意向性，在地理中凝聚成了各种山脉、山峰、丘陵，因此福建九成陆地面积都是山地丘陵地带；判断力所统一的世界则展现为高山盆地和海岸边的平原、半岛等低地。山地丘陵遍布使福建的森林覆盖率居全国第一。闽赣边界上的武夷山代表**萨特**和**胡塞尔**共享的判断力，凸显了**萨特**中判断力的自我超越，因而是中国东南最高大的山脉，保存了世界同纬度带最完整、最典型、面积最大的中亚热带原生性森林生态系统[①]。和浙江相似，福建沿海有很多半岛和岛屿，但不像浙江那样是因为从**苏格拉底**开始的希腊哲学丧失了对大道的视野，而是因为**萨特**以自我超越、自我逃逸的判断力面对世界，其统一世界的力量不够强，导致世界的分裂。判断力的这种特性使福建文化显示出很大的地域差异，各地的方言千差万别。依山傍海的自然环境也使得福建的内陆和沿海显示出不同特点。内陆地区主要倾向于小地方自成体系、自满自足、注重内部团结的生活，而沿海地区则更多地发扬了敢于冒险、敢于突破任何束缚、四海为家的精神。这两种精神都凝聚了意识在实践中的质朴性，在历史发展中互相渗透，构成了福建人的特别品格。福建自古就被称为“闽”。“闽”的意思就是门内供着一条蛇（古语“虫”可用来指蛇）。古代闽越人是崇拜蛇的民族。蛇是小龙，自由自在，独来独往，不受束缚。框在门内的蛇不会安分守己地呆在其中，而是永不止息地活动，总是企图走出束缚，实现其绝对自由。

由于福建之后的省份（广东）必须完成南部六省的顺时针运动，福建地理的发展不再简单地朝一个方向前进，而是在自身内部顺时针旋转，以便让广东向西返回广西边界。闽赣边界线有一类似赣湘边界线（萍乡）的粗短角，但缩小了很多，因为**萨特**对**胡塞尔**的吸收同时也是否定和转化。粗短角所属的三明对应**萨特**的第一步“重新解释意向性和意识”。**萨特**在这步中把**胡塞尔**通过领悟实现的静态意向性改造成了通过判断力的自我逃逸实现的动态意向性。三明从西北到东南被三条平行山脉分割为两个丘陵盆地：武夷山脉和玳瑁山脉之间是大盆地，代表自我逃逸的虚无化意识；玳瑁山脉和戴云山脉之间是小盆地，代表意识所指向的客观世界（前者代

① 参见百度百科“武夷山”词条。

表意识的运动，后者代表静止的事物，因此前者比后者宽阔）。大盆地中有两个沿“西北—东南”方向排列的山峰（即白石顶和龙栖山）。两个山峰从高至低指向小盆地，代表**萨特**中意向性的构成方式：判断力借助它从世界逃逸而出的运动来反指世界（两峰皆代表判断力；它们从低至高的运动代表判断力的自我逃逸、自我超越）。高端的山峰（白石顶）代表从世界自我超越出来的判断力，因而成为福建的最高峰。大小盆地的交界处成为统一三明的市中心所在地。小盆地深陷的主体部分（尤溪县）集中了客观世界的精华，成为三明市幅员最大、人口最多的县，其自然资源非常丰富（铅锌矿储量居华东地区之首），且土壤肥沃，适合发展农业，是中国的金柑之乡、竹子之乡，素有“闽中明珠”之称。[①] 宋朝理学的集大成者朱熹（祖籍江西婺源）就诞生在这个荟萃了客观世界精华的地方。

福建地理接着从三明向东北过渡到南平，对应第二步“发现存在的统一性问题”。所谓“存在”就是（大道）敞开世界的运动。[②] 南平是武夷和鹫峰（西支）两个平行山脉夹成的高山盆地，代表判断力通过自我逃逸而敞开的世界。闽赣交界处的武夷山最高峰黄岗山（大陆东南第一峰）俯视着南平盆地，但其最高点在江西境内，代表从世界自我逃逸出来的判断力。由于黄岗山在南平边界但其最高点不在南平境内，南平的世界仿佛不是被判断力本身敞开的，而是被其自我逃逸（即自为存在）敞开的（世界则相对地成了自在存在）。通过黄岗山的这种特殊位置，太极将自在和自为的统一性问题凸显了出来。南平盆地和三明中的小盆地一样代表客观世界，但它从判断力的运动出发突出了存在的统一性问题，在中国文化背景中相当于从小道出发理解大道的统一性问题（判断力是小意志，匹配小道而非大道）。从大道向小道、从大意志向小意志转化就是从唐向宋转化的意义，因此南平成为南宋理学发展的重镇，还孕育出了婉约派的代表性词人柳永（婉约派对世界的感受更多来自小道和小意志的精细运作，而豪放派的气魄则更多地来自大道和大意志的开天辟地。豪放派其实是宋词的特殊种类而非典型代表）。黄岗山代表从世界逃逸出来的判断力，因此它向

① 参见百度百科“尤溪”词条。
② 参见《太极之音》第280页。

东南俯视的南平地区（古代的建州）就是南宋理学发展成熟的地方。然而，判断力的自我逃逸最初被凝聚在三明。因此，三明和南平交界一带（古代的南剑州）是南宋理学的发祥地，其代表人物就是著名的“南剑三先生”（杨时、罗从彦、李侗）。北宋末年，杨时从河南二程学到了理学，回到福建又传给罗从彦、李侗等人，架起了从二程到朱熹的桥梁。朱熹出生于南剑州的尤溪，后随父母迁至建州，其一生的学习、著述、讲学等活动主要在建州，其对后世影响最大的著作《四书集注》就是在黄岗山东南麓的武夷精舍写成的。从北宋的洛学到南宋的闽学，宋朝理学最终成熟于福建的武夷山脚下，这不但是历史发展的结果，也是三明和南平的地理因素被激发出来的结果。

福建地理接着从南平顺时针过渡到了宁德，对应第三步“通过现象学存在论改造逻辑研究”。在这个步骤中，**萨特**发现了语言中的否定判断起源于判断力虚无化世界的运动，因此宁德境内的鹫峰山脉环绕着东海边许多支离破碎的半岛和岛屿，象征判断力对世界的否定和虚无化。这种和语言相关的思考虽然不是语言哲学，但隐含类似语言哲学的因素，在宁德地理中凝聚成了太姥山的峰林和岩洞。太姥山位于宁德东部，北接浙江温州的南雁荡山（代表**亚里士多德**中对范畴的研究）。太姥山的峰林不是岩溶峰林，而是国内唯一在花岗岩丘陵地形上发育的峰林，也是国内晶洞花岗岩带上唯一的峰林；其岩洞也不是地下岩溶洞，而是与花岗岩峰林结合的岩洞。[①] 这种奇特的花岗岩峰林和岩洞一方面隐含了类似语言哲学的因素，另一方面又突出了花岗岩象征的“纯粹阳性”，因为**萨特**把语言中的否定判断仅仅归结到判断力的自我虚无化，忽略了领悟的作用。

宁德继续顺时针向西南过渡到了福州和莆田，对应第四步“把人还原为绝对自由的自为”。福州对宁德的地形做了改变，把山脉环绕半岛和岛屿改成山脉之间的河口盆地向大海开放出若干半岛（不再那么支离破碎），象征世界从人的绝对自由获得了比较强大的统一性。福州因而成为福建的天然中心，吸引了四面八方的人才，其所凝聚的自我超越、自我显现、绝对自由、动态地统一世界的判断力有利于思考的磨炼和发展，故福州和江

① 参见百度百科“太姥山”词条。

西吉安一样曾是历史上著名的才子状元之乡，而且直到今天仍是人才辈出的地方。福州西南的莆田是被福州“半包围”的地区，其形状类似福州的浓缩，代表从时间性角度理解自为（时间性就是自我超越的内在结构）。莆田凝聚了判断力超越地把握自身的时间性，在中国文化背景中隐含了思考中的自强不息、不断积累、不断突破。莆田和福州一样是历史上著名的才子状元之乡。莆田背倚戴云山脉，面对台湾海峡，孕育了浓厚的海洋文化，其所凝聚的时间性的判断力还孕育出了在海内外广泛传播的妈祖信仰（妈祖原名林默娘。据传她能预测对渔民至关重要的海洋天气变化，帮助渔民趋吉避凶，并以大爱救助渔民。妈祖在中国历史上被逐步抬高到了天后的地位）。福州和莆田共同实现了自为对世界的统一性。但福州最南端的福清仍有一些支离破碎的半岛和岛屿（相应地，莆田最南端的湄洲岛凝聚了最动荡的时间性，是林默娘的诞生地）。这说明自为对世界的统一仍不够彻底。

福建地理于是顺时针过渡到了泉州和厦门，对应第五步“把自为扩展到与他人的关系”。泉州和厦门分别对应福州和莆田，但泉州海岸边的平原地区变得更为宽敞开阔，代表和他人共处的世界。在中国文化的背景中，他人和自我更多的是相互补充的关系，共处的结果不是冲突而是让世界向更多人敞开。泉州在古代曾是礼乐发达、歌舞院馆盛行之地，充满了和他人共享世界的乐趣。著名的惠安女人更以其奇特美丽的服饰和勤劳贤淑的美德展现了共享世界的美好。福州最南端支离破碎的半岛和岛屿在泉州被齐整化，但仍剩下金门岛来代表自为统一世界的不彻底性（即使扩展到他人仍不彻底，因为判断力不是敞开世界的意志）。这种不彻底性被撤退到台湾的国民党所利用，使金门至今仍被台湾控制，但它本质上是属于泉州的。厦门是被泉州“半包围”的地区，和莆田一样凝聚了判断力的时间性，而且扩展到了与他人的关系，使厦门凝聚了开放、通商、发展、进步的趋势，成为中国的经济特区和国际性港口城市。厦门凝聚的时间性不但是小意志的运动特性，而且还是从和他人共享世界的角度出发的，很适合发展音乐这种时间性、意志性、沟通人心的艺术。20 世纪的厦门出现了大批蜚声国内外的音乐家。莆田的湄洲岛在厦门变成了鼓浪屿。鼓浪屿凝聚了厦门中最动荡的时间性，涌现出了上百个音乐世家，人均钢琴拥有率全国第一，获得了“琴岛”和“音乐之岛”的美称。

福建地理继续向西南过渡到了漳州，对应第六步“通过自为的自由筹划统一世界”。这种自由筹划是自为统一世界的终极努力，其目的是达到自在和自为的统一。因此，漳州被博平岭等高大山脉所环绕（代表自为），同时向大海敞开了福建最大的平原（代表自在）。博平岭最高峰（苦笋林尖）在山脉中央俯视整个漳州，使后者获得了统一性。然而，苦笋林尖本身并不属于漳州（而是属于漳州西北的龙岩市），暗示自在和自为的统一（彻底拥有世界的欲望）不可能完全实现出来。出生于漳州的中国现代作家林语堂以自由精神超越世界、观察世界，用超脱幽默的笔调展现了自由精神和现实世界之间的距离。

最后，福建地理顺时针过渡到了龙岩市，对应第七步“通过历史批判为世界（存在）的统一性扫清障碍”。这种历史批判把**黑格尔**精神现象学中的概念辩证法改造成了历史实践辩证法，把个人实践结合为社会实践，为自为的整体化亦即世界的统一性扫清了历史障碍。因此，龙岩地理中隐含和四川相似的成分，即其东部由玳瑁山、博平岭和戴云山围成的高山盆地（漳平盆地）。盆地西南端的玳瑁山最高峰黄连盂对应四川盆地西南端的峨眉山（代表精神现象学的最高成就）。黄连盂和博平岭之间的山谷是从盆地通往西南丘陵、由此进一步通向西部广阔山地（代表自为的整体化）的通道。龙岩东部的盆地通过这个山谷被释放到西部的广阔山地，从地理上展现了从**黑格尔**的概念辩证法到**萨特**的历史实践辩证法的发展。**萨特**对**黑格尔**辩证法的改造使之和超前地走向大同的**黑格尔—尼采—太极易**三连贯运动（因而和共产主义运动）有了某种潜在的关联（参见前面对法国地理的分析）。博平岭主峰苦笋林尖代表的是统一整个漳州的判断力，但它其实属于龙岩，因此山谷中靠近博平岭的一侧成为统一整个龙岩市的中心，而从黄连盂向西部广阔山地过渡的地方（古田镇）则成为历史批判最恰当的发生地。中国工农红军在井冈山会师之后开创了赣南、闽西根据地，接着就在古田镇召开了著名的古田会议，其主要精神就是引导广大红军指战员摆脱小生产者狭隘的个人意识，服从无产阶级的革命实践（把个人实践真正结合为社会实践）。龙岩代表的历史批判和赣州代表的历史批判相互呼应（所以这两个地区被太极邻接在一起）。从龙岩西部进入赣州的地方就是瑞金（古田会议之后，红军粉碎了国民党军队的三次“围剿”，使赣南和闽西根据地连成了一片，形成了中央根据地，最后以瑞金为中心建立了中华苏维埃共和国）。福建地理的顺时针发展最终结束在龙岩和三明的首尾相接中。

中国工农红军在瑞金建立的中华苏维埃共和国仅维持了差不多三年，就因为第五次反“围剿”的失败而被迫开始长征，最后在陕西延安建立了新的革命根据地。这个从南到北的历史发展蕴含深刻的地理意义。在世界哲学史的内在逻辑中，**黑格尔—尼采—太极易**构成了超前地走向大同的三连贯运动，因此和人类历史中超前地走向大同的共产主义运动发生了相互呼应。在中国地理中，**黑格尔**和**尼采**分别凝聚在四川和湖南，而**太极易**则凝聚在海南（参见后面对海南的分析）。由于海南和大陆被大海分隔，所以在大陆只有四川和湖南直接和三连贯有先天关联。但**萨特**和三连贯也有潜在的关联，因此福建和四川、湖南之间存在着内在的呼应。江西是联结湖南和福建的中介，而且其南部的赣州和福建西部的龙岩隐含的历史批判相互呼应。所以共产主义运动和湖南、四川、福建、江西的地理意义有潜在的相互呼应。其中江西具有联结其他省份的作用，其地理意义还包含自满自足的生活世界。江西不仅通过南昌起义吹响了中国革命的战斗号角，通过井冈山会师积累了来自江西和湖南的革命力量，而且还以（和福建毗邻的）瑞金为中心成立了中华苏维埃共和国。然而，共产主义运动从一开始就以解放全人类为宗旨，具有向天下大同前进的超前意识。它的发展不能停留在突出小意志（判断力）的南方，而必须转移到突出大意志（天志）的北方，才能从天志出发实现天下大同。这意味着它的最恰当的中心是**易**对应的河北（其中心城市是北平，即后来的北京）。中国工农红军从南向北转移就相当于逆行中国地理的发展，也就是逆行世界哲学史的发展过程，从**萨特**和**胡塞尔**对应的福建和江西倒退到**尼采**、**罗素**、**维特根斯坦**、**梅洛-庞蒂**、**黑格尔**对应的湖南、贵州、广西、云南、四川，接着就退回中国西部天志最突出的地方，亦即陕西（参见前面对陕西的分析），最终从延安根据地出发实现了解放全中国、把新中国首都建立在北京的目标。中央红军长征的路线就是从江西瑞金出发，首先突破敌人在江西、湖南和广西的四道封锁线，在贵州强渡乌江后占领了遵义，在贵州和四川边界四渡赤水而摆脱了敌人的“追剿”，接着从贵阳逼近云南的昆明，从昆明北部巧渡金沙江进入四川南部，在雅安和甘孜强渡大渡河、飞夺泸定桥，然后翻越终年积雪、空气稀薄的夹金山，走过遍地都是沼泽泥潭的茫茫松潘草地，战胜了无数艰难困苦之后胜利到达陕北，把中国革命的中心转移到了延安。中央红军的长征路线基本上就是逆行世界哲学史的路线，在解放战争时期则把指挥中心转移到河北的西柏坡（后迁入北平），反过来从北向南（同时从东向西）地解放全中国。辛亥革命之后中国的政治经济中心已经转移到南方，所以中国共产党的革命历程也从南方开始。但中国共产党肩负的使命使之历史性地从南向北转移，最终在北京建立起全新的、领导中国人民走向天下大同时代的政权。这个转移过程虽然取决于政治经济军事等人类活动的历史因素，但地理因素显然也在其中发挥了重要的作用。

22. 广东

海德格尔对应的广东是南部六省圆圈的终点，因此它被排列在福建西南方，和作为起点的广西首尾相接。**海德格尔**是世界哲学史最复杂的位置。相应地，广东地理的设计也是各省中最复杂的。按照顺时针的顺序，广东地理的发展总体上是从东向西，其发展的起点就是和福建接壤的东端。由于福建在接壤处从东南向西北（从漳州向龙岩）发展，广东地理的二级发展顺序是从东南向西北。**海德格尔**自始至终贯穿了对存在的思考，而所谓“存在”其实就是大道的末端，亦即大道（从地）敞开世界的运动。**海德格尔**的思考从小道向大道回归，揭示了大道和小道互为表里的许多微妙特性，所以广东人既有小道的精细也有大道的朴实混沌，既有商人的精明头脑，也有亲近大地的天然倾向。作为西方哲学史的最后一个先天位置，**海德格尔**架起了从西方哲学史回归中国哲学史的桥梁。相应地，广东凭借其沿海优势成为中国近代向西方开放的重要门户，在现代中国的改革开放中也起到了重要的先驱作用。

海德格尔的第一步发展是实现**萨特**与**胡塞尔**的结合。这个结合首先思考了存在与时间，把此在（人）的存在之意义揭示为时间性，在地理上对应和福建漳州接壤的潮汕地区（漳州代表通过人的自由筹划达到自在和自为的统一，实现存在的统一性）。潮汕是从福建直接发展出来的，其在历史中的表现就是潮汕人是汉人从中原南下福建后再迁入广东的结果。总的来说，潮汕人非常刻苦耐劳、敢闯敢拼、低调务实，而且内部极为团结，展现了此在的“在世界中”和“决断”的存在方式。潮汕地区还从东向西交错分开成了四个区域，即潮州、汕头、揭阳、汕尾，分别对应**海德格尔**思考存在与时间的四个步骤。为了凸显这四个区域的统一性，莲花山脉从东北向西南贯通广东东部，把潮汕地区和其他地区隔开。潮州凝聚了“在世界中”的存在方式，其地形是山间河谷开放出的平原，其古城是按（用具整体的）功能划分建立的，其人民则低调务实，善于从低到高逐步地建立上手事物的网络，而著名的潮州工夫茶不但非常讲究茶具，其冲沏过程更是非常考究，程序不厌其烦，充分展现了人们通过上手事物的相互指引生活在世界中的方式。汕头凝聚了“共在”和“常人”的日常存在方式，故其地形是海边宽阔的平原，在中国文化背景中发展出了极为团结、不分彼此的人情关系，相互帮助、齐心协力的行事风格和尊重风俗、跟随大众的心理倾向。汕头东方海域上的南澳岛形状类似潮州的浓缩，但南北颠倒来面向潮州，仿佛把汕头引回潮州，象征“常人”的存在方式虽然是非本真的，但仍然是合理的、正常的“在世界中”。南澳岛在大海中如同人在世界中。岛上生长着茂密的热带植物，使之成为南海中的绿洲，还生活着很多野生动物，而周围海域则盛产种类繁多的海洋生物。南澳岛的青澳湾更是沙质细软、海水清澈、盐度适中，是天然的优良海滨浴场，被人们称为“东方夏威夷”。[①]

揭阳凝聚的本真存在是对日常存在方式的超越，所以太极让大南山从汕头西部向东延伸到揭阳，在揭阳境内前进一段后就中断而停止，象征本真存在通过“向死决断”超越了日常存在。揭阳的汉族像少数民族那样有自己的火把节，即非常红火热闹、让人热血沸腾的“阳美火把节”。阳美火把节起源于纪念不求利禄、宁死不出山林的春秋名士介子推，其行为隐含了“向死决断”的阳刚性，而火把节可以说就是这种阳刚性的大释放。汕尾凝聚了此在的时间性（其存在的意义）。在人所特有的这种时间性中，“未来”和“曾是”都是超越“当下”的维度，而“当下”则是世界敞开、

① 参见百度百科“南澳岛”词条。

万物涌现、人与万物打交道的维度，是向着“未来”回到“曾是”的运动释放出来的（“未来”统一了另外两个维度）。汕尾是由陆河、陆丰和海丰三县组成的三角形（此三县分别在其顶点、东端和西端），象征时间性是由“未来”“曾是”和“当下”三个维度构成的。[①]为了展现时间性的构成方式，太极还从莲花山发源了螺河和黄江来象征时间的运动。螺河发源于陆河县北部的莲花山脉，从北向南流到陆丰后从碣石湾注入南海，象征从“未来”回到“曾是”。莲花山是从东北向西南发展的，因此它接着在螺河源头的西南（海丰北部）发源了黄江，从北向南贯通海丰县之后从红海湾注入南海，仿佛黄江是螺河顺着莲花山的发展在海丰释放出来的，象征从“未来”回到“曾是”的运动释放出了“当下”。海丰以“当下”维度敞开了万物涌现的世界，故其名字取义于“南海物丰”，素有“鱼米之乡”的称号。[②]海丰的世界性还孕育出了一些风云一时的军政人物，包括民国将领陈炯明和无产阶级革命家澎湃。汕尾凝聚的时间性有利于发展音乐艺术，在中国文化的背景下，通过吸收外来剧种形成了独特的、流传至今的“海陆丰戏”，获得了“中国戏剧之乡”的美誉，在现代社会中则孕育出了被称为“中国乐圣”的著名音乐家马思聪。**海德格尔**不仅把时间性揭示为本真存在的意义，而且还倒回去从时间性出发重新解释日常存在。为了展示这种逆向发展，太极从统一汕尾的陆河县发源了榕江，让它从西向东经揭阳流入汕头，经牛田洋独流入海（入海口即汕头港）。榕江统一了粤东的大部分地区，成为仅次于韩江的粤东第二大河流，其深度则仅次于珠江。榕江从牛田洋流过汕头中部，把汕头分裂成了东西两半，暗示从时间性重新解释日常存在破坏了日常存在的统一性（**海德格尔**对日常存在的最初解释和最终解释存在分裂）。**海德格尔**对时间性的思考还扩展到了此在的历史性，从历史性角度重新把握了此在的共同在世。汕尾凝聚了这种历史性共在，并集中地体现在澎湃领导建立的“海陆丰革命根据地”（中国十三块革命根据地之一，中国第一个农村苏维埃政权）。

总的来说，虽然潮汕的四个区域各有特色，但其特色相互交融渗透，

① 1995年陆丰撤县设市，成为县级市，但为了叙述方便，仍当成汕尾的“三县”之一。
② 参见百度百科“海丰县”词条。

共同构成了潮汕地区不同于广东其他地区的独特文化（一定程度上更接近于福建文化）。由于历史是太极通过人展开的自我实现，人们约定俗成的地理名字往往含有不被人们认识的玄机。湖南的地理名字就是最好的例子。潮汕四个地区的内在统一性使其地理名字也暗藏了某种玄机。潮汕的地名主要由“山”和“水”构成。莲花山象征**海德格尔**的思考中隐隐触及的天志（决断就是心向天志回归、实现天人合一的运动，尽管**海德格尔**并没有意识到天志）。[①]潮汕的水包括河流和大海。河流是大道（存在）的物化；大海则是世界的物化。“潮汕”就是从“潮”发展到“汕”。“潮”是大海中运动的水，可以用来暗示“在世界中”的存在方式。“汕”的本义是群鱼游水的样子，可以用来暗示共在。潮汕的发展始于“潮州”（思考“在世界中”的存在方式，尚未涉及天志，有水而无山），然后进入“汕头”（考察日常的共同在世，开始触及天志在人心中的沉沦，有水也有山），接着进入揭阳（阳刚的决断，有揭示本真性的作用），最后进入汕尾（从决断引出时间性，扩展到历史性共在，考察的终点）。汕尾代表的时间性是三个维度的密切关联构成的。因此汕尾三县的名字也暗藏了玄机：统一“曾是”和“当下”的“未来”被凝聚在陆河，其名字中的“陆”与“河”暗中指向“陆丰”和“海丰”；海洋是世界的物化，适合象征“当下”；陆是静态的，适合象征“曾是”；河是动态的，且流入大海，适合象征“未来”。这些因素共同产生了“陆河”“陆丰”“海丰”的名字。“丰”还暗示了世界的丰富，也暗示曾被积累的丰富。汕尾三县的名字实在是配合得天衣无缝，使汕尾获得了“海陆丰”的别名。

海德格尔对存在与时间的初步思考并没有真正通达存在的意义，因而转向世界的统一性问题（形而上学问题），突出了此在向世界的自由超越，揭示了人如何通过对存在的筹划建立行动的世界。这个转向相当于从“向天志超越”改为“向世界超越”，构成了**海德格尔**存在之思的新开端。广东地理于是放弃了从潮州到汕尾的发展过程，从潮州向西北过渡到了梅州，以便开始新的思考。梅州地理凝聚的意义（从绝境开辟出新开端）使之适

① 参见《太极之音》第598页。由于**海德格尔**最初对“在世界中”的思考尚未触及天志，潮州和莲花山主脉拉开了距离；隔开二者的山间盆地不属于潮州，而是属于下一阶段的梅州。

合在严寒中开百花之先的梅花生长，在古代已经是遍地梅花，其地理中包含“梅”的名字不计其数，如今则以梅花为市花。“梅州”的“梅”字暗示新开端，“州”字则暗示新开端是相对于旧开端（潮州）而言。梅州代表的转向和龙岩代表的历史批判有所呼应。因此，太极不但让梅州和龙岩接壤，还让它继承了龙岩的地形特点，即把莲花山最高峰（铜鼓嶂）向东南俯视的山间盆地通过山谷释放到其西北侧的广阔山地，代表从之前（向天志超越）的思考摆脱出来，转向世界的统一性。梅州和江西赣州也接壤，因为这种转向相当于从偏向**萨特**（突出判断力自我超越的时间性）转为偏向**胡塞尔**（突出世界的构成方式）。这种转向牵涉到广东、福建、江西三省，成为凝聚三省但又充满内在运动趋势的一种力量。这种力量以三省毗邻处为中心，以古代从中原南迁的汉人为基础，形成了汉民族中到处迁徙但又始终保持自身独特传统的人群，亦即“客家人”。粤闽赣三省的毗邻区就是客家人主要的聚居地以及客家文化形成和传播的中心地带，而代表转向的梅州则自然地成为全球最有代表性的客家人聚居地，被人们誉为“世界客都”。梅州凝聚了很强的世界统一性，形成了典型的客家文化，其耕读传家的传统延续了对世界的解蔽方式，其圆形的自成体系的围龙屋则体现了**胡塞尔**中以内在目光构成的自我圆满的世界。梅州自古就是杰出的文化之乡，近代更孕育了无数的军政人才（包括新中国十二元帅之一的叶剑英），展现了解蔽世界、统一世界的智慧和魄力。然而，相对于喜欢在海上冒险、善于经商的潮汕人，客家人更喜欢生活上和精神上都能自满自足的耕读生活。虽然同为广东人，潮汕人和客家人之间的差异有点类似于**萨特**和**胡塞尔**之间的差异，反映了**海德格尔**从早期向后期转向的根本特点。这种转向其实已经隐含在早期发展中，因此潮汕也吸引了一些客家人在此定居，尤其是统一早期最终结果的陆河县更是纯粹的客家县。

梅州实现的转向虽然隐含批判性，但还不是历史批判。广东地理于是从梅州向西过渡到赣州南方的河源，代表**海德格尔**对形而上学展开的历史批判，其地形是从赣州延续过来的相似地形，因为赣州代表的就是**胡塞尔**中的历史批判（**海德格尔**把形而上学的历史当成存在的历史和此在的历史，和**胡塞尔**把被科学客观化的世界还原为生活世界有相通之处）。作为梅州的进一步发展，河源与梅州一样是客家的聚居中心，形成了历史非常悠久的客家文化。从潮汕、梅州到河源，粤东地区在地理上完整地实现了**萨特**与**胡塞尔**的结合。

历史批判把**海德格尔**带入到和**尼采**的直接碰撞，从此在的决断和时间性出发深入强力意志和永恒轮回，释放出了哲学史的永恒轮回，瞥见了西方哲学史的隐蔽源泉（**老子**），从中吸收到了以其自我封闭与世界抗争的“地”，看到了艺术在敞开诗意的世界中的作用。为了展现这种碰撞，广东地理从河源过渡到了和湖南接壤的韶关。湖南和韶关接壤处就是莽山及罗霄山脉的南端（二者都代表自我重构的强力意志）。韶关地形主要是由莽山、罗霄山脉南端和其他大山共同环绕起来的大盆地，象征自我封闭的大地。在莽山和罗霄山脉南端之间有相对较低的山谷。韶关盆地可以越过这个山谷过渡到在湖南中代表世界的宜章盆地，象征从大地敞开世界。因此，韶关的边界不仅包围韶关盆地，而且很奇怪地越过山谷一直向西北延伸到了宜章盆地的中央。湖南地理的分析曾经指出，宜章盆地被莽山从高处俯视，象征强力意志为不断生成的世界现象打上了存在的烙印。从大地敞开世界的过程刚好对应“存在”，因此韶关边界强行进入宜章盆地刚好可以象征给世界打上存在的烙印。这是**海德格尔**和**尼采**的碰撞在地理上的表现。然而，尽管莽山和罗霄山脉南端之间相对较低，却仍是很高的山地，因此这种过渡是困难的，象征大地在敞开世界的同时仍然保持自我封闭，为继续敞开世界提供了保证。韶关盆地因此凝聚了大地为世界提供的无限丰富的可能性，并集中表现在丹霞山的无数赤壁丹崖中，使丹霞山成为世界上丹霞地貌发育最典型、类型最齐全、造型最丰富的地方（丹霞地貌因此得名）。另外，由于江西南部的赣州凝聚了生活世界，韶关和赣州也接壤，而且韶关的边界也向东北延伸到了赣州内部，形成插入赣州的一条凹沟，使韶关盆地可以越过山谷过渡到这条凹沟，象征从大地敞开出生活世界。这是广东和江西的毗邻造成的地理效应。**海德格尔**和**尼采**的碰撞是历史批判引发的，因此韶关与河源一样发展了历史悠久的客家文化。作为中原汉人南迁进入广东的门户，韶关的客家文化底蕴非常丰富，被称为“岭南客州”。韶关还孕育了大唐开元盛世的名相张九龄，其人风度不凡，性格豪迈耿直，在唐代诗坛上（继陈子昂之后）力扫齐梁颓靡诗风，以“雄厉振拔”“骨峻神竦，思深力遒”的劲健风格体现了决断和强力意志之间的深刻共鸣。①

和**尼采**的碰撞使**海德格尔**以存在的真理为核心，思考了克服形而上学，从另一开端（作为西方哲学史隐蔽源泉的**老子**）重演西方哲学史的方式。广东地理于是从韶关向西过渡到（同样和湖南接壤的）清远。为了象征这种重演，太极利用广西桂林凝聚的家族相似性，把桂林的地形经过改造移植到清远，把清远构造成两排“西北—东南”走向的山脉遥遥地面对面夹住一个长条形的宽阔盆地，其东北侧的山脉代表西方哲学史，而西南侧的山脉则代表其重演（二者相似但其实不同，类似于家族相似性）。清远盆地的构成适合广东地理的二级发展顺序，即从东南向西北。所以，清远地理开始于东南端北江流域中的河谷与平原，代表作为思考核心的“存在的真理”。存在的真理就是大道向小道的内化。代表小道的北江流过河谷进入平原地区，象征小道被敞开世界的大道呼唤，成为大道的内化。这块平原地区因此成为统一清远的市中心。清远的地形从东南向西北沿着两排山脉不断上升，直至到达西北端的凹陷盆地（连州），象征**海德格尔**的思考克服了形而上学的历史，回归到了西方哲学史的隐蔽源泉，可以开始重演西方哲学史。从连州发源的连江则在两排山脉之间从西北向东南流，最终汇入北江，再流入清远市中心的平原，展示了从另一开端重演西方哲学史的过程。和桂林相似，清远盆地主要是喀斯特地形。连江流域有很多峰林和溶洞，暗示**海德格尔**并没有真正重演西方哲学史，而只是以预见和预备的方式思考它，清理了形而上学在西方哲学史中沉淀下来的概念，发现了语言与存在之间密不可分的内在关系。连江流域因此类似桂林的漓江流域，其下游极为优美，被人们称为“小桂林”。清远靠近广西的连山县主要是壮族聚居区，而靠近湖南江华县的连南县则像江华那样成为瑶族聚居区。清远西北部因此发展出了有别于潮汕和客家文化的壮族和瑶族文化。

思考了西方哲学史的重演之后，**海德格尔**开始以另一种方式（逆行哲学史）回归到西方哲学史的隐蔽源泉（**老子**）。这个逆行虽然是被**海德格尔**和**尼采**的碰撞激发的，但它经历的（从**亚里士多德**到**老子**的）诸多哲学位置已经不属于碰撞的内容，所以太极不是在粤湘边界，而是倒回韶关与

① 参见百度百科“张九龄”词条。

河源的南方，从东向西地展开这些哲学位置，[①] 由此产生了从惠州到湛江的一系列地区，孕育出了有别于潮汕文化、客家文化、瑶族和壮族文化的广府文化（这里说的广府文化是广义的）。**海德格尔**的逆行是其成熟时期的思考，虽然经历了很多不同的哲学位置，但自始至终被同一种思考倾向贯穿，因此广府文化成为广东文化的主要代表。

惠州处于逆行的开端，代表**海德格尔**逆行西方哲学史时经过的**亚里士多德**。**海德格尔**在经过**亚里士多德**时从存在的自行解蔽出发理解万物顺着小道涌现到世界中的方式，亦即**亚里士多德**的“自然”，把“自然”在万物中闪耀出来的神圣性当成诸神的神性在世界中闪耀的前提，从而使诸神被“存在化”（“诸神”其实指的是在世界中显现其超越性的天志[②]）。为了展现**海德格尔**从存在出发理解的诸神，太极让莲花山脉向西南延伸到惠州，其主峰（也叫莲花山）代表的就是诸神。为了象征在世界中显现的诸神，莲花山主峰有众多峰峦攒簇，高耸入云，蔚然秀丽，形如莲花，故而得名“莲花山”[③]。诸神隐含天志敞开世界的作用。因此太极在惠州海岸边形成了一个向莲花山西南端敞开的小海湾（考洲洋），代表向诸神敞开的世界，同时在其西边形成向南海敞开的大亚湾，代表万物顺着小道涌现到其中的世界。**海德格尔**在这里主要思考的是小道组织世界的方式；诸神敞开的世界仅仅隐含在由此引发的思考中，所以大亚湾远远大于考洲洋，且其开放性和后者的半封闭性形成了鲜明的对比。另一方面，河源代表的历史批判把历史当成存在史，使历史被“存在化”。历史的“存在化”和诸神的“存在化”互相呼应，激发了二者共同隐含的语言哲学因素（存在的解蔽）。因此，太极从河源发源了西枝江，让它向西南流入惠州，沿着莲花山北麓西流，最终汇入珠江的支流东江（参见下面对广州和珠江的分析）。西枝江隐含的“存在的解蔽”是大道向小道内化的一种方式，是**亚里士多德**最核心的内容。为了凸显这个核心内容，太极在西枝江北岸高高地隆起了罗

---

① 这个逆行首先进入**尼采**，把**尼采**的强力意志哲学当成主体性形而上学的最终完成，接着就跳过从**笛卡尔**到**尼采**的形而上学发展史，直接返回形而上学在希腊哲学中的完成者**亚里士多德**（参见《太极之音》第602页）。逆行开始对**尼采**的批判是**海德格尔**和**尼采**碰撞发出的余响，对应的仍然是清远。

② 参见《太极之音》第297、601—603页。

③ 参见百度百科“莲花山脉”词条。

浮山，让它向南遥遥地俯视从东向西流过的东江，代表从高处自行解蔽而落入小道的大道。罗浮山的山势雄伟、林木高大，素有百粤群山之祖的美称。它和道教有着十分密切的渊源。东晋的著名道士葛洪曾到罗浮山修道炼丹，使罗浮山成为岭南道教的发祥地，留下了非常丰富的道教遗迹和很多美妙的神话故事。惠州隐含了大道通过小道的流动来涌现万物、开辟世界的意义，不但自然资源丰富，而且自古以来就是东江流域的发展中心，构成了广府文化的开端，而其与汕尾、河源和韶关的接壤则使其能够充分发挥小道组织世界的特点，形成了广府、潮汕和客家相互交融的多元文化。

惠州向西南过渡到了深圳和香港，对应逆行经过的**柏拉图**。**海德格尔**批判**柏拉图**把存在转化为理念（这种转化相当于把存在分裂成众多存在者）。这种批判对应的地区不能正面地展现**柏拉图**这个位置的特性，而只能以否定的方式展现它，即展现**柏拉图**对存在的转化，在地理上实现为从深圳的整块土地过渡到香港支离破碎的半岛和岛屿。深圳和香港的地理意义就是否定**柏拉图**的理念世界，相当于否定了世界的理想性，反过来强化世界的现实性、现世性、非超越性。深圳和香港隐含的否定意义使它们难以仅凭自身来发展，需要引入外部移民来使其获得生机，而在现代社会中，其肯定现实世界的正面特性则可以极大地促进经济、技术、劳动等追求现实性的文明活动之发展，使深圳和香港成为发达的大城市。香港曾经被租借给英国，使其发展过程和深圳非常不同。但我们首先必须完整地理解广东地理的意义，才能更好地理解香港的特殊性。因此让我们继续沿着**海德格尔**逆行哲学史的步伐前进。

广东地理接着返回惠州西边，过渡到了东莞，对应逆行经过的**苏格拉底**。**海德格尔**吸收了**苏格拉底**对日常理解的质疑和对普遍性定义的探索，追忆了存在之思在希腊哲学中的开端。这种吸收使东莞和惠州一样具有正面发展的特性（因此它直接出现在惠州西边），形成了兼容广府和客家的文化（粤曲和客家山歌是最出色的代表），同时也使得东莞敢于吸收并善于利用外来影响，既是文化名城又是改革开放的先行地，成为广东地方发展的杰出代表。东莞基本上是平地（代表存在对世界的敞开），但其东部有大片山群，最高峰银瓶嘴在东莞和惠州交界处，其对面就是惠州惠阳区的最高峰白云嶂（比银瓶嘴稍高）。银瓶嘴和白云嶂之间有南北走向的山谷相连，形成两山夹峙的格局。**苏格拉底**对普遍性定义的探索是希腊哲学第一次从小道末端（逻各斯）向小道开端（宇宙逻各斯）回归，而**亚里士多德**中的小道却从开端向末端自然地涌流，形成了针锋相对的运动。东莞和惠州的毗邻使这两种运动相互呼应，在地理上实现为两山夹峙的格局，形成了一条东北季候风的过道，以致每年冬季都要刮起强烈的北风，戏剧性地展现了两种运动的针锋相对。**苏格拉底**从感性事物上升到普遍性定义，这个过程在银瓶山被展现为从山脚、山腰的种种秀美景色到山顶最高峰的陡然凸起（如同瓶嘴，故得名“银瓶嘴”）。银瓶嘴因其展现感性事物的秀美景色而素有“小九寨沟”之称，而**苏格拉底**孜孜不倦地探索的普遍性定义只是那个能够抽象地俯视山下的峰顶。大自然在这里默默地说着什么？四川的九寨沟象征在精神现象学的开端意识仍然沉浸在感性事物中。然而，不正是这些感性事物展现出最美丽最令人心醉的景象吗？或许，最佳的风景是既美丽又圣洁的雪山峰顶和高原湖泊，正如我们在西藏看到的那样。

广东地理接着向西北过渡到了广州，对应逆行经过的**普罗塔哥拉**。**普罗塔哥拉**关于人是万物尺度的思考把存在个体化到逻各斯，突出了逻各斯组织个体生命的现实性，隐含了存在和思考之间的断裂，激发了**海德格尔**去思考如何通过无家可归的漫游回归存在（回归到世界的敞开）。广州因此凝聚了从逻各斯的现实性出发组织世界、敞开世界的意义，自古就是广东乃至华南的发展中心。前面曾经指出，上海把**普罗塔哥拉**中逻各斯的个体性推向极致，以其临海优势向世界开放，成为中国吸收西方文化的关键门户。珠江凝聚的逻各斯是小道的末端，其意志就是小意志，因此和长江流入大海的意义相似，珠江流入大海也具有从小意志和小道的角度把中国向西方世界开放的意义（参见前面对江苏地理的分析）。所以，广州在近代的发展和上海有相似之处。但和上海不同的是，广州实现的并非**普罗塔哥拉**本身而是它对**海德格尔**的激发。这种激发突出了逻各斯向存在（大道末端）的回归，隐含了强烈的大道因素，因此相比于上海人，广州人更能亲近大地，喜欢不加修饰、原汁原味的事物，同时也更加脚踏实地，喜欢实干而不追求形式上的华美。广州人把大道的素朴性、原始性与逻各斯的精细思考和精细感觉相结合，发展出了既粗又精、既土又洋、即传统又现代的广府文化，并以广州为中心将它辐射到了周边地区。

广州南部是平坦的珠江三角洲（代表存在对世界的敞开），但北部有从江西赣州延伸过来的九连山脉，把**胡塞尔**的交互主体性传递到**普罗塔哥拉**中个体逻各斯的相互沟通，实现了二者的内在关联（九连山传递的交互主体性环连了赣粤两省九县且有99座山峰相连，故而得名“九连山”）。另外，惠州代表**海德格尔**从存在出发理解**亚里士多德**中万物顺着小道涌现到世界中的方式，而**亚里士多德**本来就是在逆行进入**普罗塔哥拉**时发现这种运动方式的[①]。惠州和广州的相互呼应在二者边界产生了九连山的西南端高峰南昆山。南昆山融合了惠州和广州的地理意义，代表从存在出发理解小道组织世界的方式。小道通过逻各斯的交互主体性组织世界，这就是逻各斯向存在（世界的敞开）回归的方式。所以，南昆山主峰天堂顶（广州最高峰）在惠州边界俯视着广州，仿佛从存在敞开了广州繁华的天堂般的世界。

广州是珠江口的开端所在。珠江是语言哲学之江，其本质就是汇聚从**梅洛-庞蒂**到**海德格尔**的语言哲学因素，故其流域涉及云南和南部六省。语言就是逻各斯组织世界的方式，所以珠江的支流汇合形成的珠江口从广州南部开始向南通向大海。云南和南部六省从西向东横跨了中国南部，所以太极设计了三条大江作为珠江的支流，分别从西、北、东三个方向汇集七省的水，产生了西江、北江、东江。西江收集了从云南、广西、贵州三省而来的水，代表**梅洛-庞蒂**、**维特根斯坦**、**罗素**中的语言哲学因素。东江发源于江西赣州东南角，即江西、福建、广东三省交界处，代表**胡塞尔**、**萨特**、**海德格尔**中的语言哲学因素（虽然东江源头在三省交界处，但它从江西流入广东而不流过福建，因为**萨特**只是研究了语言中的某些现象，没有真正发展语言哲学，所以东江实际上只是汇聚了广东和江西的水）。[②]最后，为了把**尼采**中的语言哲学因素吸收到珠江中，必须有一条支流从湖南发源流入广东，这就是北江上源武江，发源于郴州南部骑田岭（宜章盆

① 参见《太极之音》第504页。

② 由于东江代表的语言哲学因素包含来自**海德格尔**的成分，所以从河源发源了东江的支流西枝江，代表**海德格尔**对语言（存在的解蔽）的最初思考。西枝江代表语言之思的开端，因而也就代表了从**海德格尔**而来的语言哲学因素。

地）一带，向东南流向韶关。由于韶关的边界不仅向西北插入宜章盆地（代表从大地敞开世界），而且还同时向东北插入赣州南部（代表相似意义，参见上面分析），太极还从赣州南部发源了浈水，让它向西南流向韶关。武江和浈水在韶关市中心汇合成了北江。[①]西江、北江、东江收集了广东的诸水后从珠江口流入南海，其在广州的一段就是通常所说的（狭义的）“珠江”。珠江汇聚了从**梅洛-庞蒂**到**海德格尔**的语言哲学因素，突出了中国南方地理中逻各斯对世界的组织作用，从而强化了广州作为华南发展中心的意义，而珠江口则把广州的意义延伸到大海，起到了统一东西两岸，把广东向世界开放的作用。但由于东江仅仅统一了广东和江西（没有统一福建），因此珠江仅仅统一了南部六省中的五省。为了弥补这个缺陷，太极从赣、闽、粤三省交界的山地发源了韩江，其北源发源于福建，南源发源于广东，并吸收了从江西而来的支流。南北源汇合后从汕头独流入海，代表了粤闽赣三省的统一性。韩江帮助珠江实现了南部六省的统一性，成为广东省除珠江之外的第二大河。

广州继续向西过渡到了佛山，对应逆行经过的**赫拉克利特**。**赫拉克利特**中的逻各斯在存在和存在者之间运作，把世界聚集为永恒的活火，深化了**海德格尔**对逻各斯的解蔽／遮蔽二重性的思考，形成了泰然任之的思想。佛山地形很平坦，代表被公共逻各斯组织的世界，自古就是富饶的鱼米之乡，从唐宋到明清发展成了工商业发达的岭南重镇，与北京、汉口、苏州并称“天下四聚”，如今已成为中国重要的制造业基地。佛山的中心有一古火山（西樵山）突兀在平原之上，群峰罗列，参差有序，还有许多奇特的幽深洞穴和壮观的大小瀑布，形成了“山里有湖湖里有山，水在山中山在水里”的景象[②]，展现了逻各斯将存在解蔽到存在者中，以解蔽／遮蔽二重性组织世界现象的方式。逻各斯组织世界的这种富于动态的方式使佛山的世界生生不息，既混沌又澄明，成为威猛粗犷、讲究神似、鼓乐激昂、令人警醒的南狮（醒狮）的发源地[③]。逻各斯的“解蔽／遮蔽”二重性与中

① 北江上游流过的区域凝聚了从地敞开世界的大道，但北江代表的是语言哲学因素，因此它实际代表的是和大道互为表里的小道，在流过清远东南端时表现为存在的真理。
② 参见百度百科“西樵山风景名胜区”词条。
③ 参见百度百科“佛山”词条和“南狮”词条。

国佛教的“一心开二门”相通，而泰然任之的思想也和禅宗比较接近，因此佛山有天然的佛缘，获得了“佛山”和“禅城”的名称。佛山和梅州有相似之处，因为佛山在世界本身和世界现象之间运作，而梅州则从世界现象向世界本身超越。在历史上，佛山和梅州一样崇文尚武，人才辈出（清末著名的变法者康有为即是佛山人），成为广府文化的发源地和传承地之一。但佛山隐含的是组织世界的公共逻各斯（适合发展工艺和制造业），而非个体逻各斯，因而与广州有所区别，其文化更多地显示出世界的宏大气象。

佛山向西北过渡到了肇庆，对应逆行经过的**芝诺**。**芝诺**通过思考存在者产生的矛盾来显示只有存在本身是可思的。**海德格尔**在穿过**芝诺**时批判**萨特**从人出发思考存在的做法，突出了人的本质在于被存在拥有来思考存在，存在就是唯一当思之物，语言就是存在的家（语言是存在拥有人的方式）。为了展示存在和语言的关系，太极巧妙地让肇庆出现在清远与红水河一北一南夹住的区域（清远凝聚了语言与存在的内在关系，红水河代表语言哲学），同时还让肇庆西接梧州以及贺州南部，因为广西的这些地区贯穿了对不可言说之物保持沉默的意义，可以用来批判从存在者出发思考存在的做法。肇庆的形状就是以广西边界为底边向东南延伸的三角形。三角形包围的区域是众多山丘构成的山地，代表存在者，但随着三角形向东南变得越来越窄，山地也就越来越少，代表从存在者向存在运动，最后在三角形的顶点附近进入平坦开阔的区域，代表存在本身（这片区域自然地成为肇庆的市中心所在）。通过不断远离广西边界，山地面积不断减少，乃至最终进入平原的运动，肇庆地理展示了从存在者出发无法恰当地言说存在（不如保持沉默）；我们必须响应存在的召唤，被存在拥有去思考存在，让语言成为存在的家。肇庆市区著名的岩溶地貌景观是七星湖，其中有七座排列如北斗的岩峰镶嵌在湖面上，象征存在和语言完全密不可分的关系（湖面象征存在，岩峰象征语言）。肇庆具有从存在出发（通过语言）统一世界的意义，同时又分享了梧州集大成的特性，所以肇庆和梧州交界地带属于粤语的发源地和广府文化的发祥地（广信），在中国古代历史中多次成为岭南的政治、经济和文化中心。

因为肇庆已到达广西边界，广东地理就倒回广州的南方，从珠江口西岸地区重新开始向西发展。这个地区包括中山、珠海和澳门，对应逆行经过的**杨朱**。**杨朱**的根本特点是把大道个体化。**海德格尔**在穿过**杨朱**时揭示了存在（大道末端）让每个存在者都分得在场，但存在对存在者的拥有终究会使存在者相互让路，在实现自身存在后就退出在场。中山的形状像一个番薯，具有地理上的完整性，代表存在本身（世界的敞开）。珠海在中山南部，由东西两部分构成。其西部从中山延伸而来，但接着向西南海域分裂出几个疏松的大岛，代表存在让存在者分得了在场。其东部也是从中山延伸而来，向东南产生了组成澳门的几个（很靠近珠海的）岛屿[①]，代表存在对存在者的拥有，然后进一步向东南分散地产生一百多个小岛（构成珠海的万山区），代表存在者相互让路，在实现自身存在后就退出在场。中山不但代表世界的敞开，而且隐含世界向个体存在者敞开的特性，凝聚了从个体出发关怀世界、建立世界的意义。正是在这里诞生了伟大的民主革命先行者孙中山（中山市的前身是香山县，为纪念中山先生而改名）。珠海凝聚了世界向个体存在者的分化，把**杨朱**中个体生命的自我保存和自我满足凸显了出来，其发展倾向于为个人提供良好的生活环境，目前是中国唯一以整体城市景观入选“全国旅游胜地四十佳”的城市，有“幸福之城”和“浪漫之城”的称号。澳门一方面凝聚了存在者被存在拥有的意义，另一方面又隐含了存在者相互让路，在实现自身存在后就退出在场的意义。澳门的这种中介性使它适合于成为人们从积极的世界活动中退出时的休闲场所，近代以来逐步发展成了以娱乐和赌城闻名世界的旅游休闲中心。澳门曾经租借给葡萄牙，因此其发展过程也变得很特别。和香港一样，澳门的这种特殊性也要在我们完整地理解了广东地理之后才能更好地把握。中山、珠海和澳门的意义是不可分割的，只是因为这个意义包含若干不同环节才产生了几个不同的区域。

广东地理接着向西过渡到江门，对应逆行经过的**巴门尼德**。**巴门尼德**把存在当成唯一可思之物。但**海德格尔**是从**杨朱**逆行进入**巴门尼德**的，故其对存在的思考通过对存在者的思考进行，亦即思考存在如何通过存在者

---

① 澳门半岛本来是离岸岛屿，后来由于西江的泥沙淤积才变成半岛。参见百度百科“澳门”词条。

解蔽自己，发现了世界是“地天人神”四方游戏的场所。江门于是以顺时针方式形成了恩平、开平、新会、台山四区，代表地、天、人、神四方的游戏（“神”其实指的是在世界中向人显现其神性的天志）。四区相互归属，不可分割，故被称为“四邑”，其世界性本质使四邑的华侨华人遍布世界各地，成为中国著名的侨乡，其凝聚的意义更使之成为粤剧之乡。四区的名字还暗示了地天人神的意义：天地皆平阔无边，但地有恩情，天则开辟世界；人会聚为社会、建立新世界，而神则高居山上之台俯视世界。**杨朱**突出个人，因此从**杨朱**逆行进入**巴门尼德**使“人”这个维度自然地成为江门地理的开端。凝聚了“人”的新会区就被太极排列在东边，直接从中山延伸出来，接着就按照顺时针依次产生台山、恩平、开平三个区域（**海德格尔**从存在出发理解地天人神，使四方相互归属，相互映射，构成圆形的环舞，和中国地理的天地人神框架不同）。[①]江门最高峰是开平西北部的天露山（代表天）。天露山余脉向西南延伸到了恩平西部，向东敞开了恩平和开平之间（毗邻区域）的广阔平原，代表天从地敞开世界（天地之间）的运动。在地天人神四方中“神”和“人”相互对应（正如天和地相互对应），所以气势雄伟、代表“神”的古兜山隆起在台山和新会边界，其中峰峦叠翠，怪石嶙峋，水体秀丽，云雾缭绕，充满了神奇色彩。开平凝聚的“天”使之具有敞开世界、在世界中展开地天人神游戏的气魄，孕育了粤港一些（祖籍开平的）富有气魄的演艺人才；近代遍布开平的碉楼则结合了中西建筑艺术，在乡村拔地而起、以开阔的视野俯临世界。[②]恩平凝聚的“地”使其蕴藏丰富的地热，成为著名的温泉之乡，其出产的“恩州奇石”色彩自然、温厚质朴、纹理丰富、孕育出了茶坑石雕刻技艺，其民歌则生于大地、感情真挚、优美动人。新会凝聚的“人”有利于发展人性和人文修养，使新会成为广东历史上文风最鼎盛的地区之一，孕育出了开创明代心学先

① 江门的东边和北边分别与中山和佛山接壤，因此四邑被中山和佛山凝聚的世界性吸引，从新会和开平分化出了蓬江、江海与鹤山。地天人神的环舞意味着四方中没有任何一方起到领头的作用，而是四方相互依赖的游戏。所以，统一江门的市中心不在四邑中，而是在四邑之外世界性最强处，即靠近中山与佛山交汇处的蓬江，这里凝聚的强烈世界性使其从元末明初开始就获得了发展。

② 碉楼有防盗贼、防水患等实用目的，在台山、恩平也有，但以开平为最。开平碉楼闻名世界，已经成功申报了世界遗产。

河的大儒陈白沙，近代的思想家、文学家和维新领袖梁启超，以及许多新会籍的香港演艺界人物。台山凝聚的“神”具有统一人间世界、为世界提供意义的作用，不但孕育出了国内和国外（华侨中）无数的政界军界人物，而且还通过和“人”的相互游戏使台山成为中国著名的曲艺之乡、排球之乡、艺术之乡。江门地理隐含的地天人神四方游戏是首尾相接的“环舞”。这种地理意义还孕育出了祖籍江门（今蓬江区）、被称为“中国现代舞之母”的著名舞蹈家和中国舞蹈教育先驱戴爱莲，其“人人都可以快乐舞蹈”的理念已经在江门遍地开花，使江门成为中国舞蹈家协会授予的唯一的“中国舞蹈之城”。[①]

海德格尔在进入**巴门尼德**时还反思了现代技术的本质，认为现代技术是存在通过人自我解蔽的一种异化形式，因为它无止境地追逐存在者的有用性，挑战人去挑战自然，遮蔽了存在本身，因此人必须回思存在者和存在的二重性。为了引人回思存在者和存在的二重性，太极在江门的南方海域上设计了上川岛和下川岛（前者大于后者）来代表存在和存在者，并让它们相互靠近来象征二重性。“川”即水流，乃大道之物化，而存在就是大道的末端，故“上川岛”和“下川岛”的名称很好地表达了此二岛的本质（所谓形而上者谓之道，形而下者谓之器）。代表存在的上川岛原始古朴，森林茂密，沙滩平缓开阔，海水清澈，沙质洁白，犹如世外桃源。代表存在者的下川岛四周海面有14个小岛洲，岛上植物丛生，椰林成片，绿意盎然。当地正准备以海洋为依托，以科技促发展，把下川岛建成旅游业兴旺的现代化海滨新城。然而，人们是否注意到了上下川岛的二重性，是否体会到了太极设计此二岛的良苦用心？**海德格尔**把技术统治世界的力量归结为强力意志的主体性，而强力意志则与四邑中的台山相呼应（台山代表的“神”其实就是天志）。所以，太极不但让上下川岛出现在台山的南方海域，让其归属于台山，而且还在台山和恩平的边界裂出了一个喇叭形的海湾（镇海湾）通向上下川岛，仿佛后者是从台山和恩平的边界挖出来的，暗示现代技术用意志挑战大地造成了四方游戏的断裂，而这个断裂只有通过回思存在与存在者的差异才能弥补。

① 参见百度百科“戴爱莲”和“中国舞蹈之城”词条。

江门接着向西北过渡到了云浮，对应逆行经过的**庄子**。**海德格尔**穿过**庄子**时意识到了存在的难以言说；**庄子**对宇宙理界的忽略和逍遥游的思想则使**海德格尔**认识到地天人神四方游戏没有任何根据或理由。为了在地理上展示这些思考，太极让云浮出现在西江南岸，和代表**维特根斯坦**早期的梧州南部（红水河南岸）接壤，使其早期的不可言说之物和存在的难以言说相互呼应。云浮西部是山间盆地，代表宇宙生命。盆地东侧的云雾山脉和江门边界上的天露山脉在云浮东部夹出了一个“东北—西南”走向的狭长山谷，代表宇宙理界。西部盆地通过云雾山脉的低处可以通达这个狭长山谷，但盆地比山谷宽阔很多，因此这种通达意味着从宇宙生命中把宇宙理界排除出去，代表**庄子**对宇宙理界的否定。云雾山脉的东北主峰（大云雾山）向西俯视西部盆地，向东俯视狭长山谷，凝聚了**庄子**道不可言和否定理界的思想，终年云遮雾绕（云浮因此而得名），入之如同腾云驾雾，飘飘然逍遥游于仙境中。云浮东南部和江门接壤，但天露山脉刚好隔开了代表宇宙理界的狭长山谷和代表地天人神的四区，暗示四方游戏没有任何根据或理由。云浮的本质甚至凝聚在了石头中，使云浮盛产云雾般的云石（大理石），成为中国有名的“石材王国”。云浮凝聚的道不可言、否定理界及逍遥游等意义还使它和禅宗的境界特别相通。正是在这里诞生了中国禅宗的伟大宗师——六祖惠能。

广东地理接着从云浮倒回江门的西边，从阳江开始重新向西发展。阳江对应逆行经过的**毕达哥拉斯**。**毕达哥拉斯**把**易**的象数转化成了具有本原性质的数，把太极的发展过程思考成了数的发展过程。另一方面，**黑格尔**的逻辑学从概念出发以更深刻的方式思考了太极的发展过程。因此，**海德格尔**在穿过**毕达哥拉斯**时被引向**黑格尔**的逻辑学，认为后者没有思考存在与存在者的差异（把存在者的存在归结到最高存在者），把逻辑学代表的形而上学概括为“存在—神—逻辑学”。为了在地理上展示这些内容，太极让云浮东部代表宇宙理界的狭长山谷在阳江境内继续向西南延伸（代表逻辑学），逐渐过渡到阳江第一高峰蛾凰嶂（代表神），同时在过渡的中途向东南开放出广阔的沿海平原（象征存在），使阳江整体上凝聚了“存在—神—逻辑学”的意义（阳江市中心就在平原上）。太极还巧妙地利用了江门南方海域上的上川岛和下川岛，把它们变成阳江南方的海陵岛及其北方的无名半岛（二者形状分别来自上下川岛）。代表存在者的无名半岛和象征存在的沿海平原连在一起（其形状被齐整化），暗示逻辑学没有思考存在与存在者的差异。这个差异就展现在无名半岛与海陵岛相互靠近但又被海水隔开的设计中。然而，20 世纪 60 年代在海陵岛和无名半岛之间修建了大堤，把它们连接了起来。它们其实应该保持天然的分隔状态，以免遮蔽存在和存在者的差异。阳江隐含了**毕达哥拉斯**数本原论和**黑格尔**逻辑学的因素，在实践中充分发挥出来时具有数学和逻辑般的精致准确，并体现在历史悠久、驰名中外的阳江刀具中。

阳江向西过渡到了茂名，对应逆行最终到达的**老子**。**海德格尔**到达**老子**时开辟了通往语言之路，把语言的道说当成大道将人纳入地天人神四方游戏的根本方式。为了展现大道和语言的关系，太极让茂名和广西的玉林接壤（玉林靠近茂名的边界上的云开大山代表**维特根斯坦**中的语言，而语言不可言说的东西包括大道）。另外，太极还让云浮的云雾山脉（代表**庄子**中的语言和大道）延伸到茂名境内，让它和云开大山相连接而产生大雾岭，让其最高峰大田顶（代表天）向西俯视着茂名西部的大平原（代表地），同时还在大田顶、蛾凰嶂（代表神）和西部平原之间隆起了浮山岭来代表人（浮山岭比大田顶和蛾凰嶂都低）。通过这一系列巧妙的设计，茂名不但凝聚了地天人神四方的游戏，而且凝聚了语言的道说将人纳入地天人神四方游戏的方式。大田顶向西俯视的地方是信宜，其大仁山是道教圣地，建有粤西最大的道场。浮山岭则山清水秀，树木郁葱，泉溪清澈，云雾缭绕，是岭南道教第一人、西晋时期的仙人潘茂名的故乡（茂名市因此而得名）。浮山岭向西南俯视的地方就是茂名的中心（市区），向南俯视的地方（电白）则是两广地区俚族女首领冼夫人的故乡。冼夫人历经梁陈隋三朝，以其忠诚和才略维护了岭南地区对朝廷的归顺，为大唐盛世的天下一家铺平了道路，因此历朝对她进行了多次的追封，尊称为“岭南圣母”。在中国从乱世走向盛世的历史进程中，冼夫人所展现的正是大道让人归属地母，并通过地母归属于天的伟大作为。茂名还是中国油页岩非常丰富的地方。“地天人神”中的“神”其实就是天志。**海德格尔**把语言的道说当成大道将人纳入地天人神四方游戏的根本方式，使四方不仅相互映射而且在大道中相互贯通，使“神”可以通过语言澄明世界的作用来通达“人”，因此在地理中凝聚成了茂名的油页岩。[①]

海德格尔的最后发展就是在**老子**激发下重新思考时间与存在，揭示了完全超越存在者的原始时间，即大道开启又回收世界的时间。广东地理于是从茂名发展出了湛江。湛江从茂名西部的平原（代表地）向西南延伸出来，形成了弧形的雷州半岛，其弧形向西凸出又再弯回东边，代表了世界从地开启又被回收到地的运动，亦即原始时间（此运动的开端处即湛江的中心所在）。另外，太极在该弧形包围的海域上设计了东海岛，其海滩极为绵长洁白，其形状是上川岛的齐整化（面积被放大而成为广东第一大岛），象征和时间不可分割的存在。与此同时，太极还把代表存在者的下川岛打碎成十个零碎小岛，出现在东海岛东北方，让这些零碎小岛过渡到东海岛的运动和雷州半岛的弧形运动同步进行，暗示时间和存在对存在者的超越（20 世纪 50 年代的筑提把这些零碎小岛连成了一个大岛，亦即南三岛，从地理上遮蔽了这种超越）。东海岛的"人龙舞"通过巨龙的飞舞展现了大道开启与回收世界的回旋运动，被称为"东方一绝"。原始时间开启与回收世界的同时送出了存在的真理，以瞬间的运动澄明了世界。因此太极形成雷州半岛的自然环境时就使之容易形成闪电和雷暴。闪电物化的就是大道（通过小道）澄明世界的作用，而雷鸣则物化了天志敞开世界的作用（两种作用总是同时发生，共同敞开世界）。[②]这是为什么雷州半岛成为世界著名的雷区。其雷暴极为频繁，即使不下雨也会打雷，故而得名雷州。[③]由于雷州半岛凝聚了**海德格尔**对时间与存在的最终思考，它和潮汕地区代表的（对存在与时间的）最初思考相互呼应。潮汕是从福建发展出来的，因此雷州半岛和福建也有先天的渊源，其在历史中的表现就是雷州半岛的居民和潮汕一样最初来自福建（雷州话类似闽南语），并形成了独特的雷

① 参见导论第四节对油页岩的讨论。

② 大道敞开世界的运动伴随它（通过小道）澄明世界的作用。但世界不仅是大道敞开的，同时也是天志敞开的。大道对世界的澄明其实是借助天志既敞开世界又通过宇宙判断力推动小道而实现的。从这个角度来说，世界的敞开和澄明既是大道的作为，也是天志的作为，故其物化就是在天空中出现的雷鸣和闪电（参见《太极之音》第 176—177 页）。

③ 岭南文库编辑委员会，广东中华民族文化促进会：雷州文化概论 [M]. 广州：广东人民出版社，2014，第 41 页。

州文化（和潮汕文化有点相似，但也有很多不同）。[①]

湛江实现了**海德格尔**的最后发展，结束了广东的地理设计。但**海德格尔**这个位置是很特殊的，因为它把世界哲学史的发展从西方带回中国，隐含“引西入中”的意义。中国哲学的全世性使得中国地理凝聚了世界哲学史的发展过程，把西方哲学史的所有位置都凝聚在了中国地理中。这使得中国的许多省份都隐含了“引西入中”的意义。在这点上广东和凝聚西方哲学位置的其他省份是相似的。但**海德格尔**的特殊性使“引西入中”这个意义被特别地附加到广东。因此广东地理具有双重的“引西入中”意义，其中一重已经实现在广东的地理设计中。另外一重附加的意义则特别地凝聚在广东地理中心（广州）附近的海域中。海洋本身就是世界的物化，代表了中国和西方共享的世界。因此，这种特殊的附加意义就凝聚在珠江口通向大海的地方，和东岸的香港及西岸的澳门发生了呼应（这两个地方本来就隐含相对独立于大陆的意义），使这两个地区在近代中国的“引西入中”过程中发挥了特殊的作用，发展出了中西结合的社会制度和文化，最终成为中国的两个特别行政区。

23. 海南

世界哲学史的最后发展是从**海德格尔**返回中国哲学史，发展出从太极出发思考太极的哲学，即**太极易**。**太极易**本质上是中国哲学，但它综合了世界哲学史的发展过程。既然中国地理凝聚了世界哲学史的发展过程，**太极易**对应的省份就应该浓缩中国地理。这个浓缩了中国地理的省份具有相对的独立性和完整性，因此必须从中国大陆分离出来，成为和大陆隔海相望的一个大岛，亦即海南岛。中国地理从北向南的发展反映了世界哲学史的发展过程，以致中国历史的发展也基本上是从北向南逐步展开，导致海南在中国的历史发展中相对滞后，但同时也使海南保持了良好的生态环境。这种滞后是历史性的，因此暗藏着强大的未来发展趋势。改革开放之后，海南已经成为中国最大的、也是唯一的省级经济特区，近年来更开始了自

① 雷州文化虽然属于广义的广府文化，但其独特品格使之成为广府文化中的异类。关于雷州文化的独特品格，可参考《雷州文化概论》。

由贸易港的试验，其自然生态的优势和潜在的世界性已经开始得到发挥，只要立足本土，包容四海，就有希望成为中国乃至世界的人文荟萃之地、兴旺发达之邦。随着世界历史向**太极易**对应的时代前进，海南将在中国乃至世界的历史发展中发挥其不可替代的重要作用。

为了展现从广东到海南的过渡，雷州半岛的弧形被太极用来指向海南地理的开端（海口）。海南地理的发展方式就是从海口开始，按照中国地理发展的同样顺序，把中国各省浓缩到海南岛中，构成海南省的二级地理单位（市或县）。这种浓缩是以已经设计的22个中国省份为基础的，不包括在海南之后才设计的台湾、蒙古、辽宁、吉林、黑龙江（此五省的设计是为了完善中国地理的世界性和统一性，其中的蒙古指的是蒙古国尚未独立之前的整个蒙古高原。参见后面五节）。但太极在设计了此五省之后，还必须把它们以某种方式吸收到海南地理中，否则海南浓缩的中国地理就不完整。这种吸收只是形式上的，因为世界哲学史已经完整地凝聚在从河北到海南的23个省的设计中。所以，太极只需要改变海南的整体形状来反映后来增加的五省。由于台湾和海南一样浓缩了中国地理（见下节），这个改变实际上只需要反映蒙古和中国东北三省，其方式就是把海南原来的形状向北和东北两个方向拉伸，其结果是海南岛北部从向南凹陷变成稍微向北凸出，而海口及其周边地区则向东北凸出。为了展现海南地理的相对独立性和完整性，太极还把海南的边界做了齐整化。这些调整的综合效果使海南的形状像一个向东北倾斜的大雪梨。

在中国地理中，有些相互接壤的省份在地理上相互渗透（后起省份继承和发展了之前省份的地理结构，以致其水系、山脉、盆地等密不可分）。它们被浓缩时其相互渗透变得更加强烈，以致它们合并在一起，共同构成了海南的某个市县。这样的省份总共有三组：（1）黄河流域的陕西和山西（2）长江流域的湖北、湖南和江西（3）珠江流域的广西和广东。这三组省份在海南地理中被分别浓缩成了（1）澄迈（2）琼中（3）三亚。因此，22个已经设计的省份在海南中被浓缩成了18个二级单位（市或县）。下面是浓缩的结果（括号内是所浓缩的省份）：

（1）海口（河北）（2）文昌（山东）（3）定安（安徽）（4）琼海（江

苏）（5）万宁（浙江）（6）屯昌（河南）（7）澄迈（陕西、山西）（8）临高（宁夏）（9）琼中（湖北、湖南、江西）（10）白沙（青海）（11）东方（西藏）（12）昌江（新疆）（13）儋州（甘肃）（14）五指山市（四川）（15）乐东（云南）（16）三亚（广西、广东）（17）保亭（贵州）（18）陵水（福建）

另外，南海的西沙、中沙和南沙群岛现在也被归属到海南省（构成三沙市），反映了海南岛和东南亚共同包围南海的特殊地理意义（参见后面对东南亚的分析）。所以，目前海南划分的19个行政单位无形中反映了太极对海南地理的设计。

必须注意的是，太极虽然把中国地理浓缩在海南，但并没有原封不动地保持各省的独特性和相互关系，而是根据海南的整体意义做了相应的调整。由于**太极易**从太极出发理解世界哲学史，所有哲学位置都被当成哲学史的一环；某些哲学位置片面地突出的事物不再那么独一无二。所以某些特别庞大的省份（如新疆和西藏）浓缩在海南地理中后就相对变小了，而某些太瘦小的省份（如宁夏）在海南地理中则被吹胀起来，以便让海南各市县的陆地面积相差不太大。但是，太极把海南向北方和东北拉伸的调整不但改变了某些市县的位置，还使某些市县（如儋州和乐东）的面积获得了较大的扩展。诸如此类的情形不一而足。

我们主要关心的是海南市县的位置和形状。下面就让我们从这个角度看看中国大陆的省份如何浓缩成海南的市县。大陆各省在海南的浓缩是按照它们的发展顺序进行的（省份的合并可能会对这种顺序有所影响）。首先，河北、山东和安徽在海南中分别浓缩成了海口、文昌和定安。三省凝聚的**易**、**孔子**、**老子**（和**庄子**）都包含太极结构。它们在海南的浓缩都能代表**太极易**去承接广东地理凝聚的**海德格尔**。所以，海口、文昌和定安都被拉向雷州半岛方向。海口浓缩了河北，其形状类似河北，但被扭向西北（去承接雷州半岛）而有所变形。文昌浓缩了山东，但它被逆时针拉到海口东边去朝向雷州半岛，其扭曲比海口更甚，以致山东西南的凹陷地带（南四湖所在处）在文昌南部被进一步撕裂开，形成了呈“八”字形朝向清澜港的八门湾，而山东半岛则被逆时针扭到了海南岛最北端，形成了著名的海南角。

定安浓缩了安徽，但它被拉向雷州半岛方向而挤到了海口西南角，其形状则因为迁就周围市县而变得和安徽有所不同。

琼海浓缩了江苏，其形状是江苏（包括上海）的齐整化。文昌被拉到海口东边使琼海北部也跟着被拉向东边，把江苏的“西北—东南”朝向改成了琼海的“东北—西南”。万宁浓缩了浙江，其形状是浙江的齐整化（众多小岛消失；舟山群岛被聚拢为半岛；杭州湾变成被半岛包围的小海，成为中国最大的潟湖内海），其北部边界则被琼海向文昌的运动拉扯而发生了相应变化。河南浓缩成的屯昌无法代表**太极易**去承接广东地理，所以屯昌只好为定安让出位置，被挤到了定安西南方，但其形状仍保持与河南的相似。澄迈浓缩了陕西和山西。受到海南岛北部被拉向北方的影响，澄迈的形状是陕西和山西一起被拉向北方，合并后再齐整化的结果（为了实现合并，陕西北部被拉到和山西北部平齐，面对面地形成了澄迈湾）。临高浓缩了宁夏，其形状是宁夏的十字形被向四周吹胀的结果（宁夏是中国大陆面积最小、形状最干瘦的省，因此它在海南被吹胀起来，以便使临高的面积和形状与其他市县相差不大，以符合海南地理的特点）。琼中浓缩了相邻的湖北、湖南、江西三省，其形状是三省合并再齐整化的结果（澄迈被拉向北方使琼中向西北移动去填补其位置，造成琼中以东北部和屯昌接壤，改变了琼中东北部的形状）。按照中国地理发展的顺序，宁夏之后是湖北，湖北之后是西部五省，而湖南和江西要等到设计南部六省时才出现。但是湖北、湖南和江西共享长江的特性使它们被共同浓缩为海南的琼中县，导致湖南和江西的浓缩提前发生了。

青海、西藏、新疆、甘肃、四川在海南中分别浓缩成了白沙、东方、昌江、儋州、五指山市。这五个省以青海为中心构成了顺时针运动的圆圈。这个圆圈的统一性在海南被**太极易**更为强烈的统一性超越。所以西部五省圆圈在必要时可以打破，但青海作为其统一性中心不能随便移动。在儋州（甘肃）被拉向北方的时候，其西南的白沙（青海）却无法跟随它一起向北方移动，所以儋州只是把其北方边界向北移动，其西南部仍然保持和白沙接壤，导致西南部多出了一大块面积，看上去比甘肃胖了很多。西藏和新疆是中国面积超大的省份，因此它们对应的东方和昌江必须缩小很多，以便让海南各市县的面积相差不大。它们被缩小的方式就是同时向其共同边界萎缩，导致西藏的长弧形被（顺时针）萎缩成了东方市的团形，其位置也相应从西南变成西，而新疆则被向西藏方向压缩成了昌江县的长条形。但西藏和青海本来是连成一片的青藏高原。西藏高原沿着顺时针方向萎缩时，青海高原也会发生相应的运动，这样就会破坏了青海作为五省中心的稳定性。所以，太极让昌江的长条形向东南插入白沙和东方之间（相当于用新疆隔开了青海和西藏，使青海可以不随西藏的运动而运动）。这样做导致白沙西南部被昌江“侵吞”，使白沙整体上变成了三角形。另外，西藏东部的横断山脉延伸到云南，把西藏和云南连成了不可分割的整体，因此西藏（东方）萎缩后留下的空白区域就由云南（乐东）向西北移动去填补，导致乐东的面积被扩展了很多，其形状也因为移动和扩展而变得和云南有较大的不同。五指山市浓缩了四川，其形状是四川的齐整化，其位置则保持不变，因为乐东（云南）已经填补了东方（西藏）萎缩后留下的空白。这样的设计使五指山市和东方被乐东隔开，丧失了四川和西藏的邻接关系，但问题不大，因为横断山脉的作用本来就是为了阻挡四川向西藏运动。

云南向西北移动留下的空白由广西和广东一起向西移动来填补。两广共同浓缩成了三亚（三亚市中心浓缩了广州）。所以三亚在五指山市南方（正如云南在四川南方）。三亚的形状是广西和广东合并再齐整化的结果（包括一些变形，参见本节最后对三亚地理的分析）。在中国地理的发展中广西之后是贵州，但广西和广东不可分割的关系使广东被提前浓缩了。贵州接着被浓缩成了保亭，其形状是贵州的齐整化，但其南部边界因为广西和广东的移动而发生了相应变化。湖南和江西两省早已经和湖北一起浓缩成了琼中，而且琼中还向西北移动去填补澄迈被拉向北方留下的空白，因此福建浓缩成的陵水就向西移动去填补琼中留下的空白，导致陵水直接出现在保亭东边（陵水东北方的万宁也跟着被拉向西南方向，导致其形状在“东北—西南”方向上被拉长）。陵水的西北边界迁就了保亭和琼中的形状，而其东南海岸则把福建海岸无数支离破碎的半岛和岛屿简化成了若干半岛。在中国地理的发展中，福建之后的省份是广东。虽然广东已经被提前浓缩到三亚，但它代表的仍然是中国大陆最后设计的省份。因此处于最南端的三亚就是海南岛地理发展的终点。

让我们再看看海南的地形是如何决定的。海南各市县的地形并没有简单地浓缩中国各省的地形，因为五指山的特殊性决定了海南地形的整体设计。五指山不对应中国大陆的任何山脉，而是海南独有的山脉，因为它起源于**太极易**在“三连贯”中的地位。在三连贯（**黑格尔—尼采—太极易**）中，**太极易**是前两个位置的运动方向和归宿。在海南地理中，**黑格尔**对应的四川被浓缩成了五指山市；**尼采**对应的湖南被与湖北和江西合并，共同浓缩成了琼中县；**太极易**则对应海南岛整体。海南地理的设计形成了**黑格尔**和**尼采**被“包含”在**太极易**中的格局，从而把三连贯的意义激发了出来。这个意义在地理上凝聚成了贯通五指山市和琼中的五指山山脉（“西南—东北”走向），其最高处（五指山）就在二者交界处（五指山市因五指山而得名）。五指山的意义使它从五指山市和琼中指向海南岛整体，成为海南地形的中心。由于琼中合并了湖南、湖北、江西三省，五指山的地理意义涵盖了四川、湖南、湖北、江西、海南五个省份。这是为什么太极把五指山设计成五峰相连的原因。山峰是意志的象征。之所以用山峰来展现三连贯，是因为**黑格尔**把小意志向大意志的回归推向了顶峰，而**尼采**则突出了强力意志，以致**太极易**中的意志也被凸显了出来。因此凝聚了三连贯的五指山不但是海南的最高点，还代表了海南的意志统一性。

由于五指山代表了海南的意志统一性，中国各省的山脉在海南地理中失去了原来的意义，只能从五指山重新获得意义，造成海南岛的地势以五指山为中心向四周逐级下降。实际上，能够从五指山重获意义的也只是上述五省的山脉（包括它们在其他省境内的延伸以及相关联的其他山脉）。五指山的五峰其实只是用来象征五省，而并非五省山脉的浓缩。为了在海南地理中浓缩五省的山脉，必须把它们的意义从五指山释放出来。五指山本身已经代表了海南的山脉。排除海南之后，剩下的川湘鄂赣四省的山脉包括川西高原的山脉、大巴山、武陵山、雪峰山、罗霄山、南岭（湖南南部山脉）、武夷山，等等。这些山脉中最高大绵长的是川西高原的山脉。因此，太极从五指山西北侧释放出了黎母岭来浓缩这些山脉。黎母岭是和五指山平行的大山脉，也是海南岛绵延最长的山脉，其主体部分是五指山市和琼中、白沙交界处的鹦哥岭（巴颜喀拉山脉贯通四川和青海，所以鹦哥岭和白沙密不可分）。鹦哥岭从总体上象征了川湘鄂赣四省的山脉，是仅次于五指山的海南第二高峰。但四省的山脉毕竟不是集中在一起的，而是横跨东西的：西边是川西高原的山脉，东边是其他三省的山脉。所以，黎母岭山脉向东北发展出了琼中境内的主峰（也叫黎母岭），单独地代表湘鄂赣三省的山脉，又向西南延伸到乐东、东方和昌江的交界处（昌化江东岸），象征川西高原的山脉（通过横断山脉和昆仑山脉）延伸到了云南、西藏和新疆。黎母岭接着越过昌化江，向东方和乐东交界的西岸发展出了尖峰岭，代表从西藏延伸到云南西部的横断山脉（尖峰岭是巨大的天然物种基因库，和西藏延伸到云南的横断山脉相似）。在中国大陆，川西高原还通过昆仑山脉通达了青海、西藏和新疆。黎母岭于是向其西北侧进一步释放出了代表昆仑山脉的雅加达岭山脉，从东北向西南贯通白沙、昌江和东方，成为海南三条平行大山脉之一。西藏南部还有一些大山脉（主要是喜马拉雅山）和川西高原的山脉不直接相连，但和后者共同属于青藏高原，其地理意义相互关联。太极于是从黎母岭西南端向东方市东南部释放出了猕猴岭来代表这些山脉。虽然这些山脉（特别是喜马拉雅山）非常高大，但它们和川西高原的山脉并不直接相连，不能很顺利地从黎母岭释放出来。所以猕猴岭比鹦哥岭低一些，成为海南第三高峰。黎母岭还向琼中北方的儋州、澄迈、屯昌释放出了一些小山岭来代表川湘鄂赣四省与甘肃、陕西、河南交界处的山脉，但这些小山岭只有几百米高，因为它们浓缩的不是四省的主体山脉，和黎母岭的关系比较疏远。其中值得一提的是横跨澄迈和儋州的大王岭，因为它代表了横贯陕西和甘肃的秦岭。但大王岭主峰只有512 米，和秦岭实在不可同日而语。

由于黎母岭在五指山的西北侧，它不能释放出川湘鄂赣与它们南方及东方省份共享的山脉。这些山脉就只能从五指山的东南侧释放出来。五指山脉于是从五指山市向保亭释放出放射状的余脉，构成保亭西北边界上的山群，代表四川与贵州共享的乌蒙山、大娄山以及相关联的苗岭。这些山群在保亭西部向东南发展为保亭和三亚的边界山脉，代表贵州和广西交界处的山脉（苗岭的东南余脉），同时还向东北延伸到琼中边界，代表苗岭的云雾山向东北发展出了和湖南共享的武陵山脉。然而，保亭的西南主体部分却是平坦的低地，而不像贵州的对应部分那样被苗岭占领，仿佛苗岭的主体部分萎缩到了贵州西北边界，融入乌蒙山和大娄山中。这是因为苗岭不是贵州和四川共享的山脉，只是通过乌蒙山和大娄山与四川发生间接关联。五指山脉还在琼中和陵水边界发展出了吊罗山，代表江西和福建共享的武夷山脉。但陵水中南部的主体部分和保亭一样是平坦的低地，而不像福建的对应部分那样布满高山，因为从五指山只能释放出江西和福建共享的武夷山脉，无法释放出福建的其他山脉。另外，江西与浙江交界处有怀玉山，与安徽交界处有黄山，而黄山余脉一直延伸到江苏南部。所以，五指山脉从琼中向万宁、琼海和定安释放出了一些小山岭。最后，五指山脉还从五指山市和保亭、三亚、乐东交界处（马咀岭）开始，通过保亭和三亚的交界山脉间接地释放出了三亚境内的许多小山岭，代表湖南和广东、广西共享的山脉（南岭）。三亚的这些小山岭本来应该从琼中的五指山脉释放出来，但海南地理的设计使三亚和琼中相互隔离，所以它们只能从五指山市的五指山脉（以保亭为中介）间接释放它们。这种间接的释放使三亚的这些山岭也都是几百米高的小山。

至于和川湘鄂赣四省没有关联的一些北方和东方山脉（例如天山、祁连山、贺兰山、吕梁山、太行山、燕山、泰山等）则无法从五指山释放出来，以致海南北部和东部只能实现为低丘陵和平原。然而，在海南东北部平坦的大地上却有一个以山美石奇著称的琼东第一峰（铜鼓岭），突兀地耸立在文昌海边的海南最东角（铜鼓角）。铜鼓岭不是来自大陆山脉的浓缩，而是来自太极对海南地理的调整。太极把文昌拉向海口东边去承接雷州半岛，相当于让文昌逆时针扭动。这种扭动的着力点是文昌海岸边的三个尖角。铜鼓角是第一个尖角，也是主要着力点，因此铜鼓角北部作为挤压受力处自然地形成了以石头称奇的铜鼓岭。第二和第三个着力点分别在东北海岸的抱虎角和最北端的海南角。逆时针扭动隐含的挤压在抱虎角西南产生了抱虎岭，在海南角西南产生了七星岭。铜鼓岭、抱虎岭、七星岭的高度逐次下降，共同象征太极扭动文昌去承接雷州半岛的方式，凝聚了海南和大陆的内在关联，成为海南东北部的三大名山。[①] 文昌南部的市县只是跟随文昌而运动，因此这种调整带来的挤压不像文昌这么明显。

让我们再看看海南的水系如何浓缩中国的大江大河。黄河和长江共同

---

① 这里描述的扭动和挤压不是实际的地理运动，而是发生在太极对海南地理的设计中，但其结果会通过后天的地理演变实现出来。正是以铜鼓角为主要着力点使其西边撕裂出了八门湾。

实现了中国在意志上的统一（参见前面对青海的分析）。但太极对海南地势和市县位置的调整使黄河和长江无法完全按照原来的流动方式浓缩到海南，而必须做出相应的调整。其结果是它们在海南被浓缩成了三大河流，即南渡江、万泉河和昌化江。黄河浓缩成的南渡江从西南向东北斜贯了海南岛中北部，是海南最大的河流，代表了海南在大意志上的统一。南渡江发源于白沙县境内的雅加达岭山脉（霸王岭东麓），流经黎母岭山脚下，向东北流入儋州，从儋州（经琼中西北角）进入澄迈，左岸接受了从澄迈大王岭发源的一条支流，再接受从儋州发源、经临高流入澄迈的大塘河，然后从澄迈流入海口西南角，进入海口与定安边界去接受从屯昌发源的龙州河，然后才折回海口境内，向北汇入大海中。南渡江的这种流动方式浓缩了黄河的流动方式：黄河发源于青海的巴颜喀拉山（昆仑山南支），流经甘肃和四川边界、再从甘肃流入宁夏、内蒙古、陕西、山西、河南，最后从河北流入渤海（古代黄河最初从河北入海，近代才改从山东入海）。南渡江发源后首先拐到黎母岭脚下，然后才流向儋州，就是为了吸收黎母岭隐含的四川因素。由于五指山代表海南的意志统一性，南渡江从儋州出来时被琼中吸引而流过其西北角。从澄迈大王岭发源的支流代表从陕西秦岭流入黄河的渭河。大塘河汇入南渡江则象征黄河从甘肃经宁夏流入陕西和山西边界（黄河从宁夏流入内蒙古之后才流入陕西和山西边界，但内蒙古是在海南之后设计的，所以被忽略）。由于屯昌和海口被定安隔开，南渡江无法从屯昌流入海口（象征黄河从河南流入河北）。为了弥补这个缺陷，南渡江从澄迈流入海口西南角后并不马上向北流入大海，而是首先进入海口和定安边界去接受从屯昌发源的龙州河，吸收到了屯昌代表的河南，然后才折回海口境内，向北流入大海。虽然海南地势和市县的调整使南渡江无法简单地复制黄河的流动方式，但在这些调整的基础上，南渡江仍然很好地实现了对黄河的浓缩。南渡江像黄河那样汹涌澎湃，在汛期还可能造成巨大的洪害，但20世纪70年代在白沙和儋州之间建起的松涛水库缓解了南渡江的危害性，为海南中北部提供了良好的饮用和灌溉水源。

自西向东流的万泉河浓缩了长江，代表了海南在小意志上的统一。和汹涌澎湃的南渡江相比，万泉河显得温和秀丽，沿河两岸分布着热带雨林景观和优美的地貌，其下游尤其柔和清澈，沙质纯而不杂，是海南岛当之无愧的母亲河。长江和黄河都是发源于青海，其在海南对应的白沙县在黎母岭西北侧。白沙被黎母岭挡住了直接通向东部的道路，所以自西向东流的万泉河无法像南渡江那样发源于白沙。为了解决这个问题，太极从黎母岭东南坡（琼中境内）发源了万泉河的北源（大边河），自西向东流入琼海（对应江苏），使万泉河通过黎母岭另一侧的白沙吸收到了青海作为长江源头的意义。太极还从琼中境内的五指山东坡发源了万泉河的南源（乘坡河），流入琼海去与北源汇合。南北源汇合后始称“万泉河”，先向东北流再拐向东南流入南海（模仿了长江在江苏的曲折流动方式）。琼中县浓缩了长江流域的湘鄂赣三省。因此万泉河南源象征长江（从青海发源后）流经湖北、湖南、江西才流入江苏（长江从江西流过安徽才进入江苏，但安徽对应的定安已经被拉到琼海北部，所以太极只能从定安发源三条支流向南流入琼海去汇入万泉河）。黎母岭是五指山的发展，故万泉河的南北源具有不可分割的地理意义，共同构成了万泉河的正源。

然而，万泉河仅仅实现了长江的源头以及下游的运动。长江上游的运动（从青海流经四川、西藏、云南）无法在万泉河实现出来，因为这个运动流经的省份浓缩在五指山市及其西南方市县，只能构成从五指山西北侧向西南运动的河流。所以，太极只好另外设计昌化江来浓缩长江上游。为了实现昌化江与万泉河的结合，太极让昌化江发源于琼中境内的五指山西坡（离万泉河南源在东坡的源头不远），沿着五指山西北侧向西南流，接受了从五指山市发源的毛阳河、通什河等支流，然后流入乐东，再向西北拐入东方市。昌化江的这种流动方式相当于长江从江西、湖南、湖北流经四川，然后流入云南，再向西北拐入西藏，刚好与长江的运动方式相反（长江上游金沙江从西藏边界流入云南，进入四川境内，出四川入湖北，再流向湖南和江西）。这是五指山的阻隔造成的逆向流动。既然昌化江只能展示逆向流动的长江，它最后应该从东方市（西藏）流入白沙县（青海），但在黎母岭旁边的白沙县地势远远高于海边的东方市，所以昌化江只能从东方市向西流入大海。昌化江的这种入海方式使其象征的长江逆向运动无法最终完成。为了弥补这个缺陷，太极从白沙县发源了石碌河（流经昌江县）去汇入昌化江，然后才让昌化江沿着东方市和昌江县边界流入大海，把长江从西藏逆流回青海的意义赋予了昌化江。通过石碌河和昌江县的辅助作用，昌化江最终完整地实现了长江从（琼中代表的）江西、湖南、湖北逆流回到青海的运动。[①] 如果从昌化江逆流而上返回其在琼中的源头，就相当于长江从青海、西藏、云南、四川向湖北、湖南、江西运动，而从琼中发源的万泉河则接着展示了长江从湖北、湖南、江西（经安徽）流入江苏，最后从江苏入海的运动。因此，昌化江和万泉河一起构成了长江在海南的完整浓缩。和南渡江对比，长江在海南的浓缩包含更多的改动，但在海南地势和市县调整的基础上，这就是唯一合理的设计。南渡江、昌化江和万泉河作为海南的三大江具有非常密切的内在关联，共同实现了海南在意志上的统一，补充了五指山所代表的意志统一性。

珠江在海南的浓缩遇到了更加复杂的问题。珠江在中国大陆代表云南和南部六省共同拥有的语言哲学因素，突出了中国南方地理中逻各斯对世界的组织作用（语言就是逻各斯组织世界的方式）。但是，南部六省圆圈被海南市县的调整打乱了，使云南和南部六省的统一性受到了破坏。珠江如果要浓缩到海南，就首先必须弥补这种统一性。幸好，五指山代表了海南在意志上的统一性。五指山的西南端（马咀岭主峰）刚好在五指山市和乐东、保亭、三亚的交界点上。马咀岭因此凝聚了这四个市县的意志，代表了川滇贵桂粤五省的意志统一性。另外，由于五指山代表的三连贯具有不可分割的内在统一性，其西南端也可以间接地吸收到东北端（琼中）代表的湘鄂赣三省的意志。因此马咀岭代表的意志统一性覆盖了滇贵桂粤湘赣六省，也就是云南加上南部六省中的五省（只有福建没有被包括进来）。福建是缺乏真正语言哲学因素的省份，这是为什么珠江三源之一的东江虽然发源于江西靠近福建处，却不流过福建（参见前面对珠江的分析）。所以马咀岭代表的意志统一性覆盖了珠江所统一的所有省份。但它只是代表了逻各斯的阳性意志（判断力）在语言哲学中的作用，而没有包括其阴性领悟的作用。后者集中地体现在了**罗素**的语言哲学中。**罗素**对应的贵州在海南被浓缩在保亭。太极于是在马咀岭主峰的东南（保亭境内）产生了仙安岭来代表完整的逻各斯在语言哲学中的作用。仙安岭布满了无数狼牙状

① 石碌河在白沙的发源地就是雅加达岭的霸王岭，离南渡江的发源地不远。雅加达岭代表昆仑山脉，而昆仑山脉的南支可可西里山正是长江的北源所在，其向东延伸形成的巴颜喀拉山则是黄河的源头所在。这是为什么石碌河与南渡江都发源于霸王岭的原因。

的千姿百态的岩溶石林（即著名的“仙安石林”），代表阳性意志在语言哲学中的作用，同时其地下布满了许多复杂的四通八达的岩溶洞穴，代表阴性领悟在语言哲学中的作用。从仙安岭发源的宁远河就是珠江在海南的浓缩，是继南渡江、昌化江和万泉河之后的海南第四大河。宁远河从保亭流入三亚后就向西南方流动，在乐东边界接受了从乐东发源的支流，最后在三亚西部的崖州湾流入大海。崖州在三亚最西端，浓缩的是广西，因此宁远河的流动方式相当于珠江最终从广西流入大海。但珠江本来是从广州的珠江口流入大海的。宁远河为什么不从（对应广州的）三亚市中心流入大海？这不是三亚的地形决定的。相反，正是为了让宁远河从三亚西部流入大海，三亚的地形才会产生相应的构造。其真正的原因在于马咀岭代表的是意志的统一性，它所发展出来的仙安岭也首先代表意志的统一性，其次才代表阴性领悟的作用，这是五指山从意志上统一海南带来的必然结果。由于宁远河突出了语言哲学中的阳性意志（判断力），和**维特根斯坦**突出判断力的语言哲学最为契合，宁远河就从对应广西的三亚西部流入大海。

宁远河的这种流动方式掩盖了珠江从广州流入大海的意义。为了弥补这个缺陷，太极在三亚中部产生了三亚河，让它的西、中、东三条支流（分别象征西江、北江、东江）在三亚市中心汇合流入大海。三亚河象征了珠江本来的流动方式，突出了完整的逻各斯组织世界的意义，而不像宁远河那样偏向突出阳性判断力。但三亚河仅仅起到形式上的象征作用，故相比宁远河它既比较短也比较小。为了形成宁远河的阴性对称，太极还设计了第三条河流（藤桥河）从三亚最东端流入大海，用来象征阴性领悟在语言哲学中的作用。藤桥河干流（藤桥东河）发源于宁远河发源地的东边，形成东西对称之势，然后向东南一直流到三亚最东端。藤桥河还有一条支流（藤桥西河）从保亭东南部单独地发源，象征（从**罗素**而来的）纯粹的阴性领悟，和藤桥东河汇合之后流入大海，使藤桥河真正成为宁远河的阴性对称。三亚的三大河（宁远河、三亚河与藤桥河）共同构成了珠江在海南的完整浓缩。

总的来说，中国的三大江（黄河、长江、珠江）在海南的浓缩十分复杂，其根本原因在于五指山的特殊性。五指山代表海南在意志上的统一性，决定了海南的地势以五指山（和黎母岭）为中心向四周下降，导致海南的水系出现了很多调整。五指山代表的意志统一性还决定了海南整体上偏向阳刚的特性。中国大陆许多湖泊都因此而在海南消失（湖泊是小海，代表小世界，比海洋更加阴性），使海南很多地方成为缺水地区，只能靠拦截江河构成水库来弥补，所以海南拥有许多大型水库（例如拦截南渡江形成的松涛水库就是中国十大水库之一）。海南的矿藏不是很丰富，因为海南不是直接凝聚世界哲学史的位置，而是把它们在中国大陆的地理实现加以浓缩，以致这些位置的哲学特性难以直接凝聚成矿藏。海南的自然资源主要集中在土地资源、热带作物和海洋生物。所以，海南的发展必须避免过度的开发，同时要努力恢复、保持和优化海南极其可贵的原生态环境，才能让海南文化（特别是黎苗族文化）从海南的美丽山水中不断吸收养分，为中国文化复兴保留一块真正的后花园。

海南的人文特色既有来自**太极易**的因素，也有热带季风气候带来的影响。**太极易**的综合性使海南人有容纳四海的胸怀，而且非常有人情味，形成了人们常说的“海量的情怀”。虽然海南整体上偏向阳刚，但**太极易**包罗万象的丰富特性使海南人不容易变得狭隘、偏激。南方本来属地，其温暖湿润的海洋气候使海南人（特别是沿海地区）具有比较中庸的性格。海南不是直接凝聚世界哲学史的所有位置，而是把它们在中国大陆的地理实现加以浓缩。这意味着海南各市县隐含的哲学位置不会像中国各省那样强烈而直接地表现出来，即使有所表现也是在海南的整体意义及其热带气候中的表现，所以我们不能期待中国各省的人文特点在海南有精确的对应（海南地势和市县位置的种种调整更使精确的对应成为不可能）。然而，海南各市县的人文特点还是能在某种程度上体现它们所隐含的哲学位置，间接地反映了所浓缩的省份。下面就让我们看看几个主要市县的情况。

海口浓缩了河北（包括北京），因此它自然地成为统一海南的中心。海口大地颇有燕赵之古风，曾孕育出明朝著名的清官海瑞，其刚直和狂狷比起燕赵之士有过之而无不及。海口还孕育出了琼崖革命根据地创始人冯白驹等杰出人物。但大易并非纯粹阳刚，而是隐含大道的生生不息，其杰出代表人物就是南宋时期出生琼山（今海口）的道教南宗五祖白玉蟾。白玉蟾以其海量的情怀吸收儒家理学思想，兼容佛家禅学，融易儒道禅为一体，成为道教南宗的实际创始人，其诗文直抒胸怀，气魄宏大，其草书龙蛇飞舞，粗中有细，狂中有定，兼得张旭和怀素的风骨。

文昌浓缩了山东。文昌是离五指山最远的地区，也是海南唯一没有少数民族聚居的地区。汉族主要是从宋朝开始从福建移居海南的（雷州半岛和福建的渊源使海南和福建也有渊源），而汉族移居海南后的主要聚居地就是文昌。文昌保持了很多儒家传统，自古就是海南最发达的文化之乡，读书和从政的风气非常浓厚。文昌话被当成是海南话的标准音。文昌传统民居的飞檐翘角和壁画等装饰颇为讲究，而文昌孔庙则是海南保存最好的古建筑群，被誉为“海南第一庙”。文昌还是中国近代史上著名的宋氏家族的最初发源地（宋氏三姐妹的父亲宋耀如幼年在文昌长大）。文昌在隋朝时名为“武德”，为避唐高祖李渊年号“武德”而改名“平昌”。唐太宗在贞观元年把“平昌”改为“文昌”，希望此地从此偃武修文，文运昌盛，并拨款在文昌修建孔庙兴办汉学，开启了向海南岛移民的初潮，使文昌成为中原文化在海南的最初入口。[①]儒家的政治思想并不排斥武力，而是主张以教化为主，不得已时才诉诸武力。近代中国的风云变幻迫使许多文昌青年投笔从戎，涌现出了上百名将军（包括国共两党），其中最杰出的就是曾经参加黄花岗起义、辛亥革命、护国战争和北伐战争，后来加入中国共产党，成为中华人民共和国开国大将之一的张云逸将军。

定安浓缩了安徽，其水土凝聚了从地敞开世界、澄明世界的大道，隐含了自然流动的艺术性，使定安成为琼剧的发源和兴盛之地。正如安徽是道家文化的发源地，定安也是海南的道家文化圣地，并集中地体现在文笔峰道家文化苑，其中的玉蟾宫就是五祖白玉蟾的最终归隐之处，拥有世界上最大的道教建筑群，被道教奉为“南宗宗坛”。定安女人温婉美丽、风韵迷人，其甜美柔和的声音和韵味悠长的举止特别能展现大道阴柔的风采，以致海南有“无定安（娘）不成剧团”的说法。定安女人的风格与文昌男人的深沉、稳健和庄重形成了鲜明的阴阳互补之势，以至于海南自古就流传“文昌倌，定安娘”的说法（意指文昌的男人和定安的女人是最出色的）。

琼海浓缩了江苏。琼海话不像文昌话那么庄重，而是偏向柔雅，甚至有些风趣，其民歌更是顺口悦耳。琼海人颇有大陆江南的文化韵味，待人

① 参见刘龙飞．唐太宗与文昌［J］. 中国地名，2018（1）第40页。

亲切随和，尤其琼海女人更是温柔秀雅，善解人意，所以海南也流行“文昌倌，琼海娘”的说法。江苏凝聚的前**苏格拉底**哲学突出了大道与小道的合一。五指山凝聚的意志统一性通过万泉河传递到琼海，激发了大意志与小意志的合一。所以，琼海女人不但温柔善良，而且还精明能干，敢于思考和行动，颇有“把大意志化入小意志，把大道化入小道”的气魄，其最杰出的表现就是中国革命历史中独一无二的红色娘子军。地处万泉河入海口的博鳌浓缩了上海。博鳌镇是海南著名的“十大文化名镇”之一。万泉河虽然代表长江，但发源于五指山使之也凝聚了海南在大意志上的统一性。所以和上海相比，博鳌有更为强烈的综合性，其自然环境聚江、河、湖、海、山、岭、泉、岛八种地貌为一体，具有保存得近乎完美的自然生态。博鳌的综合开放性使之适合从中国向外扩展，通过走向亚洲来通达全世界。隐含在博鳌中的这种地理意义在21世纪初实现在了亚洲经济论坛中（亚洲经济论坛在博鳌诞生，以之为永久会址，通过年会等活动促进亚洲国家之间以及亚洲和其他地区之间的交流与合作）。

五指山市在海南处于特殊的地位。作为三连贯在地理中的集中体现，五指山坐落在五指山市和琼中的交界处。琼中浓缩了湖南、湖北、江西三省。其隐含的**尼采**被与**莱布尼茨**和**胡塞尔**混在一起，融为一体，无法单纯地属于三连贯。相反，五指山市单纯地浓缩了四川（对应三连贯的开端位置**黑格尔**）。五指山市因而成为三连贯意义的地理中心。**黑格尔—尼采—太极易**的三连贯运动具有超前地走向大同的趋势，和共产主义运动相互呼应。所以五指山地区在海南的革命斗争中发挥了重要作用。中国共产党领导的琼崖纵队在五指山市的毛阳镇成立，创立了以五指山为中心的革命根据地，以至于毛阳镇的琼崖纵队司令部旧址也被称为“海南西柏坡”。海南的黎苗族同胞为开辟五指山革命根据地起到了重要的推动作用。中国大陆的中原地区在海南对应其北部和东部，这里刚好是海南地势平坦的地方，所以海南的汉族主要居住在这些地区，而少数民族则主要居住在中南部的五指山、黎母岭、雅加达岭等山区。海南的黎族和苗族是浓缩了中国几十个少数民族的少数民族。黎族偏向阳刚，苗族偏向阴柔，是海南互补的少数民族。海南岛整体上偏向阳刚，所以黎族是海南岛最早的居民，也是人数最多的少数民族，而海南苗族也和大陆苗族有所不同（据考证其语言和文化接近广西的瑶族）。海南苗族妇女的服饰不像贵州苗族那样注重耀眼的银饰，其美丽和谐、深沉浓郁的色彩搭配更有大道的自然本色。海南的黎苗族在漫长的历史进程中发展出了非常丰富多彩的少数民族原生态文化，其服饰、歌舞等都别具一格。黎族是中国各民族中最早掌握纺织技术的民族之一。黎族织锦起源于商周，在宋元时期其棉纺技术已经达到很高水平，并通过黄道婆传播到了江南一带，极大地促进了大陆纺织技术的发展。

五指山市是一个青山绿水环绕的翡翠山城。其前身通什镇在新中国成立后曾经是海南黎族苗族自治州的政府所在地，成为海南中南部的政治、经济、文化中心，统领中南部 8 个县（80 年代中期崖县升级为三亚市，通什镇升级为通什市，自治州变成 2 市 7 县）。通什镇虽然是大山中的一个小山城，但其特殊的地理意义汇聚了四面八方（包括海南和大陆）的各种人物，具有包容不同地方和不同民族的博大胸怀，以及历史赋予它的世界主义和理想主义的色彩，同时还被山区自然质朴的山水灵性所熏陶。五指山虽然凝聚了强烈的意志性，但五指山市浓缩的四川对应三连贯中偏向阴性的**黑格尔**，因此五指山市的地理意义具有阴阳和谐、刚柔相济的特点，其山水养育出来的女人颇有四川女人的灵慧，正是在这里诞生了中国著名的黎族女演员谭小燕。改革开放之后，中国开始逐渐地向**太极易**对应的时代迈进，三连贯运动开始融入向世界全面开放的新时代，海南的整体发展于是变得比海南黎族苗族自治州的统一性更为重要。海南在历史发展中的滞后性使海南岛曾经长期受广东省的管辖，作为其属下的海南行政区存在。然而，当历史开始向**太极易**对应的时代迈进时，海南的自我统一性和独立性就变得越来越突出。1988 年海南终于从广东脱离出来，成为中国的独立省份。海南黎族苗族自治州完成了它的历史使命，被分散为若干直接属于海南省的少数民族自治县或市级单位。通什市被更名为五指山市，把这个地方作为五指山意义中心的品格保持了下来，其自然质朴的山水和美丽大气的建筑依然隐隐约约地闪烁着昔日的荣光，成为海南大山中独一无二的世外桃源。

最后，让我们看看三亚。三亚把广东和广西合并在一起，浓缩在海南岛的最南端。作为**太极易**对应的省份，海南必须综合世界哲学史的发展过程，而这个过程的终点就是**太极易**本身。所以，海南浓缩的中国地理以海南本身为终点。换句话说，海南最南端应该有一个浓缩海南的市县，这样海南才成为中国地理的完整浓缩。然而，太极不能在海南岛南方再产生一个小岛来象征海南岛，这样下去就会无穷无尽了。所以海南岛实际上只浓缩了中国大陆的地理。为了让海南成为中国地理的完整浓缩，太极把**太极易**的意义附加到三亚对应广东的部分（广东是中国大陆地理发展的终点，所以其在海南的浓缩自然地带上了海南地理发展终点的意义）。这个附加的意义使三亚以**太极易**的目光来浓缩广东，导致对应广东的部分被大大扩展，占据了三亚的东部和中部，而广西对应的部分仅仅占据了三亚的西部。但由于宁远河从西部流入大海，西部也获得了特别的意义。所有这些因素的综合使三亚地理非常复杂，其人文特色非常丰富多彩。我们只有进入到三亚地理发展的细节才能真正把握三亚地理的意义及其人文特色。由于**太极易**的世界性在面向大海的地区表现得最为突出，所以我们的分析将集中在三亚的沿海地区。

让我们先看看三亚如何浓缩广东地理。广东地理是从东向西发展的。我们的分析也按此进行。三亚和陵水交界处的海湾浓缩了广东和福建交界处的海湾，其靠近三亚一侧的部分称为海棠湾，是藤桥河流入南海的地方。海棠湾接受了代表阴性作用的藤桥河，潜在地能够发展出丰富多彩的世界，集中地体现在海棠湾镇昔日的繁华和蜈支洲岛美丽的自然环境中。蜈支洲岛浓缩（并齐整化）了汕头海域上的南澳岛。蜈支洲岛不仅像南澳岛那样是南海中的绿洲，盛产种类繁多的海洋生物，而且淡水资源丰富，还是世界上为数不多的唯一没有礁石或者鹅卵石混杂的海岛（这是纯粹阴性的表现）。环岛的海域水清可见底，能见度最高可达到 27 米，成为海南著名的潜水基地，享有“中国马尔代夫”的美誉。海棠湾的阴性还反映在其名字中。相传这里的渔民长期辛苦劳作而捕不到鱼，只好向海神求助，得到的启示是必须给海龙王送去一个年轻漂亮的未婚姑娘做妻子。有一位叫海棠的姑娘被选中了。为了渔民的福祉，海棠毅然告别心上人阿明而投身海底。阿明也随后投身海底，履行了与海棠同生共死的诺言。从此人们就在这片海湾重新捕捞到了鱼虾。为了纪念海棠姑娘，人们就把这片海湾叫做“海棠湾”。这个传说不但突出了阴性“代表爱”的本性，还突出了阴性在爱情中的主导地位。

汕头市的牛田洋在三亚变成了海棠湾西南端的裂沟式海湾（铁炉湾）。但铁炉湾不像牛田洋那样是从西边而来的大河造成的狭长裂沟，而是更加弯曲和复杂，从海棠湾开端方向延伸过来的裂沟，暗示**太极易**不是从时间性出发倒回来解释日常存在，而是从“在世界中”的存在（世界回旋运动）出发做了更深刻的理解。[①]汕尾有一东一西两个海湾，即陆丰县的碣石湾（螺河入海处）和海丰县的红海湾（黄江入海处），前者代表“曾是”的世界，后者代表“当下”的世界。碣石湾和红海湾在三亚被分别浓缩（和齐整化）成了竹湾和亚龙湾。然而，亚龙湾比竹湾大很多倍，因为它不仅浓缩了红海湾，而且同时（相对竹湾而言）做了很大的扩展。为什么要做这种扩展？因为“当下”维度敞开了万物涌现到其中的世界（参见前面对海丰地理的分析），所以红海湾的世界性潜在地比碣石湾更加博大和丰富。这种潜在特性被附加到三亚地理上的**太极易**的世界性激发了出来，使亚龙湾被大大地扩展，成为三亚最美丽的大海湾，其海湾呈月牙形，拥有长达 7 千米的洁白细腻的海滩，四周包围着青山、岩石、红树林，其海水即使在冬季也仍然温暖如春。如此美丽的海边世界使亚龙湾获得了“东方夏威夷”和“天下第一湾”的美誉。然而，亚龙湾的大大扩展意味着“当下”成为时间性的主要落脚点，破坏了“未来”统一其他两个维度的作用。为了弥补这个缺陷，太极在亚龙湾附近海面设计了野猪岛来象征“未来”，然后在遥远的边缘海域设计了东洲岛和西洲岛来象征“曾是”和“当下”，如同陆河、陆丰、海丰三县那样构成时间性三维度的统一，暗示“当下”维度只是时间性三维度之一，而且是被“未来”统一的（三岛都是椭圆形，但东洲岛附近多出了一个附属小岛，象征“曾是”有积累的作用）。

这三个岛的地理意义还孕育出了野猪岛的传说。相传很久很久以前，野猪岛上的野猪王和东洲岛上的狐王、西洲岛上的蛇王是好朋友。野猪王因机缘巧合吃到了仙果。狐王和蛇王则怀疑野猪王想独享仙果，怀恨在心，乘野猪王离岛上天之时屠杀野猪王的子孙来泄恨。野猪王上天三天，相当于人间三年，归来时见子孙全部被杀，便杀了狐王和蛇王，还杀了野猪岛

① 参见前面对广东（潮汕）地理的分析，以及《太极之音》第八讲《天地与人》的第一节“共同在世”。

上的两位年轻族长。壮士容哥为了替族长复仇，准备了三年之后和野猪王展开了激烈战斗，正当他力不从心即将倒下之际，野猪王突然口吐人言，说出了上面的故事。野猪王被容哥的英勇行为感动，把自己修炼得到的一粒仙丹分一半给容哥恢复身体，另一半分给他最疼爱的第十八个女儿小米。小米服了半粒仙丹就转化为人并嫁给了容哥。野猪王却因为失去仙丹而变成了岛上巨型的野猪石（野猪岛因此得名）。[①]在这个传说中，野猪王、狐王、蛇王分别代表“未来”“曾是”“当下”。仙果可以浓缩时间，代表时间性的统一者。野猪岛强化了“未来”统一“曾是”和“当下”的作用，但它毕竟只是亚龙湾范围内的岛屿，仍然属于在“当下”敞开、在“曾是”中不断积累的“世界”，所以其统一作用招来了东洲岛和西洲岛的否定。野猪王从天上的三天释放出世界的三年，相当于从“未来”释放出“当下”，但这种统一时间性的作用却被狐王和蛇王的屠杀所否定。然而，野猪王象征的“未来”确实是统一另外两个时间维度的，因此它必须坚持其统一作用而制服（杀掉）狐王和蛇王。可是“未来”“曾是”和“当下”是时间性的三个不可分割的维度，没有后二者，“未来”无法独自有意义。失去了另外两个维度的“未来”无法再向“曾是”运动而在“当下”敞开世界，其表现就是人间世界被野猪王所破坏。被破坏的人间世界必须（通过容哥的复仇）制服“未来”（野猪王）的暴力。但亚龙湾代表的“当下”无力制服野猪王代表的“未来”。问题的最终解决只能是野猪王主动退出战斗，与容哥代表的人间世界和解，同时还用仙丹把容哥和自己的女儿结合在一起，象征“未来”的统一作用被转移到了人间世界，自己则向着“曾是”运动，变成失去“未来”的、僵死的石头，并在运动过程中从自身释放出了“当下”（释放出自己最心爱的女儿），让“当下”敞开出容哥可以居住其中的世界（爱情的世界）。小米是野猪王释放出来的“第十八个”女儿。这不是偶然的。“未来”向“曾是”运动是失去其阳性（主动性）的过程，在此过程中释放出“当下”也是失去自身阳性的方式。“未来”必须以双重方式失去阳性才能释放出当下的世界。野猪王生出的第十八个孩子代表的就是失去双重阳性而释放出来的结果（在中国文化中九是代表阳性的数

① 参见百度百科“野猪岛”词条。

字），因此只有第十八个女儿才能为容哥敞开当下的世界。这个传说以非常复杂的方式展示了时间性三个维度和人间世界之间极其微妙的关系，不是人类随意想象出来的，而是太极通过人类“知其然而不知其所以然”的思考方式形成的。[①]

三亚地理接着向东过渡到坎秧湾和榆林港。在汕尾西边的惠州有两个分居东西的海湾，即考洲洋和大亚湾，前者是较小的半封闭式海湾，后者则是向南海敞开的大海湾，分别代表向诸神敞开的世界和小道组织的世界（参见前面对惠州的分析）。在三亚，这两个海湾浓缩成了坎秧湾和榆林港，其世界性被附加到三亚的**太极易**的世界性激发，向南海大大地开放出来，所以坎秧湾的形状是把半封闭的考洲洋向南海开放得到的；榆林港的形状也是把大亚湾进一步向南海开放得到的，其结果是大亚湾内部（西部）包含的一个小湾被拉向南海，向外开放成了榆林港西边的大东海。榆林港凝聚了极为浓厚的世界性，成为水深浪静的天然良港，不但是三亚最重要的港口，还是中国南海舰队的重要基地和远东地区重要的潜水艇基地，成为支持南海诸岛的海防要塞和后方军事供应基地。大东海则是一个自成体系的海边世界，三面环山，沙平水清，风轻浪细，其平坦细软的沙滩缓缓延伸长达千米，周围环抱着一排排翠绿的椰树，形成了一个四季如春的海边家园。

大亚湾西边的深圳和香港在三亚地理中被浓缩（和齐整化）成了大东海西岸的鹿回头半岛。深圳和香港凝聚了**海德格尔**对**柏拉图**理念世界的批判。这种批判否定了世界的理想性，反过来强化了世界的现实性。但在三亚，这种片面的批判被**太极易**对宇宙逻各斯的理解所纠正[②]，因此鹿回头半岛并没有像深圳和香港那样成为发展现实文明（工商业）的土壤，而是隐含了理想失而复得的意义。不但如此，香港的特殊意义也发生了转化。香港实现了**海德格尔**从西方哲学史向中国哲学史回归而产生的“引西入中”的意义，使广东本来已经凝聚的这种意义在香港得到重复和强化。然而，附加到三亚地理的**太极易**已经吸收了整个西方哲学史，具有“以中含西”

① 太极的这种奇妙作为在人类的原始思考中比比皆是。参见《太极之音》第十二讲《易经与希腊神话》。

② 参见《太极之音》第 603、607 页。

的意义。因此，香港的双重“引西入中”在鹿回头半岛转化成了双重的“以中含西”，把“世界哲学史的永恒轮回”凸显了出来（世界哲学史从**易**开始，经过西方哲学史的发展之后返回**易**而发展出**太极易**），从而进一步激发了**太极易**所思的“太极的永恒轮回”亦即“爱的永恒轮回”，孕育出了海南黎族关于“鹿回头”的传说。[①] 相传远古时候一个黎族青年猎手从五指山出发追逐一只坡鹿，翻越了九十九座山，涉过了九十九条河，最终来到了南海之滨（即鹿回头半岛最南端的山头）。坡鹿看到前方是茫茫大海，已经无路可逃，于是回过头来，用清澈美丽、凄艳动情的目光望着青年猎手。青年猎手被这种目光深深地打动了，放下了正准备张弓搭箭的手。忽见火光一闪，烟雾腾空，坡鹿突然变成一个美丽的黎族少女。两人于是相爱并结成了恩爱夫妻。[②] 这个美丽的传说蕴含着非常深刻的意义。太极从阳至阴不断地发展，越发展离源头越远（阳比阴原始，阴比阳发展）。但如果太极在男女之爱中实现了自身，就可以从其发展终端返回开端（相当于从阴返回阳），实现出自身的永恒轮回。[③] 青年猎手代表太极之阳，五指山代表太极阳刚之力，九十九座山和九十九条河代表太极的发展经历了所有阴阳合一、生生不息的过程，而被猎手紧紧追逐的鹿则代表在太极之阳的推动下不断发展的太极之阴，虽然被阳的同一性不断地追求，却始终以阴的自异性向前发展，只有当阴发展到顶点，无法继续向前时，才能返回阳而实现真正的阴阳合一。青年猎手的追逐虽然是企图同一（把握）鹿的举动，但毕竟还不是阳对阴的同一性的真正实现（爱情），就如同太极在发展出爱情之前的种种发展一样，是太极不断追求自身却因此不断远离自身的发展过程。然而，当鹿走到尽头而回望猎手时，猎手的追逐就转化成了真正的爱情；鹿也就同时转化成了他的永恒爱人。鹿回头的传说以极为朴实但又极为美丽、极为深刻的方式展现了**太极易**这个位置对“永恒轮回”和“永恒之爱”的理解，在世界各民族的爱情传说中可谓是独一无二。鹿回头因此成为中国最有意义的爱情圣地。

---

① 关于**太极易**所思的永恒轮回，参见《太极之音》第615—617页。
② 参见百度百科“鹿回头半岛”词条和“鹿回头风景区”词条。
③ 参见《太极之音》第690—691页。

鹿回头半岛接着向内陆过渡到了三亚市区（市中心）。三亚市区浓缩了广州，是代表珠江的三亚河的入海口。三亚市区和广州一样凝聚了从逻各斯的现实性出发组织世界的意义和向西方世界开放的意义，具有统一三亚的潜在能力，是三亚市政府的所在地和国际性旅游城市。三亚市区西边的三亚湾浓缩了中山、珠海、澳门和江门的海湾，把它们曲折复杂的海岸线全部统一了起来（齐整化成了半月形）。为什么这些海湾能够统一起来？中山、珠海和澳门共同对应**海德格尔**逆行经过的**杨朱**，而江门则对应逆行经过的**巴门尼德**。**杨朱**把大道个体化，把世界当成是为我敞开的世界，而**巴门尼德**则把存在（大道末端）当成唯一可思之物，从思考出发突出了存在本身。这两种立场是相互对立的。然而，广东被浓缩到三亚地理中时获得了附加的**太极易**的意义，隐含了强烈的世界性，这就意味着**杨朱**中落入个体生命的大道重新获得了世界性，被提升到和**巴门尼德**中的存在相似的地位。因此，中山、珠海、澳门和江门的海岸线被统一成了平滑的半月形，展示了存在（大道末端）敞开世界的作用。三亚湾长达几十公里的沙滩和椰树林构成了美丽的“椰海画廊”，成为人们在海边世界中漫步、游泳、烧烤、体会渔家生活的绝佳场所。三亚湾附近海域上的东瑁洲和西瑁洲则是江门的上川岛和下川岛的浓缩（和齐整化）。有趣的是西瑁洲比东瑁洲更大（颠倒了上下川岛的大小比例），成为“三亚热带海滨”的代表性区域。为什么上下川岛的大小比例被颠倒了过来？**海德格尔**把技术统治世界的力量归结为强力意志的主体性，所以太极在江门的海岸裂出了一个喇叭形的海湾通向上下川岛，仿佛上下川岛是从这个裂口释放出来的，暗示现代技术用意志挑战大地造成了四方游戏的断裂，而这个断裂只有通过回思存在与存在者的差异才能弥补（上下川岛象征这种差异。参见前面对广东地理的分析）。然而，**太极易**对技术本质的理解突出的是现代技术释放出来的宇宙推动力，而不是强力意志的主体性。[①] 所以三亚湾的海岸很平顺，没有对应江门海岸裂口的地方，而代表存在者的西瑁岛则被放大到超过东瑁岛，暗示**太极易**对技术本质的理解突出了推动万物（存在者）运动的宇宙推动力。西瑁岛生长着茂密的植物，还有猕猴等野生动物，其环岛海域中

① 参见《太极之音》第109、392—393、605页。

生长着大量美丽珊瑚和色彩斑斓的各种热带海鱼，形成了一个巨大的热带海洋生态圈，展示了在宇宙推动力作用下万物欣欣向荣的景象。

三亚地理接着从三亚湾向西过渡到了天涯湾。天涯湾浓缩并齐整化了阳江的海岸，其附近的海陵岛也被收回，萎缩成了天涯湾海岸线中一个不明显的凸起。三亚湾和天涯湾的交界处稍微向大海方向凸起，形成了人们常说的“天涯海角”（在凸起的西侧，即属于天涯湾的一侧）。**海德格尔**在穿过**毕达哥拉斯**时被引向**黑格尔**的逻辑学，批判后者没有思考存在与存在者的差异（参见前面对广东地理的分析）。然而，**太极易**认识到**毕达哥拉斯**和**黑格尔**是西方哲学史中和**易**相关联的两个位置（二者从不同角度思考了第一太极中太极圆象的生成）。[①]因此，阳江地理隐含的第一太极在三亚地理中被凸显了出来，而存在与存在者的差异则不再重要（展现这种差异的海陵岛被海岸收回）。另外，**海德格尔**逆行经过**巴门尼德**时揭示了地天人神四方的游戏，在广东地理中展现为江门四邑的循环，因此江门地理隐含了**海德格尔**对第二太极的完整把握。江门在三亚地理中被浓缩在三亚湾西段。天涯湾和三亚湾西段的邻接使它们隐含的第一太极和第二太极相互激发，在二者交界处凝聚了太极的发展过程（从第一太极发展到第二太极）。太极的发展过程就是**易**所思的内容。因此，在天涯湾和三亚湾交界处的西侧，江门隐含的**易**被特别地激发了出来，和海口地理隐含的**易**发生了相互呼应（海口浓缩的河北凝聚了**易**这个位置）。如果说海口代表作为开端的**易**，天涯湾的这个地方则代表了作为终点的**易**（实际上就是**太极易**）。相对于海口作为海南地理的开端，这个地方就仿佛是海南地理的终端，其地理意义被人们体悟到了，就逐步形成了“天涯海角”的名称（尽管天涯海角其实并不是海南岛最南端）。这是**太极易**被附加到三亚地理中而产生的又一个奇妙的结果。

三亚地理接着过渡到了天涯湾西边的南山半岛。南山浓缩了广东地理的最终发展（茂名和湛江）。它其实是向西南方向凸出的一个“准半岛”（其凸出部分短而粗，故称之为“准半岛”）。南山是雷州半岛向陆地萎缩并和茂名结合在一起的结果。为什么雷州半岛要向陆地萎缩？茂名凝聚了大

---

① 参见《太极之音》第605页。

道通过语言敞开世界的意义，而湛江则通过雷州半岛的弧形来象征大道开启世界的时间性运动。茂名和湛江都包含大道因素，只是侧重点不同。太极利用雷州半岛的弧形来指向海南岛，暗示**海德格尔**的下一步发展是向**太极易**过渡，但这种暗示在海南岛本身失去了意义。所以，雷州半岛在海南对应的半岛就向陆地萎缩，和茂名对应的地区结合在一起，构成了短而粗的南山半岛。这种结合突出了二者共同包含的大道因素，但同时也彰显出了二者的差异，使大道在二者中以相互对比的方式展现出来。雷州半岛象征的是大道自身的运动特性，而茂名象征的是大道和可言之小道互为表里的关系，因此相对而言，前者动，后者静。大道本来就是开启世界的运动，因此雷州半岛展现了大道本身，而茂名则相对地展示了大道中静的因素，即大道开启的世界之不生不灭，而且是从世界和语言的关系角度开启的，亦即从领悟的“理想／现实二重性”开启的（领悟理想地指向世界，同时又现实地组织世界中的具体现象）。在中国文化的背景中，领悟的“理想／现实二重性”和佛教的“一心开二门”相通，而佛教的“转识成智”实际上就是把组织世界的领悟从现实性转向理想性的实践。所以，南山西部（对应湛江）和东部（对应茂名）分别隐含道教和佛教的因素（这是湛江和茂名在海南地理中被结合在一起才激发出来的相对意义）。南山西部的海岸分布着许多鬼斧神工、肖形状物的岩石，和永不止息的海浪结合成了朴实而玄妙的大道境界，在南宋时期就已经被当成道教的洞天福地而有“鳌山大小洞天”之称，今天则改称“南山大小洞天”，成为自然天成的道教文化风景区（这里还生长着三万株非常珍稀的、能成活数千年的长寿树，即被喻为“南山不老松”的龙血树，年龄最长的有六千年以上，象征着长视久生的境界）。南山东部则逐步发展成了佛教圣地，不但建成了中国南部最大的寺院南山寺，近年来还在海岸边建起了高达108米的海上观音像（观世音菩萨的修行着重转识成智，依靠的就是领悟的理想／现实二重性。参见前面对浙江普陀山及河南平顶山的讨论）。茂名和湛江在广东地理中对应**海德格尔**逆行经过的**老子**，但茂名在三亚的浓缩却最终发展成了佛教圣地，这实际上无形中反映了佛教在世界哲学史中的先天起源。[①]

---

① **老子**这个位置先天地隐含可以产生佛教的因素。参见《太极之音》第514页。

南山结束了三亚地理对广东的浓缩。三亚地理于是过渡到南山西边对应广西的崖州。崖州湾浓缩了广西的北部湾。在广东，珠江汇聚了云南和南部六省的语言哲学因素，从广州的珠江口入海，使广州成为古代南方文化发展的重镇。但上面的分析已经指出，珠江浓缩在海南时出现了特殊的设计，以致其对应的宁远河改为在广西对应的地区入海。因此，宁远河入海的地区（崖城镇）成为古代海南文化发展的重镇，在现代社会尚未发展之前就是统一整个三亚（古称“崖州”）的中心。从三亚市区流入大海的三亚河只是形式上象征珠江，而没有真正成为语言哲学的精华荟萃之处。虽然如此，三亚仍然像广州那样具有从逻各斯的现实性出发组织世界的潜在能力。因此在注重现实文明发展的现代社会中，三亚市区逐渐取代了崖城镇的地位，成为统一整个三亚的中心。在中国开始向**太极易**时代迈进时，附加到三亚上的**太极易**因素被激发了出来，使三亚对应广东的地区获得了更加广阔的世界性，其发展潜力不可限量。相比之下，三亚对应广西的部分仅仅占据了三亚的西部，比对应广东的中部和东部小很多。这种不对称的格局是**太极易**被附加到对应广东的部分造成的。然而，作为三亚的文化古城，崖城镇仍然是不可取代的，其历史悠久的文化气质甚至把代表宗教文化的南山也吸纳到了崖州区中（珠江对应的宁远河从崖州湾流入大海，因此崖州区和三亚其他地区相互渗透，不可分割）。总的来说，三亚作为海南岛地理的最终发展使之成为中国地理的“浓缩顶点”。如果说海南岛是中国的南海明珠，那么三亚就是其最耀眼的光芒。

24. 台湾

海南地理的设计完成之后，世界哲学史的34个位置已经全部凝聚在中国地理中了。但中国地理的发展还没有结束，因为海南地理还隐含某些未能实现的因素。海南不但浓缩了中国大陆的22个省，而且还凝聚了三连贯，产生了象征三连贯的五指山，代表了海南的意志统一性，决定了海南岛的地势以五指山为中心向四周下降，导致中国北方和东方的许多山脉无法浓缩在海南地理中。海南地理因此隐含了被三连贯的强势遮盖的地理要素。如果要完整地浓缩中国地理，就必须从海南地理中剥除三连贯的意义。但海南岛既然代表**太极易**来浓缩中国大陆各省，就必然会把三连贯的意义激发出来。为了解决这个矛盾，只能在海南岛已经实现三连贯意义的基础上，另外产生一个海岛来单纯地浓缩中国大陆各省。这个特殊的海岛就是台湾岛。台湾是把三连贯的意义从海南岛剥除之后产生的。它实现了海南隐含而无法实现的地理要素，成为**太极易**在中国地理中的另一版本，和海南岛一起共同构成**太极易**在中国地理中的完整实现。海南和台湾因此形成了阴阳互补的关系：五指山的特殊设计使海南整体上偏向阳刚，而剥除了三连贯意义的台湾则相对地偏向阴柔。另一方面，台湾实现了海南隐含而无法实现的地理要素，所以台湾的面积被自然地放大了，成为中国的第一大岛，而海南岛则降至了第二位。

由于海南和福建有先天渊源[①]，台湾被排列在福建东南方海域上，其长轴被逆时针转动到接近南北走向，以便直接面向福建。台湾不是**太极易**在中国地理中的原始版本，所以台湾并不直接浓缩中国地理，而是对海南地理进行改造来间接地实现浓缩。但台湾的本质就是以纯粹的（不附加三连贯的）方式浓缩中国地理。所以，台湾必须直接向中国大陆运动来克服其地理的间接性，才能更好地实现其本质。这种运动就仿佛是太极用无形的手从台湾东海岸推动它，把它直接推向大陆方向，以致其东海岸被压缩，东部被挤压而变得极其陡峭，其西部海岸则没有被压缩，保持了从西部山脉缓降的地势，造成了台湾东窄西宽的效果（这种“挤压”不是后天的地理变化，而是太极对台湾地理的先天设计，尽管这种设计的结果需要通过地球的演变实现出来）。为了避免海南各市县在挤压后变得过于狭窄，太极对它们在台湾的位置进行了调整，把某些中部市县“挤”到西海岸，插入西部市县之间，导致市县的数目在东西方向上减少，在南北方向上增加。挤压和市县调整的最终结果就是海南岛的雪梨形状在台湾变成了长萝卜形。

下面就让我们看看海南的市县如何被太极转化为台湾的市县。[②]海南东北地区的海口、文昌和定安都能代表**太极易**去承接雷州半岛，导致它们

① 雷州半岛和福建有先天渊源，因此海南和福建也有先天渊源。参见前面对广东（潮汕和雷州半岛）地理的分析。

② 和海南的情形一样，尽管台湾目前的行政区划是人类历史活动形成的，但它无形中反映了太极对台湾地理的先天设计。

都被扭向西北方向。但台湾出现在福建海域上，只需要向福建运动，完全不存在承接雷州半岛的问题。所以海口在台湾被扭回来，恢复了类似河北的树叶形状（但仍保持粗短），构成了台北都会区（包括台北市、基隆市和包围它们的新北市）。台北都会区就是先天意义上的河北省（包括北京和天津）的完整对应。文昌从海口东边被拉回海口南边，恢复了类似山东的形状，但同时被挤压和齐整化而变成三角形（八门湾因挤压而消失），构成了新北市南方的宜兰县。文昌被拉回海口南方就占据了定安原来的位置，而定安原来的位置也是把屯昌挤走而得到的。所以，定安和屯昌一起被挤到文昌南边的琼海位置上，导致三县南北排列开以适应台湾的被挤压，但同时被合并起来，构成了宜兰南方竖长条形的花莲县（台湾面积最大的县），其北、中、南分别对应定安（安徽）、屯昌（河南）、琼海（江苏）。为什么定安、屯昌、琼海三县可以合并？因为定安浓缩的安徽（凝聚**老子**和**庄子**）和屯昌浓缩的河南（凝聚**杨朱**）都隐含大道，而琼海浓缩的江苏（凝聚前**苏格拉底**哲学）也隐含大道末端（存在）。花莲浓缩的就是中国大陆包含大道的三个省份。花莲的竖长条形是在琼海位置上产生的，因此把琼海南边的万宁挤到了接近南端的地方，变成花莲南方的台东县，其形状是万宁向南方伸展的结果（万宁的半岛被挤压而融入到了陆地中）。从宜兰到台东的一系列向南递推的运动把对应陵水的屏东挤到了台湾最南端，产生了类似顺时针推动的效果，使屏东的形状变成从最南端向西北伸展的长条。这种顺时针推动还把本来在海南岛最南端的三亚推向西北方向，变成屏东西北方的高雄市，其形状是三亚顺时针旋转之后再齐整化的结果（这种旋转使高雄中南部对应广东，东北部对应广西）。

台湾东海岸市县向南递推的运动伴随太极对台湾岛从东向西的挤压。这种挤压把台南（保亭）挤到了高雄（三亚）和嘉义（乐东）之间。台南的形状是保亭的齐整化，同时因为被顺时针推动而向北凸出。相应地，嘉义的弧形是乐东中部向北拱起，同时整体向北萎缩的结果（台南挤到其南边，把它向北推，导致其萎缩）。随着保亭被挤到三亚和乐东之间，五指山市也被挤到乐东和东方之间，在台湾地理中相当于云林被挤到了嘉义和彰化之间。云林的形状是五指山市被向西拉成长条形的结果（云林从中部被挤到西部，和东西向伸展的嘉义共享边界，故整体上被向西拉长）。彰化基本上保持了东方市的三角形，只是因为被顺时针推动而从朝向西北改为朝向东北。另外，从东向西的挤压把海南中部的两个大型市县琼中和白沙合在了一起，变成台湾中部庞大而方整的南投县，成为台湾唯一的内陆县（白沙和琼中是海南三大江的发源地，可以顺理成章地合并）。因为白沙比琼中稍微偏北，所以南投的北部对应白沙，南部对应琼中。为了配合顺时针的推动，琼中和白沙不但合并到一起，其形状也发生了顺时针转动，使南投的尖角变成朝向东北。顺时针的推动进一步把昌江向东北方向推，变成了彰化东北方的台中市，其形状保持了昌江的长条形，但白沙的顺时针转动把昌江向东北方向牵拉，所以台中的长条形西端从指向东南改为指向东北。最后，儋州、临高、澄迈在台湾分别变成了苗栗、新竹、桃园。苗栗的形状是儋州的齐整化。新竹和桃园则是把临高和澄迈向东南方向拉伸得到的，因为定安和屯昌被合并到琼海带动澄迈和临高跟着向东南方向延伸。

综上所述，由于台湾不必承接雷州半岛，海南东北部被从西北方向拉回，产生了台湾海岸的顺时针递推运动，同时台湾岛还被太极从东向西挤压，导致海南的某些市县在台湾发生了合并、移位、变形等变化。由于从海南到台湾发生了市县的合并，海南岛的 18 个市县到台湾就变成了 15 个（被包围的市和包围它的市县看成是一个整体）。另外，南海中的三沙市在台湾变成了台湾海峡中的澎湖县（三沙群岛被简化成了澎湖列岛。台湾不像海南那样直接浓缩大陆，可以背靠大陆来统一南海群岛，所以澎湖列岛出现在台湾海峡，处于台湾向大陆运动的方向上）。总而言之，海南和台湾的市县是相互对应的，只是从海南到台湾的市县合并使市县数目从 19 个变成了 16 个。[①] 这种相互对应可以总结如下（为了方便对照，台湾市县后面不但列出对应的海南市县，还列出了对应的大陆省份）：

（1）台北都会区（海口）（河北）（2）宜兰（文昌）（山东）（3）

① 这是从太极对台湾地理的先天设计而言。台湾当局实际控制地区行政区划为 2 个“省”（“台湾省”全境和“福建省”部分地区），6 个“院辖市”，其中“台湾省”下辖 11 个县、3 个市。但如果我们仅仅考虑“台湾省”，并且把被包围的市和包围它的市县看成一个整体，得到的就是 16 个市县。

花莲（定安、屯昌、琼海）（安徽、河南、江苏）（4）台东（万宁）（浙江）（5）屏东（陵水）（福建）（6）高雄（三亚）（广东、广西）（7）台南（保亭）（贵州）（8）嘉义（乐东）（云南）（9）云林（五指山市）（四川）（10）彰化（东方）（西藏）（11）南投（白沙、琼中）（青海、湖北、湖南、江西）（12）台中（昌江）（新疆）（13）苗栗（儋州）（甘肃）（14）新竹（临高）（宁夏）（15）桃园（澄迈）（陕西、山西）（16）澎湖县（三沙）

虽然海南的市县在台湾发生了合并、移位、变形等变化，海南的山脉仍然被保留在原来的位置上，只是台湾岛的逆时针转动使它们的“西南—东北”走向变成接近于南北走向。为了剥除五指山凝聚的三连贯意义，五指山在台湾被转化为不相连的五座山峰，共同构成台湾最高的玉山。五指山山脉则被转化为玉山山脉。黎母岭山脉被转化为玉山山脉西北侧（和它平行）的阿里山山脉。黎母岭西北侧的雅加达岭是从黎母岭释放出来的平行山脉，是海南三大山脉中比较短小的。从东向西的挤压使台湾岛在东西方向上被压缩，不但导致某些市县的合并，也导致雅加达岭被合并到黎母岭。所以阿里山山脉不仅对应黎母岭，还隐含了雅加达岭（导致阿里山的西坡比东坡宽缓）。从黎母岭释放出来的猕猴岭、尖峰岭等也被吸收到了阿里山山脉中。同理，从五指山东南侧释放出来的山岭都被吸收到了玉山山脉中。玉山的最高地段在南投的南部。那里有五座山峰簇拥而立，横空出世，但五峰并不像五指山那样连贯排列，因为它们已经丧失三连贯的意义。虽然如此，玉山仍然保留了五指山作为海南岛地理中心的象征意义。为了突出这个意义，玉山的主峰（象征**太极易**）在玉山中央以高昂的姿态俯视整个台湾岛，而比它稍低的其他四峰则在东南西北四个方向环绕它。五指山市对应的云林已经被挤到西海岸，空出的位置被高雄东北部占据，所以玉山山脉从南投贯通到高雄东北部，而玉山主峰就在南投和高雄交界处。玉山西北侧的阿里山则从南投贯通嘉义（余脉延伸到云林、高雄、台南）。玉山和阿里山贯通的市县和海南三大山脉贯通的市县不再有很好的对应，但它们仍然和海南三大山脉（及其释放出的山岭）那样浓缩了中国大陆南部和西部的山脉。必须注意的是，这种浓缩不是通过它们贯通的台湾市县，而是通过它们和海南山脉的对应实现的。

由于台湾的地势不再被从三连贯而来的意志统一性所决定，台湾可以完整地浓缩中国大陆的山脉。所以，太极另外设计了两条山脉（雪山山脉和中央山脉）来浓缩大陆其余地区的山脉。这种浓缩以已经设计的台湾市县为基础进行。台湾北部的雪山山脉浓缩了大陆北部的山脉，其范围包括新疆、甘肃、宁夏、陕西、山西、河北，所以雪山山脉贯通台中、苗栗、新竹、桃园和台北都会区。台湾东部的中央山脉浓缩了大陆东部的山脉，范围包括山东、河南、安徽、江苏、浙江、福建，所以中央山脉从北向南纵贯台湾东部的宜兰、花莲、台东、屏东。中央山脉是台湾最长的山脉，但不是最高大的山脉。中国大陆北部的山脉总体上比东部山脉高大，所以雪山山脉比中央山脉高大，其最高峰（也叫雪山）是仅次于玉山的台湾第二高峰，而中央山脉的最高峰（秀姑峦山）则是台湾第三高峰。总而言之，台湾的四大山脉（玉山山脉、阿里山山脉、雪山山脉、中央山脉）一起浓缩了中国大陆（除了后来设计的蒙古和中国东北三省）的所有山脉。

台湾的五大山脉还包括出现在东部沿海的海岸山脉。海岸山脉与其他四大山脉拉开了一定距离，而且相比显得低矮，因为它并非大陆山脉的浓缩，而只是台湾岛被太极从东向西推向大陆而隆起的皱褶（必须再次强调，这里所说的不是后天的地理变化，而是太极对台湾地理的先天设计，尽管它需要通过地球的演变实现出来）。综上所述，台湾的山脉一方面继承了海南的山脉，另一方面又剥除了其中的三连贯意义，消除了它凝聚的意志统一性，因此可以把中国大陆的所有山脉浓缩到台湾，实现了海南隐含而无法实现的地理要素。这是为什么海南岛北部和东北部地势低平，而台湾却从北到南都被高大山脉贯通的原因。不但如此，台湾被太极推向大陆导致其主要山脉被挤压而高高地隆起，许多山峰超过了 3000 米，其中玉山主峰更是高达 3952 米，成为中国东部当之无愧的第一峰。

因为台湾的地势和海南有很大的不同，其水系的构成方式也有很大的不同。台湾的三大河流是浊水溪、高屏溪、淡水河。台湾北部的淡水河是对南渡江的改造，浓缩的是黄河。黄河发源于青海。但青海对应的南投（北部）在雪山山脉以南，故淡水河无法发源于南投，而只能发源于雪山山脉最高地段以北（最靠近南投最北端的新竹县南端品田山），向北流经桃园和台北都会区后注入台湾海峡。淡水河的这种流动方式浓缩了黄河下游的运动（古代黄河的下游流经宁夏、内蒙古、陕西、山西、河南后从河北入海）。内蒙古是台湾之后才设计的，在台湾地理中不需要反映出来。在海南，河南对应的屯昌发源了一条支流（龙州河）去汇入南渡江，代表黄河流经河南后才从河北入海。在台湾，河南对应的花莲县（中部）在中央山脉以东，无法出现在淡水河流域，所以花莲中部单独发源了花莲溪，其支流向东汇入主干，后者则向东北流入大海，象征黄河在河南东流后再向东北（经河北）流入大海。淡水河与花莲溪共同实现了对黄河的浓缩。但这种浓缩是有缺陷的，因为黄河的源头无法实现出来。

台湾西部的浊水溪是对昌化江的改造，浓缩的是长江上游。昌化江发源于琼中五指山，流经五指山市、乐东、东方，接受了从白沙发源（流经昌江）的石碌河之后从东方与昌江边界注入南海，实现了逆流的长江上游（从江西、湖南、湖北经四川、云南、西藏逆流回到青海）。南投北部对应白沙（青海），南部对应琼中（湖北、湖南、江西）。浊水溪从南投南部向西流，从云林和彰化的边界流入台湾海峡，象征昌化江从琼中流经五指山市后从东方市入海（其实昌化江从五指山市经过乐东才流入东方市，但云林被挤入嘉义和彰化之间使浊水溪无法展现这种流动。为了把乐东包括进来，太极只好从嘉义发源清水溪去汇入浊水溪）。另外，乌溪从南投北部的合欢山发源，西流成为彰化和台中边界河后注入台湾海峡，实现了昌化江后半段的运动。由于台湾地势和市县的调整，昌化江不得不分开成两段来实现。为了强化两段之间的密切关系，太极让浊水溪也从南投北部的合欢山发源（然后才流向南部）。这样做虽然拉近了浊水溪和乌溪的源头，却掩盖了昌化江从琼中五指山发源的事实。因此，太极从南投最南端（玉山北坡）发源了陈有兰溪去汇入浊水溪，成为浊水溪最长的支流，象征昌化江的真正源头在琼中。吸收了陈有兰溪和清水溪的浊水溪和乌溪一起完整地实现了对昌化江的改造，把长江上游浓缩在了台湾西部。

台湾东部的秀姑峦溪是对万泉河的改造，浓缩的是长江下游。万泉河和昌化江一起构成了长江在海南的浓缩。在台湾，万泉河被转化成了花莲县南部的秀姑峦溪，发源于中央山脉最高峰秀姑峦山东坡，其主干先向东北流再转向东南流入南海，模仿了万泉河在琼海的流动方式。万泉河在台湾对应的河流本来应该发源于南投南部（对应琼中），但南投和花莲之间被高大的中央山脉阻隔，所以它只能发源于花莲的中央山脉东坡。由于台湾岛东窄西宽，秀姑峦溪比较短，但其流域并不小，是台湾东部最大的河流。浊水溪（及乌溪）和秀姑峦溪共同完成了对昌化江和万泉河的改造，实现了对长江的浓缩。但这种浓缩是有缺陷的，因为秀姑峦溪发源于花莲南部，仅仅反映了长江从江苏入海，而没有像万泉河北源那样反映长江从青海发源，也没有像南源那样反映长江流经湖北、湖南、江西。所以秀姑峦溪与浊水溪的结合并不像万泉河与昌化江的结合那样密切。

台湾南部的高屏溪是珠江的浓缩。珠江在海南的浓缩比较特别，因为五指山代表的意志统一性使海南岛整体上偏向阳刚，所以珠江主要从（浓缩了广西的）三亚西部入海，造成珠江由宁远河、三亚河、藤桥河分别代表的复杂局面。然而，五指山代表的意志统一性在台湾被消解，所以台湾不是通过改造三亚的河流来浓缩珠江，而是根据台湾的地势和市县设计把珠江直接浓缩在台湾南部。浓缩了珠江的高屏溪是台湾岛流域最广的河流。它发源于南投南端，从东北向西南贯通高雄市之后入海。南投南端对应琼中南端（代表湖南和江西）。高雄东北部对应广西，中南部对应广东。高屏溪的流动方式反映了珠江的支流北江从湖南流入广东，东江从江西流入广东，西江从广西流入广东，三江汇合从广东流入南海。但这种反映方式把珠江三大支流混合在一起，因此产生了问题：北江和东江从湖南和江西发源之后直接流入广东，而高屏溪从南投南端发源后却首先流过高雄东北部，然后才流入中南部，仿佛北江和东江是经过广西才流入广东的（因为高雄把三亚顺时针旋转而竖了起来，高屏溪只能这样流动）。为了强调北江和东江发源后直接进入广东，太极设计了浊口溪和隘寮溪来汇入高屏溪。浊口溪发源于高雄中部偏东（代表北江流入广东之处），向西南汇入高屏溪。隘寮溪发源于屏东北部，向西汇入高屏溪。屏东浓缩的是福建。东江从江西、福建、广东三省交界处（江西境内）发源后流入广东，但它并不流过福建，因为**萨特**虽然研究语言但没有真正形成语言哲学。然而，太极把台湾推向福建而导致福建因素在台湾被强化，所以高屏溪在高雄南部接受了从屏东而来的隘寮溪，然后作为高雄和屏东的界河流入南海。

另外一个问题是高屏溪仅仅反映了西江的下游，而没有反映西江的上游：西江发源于云南，流经贵州后进入广西，然后才从广西进入广东。为了反映西江的上游，太极从嘉义东部发源了旗山溪，流经高雄东北部后在其中南部汇入高屏溪，象征西江正源（南盘江）发源于云南东部的马雄山东麓，流经广西后进入广东，成为珠江主流（旗山溪因此成为高屏溪最大的支流）。其实南盘江是接受了从贵州而来的北盘江后才拐入广西境内的。为了反映西江上游经过贵州，太极从嘉义东部（旗山溪发源地西北不远处）发源了曾文溪，流入台南后汇入南海，象征西江北源（北盘江）从马雄山西北麓发源，然后流入贵州（去汇入南盘江）。吸收了旗山溪的高屏溪和曾文溪一起完整地反映了西江发源于云南，流经贵州和广西才进入广东。总的来说，高屏溪和曾文溪一起实现了对珠江的浓缩。其浓缩方式比较支离破碎。但在台湾的地势和市县调整的基础上，珠江也只能这样浓缩了。珠江毕竟只是代表语言哲学，因此它在台湾的支离破碎的浓缩是没有关系的。

另一方面，黄河与长江实现了中国在意志上的统一，因此其在台湾的浓缩也应当实现这种统一。这种统一性在海南是通过南渡江、万泉河和昌化江实现的。但它们在台湾对应的河流没有完全实现台湾在意志上的统一，因为淡水河并没有实现出黄河在青海的源头，而秀姑峦溪与浊水溪的结合也不够密切，以致长江在台湾的浓缩缺乏足够的统一性。这是台湾的地势和市县调整造成的缺陷，无法用河流来弥补（南投北边是雪山山脉，东边是中央山脉，因此南渡江和万泉河的源头在南投无法实现出来）。然而，这个缺陷仍可以用湖泊来做象征性的弥补，其方式就是在南投设计两个密切相关的湖来代表黄河与长江的源头，这不但使黄河的源头被反映出来，而且还可以通过黄河的统一性去强化长江的统一性（黄河与长江分别代表大意志和小意志，构成一阳一阴的关系）。太极于是在南投中部设计了日月潭来代表黄河和长江在青海的源头（南投中部对应白沙和琼中的结合点，可以通过日月潭强化长江从青海到湖北、湖南、江西的运动）。太极还把代表黄河源头的北潭弄成圆日形状，把代表长江源头的南潭弄成弯月形状（日月是太极把乾坤物化在太阳系中的结果，是天然的纯阳之象和纯阴之象[①]）。日月潭是台湾最大的天然湖泊，是太极阴阳合一的天然象征，同

---

① 参见《太极之音》第 357 页。

时也象征了台湾在意志上的统一。[①]

最后，让我们看一下台湾市县的人文特点。由于台湾不是直接浓缩中国地理，而是通过改造海南地理来做到这点，包括大量的地势和市县调整，它反映哲学位置的方式比海南更加间接和隐晦，包含更多的转化和变异。但若干主要市县的意义仍然清晰可辨。台北都会区浓缩了河北省。因此它是台湾的天然中心，其中的台北市对应北京市，是中心中的中心，和北京市一样成为独立的直辖市（其东边靠海的基隆市对应天津）。台北市潜在地有容纳天下的气魄，能使来自中国不同区域、甚至世界不同地区的文化百花齐放，和谐共存。宜兰浓缩了山东，对应海南的文昌。宜兰和文昌一样有浓厚的文化底蕴，是台湾传统艺术中心的所在地。有趣的是宜兰有一著名的文昌庙，供奉的是文昌帝君，树有周敦颐、程颢、程颐、张载、朱熹五夫子的牌位，同时还供奉关圣帝君，故又有“文武庙”之称，但后来武庙逐渐冷清，而文庙则越发兴旺，和海南文昌“偃武修文”的意义相互共鸣。花莲浓缩了中国大陆包含大道的三个省份，隐含大道的质朴性，且其地形以高山为主，适合台湾少数民族（原住民）居住，成为台湾原住民最多的区域，其阿美人文化保留了很多典型的母系社会特征，其隐含的多省因素则使之具有深厚的族群意识和省籍情结。高雄市对应广东和广西的合一，其南部靠近海岸的市中心对应广州。高雄是南台湾的文化中心，同时也是近代台湾与外国联系的重要窗口，成为台湾吸收西方文化和现代文明的重镇，发展了不同于台湾其他地区的特别文化。

对应五指山市的云林是台湾一个非常特殊的县。台湾是从海南剥除三连贯意义而产生的。三连贯意义的地理中心就在五指山市。云林象征从海南到台湾的过渡，因而也间接地象征了从大陆到台湾的过渡。太极把台湾推向福建，相当于把海南和大陆的关联转化成了台湾和福建的关联，而云林则刚好处在面向福建的西海岸。所以云林成为汉人在台湾岛上最早开垦

① 日潭和月潭并不刚好一北一南，而是日潭在东北，月潭在西南，符合黄河源头与长江源头在青海的位置关系。日月潭本来是两个湖泊，因为黄河与长江在青海的源头是不同的，其关系是内在的。但人们在日月潭筑坝建发电站而使水位上涨，导致日潭和月潭连成了一体，整个湖形也变得像一张枫叶。据传日月潭的色彩是日潭赤红，月潭澄碧，但今天已经看不出。

的地方，是汉族文化在台湾的入口，也是台湾唯一人口全为汉族的市县（在这点上类似海南的文昌）。发源于福建的妈祖信仰从云林的北港向全岛辐射传播。北港朝天宫成为台湾 300 多座妈祖庙的总庙（朝天宫妈祖直接迎自妈祖的故乡，即莆田湄洲）。妈祖信仰把台湾和中国大陆紧密地联系在了一起。云林还诞生了深受世界华人爱戴的歌星邓丽君，其美妙的歌声在 20 世纪海峡两岸仍处于敌对和隔膜状态时就飞越茫茫的台湾海峡，传遍了中国大陆（包括海南）的每个角落，把中国传统文化在台湾孕育出来的爱的种子撒遍了中国大地。海南和台湾本来就是一阳一阴的互补岛屿，共同构成**太极易**在中国地理中的完整实现。因此，偏向阴柔的台湾岛天然地凝聚了爱的理想，并通过邓丽君的歌声以最纯粹的方式实现了出来。这种理想中隐含的台湾和海南、台湾和大陆的内在关联在邓丽君生活的年代还无法在社会现实中实现出来，但中国大陆开始改革开放时，这种理想仍然通过邓丽君的歌曲漂洋过海进入千千万万中国人心中，在人们心中引起了强烈的共鸣，无形中拉近了台湾和中国大陆的距离。[①]

海南凝聚的三连贯意义和共产主义运动相互呼应，并且曾经实现在中国共产党领导的琼崖纵队和红色娘子军中。相反，台湾是从海南剥除三连贯的意义产生的，成为国民党在大陆失败后的天然退路。共产主义运动在国民党主政大陆的时代就已经以其超前地走向大同的本质超越了国民党所代表的，通过否定清朝产生的，作为民族国家的中国所具有的“纯粹中国性”。代表了未来，超前地走向大同的新中国必然会取代旧中国，使旧中国的政府退往台湾而实际上转化成了中国的地方性政权。但台湾是中国一个特别的、具有相对独立性的省份，其社会制度的不同有其历史发展的合理性。因此，以“一国两制”的构想来实现海峡两岸的统一是符合历史发展趋势的。海南和台湾是**太极易**在中国地理中凝聚出来的两颗南海明珠，以阴阳互补的方式浓缩了中国大陆的地理，具有不可分割、血肉相连的亲缘性。当中国实现统一时，海南和台湾就可以更好地实现相互补充和相互合作，为中国迈向文化复兴和人类走向天下大同发挥它们不可替代的重要作用。

---

① 参见《太极之音》最后一讲《论爱情》的最后一节“爱的悲剧”。

25. 内蒙古

台湾的设计补充了海南岛凝聚**太极易**的作用，结束了中国地理凝聚世界哲学史 34 个先天位置的发展过程，实现了中国地理的世界性。但这种世界性还不够完整。世界哲学史先天地会派生出世界性宗教（基督教），并把它吸收到**阿奎那**这个位置中。因此**阿奎那**具有特殊的二重性：它一方面是 34 个哲学位置中的一个，另一方面又代表了世界哲学史对世界宗教史的吸收。**阿奎那**的这种特殊性决定了它所对应的时代会以意大利为中心形成与基督教传播范围相一致的世界统一性（在欧洲中世纪表现为罗马天主教在欧洲的统一作用）。中国地理虽然已经凝聚了世界哲学史，但它的世界性是不够完整的，因为**阿奎那**对世界宗教史的吸收并没有在陕西的设计中体现出来。由于中国哲学不包含基督教因素，陕西并不像意大利那样以哲学和宗教的结合作为其地理发展的线索，而只是把**阿奎那**这个哲学位置的发展过程实现在地理中。所以，陕西地理凝聚的其实只是作为哲学位置的**阿奎那**，而不是从世界宗教史获得特殊世界性的**阿奎那**。海南和台湾不但结束了世界哲学史在中国地理中的发展过程，而且把世界性的**太极易**实现在省级地理中，使陕西隐含但无法实现的宗教世界性被激发了出来。因此，太极必须从陕西发展出一个幅员特别辽阔的区域来实现从基督教获得特殊世界性的**阿奎那**。这个特殊区域就是在陕西北边的蒙古地区。蒙古的世界性虽然来自**阿奎那**，同时也是被海南和台湾的世界性激发出来的，因此蒙古也间接地分享到了**太极易**的意义。由于俄罗斯和中国存在先天的内在关联，蒙古潜在地可以区分为和俄罗斯密切相关的蒙古国，以及中国的内蒙古自治区（参见后面对俄罗斯地理的分析）。蒙古国和俄罗斯的特殊关联使它最终从中国分离了出去，成为独立的国家。所以，今天的中国只包含内蒙古作为自己的一个省份。但在太极的先天设计中，内蒙古和蒙古国都属于蒙古，共同代表了从基督教获得特殊世界性的**阿奎那**。所以我们首先必须把蒙古作为一个整体来理解。至于蒙古国成为独立国家的意义则必须在我们理解俄罗斯之后才能把握。所以，蒙古国和内蒙古的地理分析将放到后面对俄罗斯的讨论中进行。

蒙古的特殊世界性使它曾是中国陆地面积最大的省（在蒙古国独立之

后新疆才成为陆地面积最大的省），其形状则自然地采取了“填满中国北部”的方式。基督教的神对应中国哲学中的天，其意志就是天志。太极通常用高山来象征天志，但如果天志的覆盖面非常广阔则常用高原来象征（高原既可以象征天也可以象征天志）。所以蒙古自然地成为高原地区。蒙古高原凝聚的强烈天志吸引了代表中国大意志统一性的黄河，所以从青海发源的黄河并不直接流向中国东部，而是向北流入蒙古高原（内蒙古部分），东流一段后才拐弯南流（成为陕西与山西的界河），最后才从山西与河南交界处向东流。蒙古地区还有很多草原和沙漠，以便突出俯瞰人间世界的苍天（草原象征被苍天俯瞰的、在天志推动下生生不息地发展的世界，而沙漠则象征被过于强烈的天志掩盖的蛮荒的世界）。

由于中国哲学不包含基督教因素，蒙古无法像意大利那样通过基督教的传播成为统一宗教世界的中心。然而，蒙古这片土地仍然孕育出了敬畏长生天的蒙古人，把罗马天主教对宗教世界的统一作用转化为在长生天带领下统一世俗世界的作用，在罗马天主教的世界性发展到顶峰的 13 世纪建立起了疆域空前庞大的蒙古帝国（后来分裂而发展出中国的元朝和横跨欧亚的几个汗国）。另一方面，从世界宗教史的角度来说，基督教在中国对应佛教，所以佛教有天然地向蒙古传播的趋势。由于西藏所凝聚的**叔本华**既和佛教相通又突出了天志，西藏成为佛教从印度传播到蒙古的天然中介。藏传佛教在蒙古人建立元朝的前夕传入蒙古，从元朝开始逐步演变为在蒙古占统治地位的宗教信仰，把蒙古隐含的宗教因素间接实现了出来（西藏也同时被纳入中国版图）。事实上，在成吉思汗家族建立蒙古帝国和元朝之前，蒙古这片土地上的游牧民族（主要是匈奴人）就已经被其地理中隐含的特殊世界性所激发，不断地向中原甚至欧洲扩张，深刻地影响了中国和世界的历史，扮演了人们常说的“上帝之手”的特殊角色。但元朝之后，蒙古凝聚的特殊世界性已经完全实现出来，因此蒙古人也就退回自己的故乡，在敬畏长生天和信仰喇嘛教（藏传佛教）的精神境界中过着和平宁静的生活（虽然在明清的历史中还继续发挥作用，但性质已经有所不同了）。既敬天又注重世界圆融性的品格使蒙古人既宏大又包容，既崇高又超脱，在宗教和世俗生活间保持着平衡，以其丰富饱满的精神性在中国少数民族中独树一帜。蒙古地理凝聚的强烈天志使蒙古人有深厚的音乐天赋（音乐是意志的艺术）。在茫茫的草原和沙漠上诞生的音乐仍然在以其强烈的意志性和宽阔辽远、崇高深邃的精神性为中国文化带来丧失已久的敬天精神。

26. 辽宁

对蒙古地区的设计使中国地理的世界性获得了完整的实现。但中国地理的统一性还没有完全实现出来。太极是在设计了西欧之后才设计中国各省的。西欧把西方哲学史的几十个哲学位置凝聚在希腊、意大利、法国、荷兰、英国、德国、奥地利七个国家中，因此某些国家凝聚了不止一个哲学位置。如果某个国家凝聚的多个哲学位置被分散在中国的多个省份中，就可能会出现统一性问题。荷兰和奥地利都只凝聚了一个哲学位置，因此它们对应的宁夏和广西不存在统一性问题。意大利只凝聚了**阿奎那**这个哲学位置，其特殊的二重性在中国产生了陕西和内蒙古，但这两个省份互相接壤，保持了密切关联。希腊凝聚了 9 个哲学位置，被分成两组实现在中国地理中，产生了江苏和浙江，但此二省也是互相接壤，保持了密切关联。以上这四个国家在哲学上的统一性在中国地理中没有产生什么问题。然而，法国、德国、英国三个国家的情形却很不同。法国哲学的**笛卡尔**、**梅洛-庞蒂**、**萨特**被凝聚在山西、云南、福建三个相距遥远的省份中。德国哲学的 9 个位置被分散地凝聚在湖北、青海、西藏、新疆、甘肃、四川、湖南、江西、广东 9 个省份中。英国哲学的**贝克莱**、**洛克**、**休谟**、**罗素**被凝聚在相互隔离的河南与贵州两省。法德英哲学的发展有内在的连续性，贯穿和主导了整个西方现代哲学的发展。但法德英对应的哲学位置却在中国各省份中被拆散，其统一性被破坏，导致中国地理缺乏和西方现代哲学相应的统一性。因此，中国地理虽然完整地凝聚了世界哲学史，其统一性还有待进一步完善。

为了完善中国地理的统一性，太极设计了三个特殊的省份来代表法国、德国、英国，从而产生了辽宁、吉林、黑龙江。这三个省是为了完善中国地理的统一性而一起产生的，具有相似的地理意义，天然地密切关联。它们代表的统一性和内蒙古代表的世界性相互补充，同时还使它们与中国地理的开端（河北）相互吸引。因此它们被排列在中国的东北，以便同时与内蒙古和河北接壤，共同构成了通常所说的“中国东北三省”。正如法国、德国、英国在西欧从南向北排列，辽宁、吉林、黑龙江在东北也是从南向北排列的。中国东北三省凝聚了分散在中国各地的法德英哲学位置，代表了中国地理的统一性，能够以辐射的方式统一中国。但这种统一作用在历史进入现代哲学阶段之前无法真正发挥出来，因为法德英是在现代哲学阶段才参与到世界哲学史中的。当世界哲学史进入现代哲学阶段时（即17世纪中叶到19世纪，对应从**笛卡尔**到**黑格尔**的时代），中国东北三省的地理意义才真正发挥了出来；发源于中国东北地区的满族征服了整个中国大地，建立起了和西方现代史相对应的清朝，把中国版图扩展到了最大（但不包括西伯利亚，因为中国东北三省不像蒙古国那样和俄罗斯有内在呼应。现代哲学的主体性在西方兴起了边界固定的统一的民族国家。相应地，中国的省级边界划分在清朝开始趋于稳定，成为今天中国行政区划的基础）。

虽然清朝和西方现代史相对应，也和西方发生了接触，但它基本上没有向西方开放，因为清朝以其统一作用继承和转化了从元朝而来的世界性（这种世界性使中国从元朝开始就以北京为首都并延续到清朝。明朝对应欧洲文艺复兴和宗教改革时代，构成从元朝向清朝的过渡），但西方现代史发展出来的民族国家却打破了天主教曾经拥有的世界统一性，发展了以民族主义为基础的扩张和竞争。清朝自成体系的天下虽然使它无法很好地吸收西方现代文明，但同时起到了维护中国统一的作用。西方现代史是民族国家的历史。欧洲的不同民族此起彼伏，相互竞争地参与了现代史的发展。和西方现代史的这种发展相应的哲学位置分散地凝聚在中国各地。如果没有清朝强有力的统一作用，中国就可能会成为豪强并起、军阀割据的混乱国度，陷入第二个战国时期，甚至分裂成几十个西方殖民地，不知道要经过多少血腥的战争才可能重新统一起来。

另一方面，世界历史在19世纪末开始进入“晚期现代”阶段[①]，在世界哲学史中对应**黑格尔**之后的阶段，其总特点是对从**笛卡尔**到**黑格尔**的现代哲学史进行批判和解构。当清朝开始进入这个阶段时，其统一性就从中国内部受到了挑战，并最终在20世纪初被辛亥革命所推翻；从中国古代流传下来，被清朝继承和发展的天下体系土崩瓦解；中国开始迈向现代文明。中国的世界性不同于现代西方民族国家的扩张、殖民和侵略，而是包容天下、

① 参见《太极之音》第四讲《现代人生命的演变》。

四海一家的世界性。在中国历史上，即使中国最强大的时候也仍然兼善天下，保护周边弱小国家，除非受到侵犯，否则不主动攻占他国。中国近几十年的改革开放和迅速崛起是中华民族带领人类走向大同的必要前提，同时也是中国地理隐含的世界性之表现。虽然清朝的封闭使中国没有更早地吸收到现代文明，但它实现了古代历史中最充分最稳定的统一性，为中国在现代社会中实现开放的世界性奠定了基础。这虽然不是太极的有意设计，但却可以说是中国东北三省的设计造成的结果。

中国东北三省的地理发展是从南到北，即首先在内蒙古与河北交界处出现辽宁，然后向北过渡到吉林，接着再过渡到最北端的黑龙江。辽宁是中国东北三省的开端性省份；吉林是中心省份；黑龙江则是收尾的省份。如果说中国东北三省是一条龙，那么辽宁就是龙头，吉林就是龙身，黑龙江就是龙尾。这个比喻不是随意的，而是来自中国东北三省本身的历史和文化。中国东北三省的龙文化在许多包含“龙”的地理名称、考古遗迹以及满族和清朝对龙的崇拜中都有所反映。中国东北三省代表中国地理的统一性，和海南一样具有“局部代表整体”的特性。不但如此，海南凝聚的**太极易**和三连贯造成的意志统一性密不可分。所以，中国东北三省和海南有先天的相互呼应，使其作为一个整体分享了海南凝聚的**太极易**的意义，从而也分享了象征太极的“龙”的意义，并且从**易**的时代开始就表现了出来，逐步发展成了中国东北三省的龙文化。[①]

中国东北三省和**太极易**的内在关联还表现在满族的八旗制度中。虽然中国东北三省代表中国地理的统一性，但它毕竟包含三个不同的省，因此它还必须超越三省的区分，在更高层次上形成覆盖三省的民族统一性。换句话说，只有当东北大地孕育出了反映三省统一性的民族后，中国东北三省代表中国地理统一性的本质才能真正实现出来。由于中国东北三省分享到了**太极易**的意义，三省的统一性就自然而然地通过三爻构成的八卦来实现。这里说的八卦不是指人类发明的八个图形，而是指太极阴阳交合产生的八个无形大象，是太极的阳阴合三象将其阴阳属性进一步交错组合的结果（三爻对应三象）。八卦中每一卦都代表八卦整体，但又没有任何一卦

---

① 关于**易**和龙的关联，参见《太极之音》第 439、463 页。

能够单独地代表八卦整体，因此八卦构成了密不可分的整体，其中每卦都由三爻组成，隐含了“统三为一”的意义。[①]只要把满族（不论来自三省何处）划分为对应八卦的八个单元，就可以把中国东北三省在地理上的统一性提升为民族统一性。这个凝聚在中国东北三省地理中的先天意义在努尔哈赤创建的八旗制度中实现了出来。努尔哈赤把满族分为正黄旗、镶黄旗、正白旗、镶白旗、正红旗、镶红旗、正蓝旗、镶蓝旗，合称为八旗，作为包括军事、政治、生产、宗族、司法等多方面内容的社会组织，把分散的几十万人组织起来，构成了一个不可分割、相互依存的整体，实现了中国东北三省代表中国地理统一性的本质。[②]努尔哈赤的儿子皇太极完善了八旗制度，成为创立清朝的皇帝。清朝被中华民国和新中国相继取代后，中国东北三省就结束了代表中国地理统一性的历史使命，满族分散融入到全国各地（今天满族的日常语言服饰等已经和汉族区别不大）。海南建省后，中国东北三省和海南在地理上的先天关联被激发了出来，引发了至今方兴未艾的东北人移居海南的热潮。中国的四个特殊区域（海南、台湾、内蒙古和中国东北三省）都与中国的整体性（世界性和统一性）相关，而且它们都直接或间接地和**太极易**相关，因此相互间有先天的内在关联，某种意义上构成了**太极易**的“四位一体”。这是中国地理一个非常特别的复杂性。

下面就让我们考察一下辽宁的地理。辽宁被邻接在河北东边，故其地理发展是从西向东，依次经历**笛卡尔**、**梅洛-庞蒂**、**萨特**对应的地区（同时从北向南排列每个位置的内在发展步骤）。辽宁地形是东西两侧山地夹住中部平原的马蹄形。西部山脉是从内蒙古高原发展出来的，代表**笛卡尔**从**阿奎那**继承的意志（包括天志的残余及逻各斯的判断力）。东部山脉从长白山南段扩展而来，代表**萨特**中隐含的（判断力向之超越的）天志（这种天志来自**尼采**。长白山南段代表的就是**尼采**中的天志，参见后面对吉林的分析）。西部山脉和东部山脉代表的天志来源不同，宗教性和非宗教性

① 参见本书导论第一节对太极发展过程的论述，以及《太极之音》第313—316页。

② 满族并没有意识到八旗和八卦的对应，而只是通过历史活动把八旗制度逐步实现出来。我们不妨这样理解其对应的方式：八卦的第一爻决定其整体的阴阳属性，因此八卦可以分为阴阳两组，根据第一爻为阳或阴分为正或镶；其他二爻组成的四象则以黄、白、红、蓝四色代表。但必须注意，这是从中国东北三省地理隐含的八卦意义而言，和八旗在历史活动中的实际形成过程是两回事。

相互矛盾[①]，导致它们相互排斥，以致中部平原（代表**梅洛-庞蒂**中的世界）形成了辽东湾的巨大凹陷，将两边山地用海水隔开。辽宁的形状本来是法国的齐整化，但中国地理设计出现的这种特殊性使辽宁的形状变得和法国有所不同。东西两侧山地的相互排斥削弱了辽宁的统一性。作为弥补，太极设计了西辽河与东辽河，汇合为辽河后贯通东西山地之间的辽河平原，最终注入隔开它们的辽东湾。西辽河从河北承德顶端的东西两侧（内蒙古境内）发源，吸收了河北中支代表的“太极阴阳合一”的意义，再与从长白山余脉发源的东辽河汇合为辽河。辽河因此具有东西阴阳合一的意义，强化了辽宁的统一性。

辽宁地理开始于**笛卡尔**对应的朝阳市和葫芦岛市。**笛卡尔**的发展有丰富的阶段性，但它对应的辽宁西部刚好在内蒙古南边，仿佛**阿奎那**向南发展出了**笛卡尔**，所以辽宁西部就简单地分为南北两部分：北部的朝阳代表**笛卡尔**对**阿奎那**的继承和转化，南部的葫芦岛则对应**笛卡尔**自身的发展。作为辽宁开端，朝阳凝聚了辽宁作为“龙头”的意义而有“龙城”的别称。朝阳和内蒙古共享努鲁儿虎山脉，但其北部却越过山脉，深入内蒙古中而被后者夹住，代表**笛卡尔**从**阿奎那**发展而来。朝阳北接内蒙古，西接河北，凝聚了多元的世界统一性，自古以来就是东北与中原联系的重要纽带，成为多民族的历史名城。朝阳地理隐含了从宗教权威解放出来，开始发展主体性哲学的意义，在中国历史的风云变幻中孕育出了不少军政人物，包括东北抗日联军的创建者和领导人赵尚志，全国特等女战斗英雄郭俊卿，反叛唐朝的安禄山、史思明，参与平定安史之乱的唐朝名将李光弼等。葫芦岛对应**笛卡尔**自身的发展，其意义和山西相似，故其自然资源特别是煤矿比较丰富。然而，葫芦岛无法像山西那样以广阔的大地来展开**笛卡尔**的发展过程，故其地势只是简单地向渤海倾斜，在海岸边形成狭长的海滨平原，即著名的辽西走廊，成为沟通山海关内外的重要通道。

辽宁地理接着过渡到**梅洛-庞蒂**对应的中部地区，即阜新、锦州、盘锦、沈阳、辽阳。阜新对应知觉现象学的第一步“用我身代替**康德**的先验自我

---

① **尼采**中的天志是克服了宗教性的天志。参见《太极之音》第十三讲《从太极看世界哲学史》对**尼采**的分析。

综合世界现象”。其西部是代表身体主体的山地，东部则属于代表世界的辽河平原。阜新凝聚的身体主体性及相关的世界性使之成为藏传佛教的东方传播中心（**叔本华**中的天志落脚在身体，而阜新刚好靠近内蒙古，成为从内蒙古传来的藏传佛教的天然落脚点）。作为**梅洛-庞蒂**的开端地区，阜新和朝阳一样分享了辽宁作为“龙头”的意义。阜新查海遗址出土的距今8000年的石堆巨龙是中国目前发现的最早的龙，被称为“华夏第一龙”，其形成的时代实际上就是**易**在中国北方开始发挥作用的时代。

锦州对应知觉现象学第二步“把客观世界内化为感知世界”。代表感知判断力的医巫闾山从东北向西南贯通了锦州北部，将其划分为东南侧的辽河平原（代表客观世界）和西北侧的山间谷地（代表感知世界）。**梅洛-庞蒂**的这个步骤内化了客观世界，恢复了尚未被自我意识的发展掩盖的混沌神秘的原始世界，在知觉层次上还原了**易**的原始思维。其类似巫术的神秘原始性凝聚在了医巫闾山，故其山形奇特，回环掩抱达六重之多，以其气势不凡的雄峰奇石称誉海内外。锦州还孕育出了道教内丹修炼的集大成者、武当内家拳开山祖师张三丰（据传还是太极拳的创立者）。武当派注重内丹、内功和阴阳变化，姿势含蓄，精神内敛，暗中契合了将客观世界内化为感知世界之义，而湖北武当山则凝聚了大道从第一太极到第二太极的发展，和**易**有内在关联（参见前面对湖北地理的分析）。

盘锦对应知觉现象学第三步“把身体主体的自由外化到世界中”。这种外化使盘锦整个地属于辽河平原。盘锦具有非常丰富的石油和天然气资源，是辽河油田的中心。辽河油田是中国陆上第九大油田，主要分布在辽河下游平原和辽东湾，是一个具有多油品性质、多油气藏类型、多套含油层系、地质情况十分复杂的大型复式油气区。[①]这个大型油田的形成不是偶然的。辽河的地理意义是结合东西两侧的山地，强化辽宁的统一性。但从东西两侧而来的两种性质相反的天志并没有被辽河消解，而只是在巨大的张力中维持平衡。辽河下游平原和辽东湾是这种张力的主要受力区，凝聚了天志对（以身体为依托的）个体生命的强烈的推动作用，通过长期的地质演变而物化为石油和天然气，其所凝聚的张力的复杂性则导致了相应

① 参见百度百科“辽河油田”词条。

的地质复杂性和油田复杂性。处在辽河入海口的盘锦是最主要的受力点，成为辽河油田的天然中心。[①]

沈阳对应“从感知世界转向符号世界”。这个步骤把个体领悟转向公共领悟，特别有利于通过言谈和协商来组织公共世界，因此沈阳也完全属于辽河平原，而且是辽河平原中最宽广的北部地区（辽河最初流入的地区）。沈阳凝聚了最强烈的把辽宁统一成公共世界的潜在能力，成为清朝最初的首都，也是今天辽宁省政府所在地，是东北唯一的特大城市，其世界性以公共领悟为基础，孕育了许多富于强烈表现力和公众凝聚力的演艺人才（例如著名音乐家郎朗）。

辽阳对应“通过世界的肉身化统一世界现象”，这是**梅洛-庞蒂**最终也是最全面的综合性发展。千山山脉从辽阳东南部向西南延伸，汇聚了999座状似莲花的山峰，象征以身体为基础的交互主体性，亦即身体的世界性（主体性以判断力为基础，因此千山是长白山向西南延伸出来的余脉，仿佛从大意志延伸出了小意志）。辽阳的地形从东南部的千山山脉过渡到西北部的辽河平原，地势从中山、低山、高丘陵、低丘陵、台地到平原依次跌落，象征从身体到世界的发展过程（把身体的世界性扩展为世界的肉身性）。辽阳的形状是西北和东南互相对称的马蹄形，象征世界肉身通过对称的“可逆区分”分化出有内在组织和统一性的世界现象。辽阳隐含的世界统一性使它成为东北地区最早的城市，在清朝之前一直都是东北地区的政治、经济和文化的中心。祖籍辽阳的曹雪芹在《红楼梦》中以感性的笔触描绘了从不同角度相互交织的种种世界现象和生活场景，展现了**梅洛-庞蒂**在世界肉身中达到的多层次、全方位、包罗万象的世界统一性，并以此为背景凸显了爱情的原始性、理想性和现实性。中国东北三省从海南分享到了**太极易**的意义，加上其所代表的现代哲学的感知能力，使其特别能产生对爱情有深刻细致体会的人物，在清朝皇帝和满洲贵族中的许多“情种”身上有显著的表现（北方气候使东北人勇敢粗猛，但其感知能力则使之粗中有细）。辽宁凝聚的法国哲学在感知能力方面最为突出，其中的辽

① 这里所说的张力、受力等都是指地理中凝聚的（和天志相关的）先天意义，而非实际存在的物理力，但这种先天意义会在无形中引导地质演变的过程，将天志对生命活动的推动作用物化为石油或天然气。参见导论第四节对燃料矿藏的讨论。

阳则凝聚了以最全面的方式统一种种世界现象的“世界肉身”。曹雪芹祖籍辽阳，在南京出生成长，继承了祖上从辽阳地理吸收到的意义，融入优雅细腻的江南文化中，结合个人经历和社会观察，写出了说不完道不尽的《红楼梦》。李煜的词作把南京地理隐含的理想／现实二重性的矛盾发挥到了极致（参见前面对江苏地理的分析）。《红楼梦》则把这种矛盾放在复杂多变的社会生活中来展现，使其获得了更深刻而全面的揭示。

辽宁地理接着过渡到**萨特**对应的东部地区。**萨特**的发展经历了七个步骤[①]，因此太极从北向南（和西南）设计了铁岭、抚顺、本溪、丹东、鞍山、营口、大连七个地区。铁岭对应**萨特**的第一步“重新解释意向性和意识”。作为**萨特**的开端性地区，铁岭和朝阳、阜新一样分享了辽宁作为“龙头”的意义，展现在起伏蜿蜒十余里状若飞龙的龙首山。铁岭凝聚了阳性的意向性和对世界的否定性意识，隐含永不止息的自我超越，和体育的精神有所共鸣，近几十年产生了无数体育人才，在竞走等项目中产生了多名世界冠军。**萨特**的这个步骤是其现象学的开端，其否定性意识则揭示了世界偶然、荒谬甚至令人恶心的那一面。在东北二人转的喜剧因素基础上，这种观察世界现象的独特角度孕育出了众多小品表演艺术家。铁岭人高鹗因和程伟元一起编辑、整理、出版了《红楼梦》的首个刻印全本而闻名于世。红学界曾长期认为《红楼梦》后四十回是高鹗所续。辽阳凝聚了**梅洛-庞蒂**的最终发展，而铁岭则凝聚了**萨特**的最初开端，因此从辽阳到铁岭既是发展也是转折，亦即从包罗万象的世界性转向对世界的否定性（虚无化）意识，隐含了潜在的悲剧意识。如果高鹗真的续写了后四十回，强化了《红楼梦》的悲剧性结局，则其不但进一步发展了曹雪芹对理想／现实二重性的观察，和从辽阳到铁岭的转折也颇为吻合。当然，我们不能据此断定高鹗续写了后四十回。真相如何有待红学家的进一步考证。不论高鹗是否续写了后四十回，《红楼梦》从写作到出版和从辽阳到铁岭的地理发展存在某种微妙的对应，个中道理值得深思。

抚顺对应第二步“发现存在的统一性问题”。存在的统一性问题就是自我超越的判断力（自为）如何统一世界（自在）的问题。这个步骤第一

① 参见《太极之音》第592—595页。

次明确地提出了存在的统一性（世界的统一性）问题。抚顺地理凝聚的这个意义使之成为满族和清王朝的发祥地（努尔哈赤诞生并建都于此）。判断力的自我超越其实是向天志的超越。所以存在的统一性问题其实是天志通过判断力统一世界的问题，其中隐含了天志借助判断力的自我超越来澄明世界、推动生命活动的作用，使抚顺成为中国油页岩资源非常丰富的地区，而其中隐含的澄明作用也同时在抚顺凝聚出了大量的煤矿，使之成为中国著名的煤都。①

本溪对应第三步“通过现象学存在论改造逻辑研究”。在此步骤中，哲学发现语言中的否定判断起源于判断力的自我虚无化（同时虚无化世界）的运动。判断力的自我虚无化其实就是向天志的自我超越运动。为了象征这种运动，本溪的形状如同东西向横放的哑铃，其地势从西部低山穿过狭窄的中部上升到东部高山群，其中的老秃顶子就是辽宁第一峰。其实铁岭和抚顺已经凝聚了判断力的自我超越运动，但其中隐含的天志还没有凸显出来。本溪的位置已经靠近长白山南段，故其隐含的天志被激发出来，凝聚成了东部以老秃顶子为代表的高山群，构成了本溪从西向东的超越运动。西部凝聚了向天志超越的判断力，成为本溪市中心的所在地。市中心有一平顶山，其顶部平坦宽阔，象征被虚无化的世界。市区还有一个著名的怪石洞，整个石洞穿山而过，洞内有钟乳、石笋等各种怪石，据考察已有上亿年历史。怪石洞象征**萨特**在这个步骤中对语言的研究。这种研究尚未构成语言哲学，所以没有凝聚成通常的地下溶洞，而是凝聚成山中石洞，和福建太姥山的地上岩洞相似。

丹东对应第四步“把人还原为绝对自由的自为”。这个步骤突出了自为的时间性。这种动态超越的时间性在节奏独特的丹东单鼓和丹东鼓乐中典型地表现了出来。丹东所凝聚的绝对自由的自为还孕育出了无数军政、演艺和体育人才。

丹东接着向西过渡到了鞍山，对应第五步“把自为扩展到与他人的关系”。这个步骤迫使自为向他人开放，构成共享世界的交互主体性。**梅洛-庞蒂**从身体出发的哲学很注重交互主体性，其在地理中最集中的体现就是

① 参见导论第四节对煤和油页岩的讨论。

千山山脉。因此，鞍山被向西排列，以便和辽阳共享千山山脉，其边界上的凸角刚好嵌入辽阳的马蹄形凹陷中，而其疆域则延伸到了沈阳、锦州和盘锦边界（千山山脉的主峰和精华部分就坐落在鞍山和辽阳边界）。辽阳凝聚的世界肉身隐含交互主体性，而本溪西部的虚无化世界也是判断力（主体）自我虚无化的结果。因此鞍山、辽阳、本溪的地理意义相互呼应，把构成交互主体性的原始领悟凸显了出来，使千山地区的鞍山—辽阳—本溪一带成为中国铁矿最富集的地区（原始领悟不但组织生命，而且指向世界本身，使个体生命可以相互开放，构成交互主体性[①]）。鞍山凝聚的交互主体性意味着对人与人关系的高度敏感，从而孕育出了无数的演艺人才，其最杰出的代表即中国的著名女演员陈晓旭。陈晓旭在电视剧《红楼梦》中出色地演绎了在交互主体性中艰难地维持其高洁品格的林黛玉，其自身的人生也充满了悲剧性。《红楼梦》从写作、出版到成为打动全国观众的电视剧，其发展过程竟然暗中对应从辽阳、铁岭到鞍山的地理发展和回归，不能不令人十分感慨。

营口对应第六步“通过自为的自由筹划统一世界”。这个步骤和**梅洛-庞蒂**的第三步“把身体主体的自由外化到世界中”有所呼应。所以营口被向西排列到和盘锦接壤的地方，其地形从山地逐渐向平原和渤海倾斜，象征从自为出发统一世界，借助其面临渤海的优势成为东北近代史上第一个对外开埠的口岸。“自为的自由筹划”把世界统一成了“行动的世界”。营口因此凝聚了通过自由筹划建立现实世界的意义，曾经是东北的经济、金融、贸易、航运中心和各种物资的集散地，被誉为“东方贸易总汇”和“关外上海”。

大连对应第七步“通过历史批判为世界（存在）的统一性扫清障碍”。大连被排列在营口南方，构成了马蹄形海岸的一角。**萨特**的历史批判把个人实践结合为社会实践。所以，大连隐含“从天志出发统一交互主体性”亦即“从天志角度整合判断力”的意义（参见前面对法国地理的分析）。这种意义被贯通大连的长白山余脉（千山山脉）所强化，突出了“以大意志整合小意志”（把许多同类型意志结合起来形成更为强烈的意志统一性），

① 参见《太极之音》第 275—276 页。关于铁的象征意义，参见导论第四节。

因此在大连的核心位置（瓦房店）形成了目前国内发现的最大的金刚石矿（约占国内已探明金刚石储量的54%）。然而，**萨特**虽然意识到判断力向天志的自我超越，却没有意识到天志本身，所以大连向大海延伸出了许多半岛，象征把个人实践结合为社会实践的不彻底性。

总的来说，辽宁不但是中国东北三省的开端性省份和满族的“龙兴之地”，其所凝聚的法国哲学还使之有强烈的生活气息和浓厚的艺术气质。辽宁靠近河北与渤海的地理位置及其潜在的世界性使它在开放性和社会发展方面比其他二省显得更有优势，在新中国的早期发展中成为当之无愧的“共和国长子”。

27. 吉林

虽然辽宁是中国东北三省的开端性省份，但最有统一作用的省份是吉林。这不但因为吉林处在中国东北三省的中心，而且还因为吉林代表的德国哲学实现了从小意志向大意志的回归（日本扶持的伪满洲国曾经利用了吉林作为意志中心的这种特性）。吉林凝聚了德国哲学深刻而又精致的思辨倾向，成为中国东北三省中最能发展理论思维和高科技的地方，集中地表现在省会长春的大学、研究机构和高科技企业（包括吉林大学、长春光机所和第一汽车制造厂等），使长春成为东北的科教文化名城。中国东北三省整体上分享了**太极易**的意义，而吉林则凝聚了德国哲学的所有位置（包括三连贯中的**黑格尔**和**尼采**、以及向**太极易**过渡的**海德格尔**）。因此，吉林大学不但在马克思主义研究方面领全国风气之先，在中国向**太极易**时代迈进时也将发挥重要作用。

吉林的形状来自德国的竖长条（逆时针偏斜，以便和辽宁一样从西向东、从北向南发展）。但吉林地理有特殊的复杂性。吉林地理中凝聚的**黑格尔**和**尼采**导致它从自身延伸出朝鲜来实现三连贯的意义（参见下节对朝鲜、韩国的分析）。所以，吉林地理包含两个不同层次：（1）从德国而来的阶段性发展（2）为了和朝鲜共享**黑格尔**和**尼采**而形成的结构化地理。为了实现结构化地理，必须把**黑格尔**和**尼采**之后的两个德国哲学位置（**胡塞尔**和**海德格尔**）对应的地区从吉林东南端切割掉，以便**黑格尔**和**尼采**对应的地区能够和朝鲜直接接壤。被切掉的部分（对应德国南部）只能反过来排列到吉林西北端（对应德国通向丹麦的长条），形成的枫叶状地区就是白城。**黑格尔**和**尼采**中的天志凝聚成了吉林东南端的长白山。正如海南的地势被象征三连贯的五指山决定，吉林的地势被长白山决定。因此，中国地理的天地人神框架在吉林有所调整，即把“东方属人，西方属神”对调成为“东方属神，西方属人”。吉林的结构化地理就是以东南部的长白山山脉代表天志，以西北部的平原代表天志统一的人间世界。二者的分界线就是斜切吉林中部的大黑山山脉，其中点西北侧的平原地区就是长春。因此，长春是吉林（乃至中国东北三省）的地理中心，凝聚了“天志统一世界”的意义，成为省会的当然所在地。如果说吉林是中国东北三省的龙身，那么长春就是龙的心脏。长白山最高处的天池发源了松花江，其流域覆盖中国东北三省，代表统一中国东北三省的天志。松花江从山地向平原过渡的地区即吉林市。吉林市因此也凝聚了“天志统一世界”的意义，曾是吉林省会所在地，也是吉林省名称的来源。然而，吉林市处在东南山地向西北平原过渡的地段，而不像长春那样处在过渡完成、天志开始统一世界的地方，因此不是最恰当的省会所在地，但仍然保留了“吉林”的名字来象征吉林省，成为中国唯一省市同名的市。

吉林省总共有 9 个市级行政单位。按理说它们应该从西北向东南对应德国哲学的 9 个发展阶段。但这种对应不是很完美。原因之一是吉林的地形总体上是由结构化地理决定的，因此阶段性的哲学特性只能在符合结构化地理的前提下才能真正表现出来，导致吉林所表现的德国哲学位置比较隐晦且包含某些变异。原因之二是如上所述的，**胡塞尔**和**海德格尔**对应的地区被从东南端切割掉，合并起来放到西北端，形成了白城市，导致吉林地理的发展顺序和德国有所不同。

吉林地理开始于西北端的白城。白城西南部对应**胡塞尔**，东北部对应**海德格尔**。西南部的通榆有一片保护完好、具有原始风韵的、亚洲最大的蒙古黄榆林，像巴符州的黑森林那样凝聚了现象学原始朴素、自成体系的世界。东北部的大安则拥有大量的古代文化遗迹，农业非常发达，被称为“嫩江明珠”，隐约折射出慕尼黑的气质。吉林地理接着过渡到对应**莱布尼茨**的松原。因为从德国到吉林省相当于是浓缩，**莱布尼茨**在德国东北部凝聚的湖群被合并为查干湖（吉林最大的天然湖泊）。松原接着向东南过渡到对应**康德**的长春。作为吉林地理中心，长春首先代表的是德国哲学的整体，但**康德**作为德国古典哲学的源头在这种结构化地理中也有所表现，强化了长春作为吉林中心城市的特性（**康德**在德国对应的柏林地区是其首都所在）。正如德国地理东西交替的发展方式，长春向西南过渡到了对应**叔本华**的四平。在大黑山斜切出来的、代表世界的西北平原中，四平处在最南端的位置上，隐含强烈的紧贴大地、四平八稳的阴性（南方属地）。这种结构化地理抑制了**叔本华**中的天志，同时强化了**叔本华**中的表象世界，使四平凝聚了静观世界的阴性判断力（与西藏的昌都地区相似）。四平是清初孝慈高皇后（皇太极生母）的出生地和清末慈禧太后、隆裕皇后的祖籍地，以“皇后故里”而闻名中外。祖籍四平的纳兰性德词风旖旎，善于把感情写入自然景象，充分显示了阴性判断力对表象世界的主观认识和审美情趣。四平接着向东过渡到代表**谢林**的吉林市（为了实现过渡，四平的东南角越过大黑山，进入其东南侧去和吉林市接壤）。吉林市处在东南山地向西北平原过渡的地段，其综合性的地理让**谢林**中的自然得以充分展现，使其大地资源丰富，物产丰饶（其东部林海是人参、貂皮、鹿茸的故乡）。长春和吉林市是中国目前发现的油页岩最丰富的地方（占全国探明储量的一半以上），因为二者的特殊位置使它们凝聚了强烈的“天志统一世界”的意义，而且这种统一作用在**康德**和**谢林**都必须通过逻各斯的自我意识实现出来，隐含了天志通过澄明世界推动生命活动的意义，在其地理中凝聚成了非常丰富的油页岩。

吉林市向西南过渡到了代表**费希特**的辽源。辽源的山地比吉林市下降了很多，象征在**费希特**中天志已经下降到自我超越的判断力（形成绝对自我）。辽源西边和铁岭接壤，导致其所隐含的（**费希特**后期的）现象学因素和铁岭隐含的现象学因素相互共鸣，强化了对世界现象的观察，孕育出了许多艺术人才。

辽源接着向东南过渡到对应**黑格尔**的通化。**黑格尔**把小意志向大意志的回归推向顶峰，和**萨特**中判断力向天志的超越有所共鸣，导致通化西边的抚顺和本溪具有向通化运动的天然趋势。本溪地势从西向东的发展本来就象征判断力向天志的超越，因此这种超越以通化南部的老岭山脉最高峰（老岭峰）为其天然归宿。老岭山脉是长白山余脉，代表**黑格尔**和**尼采**共享的天志，故其最高峰出现在本溪市中心和老秃顶子的连线上（比后者高200多米），构成本溪从西向东超越的天然归宿（当地人也称老岭峰为老秃顶子，和本溪最高峰同名，反映了二者的密切关联）。**黑格尔**中的世界统一性既来自阳性的精神意志，同时又是被阴性的概念主导的，是思考与存在同一决定的存在统一性，[①]后者和佛教（通过智慧通达）的世界性比较相近。从西汉末年到7世纪，大约与佛教传入中国到发展壮大同时，佛教的世界性激发了抚顺凝聚的世界统一性，[②]同时也激发了通化（及朝鲜半岛北部）中的**黑格尔**因素，因而激发了辽宁东部向通化的运动，产生了统一辽宁东部和朝鲜半岛北部的高句丽。高句丽首先在抚顺建都，接着经过本溪迁移到通化南部（老岭峰山脚下）的集安，在集安设都425年，至全盛时期最终迁都到平壤（本溪东部和集安现仍有王城、王陵及贵族墓葬等遗迹。平壤是朝鲜中对应**黑格尔**的中心地区，参见后面对朝鲜的分析。佛教在高句丽发展过程中传入朝鲜半岛，最终成为高句丽国教）。正是通化凝聚的**黑格尔**在高句丽的发展过程中起到了连接辽宁东部和朝鲜半岛北部的重要作用。

在德国地理中，从**黑格尔**到**尼采**的发展不再延续原来的东西交替，而是从法兰克福继续向其东南方的纽伦堡发展（参见前面对德国地理的分析）。在吉林地理中，这种发展对应从通化到白山的发展。但代表**尼采**的白山不出现在通化东南方，而是出现在其东北方，以便让朝鲜同时与通化和白山接壤（共享**黑格尔**和**尼采**）。**尼采**的强力意志在白山市抚松县境内产生了吉林省最高峰，即长白山主峰白云峰。老岭山脉从抚松向西南延伸到通化南部的集安（余脉进入本溪东部），象征**黑格尔**和**尼采**共享的天志，其主峰则成为本溪向通化超越的天然归宿。

尼采之后的两个德国哲学位置（**胡塞尔**和**海德格尔**）对应的地区已经被调整到吉林西北端。因此吉林地理的发展本该到白山市就结束。然而，**黑格尔**和**尼采**属于三连贯的特性不仅导致太极从通化和白山向南延伸出朝鲜来实现三连贯，而且还导致它们被合并起来，形成位于白山东北方向的

① 参见《太极之音》第561、570页。

② 抚顺对应**萨特**的第二步发展，**萨特**在其中恢复了**黑格尔**中世界统一性与存在统一性的一致性（参见《太极之音》第594页）。

延边，构成朝鲜在吉林省内部的对应。延边的形状是通化和白山合并后再南北颠倒的结果。这种合并使**黑格尔**和**尼采**相互渗透，所以代表**黑格尔**的延边西部隆起了英额岭来象征强力意志，而代表**尼采**的延边东部则形成了凹陷的盆地来象征**黑格尔**中的世界（盆地中央的延吉自然地成为统一延边的中心城市）。延边的南北颠倒是为了象征其在吉林省内部对应朝鲜的意义，仿佛朝鲜向北运动而变成了吉林省的延边。这种地理意义借助19世纪从朝鲜半岛向吉林省东南部的移民潮实现了出来。作为三连贯在吉林省内部的特别象征，延边凝聚了**太极易**对吉林省的统一作用，成为满族的远古祖先肃慎族的活动场所（后来长春成为肃慎文明的中心，古称喜都）。清朝因此把延边当成满族发祥地而禁止开发，但从19世纪开始就不断有朝鲜居民越过图们江进入延边私垦，直至清朝解禁而引发移民热潮，使延边自然地成为朝鲜移民最密集的聚居地，最终在新中国发展成了朝鲜族自治州。

由于延边合并了通化和白山，它和白山的交界处自然地成为**黑格尔**和**尼采**因素最集中的地方。**黑格尔**和**尼采**共享的天志以最集中的方式凝聚在此交界处，形成了围绕长白山天池的十六座高峰（其在白山市的最高峰即白云峰）。以天池周围高峰为中心的长白山山脉是吉林省结构化地理中的要素，从整体上代表了德国哲学中的天志。由于中国东北三省整体上分享了**太极易**的意义，而**太极易**则通过三连贯统一了**黑格尔**和**尼采**，因此长白山山脉实际上代表了中国东北三省的统一性，被满族当成其发源地来敬拜。天池北侧的两峰间有一缺口，使池水可以不断从天池流下，形成从长白山最高处流向东北平原的松花江，代表了统一中国东北三省的天志。由于吉林和朝鲜共享**黑格尔**和**尼采**，因此天池最终成为中国和朝鲜共享的界湖。天池东麓还发源了图们江，向东北流成了朝鲜和延边的界河，其南麓则发源了鸭绿江，向西南流成了朝鲜和白山、通化（及辽宁东部）的界河，把中国和朝鲜不可分割地联结在了一起。

长白山在其最高处形成环绕天池的十六座高峰，这是火山喷发等地质演变的结果，但其形成并非偶然，而是在太极引导下发生的，具有深刻的地理意义。我们在上节已经指出，由于中国东北三省分享到了**太极易**的意义，其统一性自然地用八卦来实现（在历史发展中实现为满族的八旗制度）。

这种统一性在地理上也有表现，其结果就是环绕天池的十六座高峰（象征两个八卦的结合）。[①] 八卦是第一太极所生之太极圆象最核心的内容。在西方哲学史中，只有**黑格尔**和**尼采**真正思考了第一太极的发展过程（前者把它作为逻辑理念的发展过程来思考，而后者则思考了推动它的太极阳刚之力）。这两个位置虽然没有把握八卦，但其所思之太极发展过程其实就是产生太极圆象（包含八卦）的过程。所以**黑格尔**和**尼采**都隐含八卦因素，在**太极易**的激发下就可以表现出来。长白山凝聚了**黑格尔**和**尼采**共享的统一世界的太极阳刚之力（天志），因此也凝聚了统一圆象的太极阳刚之力（乾志）。太极于是在长白山最高处形成十六座高峰，代表**黑格尔**和**尼采**都隐含的八卦因素。十六座高峰形成一个圆圈，构成首尾相接的循环，代表第一太极产生的太极圆象。太极圆象其实是太极阳刚之力的阴性对象，所以十六座高峰首先代表的是太极阳刚之力本身（山峰是意志的象征），但同时根据所把握的对象分成十六座，起到了同时代表把握对象的作用。为了从长白山流出松花江来统一东北平原，太极在十六座高峰中间形成了天池。湖泊的阴性使天池自然地成为太极圆象的象征。十六座高峰凝聚的太极阳刚之力是推动一切事物发展的最强烈的意志，其所把握的对象相应地具有最幽深的阴性，所以天池自然地成为中国最深的湖泊。

天池十六峰结合了两个哲学位置中的八卦，导致天池代表太极圆象的特性不够单纯，其形状也因此不是真正的圆形。太极于是在天池东麓另外产生了形状真如圆形的圆池。圆池消解了**黑格尔**和**尼采**的不同特性对天池的影响，以最纯粹的方式代表了太极圆象，所以它与（合并了**黑格尔**和**尼采**的）延边相互呼应，并且发源了图们江去围绕延边（构成延边与朝鲜的界河）。圆池比天池小很多，但其意义却不小。延边被满族当成其远古祖先的发祥地，而圆池则被满族当成自身的发源地，从而产生了仙女浴池的传说。传说天宫中的三位仙女曾下凡在圆池中沐浴。三妹佛库伦浴后吞食了神鹊衔来的朱果，因而受孕生了一个男孩，降世能言，相貌异常，取名爱新觉罗（清朝历代皇帝皆其后代）。故清王朝尊圆池为“生龙圣泽”，

① 据《安图县文物志》记载，天池北侧曾建有八卦庙，内有正八角形墙，其内复置八个础石，排列成八角形。八卦庙反映了天池十六峰隐含的双重八卦，惜其木质结构现已倒塌，唯留基石而已。

把圆池命名为“天女浴躬池”。此传说中的三仙女象征的就是太极三象（阳阴合）；沐浴象征太极圆象的发展过程（先天大道）。三妹象征阴阳合一的合象，成为太极圆象的恰当代表。圆象是第一太极（乾坤）所生之象；世界是第二太极（天地）所生之象。三妹吞食神鹊衔来的朱果而受孕，生出了统一世界的爱新觉罗家族，象征从太极圆象到人间世界的发展过程，暗中对应从中国东北三省统一性到世界统一性的发展过程。这个传说无形中反映了太极圆象的转化过程：从太极圆象（三妹）、宇宙之精（朱果）、宇宙生命（龙胎）到有限生命（爱新觉罗家族）。[①]但它没有涉及产生太极圆象和人间世界的太极（乾坤和天地），因为它发源于长白山凝聚的**黑格尔**和**尼采**，而这两个位置都只思考了太极的发展过程，不涉及太极本身[②]。

太极圆象和人间世界的对应还可以进一步深化。太极圆象是太极阴阳合一的象征。世界本身却只是一个无形大象（容纳一切有限生命的原始敞开域）。然而，世界中也可以产生太极阴阳合一的象征，亦即男女之爱。太极圆象和男女之爱的对应才是第一太极和第二太极所生之象最完整的对应方式。这种对应并没有在上面的满族传说中表现出来，但却在大清朝进入发展顶峰，已经开始出现衰落迹象的乾隆盛世表现了出来，通过先知先觉的曹雪芹形成了《红楼梦》。《红楼梦》从女娲补天的故事开始。话说当年女娲在大荒山无稽崖炼成了36501块顽石，用了其中的36500块去补天，单剩一块未用而弃在青埂峰下，后来被一僧一道携入繁华红尘中，降生为贾宝玉，其天性顽劣，不喜功名利禄，只爱和姐妹们玩耍，最终和林黛玉演绎了一场爱情悲剧。有趣的是，长白山古称大荒山，而且满族有女娲在长白山天池炼石补天的传说。根据吉林省红学家陈景河先生的研究，“大荒山”即长白山；“无稽崖”的谐音即“勿吉哀”（勿吉是源于肃慎的长白山古老民族，满族先祖女真族的先人）；“青埂峰”的谐音即“清根峰”（清朝之根）；《红楼梦》所写的就是满族建立的大清朝的盛极而衰；《红楼梦》的文化之根就在长白山和萨满文化中。[③]这里我们不必探讨陈

① 关于太极圆象的转化过程，参见《太极之音》第322—324、363—365页。

② 参见《太极之音》第587页。

③ 参见陈景河，《红楼梦》与长白山文化（生活·读书·新知三联书店，2018年）。

先生的研究是否真正揭示了《红楼梦》的历史渊源（这是红学家们的事）。但《红楼梦》和长白山的关联有助于我们理解吉林省的地理意义。让我们尝试从太极的角度稍微做一点探讨。

女娲补天的传说不是满族独有的，而是远古时代（**易**的时代）在中国各民族中广泛流行的传说，反映了**易**对太极发展过程的理解。女娲代表生出太极圆象的坤母，同时也代表生出世界（包括众多生命）的地母。坤母生出太极圆象后，必须让太极圆象成为天之内容（宇宙之精），进一步成为地之内容（宇宙生命），才能从地生出为人（有限生命）。女娲炼石代表坤母生成太极圆象；女娲补天代表坤母用太极圆象去补充无形之天（女娲也代表地母，故不需补地）；女娲用土造人则代表从地生出人。① 坤母生成太极圆象的运动（先天大道）包括四阶段十二步，物化在太阳系中就形成一年四季十二个月的循环。② 因此用一年的天数转化而来的365块补天石代表太极圆象是有道理的，但曹雪芹将365乘以100而得到36500，以夸张的笔法来极言补天石数量之多，还加上了不参与补天的一块顽石。太极圆象虽然进入天内部成为其内容，化身为阳性的“宇宙之精”，但其真身仍在第一太极中，仍是坤母所生之象，仍和地母所生的“世界”互相对应，因而仍可以对应男女之爱。不参与补天的顽石象征的就是和男女之爱对应的太极圆象，因此贾宝玉天生就是情种。但作为男人，贾宝玉必须找到其阴性的另一半，才能在世界中实现太极圆象所象征的阴阳合一。进入天内部的太极圆象虽然获得了阳性，但它在地内部恢复了阴性，甚至从地母获得了额外的阴性而发展成了宇宙生命。所以，地母内含的宇宙生命是太极圆象之阴性本质的升华，生出到世界中就是有限生命，在《红楼梦》中以绛珠仙草幻化而来的林黛玉象征（植物从大地母亲生长出来，如同宇宙生命从无形地母中生出）。林黛玉象征的有限生命凝聚了天地精华，充满阴性的柔美和从宇宙胎儿而来的纯洁无瑕，但需要从贾宝玉而来的先天

---

① 参见《太极之音》第463页。

② 参见《太极之音》第318—319、353—354页。汉族传说中女娲炼的是五色石（代表构成十天干的五行）。曹雪芹没有突出十天干，而是突出十二地支对应的十二个月，以便以一年365天为基础形成补天石的数目，但所乘之100也可看成是包含了十天干在其中。

大道（其物化即水[①]）的灌溉来维持其生机，所以林黛玉要将一生的眼泪都还给贾宝玉以报其灌溉之德。贾宝玉代表的太极圆象属于先天大道。林黛玉代表的生命属于后天大道。宝黛皆有大道本色，在其儿女情长的日常生活中潜伏着超凡脱俗的仙风道骨，而其爱情悲剧则隐隐有佛家的空幻气息（世界本身的虚空本性）[②]。要保持太极圆象和男女之爱的对应，就必须强化它作为太极之象的阴性，而不是进入天内部而获得的阳性。贾宝玉虽是男人，但天生偏向阴性，特别能从阴性角度理解生命和女性，因而特别能理解林黛玉。虽然男女之爱是阳刚与阴柔的结合（类似意志与生命的结合），但男人如果不能理解生命的阴性本质，就无法真正与女性合一。这种理解的一个常见障碍是男人容易片面地趋向意志的统一作用（表现在对道德说教的执着和热衷于政治、官场、功名、仕途等），缺乏对生命的活泼的充满灵性的感受。在儒家偏向意志统一性的文化传统中，特别是在政治专制、科举被八股文僵化的清朝，这种情形是比较容易产生的。和宝黛的仙风道骨相比，这种僵化了的儒家传统充满了阳刚的“浊气”。[③]另一方面，满族的萨满文化来自远古，保持了**易**的原始特色。萨满教中就有三百女神统治天地冥三界的传说，显示了满族对女性代表的爱的理想的深刻领悟（太极产生的自我形象本质上是阴性的，因此注重太极三象的满族产生了三百女神和三仙女的传说）。满族从**太极易**分享到的对爱情的理解则被中国东北三省凝聚的现代哲学的感知能力所强化。特别地，长白山凝聚的**黑格尔**和**尼采**深入了第一太极的发展过程。因此，长白山天池孕育了满族关于女娲补天的传说，圆池孕育了仙女浴池的传说。《红楼梦》则进一步升华了满族对爱情和女性的理解，同时还揭示了清朝从发源到盛极而衰的发展方式。清朝是以中国东北三省的统一性为基础的。这种统一性从

---

① 参见《太极之音》第 361 页。

② 参见《太极之音》第六讲《天地与我》第四节“儒道佛的基本立场”，以及第十三讲《从太极看世界哲学史》对佛教本质的讨论（第 514—515 页）。

③ 这是相对于当时的历史背景而言。儒家的阳刚始终是中国男人需要的精神。宝玉所属的先天大道是混沌无形、恍兮惚兮、无法捉摸的，而黛玉所属的后天大道则含蓄着生命的灵性和智慧。故宝玉痴癫而黛玉高洁，其阴阳互补主要是先天大道和后天大道的相对互补（阳比阴原始，阴比阳发展），而非意志和生命的互补。宝玉意志不足而难以补天。这并不是男人应有的常态。但其真性情和对女性的尊重和理解却又是许多世俗男人所缺乏的。

一开始就和海南地理凝聚的**太极易**相关。但中国东北三省本身并没有**太极易**的意义，只能通过其地理意义中的太极圆象和太极相关。因此满族对爱情的理解和它对中国的统一作用虽然和太极相关，却无法直接从太极本身获得支持，隐含了某种先天的悲剧性。

从**太极易**的立场看，男女之爱实现的是乾坤的阴阳合一，而非阳象与阴象的合一；永恒轮回是从乾坤到男女之爱的轮回，而非太极圆象到男女之爱的轮回。[①] 但太极圆象就是乾坤所生的自我形象，和男女之爱有对应关系，因此从太极圆象到男女之爱的轮回是太极永恒轮回的局部形式。**尼采**隐含从太极圆象出发理解爱情的倾向，只是其强力意志过于偏向阳刚而无法完全展开。[②] **黑格尔**偏向阴性的思考[③] 则对**尼采**起到了平衡的作用。中国东北三省从海南分享了**太极易**的意义，而吉林南部的长白山则结合了**黑格尔**和**尼采**，因此长白山孕育了满族对永恒之爱的超前的（尚未达到完整形式的）理解。从**太极易**的立场看，爱的悲剧就在于男女之爱是乾坤在世界中的自我投射，却无法从乾坤获得直接的现实的支持，因此只能任由男女去冒险。[④] 这是为什么古代社会的婚姻通常是由父母做主的原因（父母代表乾坤为爱情提供从人间而来的支持）。如果得不到父母的支持，爱情就只能完全靠自己支持自己，这是爱的本质更彻底的实现，但同时也更脆弱和容易夭折。从太极圆象出发理解爱情就更容易看到爱情的这种孤立无援的悲剧性。这就是《红楼梦》的爱情悲剧以长白山和女娲补天传说为背景的深刻意义。前面我们提到《红楼梦》从写作、出版到成为电视剧的过程暗中对应从辽阳、铁岭到鞍山的地理发展和回归。值得补充的是电视剧《红楼梦》吸引人之处不仅在于陈晓旭对林黛玉的出色演绎，同时也在于其音乐的感染力（包括十几首直接采用曹雪芹原词的歌曲）。这些音乐的作者就是出生在长春的中国当代著名（满族）音乐家王立平，而王立平费尽周折才找到的、能够以天然无饰的“哀音”演绎这些歌曲的女歌手陈力也是长春人。

---

① 参见《太极之音》第690—691页。
② 参见《太极之音》第583、587—588页。
③ 参见《太极之音》第570页。
④ 参见《太极之音》最后一讲《论爱情》的最后一节“爱的悲剧”。

由于台湾从海南发展而来，构成**太极易**的另一版本，中国东北三省和台湾也有间接的内在关联。台湾的日月潭凝聚了黄河和长江的源头，是太极阴阳合一的天然象征，同时也象征了台湾在意志上的统一。因此，日月潭和长白山天池有着先天的内在关联。从天池发源的松花江代表了天志统一中国东北三省的作用，和代表大意志的黄河相互呼应。所以天池和台湾的日潭相互呼应，成为吉林的“日潭”。但吉林缺乏代表小意志（和长江相互呼应）的河流，因此不存在“月潭”。天池和台湾日潭的相互呼应使吉林需要月潭来和台湾的月潭对应。这个需要虽然有地理上的先天根据，却并没有先天地实现出来，因为这个需要是微弱的（中国东北三省和台湾的地理只是间接地相关），只能通过人工的后天辅助实现出来，其结果就是长春的净月潭（长春对应**康德**，和青海相互呼应，而且是吉林的地理中心，适合作为“月潭”的所在地）。净月潭本是1934年由伪满洲国的国都建设局修建的为长春市城区供水的贮水池，因形似弯月状而得名，后被当成是日月潭的姊妹潭。2012年，“净月女神”雕像在净月潭落成。净月女神所体现的美丽、圣洁、向上、大爱的主题凝聚了**太极易**的时代精神，将台湾日月潭隐含而没有明确显露的意义揭示了出来。长白山天池、净月潭和日月潭遥相呼应，默默地呼唤着一个属于**太极易**的新时代。

28. 黑龙江

黑龙江的形状直接来自英国，只是做了齐整化，变得像一只面向西方的天鹅。黑龙江地理凝聚了英国哲学的理智和经验论，有利于工业和工科的发展，隐隐折射着英国工业革命的精神。其注重理智和经验的倾向突出了逻各斯（小道末端）认识和组织现实世界的能力。这种能力在北宋末年的女真族中发挥了出来，以黑龙江为中心建立起了统一中国北方和东北地区的金朝，后又灭了北宋，迫使南宋偏安杭州。宋朝是从天命转向天理、从大道转向小道的时代，与注重理智和经验的英国哲学有所契合，激发了黑龙江女真人（代表中国东北三省）统一中国的作用。但中国东北三省现代哲学因素的超前发挥和当时的世界历史（中世纪）不一致，所以金朝无法真正统一中国，最终被蒙古人建立的元朝取代，直至明朝末年，努尔哈赤统一女真各部建立的后金才直接通向了统一中国的大清朝。

黑龙江地理的发展和英国一样，即从北向南依次排列和**贝克莱**、**洛克**、**休谟**、**罗素**对应的地区（同时和辽宁、吉林一样从西向东发展）。**贝克莱**在英国对应其北部的苏格兰。包含诸多岛屿的苏格兰在黑龙江北部被聚拢和齐整化成了向西伸展的鹅头，形成了大兴安岭地区（中国最北端的地级行政区）。大兴安岭地区北接俄罗斯的外兴安岭，后者的地理意义是把强力意志的中心转移到判断力（俄罗斯代表三连贯中的**尼采**。参见后面对俄罗斯地理的分析）。**贝克莱**的思考开始于改造**斯宾诺莎**，恢复并强化在**斯宾诺莎**中丧失的判断力。因此大兴安岭地区靠近俄罗斯的漠河县从外兴安岭吸收到了判断力的中心地位，极大地巩固了**贝克莱**早期思考中的判断力，使其地位变得完全不可动摇，在漠河北部凝聚成了性质最不容易被改变的金属即黄金，使漠河的胭脂沟从清末开始就以盛产黄金而闻名中外。大兴安岭地区的西南方是内蒙古自治区的呼伦贝尔市。呼伦贝尔代表内蒙古中隐含的基督教因素；斜贯呼伦贝尔全境的大兴安岭山脉代表的就是统一世界的天志（神的意志）。[①] **贝克莱**后期思考的理性神（宇宙逻各斯）实际上来自基督教，因此大兴安岭山脉向黑龙江大兴安岭地区南部发展出了伊勒呼里山，代表**贝克莱**中的理性神。伊勒呼里山沿着黑龙江和内蒙古边界从西向东延伸，其南方的加格达奇区（和松岭区）位于呼伦贝尔的鄂伦春自治旗境内，但行政管理权却属于黑龙江省大兴安岭地区（加格达奇是大兴安岭地区的政治经济中心）。这种奇特的情形是大兴安岭开发过程造成的，但同时反映了内蒙古和黑龙江地理意义的相互渗透，因为基督教的神包含宇宙逻各斯，而后者在**贝克莱**后期思考中发展成了理性神。

黑龙江地理接着向南过渡到对应**洛克**的地区，即从黑河到鸡西的“西北—东南”走向的长条形。**洛克**经历了六个步骤的复杂发展，而且始终在有限和无限、理界和物界之间保持平衡，和中国哲学的整体特性比较契合，因此太极利用这个长条形把其发展过程用市县的排列逐一展示出来。[②] 首先，黑河市对应第一步“颠倒**莱布尼茨**的立场”，其要点是让**莱布尼茨**中

---

① 参见后面“俄罗斯”一节对内蒙古地理的分析。

② 英国地理的设计受到“西方有限，东方无限”准则的制约，主要以结构化地理展示**洛克**的发展过程，无法像黑龙江这样用市县的排列逐个展开其六个发展步骤。关于**洛克**的六个发展步骤，参见《太极之音》第 533—537 页。

的有限逻各斯逃离宇宙逻各斯的怀抱，把被合并到理界的物界重新拉出来，顺带把理界内容（宇宙逻各斯）拉出到物界中，以神的意志设立的自然法面目出现。所以，伊勒呼里山向东南延伸出了斜贯黑河市的小兴安岭，代表设立自然法的宇宙判断力（“大兴安岭”和“小兴安岭”的名称很好地暗示了神的“大意志”和“小意志”）。另外，这个步骤的“颠倒”和“拉出”是对宇宙生命非常剧烈的改变，其在地理中的表现就是在黑河市南部形成了中国著名的火山群之一——五大连池火山，是经过几十万年的喷发形成的火山群（其最后一次喷发在清朝康熙年间，形成了五座相互连接的湖泊，故得名五大连池）。[①]

黑河市向东南过渡到了伊春与鹤岗，对应第二步“区分人间世界和神的王国”。**洛克**从自然法深入宇宙逻各斯，发现宇宙判断力直接统一的是灵魂通过信仰进入的神的王国，因此把它和人间世界区分开来，其地理实现就是从小兴安岭直接向东发展出伊春，再从伊春过渡到鹤岗。伊春是由高山群包围成的地区，拥有亚洲面积最大的红松原始林，其中分布着怪石异岭等种种自然奇观（代表神的王国），而它东边的鹤岗则从山地过渡到平原，自然资源丰富，土地平坦肥沃，适合农作物的生长（代表人间世界）。

鹤岗向南过渡到了佳木斯，对应第三步“突出小道的断裂”。佳木斯形如“西南—东北”走向的榔头。西南的头部是直接从伊春向东南延伸出来的，代表作为小道开端的宇宙逻各斯，是佳木斯市中心所在处，而榔身则是向东北蜿蜒的长条形平原，隔着松花江与鹤岗对望，代表小道流入的人间世界。从“西北—东南”走向的头部突然变成向东北延伸的榔身，展示的就是小道的断裂。小道的断裂否定了天赋观念，突出了感性经验的原始性，在佳木斯平原地区的赫哲族文化中有很多反映。

佳木斯继续向南过渡到了双鸭山市，对应第四步“确立经验为知识的唯一起源”。此步骤突出了判断力的双重作用：它既是认识能力，也是进行选择的自由意志。从佳木斯西端向双鸭山西部延伸的完达山脉（西北支）

① 在易经下篇对世界哲学史的描述中，**洛克**的第一步发展对应鼎卦初六，其爻辞用“鼎颠趾，利出否”来形容**洛克**颠倒了宇宙生命，如同从鼎脚把鼎整个翻转，有利于把其中的脏物（否）倒出来（把物界从理界拉出来。参见《太极之音》第650页）。火山喷发其实就是把地下的脏物喷出来，象征了同样的意义，只是表现得更为激烈。

代表把握认识对象的判断力，而斜贯双鸭山市东部的完达山脉（东北支）则俯视三江平原，代表进行选择的自由意志（两条山脉相互连接又相互垂直，象征判断力的双重作用。通常说的完达山脉指的是东北支）。

双鸭山市的西部向南过渡到了七台河市，对应第五步“考察知识的确定性和范围”。七台河的形状类似双鸭山，但面积非常小，仿佛是双鸭山向西南萎缩而成，象征**洛克**为人类知识（判断力的认识能力）划出的有限范围。在有限的狭窄范围内充分发挥判断力的作用帮助七台河培养出了10位世界短道速滑冠军。

最后，双鸭山的东部向南过渡到了鸡西市，对应第六步“从自然权利出发实现和谐世界”，亦即把（**莱布尼茨**中）神决定的先定和谐世界转化为从神赋予的自然权利出发，由人的自由意志决定的后定和谐世界。代表自由意志的就是鸡西和双鸭山边界上的完达山脉东北支。它向南俯视的兴凯湖平原代表人间世界。这种自由意志和**尼采**以判断力为中心的强力意志有所呼应，所以太极在鸡西南部和俄罗斯交界处设计了兴凯湖，象征人的意志决定的世界，成为中国与俄罗斯的界湖。兴凯湖的中国部分是近乎完美的小半圆，象征自由意志决定的是和谐的人间世界，而其俄罗斯部分则是不规则的三角形，象征强力意志决定的人间世界并不那么和谐。在兴凯湖中国部分的北方还有一个类似长方形的小兴凯湖，和兴凯湖之间仅隔着一条狭窄的弧形天然沙坝，是大兴凯湖形成后经过漫长的自然演变（湖水退缩）逐步形成的。然而，地球的演化始终受到太极的引导。小兴凯湖的形成并非偶然。其长方形象征小半圆的基础，经过变形就成为小半圆。从小兴凯湖到大兴凯湖（中国部分）的过渡象征和谐世界的基础是神赋予的自然权利，但决定它的是自由意志的后天努力。

在完成**洛克**对应的一系列设计之后，太极就倒回黑河市南方，继续从西北向东南排列**休谟**对应的地区。**休谟**在英国对应威尔士，同时还对应从威尔士向西（隔海）发展出来的爱尔兰。但黑龙江以中国省的身份代表英国，相当于浓缩了英国，强化了统一性，所以爱尔兰岛（爱尔兰和北爱尔兰）被统一起来（收回英国的主体部分），在中国对应齐齐哈尔。齐齐哈尔凝聚了**休谟**彻底经验论的感性特点，具有把握感性印象的独特能力，并突出地表现在刺绣等传统手工艺中，在现代社会则孕育出了大量的艺术人才。

齐齐哈尔东南方的绥化市代表**休谟**在英国主体部分对应的威尔士（绥化和齐齐哈尔都是弯月形，来自威尔士和爱尔兰的相似形状，只是把向西开口改成向东南开口，以便符合黑龙江地理的发展方式）。绥化代表原始的（完整的）**休谟**，凝聚了全面丰富的经验论，形成了非常丰富多彩的乡土文化传统。齐齐哈尔和绥化以不同方式代表**休谟**，但它们不像爱尔兰和威尔士那样隔海相望，而是紧密地相邻，以致其隐含的宗教因素互相冲突（绥化代表的**休谟**突出了怀疑主义的否定立场；齐齐哈尔代表的**休谟**则突出了从彻底经验论的感性特点出发的肯定立场）。为了使二者能够顺利地结合，太极在二者的边界插入了大庆作为媒介。绥化代表的完整的**休谟**不仅包含怀疑主义，还包含以同情互感为基础的仁爱，而齐齐哈尔则突出了**休谟**中对自然充满审美感受的信仰因素。从太极的角度看，仁爱是人心对意志同根性的感受，而敬天的精神则把人心共同的意志之根（天志）进一步凸显出来[①]，由此出发就可以通达对自然充满审美感受的信仰因素。因此大庆地理天然地凝聚了敬天的精神，吸引了充满敬天精神的蒙古族在这里游牧定居，最终形成了杜尔伯特蒙古族自治县（黑龙江省唯一的少数民族自治县），发展出了丰富多彩的蒙古族文化。这种被单纯地凸显和强化的敬天精神还在大庆地理中凝聚成了大量的石油（石油象征天志对生命活动的推动作用），使大庆油田成为中国最大的油田。

在设计完**休谟**对应的地区之后，太极就在绥化东南方设计了牡丹江市来代表**罗素**（对应威尔士东南方以伦敦为中心的英国南部地区，其形状是把南部地区向伦敦收缩得到的）。**罗素**早期吸收了**黑格尔**中的绝对意志（天志）而产生对宗教信仰的热情。代表**黑格尔**的延边西部（敦化）于是发源了张广才岭，向东北延伸到牡丹江市，沿其西北边界发展，象征**黑格尔**中的天志，其主峰大秃顶子山是黑龙江最高峰。敦化还发源了牡丹江，沿张广才岭东麓流入牡丹江市，贯通其西北部后汇入松花江，为后者补充了**黑格尔**中的宗教性天志（松花江在天池的源头结合了**黑格尔**和**尼采**，导致**黑格尔**中的宗教性天志被**尼采**中的非宗教性天志压制）。[②]基督教在中国对

① 参见《太极之音》第220—224页。
② 松花江最终汇入黑龙江。黑龙江的意义牵涉到俄罗斯，因此留待后面分析俄罗斯时再补充说明。

应佛教，但它包含的天志因素与儒家的敬天精神相通。东北的靺鞨族（肃慎后裔，满族祖先）建立的“渤海国”在三教并流的唐朝进入鼎盛时崛起于敦化，之后便迁都到上京龙泉府（今牡丹江市宁安），在政治、经济、文化等多方面模仿唐朝，除了努力学习儒家文化，还信奉佛教、道教、萨满教、景教（基督教流派）等多种形式的宗教，并伴随唐朝走完了最后的路程。

罗素和**休谟**的经验论立场有内在共鸣。由于黑龙江浓缩英国而强化了统一性，牡丹江市和绥化市就在地理上相互吸引、相互融合，形成了插入二者之间的哈尔滨市（其形状是二者形状的融合，其地理意义被二者的相互吸引所强化）。哈尔滨市以集大成的方式凝聚了英国哲学的核心要素（经验论），成为最能统一黑龙江的中心城市，曾是金朝的发祥地（完颜阿骨打故乡）和开国都城，现为黑龙江省会所在（对应伦敦的牡丹江市并非黑龙江的中心，因为它仅仅代表**罗素**，比哈尔滨单薄。哈尔滨比伦敦多了一些从**休谟**而来的感性印象和情感因素，被称为“东方小巴黎”）。哈尔滨的综合性使之具有开放的世界性，是一座从来没有过城墙的城市。它虽然在黑龙江南部，却是著名的冰城，其冰雕色彩丰富，将生动的感性印象冻结成了精致的形式。哈尔滨结合了感性经验和逻辑分析能力，很适合于发展工科，产生了中国第一流的工科大学（哈尔滨工业大学）。感性印象和世界开放性的结合还使哈尔滨非常富于艺术表演气质，产生了大批文艺人才。出生于哈尔滨的台湾作家李敖嬉笑怒骂的批判风格充分发挥了**休谟**的怀疑主义和经验论，以及**罗素**对日常世界的解构能力。民国著名的女作家萧红则充分发挥了感性印象的强烈生动和原始性，同时也吸收了**罗素**对日常世界的解构能力，加上女性从感性出发体会世界的天性，在《呼兰河传》中描绘了特别有乡土气息和童真趣味，自然质朴，观察入微，同时又隐含批判精神的世界图像。哈尔滨以其特别的综合性结束了黑龙江地理，同时也就结束了中国东北三省地理的设计。

四、朝鲜、韩国和日本

中国东北三省的设计虽然结束了，但其中仍然隐藏某种尚未实现的地理因素。中国东北三省从海南分享到了**太极易**的意义，而吉林省则凝聚了德国哲学的所有位置。因此，中国东北三省隐含了三连贯（**黑格尔—尼采—太极易**）的意义。这个意义激发了凝聚在吉林地理中的**黑格尔**和**尼采**，使它们和德国哲学的其他位置有所分离，使吉林地理被潜在地划分成了“属于三连贯”的部分和“不属于三连贯”的部分。如果这种潜在的划分被实现出来，就会破坏吉林代表的德国哲学的整体性，使吉林的统一性乃至中国东北三省的统一性都受到破坏。所以，中国东北三省隐藏着无法在其自身实现出来的地理因素。为了解决这个矛盾，必须把吉林潜在地隐含的“属于三连贯”和“不属于三连贯”的划分在中国东北三省之外实现出来。所以，太极就从吉林东南部（对应**黑格尔**和**尼采**的通化和白山）向南延伸出了朝鲜半岛，让其北部凝聚**黑格尔**和**尼采**，南部凝聚德国哲学的其他七个位置，把“属于三连贯”和“不属于三连贯”的划分实现为吉林外部的两个国家（这种划分必须产生两个独立国家而不是中国的两个省，否则德国哲学在中国地理中的凝聚就会出现两个互相矛盾的版本）。半岛南北的划分起源于太极对中国地理的先天设计，以至于朝鲜半岛从古至今的发展都和中国密切相关。由于三连贯和共产主义运动相互呼应，朝鲜半岛“属于三连贯”和“不属于三连贯”的划分使半岛南北和共产主义运动的关联截然不同，并且在二战后苏美两国接收朝鲜半岛时变成了现实。二战结束后，苏美两国军队分别进驻了半岛的北半部和南半部，使朝鲜半岛分裂成了北部的社会主义国家**朝鲜（朝鲜民主主义人民共和国）**，和南部的非社会主义国家**韩国（大韩民国）**。

朝鲜地理和吉林地理有直接对应。朝鲜是从通化和白山直接延伸出来的，所以其西部对应**黑格尔**，东部对应**尼采**，以南北走向的狼林山脉（及其南延余脉）隔开。但其西部还与辽宁东部接壤（因为辽宁东部具有向通化运动的天然趋势），东部还与延边接壤（因为延边合并了通化和白山，构成朝鲜在吉林省内部的对应），因此狼林山脉的位置不是刚好对应通化和白山的分界，但不影响朝鲜的西东两部分对应**黑格尔**和**尼采**的特性。东部拥有被称为“朝鲜屋脊”的盖马高原，周围环绕崇山峻岭，对应**尼采**，故其东端的咸镜山脉向延边东部和俄罗斯方向延伸，其最东端与俄罗斯（远东地区西南角）接壤。西部则从狼林山及其南延余脉（通过众多“东北—

西南”走向的小山脉）逐步下降到丘陵和平原，对应**黑格尔**，其平原地区适合建立城市，并形成了朝鲜的首都平壤。远在15世纪的朝鲜王朝时期，朝鲜半岛就形成了“朝鲜八道”的行政区划，成为今天半岛南北行政区划的基础。在朝鲜八道中，北部的平安道和咸镜道是以其地理中隐含的**黑格尔**和**尼采**的区分为基础形成的，后来经过扩展、分化和改造就成为今天朝鲜的行政区划。朝鲜今天的行政区划比较复杂，包括9个道，但如果把东部的咸镜北道、咸镜南道、两江道、江原道合并起来，基本上就构成了对应**尼采**的东部地区，而剩下的西部地区则对应**黑格尔**。

朝鲜地理中包含的**黑格尔**和**尼采**是西方哲学史中思考了太极发展过程的两个位置，而且其太极思维分别偏向阴性和阳性，构成阴阳互补的关系，[①]因此朝鲜地理凝聚了自满自足的“太极阴阳合一”意义。这种先天意义使朝鲜具有内在于民族自身（自我繁殖）的自我同一性，成为罕见的由单一民族构成的国家。三连贯造成的意志统一性进一步强化了朝鲜的自我同一性，使其倾向于自我封闭的发展。

韩国继承了朝鲜东高西低的地势，并转化成了韩国的结构化地理：东部海岸被太白山脉从北向南贯通，构成了韩国的脊骨，而从太白山脉向西南分化出来的众多支脉（如同梳子的牙齿）则不断向西部海岸下降。太白山脉象征的是阳性的意志，其众多支脉向西部海岸的下降则象征意志统一世界的方式。这种结构化地理其实是来自朝鲜中**黑格尔**和**尼采**的阴阳关系，而不是来自韩国本身凝聚的德国哲学位置。因此，太白山脉起源于朝鲜东部的南端，从北向南贯通了韩国的东部海岸；其在朝鲜的主峰即著名的金刚山，以其坚硬的花岗岩山体和无比险峻的一万二千山峰象征**尼采**的强力意志；其在韩国的延伸则象征性地代表了德国哲学中意志的连贯性。总的来说，朝鲜半岛东高西低、东阳西阴的结构化地理使其东部海岸线很齐整，几乎没有岛屿，半岛也很少，而西部及南部的海岸线则非常曲折，分布着许多岛屿和半岛。

① 参见《太极之音》第570、587页。

图 6 韩国八道示意图

韩国地理自然地从北向南发展，同时还继承了朝鲜地理从西向东（从**黑格尔**向**尼采**）的发展方式。所以韩国地理总体上是从西北向东南发展的。韩国地理凝聚的七个德国哲学位置自然地分成了“**黑格尔**和**尼采**之前”及“**黑格尔**和**尼采**之后”两组，而两组之间是无法连续过渡的。为了展示两组的相对独立性，太极从太白山脉分化出了小白山脉，向西南延伸到韩国中部，再向南一直延伸到大海，把韩国划分成了被太白山脉（和小白山脉）

包围的东南部分和不被包围的西北部分。西北部分对应"**黑格尔**和**尼采**之前"的**莱布尼茨**、**康德**、**叔本华**、**谢林**、**费希特**，而东南部分则对应"**黑格尔**和**尼采**之后"的**胡塞尔**和**海德格尔**。这些位置在韩国地理中实现出来就形成了西北部分的京畿道、江原道、忠清道、全罗北道、全罗南道，以及东南部分的庆尚北道和庆尚南道。必须注意，在理解韩国地理的设计时，必须把不属于"道"的"特别市"和"广域市"等归属到其邻近的"道"中，其理由和把中国的直辖市当成属于邻近的省份是相似的。

西北部分首先按照从西向东的方式排列对应**莱布尼茨**的京畿道和对应**康德**的江原道。**莱布尼茨**是德国哲学的开端，而且京畿道处于朝鲜半岛中央，其沿海低地和平原具有社会发展上的优势，因此京畿道地区曾经长期成为朝鲜半岛的政治、经济和文化中心（今天韩国的首都首尔是从京畿道分离出来的特别市）。江原道则以茂密的森林、美丽洁净的自然环境、和谐稳定的文化精神取胜，其东北角有太白山脉最高峰雪岳山，象征从**康德**开始被引入德国哲学的天志。西北部分接着向南过渡到对应**叔本华**的忠清道（**叔本华**包含阴阳互补的天志和世界两大要素，分别对应靠山的忠清北道和靠海的忠清南道，二者的位置其实是"东—西"关系）。虽然**莱布尼茨**是德国哲学的开端，但它只包含理性神，不包含天志，而在剩下的六个哲学位置中，**叔本华**包含了天志和世界的阴阳合一，隐含了"天志统一世界"的意义。这种潜伏在地理中的意义激发了韩国于 2012 年在忠清道中心处建成了世宗特别自治市，使之成为韩国的行政首都（中央政府的重要机关仍在首尔）。[①] 忠清道继续向南过渡到了对应**谢林**的全罗北道和对应**费希特**的全罗南道（**谢林**和**费希特**有互补关系，其相互结合的结果就是**黑格尔**。因此全罗北道和全罗南道是从全罗道分化出来的）。韩国地理接着从西北部分进入东南部分（庆尚道），其中的庆尚北道对应**胡塞尔**，庆尚南道对应**海德格尔**。庆尚北道是群山环绕的盆地，反映了**胡塞尔**以内在目光构成的自我圆满的世界，有利于农业的发展，形成了自成体系、独特而又深厚的（儒家）文化传统。庆尚南道不仅有深厚的文化传统，还隐含了**海德格尔**开放的世界性，其南部的低地、平原和港湾有利于其向世界的开放，形

① 行政权是天志统一世界的作用在政治中的表现。参见《太极之音》第 386 页。

成了发达的工商业，成为韩国东南地区的政治、经济和文化中心。小白山脉的最高峰智异山隆起在全罗北道、全罗南道和庆尚南道交界处，汇聚了**谢林**、**费希特**和**海德格尔**中的天志（在**谢林**和**费希特**为基督教中的“神”，在**海德格尔**则是“地天人神”中的“神”）。

韩国地理凝聚的七个哲学位置因为缺少过渡而不得不分为两组，使其地理从西北向东南的发展缺乏连续性，导致其自我统一性比较薄弱，和朝鲜相比差距较大。作为弥补，太极在韩国的南方海域（韩国的弧形所指方向）设计了济州岛来象征韩国的自我统一性。济州岛形如椭圆的橄榄，象征韩国的高度浓缩和高度集中；岛中央隆起了韩国第一高峰汉拿山，象征统一韩国的意志。济州岛在古代就已形成有自身独特文化的独立王国，最终成为韩国的特别自治道。

朝鲜半岛从北向南的发展使韩国继承了朝鲜地理中“太极阴阳合一”的意义（反映在其东高西低的地势中）。这种意义在韩国没有受到三连贯的影响，因此可以纯粹地反映太极的发展方式，并且象征性地体现在韩国的国旗中。韩国国旗就是太极旗，中间是太极图，周围四角分别安放乾坤坎离四卦，暗示了从太极发展出八卦的意义（最初设计时只有太极图，后来加入了八卦，最后简化为能够代表太极的乾坤坎离四卦）。[①]

朝鲜半岛凝聚的德国哲学总的来说是突出意志统一性和社会伦理的，因此有利于吸收中国的儒家文化。儒家文化很早就传入朝鲜半岛，并由此进一步传播到日本。韩国继承了古代朝鲜半岛对儒家文化的吸收和发展，其地理意义中隐含的多种德国哲学因素更使其具有潜在的开放性，以面向世界市场的方式发展成了具有儒家特色的发达资本主义国家。

朝鲜、韩国把潜伏在吉林中的“属于三连贯”和“不属于三连贯”的划分实现在其外部延伸中，实现了吉林隐含而无法实现的地理因素，使吉林保持了代表德国哲学的内在统一性。但朝鲜、韩国把德国哲学的9个位置实现在两个独立的国家中，因此产生了新的问题。德国哲学实现了从小意志向大意志回归的运动，而朝鲜、韩国的设计却割裂了这个运动，破坏

① 八卦是太极阴阳交合的产物，其中乾坤两卦直接代表太极，除此之外坎离两卦也能代表太极。参见《太极之音》第313—315、402页。注意这里对韩国国旗的解释是从地理意义出发的，和韩国对其国旗的解释不是同一回事。

了德国哲学的自我统一性。要解决这个问题就必须把吉林和朝鲜半岛当成一个整体，通过这个整体实现德国哲学在意志方面的统一性。但吉林的统一性从属于中国东北三省的统一性。所以，太极真正要做的就是把中国东北三省和朝鲜半岛当成整体，通过这个整体实现法德英哲学在意志方面的统一性（借此保持德国哲学的自我统一性）。这种意志统一性必须用一个单独的国家来代表，因此只能在中国东北三省和朝鲜、韩国之外产生。这个代表中国东北三省和朝鲜、韩国实现法德英哲学意志统一性的国家就是**日本**。

在日本地理中，中国东北三省和朝鲜、韩国中的意志被进一步凸显，使日本成为以山地为主的岛国。日本必须把法德英哲学中多种多样的意志统一起来，隐含了极为强烈的内在张力，其地理表现就是日本被设计在环太平洋火山地震带，其山大部分是火山，地震的发生非常频繁。过于复杂的意志统一性既难以在地理中转化为燃料矿藏，其对生命内容的强力覆盖又使得非燃料矿藏难以大量地形成（参见导论第四节对矿藏的分析）。所以日本的矿藏虽然种类繁多，储量却不大。然而作为多山的岛国，日本的森林和渔业资源非常丰富，一定程度上弥补了其矿藏资源的贫乏。

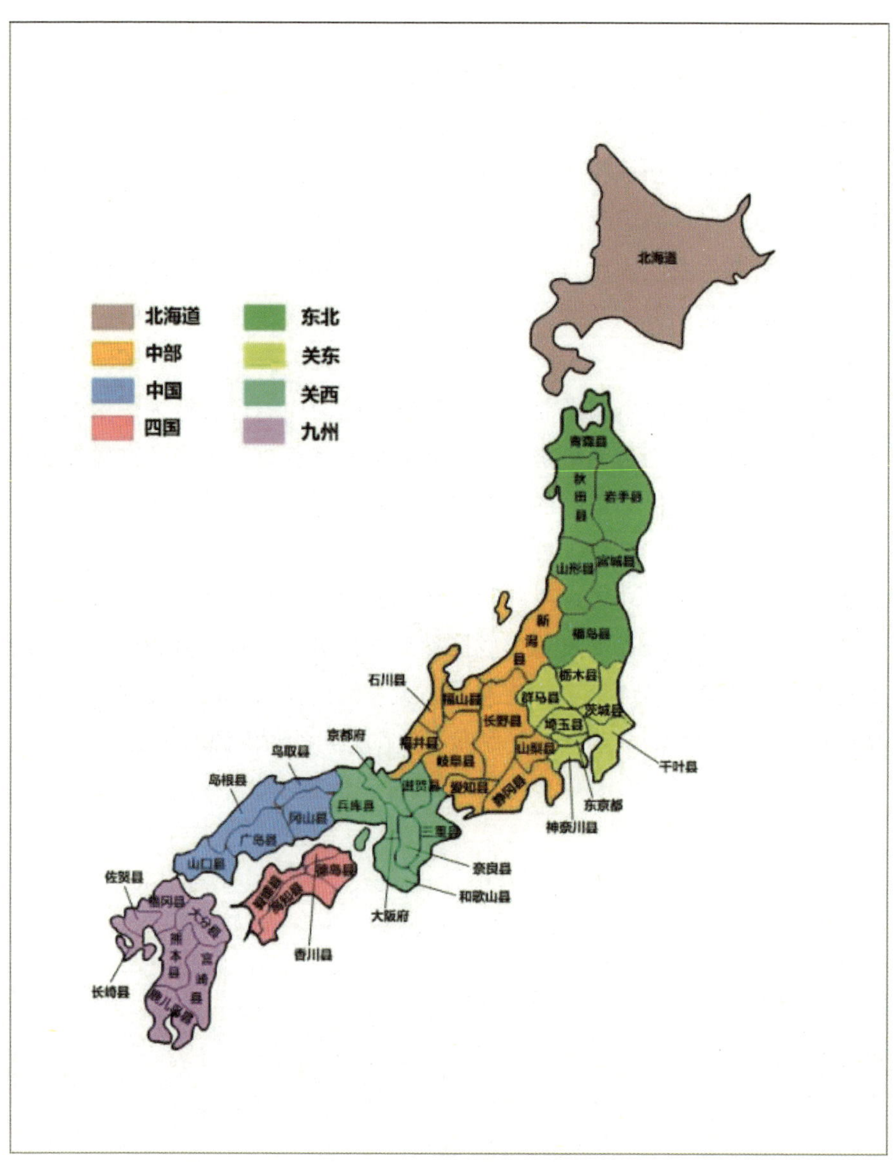

图 7 日本列岛示意图

日本列岛像一个弯月朝向中国东北三省和朝鲜、韩国，其地理从北向南分成五个部分，分别对应黑龙江、吉林、辽宁、朝鲜、韩国。由于日本的设计是为了解决朝鲜、韩国引发的地理问题，日本地理自然地采取了和朝鲜、韩国相同（从北向南）的发展方式：

（1）黑龙江被转化成了北海道。北海道的形状来自黑龙江，但黑龙江北部的鹅头部分（大兴安岭地区）在日本被砍掉了，因为它和内蒙古结合得太过紧密，吸收了**阿奎那**（而非法德英哲学）中的天志。鹅尾（黑龙江东部）对应的部分则发散出了几个岛屿，形成向俄罗斯堪察加半岛运动的一条弧形岛链（千岛群岛），因为黑龙江东部对应**洛克**后期，突出判断力在认识和自由选择中的作用，导致其在日本对应的部分和堪察加半岛（代表强力意志中的判断力）相互吸引。[①] 但俄罗斯地理凝聚的实际上不是作为德国哲学一部分的**尼采**，而是三连贯中的**尼采**（参见后面对俄罗斯的分析）。所以，俄罗斯对北海道的吸引使之和日本其他部分有所分离，形成了津轻海峡（北海道的原始居民阿伊努族人不属于大和民族，而是日本罕见的少数民族，是蒙古人种和欧罗巴人种的混合，主要分布在北海道和俄罗斯远东）。为了保持日本的统一性，太极把北海道西南部（对应齐齐哈尔、大庆和绥化的部分）向南拉出，形成了由三个弯月形结合而成的，指向日本主体部分的渡岛半岛（在黑龙江的地理设计中，从英国隔海发展出来的爱尔兰岛被收回英国的主体部分，形成了齐齐哈尔、绥化及结合二者的大庆。这三个市县的地理意义可以帮助北海道向日本主体部分回归，其弯月形则被用来指向后者）。北海道西南部向南拉出留下的空位就由哈尔滨对应的部分去填充，形成了北海道的中心城市札幌。

（2）吉林被转化成了本州岛北段（包括东北、关东、中部）。其形状和吉林相似，只是其朝向从“西北—东南”改为“东北—西南”并稍微弯曲，以便和日本其余部分一起构成朝向中国东北三省和朝鲜、韩国的弯月形。吉林的结构化地理使其西北部成为平原，掩盖了凝聚在此的德国哲学中的意志，因此这种结构化地理在日本被放弃。西北平原地区（包括过渡性的吉林市）隐含的意志被显露了出来，使其在日本对应的地区被三条山脉纵贯，构成了本州岛最北端的“东北”（白城、松原、长春、四平、辽源、吉林分别被转化成了青森、岩手、宫城、秋田、山形、福岛。[②] 三条山脉

---

① 参见后面对俄罗斯地理的分析。北海道东部发散出的“北方四岛”是北海道的延伸，但隐含向俄罗斯运动的意义，二战期间被苏联占领，造成了今天日俄的领土争端。

② 这里说的“转化”指的是太极对日本地理的先天设计。虽然行政区划是通过人类活动逐步形成的，但它无形中反映了太极的设计。

的设计使各县的位置有所调整。长春对应的宫城是东北的中心城市）。东南山地中的通化和白山被转化成了地势最高，被称为“日本屋顶”的“中部”；延边朝鲜族自治州被转化成了“关东”。日本代表的统一性主要落脚在德国哲学，特别是其中的**黑格尔**和**尼采**，因为这两个哲学位置的结合不但产生了代表中国东北三省统一性的长白山，还统一了朝鲜，由此形成的东高西低的结构化地理还贯通了韩国。所以，日本所代表的统一性必须通过强化**黑格尔**和**尼采**的结合来实现。这两个位置密切相关地实现在通化和白山，在延边则更加密切地相互结合，相互渗透。因此中部把通化和白山的山间盆地连通成整体，转化为浓尾平原，其中近海的名古屋发展成了日本的大都市。由于延边把**黑格尔**和**尼采**合并了起来，关东就进一步把**黑格尔**和**尼采**完全融为一体，以便构成统一日本的中心地区。这种融合意味着关东不再像延边那样区分为代表**黑格尔**的西部和代表**尼采**的东部，而是把二者共有的“意志—世界”结构实现为被高大山脉环绕的宽阔平原，在其中（对应延吉）的东京背倚日本最高峰富士山，展望日本最宽阔的关东平原，具有统一日本的潜在能力，最终发展成了日本的首都。富士山是长白山最高处（天池）在日本的对应，因此它坐落在中部的东南（对应白山市东部），构成日本精神的象征。富士山和天池一样是火山喷发形成的，其火山口周围环绕着八座高峰（天池的十六座高峰象征**黑格尔**和**尼采**中都有的八卦因素，而富士山则把**黑格尔**和**尼采**融为一体，所以只有八座高峰）。富士山的火山口没有形成像天池那样的湖泊，因为吉林的结构化地理已经被放弃，不再需要高山顶部的湖泊流出河流来统一平原地区。

（3）辽宁被转化成了本州岛南段（包括中国、关西。此处的“中国”是日本地名，和中华人民共和国无关）。其形状保持了辽宁的马蹄形。从内蒙古发源的辽河起到了统一辽宁东西两侧山地的作用，但内蒙古凝聚的**阿奎那**不属于法德英哲学，所以辽河在日本被放弃，辽河平原被转化为山地。为了统一南段东西两侧的山地，太极在其中部山地形成了日本最大的湖泊（琵琶湖），让它向西南流出一条大河（淀川）去汇入大阪湾，起到了代替辽河的作用。琵琶湖隐含意志的统一性，成为日本的象征之一。马蹄形西侧的“中国”对应辽宁西部（凝聚**笛卡尔**）。由于脱离了内蒙古的影响，**笛卡尔**对应的地方不必再简单地分成南北（如同朝阳和葫芦岛）来反映这种影响。“中国”于是伸展成自我统一的长条形山地来反映**笛卡尔**的五个发展步骤，根据辽宁地理从西向东、从北向南的发展方式，产生了山口、岛根、广岛、鸟取、冈山五县。山口县对应**笛卡尔**的第一步“我思故我是”，凝聚了判断力的中心地位和主体性，在明治维新中率先发展了资本主义思想和近代工业，孕育了伊藤博文等多位日本首相，被誉为“政治家的摇篮”。岛根县对应第二步“证明神的存在”。岛根县古称出云国，是富有神秘色彩的神话之乡。广岛县对应第三步“证明广延物质的存在”，以广岛湾和众多岛屿象征广延物质，是日本机械工业的重镇。鸟取县对应第四步“确立知识的体系”，其西部的大山（“中国”最高峰）象征研究神的形而上学（被认为是神仙的居所），其地势向东阶梯性下降，象征物理学和其他实用科学，是日本电子电气工业最发达的地方，不少产品的产量占了全球的一半。冈山县对应第五步“突出自由意志”，这里诞生了日本临济宗的初祖荣西禅师（临济宗机锋凌厉，其单刀直入的顿悟风格颇有判断力自由超越生命的旨趣）。

南段中部和东侧的“关西”（近畿）对应辽宁中部和东侧（凝聚**梅洛-庞蒂**和**萨特**）。凝聚**梅洛-庞蒂**知觉现象学（三个步骤）的阜新、锦州、盘锦在关西被合一，形成了兵库县，其感知世界充满魅力，使之成为日本第一酒乡，还产生了世界最有名的牛肉（神户牛肉），以及演员全为女性、风格华丽的宝冢歌剧团。沈阳包含**梅洛-庞蒂**中的符号世界，隐含通过言谈和协商组织公共世界的意义，在关西被转化成了京都，成为日本的千年古都（其语言曾是日本的标准语言）。辽阳凝聚了综合性的世界肉身，而其隐含的交互主体性则与鞍山相通（故千山从辽阳东南部向西南方贯通了鞍山）。因此，辽阳和鞍山在关西被合一成了奈良（千山被转化为纪伊山）。奈良曾是京都之前的日本都城，和京都同为吸收唐朝制度和文化的中心城市。铁岭是辽宁东侧山地的发源处（凝聚了**萨特**的开端），在关西被转化为滋贺县，成为琵琶湖所在处。抚顺、本溪、丹东都隐含判断力的自我超越，因此在关西被合一为三重县。面向辽东湾的营口凝聚了通过自由筹划建立现实世界的意义，在关西被转化为大阪，凭借其临海的优势发展成了关西最大的都市。大连隐含“以大意志整合小意志”的意义，但**萨特**没有真正意识到大意志本身，所以大连向大海延伸出了许多半岛，象征把个人实践结合为社会实践的不彻底性。相反，日本强化了从小意志向大意志的回归。因此，大连对应的和歌山县不再向大海发散出许多半岛，而是被聚拢起来拉向奈良，形成了包围奈良的弧形。包围奈良的和歌山县把对应营口的大阪挤向了北方，侵占了盘锦对应的地方，后者于是被迫脱离关西大陆，转化成在濑户内海中朝向大阪湾的淡路岛（属于兵库县）。

（4）朝鲜被转化成了四国岛。四国岛的弧形来自朝鲜，只是变得更加紧凑，成为以山地为主的高山岛（包含西日本最高峰）。

（5）韩国被转化成了九州岛。日本起源于朝鲜、韩国地理设计产生的问题（德国哲学的 9 个位置分属两个独立国家，破坏了德国哲学的自我统一性）。朝鲜、韩国在日本对应的部分既然都属于日本，这个问题就获得了解决。但韩国本身还有一个问题：韩国把它代表的七个德国哲学位置分成“**黑格尔**和**尼采**之前”及“**黑格尔**和**尼采**之后”两组，在地理上用小白山脉隔开，导致韩国地理从西北向东南的发展缺乏内在的连续性。这是日本代表的统一性所必须克服的，其方式就是强化韩国在日本对应地区的内在统一性，把这个地区代表的七个德国哲学位置当成连续的、毫无间断的发展。这意味着韩国对应的地区必须自成体系。这是为什么太极把朝鲜和韩国对应的地区转化成两个相互分离的岛。太极把韩国代表的七个德国哲学位置凝聚到九州岛，把它们对应的七个县按顺时针运动排列起来（韩国的弧形于是变成九州岛的弯钩形），以此来象征七个位置连续不断、自成体系的发展。但九州岛自成体系的意义对日本的统一性有所妨碍。太极于是让九州岛出现在非常靠近本州岛西端点（对应中国东北三省开端）的地方，形成了狭窄的关门海峡（最窄处只有几百米），把九州岛的自成体系和日本主体部分的统一性结合起来，同时把四国岛插入本州岛的马蹄形海湾，使之更好地依附日本的主体部分。九州岛本来应该从四国岛发展出来，正如韩国从朝鲜发展出来。但它被迫从四国岛分离出来，因此以间接的方式隐含了和（朝鲜代表的）三连贯断开的意义。这个附加到九州岛的“和三连贯断开”的意义和台湾的意义相互呼应，因此九州岛被台湾吸引，向后者延伸出了一条弧形的岛链（琉球群岛）。因为九州岛的这个意义是附加的，琉球群岛由几个大岛和许多附属小岛串联起来，构成了日本和中国之间一条天然的海上道路。

法德英哲学都包含意志，但方式各不同。天志（大意志）主要集中在德国哲学，而英法哲学中有些位置并不包含天志。但三个国家的所有哲学位置都包含个体的有限判断力（小意志）。因此，日本的意志统一性之基础在小意志（包括思考判断力和审美判断力，后者即辅助审美想象力的判断力）。日本民族突出的意志统一性使之偏向阳刚和严谨，有时走到固执的地步，但其天性中隐含了注重小意志的倾向，凝聚了法德英哲学中小意志的精华，因此日本人天生就是精细而唯美的民族，这点在日本的文学绘画音乐等诸多艺术中都有所表现，尤其突出地表现在日本女性温柔的天性、精美的服饰和细腻的生活品味。以小意志为基础使日本民族最擅长的不是开天辟地的创造，而是精细的模仿和改造，其性格则常常是刚烈固执和精细优美的奇妙结合。

然而，日本地理的真正意义在于保持德国哲学的意志统一性，其核心就是从小意志向大意志回归。虽然日本的意志统一性之基础在小意志，小意志必须竭尽所能向大意志回归来实现意志的统一性（尽管这种回归难以完全实现），因而造就了日本人服从集团的品格。在日本历史的发展中，大意志（天志）的最高体现就是被赋予了神圣性的日本天皇。天皇的神圣性和“万世一系”的延续方式成为日本文化的独特现象。正如满族神话解释了爱新觉罗家族的起源（见前面对吉林地理的分析），日本神话也解释了天皇家族的起源。日本神话综合了**易**的原始思考和法德英哲学因素对太极发展过程的理解，因而显得比较杂乱，但其核心意义还是可以理解的。[①]下面就让我们看看它如何解释天皇家族的起源。

从最初的别天津神到生育日本国土的男神和女神（伊邪那岐和伊邪那美），日本神话从抽象到具体地反复描述太极发展过程（日本代表第二太极中的世界）。从天照大神开始，日本神话进入了和天皇家族相关的发展，其实质就是描述从太极圆象到有限生命的发展过程来神化天皇。[②]伊邪那岐和伊邪那美代表通过阴阳交合产生世界的太极。但天照大神不是从伊邪

① 创世神话是**易**对应的原始思考的一种表现形式。在这方面最杰出的例子就是希腊神话（参见《太极之音》第十二讲《易经与希腊神话》）。日本神话和希腊神话有某些相似之处，有许多可以探讨的问题，但我们在这里只关心它如何解释皇族的起源。

② 关于从太极圆象到有限生命的发展过程，参见《太极之音》第322—324、363—365页。

那美生出，而是从伊邪那岐的左眼生出，成为美丽的太阳女神（天皇代表的意志统一性偏向阳刚，故其始祖应该是太阳神，但为了突出作为基础的小意志，必须是美丽的女神。眼睛的观看代表判断力对生命的超越，同时代表审美想象力。[①] 左为阳，右为阴。从左眼生出的天照大神拥有太阳代表的大意志，又拥有眼睛代表的小意志，成为天皇的恰当祖先）。伊邪那岐所生的“三贵子”代表太极产生的三象：从左眼生出的太阳神代表阳象；从右眼生出的月亮神代表阴象；从鼻孔生出的须佐之男代表合象（鼻子居中，仿佛结合了左右眼）。合象是太极圆象的恰当代表，而太极圆象则最终转化成了有限生命，在神话中对应统一世界的皇族（参见前面对满族神话的分析）。所以天照大神必须和须佐之男结合，才能最终产生日本的皇族。他们所生的长子（天忍穗耳命）代表父母的原始结合，兼有从天照大神而来的意志统一性和从须佐之男而来的太极圆象。然而，天照大神代表的阳象实际上就隐含在太极圆象中。因此天忍穗耳命拥有双重（多余）的阳象。他的长子和次子分别偏向阳性和阴性（阳比阴原始，阴比阳发展）。次子琼琼杵尊的阴性抵消了多余的阳性，成为最圆满地结合了意志统一性和太极圆象的神，因此被天照大神任命为日本的统治者。但琼琼杵尊还需要和一位女神结合才能释放出（本质为阴性的）太极圆象。这位美丽的女神（木花开耶姬）于是成为太极圆象最纯粹的代表，被日本民族当成富士山的神体来敬拜。其实木花开耶姬的父亲是把她和姐姐石长姬一起送给琼琼杵尊的。琼琼杵尊把长相丑陋的石长姬退了回去，却被其父告知送石长姬是希望大神万寿无疆，而送木花开耶姬是希望大神像花一样荣华富贵，把石长姬送回说明天神之子的寿命如花一样短暂。[②] 日本民族爱美又深知美的易逝（美是生命的精华，是小意志把握的不断变化的对象）。木花开耶姬是樱花之神，把象征爱情和希望的樱花撒遍了日本国土。日本民族之所以喜欢樱花，不但因为它象征了美好的事物，还因为它毫不迟疑地开落的豪爽性格，认为人生如樱花般短暂，应在有生之年做出轰轰烈烈的事迹，而失败的武士则会在樱花下剖腹自尽，像樱花那样毫不留恋地凋谢。[③] 日本的

① 参见《太极之音》第 370 页。
② 参见百度百科“木花开耶姬”词条。
③ 参见百度百科“木花开耶”词条。

武士道精神虽然有中国儒家文化的背景，但其真正独特之处在于强化了小意志对大意志的绝对服从，同时还隐含了小意志和大意志无法完全统一（只能舍小取大来达到统一）的悲剧意识。

琼琼杵尊和木花开耶姬生了三个儿子，象征从第一太极进入天内部的太极圆象（包含阳阴合三象）。根据传说，木花开耶姬怀孕后丈夫疑心非其后代。木花开耶姬则发誓若孩子是天神之子就会安然无恙。琼琼杵尊便让她钻进无窗的大殿，以土堵门，在殿里点上火，结果生出了三个名字都含“火”的儿子。木花开耶姬被封闭在无出口的大殿中，象征的就是太极圆象进入到天的内部（火象征天的阳性）。在太极圆象中，只有阴象内部包含八卦（和六十四卦），亦即后来在地中出现的宇宙生命的先天形式。所以，象征阴象的次子（彦火火出见尊）生出了鸬鹚草葺不合命，代表从天入地的太极圆象。鸬鹚草葺不合命与其姨母（母亲的妹妹）结合，生出了五濑命、稻饭命、御毛沼命三个儿子，象征太极圆象从地母获得了额外的阴性（母亲的妹妹比母亲还要阴性，代表额外的阴性），成长壮大为具有气理物三界的宇宙生命（三界分别从阳阴合三象转化而来）。鸬鹚草葺不合命最后生出的第四子（若御毛沼命）代表从宇宙生命而来的有限生命（特指神武天皇）。有限生命其实是宇宙生命（通过身体）将自己有限化的结果，所以第四子的名字是在代表宇宙物界的御毛沼命名字前加“若”字得到的（其另一称呼“丰御毛沼命”则加了“丰”字）。根据传说，若御毛沼命就是第一代天皇，其后代天皇不断延续，成为统治日本的“万世一系”（今天的德仁天皇是第126代天皇）。

以上就是日本神话对天皇家族起源的解释。这个解释和满族神话（女娲在天池补天和仙女浴池等传说）都用从太极圆象到有限生命的发展来神化统一世界的皇族，都是**黑格尔**和**尼采**对太极发展过程的理解和**易**的原始思考相结合的结果，都和凝聚**黑格尔**和**尼采**的圣山（长白山和富士山）相关联。不同的是，满族发源于中国的东北角，后者凝聚的法德英哲学只是中国大地凝聚的世界哲学史的一个片段，而日本天皇的始祖（天照大神）却直接来自生育日本国土的男女神。因此日本天皇不仅被认为是天神的后裔，而且还以象征的方式成为贯通日本历史的精神力量。地理意义的密切关联使日本历史和中国历史相互对应地发展。儒道佛三教并流的唐朝把天志和大道敞开世界的作用发挥到极致，而日本则同时开始了大化革新，学习唐朝的政治经济制度，建立了以天皇为首的中央集权国家。中国从唐向宋的转化实际上是从大道向小道、从大意志向小意志的转化。相应地，随着唐朝的衰落，以日本天皇为首的中央集权制也开始衰落（出现了效忠豪强贵族的武士集团），到中国的南宋时期日本就逐步踏入了皇权旁落的幕府时代。然而，当世界历史进入从**黑格尔**到**尼采**对应的阶段时（从 19 世纪中叶到二战结束），日本进入了强化意志统一性的发展阶段。**黑格尔**完成了从小意志向大意志的回归。所以，在 19 世纪后期的明治时期，幕府衰落而将权力奉还天皇，使天皇权力迅速上升到顶峰，并开始了明治维新，向西方学习，在短时间内实现了初步的现代化。日本地理中凝聚的法德英哲学在现代社会中被激发出来，使日本具有强烈的现代主体性。强烈的现代主体性、意志统一性和武士道精神把日本推向了侵略扩张的军国主义道路，占领了朝鲜半岛和中国东北三省。**尼采**对应的阶段在德国掀起了纳粹的狂潮，而日本也在这个阶段中发动了全面侵略中国乃至整个亚洲的战争，给亚洲人民带来了深重的灾难。[①]二战结束后，日本天皇被迫发表人间宣言，承认自己是人而不是神。日本由天皇制国家变为以天皇为国家象征的议会内阁制国家。日本人民仍然在精神上认同天皇的神圣性，但经历了战争和失败的日本已经不再过分地发挥其现代主体性和意志统一性，而是把其现代哲学因素转移到科学技术、经济、劳动等文明建设中，重新崛起为发达的资本主义国家。日本与中国、朝鲜、韩国、法德英（特别是德国）等国家都有先天的渊源，但这种渊源不应该实现为侵略战争，而应该实现为文化交流和经济来往，使日本可以在文化和经济方面起到沟通亚洲和欧洲的作用。

五、俄罗斯

朝鲜、韩国和日本补充了中国地理的设计，解决了三连贯因素在中国

① 正如我们在德国地理分析中曾经指出的，哲学位置在哲学思考中的表现和它在社会大众、民族国家以及国际社会中的集体表现是两回事，所以虽然**尼采**对应的历史阶段表现出这个哲学位置的总体特点，我们必须把其思考的内容和实际发生的历史事件区分开。

地理中引发的统一性问题。但**黑格尔—尼采—太极易**的三连贯运动在世界地理中真正对应的是从德国向中国的发展。所以，太极在完成中国各省（及朝鲜、韩国和日本）的设计后就开始设计从德国向中国发展所需的世界地理。为了在地理中实现三连贯运动，德国需要过渡到中国北方，因为这样才能进入中国地理从北向南的发展，最终到达代表**太极易**的海南岛。为了实现这样的过渡，太极设计了一个铺展在德国和中国北方之间的特殊大国，亦即**俄罗斯**。在三连贯中，**尼采**起到了从**黑格尔**过渡到**太极易**的作用，因此太极就让俄罗斯代表三连贯中的**尼采**（相应地，德国代表三连贯中的**黑格尔**）。由于三连贯超前地走向大同的趋势和共产主义运动相互呼应，俄罗斯在共产主义运动中扮演了重要的角色，其地理中凝聚的强力意志使之能够充分发挥暴力革命的优势，在20世纪初建立起了苏维埃政权，成为共产主义运动从其在德国的思想发源地向中国过渡的桥梁，而中国则最终走出了符合中国革命具体实践的，具有中国特色的社会主义道路。苏联解体后，俄罗斯成为联邦共和制国家。

尼采这个位置在西欧已经被凝聚在德国中，但只是作为德国的一小部分，很难具体地展开其发展过程，在中国湖南则获得了足够的空间来展现其发展的细节，但仍然受到湖南作为中国省份的限制。作为从德国到中国的过渡，俄罗斯横跨了欧洲和亚洲，成为世界上面积最大的国家，因此**尼采**的发展过程可以在俄罗斯尽情地铺展开来。太极于是在其辽阔的大地上用高原来代表意志，用平原来代表意志的对象。所以，俄罗斯对**尼采**的展开显得十分粗线条和大手笔（不像湖南那样进入许多细节），以夸张的方式来实现许多地理要素，以至于俄罗斯的矿藏极为丰富，石油储量巨大，天然气储量则更是世界第一（石油和天然气物化了天志对生命活动的推动作用），其过渡作用也使其世界性混合了欧洲和亚洲的因素，使其稀土储量丰富（稀土象征的就是混合的世界性）。俄罗斯是连接欧洲和中国的伟大国家，其民族性格充分彰显了**尼采**中意志和对象的关系，其宽阔的胸怀中隐含了深沉辽远的世界目光和极为强烈的艺术气质，为人类的文学、音乐、舞蹈、美术等艺术的发展做出了杰出的贡献，而其英勇无畏的强力意志则使之在中国人中获得了“战斗民族”的美誉。

俄罗斯地理从西向东展开了**尼采**的六个发展步骤，形成了几种明显不同的自然区域（前两个步骤关系密切，因此合并在一起，以从北向南的方式发展）。这六个步骤对应的地理设计如下：

（1）从理界转向物界和气界：在西部产生了极为宽阔的俄罗斯平原（东欧平原）。这个步骤通过考察音乐在艺术宗教中的作用，把判断力从概念所在的理界转向生命内容所在的物界，其对象领域变得非常宽广而表现为平原（混沌的酒神状态则使之成为有微波起伏的丘陵性大平原）。平原中的伏尔加河以顺时针方式贯通其中南部后流入里海，代表生命回旋运动（产生音乐之运动[①]）的生生不息，是世界最长、流域最广的内流河，孕育了俄罗斯的民族和文化。由于**尼采**代表从德国哲学向中国哲学的过渡，俄罗斯最靠近德国的西部起到了连接过渡两端的作用，因此西部（伏尔加河上游流域）产生了莫斯科来统一俄罗斯。

（2）发展生命意志：这个步骤在俄罗斯平原南端产生了大高加索山脉，其中的厄尔布鲁士山是欧洲最高峰，代表了生命意志的极度突显（热爱生命的意志在西方哲学史中极少被突出）。

（3）摆脱人性束缚以发展自由精神：产生了南北走向的乌拉尔山脉，把俄罗斯分成了东西两半（西侧属欧洲，东侧属亚洲），对应**尼采**发展过程的分界线，因为这个阶段摆脱了人性束缚，发展出了自由精神，和之前沉迷生命中的阶段截然不同。俄罗斯平原缓慢地上升到乌拉尔山脉的西坡，而其东坡却陡然下降，象征判断力从生命中振拔出来，居高临下地俯察生命。为了展现判断力借助精神意志（其中的天志）的拉力超越生命意志，乌拉尔山脉从南向北（从地向天）发展，其南段高峰代表生命意志，比它高的北段高峰代表精神意志，中段低平，构成从南段向北段超越的运动。乌拉尔山脉的最北端向北冰洋延伸出了新地岛，象征通过超越发展出来的自由精神。但这种超越导致生命意志和精神意志之间处在紧张状态，因此太极用极为狭窄的马托奇金沙尔海峡把新地岛分成南北两部分（南低北高），象征两种意志不完全一致而导致的裂痕。

（4）逆行哲学大全体系：产生了乌拉尔山脉和叶尼塞河之间的西西

① 音乐把生命回旋运动投射到声音的运动中，转化成了意志回旋运动。参见《太极之音》第三讲《生命与音乐》。

伯利亚平原（亚洲第一大平原）。叶尼塞河是俄罗斯水量最大的河流，和乌拉尔山脉一样代表**尼采**发展过程的分界线（下一阶段将进入强力意志的发展）。在这个步骤中，哲学借助从天志而来的曙光批判束缚人心的道德和基督教，实现了生命意志和精神意志的合一，消除了二者之间的紧张，形成了自由意志，通过逆行**黑格尔**的哲学大全体系发展出了自由精神自我陶醉的快乐的科学。西西伯利亚平原极为平坦宽阔，象征着杀死上帝后自由地俯瞰世界的自由精神（自由意志毫无阻碍地把握生命、统一世界，所以产生的平原特别平坦宽阔。这里也是世界上天然气富集程度最高的地方，因为天然气物化了天志对生命的直接把握能力）。太极还在平原中产生了鄂毕河，用来展现生命意志被合并到精神意志从而产生自由意志的方式。从蒙古发源、向西西伯利亚平原延伸的阿尔泰山脉代表基督教中的天志，其在俄罗斯境内的终端则代表克服了宗教性的天志（参见后面对蒙古国的说明）。所以，太极从阿尔泰山脉南坡发源了额尔齐斯河（鄂毕河上游），向乌拉尔山脉方向流动，进入俄罗斯境内后首先以逆时针方式运动，象征对伏尔加河的逆转（把生命意志拉向天志），然后接受了从阿尔泰山脉终端（俄罗斯境内）发源的卡通河（借助从天志而来的曙光改造生命意志），再向乌拉尔山脉的北段高峰靠拢（把生命意志合并到精神意志），直至到达北段山脚下才拐回平原，通过鄂毕湾流入北冰洋。[①] 在湖南地理中，太极用洞庭湖来象征自由精神；在北冰洋，太极把乌拉尔山脉延伸出的新地岛构造成弧形，向西西伯利亚平原弯曲来围成喀拉海，使喀拉海起到了类似洞庭湖的作用，不过其“北岸”的新地岛是极为寒冷的荒漠地带，难以发展成鱼米之乡，被苏联当成了核武器的试验场。

（5）通往永恒之路：产生了从叶尼塞河到勒拿河之间的部分，包括北西伯利亚低地、中西伯利亚高原和南部与蒙古高原接壤的高高隆起的萨彦岭。勒拿河东源（阿尔丹河）构成了这个阶段的终点分界线。这个阶段的地理发展是从北向南，亦即从北部低地上升到中部高原，经过几次起伏

① 阿尔泰山脉被太极利用来围成新疆北部的准噶尔盆地，故其末段成为蒙古和新疆的界山，代表**阿奎那**和**谢林**共享的基督教中的天志。鄂毕河必须从阿尔泰山脉流向西西伯利亚平原南部，故其上游额尔齐斯河发源于阿尔泰山脉南坡（新疆境内），借道（新疆西北的）哈萨克斯坦流入俄罗斯。

才最终到达萨彦岭，代表强力意志不断自我超越、向超人过渡、最终通向永恒轮回的艰难历程。[①] 由于永恒轮回是从第二太极向第一太极回归，所以太极把萨彦岭分为东西两部分，形成向北凸出的弧形：西萨彦岭代表第二太极的意志（天志）；东萨彦岭代表第一太极的意志（乾志）。东萨彦岭的东端连接代表乾志对象（太极圆象）的贝加尔湖，从它流出了叶尼塞河的东源，从其岸边高山流出了勒拿河的西源，通过这两条河统一了通往永恒之路对应的中西伯利亚高原。[②] 东萨彦岭和贝加尔湖共同代表了强力意志自我超越的顶点（第一太极的意志和对象）。乾志是推动一切事物发展的最原始的意志，其所把握的对象相应地具有最幽深的阴性，所以贝加尔湖成为世界最深的湖。这种情形和长白山天池成为中国最深的湖是相似的，只是俄罗斯以无比辽阔的大地单纯地展示**尼采**，使贝加尔湖自然地成了世界最深的湖。不过贝加尔湖周围并没有群峰环绕，其形状也不是圆形而是弯月形，因为**尼采**只能间接地思考太极圆象，无法真正把握八卦（长白山可以形成环绕天池的十六座高峰来代表八卦，是因为中国东北三省从海南分享了**太极易**。弯月形代表不完整的、其主体部分被掩盖的圆形）。

（6）强力意志通过自我重构统一世界：产生了勒拿河以东布满崇山峻岭的俄罗斯远东。这部分又以科雷马河为界分成东西两部分：西部从勒拿河到科雷马河之间的高山群属于强力意志自我重构阶段（善恶的彼岸）；东部从科雷马河到白令海峡的尖端属于重构后的强力意志统一世界阶段（从道德的谱系到最后的回光返照）。自我重构阶段包括上扬斯克和切尔斯基两条相连的弧形山脉（后者高于前者），代表强力意志的第一次和第二次重构。自我重构把强力意志的中心转移到判断力，使之变得僵硬和膨胀，所以这两个山脉特别高大（切尔斯基山脉俯视的科雷马低地代表强力意志视野的扩展）。为了展现强力意志的连贯发展，从贝加尔湖南方发源

① 喀拉海最东端的北地群岛向南（经泰梅尔半岛）过渡到北西伯利亚低地，然后才开始这个阶段从北向南的发展，象征这个阶段从上个阶段达到的顶峰退下来，重新开始强力意志的自我超越。

② 勒拿河对应**尼采**中期和后期的分界。中期的强力意志从乾志出发把握永恒轮回，而后期把强力意志的中心转移到判断力，从判断力出发证明永恒轮回，和乾志稍微拉开了距离。所以勒拿河不是直接发源于贝加尔湖，而是发源于其岸边的高山，和贝加尔湖稍微拉开了距离。

了雅布洛诺夫山脉，向东北一直延伸到阿尔丹河南岸的外兴安岭，再通过后者过渡到上扬斯克和切尔斯基山脉。在其中起过渡作用的外兴安岭代表把强力意志的中心转移到判断力。外兴安岭还向东南（以布列亚山为中介）发展出了锡霍特山脉来代表以判断力为核心的强力意志，沿着中国黑龙江省东部边缘向西南延伸到延边最东端附近，隔着绥芬河与后者相望。黑龙江东部对应**洛克**后期，突出判断力在认识和自由选择中的作用；延边东部代表**尼采**，其最东端代表**尼采**后期的发展。正是这两个地方吸引了锡霍特山脉向西南延伸，构成俄罗斯远东的最南端。牡丹江市东南部对应**罗素**后期，否定了早期从**黑格尔**吸收到的宗教性天志，所以太极从延边东部发源了绥芬河，让它向北流入牡丹江市东南部，然后才向东拐向锡霍特山脉，从其最南端和延边最东端之间流入大海，把**尼采**和**罗素**中否定宗教的因素结合了起来。锡霍特山脉的地理意义和它包围的黑龙江密不可分，而黑龙江则在日本被转化成了北海道，所以太极在锡霍特山脉东边产生了和它平行的库页岛来指向北海道，象征锡霍特山脉和北海道的密切关联。强力意志完成自我重构后，俄罗斯地理就过渡到科雷马河东侧绵延不断的科雷马山原，代表**尼采**开始从强力意志出发重估一切价值。科雷马山原越过复杂交错的山脉向东延伸，象征这种重估进行得非常艰难。科雷马山原东端（通过科里亚克山原）向南发展出了堪察加半岛，代表作为强力意志核心的判断力。堪察加半岛和科雷马山原有所分离，其水滴形状向后（西）倾斜，象征判断力在重估工作中已经无力向前，其异常艰难的努力使堪察加岛高高隆起，同时导致地壳不稳定，形成了著名的堪察加火山群（全球火山活动最频繁的地方）。另外，堪察加半岛西南方的北海道东部对应黑龙江东部，隐含判断力在认识和自由选择中的作用。堪察加半岛因此和北海道东部相互吸引，向后者延伸出了一条（火山岩礁组成的）弧形岛链（千岛群岛）。[①] 科雷马山原最后向东延伸出了楚科奇山原，代表**尼采**放弃从强力意志出发重估一切价值之后的回光返照，但这个山原延伸出的半岛最终没入海中，代表强力意志无力统一世界，最终导致了自身的崩溃。

① 库页岛虽然指向北海道的最北端，但同时分出两个叉，一个指向北海道东部，一个指向千岛群岛，其地理意义不言而喻。

以上就是俄罗斯地理展现**尼采**这个位置的方式。三连贯是三个思考了永恒轮回的哲学位置的前后呼应，而**尼采**通往永恒轮回的努力在第五步“通往永恒之路”中达到了顶峰。所以从俄罗斯向中国的过渡主要发生在这个阶段。太极对世界地理的设计于是从东萨彦岭和贝加尔湖向南过渡到蒙古，以便让俄罗斯通过蒙古过渡到中国地理的开端（河北），再从北向南经历世界哲学史在中国大地上的发展，直至到达代表**太极易**的海南岛。但在这里出现了一件特殊的事情，就是**尼采**包含克服基督教的意义，而蒙古则刚好代表了从基督教获得特殊世界性的**阿奎那**。俄罗斯必须经过蒙古地区才能向河北过渡，因此其所含的“克服基督教”的意义在经过蒙古时被激发了出来，把蒙古地区区分成了靠近俄罗斯（基督教被克服）的蒙古国，和靠近河北（不受俄罗斯影响）的内蒙古。但中国并没有基督教背景。基督教在中国对应的其实是佛教，其在蒙古地区的存在形式是喇嘛教（藏传佛教）。所以，俄罗斯隐含的“克服基督教”的意义无法在宗教上实现出来，只能转化为政治（天治）上的控制。在俄罗斯帝国以及之后的苏联支持下，蒙古地区靠近俄罗斯的部分在20世纪上半叶从中国独立出来，成为现在的**蒙古国**。

蒙古地区（包括蒙古国和内蒙古）凝聚了从基督教获得特殊世界性的**阿奎那**，但俄罗斯和蒙古国的先天关联使蒙古国地理特别突出了（**尼采**所要克服的）基督教的宗教性，而不是**阿奎那**本身。所以，蒙古国从西向东分布着象征三位一体的三大山脉（高度递降）：阿尔泰山脉（象征天志），杭爱山（象征宇宙逻各斯即圣灵），肯特山（象征有限逻各斯即圣子）。[①]宇宙逻各斯和有限逻各斯分别属于宇宙生命和有限生命，而后二者的原型就是太极圆象。杭爱山和肯特山因此被贝加尔湖吸引，以至于杭爱山发源了色楞格河，吸收了从肯特山而来的支流后汇入贝加尔湖。另外，东萨彦岭代表以太极圆象为对象的乾志。因此太极还在蒙古国的北方边界形成了一个（从杭爱山和肯特山）指向东萨彦岭的钝角，完整地展示了蒙古国地理和俄罗斯地理的先天关联。

① 蒙古国地理和俄罗斯地理密不可分。**尼采**中有天志但没有天。所以，蒙古国展示的三位一体中，“圣父”（天）被转化为“天志”，用阿尔泰山脉代表，并延伸到俄罗斯中。相应地，“圣灵”和“圣子”也用山脉来代表。

这种先天的地理关联很早就在古代历史中发挥了出来。当罗马教会的势力在欧洲中世纪进入巅峰发展时（13 世纪），成吉思汗家族从肯特山开始统一蒙古并不断西征，一直推进到了东欧的黑海海滨，展开了从中国向欧洲（德国）方向的运动。[①] 俄罗斯和其他东欧国家以及俄罗斯南方的亚洲国家都有密切的关联。成吉思汗及其儿孙把这些先天关联实现成了空前庞大、横跨欧亚的蒙古帝国。在太极的先天设计中，蒙古是作为中国的一个省来代表从基督教获得特殊世界性的**阿奎那**。但这种特殊世界性既然先天地来自欧洲，它在中世纪激发出来的首先就是蒙古族的西征，接着才激发了成吉思汗的孙子忽必烈征服南宋，最终建立元朝的行动。和成吉思汗的其他子孙通过西征建立的几个横跨欧亚的汗国不同，忽必烈通过吸收汉族文化、重用汉臣等措施进行的南征最终统一的是整个中国（其领土还包括西伯利亚和远东，亦即今天的俄罗斯和中国最密切相关的部分）。成吉思汗家族把蒙古代表的特殊世界性发挥到了极致。这种特殊世界性归根结底起源于中国地理对世界哲学史的凝聚。蒙古地区和中国东北三省一样从海南分享了**太极易**的意义。蒙古代表的特殊世界性因此结合了太极阴阳合一、生生不息的意义，自然地以成吉思汗诸多儿孙的封地为基础形成了空前庞大的蒙古帝国。在欧洲，基督教的世界性只是实现为罗马教会（超越和支配世俗政权）的权威，而在中国却通过成吉思汗家族实现出了横跨欧亚的世俗政权，因为基督教的神权在没有基督教背景的中国被转化成了世俗权力。和基督教对应的（藏传）佛教也从元朝开始传入蒙古，最终成为蒙古族的宗教信仰。

内蒙古地理不受俄罗斯的影响，因此可以纯粹地（像意大利那样）凝聚从基督教获得特殊世界性的**阿奎那**（由于中国没有基督教背景，内蒙古地理凝聚的基督教因素实际上表现为长生天信仰）。和意大利一样，内蒙古的形状也像一只斜放的高跟皮靴，但其朝向从“西北—东南”变成“东北—西南”，仿佛顺时针旋转了 90 度。这种调整使皮靴的开口在内蒙古东北端，使其地理从东北向西南发展，以便符合中国北部地理的发展趋势（从河北

① 成吉思汗家族发源于代表有限逻各斯的肯特山。爱新觉罗家族和日本天皇家族的发源也都和“有限生命”相关，因为世界的统一性只有通过“有限生命”（人类）的努力才能实现。

到甘肃基本上是从东向西发展的）。我们在前面讨论中国各省时无法讨论内蒙古的地理设计，现在可以回过头来补充相关的细节（这种细节还与中国东北三省有关）。内蒙古和意大利的形状相似，但并不完全相同，因为它只需要实现从基督教获得特殊世界性的**阿奎那**，而不需要实现**阿奎那**中的哲学成分，所以皮靴的开口只保留了代表宗教的西端分支（呼伦贝尔），放弃了代表哲学的东端分支（东分支变成了吉林省）。基督教的特殊世界性在呼伦贝尔凝聚成了一望无际的呼伦贝尔大草原（中国最大的草原，世界四大草原之一），而基督教的神（天）则自然地展示为俯瞰这片草原的茫茫苍天。

内蒙古地理接着从靴口向西南过渡到靴身。靴身在意大利代表宗教与哲学的结合，相当于把开口处的东西两支融合在一起。所以，在这部分太极无法简单地用“除掉东分支”的方法来凸显内蒙古代表宗教世界性的特点。由于宗教与哲学的结合实际上是宗教把哲学吸收到自己中，所以在这部分太极只能强化宗教对哲学的吸收来突出宗教的世界性，其方式就是让内蒙古的靴身部分把邻近省份当成“哲学因素”吸收进来，形成相应的内蒙古市级单位。内蒙古的特殊世界性和独特的吸收能力使之成为中国矿藏最丰富的地区。

内蒙古对邻省地理的吸收按照从东北向西南的方式进行。首先被吸收的是中国东北三省。中国东北三省的整体意义先于其中每个省的意义，因此被作为一个整体吸收到内蒙古，在中国东北三省的西边浓缩成了兴安盟。中国东北三省代表中国的统一性，因此兴安盟代表中国在内蒙古的统一性，曾经是新中国第一个少数民族自治政权——内蒙古自治政府的诞生地（中国东北三省的统一性和基督教的世界性毕竟是两回事，所以兴安盟只是内蒙古的最初中心）。兴安盟的地势一方面从整体上吸收了中国东北三省的地势，另一方面又因为和吉林、黑龙江的平原地区接壤而直接吸收到了平原的特性。兴安盟的西南部更多地吸收到了平原的特性（从平原平缓地上升到了低坡），而其西北部不直接和中国东北三省接壤，因此更多地吸收了中国东北三省其余部分的高地势，特别是其西北角吸收了长白山而形成了阿尔山。但阿尔山吸收到的长白山并不纯粹，因为已经混入了“平原”的阴性因素，导致长白山天池在阿尔山被分裂成许多大小和形状各异，并密集地出现的火山口湖，伴随着上百个火山丘。阿尔山火山群因此成为亚洲第一大、世界第二大的密集火山群，而且是世界上高位火山口湖最密集的地方。阿尔山是大兴安岭北段的最高处，但在太极对中国地理的设计中，贯通呼伦贝尔的大兴安岭北段其实起源于阿尔山。呼伦贝尔纯粹地代表从基督教而来的特殊世界性，所以它隐含的天志（神的意志）本来只需要展示为苍天对草原的俯瞰，而不需要实现为草原中隆起的山脉。但兴安盟对长白山的吸收激发了呼伦贝尔中隐含的天志，产生了从阿尔山向呼伦贝尔草原不断延伸（同时逐渐降低）的大兴安岭。

兴安盟从整体上吸收和浓缩了中国东北三省，仅仅突出了中国东北三省的统一性，掩盖了其中每个省的相对独立性。内蒙古地理于是向西南过渡到通辽和赤峰，以便单独地吸收吉林和辽宁（内蒙古地理从东北向西南发展，因此自然地前进到吉林和辽宁附近去吸收二者，而无法倒回黑龙江附近去单独地吸收黑龙江）。通辽在吉林西边产生，代表内蒙古对吉林的吸收，其地势是吉林西部平原的直接延伸。通辽吸收了吉林所代表的（德国哲学中的）小意志向大意志的回归，具有很强的把握天下的气势。这里的科尔沁草原不但诞生了率领蒙古人民反抗外来压迫的嘎达梅林，还孕育了清初杰出的女政治家孝庄文皇后，以其强大的意志和理性辅佐了皇太极、顺治和康熙三代帝王，为清朝的稳定和发展做出了巨大的贡献。

通辽接着向西南过渡到赤峰，代表内蒙古对辽宁的吸收。作为中国东北三省的开端，辽宁出现在中国地理开端（河北）的旁边，因为中国东北三省与河北都代表中国地理的统一性，自然地相互吸引。所以，赤峰不但与辽宁接壤，同时也与南边的河北接壤，其地势不但吸收了辽宁的山地，还吸收了河北北部的高山群，形成了比大兴安岭北段更高的南段高山群，构成了赤峰的西北屏障（赤峰和辽宁交界处隆起的努鲁儿虎山代表从**阿奎那**而来、在**笛卡尔**中残存的天志）。赤峰地理隐含的开端性和统一性使之曾经成为辽王朝的政治、经济和文化中心。由于吸收了辽宁凝聚的法国哲学，赤峰同样具有强烈的生活气息和浓厚的艺术气质，产生了一大批歌手、演员、舞蹈家、作曲家等文艺人才。赤峰是红山文化的命名地，因为碧玉龙的发现而被称为“玉龙之乡”。红山文化是距今五六千年前出现在西辽河流域的古代文化，遗留下了玉龙、玉凤、女神塑像等大批出土文物。红山文化出现的时间就是以伏羲和女娲为代表的**易**时代的鼎盛期。河北省凝聚了**易**，而中国东北三省则从海南分享了**太极易**的意义。河北和中国东北三省都凝聚了“太极”的意义。赤峰和通辽从邻近的河北和中国东北三省吸收到了这种意义。从赤峰（靠近河北处）发源，流经通辽，最终流入辽宁的西辽河把“太极”的意义连成了整体。因此，西辽河流域具有发展和“太极”相关的“龙文化”的潜在能力。这是为什么在**易**时代进入鼎盛时期时，红山文化在西辽河流域形成的原因。

河北和中国东北三省共享的“太极”的意义使它们的地理获得了潜在的统一性。为了吸收这种统一性，内蒙古地理从赤峰过渡到了疆域辽阔，并且与河北、赤峰、通辽、兴安盟都接壤的锡林郭勒盟，代表内蒙古对河北和中国东北三省的统一吸收。这种吸收结合了河北和中国东北三省代表的中国统一性，纳入内蒙古代表的特殊世界性中，使锡林郭勒成为“太极”意义在内蒙古的真正落脚点。锡林郭勒凝聚了太极阴阳合一、生生不息之义，成为蒙古文化的发祥地之一，集中了蒙古族传统音乐的多种类型，从古至今涌现出了许多技艺高超的乐手、歌手、舞者、作曲者，成为名副其实的歌舞之乡。

由于锡林郭勒吸收到的高地势被代表宗教世界性的草原和沙漠中和，其地势比较平坦，只是在接近大兴安岭和河北高山群的地区才平缓地上升。锡林郭勒对四省地理的综合性吸收使其自然资源异常丰富（拥有亚洲天然碱储量最大的碱矿、中国储量第一的锡矿等多种矿藏）。锡林浩特是锡林郭勒的盟府所在地，与河北地理中心（北京）同经度，与中国东北三省地理中心（长春）同纬度，是北京向北、长春向西的交汇点，汇聚了锡林郭勒代表的统一性。这种统一性把河北和中国东北三省的诸多要素凝聚在一起，使锡林浩特的矿藏极为丰富，形成了中国煤层最厚、储量最大的褐煤煤田（胜利煤田）和中国最大的煤锗共生矿床（锗是地壳中分布最分散的元素之一，极少以矿床方式存在）。

锡林浩特所代表的统一性和北京密切相关，并在元朝得到了充分的发挥。元朝实现的特殊世界性只有（凝聚了世界性的）北京才能与之相匹配，而锡林浩特则是河北和中国东北三省的汇合中心，其与北京的连线代表从锡林浩特到北京的过渡。在此连线接近中点处的开平城（在今锡林郭勒盟正蓝旗境内）具有将锡林浩特的世界性和“太极”意义带向北京的作用，因而自然地成为元朝的发祥地。开平城在金朝时被称为“金莲川”，取金枝玉叶相连之义，无形中反映了它的连接作用。忽必烈在开平城广召天下名士，建立“金莲川幕府”，走上了统一中国的道路，并最终在这里登上了皇帝之位。开平城自然地成为临时都城，到至元八年（1271 年）迁都大都（北京）后则作为“上都”而成为元朝的陪都（忽必烈从易传的“至哉坤元”取了“至元”作为元朝纪年方式，到至元八年又从“大哉乾元”取了“大元”作为元朝的名字）。

锡林郭勒以最全面的方式凝聚了河北和中国东北三省共有的“太极”意义，因此对西辽河产生了吸引力。但西辽河必须从赤峰流向辽东湾（以便统一辽宁东西两侧的山地）。所以，太极从赤峰另外发源了锡林河来（代替西辽河）流入锡林郭勒。锡林河流经锡林浩特附近时形成了著名的锡林九曲湾（不断重复的 S 形河道），象征锡林浩特对“太极”意义的吸收（S 形是太极阴阳消长、和谐互补的象征）。传说成吉思汗和夫人曾在锡林河畔的草地上双双纵马驰骋，其夫人的围巾飘落草地上而全然不觉。等他俩回头眺望时，发现围巾已将直流的锡林河变成了九十九道弯。锡林浩特市南（锡林河西边）还有著名的平顶山奇观，在平坦的草原上耸立着十几座火山丘，其顶皆平如刀削，而且相互对齐。民间传说成吉思汗与大金国决战野狐岭时曾在这里追逐一只白狐，不料白狐跑到山里就不见了。成吉思汗派人百般搜寻也毫无结果，一怒之下挥起战刀把群山削成了平顶。在太极对地理的设计中，火山一般都是用来象征意志的涌动。锡林郭勒结合了河北和中国东北三省对中国的统一作用，但河北和中国东北三省包含许多来源不同、性质各异的意志，只有以“快刀斩乱麻”亦即“一刀切”的方式才能将它们真正统一起来。日本之所以处于环太平洋火山地震带，就是因为它只能以小意志为基础，竭尽所能向大意志回归来统一多种多样的意志，而代表宗教世界性的蒙古则直接从大意志（天志）出发统一所有意志，所以能够以简单明快的方式实现意志统一性，这正是成吉思汗家族能够建立空前庞大的蒙古帝国（包括元帝国）的一个重要原因。

内蒙古地理接着从锡林郭勒过渡到乌兰察布和呼和浩特，代表内蒙古对山西大同和朔州的吸收。在山西地理中，大同和朔州共同对应**笛卡尔**的第一步“我思故我是”。这个步骤其实是把基督教的“道成肉身”吸收到哲学中的结果。[①] 内蒙古吸收大同和朔州相当于反过来用宗教吸收哲学，把“我思故我是”还原成了“道成肉身”。在山西地理中，“我思故我是”的发展是从大同到朔州（太行山的分支从河北延伸进大同再到朔州，产生代表天志的恒山山脉）。相应地，内蒙古地理中“道成肉身”的发展是从乌兰察布到呼和浩特。作为“道成肉身”的开端，乌兰察布吸收了大同凝聚的天志，发展出了以敬畏长生天、包容并蓄、尚武爱国为主要特征的察哈尔文化。乌兰察布还吸收了（流经大同的）桑干河而发源了洋河，所以洋河进入河北与桑干河汇合成了永定河。呼和浩特吸收了朔州，成为基督“道成肉身”的落脚点，凝聚了最强烈的从基督教而来的特殊世界性，但它不像锡林郭勒那样吸收了河北，因此其特殊世界性就在内蒙古境内实现出来，使之（代替兴安盟）成为内蒙古的真正中心。

内蒙古地理接着向西南过渡到鄂尔多斯，代表内蒙古对陕西和宁夏的吸收。陕西和内蒙古一样代表**阿奎那**，只是前者代表作为哲学位置的**阿奎那**，后者代表从基督教获得特殊世界性的**阿奎那**。把陕西吸收到内蒙古相当于把**阿奎那**的哲学因素吸收到其宗教因素中。宁夏代表的**斯宾诺莎**包含“把有限吸收到无限”的运动，也隐含“把哲学吸收到神的思考中”的意义。内蒙古因此把陕西和宁夏结合起来吸收到自己中，产生了宽阔的鄂尔多斯高原。鄂尔多斯对陕西和宁夏的吸收极大地强化和丰富了它的宗教性。宗教性天志对生命活动的强大推动作用一般在地理上凝聚为石油。但陕西和宁夏代表的哲学位置包含相反的运动（**阿奎那**中的**亚里士多德**从无限到有限，**斯宾诺莎**则从有限到无限），其相互冲突使**阿奎那**中的**亚里士多德**成分被特别凸显出来。**亚里士多德**突出了从宇宙逻各斯流向有限逻各斯的小道。因此，鄂尔多斯的宗教性天志更多地（和乾志一样）通过逻各斯澄明生命的作用来推动生命活动。这种推动作用凝聚成了横跨鄂尔多斯和陕西北部的特大煤田（即东胜—神府煤田，是中国已探明的最大煤田，世界七大煤田中最大的一个）。伴随这个特大煤田还产生了横跨鄂尔多斯和陕西北部的特大天然气田（即苏里格气田，是中国目前发现的陆地最大天然

① 参见《太极之音》第519-520页。

气田）。鄂尔多斯隐含的内在冲突还导致其地理凝聚了目前已经探明的中国最大的铀矿，因为铀矿在世界地理中象征的就是不稳定的内部结合（参见导论第四节）。①

由于陕西和宁夏无法完全和谐地结合，内蒙古就再次吸收二者，在鄂尔多斯北方进一步产生了包头和巴彦淖尔：包头代表内蒙古单纯地吸收陕西；巴彦淖尔代表内蒙古单纯地吸收宁夏。内蒙古和陕西都代表**阿奎那**，都隐含**阿奎那**的世界性，只是前者突出宗教世界性而后者突出哲学世界性，所以前者对后者的吸收使包头凝聚了最典型的双重混合世界性。这种双重混合世界性使包头拥有世界上最大的稀土矿，因为稀土矿在世界地理中象征的就是混合的世界性（参见导论第四节）。②异常丰富的混合世界性使包头自然地成为多民族聚居地区，是周边地区相互交流和商业往来的最佳中介，在晋商文化的发展中起到了重要作用。巴彦淖尔吸收了**斯宾诺莎**中的宇宙生命，强化了（圣灵所属的）宇宙生命的丰富，因此巴彦淖尔矿产资源非常丰富，其南部的河套平原是农牧业发达地区，像宁夏一样盛产枸杞（即河套枸杞）。河套平原北方是横贯内蒙古中部的阴山山脉。阴山从锡林郭勒一直贯通到巴彦淖尔，是内蒙古从其南方省份吸收太行山、吕梁山、秦岭、贺兰山等形成的（其最西端的狼山就是巴彦淖尔吸收宁夏的贺兰山形成的）。③阴山把内蒙古中部连成整体，构成了靴身的脊梁骨。

尽管巴彦淖尔比鄂尔多斯更纯粹地吸收了宁夏，但它并不直接与宁夏接壤，而鄂尔多斯西南部却直接与宁夏接壤，具有直接吸收宁夏的潜力。因此，宁夏最北端的石嘴山市就沿着鄂尔多斯边界向巴彦淖尔方向延伸出了乌海市，代表内蒙古既“直接”又“纯粹”地吸收宁夏的结果（乌海市

---

① 目前的主要产铀大国是美国、加拿大、南非、澳大利亚。这些国家都包含不稳定的内部结合（参见后面对它们的分析）。中国的内在统一性很强烈，所以整体上不是铀的富集地，但某些特别地区（如鄂尔多斯）有例外。

② 除了内蒙古，中国的几个南方省份也是稀土富集的地区。**黑格尔**在精神现象学中实现了现象世界的统一性，以至于**黑格尔**之后的七个哲学位置都追求世界的统一性。这种统一性是把许多同类现象统一起来的混合世界性，因此除了内蒙古，中国的稀土矿主要集中在四川、云南和南部六省。**胡塞尔**、**海德格尔**和（早期）**维特根斯坦**实现的世界统一性最为强烈，而且主要从组织现象的领悟出发（不像**尼采**和**萨特**那样主要从判断力出发），所以这些南方省份中以江西、广东和广西的稀土矿最为富集。

③ **阿奎那**中的基督教因素隐含乾志（推动一切的原始意志）成分，所以阴山的东段就是在太行山之北、横贯张家口的大马群山。

的长条形指向巴彦淖尔，但其最北端向鄂尔多斯方向扭了过去）。乌海市以弹丸之地浓缩了宁夏地理，故其自然资源非常丰富，素有“乌金之海”和“黄河明珠”的美称。其形状和宁夏相似，只是其中部只有向西凸出的一块，而缺少向东凸出的一块，亦即缺少和宁夏吴忠市东分支（代表宇宙物界）的对应。这是因为**阿奎那**不像**斯宾诺莎**那样把理物二界当成平行并列的层次，而是用（**亚里士多德**中的）理界小道统一物界，因此吴忠市对应物界的东分支在乌海市中被吸收到了对应理界的西分支中。**阿奎那**中的“道成肉身”因素还使乌海市南部只有东翼，仿佛宁夏南部的西翼被吸收到了东翼中（“道成肉身”就是无限逻各斯变成有限逻各斯，而宁夏南部的西翼和东翼分别代表无限生命和有限生命）。

最后，内蒙古地理过渡到西南端的阿拉善盟，对应意大利的东南端，其代表哲学的东支在阿拉善被取消了，而代表宗教的西支则与它发展出来的三个海岛聚拢在一起，构成了阿拉善盟。在意大利，西西里岛、撒丁岛和科西嘉岛都是从代表宗教的西支析出的，其内容总的来说就是三位一体。和阿拉善接壤的甘肃有两个嵌入阿拉善的凸角（代表**费希特**中的两个步骤），刚好把阿拉善划分成了三块，可以用来展示三位一体（正因为这样太极才把内蒙古地理的终端邻接在甘肃旁边）。阿拉善从东南向西北划分成了阿拉善左旗、阿拉善右旗、额济纳旗，分别对应圣父、圣灵（宇宙逻各斯）、圣子（有限逻各斯）。[①] 从兴安盟到鄂尔多斯、包头和巴彦淖尔，宗教吸收哲学的能力被不断强化，过强的宗教性天志对世界内容的掩盖使这段发展中出现了若干沙漠。在阿拉善盟，代表哲学的分支被取消，被强化的天志变得更加突出。所以，阿拉善盟包含几个巨大的沙漠。阿拉善左旗包含两个大沙漠，其最东侧“西南一东北”走向的乌兰布和沙漠对应意大利东南端代表宗教的西支，而其西南的腾格里沙漠则对应圣父（“腾格里”的意思就是“天”）。阿拉善右旗的巴丹吉林沙漠对应圣灵。巴丹吉林沙漠向天空高高凸起，是世界上相对高度最高的沙漠，象征圣灵对圣父（天）的直接归属，其中分布着一百多个湖泊，象征作为小道源头的宇宙逻各斯，成为世界沙漠的罕见奇观。额济纳旗则没有什么大沙漠，因为圣子有复活

① 关于三位一体的排列顺序，参见前面对西欧（意大利）地理的分析。

的生命，平衡了天志对生命的压制。在巴丹吉林沙漠的北方，中央戈壁从阿拉善右旗贯通到额济纳旗，代表了从无限到有限的运动，即实现“道成肉身”的运动（戈壁主要由粗砂砾石构成，代表更为强烈的宗教性）。阿拉善和呼伦贝尔一样象征纯粹宗教性，没有吸收相邻省份的特性。但兴安盟吸收的长白山激发了呼伦贝尔隐含的天志，形成了向呼伦贝尔延伸的大兴安岭。相似地，虽然阿拉善没有吸收相邻省份的特性，但它邻近的巴彦淖尔吸收了宁夏的贺兰山，形成了阴山最西端的狼山，激发了阿拉善隐含的“宇宙逻各斯”因素（贺兰山代表**斯宾诺莎**中的神，亦即宇宙生命）。所以，狼山通过其余脉向阿拉善右旗延伸出了雅布赖山，构成巴丹吉林沙漠的东南屏障，代表宇宙逻各斯的神圣性（这种延伸不得不经过阿拉善左旗，但左旗代表的是天而不是宇宙逻各斯，所以只能形成低矮的狼山余脉作为过渡）。总的来说，阿拉善盟是内蒙古最有神圣性和灵性的地方，孕育出了具有高度精神性的蒙古族传统文化。

我们已经完成了蒙古国和内蒙古地理的分析。最后让我们考察一下把蒙古地区连向俄罗斯和中国东北三省的国际河流黑龙江，就可以最终完成中国地理的分析了。俄罗斯、蒙古地区和中国东北三省密不可分。这种密切关系在地理上凝聚成了作为中俄界河的黑龙江。黑龙江代表俄罗斯、蒙古地区和中国东北三省的意志统一性。其在蒙古国有南北两个源头：北源鄂嫩河收集了来自蒙古国和俄罗斯的支流后流入俄罗斯境内，代表与俄罗斯相呼应的非宗教性天志；南源克鲁伦河则向东流入内蒙古呼伦贝尔的呼伦湖，出湖后接受了从大兴安岭发源的海拉尔河后成为额尔古纳河，完整地代表了从蒙古地区而来的宗教性天志。[①] 额尔古纳河作为中俄界河继续流向东北，和鄂嫩河下游（石勒喀河）汇合后就成为我们通常所说的黑龙江。黑龙江兼容了蒙古地区和俄罗斯包含的（宗教性和非宗教性）天志，作为

① 黑龙江要实现俄罗斯、蒙古地区和中国东北三省的意志统一性，自然地必须发源于蒙古和俄罗斯的边界地区并向东流，因此鄂嫩河与克鲁伦河都发源于蒙古国东部和俄罗斯共享的肯特山。虽然肯特山代表的是圣子，但三位一体使它也可以代表天志（圣父的意志）。代表宗教性天志的克鲁伦河虽然不经过俄罗斯，但蒙古国的地理毕竟潜在地受到了俄罗斯的影响。为了消除这种影响，从内蒙呼伦贝尔发源了哈拉哈河，注入蒙古国的贝尔湖后折返内蒙古流入呼伦湖，代表经过纯化、彻底摆脱俄罗斯影响的纯粹宗教性天志。呼伦湖凝聚了最为纯粹的从基督教而来的特殊世界性，成为内蒙古最大的湖。呼伦贝尔的名字就来自呼伦湖和贝尔湖。

中俄界河沿着黑龙江省边界流动。长白山天池结合了**黑格尔**和**尼采**，导致**黑格尔**中的宗教性天志被**尼采**的非宗教性天志压制，所以从天池发源的松花江虽然代表中国东北三省的意志统一性，但在宗教性意志方面有所欠缺。松花江于是向内蒙古方向流动，接受了从呼伦贝尔（伊勒呼里山南麓）发源的嫩江，补充了宗教性的意志，然后才向东（俄罗斯方向）流动，中途还接受了从延边西部发源的（代表**黑格尔**中宗教性天志的）牡丹江，最终在黑龙江省和俄罗斯边界汇入黑龙江中。接受了松花江的黑龙江完整地实现了俄罗斯、蒙古地区和中国东北三省的意志统一性。最后，黑龙江接受从南方而来的乌苏里江后就向东北拐入俄罗斯境内，注入锡霍特山脉和库页岛之间的鞑靼海峡。作为中俄界河的黑龙江兼容了宗教性和非宗教性的意志，但俄罗斯代表的**尼采**包含克服基督教的因素，所以黑龙江最后还是要拐入俄罗斯境内。然而，它在拐入俄罗斯境内之前必须先清除从中国地理吸收到的宗教性意志。这种清除是通过乌苏里江实现的。乌苏里江有两个源头：东源从锡霍特山脉南端而来，代表**尼采**后期以判断力为中心的强力意志；西源从大兴凯湖的中俄边界而来，代表强力意志对**洛克**中进行选择的判断力（自由意志）的吸收。东西两源汇合成乌苏里江，象征强力意志利用**洛克**中的自由意志来帮助自己克服从中国而来的宗教性意志（**洛克**把神决定的先定和谐世界转化成了由人的意志决定的后定和谐世界）。为了进一步强化克服的效果，太极还从牡丹江市东南部（对应**罗素**后期，隐含对宗教性天志的否定）靠近延边东部（对应**尼采**）的地方发源了穆棱河，流经鸡西市去汇入乌苏里江。吸收了穆棱河的乌苏里江继续北流去汇入黑龙江，把清除宗教性意志的意义带入后者。所以，黑龙江接受乌苏里江后就马上拐向俄罗斯境内，作为俄罗斯内河注入鞑靼海峡。

六、东欧和北欧

俄罗斯的设计是为了实现三连贯运动从德国向中国的发展。但这个设计产生了新的问题：俄罗斯的过渡作用使它代表了三连贯中的**尼采**，德国则相应地代表了三连贯中的**黑格尔**，但**尼采**本身也属于德国哲学，让德国代表三连贯中的**黑格尔**掩盖了德国地理中凝聚的**尼采**，使俄罗斯代表的**尼**

采成为无水之源、无根之木。为了解决这个问题，太极必须让**尼采**从德国本土站出来，形成从德国向俄罗斯过渡的国家，由此引发了许多相关的地理设计，产生了一系列东欧和北欧国家。所谓东欧首先包括俄罗斯本身，其次则是关乎德国向俄罗斯的过渡、参与了三连贯运动的其他国家。北欧国家虽然没有直接参与三连贯运动，但其设计同样起源于德国向俄罗斯的过渡。由于三连贯运动和共产主义运动相互呼应，这些东欧和北欧国家的地理意义使它们都曾经和共产主义运动有直接或间接的关联。

首先，必须设计一个国家代表从德国本土站出来的**尼采**。这个国家就是出现在德国东边的**波兰**。德国必须通过波兰才能顺利地向俄罗斯发展。波兰因此成为德国（乃至西欧）和俄罗斯的缓冲国。作为缓冲国，波兰很容易卷入列强间的角逐，曾经被俄罗斯帝国、普鲁士王国和奥地利帝国三次瓜分而亡国一百多年，在二战中再次被苏联和德国瓜分，但其民族性格中隐含了不屈不挠、不怕失败、乐观地面对痛苦的强力意志，始终顽强地维护祖国的统一和民族的文化传统。① 在导论中我们曾经指出基督教三大流派的区分：**阿奎那**对应天主教，向前进入现代哲学史就产生新教，向后逆行希腊哲学史就产生东正教。德国和俄罗斯对应的宗教运动是相反的：德国通过宗教改革成为新教国家，俄罗斯却成为东正教的最终根据地（参见后面对土耳其的分析）。这两种相反的运动需要波兰成为坚守天主教的国家作为缓冲。普鲁士的新教路德会和俄罗斯的东正教都曾经压制波兰的天主教，但却反过来坚定了波兰人对天主教的信念。天主教的前任教皇若望·保禄二世就是波兰人。波兰是当代欧洲仍然保持高度天主教信仰的国家，甚至在 2016 年正式宣布耶稣基督为波兰的国王。

由于波兰的设计是为了帮助俄罗斯实现三连贯中的**尼采**，波兰从俄罗斯分享到了和三连贯的关联，以致波兰也和俄罗斯一样具有向中国过渡的趋势。但波兰实际上只能向俄罗斯过渡，这意味着俄罗斯对于波兰而言成为中国的象征：从波兰过渡到俄罗斯就如同从**尼采**过渡到**太极易**，尽管这种过渡实际上无法实现在地理中（俄罗斯毕竟不是中国）。根据世界哲学史的内在逻辑，**尼采**是经过**胡塞尔**、**萨特**、**海德格尔**三个位置过渡到**太极**

① 哲学家尼采自称其祖先是波兰贵族。虽然没有证据证实，但如果确实如此也是合理的。

易的。如果把这三个位置在地理上实现为三个国家，让波兰通过它们过渡到俄罗斯，就可以象征性地实现波兰隐含的从**尼采**过渡到**太极易**的意义。太极于是在波兰和俄罗斯之间产生了波罗的海三国，即**立陶宛**、**拉脱维亚**、**爱沙尼亚**，分别代表**胡塞尔**、**萨特**、**海德格尔**。江西的鄱阳湖象征**胡塞尔**中构成世界的逻各斯，但在立陶宛的小世界中出现的只能是无数小湖，使得立陶宛成为欧洲湖泊最多的国家之一。立陶宛直接从波兰发展出来，和波兰关系极为密切，曾经在14世纪迎娶波兰公主，从波兰接受并坚守了天主教，还曾与波兰合并为波兰立陶宛联邦达两百多年。拉脱维亚隐含了**萨特**的存在主义精神，风气非常开放，其首都里加拥有欧洲最精美的"新艺术"建筑风格，被称为"北方巴黎"。爱沙尼亚隐含了**海德格尔**中的艺术、大地和大道等因素，注重传统和自然，其首都塔林保留了中世纪的风情，城中到处可见的红色屋顶更使之如同童话世界；爱沙尼亚是全世界空气质量最优最舒适的国家，并且和广东一样拥有丰富的油页岩。三个波罗的海国家都是为了帮助波兰过渡到俄罗斯设计的，都从波兰分享到了**尼采**因素，同时又拥有各自的现象学因素，因此它们不但在争取独立自主的过程中团结一致，其美丽的自然和艺术风格也相映成趣。

波兰通过波罗的海三国过渡到俄罗斯，象征性地实现了从**尼采**到**太极易**的过渡。但这种象征性的过渡并没有足够的力量向前进，因为俄罗斯毕竟不代表**太极易**，只是相对于同样代表**尼采**的波兰而言才成为**太极易**的象征。从立陶宛、拉脱维亚到爱沙尼亚，向俄罗斯过渡的趋势逐步衰减，以致于爱沙尼亚和俄罗斯边界形成了长条形的大湖（即楚德湖，欧洲第四大湖），使其陆地接壤大为减少，展示了爱沙尼亚和俄罗斯若即若离的关系。为了更好地发挥波罗的海三国的过渡作用，太极在立陶宛和波兰接壤处设计了俄罗斯的一块飞地（旧名哥尼斯堡，后改名加里宁格勒）。借助这块飞地，俄罗斯就可以从立陶宛开始将波罗的海三国拉向自己，帮助它们完成向俄罗斯的过渡。[①]然而，这并没有改变从立陶宛、拉脱维亚到爱沙尼亚，向俄罗斯过渡的趋势逐步衰减的事实。所以，太极在波兰和俄罗斯之间（波罗的海三国南方）另外设计了**白俄罗斯**来进行弥补。白俄罗斯的作用就是

① 这块飞地原属德国，但苏联在二战中战胜德国后终于归属到苏联，实现了它的先天意义。

把拉脱维亚和爱沙尼亚收回立陶宛，把三环节的过渡简化为单环节的过渡。立陶宛的形状是从波兰缩小得到的；白俄罗斯把拉脱维亚和爱沙尼亚收回立陶宛，因此其形状相当于把立陶宛重新放大，同时稍微顺时针旋转，从向东北运动改为直接向东运动到俄罗斯（作为被放大的立陶宛，白俄罗斯拥有比立陶宛更多更大的湖泊，有“万湖之国”的美誉）。现在，波兰不仅通过波罗的海三国向俄罗斯过渡，同时还通过白俄罗斯简化和强化了这种过渡。白俄罗斯因此和波兰、立陶宛和俄罗斯都有着非常密切的内在关联，在历史上曾经并入立陶宛大公国、波兰立陶宛联邦和苏联（白俄罗斯主要信仰俄罗斯东正教，其次是罗马天主教）。通过设计波兰、波罗的海三国和白俄罗斯，从德国向俄罗斯过渡的问题终于获得了解决。为了解决这个问题而产生的这五个国家密切相关，因此不妨统称为“东欧五国”。东欧五国在俄罗斯实现三连贯的地理设计中起到了辅助作用，所以都曾经属于苏联或其社会主义阵营：波兰曾经属于以苏联为首的社会主义阵营；波罗的海三国和白俄罗斯则曾经作为加盟共和国并入前苏联，在苏联解体时恢复了独立（波罗的海三国始终无法顺利过渡到俄罗斯，反而具有从俄罗斯退缩的倾向。这种地理意义在历史发展中表现为波罗的海三国不是自愿而是被强行纳入苏联，但其加入苏联形成了抵抗纳粹德国进攻的缓冲地带，具有重要的历史意义）。

东欧五国的设计把三连贯中的第二个分运动（**尼采—太极易**）展开成了世界哲学史的运动（**尼采—胡塞尔—萨特—海德格尔—太极易**）。因此第一个分运动（**黑格尔—尼采**）也必须展开成世界哲学史的运动（**黑格尔—梅洛-庞蒂—维特根斯坦—罗素—尼采**），这样才能把三连贯和世界哲学史的关系完整地实现出来。太极于是在欧洲北部设计了从德国向俄罗斯过渡的四个国家来展开第一个分运动：四个北欧国家分别代表（从德国本土站出来的）**黑格尔**、**梅洛-庞蒂**、**维特根斯坦**、**罗素**。[①] 德国首先向北外化出了**丹麦**，代表从德国本土站出来的**黑格尔**（德国大陆首先向北凸起一段，然后才过渡到丹麦，以便象征**黑格尔**从德国本土“站出来”的意义）。丹麦接着向北方发展出了**挪威**、**芬兰**、**瑞典**，分别代表**梅洛-庞蒂**、**维特根斯坦**、

① 为了和第二个分运动保持一致，**黑格尔**也必须从德国本土站出来。

罗素。这三个国家本来应该从西向东排列，以便从德国过渡到俄罗斯，但**罗素**是与**尼采**阴阳互反的位置，以致从**罗素**向**尼采**的过渡具有跳向对立面的意思，所以瑞典必须和俄罗斯拉开一定距离。相反，**维特根斯坦**中的意志直接被**尼采**吸收，所以芬兰可以直接和俄罗斯接壤。综合这两个因素，太极就把芬兰排列在最东边，和俄罗斯接壤，把瑞典倒回来排列在芬兰西边，还在二者之间形成狭长的海湾，象征瑞典和芬兰的差异（芬兰的意志被俄罗斯吸收，所以瑞典也必须和芬兰保持一定距离）。然而，这种地理设计没有很好地反映哲学史的发展顺序。为了弥补这个缺陷，太极就让挪威从瑞典和芬兰的北边缘一直向东延伸到和俄罗斯接壤，借此将瑞典和芬兰一起带向俄罗斯，使三个国家向俄罗斯的过渡整体上保持了从西向东的趋势。另外，由于从**黑格尔**到**梅洛-庞蒂**也是一种反向转化（从理想性转向现实性），丹麦和挪威之间被宽阔的斯卡格拉海峡隔开，而**罗素**则在其开端处吸收了从**黑格尔**而来的宗教性天志，所以太极就让丹麦和瑞典相互靠得非常近，仅以狭长的厄勒海峡隔开。

由于丹麦、挪威、芬兰、瑞典都是将三连贯的分运动（**黑格尔—尼采**）在地理中展开的国家，因此不仅丹麦代表站出德国本土的**黑格尔**，其他三国也都从丹麦分享了**黑格尔**因素（正如从波兰发展出来的波罗的海三国都分享了**尼采**因素）。但芬兰离丹麦很远，中间还有宽阔的波罗的海和波地尼亚湾隔开，所以这种分享主要实现在挪威和瑞典（丹麦、挪威和瑞典的历史发展互相渗透，曾在14世纪末以丹麦为首形成卡尔马联盟）。挪威分享的**黑格尔**因素强化了**梅洛-庞蒂**中（从精神意志转化而来）的判断力，产生了纵贯挪威全境的斯堪的纳维亚山脉。瑞典分享的**黑格尔**因素则通过概念强化了**罗素**中的领悟，将其支离破碎的（组织经验的）具体领悟纳入指向世界的原始领悟，[①] 在瑞典地理中凝聚成了大量的铁矿（铁象征原始领悟），使瑞典成为欧洲最大的铁矿砂出口国。丹麦和挪威还与西欧的德国、荷兰、英国共同围成了北海。前面分析西欧地理时曾指出，为了强化西欧的统一性，太极让莱茵河从瑞士的阿尔卑斯山脉发源，从德国流入荷兰后注入北海，把瑞士代表的西欧统一性通过北海传递到英国和爱尔兰。北海

① **黑格尔**中的概念是和世界同一的原始领悟。参见《太极之音》第561页。

因此分享了从阿尔卑斯山脉而来的意志统一性。这种统一性落脚在基督教中的天志，其最高发展就是**黑格尔**中的天志。所以，北海隐含的意志统一性被西欧和北欧两种来源的相互呼应强烈地凸显了出来。但这种统一西欧和北欧的天志无法实现为山脉，因此只能凝聚在北海的大陆架中，形成了大量的石油和天然气，使北海成为著名的石油集中出产区。

丹麦王国凝聚了**黑格尔**中的意志统一性，是世界上最古老的君主国之一（其王室血脉已传承千年之久），目前是君主立宪制国家。丹麦人注重社会和谐，对世界充满理想主义的浪漫情怀，诞生了世界童话大师安徒生。丹麦还诞生了哲学家克尔凯郭尔（其哲学可以说是从**黑格尔**以否定方式外化出来的）。挪威王国也是君主立宪制国家。作为世界上最北的国家，挪威难以像南方的法国那样充分发展**梅洛-庞蒂**中的感知世界和世界肉身，但挪威人其实是外冷内热，非常亲近自然，还涌现出了现代戏剧之父易卜生、表现主义画家蒙克、浪漫主义音乐家格里格等杰出艺术家。瑞典王国也是君主立宪制国家。瑞典凝聚了**罗素**以逻各斯的阴性统一世界的特点，其人民很有文化素养，其女性则在世界中大放异彩，涌现了诸如葛丽泰·嘉宝和英格丽·褒曼这样的好莱坞巨星。芬兰共和国是在从俄罗斯争取独立的战争中成长起来的。芬兰凝聚了**维特根斯坦**的意志性和内在张力，其性格顽强坚毅，低调务实，在许多仅仅可能的事情上宁愿保持沉默，还为世界贡献了北欧最伟大的音乐家西贝柳斯。

丹麦、挪威、芬兰、瑞典这四个北欧国家都不曾参与苏联的社会主义阵营。它们分享的是三连贯中的**黑格尔**而不是**尼采**，缺乏俄罗斯地理中凝聚的强力意志。虽然它们整体上具有向俄罗斯运动的趋势，但它们终究只是从德国外化出来的北欧国家，实现的只是**黑格尔**的变体。因此，它们并不倾向于通过暴力革命实现社会主义，而是倾向于温和的改良主义，最终演变出了社会民主党。社会民主党在北欧四国长期执政，建立起了注重公众参与和公共服务的高福利体系（社会民主党因此被戏称为“红色政党”）。北欧国家和东欧国家一样具有超前地走向大同的趋势，只是实现的途径有所不同。

东欧五国和北欧四国的设计把三连贯中的两个分运动实现了出来，以致它们相互呼应，把三连贯运动本身凸显了出来。太极于是在东欧南部设计了三个国家来象征三连贯，并让它们和两个分运动一样从德国过渡到俄罗斯。这三个国家就是**捷克**、**斯洛伐克**、**乌克兰**，分别代表**黑格尔**、**尼采**、**太极易**。由于**黑格尔**和**尼采**同属德国哲学，捷克和斯洛伐克在历史发展中密切关联，曾经合并为捷克斯洛伐克共和国，演变为捷克斯洛伐克社会主义共和国，在东欧剧变后重新分开。乌克兰实现了俄罗斯仅仅象征的意义（**太极易**），曾经作为加盟共和国并入苏联，在苏联解体时重新获得了独立。捷克是三面隆起的四边形盆地，土地肥沃（类似四川）。斯洛伐克则大部分是山地。喀尔巴阡山脉沿波兰边界横贯了斯洛伐克北部，象征斯洛伐克和波兰共享的**尼采**（其最高峰在边界上）。斯洛伐克的国歌更是显示了十足的强力意志。① 在三连贯中代表**太极易**的是中国，因此乌克兰的地理和中国遥相呼应。② 乌克兰地大物博，人杰地灵，是世界上第三大粮食出口国，有"欧洲粮仓"的美誉，同时也很注重民族文化和科技发展。由于三连贯中的**尼采**向**太极易**过渡，俄罗斯西部还发源了第聂伯河来流入乌克兰，作为这种过渡的象征，并最终流入其南方的黑海（对应中国南海）。虽然俄罗斯向中国北方过渡，但其最终目标是从北向南过渡到对应**太极易**的海南岛。海南岛的意义和乌克兰相似，因此其在乌克兰对应的地区被放大了很多倍，和乌克兰大陆联结而构成黑海中的克里米亚半岛（形状和乌克兰相似，仿佛乌克兰的浓缩）。③ 克里米亚独特的象征意义使之隐含了强烈的世界性，在世界历史中扮演了重要角色，曾在 19 世纪中叶成为欧洲列强决战的战场。1945 年在这里举行的雅尔塔会议则确定了第二次世界大战后的世界格局。

在世界哲学史的先天发展模式中，**维特根斯坦**在**黑格尔**和**尼采**之间起到了传递意志的作用：**维特根斯坦**中静观世界的判断力归属于超越世界的绝对意志（从**黑格尔**来的天志），在后期被改造成通过言谈主动组织世界

① 斯洛伐克国歌的歌词大意是：塔特洛山上电光闪闪 ，雷声隆隆。兄弟们，要坚定，狂风暴雨会停，斯洛伐克会醒。兄弟们，要坚定，狂风暴雨会停，斯洛伐克会醒。斯洛伐克属于我们，它沉睡至今。雷和电，把它来惊醒，教她振作生命。雷和电，把它惊醒，教她振作生命。参见百度百科"斯洛伐克"词条。

② 乌克兰曾经出土公元前三千多年的太极图（属于第聂伯河中游的特里波耶文明），其与中国古代太极图的相似令人震惊，但从地理意义来说并不奇怪，因为乌克兰地理凝聚了**太极易**的意义。

③ 乌克兰的意义来自三连贯，因此它只有对应海南岛的岛屿，缺乏对应台湾的岛屿。

的意志，在**尼采**中重新以**黑格尔**为背景发展成了强力意志。[①] 所以，太极把捷克和斯洛伐克排列在奥地利边界上，使奥地利潜在地隐含了“从**黑格尔**到**尼采**”的意义。这个潜在的意义被捷克、斯洛伐克、乌克兰象征的三连贯呼唤了出来，从奥地利派生出了一条相似的、象征三连贯的路线，即从**匈牙利**（对应**黑格尔**）、**罗马尼亚**（对应**尼采**）到**乌克兰**（对应**太极易**）的运动。匈牙利是被周围高大山脉包围的低陷平原（类似四川盆地）。罗马尼亚则基本上是高大的山脉：喀尔巴阡山脉从波兰和斯洛伐克边界（穿过乌克兰）延伸到罗马尼亚，发展成了占据罗马尼亚中北部的环形山脉，被称为“罗马尼亚脊梁”。由于匈牙利直接从奥地利派生出来，其历史发展和奥地利密切相关，曾经形成由奥地利帝国和匈牙利王国组成的二元君主国（奥匈帝国）。匈牙利和罗马尼亚都曾属于苏联为首的社会主义阵营，东欧剧变后则成为资本主义国家。

但匈牙利、罗马尼亚、乌克兰展开的三连贯运动并不那么顺畅：**维特根斯坦**仅仅与**黑格尔**和**尼采**相关，而与**太极易**没有直接关联，以致从奥地利派生的匈牙利和罗马尼亚没有足够动力过渡到乌克兰。太极于是设计了镶嵌在罗马尼亚和乌克兰之间的小国**摩尔多瓦**来代表罗马尼亚向乌克兰过渡的真正产物。摩尔多瓦形如向罗马尼亚方向压扁的乌克兰（不包括对应**太极易**的克里米亚半岛），其民族则与罗马尼亚同文同种（皆为达契亚人子孙）。摩尔多瓦曾经与罗马尼亚合并，后来成为苏联的一个加盟共和国，在东欧剧变中获得了独立。匈牙利和罗马尼亚向乌克兰过渡的“动力不足”意味着**黑格尔**和**尼采**无法完全过渡到**太极易**，其实际到达的是**太极易**之前的位置。**太极易**之前的**海德格尔**开辟了通往语言之路，把从**维特根斯坦**开始的语言哲学的历史带向了终极发展，因此摩尔多瓦实际上代表的是**海德格尔**。摩尔多瓦凝聚了**海德格尔**中的艺术、大地和大道等因素，有浓厚的乡土文化气息，不但农业发达，而且还是欧洲最古老最著名的葡萄酒酿造国，其人民在淳朴的生活中自得其乐，其国歌《我们的语言》则以诗意的

① 参见《太极之音》第十三讲《从太极看世界哲学史》中对**维特根斯坦**和**尼采**的分析。

方式表达了摩尔多瓦人对其语言的珍爱。[①]

以上的设计充分实现了和三连贯相关的欧洲地理。但三连贯不是孤立的运动。三连贯和世界宗教史是从世界哲学史派生的两种特殊发展，所以二者的历史发展是相互交织的。三连贯从**黑格尔**过渡到**尼采**的运动正好构成了对基督教的克服，成为内在于三连贯的哲学要素（**黑格尔**把从**阿奎那**开始进入哲学史的基督教精神发展到了顶点，而**尼采**则从历史批判角度彻底否定了基督教）。从太极的角度看，这种克服隐含了逆行哲学史，返回基督教之前的希腊哲学特别是前**苏格拉底**哲学的意义，和东正教逆行希腊哲学史、淡化基督的意志、强调人的潜在神性等做法有某种潜在的契合。这意味着东正教和三连贯之间存在先天的相互呼应。所以，在完成和三连贯本身相关的地理设计之后，太极就开始设计三连贯和东正教相互交汇所需的世界地理，由此产生了一系列相关的东欧国家。

从太极的角度看，基督教三大流派的区分来源于它与世界哲学史的三种关系：**阿奎那**对应天主教，向前进入现代哲学史就产生新教，向后逆行希腊哲学史就产生东正教。意大利北部的东支代表哲学。奥地利就在东支的北方边界上，并向东派生出了象征三连贯的路线“匈牙利—罗马尼亚—乌克兰”（包含摩尔多瓦作为特殊环节）。所以，三连贯和东正教的交汇就自然地在这条路线的南方展开，从意大利东边开始向东南延伸到希腊的北方边界，在巴尔干半岛上产生了八个国家（以下简称巴尔干国家），依次代表从**亚里士多德**开始逆行到**毕达哥拉斯**为止的八个希腊哲学位置：**斯洛文尼亚（亚里士多德）、克罗地亚（柏拉图）、波黑（苏格拉底）、黑山（普罗塔哥拉）、塞尔维亚（赫拉克利特）、阿尔巴尼亚（芝诺）、北马其顿（巴门尼德）、保加利亚（毕达哥拉斯）**。[②]这种逆行经历的最后三个国家沿希腊边界从西南向东北运动，刚好和希腊北部从东北向西南发

① 摩尔多瓦国歌的歌词大意是：生动的语言是我们的财富，从过去的阴影深处，在我们古老的国土，珍贵的宝石遍布。我们的语言是燃烧的火焰，我们当中有人从沉睡中醒悟，就像故事里勇敢的人物。我们的语言创造了歌声，它打从我们灵魂的最深处，擦亮火光多么迅速，穿越蓝色地平线和黑雾。参见百度百科“摩尔多瓦”词条。

② **阿奎那**结合了基督教信仰和**亚里士多德**，所以逆行跳过**伊壁鸠鲁**，直接从**亚里士多德**开始。希腊和八个逆行希腊哲学史的国家密切关联，共同构成了巴尔干半岛。但希腊在世界地理中是最先设计的独特的西欧国家，而这八个国家却从东欧继承了三连贯的意义，所以我们把它们统称为“巴尔干国家”，当成属于广义的东欧。

展的趋势相反。所以，阿尔巴尼亚、北马其顿、保加利亚的南方正好就是希腊中对应**芝诺、巴门尼德、毕达哥拉斯**的地区。八个希腊哲学位置和三连贯的三个哲学位置相互交汇，导致处于开端的**亚里士多德**对应**黑格尔**，处于末端的**毕达哥拉斯**对应**太极易**，处于中间的**赫拉克利特**对应**尼采**（**赫拉克利特**的生成之流和**尼采**的永恒轮回有所呼应）。希腊哲学的逆行运动和三连贯的顺行运动集中交汇之处就是处于中间的**赫拉克利特**。塞尔维亚因此集中地代表了巴尔干国家。

巴尔干国家实现了基督教逆行希腊哲学史的运动，但真正形成东正教的是作为逆行结果的土耳其（参见下节）。巴尔干国家隐含从天主教向东正教运动的趋势，但后来又构成伊斯兰教从土耳其反向传播的路径，所以它们的宗教信仰显现出多样化的复杂性。靠近意大利的斯洛文尼亚和克罗地亚主要信仰天主教，黑山、塞尔维亚、北马其顿、保加利亚主要信仰东正教，阿尔巴尼亚和波黑则主要信仰伊斯兰教。宗教的多样化使它们缺乏从宗教上获得统一的可能性。其统一性就只能来自它们共享的三连贯意义，以及所逆行的希腊哲学史。由于三连贯意义在共产主义运动中找到了共鸣，这些巴尔干国家都曾经属于东欧的社会主义阵营。但俄罗斯和其他东欧国家都是三连贯从德国过渡到俄罗斯的运动产生或派生的，而巴尔干国家则是逆行希腊哲学史产生的。这使得它们建立的社会主义国家有自成体系的倾向，和苏联保持了一定距离（只有最靠近苏联的保加利亚始终和苏联保持密切关系）。除了保加利亚和阿尔巴尼亚之外的其他六个巴尔干国家曾经以塞尔维亚为基础组成南斯拉夫社会主义联邦共和国（曾经企图扩展为包括保加利亚和阿尔巴尼亚的巴尔干联邦，但受到来自苏联的阻力而失败）。巴尔干国家的三连贯意义虽然有相对独立性，但终究是从俄罗斯和其他东欧国家继承的。因此，在20世纪90年代东欧剧变，苏联完成其历史使命而解体之后，南斯拉夫也逐步分裂成了目前的六个具有独立主权的资本主义国家；保加利亚和阿尔巴尼亚也演变成了资本主义国家。

三连贯在地理上的最初实现是从德国（经波兰等国）到俄罗斯和中国。但从“捷克—斯洛伐克—乌克兰”这条路线开始，三连贯就被象征性地实现在东欧国家本身，接着从奥地利派生出“匈牙利—罗马尼亚—乌克兰”这条路线，最终和巴尔干国家逆行希腊哲学史的运动交织在一起发展。这三条路线上的东欧国家因此具有从三连贯而来的统一性。这些东欧国家实现的三连贯意义发源于德国，但却不向俄罗斯和中国过渡，而是实现在它们自身，因此它们需要从德国（通过奥地利的中介作用）获得地理上的支持。太极于是从德国的黑森林发源了多瑙河。[①] 多瑙河流经德国、奥地利、斯洛伐克、匈牙利、克罗地亚、塞尔维亚、保加利亚、罗马尼亚、摩尔多瓦、乌克兰10个国家，最后在罗马尼亚东部注入黑海，其流域范围还包括波兰、瑞士、意大利、波黑、捷克、斯洛文尼亚、黑山、阿尔巴尼亚、北马其顿9个国家，是世界上流经国家最多的河流（欧洲第二长河）。多瑙河的流域不仅包括德国、奥地利和象征三连贯的所有东欧国家，还额外包括了波兰、瑞士、意大利。这三个额外包括的国家其实是有象征意义的。除了上述象征三连贯的东欧国家之外，和三连贯相关的欧洲国家还包括俄罗斯、其他东欧国家以及北欧。这些国家全部都可以用波兰代表（波兰是从德国向俄罗斯过渡的最初中介，由此派生出了其他东欧国家和北欧）。另外，瑞士可以代表所有西欧国家。意大利则代表天主教（相应地，德国代表新教）。所以，多瑙河实际上象征了整个欧洲的统一性。这种统一性和三连贯超前地走向大同的意义相互呼应，使多瑙河成为欧洲代表大同的河流，和莱茵河一起实现了欧洲地理的统一性。

七、土耳其、塞浦路斯和南高加索

巴尔干国家从意大利东边开始前进到希腊北方，象征基督教逆行希腊哲学史来产生东正教，但这种象征意义和三连贯的意义交汇在一起，以致巴尔干国家无法纯粹从宗教上代表东正教。太极于是在逆行的终点（保加利亚及其南方的希腊地区）向东设计了一个长方形的大国来代表纯粹宗教意义上的东正教。这个国家就是**土耳其**。土耳其的西北角就是巴尔干半岛的最东端，和土耳其的主体部分被马尔马拉海隔开，仅以两个狭窄的海峡

① 多瑙河本应发源于法兰克福地区（对应**黑格尔**），流经纽伦堡地区（对应**尼采**），然后流入奥地利。但德国南高北低的地势使这种设计无法实现。所以太极只能让多瑙河发源于南方的黑森林（弗莱堡附近），以其象征现象学的意义代表**黑格尔**的精神现象学，然后让它向东北流过纽伦堡南方（吸收了从纽伦堡地区而来的支流），再拐向东南去流入奥地利。

（博斯普鲁斯海峡和达达尼尔海峡）相连，象征土耳其是逆行运动的结果但不属于逆行运动本身。土耳其西北角靠近博斯普鲁斯海峡的地方汇聚了逆行运动的最终结果，在古希腊时已经发展成拜占庭古城，后来被罗马皇帝君士坦丁选择为罗马帝国的新都城，称为新罗马，又称君士坦丁堡。君士坦丁堡作为政教结合的东罗马帝国首都就是东正教的发展中心（后来被奥斯曼帝国攻陷，成为伊斯兰教的发展中心，改名为伊斯坦布尔。参见下节）。罗马帝国从罗马迁都君士坦丁堡实际上就是基督教逆行希腊哲学史的结果。但凝聚了**阿奎那**的罗马仍然是基督教在西罗马帝国的发展中心，在西罗马帝国灭亡后其宗教权威反而不断上升，形成了东西基督教的不同，在 11 世纪**阿奎那**开始起主导作用时就发生真正决裂，形成了以君士坦丁堡为中心的东正教和以罗马为中心的天主教。天主教的权威在 13 世纪上升到了顶点。但 14—16 世纪世界哲学史开始从**阿奎那**向**笛卡尔**过渡，**阿奎那**中宗教与哲学的地位被颠倒，出现希腊罗马文化的复兴，接着就开始迈向现代哲学史，通过宗教改革形成了新教。[①] 东罗马帝国则在 15 世纪时被奥斯曼帝国所灭。但东正教并未因此消亡。由于东正教和三连贯的先天关联起源于**尼采**对基督教的克服，东正教具有天然的从君士坦丁堡向东欧传播（最终到达俄罗斯）的趋势。所以，东罗马帝国灭亡后东正教的中心就从君士坦丁堡转移到莫斯科，把莫斯科变成“第三罗马”，成为东正教的最终根据地。

巴尔干国家并没有完整地逆行希腊哲学史。由于**阿奎那**结合了基督教信仰和**亚里士多德**，基督教对希腊哲学史的逆行自然地跳过了**伊壁鸠鲁**，直接从**亚里士多德**开始。**伊壁鸠鲁**本来是激发出基督教的希腊哲学位置，却被产生东正教的逆行运动忽略。为了弥补这个缺陷，必须让希腊中代表**伊壁鸠鲁**的克里特岛向东正教的发源地（土耳其）运动。但**伊壁鸠鲁**本身毕竟没有参与产生东正教的逆行，所以克里特岛需要一个中介来过渡到土耳其。这个中介就是克里特岛的长条形所指向的、在土耳其南方海域上的岛国**塞浦路斯**。塞浦路斯的形状是克里特岛的变形（形成又尖又细的东北

---

① 参见《太极之音》第 523 页。以君士坦丁堡为中心的拜占庭帝国保留的希腊文化向西欧的传播促进了欧洲文艺复兴的进程。

角来指向土耳其）。作为克里特岛的进一步发展，塞浦路斯强化了**伊壁鸠鲁**中生命自满自足的快乐，其风景秀丽，气候宜人，不但有最甜美的葡萄和最古老的香水，而且还是希腊传说中爱与美的女神阿佛洛狄忒（即维纳斯）的诞生地。[①] 作为希腊和土耳其之间的过渡，塞浦路斯自然地吸引了古希腊人和土耳其人到此定居。其主体民族是希腊人，主要聚居在南部；土耳其人则是少数民族，主要聚居在北部。两个民族联合共同创立了塞浦路斯共和国。土耳其虽然是东正教的发源地，但同时具有向伊斯兰教转化的先天趋势（参见下节）。所以塞浦路斯的希腊族信仰东正教，而土耳其族则信仰伊斯兰教。作为过渡，塞浦路斯本来应该成为希腊和土耳其之间的友谊纽带，但实际上却被置于二者的张力中，导致希腊族和土耳其族的南北冲突。

作为基督教逆行希腊哲学史的结果，土耳其不但是东正教的发源地，而且还是东正教向东欧传播（最终到达俄罗斯）的出发点。东正教的逆行本质使其从土耳其向俄罗斯的传播相当于继续逆行世界哲学史，亦即从希腊哲学史逆行进入**老子**、**孔子**、**易**。巴尔干半岛东端的君士坦丁堡靠近逆行经过的最后国家（保加利亚），由此向东北经罗马尼亚、摩尔多瓦和乌克兰就可到达俄罗斯。这是东正教向俄罗斯传播的天然路线。但这种传播隐含的“逆行进入**老子**、**孔子**、**易**”的意义却无法在这条路线上实现出来，因为它经过的东欧国家（除了乌克兰）已经凝聚了其他的哲学位置。所以，太极就另外从土耳其东端向俄罗斯延伸出三个国家来实现这种意义，产生了**亚美尼亚**（对应**老子**）、**格鲁吉亚**（对应**孔子**）、**阿塞拜疆**（对应**易**）。

这三个国家合称“南高加索”，因为它们都在大高加索山脉的南方。大高加索山脉在俄罗斯代表**尼采**的生命意志，和**孔子**对生命的热爱相互呼应，所以格鲁吉亚被直接排列在山脉的南麓；阿塞拜疆必须过渡到俄罗斯，所以也被排列在山脉（末端）的南麓；亚美尼亚则和大高加索山脉拉开了

① 参见百度百科“塞浦路斯”词条。

距离。格鲁吉亚和阿塞拜疆的形状分别是山东和河北形状的变体。[①] 亚美尼亚的形状本来应该类似安徽，但因为和阿塞拜疆的复杂关系而导致其南部变得狭窄（参见下面分析）。安徽的巢湖在亚美尼亚被放大成了塞凡湖，在南高加索三国的阴阳关系中更加突出了**老子**的阴柔本性。亚美尼亚人稳重而有涵养，长期保留母权制，高龄妇女备受人们尊敬，这些都是其阴柔本性的表现。格鲁吉亚人非常注重行为举止的礼仪，敬老爱幼，还发展了丰富的餐桌文化和酒文化，涌现出了斯大林等大批苏联英雄将领，充分展示了**孔子**的特性。和亚美尼亚相反，阿塞拜疆的社会和家庭生活中还保留了某些父权制的残余（**易**对应的时代开始突出阴阳之别，因此氏族公社开始从母系向父系过渡[②]）。阿塞拜疆的首都巴库还有一个著名的少女塔，讲述的是阿塞拜疆少女爱上从中国长安（北宋时期）来的汉族商人，被其父阻挠的爱情悲剧，隐隐折射出**易**这个位置突出爱情的特性。

易和**老子**共同突出了太极的发展过程，以至于二者作为地理意义并列于一处时，其共性导致它们发生强烈的相互吸引，使阿塞拜疆和亚美尼亚的关系变得复杂化。这种复杂关系集中发生在它们对应第二太极的南部（特别是纳卡地区），因为**易**和**老子**的共性主要集中在第二太极（**老子**包含天地但不包含乾坤）。

南高加索三国是巴尔干国家逆行希腊哲学史的进一步发展，构成了东正教向俄罗斯传播的另一条路径，因此它们都曾经是苏联的加盟共和国，在东欧发生剧变时重新成为独立的主权国家。但其宗教的形成比较复杂。靠近伊朗的阿塞拜疆成了主要信仰伊斯兰教的国家（参见下节）。格鲁吉亚主要信仰东正教，但也有少数信仰伊斯兰教。亚美尼亚更为特别。基督教很早就传入亚美尼亚。公元 301 年，为了不被波斯人的拜火教同化，亚美尼亚王特拉达三世定基督教为国教，使亚美尼亚成为世界上第一个基督教国家（罗马帝国到 313 年才承认基督教合法）。但亚美尼亚教会坚持基

---

① 格鲁吉亚把山东的形状从朝向东北（渤海）改为朝向西北（黑海）。阿塞拜疆也把河北的形状从朝向东北改为朝向西北；北部代表阳、合、阴的三个分支受到南高加索三国的阴阳关系激发而被放大；南部的形状和地形则受到伊朗地理意义的影响而发生了较大的变化（参见下节）。

② 参见《太极之音》第 462 页。

督的人性完全溶入神性中（而不是兼有两种不同本性），因而被主流基督教所排斥。亚美尼亚教会至今仍然坚持这种独特的基督教信仰（阿拉伯人曾经强迫亚美尼亚人改信伊斯兰教但没有成功）。这种独特的信仰反映了东正教因素和**老子**因素的结合。希腊哲学本来就是从**老子**中的大道进入小道而产生的。东正教逆行希腊哲学史，相当于从小道向大道回归，而**老子**则逆大道而行，从人回归地，从地回归天，从天回归无名无形、道法自然的先天大道。东正教因素和**老子**因素相结合产生的宗教倾向就是让道成肉身的基督从人性回归神性，完全溶入唯一的神性之中。

八、西亚

巴尔干国家和南高加索将三连贯和东正教的交织发展实现在了世界地理中，同时也就完成了世界哲学史和基督教交织发展的地理设计（西欧地理的设计已经实现了西方哲学史和天主教及新教的交织发展）。接下来应该设计世界哲学史和其他宗教交织发展需要的世界地理。从太极的角度看，佛教是基督教在东方的阴性对应物；伊斯兰教则放弃了基督教的三位一体，其纯粹的一神论和佛教形成了完美的阴阳互补。伊斯兰教通过对基督教的先天改造成为基督教和佛教的天然中介。不但如此，伊斯兰教虽然放弃了三位一体，但基督教中隐含的希腊哲学基础并没有被简单地放弃，而是以转化的形式吸收到伊斯兰教中。所以三大世界宗教的内在运动方式是从基督教过渡到伊斯兰教，再从伊斯兰教过渡到佛教。注意这里说的是宗教本质的过渡，不是宗教在历史中的发展顺序，但它决定了和世界宗教史相关的地理设计。

伊斯兰教和基督教及希腊哲学的内在关联使其对应的地理自然地从土耳其的南方开始发展，仿佛伊斯兰教是对东正教的先天改造。但伊斯兰教和世界哲学史的交织方式不是逆行哲学史，而是顺行哲学史，因为伊斯兰教单纯地突出的天志是从**阿奎那**开始被引入西方哲学史，伴随现代哲学史的发展而发展的。从基督教的角度来看，现代哲学史的发展过程就是不断改造**阿奎那**的过程。因此，伊斯兰教对基督教进行先天改造的方式就是顺行**阿奎那**之后的现代哲学史，从天志角度改造相应的哲学位置。从**笛卡尔**

到**海德格尔**的现代哲学史总共有 18 个哲学位置。但从**笛卡尔**到**黑格尔**的哲学和**黑格尔**之后的哲学差别很大：总的来说，前者追求逻各斯的自满自足，实现了从小意志向大意志的回归，而后者则放弃了逻各斯的自满自足，转而追求世界的统一性。[①] 所以太极把这 18 个哲学位置分成了两组。第一组（从**笛卡尔**到**黑格尔**）对应伊斯兰教本身的起源和发展。第二组（从**梅洛-庞蒂**到**海德格尔**）对应伊斯兰教向世界的传播。

第一组决定的就是以波斯湾为中心的西亚国家。从**笛卡尔**到**黑格尔**总共有 11 个哲学位置，其对应的西亚国家是从土耳其的南方边界开始，以从北向南的自然方式排列的（根据每个位置的特性而有所调整）。**笛卡尔**对应的国家被直接排列在土耳其南方，即**叙利亚**。叙利亚曾经在古代发展了希腊化的叙利亚文化，为后来阿拉伯文化的形成奠定了基础（叙利亚首都大马士革是阿拉伯帝国的早期都城），在近代曾经在经济和政治上受到法国的控制，二战后获得独立，建立了共和国。法国和土耳其签订的《安卡拉条约》使土耳其在叙利亚境内还保留了一块飞地，用来管辖奥斯曼帝国创始者之祖父的墓地，象征土耳其在叙利亚留下的遗迹。

斯宾诺莎对应的国家被继续排列在叙利亚西南方，即巴勒斯坦地区，对应**巴勒斯坦**和**以色列**。[②] **斯宾诺莎**是一个独特的哲学位置，因其自我圆满的宇宙生命是犹太民族需要的一种哲学特性。为了产生基督教，必须有一个信仰天父的民族来承受天人之间的先天断裂。这个特殊的民族必须在世界历史中不断承受这种断裂带来的苦难，却永不放弃对天父的信仰，这样才能从中诞生出顺从天父意志、为人类承担和克服死亡的耶稣，否则耶稣承担和克服的就还只是个人的死亡，而不是人类的死亡。这个在天志的带领下为人类承受苦难，永不放弃信仰的特殊民族就是犹太人。犹太教就是为基督教奠定基础的宗教。犹太人必须把自己当成神的特别选民，才能保持其民族独特的纯洁性，完成其特殊的历史使命（犹太人因此不断遭受其他民族的排斥，伴随基督教的传播足迹四处流浪，这些苦难其实都是为人类承受的）。由于世界地理的设计首先要反映的是世界哲学史本身的发

① 参见《太极之音》第 570—571 页。
② 巴勒斯坦地区被排列在叙利亚西南方是为了接近非洲。参见后面对非洲地理的分析。

展，其次才是其特殊发展，所以太极首先设计了中国和西欧的地理，由此自然引发了有关三连贯的地理设计，继而引发了三连贯和东正教相互交织的地理设计，接着就自然地进入和伊斯兰教相关的地理设计。在此过程中和基督教的起源相关的地理设计一直被悬搁，直到伊斯兰教和**斯宾诺莎**结合时，才引发了和犹太民族相关的地理问题。犹太民族独特的纯洁性使之和天父、宇宙生命、有限生命的自我圆满特别地相关。天父的自我圆满可以实现在犹太教对自有永有的独一真神（耶和华）的信仰中。这种信仰和伊斯兰教对真主的信仰是相通的。宇宙生命的自我圆满在哲学史中对应**斯宾诺莎**。有限生命的自我圆满则对应道成肉身的耶稣。因此，太极不仅把**斯宾诺莎**对应的巴勒斯坦地区当成和伊斯兰教相关的一个地区，同时也当成犹太民族的居住地，使巴勒斯坦地区成为犹太教和基督教的发源地。**斯宾诺莎**虽然放弃了神的意志（天志），但犹太人承担了为世界性宗教奠基的历史使命，可以通过其宗教信仰通达神的意志。**斯宾诺莎**因素在犹太人中主要表现为独特的纯洁性和深邃的宇宙理性（宇宙逻各斯）。天志通过宇宙逻各斯实现在社会生活中就形成法律。① 但道成肉身的耶稣必须以自己的有限逻各斯特别地代表宇宙逻各斯，其为世人死去又重新复活的生命才可以被世人分享。所以耶稣用爱和救赎代替了旧约中的犹太律法，通过其门徒形成了以旧约为基础，以新约超越旧约的基督教。犹太教和伊斯兰教的亲缘性使犹太人和阿拉伯人也有亲缘性，但其差异性则使两个民族难以相互理解，使巴勒斯坦地区成为容易爆发冲突的特殊地区。② 基督教用新约超越旧约的做法使之和犹太教分道扬镳。犹太教始终是犹太人的民族宗教，而基督教和伊斯兰教则发展成了世界性宗教。但如果没有犹太人为人类承受的苦难，没有其坚定的信仰为世界性宗教开辟的信仰之路，基督教和伊斯兰教就无法在世界历史中出现。这就是巴勒斯坦地区在世界地理中的特殊意义。

---

① 参见《太极之音》第 386 页。

② 犹太人很早就开始定居巴勒斯坦地区，建立了以色列王国，但在公元 1 世纪被罗马帝国逐出巴勒斯坦地区，伴随基督教的传播足迹流浪到欧洲和美洲。1948 年，犹太人在二战中承受了最大的苦难后重返巴勒斯坦地区，建立了以色列国，但也因此和已经长期定居在那里的巴勒斯坦人发生了冲突。虽然巴勒斯坦人在 1988 年成立了巴勒斯坦国，但它和以色列的界限至今仍没有划定。

斯宾诺莎在西欧对应荷兰。[①]巴勒斯坦地区把荷兰的形状变得齐整而又尖利，看上去犹如一把砍在死海上的大刀。荷兰东方边界上区分其三个发展步骤的两个凹陷形状在巴勒斯坦地区的东方边界上被转化成了死海和加利利海，用来象征形成基督教的两个步骤。死海凝聚了耶稣之死的意义，是百物不生的咸水湖，而且是世界陆地的最低点，而死海北方的加利利海则是游鱼如织、水草繁茂、充满生气的淡水湖，凝聚了耶稣复活的意义。耶稣生于加利利海西边的拿撒勒，死于死海西边的耶路撒冷。圣经记载的许多耶稣故事和神迹都发生在这两个区域。巴勒斯坦地区的中心城市耶路撒冷既是犹太教和基督教的发源地，同时也是伊斯兰教的圣地（传说穆罕默德曾在此会见以前的先知）。以色列和巴勒斯坦都宣称耶路撒冷是自己的首都（目前实际被以色列控制）。

贝克莱从**斯宾诺莎**的无限立场返回**笛卡尔**的有限立场，是逆向发展。所以贝克莱对应的国家**黎巴嫩**就倒过来排列在巴勒斯坦地区的东北方、叙利亚的西南方。在西欧地理的设计中**贝克莱**对应的英国（苏格兰）被与法国和荷兰隔开，成为海洋国家，但太极并没有用大海来隔开黎巴嫩与叙利亚、巴勒斯坦，因为西亚国家的设计都和伊斯兰教有关，其共性大于其哲学位置间的差异。从**斯宾诺莎**到**贝克莱**的发展相当于从宇宙生命吐出被吞没的有限生命，刚好契合了耶稣的死而复活（从宇宙生命重新生出），所以黎巴嫩的形状是巴勒斯坦地区向北压缩的结果，仿佛从它挤出了黎巴嫩似的（复活的生命是新生命，故死海和加利利海皆被填平，重新变成东方边界上的大凹陷和小凹陷；两凹陷之间的距离也被压缩了。这种挤压还形成了高大的纵贯全境的黎巴嫩山，使黎巴嫩比周围国家的地势高了很多）。黎巴嫩隐含的基督复活之义使其先天就有接受基督教的倾向，有将近一半的阿拉伯人信基督教，成为最西方化的阿拉伯国家。

莱布尼茨重新返回**斯宾诺莎**的无限立场，又是一次逆向发展，所以**莱布尼茨**对应的国家**约旦**就倒回来向南排列在巴勒斯坦地区旁边（东侧）。**洛克**再次返回有限立场，所以**洛克**对应的国家**伊拉克**就再次倒回来排列在

① 哲学家斯宾诺莎就是出生在荷兰的犹太人。虽然犹太民族的哲学特性中包含**斯宾诺莎**因素，但**斯宾诺莎**作为纯粹的哲学位置并不包含天志，其独尊宇宙生命的泛神论和犹太教是冲突的。斯宾诺莎就是因为其不同于正统犹太教的思想而被逐出了犹太教会堂。

约旦东北方，叙利亚东边。约旦的形状是把对应**莱布尼茨**的德国北部进行变形的结果：德国北部通向丹麦（代表**黑格尔**）的长条在约旦中变成了通向伊拉克的长条。约旦本来应该通向代表**黑格尔**的伊朗（参见后面对伊朗的分析），但西亚的地理设计使它只能以伊拉克为中介间接通向伊朗。为了将约旦引向伊朗，伊拉克把**洛克**对应的英国中部（英格兰）也做了相应的变形。**洛克**在理性无法确知的事情上为宗教信仰留出了足够地盘，所以伊拉克面积比较大。一般说来，西亚国家的面积和所对应的哲学位置的宗教性成正比，但这种宗教性是以伊斯兰教单纯地突出的天志衡量的。**斯宾诺莎**的神是宇宙生命，**贝克莱**和**莱布尼茨**的神是宇宙逻各斯，都缺乏天志，所以巴勒斯坦地区、黎巴嫩和约旦面积都比较小（黎巴嫩被压缩而变成最小）。**笛卡尔**的神虽然是宇宙逻各斯，但吸收了圣父的特性，有天志的残余，所以叙利亚面积比较大。[①] **莱布尼茨**的人间世界是神决定的先定和谐世界。这种哲学因素帮助约旦形成和维持了以穆罕默德的后裔（哈希姆家族）为国王的君主立宪制国家。**洛克**把神决定的先定和谐世界改造成了人通过神赋予的自然权利实现的后定和谐世界。隐含在伊拉克中的这种自由主义因素帮助伊拉克推翻了君主制，成立了伊拉克共和国，最终（在美国干涉下）演变为实行议会代表制的联邦国家，其宪法保证宗教自由，但绝大部分伊拉克居民信仰伊斯兰教。

休谟把从**洛克**而来的经验论立场推到了极端，所以**休谟**对应的**科威特**就被排列在伊拉克的东南角。科威特的形状是把**休谟**在英国对应的部分（威尔士）东西反转的结果（反转之后才能像威尔士面向大海那样面向波斯湾）。**休谟**不包含天志，其怀疑主义更是否定了关于神的证明，因此科威特面积很小。但**休谟**否定的只是关于神的证明，而不是神本身，其思考其实隐含了信仰因素。在西亚国家普遍拥有从宗教而来之天志的前提下，**休谟**否定关于神的证明和它所隐含的信仰因素正好为天志提供了纯粹从宗教而来（而非从哲学而来）的权威。所以科威特发展成为君主世袭制的酋长国，以伊斯兰教为国教和立法基础，一切权力都来自君主（埃米尔）。

康德把基督教的天志引入哲学，开启了德国古典哲学从小意志向大意

① 西亚国家面积的大小反映的只是相关哲学位置的宗教性，和该国的宗教性是两回事。

志回归的进程，并在**黑格尔**中达到了顶峰。所以德国古典哲学从**康德**到**黑格尔**（包括作为过渡的**叔本华**）的发展在西亚国家中对应“伊斯兰教的自我发展”。**康德**对应的**沙特阿拉伯**理所当然地成为伊斯兰教的发源地。从**康德**到**黑格尔**对应的西亚国家本来应该形成以沙特阿拉伯为中心逆时针旋转的圆圈，正如在中国，德国古典哲学形成了以青海（代表**康德**）为中心顺时针旋转的圆圈（西亚的圆圈必须逆时针旋转，才能最终通向东方去展开第二组哲学位置对应的地理设计）。但**洛克**第一次为宗教信仰留出了地盘，而且还对应伊斯兰教国家伊拉克。所以，从**洛克**到**黑格尔**的发展在西亚形成了一个更大的圆圈，亦即从伊拉克到伊朗的逆时针旋转。[①] 太极于是用波斯湾代替沙特成为这个大圆圈的中心，象征伊斯兰教的共同源泉。这就是太极在西亚设计波斯湾的用意。

沙特阿拉伯被排列在约旦、伊拉克和科威特的南方，展示了**康德**对**莱布尼茨**、**洛克**和**休谟**的唯理论和经验论的综合与发展。作为伊斯兰教的发源地，沙特被特意放大，成为面积最大的西亚国家。沙特的大部分地区都属于阿拉伯高原（天志的凸显），剩下部分则是大沙漠（伊斯兰教单纯地突出天志，过于强盛的天志对世界的内容有所掩盖，所以其诞生和发展对应的西亚国家容易出现沙漠）。作为伊斯兰教创始人穆罕默德的诞生地，麦加是伊斯兰教徒朝觐的圣地，同时也是沙特的中心城市。沙特的特殊性使它至今仍是完全按照古兰经治国的君主制国家，形成了异常严厉的宗教治国体系。

叔本华对应的**也门**被继续排列在沙特阿拉伯的南方。**叔本华**是唯一把天志单独凸显出来的哲学位置，但它放弃了天志的宗教性，仅仅当成混沌的原始意志。所以也门的面积比不上沙特，但仍然比伊拉克大一些。也门的西南角非常接近非洲大陆（但并不接触）。这是**叔本华**中混沌的原始意志先天地被非洲吸引的结果（参见后面对非洲地理的分析）。也门西南部是地势很高的山地，象征原始意志，这里有阿拉伯半岛的最高峰哈杜尔舒艾卜峰，东北部则是相对较低的高原和沙漠，象征表象世界。**叔本华**中的

① 西亚国家的逆时针运动只是在地理上代表了伊斯兰教的发展，和伊斯兰教的历史发展过程是两回事。

意志作为自在之物的品格被伊斯兰教单纯突出天志的特性进一步强化，在也门地理中形成了大量的黄金矿藏（黄金能够始终保持自身本性，有纯粹自相关的特性）。也门虽然是非常传统的伊斯兰教国家，但不像沙特那样纯粹以伊斯兰教治国，而是实行政治多元化和多党制。这也颇为符合也门的哲学特性，因为**叔本华**把**康德**中的宗教性天志转化成了哲学思考中的原始意志。

从**叔本华**到**谢林**的发展是向**康德**的回归，所以**谢林**对应的**阿曼**就以逆时针方式被排列在也门东北方，形成围绕沙特东南角的弓形。阿曼的地形丰富，按顺序依次展开了高原、平原和山脉，反映了**谢林**综合有限、无限于绝对（天志）的特点（无限生命即深藏地母中的宇宙生命，用三者中最低的平原来象征。天志用三者中最高的哈杰尔山脉象征，其最高峰沙姆山接近也门的最高峰哈杜尔舒艾卜峰）。阿曼的大自然丰富多彩，盛产质量最高的乳香，使其世界总是被沁人心脾的乳香环绕；阿曼人能歌善舞，喜欢象征生命和大地的绿色，隐约折射出**谢林**对自然和艺术的注重。**谢林**中的天志有很强的宗教性，突出了天志的绝对同一性和天人之间的先天断裂，和伊斯兰教有内在的契合，在政治上表现为阿曼是君主独裁制国家，没有宪法和议会，禁止一切政党活动，由苏丹（君主）颁布法律和法令，批准缔结国际条约和协定（近年来开始实行一定的民主和开放政策）。

阿曼接着逆时针过渡到对应**费希特**的**阿拉伯联合酋长国**，形成环绕沙特之势。阿联酋的面积比也门和阿曼小了很多，因为**费希特**把对原始意志（天志）的思考转化成了对存在的思考。从天志转向存在相当于从统一世界的意志转向世界本身的敞开运动，隐含了从阳转阴的世界统一性。这种较为宽松的世界统一性在阿联酋的政体中有所反映。阿联酋是由七个酋长国组成的联邦国家（各酋长国拥有相当的独立权和自主权），拥有宪法和议会，从七国酋长组成的联邦最高委员会中选举总统。阿联酋以伊斯兰教为主，但国家实行对外全方位开放，对其他宗教人士奉行信仰自由的政策，其宗教政策在西亚国家中是最开放的。

黑格尔对应的**伊朗**被排列在阿曼和阿联酋的北方，形成环绕波斯湾之势。**黑格尔**是从**费希特**倒回**谢林**去综合二者发展出来的。为了象征这个意义，阿联酋从逆时针发展趋势倒回其东北角，向伊朗方向延伸出了阿曼的一块外飞地（穆桑代姆省）。穆桑代姆省还在它和阿曼本土连线的中点处产生了被阿联酋包围的阿曼飞地马德哈，并进一步在马德哈内部产生阿联酋的飞地那赫瓦，形成了世界仅有的两个“双重飞地”之一[①]，象征**费希特**和**谢林**的综合其实是在**谢林**基础上吸收**费希特**[②]。作为伊斯兰教在西亚自我发展的终点，伊朗的面积很大（仅次于沙特），其全境基本上就是极其高大雄伟的伊朗高原，中部的沙漠盆地则代表**黑格尔**中的宇宙生命（被伊斯兰教过度强势的天志压制而形成沙漠，而不像四川盆地那样集中了肥沃的紫色土）。**黑格尔**最终完成了从小意志向大意志的回归，所以伊朗有集西亚国家之大成的意义，曾经建立历史上第一个横跨欧亚非三大洲的大帝国（波斯帝国），从汉朝开始就开通了和中国之间的丝绸之路。伊朗在伊斯兰教的传播过程中发挥了重要作用，目前是政教合一的伊斯兰共和国。

伊朗的西边就是伊拉克。在西亚地理中，以波斯湾为中心的逆时针旋转形成了一个封闭的波斯湾圆圈。这个圆圈以伊拉克为发展的准备，以沙特阿拉伯为发展的真正起点，以伊朗为发展的终点，展示了伊斯兰教的自我发展。这个大圆圈还隐含了一个小圆圈，就是以沙特为中心的逆时针旋转，代表德国古典哲学以**康德**为共同基础的发展过程。太极用波斯湾代替沙特来象征伊斯兰教的共同源泉，把小圆圈纳入了大圆圈中。但这样做产生了新的问题。从也门、阿曼到阿联酋的逆时针运动是围绕沙特展开的，所以阿联酋具有继续围绕沙特运动（借此延伸出伊朗）的天然趋势，导致小圆圈和大圆圈之间的断裂，产生了象征断裂的霍尔木兹海峡（海峡南边是阿联酋和阿曼的北端，北边是伊朗）。为了更好地将小圆圈纳入大圆圈，太极不仅要让阿联酋的东北角延伸出阿曼的飞地来指向伊朗，而且还要阻止阿联酋继续围绕沙特运动，这就需要在其运动方向上设计一个国家来阻挡它。这个国家就是**卡塔尔**。卡塔尔是从沙特和阿联酋西端的交界处向波斯湾延伸的半岛国家。它一方面挡住了阿联酋继续围绕沙特运动的趋势，同时从沙特指向波斯湾，象征沙特这个运动中心已经被波斯湾取代。作为德国古典哲学的共同基础，**康德**既是大意志（天志）的源泉，也是小意志（判

① 另一个在荷兰和比利时边界的巴赫镇。参见前面对西欧（荷兰和比利时）的分析。
② 参见《太极之音》第 560 页。

断力）的源泉。所以，取代沙特的波斯湾不仅要象征大意志（伊斯兰教突出的天志）的共同源泉，同时也要象征小意志的共同源泉。为了展示波斯湾的双重象征意义，太极在卡塔尔西边设计了一个和卡塔尔一样指向波斯湾，但面积小得多的岛国，即**巴林**。卡塔尔和巴林分别代表波斯湾作为“大意志共同源泉”和“小意志共同源泉”的意义。这两个国家的共同意义和相对区别不仅表现在二者的共同指向和面积差异，还通过历史活动暗中实现在了二者的国旗中。卡塔尔和巴林的国旗都呈长方形，只是卡塔尔的长方形相对更长一些；两旗的左侧都是白色，右侧分别为酱紫色和红色，两色连接处皆为锯齿状，只是卡塔尔有九齿，而巴林只有五齿。[①] 两国的政体也展现了二者的共性和差异。卡塔尔是绝对君主制的酋长国，禁止任何政党活动，突出了大意志的统一作用。巴林曾经是酋长国，后经全民公决改成了王国，成立了两院制国民议会，实行三权分立，其经济实现了多元化，投入大量资金在银行和旅游事业，成为海湾地区的银行和金融中心。巴林虽然也是君主制，但却更加突出了小意志（判断力）的精细思考。

西亚国家（除了以色列）的伊斯兰教本质意味着天志被单纯地突出，以极为强大的力量直接推动人的生命活动。因此，西亚的伊斯兰教国家天然地和石油有缘（石油物化的就是天志对生命活动的推动作用）。特别是伊斯兰教的起源和发展形成的两个逆时针圆圈更是对应着丰富的石油。第一个圆圈以沙特为起点，第二个圆圈以伊拉克为起点，其共同终点则是伊朗。圆圈运动经历的国家都有非常丰富的石油储量，且以沙特为最，伊朗和伊拉克次之。西亚已探明的石油储量占了世界储量的 2/3，并非偶然。[②] 西亚的石油主要输出到发达国家，成为这些国家重要的发展动力，但这些国家有没有认识到石油物化了天志推动生命的作用，是否在享受石油的同时保持了对上天的敬畏之心，对大地的感恩之情？

由于波斯湾象征伊斯兰教的共同源泉，它需要与基督教的地理设计有

---

① 大意志和小意志的区别类似阳和阴的区别。酱紫色和红色比较接近，但相对而言，前者凝重严肃，后者鲜艳活泼（类似阳和阴的区别）。国旗的长和短、锯齿数目的多和少也可以用来区别大意志和小意志。国旗的设计牵涉到复杂的历史因素，但历史就是太极通过人所做的自我实现，因此有可能实现出先天的意义。

② 西亚也拥有丰富的天然气，已探明的储量占世界储量的 36%。天然气和石油一样物化了天志对生命活动的推动作用。

所关联。如前所述，西亚国家是从土耳其南方开始发展的，仿佛伊斯兰教是对东正教的先天改造。所以，伊斯兰教不仅要发源于沙特阿拉伯，传遍所有西亚国家，而且还需要征服土耳其，将它从东正教的发展中心转化为伊斯兰教的发展中心。这种转化是后天发生的，但来自太极的先天设计。①虽然沙特阿拉伯是伊斯兰教的发源地，土耳其却象征伊斯兰教在世界宗教史中的先天起源，成为伊斯兰教的隐蔽源泉。这个隐蔽源泉必须流入波斯湾，才能转化为被西亚国家共享的源泉。太极于是从土耳其发源了两条河流（经伊拉克）流入波斯湾，即著名的底格里斯河和幼发拉底河。为什么要发源两条河流？因为波斯湾要代替沙特阿拉伯象征伊斯兰教的共同源泉，就必须既象征大意志的共同源泉，也象征小意志的共同源泉。穿过叙利亚的幼发拉底河象征从隐蔽源泉而来的小意志，靠近伊朗的底格里斯河则象征从隐蔽源泉而来的大意志（**笛卡尔**第一次突出了小意志的主体性；**黑格尔**则完成了从小意志向大意志的回归）。两条河流进入伊拉克境内后逐渐靠拢，象征在**洛克**中小意志和大意志是相互吸引的（**洛克**在理性无法确知的事情上为信仰留出了地盘，这意味着人的小意志为神的大意志留出了地盘）。但两条河流靠拢后没有马上汇合，而是又重新分开，暗示**洛克**的不可知论没有真正思考神的大意志。然而，大意志还是从**康德**开始被引入人的思考，经过德国古典哲学的不断发展，最终在**黑格尔**中实现了小意志向大意志的回归。所以，两条河流分开后又重新靠拢，最终在伊朗边界附近汇合在一起，成为象征伊斯兰教隐蔽源泉的阿拉伯河，再沿着伊拉克和伊朗的边界流入波斯湾中。伊拉克的两河流域（特别是两河间的美索不达米亚）凝聚了大意志和小意志的相互吸引，亦即天人最初的相互接近（神人最初的相互沟通），还凝聚了**洛克**以经验为起点、以判断力为中心的知识论因素，从**易**对应的时代（大约公元前3000多年）开始就孕育出了世界最早的文明之一（美索不达米亚文明），在大约中国夏朝时期形成了最早的文明古国之一（古巴比伦王国），后来则成为阿拉伯帝国极盛时期的发展中心。今天伊拉克的首都巴格达就在两河靠拢得最近的地方（底格里

① 土耳其从东正教向伊斯兰教转化的先天趋势影响了塞浦路斯的地理构成，所以塞浦路斯的东北尖角不是指向土耳其中部，而是指向土耳其和叙利亚的边界。

斯河西岸），这里曾经是阿拉伯帝国极盛时期的都城，而其南方一带则曾经是古巴比伦王国的都城所在。

伊斯兰教将基督教隐含的希腊哲学基础以转化的形式吸收到伊斯兰教中，使伊斯兰文化具有吸收希腊文化的天然倾向。这种天然倾向典型地实现在了阿拉伯帝国的文化中。阿拉伯人在吸收各种古代文化特别是希腊文化的基础上创造了灿烂的阿拉伯文化，而这时欧洲正处在中世纪，神权压迫了人性，文化发展受到了很大的束缚。伊斯兰教隐含的希腊哲学因素通过阿拉伯文化发展出来，传播到中世纪的欧洲，帮助欧洲恢复了对希腊文化的重视，直接推动了欧洲文艺复兴，为欧洲从中世纪向现代社会的过渡起到了先驱性的奠基作用。

为了反映伊斯兰教在世界宗教史中的先天起源，伊斯兰教不仅要征服土耳其，而且还要继续向巴尔干国家（和其他东正教国家）传播，以便完成伊斯兰教对东正教的先天改造。所以，在阿拉伯帝国衰落之后，已经信仰伊斯兰教的土耳其人建立了奥斯曼帝国，攻破了东正教的中心君士坦丁堡，把它改成了伊斯兰教中心伊斯坦布尔，将伊斯兰教传播到巴尔干国家和其他一些东欧国家，还征服了西亚的许多伊斯兰教国家，把自己发展成了伊斯兰教世界的盟主（伊斯兰教向巴尔干国家的传播必须克服基督教从天主教向东正教运动的趋势，所以最终只征服了阿尔巴尼亚和波黑）。另外，伊朗西北角和阿塞拜疆接壤，以致二者地理中隐含的**黑格尔**和**易**发生了相互呼应（**黑格尔**以唯心主义方式思考了太极的发展过程，得到了**易**在发展方面的内涵[①]）。阿塞拜疆南部的平原代表世界（对应河北东南部的海河平原），因为受到**黑格尔**中的世界统一性的吸引而向伊朗方向移动，形成了靠近伊朗的穆甘平原（伊朗的边界也相应地形成凸起来指向穆甘平原）。阿塞拜疆和伊朗的相互呼应使它吸收了西亚地理中的伊斯兰教因素，最终被奥斯曼帝国征服而成为南高加索中唯一的伊斯兰教国家。

土耳其从东正教向伊斯兰教的转化使南高加索的统一性变得复杂。土耳其代表基督教逆行希腊哲学史的最终结果（产生东正教），而南高加索三国则代表继续逆行世界哲学史中的**老子**、**孔子**、**易**，构成东正教从土耳

① 参见《太极之音》第 569—570 页。

其向俄罗斯传播的另一条路径。为了实现南高加索在地理上的统一性，太极从土耳其境内发源了库拉河（南高加索最大的河流），让它吸收了从亚美尼亚而来的支流，流经格鲁吉亚和阿塞拜疆后从穆甘平原注入里海，把三个国家从其先天起源统一起来。但土耳其先天地具有从东正教向伊斯兰教转化的趋势；阿塞拜疆也因为和伊朗的相互呼应而有同样的先天趋势。所以，太极还从土耳其发源了库拉河最大的支流阿拉斯河，让它从土耳其流入阿塞拜疆去汇入库拉河，象征土耳其和阿塞拜疆的特别运动趋势（阿拉斯河没有流入格鲁吉亚和亚美尼亚境内，但为了流向阿塞拜疆而不得不经过亚美尼亚和土耳其、伊朗的边界）。库拉河将阿拉斯河吸收到自己中，然后从穆甘平原注入里海，完整地实现了南高加索在地理上的统一性。

九、中亚

如前所述，伊斯兰教和世界哲学史交织发展的方式是顺行**阿奎那**之后的西方哲学史，包括第一组（从**笛卡尔**到**黑格尔**）和第二组（从**梅洛-庞蒂**到**海德格尔**），前者对应伊斯兰教的起源和发展；后者对应伊斯兰教向世界的传播。西亚的设计实现了和伊斯兰教的起源和发展相关的地理（顺便解决了犹太教和基督教的起源问题）。太极于是接着根据第二组哲学位置来设计和伊斯兰教的传播相关的世界地理，由此形成了亚洲中部的巴基斯坦、阿富汗、土库曼斯坦、塔吉克斯坦、乌兹别克斯坦、吉尔吉斯斯坦、哈萨克斯坦七个伊斯兰国家，构成了广义的中亚。中亚在世界历史中是贯通亚欧大陆的枢纽，是古代丝绸之路所经之地。和西亚国家相似，汇聚了伊斯兰教因素的中亚国家也有大量的石油（和天然气），虽然西亚的储量更大（西亚对应伊斯兰教的起源和发展，其天志因素更为原始和强大）。中亚国家的地理是宗教和哲学两种因素共同决定的，而且其哲学特性构成互补式的交互关联，因此这些国家被紧密的邻接在一起，其邻接方式和它们在西欧对应的国家或地区有很大的不同，导致其形状和地形也和其西欧对应物相差比较大。

作为基督教和佛教的天然中介，伊斯兰教应该向产生佛教的国家（印度）传播，以便实现从基督教到伊斯兰教、从伊斯兰教到佛教的过渡运动。

另外，**尼采**对基督教的克服是内在于三连贯的哲学要素，和伊斯兰教对基督教的先天改造有先天的相互呼应，[①]所以伊斯兰教也应该向俄罗斯传播。太极必须根据伊斯兰教的两种不同传播方向，在第二组中找出代表它们的位置。第二组包括七个哲学位置：**梅洛-庞蒂**、**维特根斯坦**、**罗素**、**尼采**、**胡塞尔**、**萨特**、**海德格尔**。**梅洛-庞蒂**没有思考天志，但却从感知角度突出了世界现象的统一性，和佛教中本性虚空、容纳所有现象的世界可以相通。**维特根斯坦**的早期哲学隐含从**黑格尔**而来的天志，后期哲学突出的判断力则被**尼采**吸收，并以**黑格尔**为背景重新发展成了强力意志。所以**梅洛-庞蒂**对应的国家适合于构成伊斯兰教向印度传播的中介，而**维特根斯坦**对应的国家则适合于构成伊斯兰教向俄罗斯传播的中介，其余五个位置对应的国家则自然而然地构成伊斯兰教向俄罗斯传播的结果。[②]

这里牵涉到了印度的设计。太极首先必须设计中亚的七个伊斯兰国家，以便彻底完成和伊斯兰教相关的地理设计，然后才能转向和佛教相关的地理设计（参见下节）。但这里至少要确定印度的方位，才能设计**梅洛-庞蒂**对应的中亚国家，在此基础上才能设计从**维特根斯坦**开始的哲学位置对应的其他中亚国家。西藏和佛教的先天关联使印度适合于邻接在西藏的南方。所以，太极从伊朗南部向东（西藏南方）延伸出了**梅洛-庞蒂**对应的伊斯兰国家**巴基斯坦**，接着从伊朗向巴基斯坦北方（俄罗斯方向）延伸出了**维特根斯坦**对应的伊斯兰国家**阿富汗**。[③]巴基斯坦和阿富汗构成了伊斯兰教向印度和俄罗斯传播的分野。巴基斯坦的西部直接从伊朗高原延伸而来，其东部则下降到印度河平原。这种从高地势向低地势的过渡展示了从伊斯兰教向佛教过渡之义（这种过渡相当于从天志向世界，从阳向阴）。另一方面，世界哲学史从**梅洛-庞蒂**到**维特根斯坦**的发展对应从巴基斯坦向阿富汗的运动，所以巴基斯坦的地理也必须从南向北发展，以便自然地过渡到阿富汗。总的来说，巴基斯坦地理的发展趋势就是从西向东，从南

① 参见导论第三节。

② 这里讨论的是和伊斯兰教的传播相关的地理设计。这种设计是伊斯兰教在世界历史中实际传播的地理基础，但实际传播的发生还牵涉到其他后天因素，因此不可以和先天的地理设计混为一谈。

③ 从太极的角度看，**维特根斯坦**倒回**黑格尔**去恢复逻各斯对世界的统一作用，才发展出了从语言出发统一世界现象的哲学（参见《太极之音》第574—575页）。所以阿富汗也是从伊朗延伸出来的。

向北，亦即从西南向东北。所以巴基斯坦把从法国中部（对应**梅洛-庞蒂**）获得的横长条形逆时针旋转，变成了从西南向东北延伸的长条形。

阿富汗和奥地利一样是山地为主的国家。由于阿富汗是从伊朗向东北方向延伸出来的，其地理的发展也是从西南向东北。西南部虽然承接了伊朗高原但地势下陷而有平原，代表**维特根斯坦**早期哲学中领悟组织世界的作用；东北部的山地则代表后期哲学中主动统一世界的判断力。阿富汗的地理发展方向刚好和奥地利相反，故其形状是把奥地利西南和东北对调的结果。奥地利西南部指向瑞士的长条形象征向西欧统一性的运动。这个长条形在阿富汗变成其东北角指向中国的长条形，象征向世界统一性的运动，形成了著名的瓦罕走廊，成为中国和西亚、南亚、欧洲的交通要道。[①] 历史上的丝绸之路就是从中国的新疆经阿富汗到达波斯和欧洲的。唐朝的高僧玄奘也是穿过瓦罕走廊到印度去研究佛经并带回中原的。

伊斯兰教从阿富汗向俄罗斯的传播对应第二组中剩下的五个位置，在中亚实现为五个国家，也就是我们通常说的“中亚五国”。这五个国家应该从阿富汗向俄罗斯（从南向北）逐一排列。另外，五个位置的发展过程其实是逻各斯交替发展其阳性意志和阴性领悟，最终在**海德格尔**中达到全面综合的过程。所以，前四个位置对应的国家就以偏西或偏东的方式交替排列，以便反映其偏阴或偏阳的特性，而**海德格尔**对应的国家则在它们的北方横跨东西，象征阴阳性的综合。由于阿富汗的西边是对应**黑格尔**的伊朗，因此前两个位置的东西偏向就由它们和**黑格尔**的关系决定。**罗素**偏向阴性的领悟，**尼采**偏向阳性的意志，同时**尼采**和**黑格尔**还分别偏向阳性的太极思维和阴性的太极思维。所以，太极就将对应**罗素**的**土库曼斯坦**排列在阿富汗西北方（和伊朗接壤），把对应**尼采**的**塔吉克斯坦**排列在阿富汗东北方，形成两个阴阳对称的国家。**胡塞尔**综合了**罗素**和**尼采**，形成了完整的逻各斯，但其逻各斯统一世界的作用是通过领悟的意向性实现的，而**萨特**则吸收了**尼采**中判断力的自我超越，把**胡塞尔**中属于领悟的意向性改造成了属于判断力的超越意向性。[②] 所以相对而言**胡塞尔**偏向逻各斯的阴

① 奥地利的长条形在阿富汗变得又细又短，因为中国虽然有象征世界统一性的意义，阿富汗却不是中亚国家的发展终点。

② 参见《太极之音》第592—593页。

性，**萨特**偏向逻各斯的阳性。太极于是将对应**胡塞尔**的**乌兹别克斯坦**排列在土库曼斯坦的北方，将对应**萨特**的吉尔吉斯斯坦排列在塔吉克斯坦的北方，形成了第二组阴阳对称的国家。[①]最后，**海德格尔**综合了**胡塞尔**和**萨特**，把逻各斯阴阳特性的交替发展带向终点，达到了最完整的阴阳综合。太极于是将**海德格尔**对应的**哈萨克斯坦**排列在乌兹别克斯坦和吉尔吉斯斯坦的北方，形成横跨东西、拥抱前四个国家的姿态，成为中亚五国中幅员最为辽阔的大国（世界最大的内陆国）。

土库曼斯坦从伊朗高原边缘下降到大片平原和沙漠，反映了**罗素**偏向阴性的领悟。和贵州的苗族女性相似，土库曼斯坦的女性喜欢色彩鲜艳的服饰和装饰，其新娘的装饰（通常用金银等打造）更以独具特色和纷繁复杂著称，以夸张的方式展现了世界的阴性美。塔吉克斯坦则几乎全是高山和高原（约一半在海拔 3000 米以上），被称为“高山国”，反映了**尼采**偏向阳性的意志。塔吉克斯坦东边和中国的新疆（对应**谢林**）接壤。由于**谢林**把天志抬高到绝对高度，和单纯突出天志的伊斯兰教接近，和**尼采**对意志的突出也有相互呼应，塔吉克斯坦和新疆共享了帕米尔高原。乌兹别克斯坦的地形以平原和沙漠为主，代表**胡塞尔**通过领悟的意向性构成的世界，但其东南端有从塔吉克斯坦延伸过来的高山，代表从**尼采**吸收到的判断力。**萨特**吸收了**尼采**中判断力向天志的自我超越，因此天山西段从新疆延伸到吉尔吉斯斯坦东北部，以致吉尔吉斯斯坦和新疆共享了天山最高峰托木尔峰。托木尔峰向西遥遥地俯视吉尔吉斯斯坦的伊赛克湖。伊赛克湖向东上升到天山即可最终到达托木尔峰，象征判断力从世界向天志自我超越才能面对世界、指向世界，构成让世界为之显现的意向性。这种向高处超越的意向性反过来指向的伊赛克湖因而成为世界最深的高山湖（同时也是世界第二大高山湖）。**萨特**中自我超越、自我显现、绝对自由的自为在吉尔吉斯斯坦的国歌中也表达了出来（其中唱道“来，柯尔克孜人，来争

① **萨特**吸收**尼采**来改造**胡塞尔**。这种发展方式使吉尔吉斯斯坦、塔吉克斯坦和乌兹别克斯坦三国交界处的边境线犬牙交错，而且在吉尔吉斯斯坦境内形成了塔吉克斯坦和乌兹别克斯坦的几块飞地。乌兹别克斯坦在吉尔吉斯斯坦最大的飞地索赫的居民几乎全是塔吉克人。这种地理和历史相结合的发展将“**萨特**吸收**尼采**来改造**胡塞尔**”的意义以绝妙方式实现了出来。另外，塔吉克斯坦在乌兹别克斯坦也有飞地，象征**胡塞尔**对**尼采**中领悟因素的吸收。

取自由！站起来并活跃！创造您的时运！我们开放自由给所有人！”[①]）。哈萨克斯坦辽阔的大地形成了复杂的地形，反映了**海德格尔**复杂的发展过程。其地理发展是从东向西，因为**海德格尔**对存在的追问逐渐从第二种意义（世界向天志的敞开）转向第一种意义（世界通过大道从地敞开），[②]相当于从阳转阴。所以，哈萨克斯坦的地势从东部的高山和丘陵不断下降到西部的平原地区，直至下降到里海（代表**海德格尔**后期的世界）。东部最高峰汗腾格里峰位于哈萨克斯坦、吉尔吉斯斯坦和中国三国国界的交界点上（托木尔峰东北方不远处），代表了**海德格尔**早期从**萨特**吸收到的判断力向之超越的天志（其高度略低于托木尔峰，成为天山第二高峰，因为**海德格尔**结合了**萨特**和**胡塞尔**，实现了阴阳合一的意向性）。

里海是伊朗、俄罗斯、土库曼斯坦、哈萨克斯坦、阿塞拜疆的界湖，是世界上接壤最多国家的湖，因此也是世界最大的湖泊，象征这些国家共享的世界。里海周围的国家都突出了天志（包括宗教性天志和哲学中的天志），其天志相互呼应，相互激发，共同统一了里海象征的世界。因此，里海地区的石油和天然气资源非常丰富，被称为“第二个中东”。[③]里海的这种从阳性出发的世界统一性强烈地吸引了**罗素**中从阴性出发的世界统一性，在土库曼斯坦的西北角形成了卡拉博加兹湾，仅以一条非常狭窄（中部开口）的沙石洲和里海主体分隔开（土库曼斯坦的地理是从东南向西北发展的；西北角代表的就是**罗素**最终达到的世界统一性）。

阿富汗代表伊斯兰教向俄罗斯传播的中介。中亚五国则代表传播的结果，因此它们有共同的意义，即代表俄罗斯接受伊斯兰教（俄罗斯本身必须保持为东正教的最终根据地）。从太极的角度看，伊斯兰教彻底放弃了基督的神性和圣灵作为中保的作用，其对基督教的先天改造使之和三连贯有先天的相互呼应（三连贯从**黑格尔**到**尼采**的运动构成对基督教的克服。参见前面对东欧地理的分析）。中亚五国都曾经是苏联的加盟共和国，实现了伊斯兰教和三连贯相互交织的发展，但在苏联解体时获得了独立。作

① 参见百度百科“吉尔吉斯斯坦”词条。
② 参见《太极之音》第 597 页。
③ “中东”一般指从地中海东部到波斯湾的大片地区，包括西亚、北非和土耳其部分地区，其中富含石油的主要是波斯湾地区的西亚国家。

为中介的阿富汗则始终没有被苏联同化。新疆对应的**谢林**突出了天志的绝对同一性，和单纯地突出天志（真主）的伊斯兰教比较接近，因此新疆在地理设计中自然地和伊斯兰教在中亚的传播路径（阿富汗、塔吉克斯坦、吉尔吉斯斯坦、哈萨克斯坦）相连，最终成为伊斯兰教盛行的地区。另外，宁夏和伊斯兰教也有关联（参见前面对宁夏的分析）。从新疆向宁夏过渡的青海、甘肃两省也部分接受了伊斯兰教。作为世界性宗教，伊斯兰教在中国各处都有传播，同时不断被中国化（因为中国本身就有世界性）。但伊斯兰教聚集的省份始终是新疆和宁夏。新疆和中亚国家的缘分还成就了丝绸之路，为中西交流做出了巨大的贡献。

十、南亚

通过设计西亚和中亚，和伊斯兰教相关的地理设计就完成了。太极于是开始设计和佛教相关的世界地理。根据上节的分析，巴基斯坦和阿富汗构成了伊斯兰教向印度和俄罗斯传播的分野；向印度传播实际上就是向佛教的诞生地传播；印度的地理位置已经确定是在西藏的南方。太极接下来所做的事情就是根据印度在世界宗教史中的作用确定其宗教特性，然后从巴基斯坦和西藏的地理出发确定印度地理的构成，再解决印度兼容伊斯兰教和佛教引发的地理问题，由此产生了和印度密切相关的邻近国家，即孟加拉、尼泊尔、不丹、马尔代夫、斯里兰卡。印度及其邻近国家在地理上构成了亚洲南部相对独立的统一体，因而可以称为“南亚”。[①]

如导论所述，虽然佛教是基督教在中国的阴性对应物，但中国哲学史缺乏产生宗教的动机，所以佛教只能在介于西方和中国之间的印度民族中产生，然后传播到中国，在中国完成其最终的发展。由于伊斯兰教的中介作用，中亚的设计已经在西方和中国之间架起了桥梁，为印度的设计奠定了基础——只要从巴基斯坦向西藏的南方延伸出印度，它就自然可以成为佛教的诞生地。所以，印度的地理位置从“介于西方和中国之间”转化成

① 通常所说的“南亚”还包括巴基斯坦。巴基斯坦既属于伊斯兰教向世界传播所决定的“中亚”，也可以当成和印度密切相关的邻近国家归入“南亚”。为了保持中亚的完整性及其与第二组西方哲学史的对应，本书将巴基斯坦归入“中亚”。

了“介于中亚和中国之间”；其宗教特性则从“介于基督教和佛教之间”转化成了“介于伊斯兰教和佛教之间”。伊斯兰教和佛教是阴阳互反的（前者单纯地突出天志；后者单纯地突出本性虚空的世界本身）。所以印度的宗教特性就是突出天志和世界的阴阳合一构成的无形大我（天志和世界本身都是没有任何具体特性的）。这种无形大我的个体化就是人的我；通过个体的联合实现出来的大我则是人类社会。[①] 由于宗教要解决的是生死问题，印度的宗教倾向是从个体生命出发突出无形大我（梵），其终极目标就是让个体生命摆脱轮回，回归大我，实现梵我合一而得到解脱。印度古人因此想象出了和大我相关的各种神灵。这种神灵崇拜和原始人类对诸神（天志化身）的崇拜[②]有相似之处，但其所崇拜的神灵不仅包括天志的化身，也包括世界的化身，总的来说是大我的化身。印度的宗教因此比世界其他地方更为丰富多彩。印度的本质就是在基督教、伊斯兰教和佛教之间起到桥梁作用，其所突出的大我是一切宗教的隐蔽源泉，因为死亡问题归根到底是个体生命和大我不合一的问题。从天志的拯救出发克服死亡起因的就是基督教；从世界的自我意识出发克服死亡本质的就是佛教；从大我的自我意识出发克服死亡的就是印度教。[③] 所以印度民族天生就是世界上最有宗教性的民族。其卓越的宗教想象产生了数不清的神灵，以种种不同方式象征大我（不同神灵突出大我的不同部分或不同作用）。其中最核心的神灵是三神一体的梵天、毗湿奴、湿婆（创造神、保护神、毁灭和再生之神）。此三主神暗中对应大我、天志、世界：大我的自我同一性使之被理解为一切事物的来源，具有创造作用；天志的阳性使之被理解为具有保护作用；世界的阴性（自异性）及其容纳生命现象的本质使之被理解为具有毁灭和再生作用。印度在伊斯兰教和佛教之间的桥梁作用是印度的先天特性，因此大我的阳性和阴性都被印度古人单独凸显出来，和大我并列为三，以致

---

① 参见《太极之音》第 197 页。

② 参见《太极之音》第 296—297、428 页。

③ 基督教企图克服的是死亡的起因（天志和人心不合一）；佛教企图克服的是死亡的本质（世界和生命不合一）。参见《太极之音》第 511—515 页。印度教的梵我合一则企图从整体上克服死亡，但它并没有像基督教那样通过天志的拯救克服天人的先天断裂，因此它的境界其实和佛教属于同一类型（克服死亡的本质）。必须注意的是，这里对三种宗教的解释是从太极本体论出发的，仅仅关乎它们在太极思考中的先天起源，和它们的自我解释是两回事。

大我本身阴阳合一的特性被遮蔽，仿佛大我、天志、世界是三个东西。由于三神并列遮蔽了大我的阴阳合一，三神都被当成男神，但又都给他们配上女神作为配偶，把被遮蔽的阴阳合一以新的方式实现了出来。

虽然印度的宗教倾向是从个体生命出发突出无形大我，但无形大我通过个体的联合实现出来就是人类社会。因此，这种倾向一旦表现在社会中，就会暗中把人类社会当成大我的外部存在形式，把在社会中起到不同作用的人群当成大我的不同部分，并倾向于让这些不同部分自我繁殖，不通婚，不往来。在古代等级社会的历史背景下，婆罗门教（印度教的前身）就是这样发展出了极为严格的种姓制度，并通过印度教延续了两千多年（不同等级的人被当成原人身体的不同部分，反映的就是种姓制度和大我的关联）。当代印度社会已经从法律上摧毁了种姓制度，但它仍然以观念的形式潜伏在社会中。要真正超越种姓制度造成的隔阂，就必须突出大我阴阳合一的自性，把每个人都当成大我的个体化（人的我就是心和生命的阴阳合一），通过仁爱相互认同，通过尊重相互接纳。另一方面，印度人过分的宗教热情和中国人的缺乏宗教热情形成了鲜明的对比。由于中国的哲学传统缺乏对灵魂和宇宙逻各斯的关注，中国人容易变得过分世俗化，缺乏超越日常生活追求更高精神境界的动力。[①] 在这点上印度文化是值得中国人吸收的。然而过分的宗教热情（出世思想）会导致对生命缺乏珍惜、爱护和尊重，对世俗生活得过且过的倾向，在这点上中国文化是最好的补救良方。

从其内在逻辑来看，世界宗教史构成了“基督教—伊斯兰教—印度教—佛教”的先天运动。由于东正教和伊斯兰教关系密切，这个运动实际上相当于“东正教—伊斯兰教—印度教—佛教”。该运动决定了印度民族在历史中的形成方式，因为印度的本质就在于其在世界宗教史中的桥梁作用。另外，从佛教在世界哲学史中的先天起源来看，其关于业报轮回的思想最初起源于**柏拉图**中的灵魂不朽、善恶回报和轮回，但佛教诸法无我的立场使之无法吸收灵魂不朽，只能吸收善恶回报和轮回，并重新解释为业报轮

① 参见《太极之音》第 369 页。

回[①]，而印度教则刚好可以在东正教隐含的希腊哲学因素和佛教之间起到桥梁作用。所以，上述运动最自然的实现方式就是从土耳其（代表东正教和希腊哲学因素）而来的某个民族经伊朗到达巴基斯坦，然后再进入印度（在迁移过程中不断把其宗教倾向和哲学因素发展出来）。但土耳其具有从东正教向伊斯兰教转化的先天趋势，以致东正教的发展中心必须从土耳其转向俄罗斯。所以，这条从土耳其到印度的路线只能起到先导作用，接着就会被另外一条从俄罗斯到印度的路线取代。这第二条路线从俄罗斯出发，经过中亚五国到达阿富汗和巴基斯坦，然后再进入印度。根据学界比较流行的看法，在公元前 30 世纪，来源于地中海地区的达罗毗荼人在今巴基斯坦的印度河流域发展了印度河文明；在公元前 20 世纪，俄罗斯南部草原的雅利安人南迁到中亚后进一步南迁到印度河流域，和达罗毗荼人发生了冲突和融合，后来继续向东迁移到印度，在此过程中形成了婆罗门教的主要经典《吠陀经》（印度教是在婆罗门教基础上发展起来的）。佛教就是在批判婆罗门教等主张有不灭常我的“外道”中发展起来的（相当于清除大我中的天志，单纯突出本性虚空的世界，把阴阳合一的大我转化为纯粹阴性的空我[②]）。前述的流行看法还存在某些争议，有待历史学家进一步考证。但如果达罗毗荼人真的来自地中海地区，其迁移代表的就是第一条路线，而雅利安人的迁移代表的就是第二条路线。必须注意的是，这里说的路线指的是世界宗教史在地理上的先天设计，而不是其在历史中的实际发展过程。达罗毗荼人和雅利安人只是吸收了世界地理凝聚的先天意义，为印度带来了东正教和伊斯兰教的宗教倾向，以及相关的希腊哲学因素和西方现代哲学因素，而不是这些宗教本身或这些哲学本身。希腊哲学因素主要包括灵魂不朽、善恶回报和轮回。西方现代哲学因素则是指凝聚在俄罗斯和中亚地理中的西方哲学史，亦即从**梅洛-庞蒂**到**海德格尔**的发展过程，包括**尼采**中的生命意志和精神意志等因素，也包括**海德格尔**、**萨特**、**胡塞尔**的现象学因素，以及**罗素**和**维特根斯坦**的分析哲学（逻辑哲

① 参见《太极之音》第 515 页。

② 空我就是彻底清除了阳性意志的大我，实际上就是本性虚空的世界本身（参见《太极之音》第 514—515 页）。由于丧失了具有同一作用的阳性意志，空我无法自我同一，因而实际上变成无我。但必须注意这是从太极角度对佛教本质的理解，不是佛教本身的自我解释。

学）因素，**梅洛-庞蒂**的知觉现象学（身体现象学）和肉身世界因素，等等。所有这些宗教倾向和哲学因素混杂在一起，潜伏在印度古人的思考倾向中，在印度地理隐含的“大我”因素激发下，以《吠陀经》为基础发展出了五花八门的各种宗教流派。这些流派各自突出了某些哲学因素，成为哲学化的宗教，特别是其中的现象学和理智分析成分，更是印度宗教区别于其他宗教最明显的特征。

下面让我们转向印度地理的构造。印度不对应任何哲学位置，其地理构造完全是由其宗教特性决定的。印度的宗教特性突出了无形大我（天志和世界的阴阳合一）。因此，太极用其北部的低地势象征世界，用其中部和南部的高地势象征天志，这样印度总体上就象征了大我。为什么要用北部象征世界，中南部象征天志，而不是相反？因为印度是作为佛教诞生地出现在世界地理中的，因此它自然地从巴基斯坦向西藏的南方延伸出来，这就决定了直接从巴基斯坦和西藏延伸出来的印度北部象征本性虚空的世界，而象征天志的则是从中部开始向南延伸到印度洋、被三个大山脉围成倒三角形的德干高原。印度北部靠近巴基斯坦的地区形成了印度大沙漠，象征从巴基斯坦而来的伊斯兰教因素，靠近西藏的地区则在喜马拉雅山南边展开了非常广阔的恒河平原，象征和西藏共享的佛教因素（世界因素）。位于印度大沙漠和恒河平原之间的新德里凝聚了印度教作为伊斯兰教和佛教中介的本质，成为统一整个印度的中心。印度地理隐含的过渡性意义使其世界性混合了欧洲和亚洲的因素，使之和俄罗斯一样有比较丰富的稀土。

在前面分析西藏地理时我们曾经指出，西藏代表的**叔本华**包含天志、世界、判断力、身体四大要素（四大要素汇聚之处即冈仁波齐峰）。相对而言，印度突出了前两个要素；巴基斯坦则突出了后两个要素（**梅洛-庞蒂**中的身体主体结合了判断力和身体）。印度和巴基斯坦的地理因此和西藏地理相互呼应。为了反映这种相互呼应，太极从冈仁波齐发源了流入巴基斯坦和印度的四条河流来象征四大要素，即马泉河（象征天志）、孔雀河（象征世界）、象泉河（象征判断力）、狮泉河（象征身体）。狮泉河流入巴基斯坦后成为印度河，然后再吸收流入巴基斯坦的象泉河，贯通巴基斯坦全境后流入阿拉伯海，从西藏地理出发强化了巴基斯坦大地中凝聚的**梅洛-庞蒂**。象征天志的马泉河（雅鲁藏布江上游）沿着高大的喜马拉雅山脉向东流至雅鲁藏布峡谷，从极高地势向南落入印度境内，化身为布拉马普特拉河。象征世界的孔雀河则向南流入印度境内并汇入恒河之中。恒河发源于喜马拉雅山南麓的印度境内，南流后拐向东，接受孔雀河后继续东流，横贯了整个恒河平原。布拉马普特拉河与恒河最终向南汇合在一起流入孟加拉湾，象征天志和世界的阴阳合一。从冈仁波齐发源的四条河流从**叔本华**中的四大要素灌溉滋养着巴基斯坦和印度，强化了二者的内在关联，帮助巴基斯坦更好地实现了向印度的过渡。冈仁波齐于是成为西藏苯教、藏传佛教和印度教共同的圣地。佛教最初就是发源于代表世界的恒河流域与恒河平原。代表判断力的象泉河流域则孕育出了西藏最古老的象雄文化，并成为藏传佛教最早的发源地（象雄文化突出了被判断力直观的表象世界）。印度教中代表世界的主神是湿婆，因此印度教不但敬恒河为湿婆的圣河，而且还把汇入恒河的孔雀河的发源地（冈仁波齐峰）称为“湿婆的天堂”，当成是世界的中心。

印度和巴基斯坦密不可分的关系导致它们在历史上共属一个整体，直到 1947 年实现印巴分治的时候才成为两个独立的国家。巴基斯坦的地理是从西南向东北发展的，因此其东北部最为集中地代表了向印度的过渡，兼有巴基斯坦和印度两种因素，产生了特殊的克什米尔地区，成为古印度思想的交汇场所。由于巴基斯坦代表伊斯兰教向印度传播的中介，克什米尔地区凝聚了强烈的伊斯兰教因素。然而，作为向印度过渡的地区，克什米尔也凝聚了印度教的因素。克什米尔的这种特殊过渡性导致印巴分治在此地区难以顺利实现，造成了长期的印巴冲突（印巴两国皆宣称对克什米尔拥有主权。目前其西北部分被巴基斯坦实际控制，东南部分则被印度实际控制）。

代表天志的布拉马普特拉河与代表世界的恒河汇合在一起流入孟加拉湾，象征了阴阳合一的大我。但这种大我不是纯粹来自印度地理，而是混杂了来自印度和西藏的因素，因此需要另一个国家来象征。太极于是在布拉马普特拉河与恒河交汇的地区设计了**孟加拉国**，代表印度和西藏相互呼应形成的大我。孟加拉把印度北部分成了东西两部分：狭窄的东部属于布拉马普特拉河流域；宽阔的西部属于恒河流域。东部凝聚了从西藏传来的天志，隆起了卡西山；凝聚了世界的西部则是平坦的恒河平原。东西两部分几乎被孟加拉隔断，但仍然贯通，保持了印度的统一性。由于印度、西藏和孟加拉都隐含大我，三者之间进一步相互呼应，在西藏和印度之间的喜马拉雅山南麓上产生了两个代表大我的国家，即**尼泊尔**和**不丹**。[①]这里之所以产生两个国家是因为印度被孟加拉分成了西东两部分，以致产生出来的代表大我的国家分列在孟加拉的西东两侧。西边的尼泊尔与西藏共享喜马拉雅山脉的最高部分（包括珠穆朗玛峰）。因此相对而言尼泊尔象征的大我偏向天志，而不丹象征的大我则偏向世界，这意味着从宗教气质来说，尼泊尔偏向印度教，而不丹则偏向藏传佛教（藏传佛教包含天志成分，但作为佛教，比印度教更偏向世界）。[②]所以尼泊尔主要信仰印度教，而不丹则主要信仰藏传佛教。如上所述，从冈仁波齐发源的四条河流强化了巴基斯坦和印度的内在关联，帮助巴基斯坦更好地实现了向印度的过渡。其中，狮泉河与象泉河在巴基斯坦汇合在一起，而马泉河与孔雀河则（通过布拉马普特拉河与恒河）在孟加拉汇合在一起。这意味着孟加拉就是巴基斯坦向印度过渡，亦即伊斯兰教向印度传播的最终落脚点。孟加拉曾经在 14 世纪建立了孟加拉苏丹国，在印巴分治时归属巴基斯坦，后来才独立出来成为孟加拉人民共和国，以伊斯兰教为国教。

印度地理中的大我并没有实现彻底的阴阳合一。作为伊斯兰教和佛教之间的桥梁，印度隐含的天志和世界两个要素具有相对独立性，正因如此它才能孕育出佛教来，否则两个要素密不可分的阴阳合一会使大我获得强烈的自我同一性，难以从自身分离出产生佛教需要的世界因素。所以，印度先天地可以兼容伊斯兰教和佛教。但它本身的宗教特性是介于二者之间的印度教，产生佛教只是为了向中国传播，接受伊斯兰教只是因为它代表从伊斯兰教向佛教的过渡。所以，印度最终会以印度教为主要宗教，使其作为中介的兼容性难以在自身得到表达。太极于是在印度南方海域设计了两个海洋国家来帮助印度象征它作为中介的兼容性。代表佛教的是印度东

---

① 这里说的“产生”发生在太极对世界地理的先天设计中。这两个国家在世界历史中如何后天地形成是另一回事。二者不可混为一谈。这个道理对本书谈论的所有国家都是适用的。

② 佛教创始者释迦牟尼诞生在尼泊尔南部靠近印度边界的蓝毗尼。这里是尼泊尔从喜马拉雅山向南下降到平原后开始向印度境内的恒河平原过渡的地方，凝聚了从天志向世界转化的意义，正好契合了佛教清除大我中的天志、单纯突出本性虚空的世界的诞生方式。

南角海面上的岛国**斯里兰卡**。印度东南角和斯里兰卡西北角相互延伸出了细长的半岛，合起来看就形如中部断掉的桥，象征斯里兰卡延续了在印度中断掉的佛教。斯里兰卡在佛教诞生后不久就接受了原始佛教，并发展成后来向东南亚传播的南传佛教，成为原始佛教的根据地。虽然佛教比基督教更早出现，但只是被**老子**对应的时代激发的结果，形成的是仅仅谋求自我解脱的小乘佛教。当基督教在公元 1 世纪开始形成时，佛教出现了戏剧性的发展，形成了一个新流派，不再仅仅谋求自身解脱，而是首先谋求一切众生的解脱，且在形成后即向中国传播，成为在中国完成其最终发展的大乘佛教（大乘佛教救度众生的精神就是基督为众人牺牲的精神在佛教中的对应）。印度本身的佛教不可避免地走向了衰落，但佛教从印度诞生的意义仍然在斯里兰卡的南传佛教中保留了下来。

代表伊斯兰教的海洋国家**马尔代夫**在印度的另一侧，即印度西南角的海面上。这是一个由上千个小珊瑚岛构成的奇怪国家。斯里兰卡形如从印度滴下的一颗完整的水滴，而马尔代夫却分裂成许多零碎的小岛。为什么会有这种差异？因为斯里兰卡代表佛教而马尔代夫代表伊斯兰教，因此分别从印度获得了世界和天志的要素；斯里兰卡的世界是自我圆满的形如水滴的世界，其地形北低南高，浓缩了印度的世界；马尔代夫却丧失了印度的世界，成为把印度的世界打碎后再用天志勉强统一起来的岛群国家。把印度的世界打碎后重新统一起来还是印度的世界。但这个意义无法实现在马尔代夫。太极于是在马尔代夫北面设计了拉克沙群岛来象征被重新统一起来的印度世界，所以拉克沙群岛没有马尔代夫群岛那样零碎，但它和后者一样主要信仰伊斯兰教，成为印度领土中独特的由穆斯林统治的地区。拉克沙群岛和它南方的马尔代夫群岛一起与斯里兰卡形成了东西对称之势。从印度西南的这些群岛过渡到其东南的斯里兰卡，象征的就是印度本身隐含的“伊斯兰教—印度教—佛教”运动。总之，印度和它邻近的孟加拉、尼泊尔、不丹、马尔代夫和斯里兰卡一起完整地实现了世界宗教史从伊斯兰教向佛教过渡的运动，同时也就帮助巴基斯坦彻底实现了它所代表的“向佛教诞生地传播伊斯兰教”的意义。

十一、东南亚

中亚和南亚的设计实现了伊斯兰教向世界传播需要的地理，同时也实现了佛教在印度诞生、向中国传播需要的地理。到此为止，和三大世界性宗教相关的地理设计已经完成。但中亚和南亚的地理设计还隐含尚未实现的因素，因为它们还没有实现第二组西方哲学史追求的世界统一性。在中国地理的设计中，第二组西方哲学史（从**梅洛-庞蒂**到**海德格尔**）从云南发展出了南部六省圆圈，共同实现了它们追求的世界统一性。但在南亚和中亚，第二组西方哲学史被结合在伊斯兰教向世界传播的两种不同路径中，导致南亚和中亚无法共同实现其世界统一性。两种不同路径的分野在巴基斯坦和阿富汗：前者代表**梅洛-庞蒂**而偏向世界，后者代表**维特根斯坦**而偏向意志。巴基斯坦和阿富汗的偏向是阴阳互补的，因此它们本来可以相互吸引、相互结合来实现“意志统一世界”的意义，但实际上却实现不出来，因为它们分别通向印度和俄罗斯，具有不同的中介作用——两条路径分道扬镳后就再也无法合一。然而印度（通过佛教）向中国运动，俄罗斯也（通过三连贯）向中国运动，因此南亚和中亚可以间接地从中国获得统一性。在中国地理的设计中，**梅洛-庞蒂**和**维特根斯坦**分别对应云南和广西。因此，太极就以云南和广西为基础实现二者相互结合所代表的世界统一性，以此来象征南亚和中亚的统一，由此产生了一系列东南亚国家。

太极首先在云南和广西接壤处向南延伸出了**越南**，代表**梅洛-庞蒂**和**维特根斯坦**的结合。由于这两个位置都存在从早期向后期的转折，它们在越南的结合方式也存在相应的转折，并按照从北向南的自然趋势发展：北部结合了两个位置的早期思考；南部结合了它们的后期思考。相对而言，**梅洛-庞蒂**早期突出了判断力在身体主体中的作用，后期才突出了肉身化的世界，具有“先阳后阴”的特点；**维特根斯坦**早期突出了领悟统一世界的作用（判断力只是静观世界），后期才突出判断力主动统一世界的作用，具有“先阴后阳”的特点。所以越南北部用**梅洛-庞蒂**的意志统一**维特根斯坦**的世界；南部则反过来用**维特根斯坦**的意志统一**梅洛-庞

蒂的世界。[①]其在地理中的表现就是从北向南，越南的地势从西高东低逐渐过渡到东高西低。越南北部是直接从云南和广西发展出来的：哀牢山从云南延伸到越南西北部（代表**梅洛-庞蒂**早期落脚在身体的判断力），俯视着从广西崇左延伸而来的东北部平原（代表**维特根斯坦**早期的世界）。哀牢山东麓的元江变成了越南的红河，其河谷平原中的河内结合了判断力和世界，以中国地理为隐蔽基础实现了“意志统一世界”的意义，成为统一越南的天然中心。越南北部接着通过狭长的海岸过渡到形如弯弓的南部。南部向东凸起的部分是高山和高原，代表**维特根斯坦**后期主动展开言谈的判断力，并向西南过渡到大面积的河谷平原，代表**梅洛-庞蒂**后期肉身化的世界，其中心处的胡志明市实现了后期**维特根斯坦**和后期**梅洛-庞蒂**的结合（用主动言谈的判断力统一世界肉身），成为南部的中心。越南北部和南部以东西反转的方式实现“意志统一世界”。南部实现了越南本来要实现的世界统一性（用**维特根斯坦**的意志统一**梅洛-庞蒂**的世界）。但北部以中国地理为隐蔽基础实现的世界统一性更为原始和强大，因此从北部出发统一南部是越南实现其统一性最自然的方式。越南用身体主体和主动言谈的判断力统一符号世界、感知世界和世界肉身，故其民族性格融合了感性和理性，以自我扩张的顽强意志追求全面的、丰富多彩的世界，加上从古至今深受中国文化的影响，因而有比较开放的世界性，善于兼容并蓄不同民族的文化。

越南并没有完整地实现**梅洛-庞蒂**和**维特根斯坦**的结合，因为越南北部没有实现早期**维特根斯坦**的意志（静观世界的判断力）对早期**梅洛-庞蒂**的世界（感知世界）的统一作用（这种统一作用弱于身体主体对世界的统一作用，因而被后者压抑而无法实现出来）。太极于是从越南向西延伸出**老挝**来重新实现**梅洛-庞蒂**和**维特根斯坦**的结合。[②]老挝的形状如同南部被缩短的越南，因为它要解决越南北部的问题，南部相对来说就次要一些

① 越南实现了两个哲学位置阴阳交错的结合，这在世界地理设计中是独一无二的。这种独特的结合方式在其他东南亚国家中不断演变，以致东南亚国家的地理意义非常微妙而复杂。

② 越南东边海域上有海南岛，所以太极只能从越南向西延伸出老挝，以免干扰海南岛的地理意义。这种向西行决定了东南亚最初的发展方向。

了。老挝北部的地势相对来说是东高西低[1]（和越南北部相反），释放出了被压抑的统一作用，而其南部则仍然是东高西低（和越南南部相似）。万象在老挝北部最南端的平原中，仿佛是河内向南移到了北部的最南端，成为统一老挝的天然中心（中心南移可以加强对南部的统一作用，因为被释放出来的是比原来弱的统一作用）。老挝用静观的判断力来统一感知世界，故其民族性格温良亲切，其感性而细腻的审美判断力充分地展现在其多姿多彩的女性服饰、民族歌舞和传统建筑中。

老挝虽然把越南北部被压抑的统一作用释放了出来，但同时也就失去了越南北部原来的统一性，亦即身体主体对世界的统一作用。所以，越南北部和老挝北部必须结合起来，以便完整地实现早期**梅洛-庞蒂**和早期**维特根斯坦**的结合。太极于是继续从老挝向西延伸出了**泰国**。泰国的形状是把越南北部和老挝北部合并成整体，稍微放大再稍微顺时针旋转得到的（其东部代表越南北部，西部代表老挝北部。放大是为了强化统一性。旋转是为了配合老挝的边界形状。注意，地图上长条形的泰国南部是太极设计缅甸时才补上去的，参见下面对缅甸的分析。所以这里说的泰国指的是地图上的泰国北部）。由于越南北部的统一性强于老挝北部的统一性，泰国的统一性自然地会落在其对应越南的东部，但这样就会导致其对应老挝的西部被压抑，再次出现强统一性压抑弱统一性的情形。为了避免这种情形，太极让泰国西部吸收泰国东部的意义来强化自己，亦即让泰国西部兼有老挝北部和越南北部的地理意义，这样泰国西部相对东部而言仍然突出了老挝的意义，同时又有足够强大的统一作用，不至于被东部的统一作用压抑（因此泰国西部兼有越南北部和老挝北部的特点，形成东西两侧山脉夹住中间平原的地形）。由于西部吸收了东部的统一作用，泰国的统一性就自然地落脚在其西部。老挝的万象于是变成泰国西部的曼谷，成为统一泰国的天然中心。

泰国完整地实现了早期**梅洛-庞蒂**和早期**维特根斯坦**的结合，导致身体主体和静观的判断力相互呼应，形成以身体知觉为基础的审美意识，发

---

① 老挝北部主要是山地，其东部是高山和高原，西部主要是丘陵，故相对而言东高西低。西部代表早期**梅洛-庞蒂**的感知世界，有混沌的原始性，因此主要是起伏不定的丘陵，仅在其南端有河谷平原。

展出了非常富于感性的审美文化。在泰国西部，越南和老挝中被交错结合的“意志—世界”又重新回到在各自哲学位置中的结合方式，然后再结合在一起。换句话说，泰国西部把早期**梅洛-庞蒂**的“意志—世界”和早期**维特根斯坦**的“意志—世界”分别实现出来，再把它们结合起来。这种做法又再次出现强统一性压抑弱统一性的情形，亦即早期**梅洛-庞蒂**的世界统一性压抑了早期**维特根斯坦**的世界统一性。但这种情形和最初（西部没有吸收东部之前）是不一样的，因为最初的世界统一性是两个位置交错结合产生的，而不是两个位置各自产生的。所以，太极让西部吸收东部虽然避免了再次出现和越南北部类似的问题，却又产生了新的问题。新问题的实质是：在**维特根斯坦**中本质上归属绝对意志（天志）、以超越世界的方式静观世界的判断力虽然已经被释放出来，却又被纳入身体主体强大的统一作用中，具有从超越世界的意志向世界内的身体陷落的倾向，亦即从超越阴性对象的纯粹意志向其阴性对象陷落的倾向。[①] 判断力的这种“从阳转阴”的倾向在身体审美中就是从静观的、审美的阳性意志向被静观、被审美的阴性身体陷落的倾向。这种倾向使泰国的女性特别有女性的魅力，敢于展示其阴性的美丽，同时也在社会生活中提高了女性的地位。但与此同时，这种“从阳转阴”的倾向也在人们的好奇心和放纵心态的驱使下发展出了把男人转化为女人的审美文化（人妖）。这种扭曲的审美文化混淆了阴阳两性的不同本质，暴露了泰国地域文化的局限性，应该通过吸收其他国家的文化来加以克服。

为了重新凝聚判断力作为纯粹意志的阳性本质，必须让泰国中静观的判断力从身体主体振拔出来，为此目的泰国必须向老挝南部和越南南部回归，以便借助**维特根斯坦**后期主动统一世界的判断力来强化其早期静观世界的判断力（老挝和越南的南部都是用**维特根斯坦**后期主动言谈的判断力统一世界肉身）。太极于是在泰国东南方、和老挝南部及越南南部接壤的地方产生了**柬埔寨**，其形状是泰国的齐整化和浓缩（越南南部还形成了向西弯曲的弓形来包围柬埔寨，把后期判断力的统一作用传递给柬埔寨）。

---

① 静观的判断力是被动的，因此其统一世界的作用比不上主动综合世界现象的身体主体。但静观的判断力同时又是超越世界的纯粹意志。它被纳入身体主体时就会丧失作为意志的纯粹性，成为被意志的对象同化（从而被阴性化）的意志。

柬埔寨以综合泰国、老挝和越南地理意义的方式实现了意志统一世界的作用，是历史悠久的文明古国，从中国唐朝到元朝时期发展出了东南亚历史上最强大的吴哥王朝，其版图包括柬埔寨全部、泰国和老挝大部分以及越南和缅甸的南部。越南、老挝、泰国、柬埔寨的发展过程构成了逆时针回旋的运动，所以这四个国家关系十分密切。但泰国是回旋运动的转折点，和其他三国有比较大的不同。其他三国的关系更加密切，具有相似的历史命运，曾经共同构成“法属印度支那”，最终通过顽强的抵抗获得了独立。越南在地理设计中是从中国向南延伸出来的，直接分享了三连贯在中国大陆的贯通作用，所以其历史发展和中国密不可分，最终和中国一样成为社会主义国家，并且同样走上了改革开放的道路；老挝和柬埔寨也都曾加入社会主义阵营，但柬埔寨不是直接从越南发展出来，而是经过了泰国的中介，目前已恢复君主立宪制。

柬埔寨虽然以综合三国的方式实现了意志统一世界的作用，但却丧失了身体主体统一世界的作用。柬埔寨必须恢复泰国中的身体主体，才能形成更为完整的世界统一性，但这样做会使超越世界的判断力再次陷落到身体主体中。从地理上说，泰国中的身体主体来自越南北部的身体主体，而后者则来自云南中的身体主体。要避免判断力的超越性被遮蔽，就要强化从云南来的身体主体中的判断力，使之获得向天志超越的能力。和云南接壤的西藏正好凝聚了**叔本华**，其判断力摆脱了通过身体获得的个体性，实现了向原始意志（天志）的超越，可以用来强化身体主体中的判断力。所以，太极首先从云南和西藏接壤处向南延伸出了**缅甸**，代表**梅洛-庞蒂**和**叔本华**的结合，让缅甸东南角沿着泰国西部向南延伸，同时让泰国西部沿着缅甸向南延伸出尖细的长条，过了狭窄的克拉地峡后再重新变得粗大，象征其身体主体中的判断力从缅甸获得了强化，最后才从变得粗大的泰国南部延伸出马来半岛上的**马来西亚**，代表从泰国重新获得身体主体、但其中的判断力已经从缅甸获得强化的柬埔寨。泰国南部形成了朝向柬埔寨的弯弓形，和越南南部的弯弓形构成对称之势，仿佛是后者东西反转（再缩小）得到的，因为泰国本来就是结合越南北部和老挝北部得到的，其向南延伸出来的部分自然地和越南南部相互呼应。马来西亚形成了比柬埔寨更全面的世界统一性，但它还没有实现柬埔寨从越南南部获得的强化（越南南部的弯弓形包围了柬埔寨，把**维特根斯坦**后期判断力统一世界的作用传递给它）。泰国南部的弓形和越南南部的弓形相互对称，其地理意义相互呼应，但从泰国南部延伸出来的马来西亚只代表了柬埔寨从缅甸获得的强化。为了把越南南部对柬埔寨的强化在马来西亚实现出来，太极在马来半岛东边的海域上设计了东马来西亚（马来半岛上的部分现在成了西马来西亚），其形状是把泰国南部的弓形重新放大到和越南南部相似，并且逆时针旋转来朝向越南南部的结果（东马是通过泰国南部和越南南部的相互呼应间接实现出来的，所以和西马拉开了距离，被大海隔开）。西马从缅甸获得了强大的世界统一性，所以马来西亚的统一性自然地落在了西马的吉隆坡。缅甸用**叔本华**的天志强化了**梅洛-庞蒂**的身体主体中的判断力，故其民族性格崇尚阳刚。[①] 马来西亚则综合了东南亚从越南到缅甸的发展，成为多民族的多元文化国家。

缅甸的地形是从云南和西藏延伸出来的。从云南延伸出来的掸邦高原代表身体主体。代表身体主体的怒江从西藏流经云南西部后就流入掸邦高原，成为缅甸东部和泰国西部的边界河，最后从缅甸流入印度洋。掸邦高原向南延伸出泰国西部的丘陵，经过狭窄低矮的克拉地峡后重新变成丘陵（获得更新），然后才延伸出了西马。从西藏延伸出来的那加丘陵代表天志，因此被缅甸和印度东部共享，并继续延伸成缅甸境内的若开山脉。所以缅甸中部是东西两边高地围成的大平原，和高地相比如同大深沟，既代表被天志统一的世界，也代表被身体主体统一的世界。代表判断力的澜沧江从青海发源，流经西藏、云南之后成为缅甸和老挝的界河（湄公河），流经泰国、柬埔寨和越南后注入南海。澜沧江把**康德**中的判断力通过**叔本华**、**梅洛-庞蒂**和**维特根斯坦**带向东南亚，贯通了中南半岛各国（除了马来西亚），以中国地理为基础实现了中南半岛在小意志上的统一。湄公河代表的统一性还和柬埔寨代表的综合三国的统一性相互呼应，在柬埔寨产生了洞里萨湖来与之互补水源，使后者成为东南亚最大的湖。

---

① 和泰国相反，缅甸比较重男轻女。缅甸男人总是小心翼翼地避免自己被阴性化，例如不敢让女人枕着自己的胳膊睡，不敢从晾着女人衣服的绳索或杆子下穿行，生怕这样做会丢失自己的“神力”。缅甸和泰国的文化是天然互补的，可以相互吸收来克服地域文化的局限性。

中南半岛通过湄公河达到的统一性不包括半岛最南端的西马，因为湄公河要从泰国和老挝边界流向柬埔寨和越南，而西马在泰国南部长条形的尽头，中间隔着辽阔的海湾。但西马既然属于中南半岛，就应该分享中国通过陆地传递过来的统一性。事实上，西马作为中南半岛的最终发展本来应该是这种统一性最终汇聚之处。为了突出这种最终汇聚的意义，太极在西马的末端（隔海）发展出了**新加坡**来代表它。新加坡就是中南半岛从中国地理而来的统一性最终汇聚之处（由于新加坡代表西马汇聚这种统一性，它和马来西亚关系密切，曾经加入马来西亚，但随后又独立了出来）。新加坡并不是统一中南半岛的国家，而只是汇聚了中南半岛从中国地理而来的统一性，所以它是一个精华荟萃的袖珍小国，成为东南亚中国因素的集大成和浓缩者。新加坡地形是把中国地形（蒙古国独立前）加以变化的结果：在新加坡岛的西南海域多出了象征中南半岛的岛屿群，暗示中南半岛的统一性来源于（新加坡岛所代表的）中国。这些岛屿群的设计使海南和台湾在新加坡对应的岛屿无法出现在它们附近，否则就会与之混淆。所以，海南和台湾对应的岛屿（德光岛和乌敏岛）被移到东北角（占据了中国东北三省对应的部分。中国东北三省只好向南萎缩到新加坡岛的东端）。这种移动相当于沿中国东海岸逆时针旋转，所以其最终结果是乌敏岛在西而德光岛在东。德光岛比乌敏岛大一些，因为海南岛直接浓缩了中国大陆（台湾则通过改造海南岛来浓缩大陆），和新加坡的意义有更直接的共鸣。

东马虽然不属于直接从中国大陆延伸出来的中南半岛，但它同样属于从中国发展出来的东南亚，而且和西马构成了对称互补的关系。所以东马也从自身延伸出了一个袖珍小国来对应新加坡。这个袖珍小国就是东马海岸边的国家**文莱**。文莱的形状包括相互接近但又相互隔开的一大一小两部分（分别由西马和东马变形而成），象征它是通过和新加坡的对称而产生的国家。文莱曾是古老帝国，长期和中国唐宋元来往并接受了中国的影响。元末明初的新文莱国创始祖之一就是华人黄森屏。但文莱没有像新加坡那么中国化，因为它只是和新加坡对称，而不像新加坡那样直接代表中国。

马来西亚实现了东南亚最全面的世界统一性，但它还没有真正实现天志对世界的统一作用。东南亚的设计是为了把伊斯兰教的两条传播路线通过中国间接统一起来，在中国地理的基础上实现了南亚和中亚的统一。伊斯兰教单纯地突出了天志，所以东南亚最终必须实现天志对世界的统一作用，才能和伊斯兰教的传播路径相应。马来西亚从缅甸吸收到了天志，但实现其世界统一性的主要还是身体主体，因为产生马来西亚就是为了恢复身体主体对世界的统一作用，同时借助从缅甸而来的天志帮助判断力恢复其超越本质。缅甸凝聚的天志来自西藏凝聚的**叔本华**，其原始意志是和身体密切相关的，所以从缅甸而来的天志不完全适合于实现对世界的统一作用。另一方面，和缅甸接壤的印度东部（布拉马普特拉河流域）吸收了从西藏而来的天志，但作为印度的一部分，它代表的只是和世界阴阳合一的天志，相当于把从西藏而来的天志转化成了单纯的天志，正好可以和伊斯兰教相应。① 所以，太极就让马来西亚（通过缅甸和泰国南部）吸收从印度东部传递过来的天志，在马来西亚南方海域上产生了**印度尼西亚**，目的就是将马来西亚实现出来的、和身体相关的世界统一性转化为单纯从天志出发的世界统一性。

印度尼西亚是马来西亚向南发展出来的。从西马隔海发展出了苏门答腊岛，而东马则直接发展（扩展）出了加里曼丹岛上属于印度尼西亚的部分。苏门答腊岛和西马相互接近，但仍被马六甲海峡隔开，因为西马突出了身体主体对世界的统一作用。相反，东马突出的只是从越南南部而来的**维特根斯坦**后期的判断力，而不是**梅洛-庞蒂**早期的身体主体，所以它可以直接发展出印尼在加里曼丹岛上的部分。印尼在加里曼丹岛上的部分比苏门答腊岛更为开阔，因为苏门答腊岛需要克服西马中的身体主体因素才能发展出来，而加里曼丹岛上的印尼部分则不需要这样的克服。为了将印度东部的天志更好地传递给印尼，从那加丘陵延伸而来的若开山脉沿着缅甸西海岸一直延伸到最南端的内格雷斯角，再从内格雷斯角向苏门答腊岛的西北开端延伸出了一条弧形的岛链（安达曼—尼科巴群岛）。这条岛链代表从印度东部而来的、摆脱了身体因素的天志，因此尽管它远离印度本土，最终还是成了印度的海外属地。苏门答腊岛的东南末端则继续发展出了爪哇岛和一系列小岛，仿佛是苏门答腊岛将自己“发散出去”的结果。相似地，

① 从俄罗斯经中亚进入印度的雅利安人带来了从**梅洛-庞蒂**到**海德格尔**的西方哲学史中的身体因素，并表现在印度宗教对身体的各种训练（例如瑜伽）中。但印度本土凝聚的只是天志和世界阴阳合一构成的无形大我，不包含身体因素。

加里曼丹岛（印尼部分）也向东南海域把自己“发散出去”，形成了一系列大小岛屿。为什么印尼的开端部分会把自己“发散出去”？因为东南亚实现的世界统一性以中国地理为其隐蔽基础，本质上是来自中国的统一性，而印尼虽然是从马来西亚发展出来的，其统一性却主要来自从印度吸收到的天志，导致从马来西亚到印度尼西亚的发展无法最终收拢，从而发散出了无数岛屿，使印度尼西亚成为全世界最大的群岛国家，同时也是东南亚面积最大的国家。从苏门答腊岛发散出来的爪哇岛前承印尼的开端，后接从它发散出去的岛屿，成为印度尼西亚的天然中心（印尼首都雅加达就坐落在爪哇岛靠近苏门答腊岛的西北部）。印尼的加里曼丹岛部分发散出来的苏拉威西岛也是一个大岛，但它不像爪哇岛那么齐整，而是本身就呈现向外发散的奇特形状，因为东马不像西马那样从缅甸获得了强大的世界统一性，所以从东马发展出来的加里曼丹岛的发散趋势比苏门答腊岛更为强烈。印尼的不纯粹、松散的统一性使之成为火山活动特别频繁的地区，有“火山国”之称，十九世纪初曾经发生人类所知道的最猛烈的一次火山爆发。印尼的这种特殊的统一性还深刻地影响了世界地理的设计（参见后面对西印度群岛、南美洲、非洲和大洋洲的分析）。

印尼从天志出发实现了东南亚最高意义上的世界统一性，但这种统一性却从中国有所脱离。东南亚实现的世界统一性以中国地理为其隐蔽基础，所以太极必须阻挡印度尼西亚向东发散的趋势，好让东南亚的下一步发展向中国方向（北边）拐弯。苏门答腊岛的发散运动最终被太极设计的一个东南亚小国**东帝汶**挡住；加里曼丹岛（印尼部分）的发散运动则最终被新几内亚岛东部的巴布亚新几内亚挡住。加里曼丹岛的发散趋势比苏门答腊岛更为强烈，所以阻挡它的巴布亚新几内亚本质上不再属于东南亚，这样才能作为“异邦”产生更强大的阻力（巴布亚新几内亚是大洋洲国家。参见后面对大洋洲的分析）。为了让新几内亚岛更好地承担阻挡作用，这个岛屿被放大到很大，成为世界第二大岛，同时其地势被大大地提升，大部分山地和高原的海拔都在 4000 米以上，成为世界地势最高的岛。东帝汶的阻挡则不够有力，以致印尼在其北边的海域上继续散发出了几个零星岛屿。东帝汶在西帝汶北边的海岸有一块不参与阻挡的飞地（欧库西地区），象征其阻挡的不够有力。东帝汶和巴布亚新几内亚隐含的“阻挡”意义在其传统风俗中有所反映。东帝汶民族有尚武的习俗（聚众斗殴时有发生）。巴布亚新几内亚则有一个很有趣的风俗，就是把夫妻吵架看作最好的娱乐，在全国各地设立了专供夫妻吵架的场地；欣赏者会自发地赶来场地助兴，直到两人吵到唇舌发僵，夫妻才愉快地挽臂回家，娱乐也就结束了。[①]

由于东南亚实现的世界统一性以中国地理为其隐蔽基础，印度尼西亚必须过渡到一个直接指向中国的东南亚国家，以便将这个隐蔽基础的意义完整地实现出来。太极于是在印度尼西亚北方的海域（东马末端所指方向上）设计了一个长条形的群岛国家**菲律宾**。菲律宾地理是从印度尼西亚发展出来的。菲律宾南部长条形的巴拉望岛和形如加里曼丹岛的棉兰老岛分别代表印尼的两个开端部分，即苏门答腊岛和加里曼丹岛部分。[②]巴拉望岛和棉兰老岛向北方发展出了许多零碎岛屿，象征从印尼的开端“发散出去”的成分（从棉兰老岛发散出来的岛屿占大多数，因为印尼从加里曼丹岛开始的发散趋势更加强烈）。菲律宾南部的这些岛群最终被聚拢到了北部的大岛（吕宋岛），象征从发散到统一的运动。另外，岛群的主体部分还构成了向西北拐弯的弧形运动，其逆时针运动的最终指向就是海南岛，而吕宋岛则直接指向其北方的台湾岛。海南和台湾是**太极易**在中国地理中的两个版本，都是中国大陆的浓缩，可以将东南亚从中国而来的统一性带回中国，特别是台湾和菲律宾很近，同时又被太极推向福建方向，可以把从菲律宾而来的运动趋势直接带回中国大陆。东南亚、台湾和中国南部六省共同围成的南海隐含了东南亚从中国发展而来、向中国方向回归的意义[③]；海南岛则是南海中具有潜在统一作用的大岛。南海的这个地理意义在历史发展中实现成了中国在南海的主权，而海南省也因此成为中国管辖其南海海域的主要省份。总的来说，从越南开始，经过老挝、泰国、柬埔寨、缅甸、马来西亚、新加坡、文莱、印度尼西亚、东帝汶和菲律宾，东

① 参见百度百科“东帝汶”词条和“巴布亚新几内亚”词条。聚众斗殴是男人间的冲突，即同性冲突，而夫妻吵架则是异性冲突。

② 位于加里曼丹岛的东马也被吸收到棉兰老岛中，形成其西部形如东马的半岛，因为东马末端具有指向菲律宾的作用，可以将印尼向东边发散的趋势向菲律宾方向聚拢。为了展示此义，太极还设计了弧形的岛链（苏禄群岛）从东马向棉兰老岛西部的半岛过渡。

③ 云南和南部六省对应的就是第二组西方哲学史，和东南亚的意义相互呼应。南部六省中的广西、广东和福建是南海边上的省份。东南亚除了老挝、缅甸和东帝汶之外的诸国都在南海边上。

南亚的11个国家总体上构成了一个围绕南海逆时针旋转、从中国发展而来、向中国方向回归的**东南亚圆圈**。这个圆圈完整地实现了从云南和广西的结合开始的世界统一性，间接地把从巴基斯坦和阿富汗开始但未能实现的世界统一性实现了出来，使南亚和中亚间接地从东南亚获得了来自中国的统一性。

南亚和中亚的统一性之所以能间接地来自中国，是因为印度（通过佛教）向中国运动，俄罗斯也（通过三连贯）向中国运动。所以东南亚先天地隐含佛教和三连贯的因素。三连贯因素直接实现在了越南、老挝和柬埔寨中（见上面分析）。由于东南亚圆圈隐含从印度通过佛教向中国运动的意义，而且中国应该接受的是伴随基督教发展的大乘佛教，东南亚圆圈的发展过程获得了“从小乘发展到大乘”的意义。所以，除了直接从中国发展出来的越南和以华人为主体的新加坡主要信仰大乘佛教之外，东南亚国家主要盛行从印度传来的小乘佛教。但南亚和中亚最初是作为伊斯兰教向世界传播的两条路径发展出来的，所以东南亚也必须反映伊斯兰教的传播。印度尼西亚是为了实现和伊斯兰教相匹配的世界统一性设计的，所以它自然地以伊斯兰教为主，成为世界上穆斯林人口最多的国家。印度尼西亚中统一世界的天志是从马来西亚中强化判断力的天志发展出来的，所以马来西亚也是以伊斯兰教为主；文莱在东南亚发展过程中介于马来西亚（东马）和印尼之间，起到了象征性地传递天志的作用，成为以伊斯兰教为国教的君主专制国家。和西亚国家相似，印度尼西亚、马来西亚和文莱隐含的天志凝聚成了大量石油，使它们成为东南亚最重要的石油输出国。东帝汶和菲律宾是阻挡印度尼西亚并带回中国的国家，所以不再以伊斯兰教为主。小乘佛教在**老子**的时代产生，反映了佛教在世界哲学史中的先天起源，而大乘佛教则伴随基督教的历史而发展，在基督教兴起时在印度产生并向中国传播（参见导论第三节）。从小乘向大乘的过渡在西方对应的就是基督教的兴起。伊斯兰教则可以在佛教和基督教之间起到中介作用。所以，东南亚宗教的发展路线是从信仰小乘佛教的中南半岛诸国到信仰伊斯兰教的马来西亚、文莱和印尼，接着过渡到信仰基督教（天主教）的东帝汶和菲律宾，最后过渡到信仰大乘佛教的中国，这就是东南亚圆圈代表的从小乘（经伊斯兰教）过渡到基督教，再从基督教过渡到大乘的发展道路。当然，这种发展道路是地理意义上的，和宗教在东南亚的实际发展过程是两回事。

东南亚以中国地理为基础，间接地实现了南亚和中亚隐含的、和宗教及三连贯相关的世界统一性，把世界哲学史派生的三连贯和宗教问题带向了终结，成为亚洲和欧洲地理设计的最后一站。世界地理的设计从中国转向西欧，又从西欧转回中国，前进到亚洲和东北欧的其他国家，最终从东南亚向中国方向回归，形成了以中国地理凝聚的世界性为象征的“天下一家，和而不同”的格局，为人类实现天下大同提供了可靠的地理基础。

十二、美国

到目前为止，太极已经根据世界哲学史设计了相应的世界地理，实现了以中国为代表的“天下一家，和而不同”的地理格局。但天下大同还隐含尚待发展的其他因素。天下大同包含理想性和现实性两方面的内容，分别对应文化全世性和文明普世性。[①]文化全世性要实现的是世界各民族“天下一家，和而不同”的格局，而文明普世性则要实现人类在文明（主要是政治经济和科学技术）方面的一体化。中国文化本质上是全世性的，因为中国哲学从整体上思考了太极的宏观结构，而且把天地之间的世界作为太极自我实现的境域。全世性具有深远的历史目光和包容天下的气度，能够让不同事物实现自身的独特性，同时又互通有无，互相补充，实现“天下一家，和而不同”的理想境界。中国文化的全世性本质和中国地理的世界性是相称的。事实上，中国代表的天下大同既包括文化方面也包括文明方面的内容，因为文化全世性并不排除文明普世性，而是容纳后者并为之赋予意义。但文明普世性具有相对独立于历史性和民族性的特点（历史性和民族性本质上是文化特性）。这种相对独立性在以中国为代表的地理格局之外才能得到纯粹的实现。所以，在设计了亚洲和欧洲，实现了以中国为代表的地理格局之后，太极就看到了有必要在北半球和中国对称的位置上设计另一个国家，以便在那里消除世界哲学史的发展造成的历史性和民族性，纯粹地实现文明普世性。这个国家就是**美国**。

① 参见本书导论第一节“太极的发展过程”，以及《太极之音》导论第三节“中国文化复兴之路”，第十一讲《论太极》第六节“太极生成历史”。

美国是以 50 个州为次级国家单位形成的联邦制共和国；各州（在遵守联邦宪法的前提下）有自己的宪法和立法机构，实行相对独立的自治，因而以浓缩和简化的形式象征了和文明普世性相应的人类联邦。这些州的形状和规模大同小异，象征人类联邦中各个国家在普世性中的平等地位。美国和中国以不同的方式浓缩了世界，因而都是具有世界性的国家。中国的 34 个省级行政单位是以世界哲学史的 34 个先天位置为基础形成的，而美国的 50 个州则超越了世界哲学史的发展逻辑，其各州之间的差异只有象征性的意义。美国就是把中国地理凝聚的世界哲学史剥除后剩下的“简化版”的中国。这并不意味着美国在世界历史中的出现完全脱离了世界哲学史的发展。虽然美国代表的文明普世性有超越历史性和民族性的特点，这种特点本身可以在世界哲学史中找到相应的思想基础。在世界哲学史的 34 个先天位置中，超越人类历史的发展过程，单纯从人的自然状态、神赋予每个人的自然权利和社会契约出发思考自由、平等、民主、法治等文明普世性内容，突出政治经济的现实性本质的位置就是（属于英国哲学的）**洛克**。**洛克**以天赋人权为基础的自由主义哲学就是美国建国的先天基础，因此美国自然地也必须以基督教立国。自由主义哲学和基督教就是美国从世界哲学史的内在逻辑和特殊发展获得的支持。特别是新教中以个人和上帝的直接关联为动力、为实现个人天职而努力工作的清教徒，最适合美国超越历史性、纯粹地发展文明普世性的需要。美国最初就是从英国而来的清教徒为主体建立的英属殖民地，通过独立战争摆脱英国统治后发展成了由世界各地移民构成、以民族大熔炉为特点的移民国家。[①] 自由主义哲学对待政治经济的立场本质上就是超越历史发展的，因此它只是为美国建国提供哲学基础，而并没有把美国纳入世界哲学史的发展中。美国代表纯粹文明普世性的特点使它自然地倾向于从非历史的角度看问题，因此虽然它发达的文明吸引了许多人才（包括文化人才）到美国寻求发展，其本土哲学仅以“实用主义”为主要特征，更为注重和当代政治经济、科学技术相关的各种研究。

---

① 美国建国后逐步放宽了宗教政策，不设立国教，但基督教（特别是新教）仍然是占据优势的宗教，对美国的政治经济、社会和文化的发展都有深刻的影响。除了约翰·肯尼迪是天主教徒之外，美国历届总统都是新教信徒。

美国地理是从中国地理简化得到的。简化的总原则是去掉中国地理凝聚的世界哲学史，仅仅留下天地人神（北南东西）这个大框架。西方的“神”在美国对应基督教中的天志（神的意志），在地理中的凝聚就是高山；东方的“人”所在的世界在地理中的凝聚就是开阔的平原。所以，美国西部主要是大山脉，东部主要是大平原，构成西高东低的简单格局，象征基督教中的天志统一美国的世界。但美国西部的山脉不是从零开始构造的，而是通过简化中国的山脉来实现。由于中国西部的山脉主要是东西走向的，太极将中国东西走向的山脉（包括它们所夹的高原）合并起来，顺时针旋转成南北走向，再推向美国西部，形成了由平行山脉、山间高原和盆地共同组成、非常庞大的科迪勒拉山系，用来象征基督教中的天志。辽阔的青藏高原整体上象征天志，因此它在南北方向上压缩后顺时针旋转成南北走向，构成科迪勒拉山系最粗大的中段。青藏高原南边缘的喜马拉雅山脉变成美国西海岸的内华达山脉，其最高峰珠穆朗玛峰则变成内华达山脉乃至美国本土的最高峰惠特尼山，但其高度被减半，象征“简化”之义。[①] 喜马拉雅山脉西北的喀喇昆仑山脉旋转后变成了内华达山脉北边的喀斯喀特山脉。青藏高原北边的昆仑山脉、祁连山脉、天山山脉、阿尔泰山脉等东西走向的山脉之间隔着若干盆地（而非高原），因此它们被全部合并在一起，构成科迪勒拉山系东侧的主干落基山脉。内华达山脉和落基山脉所夹的高原盆地（美国大盆地）对应的就是青藏高原的主体部分，其中的唐古拉、念青唐古拉、冈底斯等东西走向的大山脉被分散成了大盆地中许多南北走向的小山脉，因为它们并不代表天志，而是代表判断力或身体。祁连山脉南边的青海湖（中国最大的咸水湖）变成了落基山脉西边的大盐湖（西半球最大的咸水湖）。青藏高原以东的阴山、秦岭、大巴山等也都是东西走向的大山脉，因此也被合并起来，构成落基山脉在美国的南段。中国东西走向的山脉所在的地区有非常丰富的矿藏。它们经过浓缩和变异后被储藏在科迪勒拉山系中，使这里成为美国的矿产宝库。

---

① 根据目前的测量数据，珠穆朗玛峰海拔是 8848.86 米，惠特尼山海拔是 4418 米，比前者的一半少 6.43 米。但喜马拉雅山是不断上升的山脉。最新测量数据表明，珠穆朗玛峰平均每年增高 1 厘米（参见百度百科“喜马拉雅山”词条）。按此估计，几百年前珠穆朗玛峰的高度曾经刚好是惠特尼山的两倍。

中国青藏高原以东的其余山脉大多数是“东北—西南”走向的，如大兴安岭、长白山、太行山、吕梁山、贺兰山，以及华中、华东、华南的河南、山东、安徽、浙江、湖南、江西、福建、广东、广西等地的大多数山脉。这些山脉被全部合并和浓缩成了“东北—西南”走向的阿巴拉契亚山脉，出现在靠近美国东海岸的平原上，代表和神的大意志相对的人的小意志（判断力）。和宽阔的科迪勒拉山系相比，阿巴拉契亚山脉要狭窄很多，因为中国的这些山脉之间并没有夹着像青藏高原这样高大辽阔的高原，而且代表小意志的山脉不能太高大。阿巴拉契亚山脉浓缩了中国的许多山脉，拥有世界最大的煤炭区，因为煤象征的就是逻各斯（包括判断力）对生命的澄明作用，而且这些中国山脉所在的黑龙江、辽宁、山西、河南、安徽、山东等省本来就是煤炭富集的地区。

由于中国的山脉被合并后推向美国的东西两侧，东西两侧之间就只剩下了大平原，象征天人之间的世界。中国的华北平原被大大地向东扩展，导致河北省向东移出，中国的东海岸几乎被拉平，太行山东麓的北京变成了阿巴拉契亚山脉东麓的华盛顿。为了简化南北象征的天地，中国北方弯弯曲曲的边界被拉平，南方的陆地边界则向北萎缩，以便落入科迪勒拉山系代表的天志的作用范围。海南岛和台湾岛代表**太极易**浓缩中国大陆凝聚的世界哲学史的发展过程，所以其在美国对应的地区不必落入科迪勒拉山系向东俯视的范围。但美国剥除了中国地理凝聚的世界哲学史，使这种浓缩失去了真正的意义，因此海南和台湾对应的地区无法再作为相对独立的岛屿存在，只好被拉向美国大陆，简化成美国南方海岸的两个尖角（得克萨斯南部和佛罗里达半岛)，其上的高山则被拉平，变成向海洋下降的坡地。

在中国，黄河和长江起源于代表**康德**的青海省，从西向东横贯了中国，代表中国在大意志和小意志上的统一性。但美国丧失了中国地理凝聚的世界哲学史，只剩下天地人神的大框架。所以，黄河和长江在美国被合并和简化成发源于科迪勒拉山系和阿巴拉契亚山脉的密西西比河，代表美国在大意志和小意志上的统一性。密西西比河收集了从东西两侧山脉向中部平原流下的河流，同时也收集了发源于中部的许多河流，通过五十多条主要支流汇集了美国大部分地区的河水，形成从北向南（从天向地）流入大海的干流，如同许多小血管汇入大血管那样把美国连成了整体，以天地人神大框架为基础实现了美国的统一性，成为美国最重要的内部通道，为美国文明的发展提供了极大的便利。

中国的五大淡水湖都出现在中国东部，其中四个在华北平原和长江中下游平原；呼伦湖则在内蒙古东北部。在美国地理中，中国平原地区的四大湖被集中起来移到呼伦湖附近，共同构成美国东北边界上的五大湖，以便为密西西比河统一中部平原地区腾出地方。这些湖的形状做了简化，但面积放大了很多倍，构成世界最大的淡水湖群（包括世界最大的淡水湖苏必利尔湖）。为什么要把这些湖泊放大？湖泊通常象征从某个哲学位置的特定角度敞开的世界（这是湖与海的主要区别）。在中国，这些湖出现在不同省份，突出了不同哲学位置看世界的独特角度，但美国代表的文明普世性超越了世界哲学史中不同位置的独特性，所以太极就尽量地放大美国的这些湖泊，使之如同陆地内部出现的海。根据我们对中国地理的分析，中国的五大淡水湖是云梦泽、鄱阳湖、洞庭湖、太湖、呼伦湖（古代的云梦泽本来是中国最大的淡水湖，出现在湖北江汉平原，后来由于长江和汉水泥沙淤积而不断缩小，只剩下一些零散湖泊，但在考察世界地理的先天意义时，仍然应该把它当成中国最大的淡水湖）。前三湖都属于长江水系，因此它们在美国对应的苏必利尔湖、休伦湖、密歇根湖被聚集成相互连通的三大湖。太湖不是长江水系的湖，而是海湾被封闭后转化而成的淡水湖。所以，湖水从西向东经过苏必利尔湖、密歇根湖、休伦湖之后不是直接流入对应太湖的伊利湖，而是先通过圣克莱尔河流入圣克莱尔湖，然后再从后者经底特律河流入伊利湖，象征长江流入大海（用圣克莱尔湖代表）再从大海流入太湖。太湖汇聚了前**苏格拉底**阶段的发展，代表的是人间世界，而呼伦湖则以最纯粹的方式代表从基督教而来的特殊世界性。在中国此二湖一南一北相距非常遥远，但它们在美国对应的伊利湖和安大略湖却靠得很近，在美国天地人神的大框架中发生了相互呼应，使得从伊利湖流向安大略湖的尼亚加拉河获得了“从人间世界转向基督教世界”的象征意义。这种转向必须跨越天人之间的先天断裂，同时还要从突出存在的前**苏格拉底**哲学转向突出理性神、为基督教奠定基础的**苏格拉底**、**柏拉图**和**亚里士多德**。如此巨大的转折在地理上实现为尼亚加拉河从伊利湖流向安大略湖经历的巨大落差，形成了世界上最大最壮观的瀑布——尼亚加拉大瀑布。

美国地理清除了中国地理中复杂的哲学要素，仅仅用天地人神的大框架统一美国，使其平原宽阔、土地肥沃、水系统一、交通方便，同时还把中国复杂地形中的诸多矿藏加以浓缩和变异，储藏在东西两侧的山脉中，使美国成为世界上矿产资源最丰富的国家。[①]所有这些都使美国在文明发展方面具有得天独厚的优势，在20世纪以来的人类文明发展中起到了重要的推动和主导作用。美国对世界的主要贡献就是超越了历史发展造成的民族差异和文化差异，将自由、平等、民主、法治、商业、科技等追求现实性的文明体制推向了发展的极致。美国不像中国以其文化全世性包容天下，而是以其文明普世性将美国代表的政治经济和科学技术向全世界推广。然而，缺乏深厚的哲学基础和悠久的历史传统使美国缺乏对自身的反思能力，难以真正理解和尊重不同民族的历史和文化，倾向于以自身标准衡量一切，从自身利益出发考虑世界问题，故其发展和推广文明普世性的方式显得简单而粗暴。[②]欧洲几千年来的历史发展形成了许多优秀的文化传统。美国建国以来也以基督教和自由主义哲学为基础发展出了富于美国本土特色的新文化传统。然而，20世纪以来的西方文化越来越倾向于成为现代文明的附属产物，以平民化、工业化、产业化、商业化、娱乐化的方式发展，逐步丧失了文化本来应当有的独立于文明的、从超越根源而来的理想性，变得越来越平庸、肤浅、无聊。[③]作为文明普世性的代表，美国文化被“文明化”的程度更是超越了欧洲文化，成为伴随全球化走向世界，不断取代世界各民族传统文化的强势文化。人类必须以创新的方式复兴欧洲和亚洲几千年来的优秀文化传统，才能走出被现代文明主宰的现代文化，特别是中国文化复兴更是重要的补救之道。美国文明的普世性也并不意味着它是

---

① 作为中国的简化版本，美国也有混合的世界性，因此也有比较丰富的稀土。除此之外，美国还是产铀大国，因为美国在世界地理中是作为人类联邦的象征设计的；这种联邦中的次级单位比中国各省的独立性要强得多，导致其内部结合不是很稳定（铀象征的就是不稳定的内部结合）。

② 这种简单粗暴的作风在最初的欧洲殖民者中就已经出现了。美洲最早的居民是印第安人、因纽特人等古老民族，曾经在这片土地上创造了灿烂的文明，其在农业种植方面的许多发明为美国农业的早期发展奠定了基础。这些美洲原住民是远古时期从亚洲迁徙过来的。他们带来了世界哲学史的地理因素。这些因素在世界历史发展之前就脱离了亚洲，在美洲的天地人神大框架中独立地发展，直到被欧洲移民带来的基督教和自由主义哲学取代，而这种取代过程伴随着欧洲殖民者对印第安人的大量驱赶和屠杀。

③ 参见《太极之音》导论第三节“中国文化复兴之路”和第四讲《现代人生命的演变》。

人类文明的唯一形态，因为这种普世性仍然缺乏从哲学高度理解的历史终极目标（天治地养）。作为两个具有世界性的对称国家，美国和中国应该互通有无，互相学习，形成相互合作的互补关系，共同为人类走向天下大同做出应有的贡献。

十三、加拿大、格陵兰和冰岛

如上所述，虽然美国代表的普世文明有超越历史性和民族性的特点，这种特点本身可以在英国哲学（**洛克**）中找到相应的思想基础；自由主义哲学和基督教就是美国从世界哲学史获得的支持。这就决定了从英国向美国必须有地理上的过渡。在地理上实现从英国向美国过渡的国家就是**加拿大**。由于美国是和中国对称的国家，从欧洲向美国过渡的加拿大和从欧洲向中国过渡的俄罗斯也是相互对称的国家。作为实现国际性过渡的国家，加拿大和俄罗斯一样拥有非常辽阔的国土。世界上陆地面积最大的四个国家依次为俄罗斯、加拿大、中国、美国。这个事实并非偶然。

加拿大被邻接在美国北边（和俄罗斯相似的纬度上）。加拿大的地形和美国一样是西高东低，但因为必须反映和俄罗斯的对称关系，其具体构造和美国相差很大。科迪勒拉山系实际上是从加拿大西部开始向南贯通到美国西部的，代表从加拿大到美国不断持续的基督教因素（天志）。但加拿大的科迪勒拉山系不是来自中国东西走向的山脉之合并，而是来自俄罗斯东西走向的山脉之合并，和青藏高原无关，因此虽然它包括主干落基山脉，却没有对应青藏高原的高原盆地，总体上比不上美国的科迪勒拉山系宽阔。加拿大的第一长河马更些河发源于落基山脉，但它不像密西西比河那样从北向南流，而是从东南向西北流入北冰洋，也没有起到汇集加拿大各地河流、把加拿大连成整体的作用。它所对应的其实是俄罗斯的几条流入北冰洋的大河。加拿大东部的拉布拉多高原也不像阿巴拉契亚山脉，而更像是中西伯利亚高原的浓缩和矮化。加拿大和俄罗斯的相互吸引使科迪勒拉山系向俄罗斯方向倾斜，最后通过其西端的阿拉斯加与俄罗斯东端的楚科奇半岛隔海相望，仅以狭窄的白令海峡隔开。阿拉斯加还向楚科奇半岛西南方的堪察加半岛延伸出了一条弧形岛链（阿留申群岛），和堪察加半岛与日本北海道之间的弧形岛链（千岛群岛）相映成趣。千岛群岛象征日本北海道东部（隐含**洛克**后期突出的判断力）和堪察加半岛（隐含**尼采**后期变成强力意志核心的判断力）之间的相互吸引。[①]通过千岛群岛向勘察加半岛传递的**洛克**因素吸引了科迪勒拉山系隐含的**洛克**因素，导致阿拉斯加向堪察加半岛延伸出了弧形的岛链。然而，加拿大必须向之过渡的是美国而不是俄罗斯。所以，从世界地理的先天意义来说，美国必须阻止加拿大被俄罗斯吸引、向俄罗斯运动的趋势。在历史发展中，这种地理意义最终实现为美国购买了曾被俄罗斯帝国占领的阿拉斯加，使这块飞地（世界最大飞地）成为美国的第 49 州，相当于在加拿大和俄罗斯之间竖起了一道属于美国的围墙。

由于美国的五大湖出现在东北边界，所以加拿大和美国共享了五大湖中的四个（只有密歇根湖完全属于美国），因而也共享了伊利湖和安大略湖之间的尼亚加拉大瀑布。共享四大湖和尼亚加拉大瀑布强化了加拿大和美国在文明普世性上的关联，使加拿大向美国的过渡变得更加顺利。但加拿大只是向美国传递以**洛克**为代表的英国哲学，而不像美国那样纯粹地代表文明普世性，所以加拿大不像美国那样超越历史性和民族性，而是仍然属于英联邦，保持了和欧洲的密切关联。除了以**洛克**为代表的英国哲学外，法国哲学也对自由做出了重要的思考。**笛卡尔**第一次突出了自由意志；**梅洛-庞蒂**把身体主体的自由外化到世界中；**萨特**则更是把人看成绝对自由的自为，把过去看成被超越者，把事物的意义寄托在个人向未来超越的自由。因此，法国哲学也为美国实现文明普世性提供了从世界哲学史而来的支持，特别是**萨特**隐含的否定过去、持续创新的革命精神，对美国超越历史性和民族性，纯粹从个人出发实现文明普世性具有推动作用。[②]美国和法国哲学的这种先天关联使得从欧洲向美国过渡的加拿大隐含了法国因素，吸引了大量法国移民来这里开疆扩土，并聚集在安大略省东边靠近美

---

① 参见前面对日本和俄罗斯地理的分析。

② 法国波尔多汇聚了**笛卡尔**发展知识的全过程，吸收了**笛卡尔**突出的自由意志。18 世纪出生在波尔多的法国哲学家孟德斯鸠进一步发展了洛克的自由主义，在洛克的分权思想基础上明确提出了三权分立学说，为美国立国提供了重要的思想基础。当世界历史在 20 世纪 60 年代进入对应**萨特**的时代时，这个时代具有的超越历史形成的社会秩序、追求个人绝对自由的倾向帮助美国突破了历史遗留的习惯势力，通过民权运动实现了更为普遍的人权。

国的魁北克省，使这里成为具有独特法国风情的地区，并使法语和英语同为加拿大的官方语言（法国哲学的三个位置并没有发展出系统的政治哲学，因此它们并没有像**洛克**那样成为决定美国地理的因素，只能在从欧洲向美国的过渡中表现出加拿大的法国渊源）。加拿大和俄罗斯的对称关系还使它先天地和中国、印度等亚洲国家有潜在的关联。虽然加拿大和美国一样是移民国家，但它保留的历史性和民族性使之没有成为美国式的“民族大熔炉”，而是更倾向于尊重不同民族的特色，努力发展多元文化，对世界各民族有更多的理解和包容。除了和美国共享的四大湖，加拿大陆地上还有数不清的大小湖泊，和美国主要只有五大湖形成了鲜明对比。这些湖泊同样象征着加拿大在普世性中保留的民族性。

加拿大向美国过渡，又和俄罗斯对称，因此像美国和俄罗斯一样拥有丰富的矿藏，其石油探明储量仅次于委内瑞拉和沙特（居世界第三位）。加拿大在哲学特性上的多元性不像中国那样被世界哲学史统一起来，而只是被过渡运动聚集起来，又被俄罗斯吸引而有偏离过渡运动的趋势，因此不像中国的多元性那样稳定。这种不稳定性使加拿大成为铀富集的国家（其探明储量居世界第二位）。加拿大地理隐含的过渡性和多元性使其世界性混合了欧洲、美洲和亚洲的因素，使之和俄罗斯和印度一样有比较丰富的稀土。加拿大还从英国吸收了**洛克**突出的判断力，和俄罗斯凝聚的**尼采**中的判断力相互呼应，因此加拿大也储存了极为丰富的钨矿（其探明储量居世界第二位。钨象征人的有限判断力）。

然而，加拿大最独特，与美国和俄罗斯都不同的地方，是其中部巨大的哈德孙湾，及其北方由许多大岛聚集成的岛屿群；该岛屿群总体上呈三角形，以其弧形的尖角指向格陵兰岛北端。为什么加拿大会有这种奇特的地理？因为“英国—加拿大—美国”的过渡与俄罗斯代表的“**黑格尔—尼采—太极易**”的过渡有对称性。为了实现从英国向加拿大的过渡，太极首先在英国境外产生了代表英国的格陵兰岛（正如在德国境外产生代表**黑格尔**的丹麦。格陵兰是丹麦属地，但拥有地方自治权）。格陵兰出现在英国主体（大不列颠岛）的三角形向北所指方向上，其形状是大不列颠岛的简化，但放大了很多倍，使之成为世界最大的岛屿，以便过渡到加拿大这个庞大的国家。但英国所指方向不是加拿大地理中心，而是偏向加拿大北部海域，所以加拿大必须向格陵兰岛北端延伸出三角形的岛群，以便实现从英国到格陵兰、从格陵兰到加拿大的过渡。太极还在加拿大中部（偏东）挖出了巨大的哈德孙湾，仿佛从格陵兰向加拿大过渡的三角形岛群可以被收集起来填入此湾，形成完整的大陆。哈德孙湾的设计暗示加拿大不是孤立的美洲国家，而是从英国（以格陵兰为中介）过渡而来的。[①] 安大略省北临哈德孙湾、南与美国共享四大湖、西望科迪勒拉山系、东邻魁北克省，成为加拿大的天然中心，在靠近美加边境的安大略湖周围凝聚了多伦多、哈密尔顿等重要城市。加拿大首都渥太华就坐落在安大略省靠近魁北克和美国边界的地方（向美国过渡使加拿大的重要城市集中在靠近美国的边界地区。西部的重要城市温哥华在西海岸靠近美国西雅图处）。

为了突出“从英国过渡而来”的意义，太极还在格陵兰和英国之间的海域上设计了**冰岛**来帮助英国指向格陵兰（因此冰岛西北角特别伸出了树杈形状来指向格陵兰）。冰岛是向格陵兰过渡的欧洲国家，因此和丹麦有内在关联，历史上曾经是丹麦属地，1918 年宣布独立并在 1944 年建立了共和国，和丹麦、挪威、芬兰、瑞典一起构成了北欧五国。在太极最初的设计中，美国刚好在中国对面，加拿大刚好在俄罗斯对面，但因为要在欧洲和北美之间的大西洋插入格陵兰和冰岛，加拿大和美国就向太平洋方向移动了一点，不再与俄罗斯和中国严格对称。

十四、中美洲和西印度群岛

美洲地理不仅包括和中国对称的美国以及从英国向美国过渡的加拿大，还包括与东南亚圆圈对应的加勒比圆圈。东南亚实现的世界统一性以中国地理为其隐蔽基础。所以，太极让美国向南方延伸出了对应东南亚的诸多国家和地区，产生了从墨西哥到古巴，围绕加勒比海逆时针旋转的**加勒比圆圈**。加勒比圆圈包括中美洲和西印度群岛两部分。通常所说的中美洲指的是墨西哥以南（到巴拿马为止）的 7 个美洲国家。但从世界地理的设计来看，墨西哥属于对应东南亚的美洲国家，因此本书把墨西哥包括在

---

① 英国探险家与航海家亨利·哈得孙（Henry Hudson）1610 年航行到了这个大海湾，宣布此地为英国所有，故得名哈德孙湾。

中美洲。西印度群岛通常指的是中美洲东边加勒比海地区的所有岛屿。如果不考虑南美洲，那么中美洲和西印度群岛就构成了一个围绕加勒比海的逆时针旋转，对应的就是东南亚圆圈。至于南美洲的意义我们在下一节再进一步考虑。

加勒比圆圈并没有简单地复制东南亚圆圈。东南亚在世界哲学史中的隐蔽基础是云南和广西代表的**梅洛-庞蒂**和**维特根斯坦**。这两个哲学位置以“意志统一世界”方式结合，在两省接壤处延伸出了越南，再通过结合方式的演变发展出其他东南亚国家。但美国是把中国凝聚的世界哲学史剥除后得到的对称国家。美国的“去哲学化”使它只继承了中国的天地人神大框架，而没有继承中国各省在世界哲学史中的不同意义。所以，从美国延伸出来的中美洲国家无法从世界哲学史获得自我同一性，而只能从美国的整体意义获得自性，仿佛中国也只是把其自我同一性简单地延伸到东南亚国家中。加勒比圆圈因此是东南亚圆圈“去哲学化”的结果，导致国家的形状、大小、邻接方式等都发生了相应变化。

墨西哥对应越南。美国直接从其西南边界向南延伸出了墨西哥。美国丧失了云南和广西的地形，只剩下西部的科迪勒拉山系及其东侧平原，所以越南北部的西高东低地形在墨西哥自然地实现为山系和平原的结合——科迪勒拉山系从美国向南延伸，占据了墨西哥大部分地区，但其东侧海岸有长条形平原，和得克萨斯南部尖角接壤（海南岛在美国丧失了独立意义，因此它对应的尖角不需要和墨西哥拉开距离）。墨西哥是直接从美国的整体意义获得自我同一性的，因此它直接从科迪勒拉山系及其东侧平原延伸出来，导致其主体部分比越南北部放大了很多倍，突出了它直接继承美国的独特意义（科迪勒拉山系中的奥里萨巴火山是中美洲最高峰）。越南南部的弯弓形则被东西反转，构成墨西哥东南部，亦即狭窄的特万特佩克地峡以东的弯角。为什么要东西反转？因为越南向西延伸出其他东南亚国家，是为了避免干扰东边海域上的海南岛，以致越南南部的弯弓形自然地向西包围柬埔寨，但海南岛在美国丧失了独立意义，所以越南南部在墨西哥被东西反转，以便直接发展出逆时针旋转、向美国方向回归的加勒比圆圈。这种东西反转相当于越南之后的东南亚国家向东而不是向西发展，遮蔽了东南亚从云南和西藏边界重新开始发展的意义，亦即缅甸从西藏获得天志的意义。作为弥补，太极从对应喜马拉雅山脉的内华达山脉的南方发展出了一条小山脉，让它向南延伸到墨西哥西部，形成细长的下加利福尼亚半岛，象征从西藏而来的天志，和墨西哥粗大的主体相互平行，隔海相望，暗示它仅仅是残留下来的象征，无法真正参与中美洲国家的发展（科迪勒拉山系代表的是基督教中的天志。喜马拉雅山脉对应的内华达山脉被纳入科迪勒拉山系，已经丧失代表**叔本华**中的天志的意义，所以下加利福尼亚半岛无法代表从西藏而来的天志参与中美洲国家的发展，只能作为这种天志的残留象征实现出来）。墨西哥是中美洲的开端性国家。这里的印第安人发展了玛雅和阿兹台克等古代文明，还培育出了玉米，为世界农业做出了巨大的贡献。

伯利兹对应老挝。从美国到墨西哥是一种发展，是以美国代表的天下大同为基础产生中美洲来实现新的世界统一性，但从墨西哥到伯利兹没有构成新的发展，因为越南发展出老挝是为了解决两个哲学位置相互结合产生的问题，而墨西哥的地理已经不再代表两个哲学位置的结合。伯利兹和老挝一样是短长条形（形状被简化），但面积被大大缩小，因为它不像老挝发展越南那样发展墨西哥，只是作为老挝的对应象征性地从墨西哥延伸出来。老挝北高南低的地势在伯利兹变成了南高北低，因为伯利兹是从墨西哥的弯角延伸出来的，而此弯角向上翘起的姿势把越南南部的南北方向颠倒了过来，导致对应老挝的伯利兹也出现了南北颠倒。居住在伯利兹的玛雅人曾经发展出灿烂的古代文明。

危地马拉对应泰国。其形状和泰国相似，但做了简化，去掉了南部的细长尾巴，同时还做了东西反转（受墨西哥东南部隐含的“东西反转”意义影响）。泰国是从老挝进一步发展出来的。但被缩小很多倍的伯利兹只能依靠墨西哥的力量延伸出危地马拉，所以危地马拉在伯利兹和墨西哥之间产生。危地马拉的面积也比泰国缩小了，其道理和伯利兹的面积缩小相似，但因为它依靠墨西哥的力量延伸出来，所以不像伯利兹缩小那么多，而且还继承了墨西哥的高地势，拥有除墨西哥之外的中美洲最高峰。危地马拉和伯利兹一样是古代玛雅文明的中心之一。

洪都拉斯对应柬埔寨。洪都拉斯是危地马拉向东延伸出来的。其形状是柬埔寨稍微向东拉伸的结果，因为柬埔寨综合了泰国、老挝和越南的地理意义，其自我同一性有所增强。但在危地马拉已经比泰国缩小的前提下，洪都拉斯还是比柬埔寨小了一些。洪都拉斯无法像柬埔寨那样被之前的三国包围，因为中美洲的发展只是自我同一性的简单延续，只能朝东南方向不断排列下去。洪都拉斯西部也曾经是古代玛雅文明的中心之一。

萨尔瓦多对应缅甸。其形状是缅甸的简化（齐整化，去掉尾巴）。但相比缅甸，萨尔瓦多的面积缩小了几十倍。缅甸是中南半岛最大的东南亚国家，因为它吸收了从西藏而来的天志，将其统一世界的作用传递给其他国家。但墨西哥把越南南部做了东西反转，导致中美洲不断向东南发展，无法像缅甸那样从西藏获得天志（只能从内华达山脉的南方延伸出下加利福尼亚半岛来象征），因此对应缅甸的萨尔瓦多被大大地缩小。萨尔瓦多也是古代玛雅文明的发祥地之一。

尼加拉瓜对应马来西亚。由于中美洲只能把从美国而来的自我同一性简单地延续下去，它只能从一个国家直接延伸出另一个国家或地区，无法实现跨越海洋的发展，所以尼加拉瓜就把西马和东马合并到一起，构成三角形状。为了保留西马和东马的意义，太极在尼加拉瓜内部产生了两个相邻又相隔的大湖（尼加拉瓜湖和马那瓜湖）来代表它们。尼加拉瓜湖靠近尼加拉瓜南部边界，其形状和西马相似，但和马那瓜湖相比面积放大了很多，成为中美洲最大的湖，因为对应新加坡的国家将从尼加拉瓜南部边界延伸出来，如同新加坡从西马发展出来。尼加拉瓜的面积也比马来西亚小。尼加拉瓜保留了一些玛雅文明的历史遗迹。

哥斯达黎加对应新加坡。哥斯达黎加是尼加拉瓜向东南直接延伸出来的（尼加拉瓜湖的南边界非常靠近哥斯达黎加边界，但没有真正到达，而是被狭窄的陆地隔开，象征西马隔海发展出了新加坡）。新加坡汇聚了中南半岛从中国地理而来的统一性，但它并不是统一中南半岛的国家，而只是一个精华荟萃的袖珍小国。美国则直接继承了中国地理的统一性并通过简单的延续传递到中美洲。所以，新加坡象征的统一性在中美洲被极度放大，导致哥斯达黎加的面积是新加坡的几十倍。哥斯达黎加的形状是新加坡的简化（紧凑化）：西南海域的群岛被收拢到陆地而变成半岛；在东北海域代表海南和台湾的两岛被移回东南，收拢到陆地而变成螃蟹两爪的形状。哥斯达黎加虽是小国，但综合了多种文化而被称为“中美洲瑞士”，同时还是世界上生物物种最丰富的国家之一，展示了它集大成的意义。

巴拿马对应文莱。文莱是东马边上与新加坡对称的国家。西马和东马已经结合到一起变成尼加拉瓜，所以巴拿马就接着哥斯达黎加继续往东南排列，其面积也比文莱放大了十几倍，变得和哥斯达黎加差不多（稍大）。巴拿马的形状是文莱的齐整化：文莱东西两部分几乎相接处被接通，构成更为对称的弯弓形，并向哥斯达黎加延伸出承接后者的一段，代表巴拿马是从哥斯达黎加而来的对称国家。巴拿马也是综合了多种文化的中美洲国家。

从墨西哥到巴拿马的 8 个中美洲国家对应东南亚从越南到文莱的发展，亦即进入印度尼西亚之前的发展过程。印度尼西亚是东南亚的一个特殊国家。东南亚的统一性是以中国地理为隐蔽基础发展出来的，而印度尼西亚的统一性却主要来自从印度吸收到的天志，导致从马来西亚到印度尼西亚的发展无法最终收拢，发散出了一系列岛屿。尽管如此，印尼从马来西亚继承了从西藏传来的天志，而它从印度吸收到的天志最初也是从西藏传递到印度东部的（只是被印度纯化了），所以印尼可以借助两种天志的同源性让从印度而来的天志参与从中国而来的世界统一性，把一系列岛屿统一起来，成为全世界最大的群岛国家。然而，从西藏传来的天志在美洲却无法继续发挥作用，因为美国丧失了中国凝聚的世界哲学史（包括西藏凝聚的**叔本华**），只剩下天地人神大框架，其西部的科迪勒拉山系代表的只是基督教中的天志，以致从西藏传来的天志只能作为残留象征实现为墨西哥的下加利福尼亚半岛，无法真正参与中美洲国家的发展。所以，印尼在美洲对应的地区只能靠从印度吸收到的天志实现世界统一性（印度的本质就是在基督教、伊斯兰教和佛教之间起到桥梁作用，故其地理凝聚的天志可以被吸收到基督教统一的美洲）。作为东南亚国家，印尼实现的仍然是从中国而来的世界统一性，故其在美洲对应的地区应该实现从美国而来的统一性，不是从印度而来的统一性。这个矛盾导致印尼在美洲对应的地区无法形成统一的国家，只能分散成许多独立的小岛国（或岛屿）。这些小岛群加上东帝汶和菲律宾对应的岛屿，共同构成了人们通常所说的“西印度群岛”。[①] 中美洲和西印度群岛共同构成了东南亚在美洲的对应。

① 哥伦布误以为他发现的大陆属于印度，所以把加勒比海的岛群称为西印度群岛。这其实是很有意思的巧合，因为“西印度群岛”就是“东印度群岛”中的印尼、东帝汶和菲律宾在美洲的对应。

印度尼西亚包括两部分，分别从西马和东马发展而来。所以，印尼在美洲对应的岛群也分为两组。由于美洲国家只能简单地延续，第一组岛群先（逆时针）排列成弧形，然后才接着往下排列第二组岛群：

（1）从特立尼达岛到波多黎各岛：这些小岛群对应印尼从西马发展出来的成分（以及起阻挡作用的东帝汶）。为了强化统一性，长条形的苏门答腊岛被从两头压缩而简化成了特立尼达岛；从苏门答腊发散出的爪哇岛则被浓缩成特立尼达附近的多巴哥岛（苏门答腊岛和爪哇岛关系密切，代表印尼的统一性，所以它们在加勒比海对应的岛屿和其他岛屿保持了一定距离）。从爪哇岛发散出去的众多小岛（和西帝汶半岛）都被简化成了接近椭圆形，从格林纳达岛一直排列到圣基茨岛，并继续发散出维尔京群岛，但这种发散趋势最终被波多黎各岛阻挡，正如从爪哇岛发散出去的岛群最终被东帝汶阻挡。波多黎各岛对应的就是东帝汶（其形状是东帝汶的齐整化，其面积放大到超过特立尼达岛，以便更好地起到阻挡作用）。加勒比海的这些小岛群缺乏把它们统一起来的力量，相互间有较强独立性，所以有些单独形成了岛国，有些则与较近的结合成岛国，有些则变成了殖民地。阻挡发散的波多黎各最终成了美国的自治邦。这些小岛群形成的独立主权国家共有 8 个：**特立尼达和多巴哥、格林纳达、圣文森特和格林纳丁斯、巴巴多斯、圣卢西亚、多米尼克、安提瓜和巴布达、圣基茨和尼维斯**。

（2）从多米尼加、海地到牙买加和巴哈马：这些岛国对应印尼从东马发展出来的成分。加里曼丹岛（印尼部分）变成了**多米尼加**（由于西印度群岛的逆时针排列方式，多米尼加是加里曼丹岛上下颠倒、东西反转得到的）。从加里曼丹岛发散出来的苏拉威西岛变成了**海地**（其形状是苏拉威西岛上下颠倒、东西反转后再齐整化得到的）。印尼从东马发展出来的成分具有更强的发散趋势。为了强化统一性，多米尼加和海地不像加里曼丹岛和苏拉威西岛那样隔开，而是合并成了一个大岛。但阻挡发散的巴布亚新几内亚本质上属于异邦（大洋洲），不属于东南亚，在美洲没有对应物，这意味着从苏拉威西发散出来的一系列岛屿（包括零碎的小岛群和新几内亚半岛）在美洲会向四面八方散开。从苏拉威西发散出来的零碎小岛群变成了海地西北方的群岛国**巴哈马**。[①] 新几内亚半岛则变成了海地西南方的

① 东帝汶阻挡不力而发散出来的零星岛屿也变成了巴哈马的一部分。

岛国**牙买加**（其形状是前者上下颠倒、东西反转后再简化得到的）。

以上两组岛群共同构成了印度尼西亚和东帝汶在美洲的对应。东南亚圆圈的最后国家是菲律宾。菲律宾在美洲对应**古巴**。为了强化统一性，菲律宾南部的群岛和北部的吕宋岛被聚拢起来，构成古巴岛的长弧形；巴拉望岛则被聚拢成了短粗的弧形（青年岛）。为了更好地聚拢加勒比海群岛的发散趋势（象征菲律宾聚拢印尼的发散趋势），古巴被排列在海地之后，插入分散开的牙买加和巴哈马之间。菲律宾的吕宋岛指向台湾岛，象征东南亚圆圈通过台湾向大陆运动、向中国方向回归。所以，古巴岛的末段应该指向美国东南海岸对应台湾的佛罗里达半岛。但印尼在美洲对应的岛群缺乏足够的统一性，无法形成统一的国家，只能分散地形成许多独立的小岛国。古巴因此缺乏足够动力把从美国而来的世界统一性带回美国，故其末段不但无法指向其北方的佛罗里达半岛，而且反过来向下垂，指向其西南方的墨西哥东南部，和后者形成的弯钩相互呼应（为了这个目的，墨西哥东南部被拉向古巴方向）。[①] 因此，中美洲和西印度群岛围绕加勒比海的逆时针旋转最终构成的是回归墨西哥的运动。加勒比圆圈实现的世界统一性虽然以美国地理为其隐蔽基础，却无法向美国方向回归。这说明加勒比圆圈实现的世界统一性是有缺陷的。太极于是进一步设计南美洲来弥补这个缺陷。

十五、南美洲

中美洲和西印度群岛构成的加勒比圆圈之所以有缺陷，原因在于印度尼西亚在美洲对应的地区无法形成统一国家，只能分散地形成许多小岛国，导致和菲律宾对应的古巴缺乏足够动力向美国方向回归。其更根本的原因则在于从西藏传来的天志在美洲无法继续发挥作用，以致印尼在美洲对应的地区只能靠从印度吸收到的天志实现世界统一性，因而无法顺利地实现从美国而来的统一性。但从印度而来的统一性和美洲的统

① 古巴因此隐含“从美国脱离”的意义。此意义在历史中有所表现。1959 年的古巴革命推翻了亲美独裁的政权。为了反抗美国的制裁，古巴从苏联获得支持，建立了美洲的第一个社会主义国家。

一性并不是完全对立的，因为印度的本质就是在基督教、伊斯兰教和佛教之间起到桥梁作用，故其天志统一世界的作用可以被吸收到基督教统一的美洲，这是为什么加勒比海群岛还是可以出现许多小岛国的原因。为了弥补加勒比圆圈的缺陷，就必须在美洲特别地突出和强化从印度而来的统一性（天志统一世界的作用），使印度尼西亚在美洲的对应能够形成统一的国家。为了这个目的，必须把印度直接吸收到美洲，形成一个特别的美洲国家，然后以它为基础重新实现东南亚11国在美洲的对应。这个特别的美洲国家就是巴西。以巴西为起点和终点，东南亚诸国在美洲的对应被重新排列成一个圆圈，出现在中美洲和西印度群岛的南方，其结果就是南美洲（相应地，南美洲北方的美洲国家组成了北美洲）。为了弥补加勒比圆圈的缺陷，南美洲的北端必须插入中美洲和西印度群岛之间，以便用从印度而来的统一性强化西印度群岛的统一性。南美洲的圆圈还必须顺时针旋转，这样才能和逆时针旋转的加勒比圆圈在结合处契合，达到强化后者的目的。南美洲插入到中美洲之后的国家（哥伦比亚）对应东马来西亚，插入到西印度群岛之前的国家（委内瑞拉）则对应印度尼西亚，这样哥伦比亚就可以自然地和对应文莱的巴拿马接壤，而对应印尼的委内瑞拉则可以自然地发展出西印度群岛。南美洲的插入象征性地强化了西印度群岛从印度而来的统一性，弥补了加勒比圆圈的缺陷，尽管这样做并不能改变加勒比圆圈原来的地理设计。

南美洲要突出的是从印度而来的天志统一世界的力量，而这种力量只能通过基督教中的天志发挥作用。所以，南美洲的整体地貌模仿并强化了美国西高东低（神人关系）的地理格局。贯通加拿大和美国西部的科迪勒拉山系延伸到中美洲后越变越矮，但它在南美洲又重新隆起在西海岸（科迪勒拉山系因此成为世界上最长的褶皱山系）。科迪勒拉山系在南美洲变得更加凸起和狭窄，突出了天志的单一性。其在北美洲的主干落基山脉在南美洲变成安第斯山脉，成为世界最长的山脉，被称为“南美洲的脊梁”。科迪勒拉山系向东俯瞰着南美洲一望无际的大平原、草原和高原，代表天志对世界整齐划一的统一性。从北美洲到南美洲，其西部隆起的科迪勒拉山系以连贯的方式代表了天志统一世界的力量，并把这种力量毫无阻碍地展开在无比辽阔的美洲大陆上，使美洲成为世界上油页岩资源最为丰富的地方，因为油页岩象征的就是天志统一行动的世界之作用。[①]

下面就让我们考察一下南美洲地理的发展过程。为了突出天志对世界整齐划一的统一作用，南美洲的地形主要是从整体设计的，以致南美诸国的地形和东南亚对应国家的地形往往不相符合。另一方面，中美洲国家和西印度群岛只能简单地延续，缺乏东南亚从世界哲学史而来的统一性，而南美洲则是作为弥补出现的，故其地理设计尽量保留了东南亚诸国的位置关系。所以，除了某些特别的国家之外，我们主要关心南美诸国的位置和形状。

巴西对应印度。为了从巴西开始南美洲的顺时针旋转，巴西被排列在南美洲东部。其形状是印度被放大（差不多三倍）的结果，同时被朝西拉伸，显得比印度胖一些；放大是为了强化印度因素的作用，朝西拉伸则是为了把这种作用传递到西边的南美诸国（印度狭窄的东部凝聚了从西藏传来的天志，在巴西没有对应，仿佛巴西把印度东部砍掉了）。把印度放大使巴西获得了几项世界之最：印度的恒河变成了巴西的亚马孙河（世界最大河流），恒河平原变成了亚马孙平原（世界最大平原），德干高原变成了巴西高原（世界最大高原）。[②]亚马孙河主干流发源于安第斯山脉，自西向东流经亚马孙平原后注入大西洋。为了充分发挥巴西为南美洲提供统一性、帮助南美洲和加勒比圆圈向美国方向回归的作用，太极让亚马孙河吸收了密西西比河的特点，收集了南美洲 8 国的众多支流，汇集到巴西，最后从巴西东侧入海，成为世界上流域最广、流量最大、支流最多的“河流之王”。[③]巴西是特别的南美洲大国，因为它是印度在南美洲（经过强化）的隐蔽代表，同时也是美国在南美洲的隐蔽代表。因此巴西的矿藏特别丰富，例如亚马孙河流域的卡拉加斯铁矿就是世界最大和质量最优的铁矿。巴西还是稀土比较丰富的国家，因为其地理隐含的印度因素和美洲因素混在一起，产生了混合的世界性。

---

① 参见导论第四节对油页岩的讨论。美洲的设计是为了实现纯粹的文明普世性，其所对应的世界统一性是完全现实的，仅仅建立在行动的世界基础上。

② 如果把南极的冰雪高原也算进来，巴西高原就成为世界第二大高原。

③ 亚马孙河流经南美洲北部和中部的厄瓜多尔、哥伦比亚、委内瑞拉、圭亚那、苏里南、秘鲁，玻利维亚和巴西，但没有流经南部的智利，阿根廷，巴拉圭，乌拉圭。虽然它代表巴西为南美洲提供统一性，但它毕竟是恒河在南美的对应，所以不流经南方。

阿根廷对应越南。越南是中国直接向南延伸出来的。为了构成顺时针旋转，巴西向西南方向延伸出了阿根廷，其形状如同把墨西哥向西南方向拉直，但其终端的弯钩被“截断”而形成一块飞地（火地岛省）。墨西哥终端的弯钩和古巴的末段相互呼应，代表墨西哥成为加勒比圆圈的回归处。这种偏离了美国的“回归”在南美洲被象征性地“截断”了。科迪勒拉山系在阿根廷形成的阿空加瓜山是南美洲最高峰，正如它在墨西哥形成的奥里萨巴火山是中美洲最高峰（阿空加瓜山还是西半球的最高峰，象征天志在南美洲被突出到了极点）。

智利对应老挝。老挝是越南向西发展出来的，其长条形状如同南部被缩短的越南。阿根廷的西边刚好是科迪勒拉山系面向海岸的西坡，因此它就顺时针发展出了西海岸细长条形状的智利，但智利的南部不能缩短，因为它必须沿着阿根廷南部延伸，直至它能象征性地“截断”阿根廷终端的弯钩。太极于是把智利南部的长条形变得支离破碎（由许多半岛和零碎岛屿群构成），象征性地把它虚化了。智利因而成为世界上最狭长的国家。

玻利维亚对应泰国。为了形成顺时针旋转，智利向东北发展出了玻利维亚，其形状是泰国的齐整化，去掉了南部的尾巴，和巴西接壤处则结合了巴西对应印度的特性。

巴拉圭对应柬埔寨。柬埔寨是泰国向老挝和越南运动而延伸出来的。因此，玻利维亚倒回来延伸出了和阿根廷接壤的巴拉圭。巴拉圭本来也应该和智利接壤（正如柬埔寨和老挝接壤），但这样做会破坏阿根廷、智利、玻利维亚和巴拉圭构成的顺时针回旋（这种顺时针回旋符合南美洲地理的自然发展趋势）。作为弥补，巴拉圭的形状在柬埔寨基础上做了变化，把柬埔寨南部向东南延伸，再向西南延伸，构成三大块形状，象征它是泰国向老挝和越南运动而延伸出来的。从越南到柬埔寨的逆时针回旋在南美洲被转化成了从阿根廷到巴拉圭的顺时针回旋，构成了南美洲顺时针运动的局部运动。作为南美洲顺时针运动的起点和终点，巴西实际上起到了中国在东南亚圆圈中的作用。所以，从巴西高原发源了拉普拉塔河—巴拉那河来对应从中国发源的东南亚第一大河湄公河，成为南美洲仅次于亚马孙河的第二大河流，增强了南美洲的统一性（它流经玻利维亚、巴拉圭和阿根廷后注入大西洋，象征湄公河流经泰国、柬埔寨和越南后注入南海）。

秘鲁对应缅甸。缅甸西邻印度，东邻泰国和老挝，所以秘鲁是从巴西、玻利维亚和智利延伸出来的。其形状是把缅甸齐整化，去掉尾巴，再结合巴西边界而得到的，其南部则向东扭转，以便和玻利维亚和智利接壤。

马来西亚在南美洲的对应比较特别。由于中美洲的简单延续方式，南美洲只能和最后一个中美洲国家即巴拿马接壤。巴拿马在东南亚对应文莱，而文莱是从东马延伸出来的，所以南美洲和巴拿马接壤的国家必须代表东马。这个代表东马的国家起到了承接中美洲、把中美洲吸收到南美洲统一性中的作用。因此西马和东马在南美洲必须分开，形成两个相互独立的国家。秘鲁于是首先按照顺时针运动发展出**厄瓜多尔**来对应西马，接着再发展出**哥伦比亚**来对应东马。为了增强统一性，厄瓜多尔和哥伦比亚把西马和东马的长条形从两端向中间压缩，使它们都变胖起来。哥伦比亚的面积更被放大到厄瓜多尔的 4 倍多，以便让它更好地承接中美洲、把中美洲吸收到南美洲的统一性中。

新加坡和文莱是紧接马来西亚产生的国家，但新加坡只是汇聚了从中国地理而来的统一性，而文莱只是其对称国家；二者在从马来西亚到印尼的过渡中并不是绝对必需的。为了更好地把哥伦比亚从中美洲吸收的统一性直接传递给代表印度尼西亚的南美国家，太极把新加坡和文莱对应的南美国家暂时“延后考虑”，直接从哥伦比亚顺时针发展出了委内瑞拉。

委内瑞拉对应印度尼西亚。由于委内瑞拉的设计是为了让印尼在美洲的对应能够形成统一的国家，其形状仅仅取自印尼的两个开端性部分（不包括它们发散出去的岛群）。委内瑞拉以奥里诺科河主干为界分成西北和东南两部分，分别对应苏门答腊岛和加里曼丹岛（印尼部分）。为了和哥伦比亚共享代表天志的安第斯山脉，苏门答腊岛的西北角在委内瑞拉被顺时针卷了起来，向其余部分推挤，差不多合到一起，围成了西北部的委内瑞拉湾和马拉开波湖（南美洲最大的湖泊）。委内瑞拉的东南部是加里曼丹岛（印尼部分）向西南方向翻转的结果（翻转是为了配合巴西的边界形状）。为了强化委内瑞拉的统一性，太极还将巴西从印度吸收的“天志统一世界”进一步吸收到委内瑞拉：巴西高原被转化为委内瑞拉东南部的圭亚那高原，亚马孙河被转化为奥里诺科河，亚马孙平原被转化为西北部的奥里诺科平原。南美洲承接了中美洲的天志，用从印度而来的天志强化它，再传递给西印度群岛。因此，安第斯山脉其实包含两个支脉：西支继承了从中美洲而来的科迪勒拉山系，沿着南美洲的西海岸延伸；东支则向东俯瞰辽阔的南美洲平原，实现天志对世界的统一作用，其北段进入委内瑞拉后分裂成两个分支：右分支拐向西印度群岛方向，沿梅里达山脉延伸，直至特立尼达岛为止，将天志传递给了后者；左分支（佩里哈山）则沿着委内瑞拉和哥伦比亚边界延伸，帮助哥伦比亚把从中美洲承接的天志传递给委内瑞拉。西支和东支在南段和中段是平行结合在一起的，但在北段却分裂开来，以便实现西支和东支的不同意义。太极于是在东西两支分裂开来的地方（哥伦比亚）增加了中支，代表东西两支的内在关联，成为天志从西支向东支过渡的自然中介。东支的左右分支共同包围了马拉开波低地，以至于两分支代表的同源的天志相互呼应、相互增强，共同统一了马拉开波湖象征的世界，在其附近低地聚集了异常丰富的石油，使马拉开波湖成为世界最著名的“石油湖”（石油甚至从湖畔裂缝溢出而浮到水面上）。另外，圭亚那高原和东支所夹的奥里诺科平原象征天志从两个不同角度统一起来的世界，因此和马拉开波低地一样蕴含了极为丰富的石油，共同构成了委内瑞拉最丰富的石油存储区，使委内瑞拉成为世界上石油储量最丰富的国家。

为了弥补加勒比圆圈的缺陷，南美洲必须插入到巴拿马和西印度群岛之间，其方式就是让哥伦比亚和巴拿马接壤，同时让委内瑞拉成为西印度群岛逆时针旋转的出发点。南美洲的顺时针运动从委内瑞拉向西印度群岛传递了从巴西（印度）而来的天志，使西印度群岛获得了更强的统一性，尽管这种强化无法改变西印度群岛本身的地理。在完成了印度尼西亚在南美洲对应的地理设计之后，太极才回过头来考虑新加坡和文莱在南美洲的对应。在南美洲，西马和东马对应两个不同国家，其统一性遭到破坏，以致新加坡和文莱在南美洲失去了对称性：新加坡仍然代表中国，但文莱无法借助对称性保持这个意义，故新加坡代表中国的意义被唯一地突出。由于巴西起到了中国在东南亚圆圈中的作用，太极将新加坡对应的国家**乌拉圭**排列在巴西南边，让巴西单独地特别地延伸出乌拉圭（同时还让拉普拉塔河口隔开乌拉圭和阿根廷，阻止乌拉圭顺时针过渡到阿根廷）。乌拉圭的形状把新加坡向中部收拢而变得紧凑（以便从巴西延伸出来），但其面积则极度放大，因为新加坡在北美洲对应的哥斯达黎加已经把它放大了几十倍，其在南美洲的对应更是直接从巴西延伸出来（仿佛新加坡直接从中国延伸出来），所以进一步放大了。文莱对应的国家**圭亚那**则被简单地排列在委内瑞拉东边，以便延续南美洲的顺时针运动。文莱由一大一小两部分构成，象征文莱是和新加坡对称的国家。但圭亚那丧失了文莱和新加坡对称的特性，故其形状仅来自文莱较小部分的长条形（两端膨胀以保留文莱由两部分构成的特点）。

由于委内瑞拉仅仅对应印尼的两个开端性部分，而不对应它们发散出去的岛群，东帝汶和巴布亚新几内亚阻挡印尼发散的作用在南美失去了意义。但作为东南亚诸国之一，东帝汶在南美仍然必须有对应。既然不需要发挥阻挡作用，东帝汶对应的**苏里南**就没有被排列在委内瑞拉东边，而是排列在圭亚那东边，其形状被压缩变短以配合圭亚那的边界。在苏里南东边，太极继续排列了菲律宾对应的**法属圭亚那**。菲律宾南部的岛群象征印尼的发散趋势，而北部的吕宋岛则指向台湾，引导印尼向中国方向做回归的运动。但印尼发散出的岛群在南美没有对应。所以法属圭亚那将菲律宾的岛群聚拢起来，将得到的弧形压缩、东西反转后再南北颠倒；压缩和东西反转是为了配合苏里南的边界，南北颠倒则是为了把菲律宾向中国方向（北方）回归的运动转化为法属圭亚那向巴西方向（南方）回归的运动。然而，为了强化加勒比圆圈，委内瑞拉必须向东北方的西印度群岛运动，而不是向东南方的巴西运动。所以法属圭亚那在南美洲的作用被削弱，以致它没有足够力量成为独立国家（目前是法国的一个海外省）。但法属圭亚那向巴西方向的运动还是有意义的，因为它把从巴西开始的顺时针运动带回了巴西。

南美洲的顺时针运动从巴西开始又回归巴西，构成了东南亚圆圈在南美洲对应的**南美洲圆圈**。为了弥补加勒比圆圈的缺陷，南美洲圆圈有不少特殊的设计，导致其顺时针运动不够单纯和完美，但这正是它和加勒比圆圈内在关联的表现。南美洲圆圈和加勒比圆圈是一个不可分割的整体。它们构成了通常所说的“拉丁美洲”。归根到底，拉丁美洲的两个圆圈都是从美国释放出来的。美国、加勒比圆圈和南美洲圆圈的地理意义构成了不可分割的、相对自我统一的整体。但这个整体的统一性其实是松散的，因为加勒比圆圈无法向美国方向回归，只能靠南美洲圆圈来强化它的统一性，而这种强化其实又只是“马后炮”，并没有改变加勒比圆圈无法向美国方向回归的事实。美国无力回收它释放出来的两个圆圈。这是美洲地理无法改变的先天缺陷。

十六、非洲

为了弥补美洲地理的先天缺陷，必须在美洲之外另外产生一个大陆来代表美国、加勒比圆圈和南美洲圆圈，把三者的松散统一性转化为不可分割的大陆整体性。这个新大陆出现在和美洲的这三部分隔大西洋相望的对称位置上。它就是**非洲**。非洲是为了弥补美洲地理的先天缺陷产生的，因此其意义和美洲密不可分。非洲西海岸和美洲东海岸的边沿形状相互契合，构成互补关系。大陆漂移说认为非洲和美洲最初是相连的，随着地球板块的运动才分离开来（例如，非洲西北角的阿特拉斯山脉和美国东部的阿巴拉契亚山脉原本相连）。这种板块运动既把非洲和美洲分开，同时又保持了它们在地理意义上的先天关联。

虽然美国剥除了中国地理凝聚的世界哲学史，但它的立国基础仍然是从世界哲学史发展出来的自由主义和基督教，而且它延伸出来的拉丁美洲是东南亚国家在美洲的对应，所以拉丁美洲国家的关系也有世界哲学史的残余。美洲地理因此包含了内在张力：它残存了来自世界哲学史的先天因素，但又没有像中国那样凝聚了世界哲学史，无法从世界哲学史的内在逻辑维持其统一性，导致美洲地理只有松散的统一性。为了更彻底地实现美洲三部分的统一，非洲必须进一步放弃世界哲学史在美洲的残余。这种彻底的放弃意味着回归到世界哲学史发展之前的世界统一性，把美洲三部分在非洲对应的国家作为纯粹的人类社会统一起来。美洲继承了中国的天地人神大框架，从基督教角度特别突出了其中的“神—人”维度。基督教是从世界哲学史派生的。所以，非洲要发展的不但是前世界哲学史而且是前基督教的世界统一性。基督教的“神—人”维度在非洲地理的设计中就被放弃了（不再用贯穿南北的大山脉统一平原地区）。另一方面，在世界历史发生之前，人类就已经通过发展语言把世界敞开在大地之上、天空之下、诸神之前。[①] 非洲地理的前历史意义使之发展了非常丰富的语种和极为丰富的、以诸神崇拜为中心的原始宗教。虽然非洲地理放弃了基督教的“神—人”维度，但“神—人”维度的前历史意义却在非洲原始宗教中被特别地突出，成为非洲接受基督教（和伊斯兰教）的潜在基础。非洲以原始宗教为基础的世界统一性代表了人类最早达到的世界统一性。非洲因此具有为人类历史奠基的意义，成为人类最早的发源地（根据现代考证，人类从非洲走向不同大陆，才分化出了世界诸民族）。由于非洲对历史性的超越更加彻底，美洲要实现超越历史性的普世文明就必须吸收非洲的因素。来自非洲的美洲黑人因此为美洲实现其本质做出了不可磨灭的贡献。

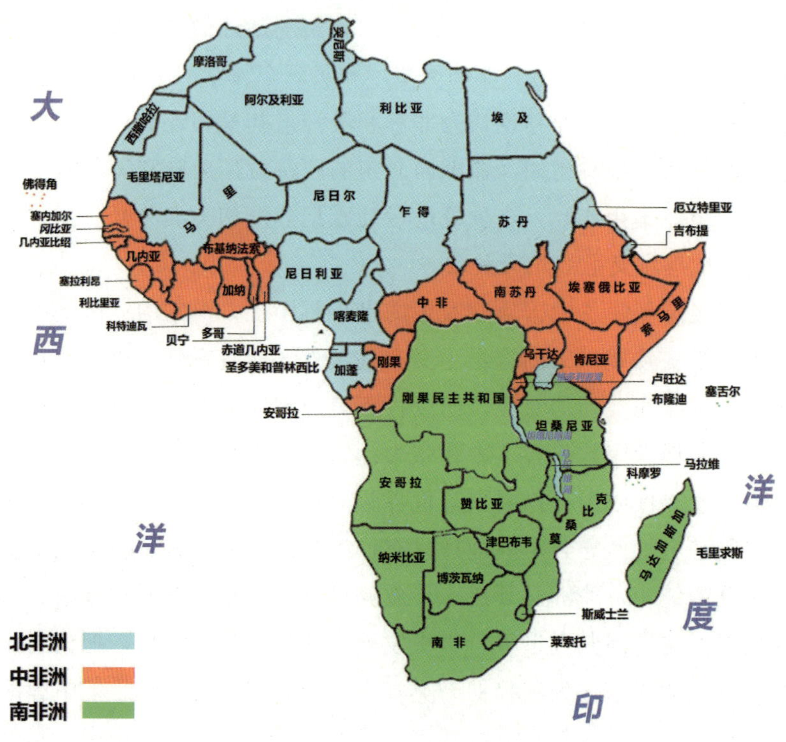

图 8 非洲三区示意图

非洲的形状和分区是由它和美洲的对应决定的：北非洲对应美国，中

① 参见《太极之音》第 301 页。

非洲对应加勒比圆圈，南非洲对应南美洲圆圈。[1]我们还可以把中非洲和南非洲合称“中南非洲”。中南非洲刚好对应拉丁美洲。但必须注意，这里所说的“北非洲”“中非洲”和“南非洲”是从非洲地理的先天意义得出的概念，其所指和人们通常使用这些词时的所指不完全相同，其具体范围需要通过进一步的分析来确定。

为了克服美洲地理的缺陷，北非洲必须把中南非洲拉向自己（象征美国把它释放出来的两个圆圈拉回自身）。这意味着中非洲必须嵌入（紧接）北非洲南部，南非洲必须嵌入（紧接）中非洲南部，以便构成完整的非洲大陆。中非洲包括对应中美洲和西印度群岛的两个部分。从美国南部边界来说，中美洲和西印度群岛的天然分界是得克萨斯南部的尖角（其西边是中美洲的开端性国家墨西哥，其东边的墨西哥湾则通向西印度群岛）。所以北非洲的南部边界必须产生相应的尖角，把中美洲和西印度群岛对应的两部分嵌入其东西两侧（该尖角被加粗放大而实际上成了粗角）。但嵌入时两部分必须东西对调。为什么？因为美洲的缺陷主要发生在东海岸的西印度群岛，而美洲东海岸和非洲西海岸本来是相连的，后来才分离；把西印度群岛对应的部分排列在中非洲西部，二者就会相连再分开，构成互补关系，强化了非洲弥补美洲缺陷的作用。所以，北非洲的粗角向南伸出，把中非洲划分成了东西两部分：东部对应中美洲，西部对应西印度群岛（参见上图）。另外，南非洲嵌入中非洲其实是嵌入其东部。为什么？因为美国发展出了中美洲，中美洲则通过南美洲过渡到西印度群岛，相当于从中美洲发展出了南美洲，所以把南美洲逆向拉回美国的方式就是把它拉向中美洲，在非洲对应的就是把南非洲拉向中非洲东部。

美国各州组成的联邦具有从中国继承的天下大同的意义。这种意义是世界历史要实现的终极目标。非洲的前历史意义使之无法保留这种联邦，只能把美国各州象征性地转化成北非洲的若干独立国家，包括**埃及**、**利比亚**、**突尼斯**、**阿尔及利亚**、**摩洛哥**、**西撒哈拉**、**毛里塔尼亚**、**马里**、**尼日尔**、**乍得**、**苏丹**、**厄立特里亚**、**吉布提**、**尼日利亚**、**喀麦隆**、**赤道几内亚**、

---

① 南非洲大陆对应南美洲圆圈。马达加斯加等属于南非洲的岛国是在设计大洋洲的时候才增加的。参见后面对大洋洲的分析。

加蓬。北非洲的形状是美国大陆的简化。为了强化非洲大陆的整体性，北美五大湖被拿掉，只在东北边界留下象征性的凹陷；美国东海岸因此向西北收缩，变成埃及和苏丹东海岸，其海岸线被向西北方向拉直（东北角的缅因州三角形被顺时针扭回大陆，变成埃及东北角的西奈半岛）；美国西海岸也同时向东北收缩，以便保持东西海岸的对称性，产生向中部紧缩的效果。得克萨斯南部的尖角在北非洲的对应（其末端即加蓬）起到了结合中非洲东西两部分的作用，所以被特别地加粗和放大。加蓬西边还有一个以圣多美岛（其形状是南非洲的齐整化）为主体形成的特殊岛国**圣多美和普林西比**，象征中非洲东部把南非洲拉向自身的作用应该被扩展到西部。[①]为了更好地帮助中非洲实现从东部向西部的过渡，太极还在加蓬的西北角设计了一个小国赤道几内亚。赤道几内亚以其直角梯形的斜边（以及其西北海面的比奥科岛）来朝向中非洲西部，暗示了从东部向西部的过渡。佛罗里达半岛在北非洲对应其东南端的长条形（厄立特里亚东南部），但没有特殊作用，因此没有被加粗放大。太极把这个长条形当成过渡到中非洲东部的桥梁，因此在其终点处设计了一个小国家吉布提，其形状如同指向埃塞俄比亚的箭头，将北非洲引向中非洲东部。

中非洲东部对应中美洲，但受到东西对调的影响，其发展方式变成从东向西，亦即从**埃塞俄比亚**到刚果（埃塞俄比亚东边的索马里是设计中非洲西部时才补充的，所以我们放到后面再谈）。埃塞俄比亚对应墨西哥。其形状如同缩短变胖的墨西哥，是中非洲最大的国家（正如墨西哥是中美洲最大的国家）。墨西哥高原在此变成更高地隆起的埃塞俄比亚高原，使埃塞俄比亚获得了“非洲屋脊”的称号。埃塞俄比亚和墨西哥一样是开端性国家，都是有悠久历史的文明古国。**肯尼亚**对应伯利兹。它也缩短变胖了，还放大到接近埃塞俄比亚，因为伯利兹被缩小是由于它丧失了东南亚的发展过程，而这种来自世界哲学史的发展过程在非洲已经失去意义。**乌干达**对应危地马拉，其形状是危地马拉南北颠倒、东西对调再齐整化的结果（这种方向调整是为了配合在乌干达和坦桑尼亚边界出现的维多利亚湖，参见

① 南美洲本来是插入中美洲和西印度群岛之间的，但它对应的南非洲却只嵌入（对应中美洲的）中非洲东部，使得（对应西印度群岛）的中非洲西部丧失了和南非洲本来应该有的关联。这种关联就用加蓬西边的特殊岛国来象征。

后面对维多利亚湖的说明）。**南苏丹**对应洪都拉斯。其形状把洪都拉斯从东向西挤压，以便迁就埃塞俄比亚的边界。埃塞俄比亚、肯尼亚、乌干达、南苏丹构成了顺时针回旋，象征越南、老挝、泰国、柬埔寨构成的逆时针回旋（东西对调使逆时针变成顺时针）。非洲已经放弃东南亚从哲学史而来的发展方式。以上象征不是为了恢复东南亚的哲学意义，而只是为了增强非洲的统一性（回旋运动比中美洲诸国的简单延续具有更强的统一性）。**中非**对应萨尔瓦多。其形状是萨尔瓦多两端向南弯折的结果，目的是形成对南非洲的包围。**刚果**对应尼加拉瓜。为了强化刚果的统一性，必须消除尼加拉瓜内部的两个湖，但同时要保留两湖代表的西马和东马，所以刚果不是简单地消除两湖，而是把尼加拉瓜的西南海岸从两湖（顺时针）撕开，把尼加拉瓜摊开成长条形（两湖变成其西部边界的两个凹陷）。

中美洲还剩下哥斯达黎加和巴拿马两个国家。它们在东南亚对应的新加坡和文莱是互相对称的。所以它们在中非洲对应的国家也是互相关联的，共同构成中非洲东部的最后发展。为了把南非洲拉向中非洲，太极把哥斯达黎加和巴拿马对应的非洲国家（卢旺达和布隆迪）排列在南非洲的起点和终点之间（即刚果民主共和国和坦桑尼亚之间。参见后面对南非洲的分析）。哥斯达黎加和巴拿马与其他中美洲国家的面积相差不大，但卢旺达和布隆迪的面积却比中非洲东部的其他国家小很多，因为非洲不像美洲那样继承了中国地理的统一性，因此新加坡和文莱在非洲对应的国家不需要（像哥斯达黎加和巴拿马那样）极度放大。**卢旺达**对应哥斯达黎加。其形状是哥斯达黎加变得紧凑的结果。通过哥斯达黎加，卢旺达间接地对应新加坡。它不但有良好的人文环境和营商环境，而且有多种多样、令人称奇的生物物种，隐隐地折射出新加坡集大成的特点。**布隆迪**对应巴拿马。其形状是巴拿马南北颠倒后再变得紧凑的结果，目的是为了和其北边的卢旺达南部边界契合。总之，对应中美洲的八个非洲国家被排列在中非洲东部。它们从埃塞俄比亚到卢旺达和布隆迪的运动构成了包围南非洲的格局，隐含了将南非洲拉回中非洲东部的意义。

接下来必须在中非洲西部排列对应西印度群岛的国家。为了强化西印度群岛的统一性，太极首先把多巴哥岛转化为中非洲西部海岸的**贝宁**（形状相似），然后把多巴哥岛发散出去（直至被波多黎各阻挡）的众多小岛进行合并，在贝宁西边形成了**多哥**、**加纳**、**科特迪瓦**、**利比里亚** 4 个象征岛屿群的海岸国家（从贝宁到利比里亚构成从东向西的发展，继承了中非洲从东向西过渡的运动）。特立尼达岛代表作为印尼开端的苏门答腊岛，是发散出多巴哥岛（及其后续小岛群）的大岛。为了强化非洲的统一性，特立尼达岛在非洲单独对应一个国家**布基纳法索**。布基纳法索被排列在以上五国的北方，以其南方边界包围了前三个国家，以便象征性地回收它发散出的五个国家。布基纳法索的形状是特立尼达岛逆时针旋转后再简化的结果，目的是为了利用特立尼达岛西侧的弧形边界来包围前三个国家。利比里亚西边的**塞拉利昂**对应阻挡发散的波多黎各。塞拉利昂的形状是波多黎各的长条形变短变胖的结果，因为它极力地阻挡发散运动而导致自身被压缩。从贝宁到利比里亚的发展在印尼对应从爪哇岛发散出众多小岛的运动。爪哇岛是印尼的中心地区。贝宁则是西非本土文化的中心，这里发源的原始宗教（伏都教）不但是贝宁国教，而且还传播到周边国家和美洲的西印度群岛。

塞拉利昂西北方的几个海岸国家对应西印度群岛在波多黎各之后的发展。**几内亚**对应多米尼加。几内亚的形状把多米尼加的形状向南弯折，以便包围塞拉利昂，承接从贝宁到塞拉利昂的运动，相当于把从多巴哥岛开始的发散运动聚拢后吸收到多米尼加，强化了西印度群岛的统一性。**几内亚比绍**对应海地，其形状和海地相似，但其西部更加支离破碎。为什么几内亚比绍比海地更加支离破碎？因为几内亚吸收了从贝宁开始的发散运动，但无法将其完全收拢，以致剩余下来的发散趋势被释放到它发散出几内亚比绍的运动。在西印度群岛，海地因为缺乏异邦阻挡而向西南和西北发散出了牙买加和巴哈马。然而，非洲的设计就是为了强化美洲的统一性，所以这种向外发散的结果必须被聚拢起来，其方式是把牙买加缩短变胖以增强其统一性，然后把群岛国巴哈马的许多长条形岛屿简化成一个代表性的长条形来嵌入其中。这种改造在非洲西海岸产生了对应牙买加的**塞内加尔**，以及形如蚯蚓、从西海岸嵌入塞内加尔、对应巴哈马的国家**冈比亚**。除了长条形岛屿之外，巴哈马还包括许多零碎小岛，无法被冈比亚代表。这些零碎小岛以最纯粹的方式象征非洲无法完全消除掉的发散性。因此塞内加尔西方海域上产生了佛得角群岛来象征巴哈马的零碎小岛，构成了**佛**

得角共和国。太极还让塞内加尔的西海岸形成尖角来指向西方海域。此尖角的名字就是“佛得角”，是整个非洲大陆的最西点。为了延续中非洲西部的顺时针旋转，佛得角共和国的岛群就从塞内加尔佛得角的相同纬度向北发散出去。

西印度群岛还剩下最后一个岛国古巴。为了在非洲形成对应“加勒比圆圈”的运动，必须把古巴向墨西哥的运动实现在非洲。所以，古巴在中非洲对应的国家不再继续往西排列，而是倒回来排列在埃塞俄比亚东边，形成了向西过渡到埃塞俄比亚的**索马里**。索马里的形状和古巴的弧形相似，但弯折起来紧紧抱住埃塞俄比亚。通过索马里的过渡作用，中非洲整体上构成了从埃塞俄比亚开始向西发展，最终又回归到埃塞俄比亚的**中非洲圆圈**。[①] 加勒比圆圈以南美洲为中介，而中非洲圆圈则以北非洲的南部粗角为中介，直接从北非洲获得了统一性。南非洲的北端则被从埃塞俄比亚开始的东部运动紧紧抱住，把南非洲拉向中非洲东部。所以，中非洲圆圈使整个非洲都获得了更强的统一性。

下面让我们看看南非洲是如何设计的。南非洲对南美洲做了三大改变。首先，巴西对应的国家被排列在南非洲最北端，如同在南美洲用巴西取代了委内瑞拉。委内瑞拉在美洲的作用是强化西印度群岛的统一性，但这种事后的强化并没有改变西印度群岛的地理，这是美洲地理的先天缺陷。非洲弥补这个缺陷的方式是把西印度群岛聚拢成相互接壤的几个国家，纳入具有强烈自我统一性的非洲大陆。委内瑞拉在美洲统一性中十分重要但又形式化的作用在非洲被放弃，取而代之的是巴西，因为巴西是南美洲圆圈的起点和终点，是南美洲统一性的落脚点，只要把巴西对应的非洲国家拉向中非洲，整个南非洲都会被拉向中非洲。为了把巴西对应的国家放在南非洲最北端，必须对南美洲做如下改造：将从北边和西边包围巴西的国家沿着海岸逆时针顺推，以便将巴西暴露在南美洲最北端，同时保持这些国家的发展顺序；但巴西向西南发展出来的阿根廷、智利、玻利维亚、巴拉圭构成的顺时针回旋有强化南美洲统一性的作用，所以它们应该保持在巴

① 由于索马里的特殊设计，中非洲的东西两部分和中美洲、西印度群岛的对应不再严格成立。

西的西南方。太极于是把巴西和这四个国家当成一个整体，把剩下的包围巴西的国家和地区当成另一个整体，将后者形成的弧形沿着前者的海岸逆时针移动到前者的东边，从而把巴西暴露在南美洲最北端（当然，这些变化其实是发生在南非洲的对应国家）。其次，由于中非洲东部是从东向西发展的，它所包围的南非洲北部应该逆时针运动才能和它保持一致，所以从巴西发展出来的顺时针回旋在南非洲必须改成逆时针回旋。最后，南非洲整体上比南美洲收缩了一点，其形状变得更加紧凑，这样做不但强化了统一性，同时还可以使它更好地嵌入中非洲东部。

刚果民主共和国对应巴西，是南非洲最大的国家，位于南非洲最北端。为了和中非洲的刚果共和国区分开，通常根据首都的不同，把刚果民主共和国称为刚果（金），把刚果共和国称为刚果（布）。刚果（金）的形状是把巴西东西反转再齐整化的结果（东西反转才能把巴西发展出的顺时针回旋改成逆时针）。其地形基本上保持了巴西的地形：亚马孙河变成刚果河；亚马孙平原变成刚果盆地（亚马孙河从西向东的流动被反转成刚果河从东向西的流动）。刚果河收集了刚果（金）和周围国家的诸多支流后向西注入大西洋，其流量之大居世界第二，仅次于亚马孙河。刚果（金）和巴西一样有特别丰富的矿藏，被称为“世界原料仓库”。

安哥拉对应阿根廷。其形状是把阿根廷的长条形从南向北压缩再齐整化的结果（这种压缩强化了南非洲向中非洲的回归）。为了避开压缩，阿根廷东南角的飞地（火地岛省）被反过来排列到安哥拉西北角，成为安哥拉在刚果（金）边界上的飞地（卡宾达省）。**纳米比亚**对应智利。其形状是把智利的长条形从南向北压缩再齐整化的结果。在南美洲，智利南部被特别拉长并虚化成岛屿群，以便象征性地“截断”阿根廷东南角的弯钩（形成飞地）。但在南非洲，安哥拉的飞地已经实现在西北角。所以太极把智利南部的岛屿群聚拢起来，然后把智利从南向北压缩而形成纳米比亚。**博茨瓦纳**对应玻利维亚。其形状和玻利维亚相似，只是做了齐整化。**赞比亚**对应巴拉圭。其形状是把巴拉圭的长条形逆时针旋转九十度再两头对调得到的。这种调整是为了把阿根廷、智利、玻利维亚、巴拉圭构成的顺时针回旋改造成安哥拉、纳米比亚、博茨瓦纳、赞比亚构成的逆时针回旋。这两种回旋归根到底都是来自越南、老挝、泰国、柬埔寨构成的回旋。柬埔寨从泰国的身体主体振拔了出来，重新凝聚了判断力的阳性本质，但也因此丧失了身体主体统一世界的作用，因此柬埔寨具有退回泰国、恢复身体主体的潜在趋势，使它向越南运动的趋势有所减弱。在南非洲，为了强化赞比亚向安哥拉运动的趋势（增强南非洲的统一性），必须阻挡赞比亚退回博茨瓦纳的潜在趋势。太极于是让纳米比亚向博茨瓦纳和赞比亚边界延伸出了一个长箭头（卡普里维地带）来隔开它们，阻挡了赞比亚退回博茨瓦纳的潜在趋势，但同时在箭头的后面为它们留下了相互接壤的一小点空间，以便保持从博茨瓦纳向赞比亚的过渡。

在设计了巴西及其西南四国对应的南非洲国家之后，下一步应该设计从秘鲁开始的发展过程对应的南非洲国家。由于这个发展过程构成的弧形被逆时针移动到东边，弧形从西南向东北的发展在南非洲变成从东北向西南发展。首先，赞比亚东边产生了对应秘鲁的**马拉维**。其形状是把秘鲁南北颠倒、东西反转后再缩小变形得到的。南北颠倒、东西反转是弧形逆时针移动造成的效果。缩小变形则是为了下一步把马拉维嵌入莫桑比克的两个分支中。**莫桑比克**是把厄瓜多尔和哥伦比亚合并得到的（逆时针移动使二者的位置发生了东西对调）。厄瓜多尔和哥伦比亚分别对应西马和东马。由于南美洲的统一性在非洲被强化，厄瓜多尔和哥伦比亚在非洲的对应就被合并成一个国家，恢复了马来西亚的统一性。所以，莫桑比克的形状是厄瓜多尔和哥伦比亚的形状被西马和东马的形状代替的结果：其东部形状来自西马的椭圆形（适当变形），其西部形状则来自东马的长条形。东部和西部的结合形成了莫桑比克北部有东西两支、南部只有一支的形状，仿佛北部的两支合并成了南部的一支，象征西马和东马在南非洲恢复了统一。从马拉维到莫桑比克的发展象征从缅甸发展出了马来西亚。所以马拉维就缩小变形来嵌入莫桑比克的东西两支之间（秘鲁的尖端本来就嵌入厄瓜多尔和哥伦比亚之间，只是嵌入没有这么深）。马拉维被莫桑比克的东西两支紧紧地夹住，其对应缅甸的特性被进一步强化。缅甸西部的山脉俯视其东侧的深沟，象征天志统一世界。在南非洲这种象征被转化为马拉维西部的高原俯视其东侧的马拉维湖。马拉维湖是非洲第二深湖。从深沟到深湖的转变反映了马拉维对缅甸的强化（湖比平原的阴性更强，更好地凸显了天志统一世界的作用）。马拉维湖有奇特的涨落现象：湖水经常会消退之后再重新变得充盈，历时大约12小时。这种奇特的涨落现象经各国地理学家的多年探究仍是未解之谜。如果从地理的先天意义来看，地球之所以形成这种奇特现象，就是为了显示马拉维把深沟变成深湖的意义。马拉维湖的鱼有很多独特品种，其中有一种丽鱼，其雌性在雄性配偶死后久盼不得相见，就会因此变成雄鱼。[①] 柬埔寨吸收缅甸来形成马来西亚是为了吸收判断力向天志的超越，消除其被身体阴性化的倾向，隐含从阴转阳的意义。马拉维把深沟变成深湖进一步强化了天志和世界的阴阳差异，隐含了更为强烈的从阴转阳的意义。

南非对应委内瑞拉。其形状是委内瑞拉被逆时针移动到最南端后再齐整化的结果。委内瑞拉是南美洲非常重要的国家，因为它对应印度尼西亚，被插入加勒比圆圈中，承接了从中美洲传来的天志，用从巴西而来的印度因素强化它，再传递给西印度群岛，强化了西印度群岛的统一性。但这种事后的强化只是形式上的，并没有改变美洲地理的先天缺陷。为了强化非洲的统一性，巴西对应的刚果（金）被排列在南非洲最北端，而委内瑞拉对应的南非则被推移到最南端，失去了委内瑞拉在美洲统一性中的重要作用。但传递天志的特性决定了委内瑞拉地理的统一性，因而仍然保留在南非的统一性中。然而，南非周边并没有把天志传给它的国家，也没有它可以向之传递天志的国家。南非传递天志的特性只好内化在它作为国家的内部统一性中，导致它的首都分裂成三个，从比勒陀利亚（行政首都）、布隆方丹（司法首都）到开普敦（立法首都）顺时针排列成从东北向西南贯通南非的弧形，象征从天志落脚点（统一世界的意志）、天志转化点（统一生命的意志）到天志融入点（天志融入产生法律的普遍理性）的传递过程。[②] 南非因而成为世界上唯一有三个首都的国家。南非隐含了天志自我传递、自我增强、自我统一的意义，在其地理中凝聚成了异常丰富的黄金、铂族金属和金刚石等象征自我同一性、强烈统一性的矿藏（探明储量居世界前列）。但南非凝聚的强烈统一性隐含不稳定性，因为这种统一性是天志从三个不同角度实现的。这种内在的不稳定性在南非凝聚成了丰富的铀

① 参见百度百科“马拉维湖”。

② 行政权、司法权、立法权分别代表天志统一世界的作用、天志统一生命的作用、天志通过普遍理性产生法律的作用。参见《太极之音》第386—387页。

矿。天志从三个不同角度统一世界也使得南非地理隐含了混合的世界性，使之成为稀土比较丰富的国家之一。

津巴布韦对应乌拉圭。巴西在南美洲圆圈中的作用类似中国，所以新加坡对应的乌拉圭被排列在巴西南边，让巴西直接延伸出它。在南非洲，对应巴西的刚果（金）南边已经排列了赞比亚，所以津巴布韦只能排列在赞比亚南边，填入博茨瓦纳和莫桑比克之间的空位。津巴布韦的形状来自乌拉圭，只是其西侧多出了尖角来指向纳米比亚东侧的箭头，靠近到几乎接触，共同实现隔开博茨瓦纳和赞比亚的作用。

在南美洲，委内瑞拉顺时针发展出了圭亚那和苏里南。这三个国家逆时针移动到南方之后，委内瑞拉变成南非，圭亚那和苏里南则应该变成从南非顺时针发展出的国家，但这两个国家却被南非吸收进来，形成嵌入南非边界的斯威士兰和完全被南非包围的世界最大的“国中之国”莱索托。**斯威士兰**对应圭亚那；**莱索托**对应苏里南。从斯威士兰到莱索托的运动保持了南非内部的顺时针发展。但南非为什么要把它们吸收进来？因为南非缺乏周边国家来实现它传递天志的特性，只好把这种特性内化在它作为国家的内部统一性中，这意味着它在不同国家之间传递天志的特性并没有真正实现出来。另一方面，斯威士兰、南非、莱索托在东南亚分别对应文莱、印尼、东帝汶；[①] 后三者前后相续的发展使斯威士兰仿佛就是向南非传递天志的国家；莱索托则仿佛就是南非向之传递天志的国家。这种“仿佛”不是事实而只是被南非的需要激发出来的象征性意义。南非传递天志的特性的真正实现是在其内部。所以，南非只能通过吸收斯威士兰和莱索托来实现这种象征性意义。然而从莫桑比克过渡到斯威士兰和南非相当于从马来西亚过渡到文莱和印尼，所以斯威士兰并没有被完全吸收到南非内部，而只是嵌入其边界的凹陷（此凹陷来自委内瑞拉的马拉开波湖），保持了和莫桑比克的接壤。斯威士兰的形状来自圭亚那逆时针移动的结果，但为了嵌入凹陷处而变得浑圆。莱索托则被南非完全吸收到了内部，其形状来自苏里南逆时针移动的结果，只是稍微变得浑圆而已。总之，通过吸收斯

① 和文莱相似，斯威士兰曾是古老帝国，目前仍是君主专制国家（非洲唯一的君主专制国家）。

威士兰和莱索托，南非把它在不同国家之间传递天志的特性象征性地实现在了被它包围的空间中。

南非洲地理的最后发展就是设计法属圭亚那在南非洲的对应。法属圭亚那是法国在南美洲的海外省。它之所以无法成为独立国家，是因为它具有把委内瑞拉引向巴西（相当于菲律宾把印尼引向中国）的作用，而委内瑞拉却必须向西印度群岛运动来强化后者的统一性，所以法属圭亚那在南美洲的作用被削弱，导致它没有足够力量成为独立国家。然而，在南非洲委内瑞拉被移到南方，失去了向西印度群岛运动的意义，只剩下了向巴西运动的意义，亦即南非向刚果（金）运动的意义。所以，法属圭亚那的意义被大大增强，在南非洲对应一个独立的大国家，即**坦桑尼亚**。为了引导南非以逆时针方式向刚果（金）运动，坦桑尼亚被排列在莫桑比克北边、刚果（金）东边，其形状是法属圭亚那被放大很多倍的结果，并向刚果（金）倾斜来象征其向后者运动之义。[①] 作为南非洲发展的终点，坦桑尼亚与卢旺达和布隆迪（中非洲东部的最后发展）接壤，同时还与肯尼亚和乌干达接壤，在南非洲和中非洲的结合处回归到了南非洲运动的起点。从刚果（金）开始的南非洲运动最终通过坦桑尼亚返回刚果（金），构成了包括 12 个国家的**南非洲圆圈**。中非洲圆圈紧紧抱住了南非洲圆圈并把后者拉向自己，实现了中南非洲的统一性。

现在让我们看看和非洲的统一性相关的各种地形。中非洲圆圈和南非洲圆圈都包含象征越南、老挝、泰国、柬埔寨回旋运动的局部回旋。两个局部回旋通过坦桑尼亚相互关联、相互呼应，进一步强化了中南非洲的统一性。太极于是在坦桑尼亚和中非洲交界处（肯尼亚边界）产生了非洲最高峰乞力马扎罗山，象征统一非洲的天志（地天人神中的神），使之成为世界上海拔最高的孤山，同时还在坦桑尼亚和中非洲的另一交界处（乌干达边界）产生了非洲最大（世界第二大）的淡水湖维多利亚湖，象征被天志统一的非洲世界（肯尼亚和乌干达分别对应老挝和泰国，前者偏阳，后者偏阴。因此，非洲最高峰在肯尼亚边界产生，最大的湖在乌干达边界产

① 为了让南非以逆时针方式经过莫桑比克和坦桑尼亚向刚果（金）方向回归，莫桑比克的东支把西马的椭圆形状做了变形，以便更好地过渡到坦桑尼亚。

生；肯尼亚因而获得和非洲统一性的密切关联）。非洲第二大湖坦噶尼喀湖则是世界第二深的湖泊。坦噶尼喀湖代表布隆迪、坦桑尼亚、刚果（金）和赞比亚作为“运动终点”即“运动最终成果”的共性，凝聚了通过最漫长的发展过程达到的最深厚的世界统一性。布隆迪是中非洲东部运动最后到达的国家。坦桑尼亚是南非洲圆圈最后到达的国家，而刚果（金）则是南非洲圆圈最终返回的起点（因此也是终点）。赞比亚是南非洲包含的局部回旋的终点。这些国家被排列在一起，其作为终点的特性相互共鸣，所以坦噶尼喀湖就从布隆迪和刚果（金）的交界处开始，沿着坦桑尼亚和刚果（金）的边界向南延伸，直至到达赞比亚的北部为止，形成了世界上最狭长的湖。

非洲的几条大河与美洲的大河相互对应。尼罗河对应美洲的密西西比河，是非洲最大的河流，世界最长的河流。为了把中南非洲拉向北非洲，尼罗河必须对密西西比河进行改造，这种改造仿佛是将密西西比河的流域扩展到拉丁美洲，再将它从北向南的流动改成从南向北（这样做相当于逆转美洲的发展过程，把发展的结果收回源头）。为了实现非洲的统一性，北非洲必须把中非洲拉向自己，同时通过中非洲（东部）把南非洲拉向自己。所以尼罗河有两个不同源头：第一个源头在中非洲圆圈的起点和终点埃塞俄比亚；第二个源头在中非洲东部运动的终点，亦即夹在南非洲圆圈起点和终点之间的布隆迪。从埃塞俄比亚流出的“青尼罗河”是主流，水势急，水量大，其作用就是把中非洲圆圈拉向北非洲。发源于布隆迪的“白尼罗河”向东北流入维多利亚湖，吸收了后者代表的非洲统一性，出湖之后继续北流到苏丹。白尼罗河水势缓，水量不大，其作用是把南非洲拉向中非洲，再通过中非洲拉向北非洲（这是间接作用，不及青尼罗河作用大）。青白支流在苏丹汇合，但汇合后不是直接向北流向地中海，而是先向西南（非洲中心方向）迂回再继续北流，贯穿埃及后流入地中海，仿佛进入非洲中心把整个非洲带向埃及，象征了尼罗河统一整个非洲大陆的作用。密西西比河本来只是统一美国的河流。如果把它对应的尼罗河流域真的扩展到整个非洲就会干扰非洲其他河流的意义。所以尼罗河只能通过两个源头的汇合来统一非洲的三个部分，并通过汇合后的迂回动作来象征它对非洲整体的统一。

非洲第二大河是刚果河。刚果河是亚马孙河在非洲的对应。亚马孙河收集了南美洲北部和中部众多支流，汇集到巴西再注入大西洋。刚果河收集水源的方式稍有不同。南非洲的开端刚果（金）发展出了安哥拉、纳米比亚、博茨瓦纳、赞比亚的逆时针回旋。为了强化南非洲的统一性，赞比亚发源了谦比西河，流入刚果（金）后成为刚果河主干卢阿拉巴河，把四个国家构成的逆时针回旋带回南美洲圆圈的开端。另外，坦噶尼喀湖汇聚了中非洲和南非洲（及其局部回旋）的运动终点，所以它的中部向西流出了卢库加河（坦噶尼喀湖的唯一泻出口）来汇入卢阿拉巴河，后者则收集了刚果（金）和邻近国家的众多支流后注入大西洋，强化了中非洲和南非洲的统一性。

正如亚马孙河忽略了南美洲南部地区，刚果河也忽略了南非洲南部地区。为了更好地把南非洲拉向中非洲，必须通过一条河流来强化南非洲的统一性。这条河流就是南非洲第一大河赞比西河（非洲第四大河）。由于赞比亚是统一南非洲中北部的刚果河的发源地，赞比西河同样发源于赞比亚，依次流经（包括收集支流）安哥拉、纳米比亚、博茨瓦纳、津巴布韦、赞比亚、马拉维和莫桑比克，最后从莫桑比克东西支结合处注入印度洋（作为刚果河和赞比西河的共同发源地，赞比亚有统一南非洲河流的作用，因此它在多国边界介入了赞比西河的流动）。除了被特别设计的津巴布韦，赞比西河流经这些国家的顺序刚好符合它们在南非洲圆圈中的运动，强化了它们归属南非洲圆圈的特性。赞比西河流经的这些南非洲国家在东南亚刚好对应中南半岛国家。这不是偶然的。赞比西河是为了强化南非洲的统一性设计的，但它同时也是南美洲第二大河拉普拉塔河—巴拉那河在南非洲的对应。普拉塔河—巴拉那河对应东南亚第一大河湄公河，但由于南美洲地形的限制，它并没有完整地反映湄公河统一中南半岛的作用，因为其流域只包括对应泰国、柬埔寨和越南的玻利维亚、巴拉圭和阿根廷，而没有包括对应缅甸和老挝的秘鲁和智利。在南非洲，对应缅甸和老挝的马拉维和纳米比亚都被排列在赞比亚周围，因此可以成为赞比西河的流域。另外，湄公河虽然流经中南半岛绝大部分国家，但还是无法包括半岛最南端的西马（因为被辽阔的泰国湾隔开）。在南非洲，对应马来西亚的莫桑比克也被排列在赞比亚周围，成为赞比西河最终流经的国家，甚至对应新加坡的津巴布韦也被排列在赞比亚周围，参与到赞比西河流域中（新加坡虽然是西马隔海发展出来的，但它代表西马汇聚从中国而来的统一性，和西马关系十分密切，距离非常近，属于中南半岛的扩展）。因此，赞比西河的统一作用比拉普拉塔河—巴拉那河和湄公河都更为彻底，虽然其长度不及尼罗河，流量不及刚果河，其狂野的气势却是无与伦比的。

赞比西河沿着纳米比亚向东延伸的长箭头流动，经过赞比亚和博茨瓦纳的狭窄边界，继续沿着津巴布韦向西延伸的尖角（逆向）流动，形成了著名的莫西奥图尼亚瀑布（维多利亚瀑布）。这个瀑布展示了南非洲圆圈隐含的自我增强，亦即赞比亚退回博茨瓦纳的潜在趋势被纳米比亚向东延伸的箭头和津巴布韦向西延伸的尖角阻挡（见前面分析）。赞比西河在此处被一条深邃的岩石断裂谷横切，在宽约 1800 米的峭壁上突然翻身，万顷银涛跌入约 120 米深的峡谷中，惊天动地的轰鸣声传到十几公里之外，浪花水雾升腾到 300 米的高空。莫西奥图尼亚瀑布因此成为世界七大自然奇观之一。它借着赞比西河的自我增强显示出的巨大、野蛮、惊天动地的自然力量展现了南非洲圆圈被强化后的奔流不息。

非洲西部的第一大河是尼日尔河（非洲第三大河）。尼日尔河发源于几内亚，向北顺时针旋转，最后从尼日利亚注入几内亚湾。发源于几内亚的另一条河流塞内加尔河则在其西边反向运动，亦即向北逆时针旋转，最后从塞内加尔和毛里塔尼亚边界注入大西洋。这两条河包围的刚好就是西印度群岛在非洲大陆对应的国家（古巴对应的索马里被倒回来排列到埃塞俄比亚东边，成为唯一的漏网之鱼）。西印度群岛的问题在于其发散趋势。两河的作用就是聚拢西印度群岛对应的中非洲国家。不但如此，它们是根据几内亚承上启下的作用分工的。前面的分析指出，几内亚承接了从贝宁到塞拉利昂的运动，再从自身开启从几内亚比绍到塞内加尔（和冈比亚）的运动。几内亚的这种中介性使它成为尼日尔河与塞内加尔河的共同源头。被两河包围的国家相互结合得更加紧密，获得了更强的统一性。两河的重要性不在于所流经的国家，而在于所包围的国家。因此，塞内加尔河虽然不是很大的河，却与尼日尔河有同样的意义。它们的共同合作强化了中非洲西部的统一性。另外，尼日尔河还通过其最大支流、从喀麦隆发源的贝努埃河吸收到了北非洲南部粗角连接中非洲东部和西部的作用，强化了中非洲东西两部分的统一性。

非洲大陆的整体特性是由两个因素共同决定的。其一就是非洲强化了美洲的统一性，因而具有最完整的大陆，海岸平直，缺少海湾与半岛，是世界各洲中岛屿数量最少的。[①] 其二就是非洲代表人类最早达到的世界统一性，因而非洲大陆有很强的原始性。但非洲三个地区有相对不同的特点。北非洲在美洲的对应（美国）是自我统一的世界。中南非洲在美洲的对应（拉丁美洲）统一性不够强，因此其统一性被特别地强化。非洲的原始性在北非洲主要表现为凝聚原始世界的大沙漠，而在中南非洲则主要表现为大面积地凝聚原始意志（天志）的高原。非洲是高原最多的大陆，主要就是集中在中非洲东部和南非洲。中非洲西部的地势则比较低（只有几内亚是主要由高原构成），因为它对应的西印度群岛本来就是美洲统一性最薄弱之处，即使经过强化也还是比较弱。北非洲的高原主要集中在撒哈拉沙漠中央，代表了北非洲本来就有的“意志统一世界”特性。撒哈拉沙漠是世界最大的沙漠，占据了北非洲大部分地区。沙漠在这里代表的是蛮荒的世界，而沙漠中的高原代表的就是统一蛮荒世界的天志。所以撒哈拉沙漠有着丰富的石油储藏。中南非洲则盛产世界上最坚硬的石头——金刚石，和最有自我同一性的金属——黄金（两者储量都占世界储量的一半以上）。非洲大陆聚集了尚未被文化和文明的发展弱化的原始力量。非洲地理中隐含的这种原始力量使非洲土地养育出的人们（特别是中南非洲的黑人）展现出了最强大的自然力。

由于非洲具有为人类历史奠基的意义，非洲大陆必须和世界哲学史凝聚出来的欧亚大陆相连，但它不能和中国大陆相连，而只能和西亚相连，因为它和美洲大陆有先天关联（最初结合在一起），只能从美洲大陆向东漂移，到达西欧的南方、西亚的西南方，最终和西亚连接在一起。西亚并非世界哲学史的开端，但它是世界哲学史派生的世界宗教史的开端。尽管非洲要发展的是前历史的世界统一性，但其所发展的原始宗教可以自然地过渡到世界性宗教。所以，非洲大陆和西亚的连接点就是基督教的诞生

① 非洲东南方海域上有很大的岛国马达加斯加，其周围还有科摩罗、塞舌尔、毛里求斯三个小岛国。这四个岛国的设计和大洋洲的地理意义有关，因此我们留到后面分析大洋洲时再讨论。

地——巴勒斯坦地区，在非洲这边则是埃及的东北角。非洲地理的内在运动就是把南非洲拉向中非洲，把中非洲拉向北非洲，而北非洲则向欧亚大陆运动。[①] 所以，北非洲获得了“从人类最早达到的世界统一性向世界哲学史（和宗教史）过渡”的意义。这个意义相对集中在统一非洲、并且把非洲带向欧亚大陆的尼罗河流域（尼罗河从埃及东北部流入地中海）。因此，古埃及比世界其他地方更好地实现了原始世界向人类历史第一阶段（**易**）的过渡。虽然非洲没有承担发展**易**的历史天命，但**易**中隐含而没有突出的世界统一性在古埃及被提前激发了出来（在其他地方要等到向**孔子**阶段过渡时才被激发出来）。所以，古埃及在中国的伏羲时代（大约 5000 年前）就发展出了世界上最早的王国，并维持兴盛到夏商时代。古埃及王国把政治权力和原始宗教结合起来，建立了法老的至高权威，还建起了令人惊叹的金字塔，在天文、数学和医学等方面的成就也是超前的。

北非洲向西亚的运动相当于从原始宗教向基督教的运动。因此北非洲成为早期基督教发展的一个重要中心。但基督教“克服天人断裂”的本质与中南非洲更加契合，因为中非洲和南非洲先天就有“克服发散，回归统一”的意义，而这种发散趋势来源于美洲，是对基督教统一美洲的一种挑战。相比之下，北非洲只有简单的“意志统一世界”的意义，更适合单纯突出天志的伊斯兰教。伊斯兰教在西亚兴起后，就借着阿拉伯人之手传播到北非洲，最终成为北非洲的主要宗教信仰。相反，基督教在近代从欧洲传播到中南非洲，使中南非洲最终成为基督教的天下（中非洲西部的情形比较特别，因为北非洲主要通过中非洲东部把南非洲拉向自己，再把二者一起带向西亚，因此中非洲西部参与基督教的趋势比东部弱。贝宁是西非本土文化的中心，仍然保持了它所发展的原始宗教并传播到附近几个西非国家，其余的西非国家则有很多受到了北非洲伊斯兰教的影响）。非洲传统的原始宗教是世界性宗教成长的良好土壤，而伊斯兰教和基督教则因为吸收了原始宗教因素而不断本土化。虽然目前伊斯兰教和基督教是非洲的主要信仰，但非洲（中部和南部）仍然是世界上信仰原始宗教的人最多的地方。

---

① 这里说的运动是地理的哲学意义。由于北非洲隐含向欧亚大陆运动的意义，再加上撒哈拉沙漠的天然阻隔作用，撒哈拉以北主要居民是欧罗巴人种，撒哈拉以南则主要是非洲人种（黑人）。

原始宗教仍然在非洲精神中保持着活力。

基督教和中南非洲的先天契合在地理上产生了一个自然奇观，亦即被人们称为“地球伤疤”的东非大裂谷。基督教的“克服死亡”其实是克服死亡的根源，即“天人之间的先天断裂”。[①] 另一方面，中南非洲隐含“克服发散，回归统一”的意义。两种克服本质上都是把阴拉回阳，实现阴阳合一。[②] 由于北非洲把中南非洲拉向自己，同时又向巴勒斯坦地区运动，“克服发散，回归统一”的意义就和“克服死亡”的意义发生了相互渗透。为了实现这种相互渗透，地球的演化产生了一条从南非洲（经中非洲东部）延伸到死海的大裂谷。大裂谷开端在莫桑比克。为什么在莫桑比克？在中美洲，西马和东马对应部分同属一个国家（尼加拉瓜）。但在南美洲，西马和东马对应部分不得不分开成两个国家（厄瓜多尔和哥伦比亚）。由于南美洲的统一性在非洲被强化，莫桑比克把厄瓜多尔和哥伦比亚重新结合成一个国家，集中地体现了“克服发散，回归统一”的意义。所以，大裂谷就开始于莫桑比克南部（在赞比西河河口，因为此河强化了南非洲的统一性），从其东西两支中间穿过，经马拉维湖，再向东北经高原和红海，直至抵达死海为止。[③] 这条地球上最大的断裂谷展现了天人的先天断裂，补充了死海的象征意义（死海象征死亡但没有展现天人的先天断裂）。然而如果我们把大裂谷看成从死海开始向非洲延伸，那么它同时也展现了天人断裂的克服，因为它最终到达的地方就是集中地体现了“克服发散，回归统一”的莫桑比克，并结束在莫桑比克东西两支相互结合的赞比西河河口。

上面描述的大裂谷通常称为“东支”，因为大裂谷还有一条“西支”。西支从马拉维湖西北端一直延伸到白尼罗河在南苏丹的河谷。白尼罗河的作用是把南非洲带向中非洲，再通过中非洲带向北非洲，从而回归非洲的

① 参见《太极之音》第512—513页。

② 阳比阴原始，阴比阳发展（参见《太极之音》第313页）。从天志到人的意志，从某个区域到其发散出来的区域，都是从阳到阴的发展。

③ 红海的作用是隔开非洲大陆和阿拉伯半岛，使非洲大陆只能通过巴勒斯坦地区通向欧亚大陆，突出巴勒斯坦地区作为世界宗教史开端的意义。红海在阿拉伯半岛的也门和非洲大陆之间变得很狭窄，因为**叔本华**中的原始意志先天地被中南非洲凝聚的原始意志吸引，使也门向中南非洲的开端（埃塞俄比亚）延伸，形成了指向吉布提的尖角（吉布提的作用就是指向这个开端）。吉布提因此成为连接非洲与西亚乃至与欧洲的一个重要交通枢纽。

统一性。大裂谷从莫桑比克出发就带上了“克服发散，回归统一”的意义，所以它在经过东西支之间的马拉维湖后，就不仅向东北延伸到死海，同时还分出了一个分支向西北延伸到白尼罗河。西支一路上沿着刚果（金）与南非洲和中非洲国家的边界运动。它首先沿着狭长的、汇聚了南非洲和中非洲运动的坦噶尼喀湖向北走，最后则沿着长条形的艾伯特湖延伸到此湖的终点，在终点处和从维多利亚湖流过来的维多利亚尼罗河交汇，然后伴随从此湖流出的艾伯特尼罗河（白尼罗河上游），进入南苏丹后消失在其河谷。[①] 西支和白尼罗河的交汇把坦噶尼喀湖和维多利亚湖的意义汇聚在一起，丰富了“克服发散，回归统一”的意义，强化了白尼罗河统一非洲的作用。

十七、大洋洲

非洲象征性地把美国和拉丁美洲结合起来，形成完整的自我统一的非洲大陆，以更彻底的方式实现了美洲超越历史性的本质，强化了美洲的统一性。从美国开始的超越世界哲学史的地理设计完成了它所有的发展。然而，这种超越并不是脱离世界哲学史孤立地发生的。正因为以中国为起点和终点的天下大同格局包含了文明方面的内容，而这种内容又有其相对独立于历史性和民族性的特点，才需要在中国的对面设计美国，并把从中国发展出来的东南亚圆圈实现为拉丁美洲，最后通过非洲来弥补美洲地理的缺陷。美洲和非洲的发展归根到底来自美国在天下大同格局中和中国的对称性。因此，美洲和非洲必须被结合起来，带回以中国为代表的天下大同格局，形成世界地理在全球范围内首尾相接的发展，才能最终完成世界地理的设计。为了这个目的，太极在美洲和非洲之间的太平洋海域上（东南亚的南方），设计了**澳大利亚**这个特殊的国家，作为美洲和非洲（通过东南亚）向中国方向回归的桥梁。

为了把美洲和非洲带回中国，必须先将它们在澳大利亚进行合并。这种合并实际上只牵涉到美国和北非洲，因为美国和北非洲是中国的对应，

① 大裂谷的东支刚好可以用来产生红海，西支刚好可以用来产生坦噶尼喀湖。但红海和坦噶尼喀湖的先天意义并不依赖大裂谷。

而拉丁美洲和中南非洲都是东南亚的对应。作为美国和北非洲合并的象征，澳大利亚天然地会被东南亚吸引，向东南亚运动，仿佛东南亚就是拉丁美洲和中南非洲，最终借助东南亚圆圈的运动将美洲和非洲象征性地带回中国。但美国和北非洲的地理关系十分微妙：一方面美国和北非洲相互对应，意义相似；另一方面，北非洲的意义终究源于美国，在地理设计中是后起的。美国和北非洲的关系如同母与子：子和母相似，但毕竟从母而来。太极于是让澳大利亚整体上采取美国的形状，但同时让这个形状对应的大陆在东西两部分有不同的地形特点：东部特性来自美国，西部特性来自北非洲（澳大利亚夹在东边的美洲和西边的非洲之间）。为了向在其北方的东南亚运动，澳大利亚还把美国的形状做了南北颠倒（仿佛拉丁美洲在美国北方）。另外，为了让澳大利亚借助东南亚圆圈的逆时针运动将美洲和非洲象征性地带回中国，太极从澳大利亚发展出了巴布亚新几内亚来阻挡印尼向东发散的趋势（迫使它改变运动方向，逆时针向菲律宾和中国运动）。**巴布亚新几内亚**因此不属于东南亚，而是属于大洋洲国家，作为“异邦”实现其阻挡印尼发散的作用。[①] 为了恰当地实现这个意义，太极把美国的佛罗里达半岛顺时针扭到正南方向，相当于其在澳大利亚的对应被逆时针扭到正北方向（成为约克角半岛），以便准确地指向其北方的巴布亚新几内亚，同时把得克萨斯南部尖角在澳大利亚的对应压扁变钝，以免干扰前者的指向作用。相应地，美国东北角的长条形被扭向五大湖方向，把五大湖向内陆挤压，使其中三个湖在澳大利亚被迫移动到内陆，而剩下的两个湖则变成了澳大利亚的两个海湾（斯潘塞湾和其东边稍小一点的海湾）。这种扭转和挤压进一步强化了澳大利亚的统一性。相应地，美国西北角也被扭向五大湖方向，构成向中间紧缩的效果，以致美国北部的直线型边界在澳大利亚的对应（南部海岸线）变得弯曲。

虽然巴布亚新几内亚作为异邦具有强大的阻挡印尼发散的作用，但印尼从加里曼丹岛而来的发散趋势非常强烈，以至于巴布亚新几内亚在几内亚岛上的部分受到了强烈的冲击，从自身向太平洋发散出了一系列岛屿，构成了

① 巴布亚新几内亚最南端和澳大利亚最北端曾经是相连的，后来海平面上升形成托雷斯海峡，才把巴布亚新几内亚和澳大利亚隔离开来。巴布亚新几内亚曾经是澳大利亚托管的领地，1975 年从澳大利亚独立了出来。

美拉尼西亚（太平洋三大岛群之一）。[①]除了属于巴布亚新几内亚的几个岛屿是直接从几内亚岛发散出来的，其他岛屿都是这种发散趋势的延续（冲击引发的余震），并形成了**所罗门群岛**、**瓦努阿图**和**斐济**三个岛国。由于巴布亚新几内亚的发散趋势来自东南亚，而拉丁美洲就是东南亚在美洲的对应，因此这种发散趋势进一步演变成了向拉丁美洲运动的趋势，从斐济向拉丁美洲发散出了范围更为辽阔的波利尼西亚（太平洋三大岛群之一），并形成了**汤加**、**萨摩亚**、**图瓦卢**、**纽埃**、**库克群岛**五个岛国。波利尼西亚最东端的岛屿已经靠近南美洲。然而，波利尼西亚的发散趋势必须以逆时针方式转向菲律宾方向，以便最终参与菲律宾向中国方向回归的运动。因此，波利尼西亚不仅包括向拉丁美洲发散的群岛，还包括向西北方向拐弯的莱恩群岛，以及其北方的夏威夷群岛。夏威夷群岛本来应该从莱恩群岛延伸出来，以逆时针方式向菲律宾方向做弧形运动，但它已经靠近美国，被美国对拉丁美洲的拉力吸引（波利尼西亚本来就是向拉丁美洲运动的），向美国方向偏移，最终成为美国的第五十州。太极于是在莱恩群岛西边另外产生了密克罗尼西亚（太平洋三大岛群之一），并形成了**基里巴斯**、**瑙鲁**、**马绍尔群岛**、**密克罗尼西亚联邦**、**帕劳**五个岛国。密克罗尼西亚以逆时针方式做弧形运动，最终到达菲律宾南方的印尼岛群（从加里曼丹岛发散出来的群岛），象征从巴布亚新几内亚到太平洋三大岛群的发散运动最终回到印尼，和印尼一起被带向菲律宾，通过菲律宾向中国的方向回归。另外，密克罗尼西亚的逆时针运动曾经向北接近日本方向，被日本隐含的中国因素吸引，向日本方向发展出了马里亚纳群岛（包括关岛）、火山列岛、小笠原群岛和伊豆诸岛等岛群。这是密克罗尼西亚（通过菲律宾）向中国方向回归的运动被其他和中国相关的因素干扰而发生的分化，和夏威夷群岛的意义相似（美国是中国在西半球的对称国家，才有能力把拉丁美洲拉向自己）。因此，这种分化的前半部分（马里亚纳群岛）最终成为美国的海外属地和重要的军事基地，而后半部分则属于日本，通过伊豆群岛过渡到日本统一性最强的地方，亦即对应吉林东南山地的关中和关东。二战期间美国和日本在马里亚纳群岛发生了历史上最大的航

① 这里说的“冲击”必须理解为世界地理的哲学意义，而不是实际发生的地理变化。这种先天的意义决定了太极对太平洋群岛的地理设计，并通过火山爆发等地球演变过程实现出来。

空母舰决战；美国投向广岛和长崎的两颗原子弹也是在这里装载起飞的。美国的参战帮助了中国人民的抗日战争，而美日决战的战场和基地，正是密克罗尼西亚向中国方向回归的运动向日本方向发生分化之处。

太平洋三大岛群的划分不仅具有地理意义，而且吸引了不同的原始人类到这里定居，形成了美拉尼西亚人、波利尼西亚人、密克罗尼西亚人三种不同的人种和相应的富于原始色彩的文化。斐济既是美拉尼西亚的发展终点，也是波利尼西亚的发展开端，具有承上启下的综合性，拥有色彩斑斓的自然地理和文化传统。斐济一方面向南美洲发散出汤加、纽埃、南库克群岛、法属波利尼西亚等岛群，同时又向加勒比圆圈的开端（墨西哥）方向发散出萨摩亚和北库克群岛。从南美洲转向加勒比圆圈隐含向开端回归的意义。萨摩亚隐含的这种意义使之成为波利尼西亚的中心，曾经在13世纪建立了独立王国，其男性身体强壮，女性风情万种，阴阳各得其所。[①]基里巴斯是密克罗尼西亚向西北（菲律宾方向）运动的开端，和波利尼西亚向西北拐弯形成的莱恩群岛发生了遥远的呼应，因此莱恩群岛绝大部分岛屿都属于基里巴斯（只有末端的几个岛屿属于美国），使基里巴斯拥有世界最大的海洋保护区。但是这种过于遥远的呼应难以聚拢成统一的运动趋势。太极于是在基里巴斯的西边海域上设计了一个由独立的珊瑚礁岛构成的岛国瑙鲁（世界上最小的岛国），以其完整而独立的椭圆形岛屿来象征“聚拢”的意义，平衡了基里巴斯过于分散的统一性。几千万年来，瑙鲁吸引了数不清的海鸟到这里栖息，留下了大量鸟粪，在岛上形成了厚厚一层的优质肥料（磷酸盐矿），使瑙鲁靠出售磷酸盐而一度成为太平洋岛国的首富。从马绍尔群岛到帕劳的逆时针弧形运动是密克罗尼西亚向菲律宾方向回归（借此向中国方向回归）的主要运动。这种回归虽然以聚拢发散为目的，但其实它最终过渡到的是印尼的岛屿群，以便和后者一起被带向菲律宾，所以它其实是向发散的回归。发散本来是从阳到阴的运动。然而从印尼开始的发散运动，经过太平洋群岛的逆时针回旋，最终还是回到了印尼的发散运动，构成了从阴到阴的发展圆圈。所以，从马绍尔群岛到帕劳的社会发展保持了较多的母系文化。特别是帕劳更是集中地凝聚了“从

① 参见百度百科“萨摩亚”词条。

阴性到阴性”的意义，形成了用女人身上的装饰作为流通象征的奇特的“女人钱”。

太平洋三大岛群总体上构成的逆时针运动和东南亚的逆时针运动一样具有“向中国方向回归”的意义。但其中的波利尼西亚比较特殊，因为它向拉丁美洲发散，接着又被美国吸引，和加勒比圆圈的逆时针运动、中南非洲向北非洲的运动一样具有（或对应）“向美国方向回归”的意义。这些向中国和美国方向回归的运动不但是世界地理隐含的先天意义，而且还通过海洋上产生的热带气旋表现出来，形成了从太平洋和南海向中国方向回归的“台风”，以及从大西洋和加勒比海向美国方向回归的“飓风”。[①]台风通常在菲律宾以东海面（主要是帕劳附近的海域）形成并向西北方向移动，其典型的移动路径是（1）西行路径：经菲律宾海域进入南海，西行到海南岛登陆（有时偏向越南或广东西部）。（2）西北路径：经菲律宾海域在台湾岛登陆，然后穿过台湾海峡在福建省登陆（有时偏向广东东部或浙江、江苏一带）。（3）转向路径：在菲律宾以东海面形成后向西北移动，但最后转为向日本方向移动（有时偏向朝鲜半岛）。第一条路径实现了从菲律宾经海南向中国方向回归的意义。第二条路径实现了从菲律宾经台湾向中国方向回归的意义。第三条路径实现了向中国方向回归的运动发生的分化。[②]飓风则通常在美洲和非洲之间的大西洋形成，[③]向西北移动，沿着西印度群岛运动到古巴，然后拐向北方，在美国佛罗里达登陆，或者从古巴继续进入墨西哥湾，再向北拐弯，登陆美国东南部。这两条典型路径实现了从西印度群岛向美国方向回归的方式（在世界地理的设计中，古巴本来应该从佛罗里达半岛向美国方向回归，实际上却拐弯向墨西哥方

① 热带气旋的形成和移动与海洋温度、空气压力等多种因素相关。但从地理意义而来（通过宇宙智慧实现在宇宙推动力中）的极微小的影响就足以引导地球的演变（参见《太极之音》第195页），包括热带气旋的形成和移动路径。

② 这种分化在地理上实现为直接向北过渡到日本，而台风则通常会向中国走出顺时针的抛物线才反过来向日本方向移动。台风的运动有其自身的方式，因此虽然它反映了世界地理的意义，其移动路径不一定和世界地理的发展方式完全一致，有时还会受到某些因素影响而发生变异。

③ 据以色列科学家研究称，大多数影响美国的强烈飓风最初来自非洲佛得角上空独特的天气变化。佛得角以最纯粹的方式象征非洲无法完全消除掉的发散性（参见前面对非洲的分析）。该研究结果符合佛得角的地理意义。参见网易“环球科学大观”，https://dy.163.com/article/CU3240L10512GVI0.html。

向回归。相应地，飓风向美国方向回归的运动也有两种比较主要的不同方式）。另外，波利尼西亚具有向拉丁美洲发散又向美国方向回归的趋势，所以太平洋东部也会产生飓风，通常会向墨西哥运动（有时影响到美国西海岸），实现出发散和回归两种趋势的综合效果。台风和飓风虽然给人们的生活带来直接的破坏，但作为海洋和陆地沟通的方式，它们保持了地球的热平衡，使热带不过热，寒带不过寒，使温带得以维持，还为很多地方带来了丰富的雨水，促进了农业的发展。

澳大利亚不仅以其东北部的尖角指向巴布亚新几内亚，还在其相反方向亦即东南部的海域上发展出了一个大岛（塔斯马尼亚岛）来象征加拿大。加拿大是从英国（经格陵兰）向美国过渡的美洲国家，代表了美国从世界哲学史而来的支持，但它却没有被包括在美洲和非洲的对应中。为了把美洲和非洲统一起来，完整地带回中国，澳大利亚东部必须包括加拿大的对应，但也只需要象征性地包含，因为加拿大毕竟没有参与和非洲的对应。所以加拿大就被缩小许多倍，再经过南北颠倒，简化为倒三角形大岛，出现在东南海域，以其南部顶点遥远地指向格陵兰（沿此顶点方向，越过南极洲和大西洋，最终到达的就是格陵兰岛北端，亦即向加拿大过渡之处），暗示从英国过渡到加拿大和美国的运动被移植到了澳大利亚。澳大利亚最初是土著的居住地，18 世纪开始成为英国殖民地（美国独立后，英国就不再把罪犯流放到美国，而是改成到澳大利亚），并在 20 世纪 30 年代成为英联邦中的独立国家。澳大利亚与美国的关系最终超过了和英国的关系，和东南亚与中国的关系也日渐密切。20 世纪 90 年代以来，澳大利亚开始奉行“面向亚洲”和“融入亚洲”的方针，越来越积极地参与东南亚事务。中国则已成为澳大利亚最大的贸易伙伴。海南博鳌的亚洲经济论坛就是在澳大利亚前总理霍克和一些亚洲前政要的共同倡议下成立的。

让我们再看看澳大利亚的地形。澳大利亚的东部和西部分别对应美国和北非洲。为了在东部形成和科迪勒拉山系对应的海岸山脉，科迪勒拉山系被移动到东海岸，经过简化而变成澳大利亚的大分水岭。科迪勒拉山系向东俯视的中央大平原变成了大分水岭向西俯视的大自流盆地和墨累—达令盆地。密西西比河变成了澳大利亚第一大河墨累河，其最长分支密苏里河（发源于科迪勒拉山系）变成了墨累河的最长分支达令河（发源于大分水岭）。由于澳大利亚的形状是美国的南北颠倒，墨累河本来应该从南向北流（和密西西比河反向），但密西西比河从北向南流是来自美国地理框架中的“北方属天，南方属地”，这个意义在澳大利亚并没有改变（这个意义从中国开始贯穿了世界地理的设计）。所以，墨累河既要从南向北流又要从北向南流，两种意义互相削弱，使得墨累河只能在澳大利亚南部局部地模仿密西西比河：墨累河发源于大分水岭中段，流经南部平原后注入大海，而不像密西西比河那样发源于科迪勒拉山系北端，从北向南贯通了中央大平原。墨累河盆地北方的大自流盆地则无法在地表形成和密西西比河对应的大河，只能对密西西比河进行遮蔽和转化，让从大分水岭而来的水渗透到地表下，再从地表涌出到盆地中，成为世界最大的自流水盆地。墨累河和大自流盆地的自流水为澳大利亚的农业和畜牧业提供了丰富的水源。

澳大利亚西部浓缩了北非洲的高原和撒哈拉大沙漠，形成了大沙沙漠、吉布森沙漠和维多利亚大沙漠等遍布西部的大沙漠。虽然西部浓缩了北非洲的地形，但并没有复制它向欧亚大陆的运动，也没有复制尼罗河（因为尼罗河发源于中南非洲，目的是把中南非洲带向北非洲）。所以，西部大部分地区是不适合人类居住的干燥荒漠地带，但这里不仅保留着原始的自然风光，而且还储藏着极为丰富的矿藏。由于科迪勒拉山系被移到澳大利亚东海岸，东海岸的大分水岭有统一澳大利亚的作用（澳大利亚整体形状来自美国）。但西部高原象征的天志也有潜在的统一澳大利亚的作用（非洲比美洲的统一性更强）。为了突出这种作用，太极在澳大利亚的中心部位（稍微偏西）形成了世界上最大的单体岩石——艾尔斯岩。艾尔斯岩长三公里多，宽两公里，高三百多米，形如被高度浓缩的高原，在茫茫大漠中突兀地挺立着，以其赭红色的坚硬身躯托起了苍天，象征着西部天志统一澳大利亚的作用。澳大利亚的世界统一性混合了美国和北非洲的因素，使它拥有非常丰富的稀土资源。这种混合的世界性是把东西两部分拼凑起来形成的，隐含不稳定的内部结合，在澳大利亚地理中凝聚成了丰富的铀矿，使澳大利亚成为最主要的产铀国。

总的来说，美国和北非洲的许多地理特性到了澳大利亚都缩小了。墨累河比密西西比河的流量小很多，三大湖也比五大湖小很多，大分水岭比科迪勒拉山系矮了很多，西部高原也比北非洲的高原低矮，艾尔斯岩也不过是其象征。所以澳大利亚整体上很平坦。这里再也没有高入云天的雪山、汹涌澎湃的大河、落差极大的瀑布、撕裂大地的深谷，一切都趋向于平缓舒坦，因为世界地理在这里已经走完了最惊心动魄的发展阶段，开始走向其终点，所突出的都只是象征性的意义。虽然澳大利亚东部对应美国，但和其西部对应的北非洲一样只是象征性的。澳大利亚并不像美国那样承担了发展纯粹的普世文明的历史使命，因此虽然是典型的移民国家，却只是“民族大拼盘”而不是“民族大熔炉”，形成了丰富的多元文化，和加拿大一样仍然属于英联邦国家。然而，澳大利亚代表美国和北非洲的特性仍然使它拥有了极为丰富的矿产资源，加上缺乏阻碍而便于交通的地形，以及它在大海中孤立的、不受干扰的环境，使澳大利亚成为人们口中的“幸运国家”。

澳大利亚地理的舒缓本质使之没有进化出其他大陆常见的高等哺乳动物，尤其缺乏食肉猛兽，但其孤立、稳定的自然环境使它在地球演化过程中保留下了许多古老生物种类。其中最奇特，最能代表澳大利亚的动物是袋鼠、树熊和鸭嘴兽。这三种动物在澳大利亚的大量繁殖和被保留下来与其地理意义有密切关系。袋鼠胎儿出生后就被装在母袋鼠的育儿袋里抚养，直到小袋鼠可以爬出来独立活动，但遇风吹草动就可以迅速钻回袋中。这种母子不可分割的共存方式非常契合澳大利亚地理中隐含的“母包子”关系（澳大利亚整体形状像美国，其东部特性来自美国）。可爱的憨态的树熊整天只在树上生活，靠吃树叶获取营养和水分，所以不用走到地上喝水。树熊后腿和尾巴萎缩，适合端坐树上，与袋鼠后腿和尾巴强壮，适合在地上奔跑刚好相反。树熊“在上不在下”的生活方式隐隐折射出澳大利亚东西两部分的巨大差异（西部剥夺了北非洲向欧亚大陆的回归和尼罗河，变成纯粹的荒漠，陆地缺乏水分，不适合居住）。鸭嘴兽既生蛋又吃奶，是地球上唯一的、不伦不类的“卵生哺乳动物”，兼具两栖类、爬行类、鸟类和哺乳类动物的特点，而澳大利亚也是把两大洲非常不同的地形拼凑在一起，构成了东西差异很大的整体。

澳大利亚虽然是美洲和非洲向中国方向回归的桥梁，但美洲和非洲通过大西洋发生关联远比通过辽阔的太平洋和印度洋之间的澳大利亚要切近得多（澳大利亚之所以排列在太平洋和印度洋之间是为了通过东南亚向中国方向回归）。为了让大西洋两岸的美洲和非洲在地球的另一面通过澳大利亚向中国方向回归，必须在茫茫的太平洋和印度洋上设立“航标”来指引它们向澳大利亚运动。太极于是分别为美洲和非洲设立了这样的“航标”，即新西兰和马达加斯加。

新西兰为美洲指明了通过澳大利亚向中国方向回归的道路。美洲和非洲对应的部分包括美国和拉丁美洲。所以，新西兰被排列在委内瑞拉和澳大利亚的连线上[①]（委内瑞拉承接了从中美洲传来的天志，用从巴西而来的印度因素强化它，再传递给西印度群岛，起到了帮助美国回收拉丁美洲的重要作用，是美国和拉丁美洲具有代表性的地理中心）。新西兰远离美洲而靠近澳大利亚，因为它不仅要为美洲指明通往澳大利亚之路，更要指明从澳大利亚（通过东南亚）向中国方向回归之路。新西兰由南北两岛构成。南岛代表澳大利亚，北岛代表东南亚。南岛的形状是把澳大利亚在东西方向上挤压，在南北方向上拉伸（以便形成长条形来指向北岛）的结果（西部高原在挤压和拉伸之后变成西海岸的南阿尔卑斯山脉，以致新西兰的平均海拔比澳大利亚高了很多）。作为向澳大利亚东部（对应美国）过渡的国家，新西兰和加拿大有点相似。因此，南岛被设计成西南一东北指向，以便让其南方海域对应塔斯马尼亚岛的三角形岛屿（斯图尔特岛）向西南（越过印度洋和非洲）遥遥地指向加拿大。但这种指向偏离了新西兰从美洲向澳大利亚的运动。所以南岛中部东岸还有一个指向委内瑞拉方向的凸起（班克斯半岛），象征新西兰的美洲根源，隐含美洲的欧洲根源，补充了斯图尔特岛的意义。班克斯半岛的西北部形成了南岛最大的城市、具有浓厚英国气息的克赖斯特彻奇，成为英国以外最具英伦色彩的城市，而东南部的阿卡罗阿则是新西兰唯一的法国移民聚集地。澳大利亚指向巴布亚新几内亚的约克角在南岛东北端被打散，因为这个指向会使新西兰向澳大利亚的运动被新西兰北方的太平洋岛群干扰。相反，约克角西边被压扁（以免干扰约克角）的钝角恢复成了尖角，其末端（费尔韦尔角）还向东拐弯来指向北岛的开端。

① 这种连线是地球表面两点间的最短线，在平面地图上显示为弧状曲线。世界地图中的各种指向都应该按照这种符合地球形状的方式理解。

新西兰北岛的主体部分是围绕陶波湖形成的陆地，象征围绕南海逆时针运动的东南亚诸国（陶波湖代表南海，是大洋洲最大的淡水湖，湖边的浮石沙滩有内陆海风貌）。然而，印度尼西亚的海域更多地属于西边的印度洋和东边的太平洋；缅甸的海域属于西边的印度洋；菲律宾虽然包围南海，但它的作用是把东南亚圆圈带向中国。这三个国家的特殊性使得围绕陶波湖的陆地不是环形，而是多出了四个角。西南角代表印尼的开端，其形状是苏门答腊岛从开端压缩变短的结果（新西兰首都惠灵顿就在开端处，和南岛的末端隔海相望）。东北角代表印尼的另一开端，其形状是加里曼丹岛（印尼部分）的齐整化。西角代表缅甸，其地形是中间的高峰向四周下降，是将缅甸的“山脉俯视深沟”转化实现的结果（保留天志统一世界的意义，但变得适合岛屿）。西北角的长弧形代表菲律宾，其末端延伸出的长箭头遥遥地指向中国统一性的中心（河北省），暗示从此中心开始的世界地理设计最终要通过澳大利亚和东南亚回归到起点。和菲律宾有所不同的是，西北角的作用主要是指路，必须更多地展示聚拢而非发散，所以虽然它的南部有点破裂，但仍然通过狭长的地峡和北部的奥克兰半岛相连。该地峡把“聚拢”的意义集中实现了出来，保持了北岛的连贯性和统一性。在地峡上形成的奥克兰不仅是新西兰最大的城市，而且是南半球主要的交通航运枢纽，汇聚了世界多种民族和文化的因素，成为新西兰的经济和文化发展中心。太极还将奥克兰半岛的东海岸变得比较曲折破碎，同时让西海岸有平直光滑的海岸线，把“聚拢发散”的意义纳入从美洲向澳大利亚的过渡运动。新西兰的指路作用使它和澳大利亚一样属于大洋洲，但它比澳大利亚更接近美洲和英国，保留了更多来自英国的因素，同时其指路作用中隐含的东南亚因素也使它和亚洲保持了内在的关联，其亚洲族裔的比例甚至已经超过了澳大利亚。随着新西兰的设计，大洋洲地理的设计就彻底完成了。

马达加斯加为非洲指明了通过澳大利亚向中国方向回归的道路。和南美洲不同，南非洲并没有嵌入中非洲东部（对应中美洲）和西部（对应西印度群岛）之间，而仅仅嵌入其东部。真正嵌入中非洲东西两部分之间，把它们结合起来，实现非洲统一性的其实是北非洲南部的粗角（其末端即加蓬）。所以，马达加斯加出现在加蓬和澳大利亚的连线上，亦即非洲的东南海域上。尽管非洲和美洲都从澳大利亚（通过东南亚）向中国方向回归，但非洲大陆和亚洲大陆是相连的，因此非洲还有一条更直接的不需要跨越海洋的回归之路，亦即从埃及东北角的西奈半岛过渡到巴勒斯坦地区，然后从西亚过渡到阿富汗，再沿着伊斯兰教向俄罗斯传播的路径（中亚）前进，最后从俄罗斯向中国北方回归。因此，虽然马达加斯加出现在加蓬和澳大利亚的连线上，其位置却远离澳大利亚而靠近非洲大陆。由于非洲是美洲的强化，马达加斯加被当成新西兰的强化，其形状把新西兰的南岛和北岛结合起来，省略了对应加拿大的斯图尔特岛，变成非常紧凑（没有了大湖）的长条形大岛（世界第四大岛屿），再进行东西反转，将美洲从东向西过渡到澳大利亚的运动转化为非洲从西向东的过渡运动，以至于马达加斯加的西海岸比较曲折（北部甚至有些破碎），而东海岸则有很平直光滑的海岸线，把“聚拢发散”的意义纳入从非洲向澳大利亚的过渡运动（非洲整体上就有聚拢发散的意义）。为了把非洲独有的通过大陆向中国方向回归的运动展示在马达加斯加地理中，太极还让马达加斯加的长条形向东北指向中亚从阿富汗到哈萨克斯坦不断发展的路径，同时又让其东北角的长条形（安齐拉纳纳省）指向西北方的西奈半岛，暗示从非洲过渡到西亚和中亚，就可以通过俄罗斯向中国方向回归。由于马达加斯加象征通过东南亚和亚洲大陆向中国方向回归，其居民主要是非洲人和亚洲人的混血。最早迁居马达加斯加的是印度尼西亚人和阿拉伯人（阿拉伯人把非洲大陆的班图人运到了马达加斯加）。由于靠近非洲而不是澳大利亚，马达加斯加属于非洲，但其文化和非洲有较大的不同，更接近于亚洲。

马达加斯加的双重指示作用隐含内在矛盾：它的位置指示了非洲从澳大利亚（经东南亚）向中国方向回归的道路，但它的形状同时暗示非洲从西亚到中亚（经俄罗斯）向中国方向回归的道路。这是两条截然不同的道路。后者沿着伊斯兰教的传播路径前进，而前者的宗教特性主要取决于非洲本身（原始宗教）和澳大利亚（基督教）。[①] 作为从非洲向澳大利亚的过渡，马达加斯加无法实现其隐含的伊斯兰教因素。太极于是在马达加斯加的西

① 这里说的是马达加斯加地理中隐含的宗教倾向。马达加斯加的基督教实际上是由法国传教士带来的。

北海域设计了**科摩罗**来代表马达加斯加实现其伊斯兰教因素。科摩罗是由大科摩罗岛、莫埃利岛、昂儒昂岛和马约特岛四岛组成的伊斯兰教国家。四岛从西北向东南排列，把非洲引向马达加斯加北部，暗示科摩罗代表了马达加斯加指向的伊斯兰教传播路径。大科摩罗岛代表马达加斯加，其形状是马达加斯加的变形；莫埃利岛代表西亚，其形状是巴勒斯坦地区的变形；昂儒昂岛代表中亚，其形状是底部的角向上发展出左右两角，暗示中亚从阿富汗开始以阴阳对称、左右分列的方式不断发展；马约特岛的形状则是俄罗斯的变形。中亚国家不但构成伊斯兰教向俄罗斯传播的路径，实际上还代替俄罗斯接受伊斯兰教。马约特岛却不需要像俄罗斯那样保持为东正教的最终根据地，因此它和其他三岛一样接受了伊斯兰教。然而它对应的俄罗斯毕竟不属于伊斯兰教传播的路径，所以马约特岛在科摩罗中显得不十分合群。虽然科摩罗从法国殖民地变为独立主权国家时就包含了马约特，但马约特大部分公民仍然愿意留在法国，导致马约特成为被法国实际控制的海外领地，而科摩罗则仍然坚持其对马约特的主权。

非洲的前历史性意味着它是为世界宗教史奠基的大陆，其向欧亚大陆的过渡隐含从原始宗教向三大世界性宗教过渡的意义。科摩罗实现了非洲向伊斯兰教过渡的意义，但还没有实现非洲向基督教过渡的意义。太极于是在马达加斯加的东北海域设计了群岛国**塞舌尔**来实现非洲向基督教过渡的意义。非洲直接通向基督教的诞生地（巴勒斯坦地区），但非洲向中国的回归并不包含基督教的传播路径，所以塞舌尔隐含的基督教因素没有固定的传播方向，只能分散为一百多个小岛，象征基督教在世界各地的广泛传播。塞舌尔以群岛国的方式凝聚了基督教的普世性，其居民98%信仰基督教（包括天主教和新教），而其民族构成则混合了非洲、欧洲和亚洲，各种肤色的人和谐共处，悠闲自在地享受着非常原始而又过于丰盛的自然环境，仿佛生活在人间天堂，其中的一切都在“神恩”沐浴下无拘无束地生长着。塞舌尔有许多世界其他地方没有的植物品种，其中最著名的就是塞舌尔的国宝海椰子，又称爱情树，雌雄异株，相依而生，50年才开花，40年才结果，果实要5年才成熟，重量可达25公斤，是植物王国中最大、最重的种子。[①] 大自然用如此漫长的时间成就如此神奇的果树，仿佛在向

① 参见百度百科“海椰子”词条。

我们暗示基督教本质上是一种爱的宗教[①]。塞舌尔的另一种国宝就是数以万计的长度可达一米五的大旱龟（象龟），其寿命可达几百年，仿佛在向我们展示着“永生”的意义。

佛教也是三大世界性宗教之一。非洲向中国方向的回归并不包含佛教的传播路径，但它可以通过西亚通达佛教的诞生地印度。更重要的是，南美洲吸收的印度因素起到了增强统一性，帮助美国回收拉丁美洲的重要作用，而非洲所要强化的正是这种作用。所以，印度教就代替佛教成为非洲从原始宗教向之过渡的宗教。为了实现这个意义，太极在马达加斯加的东方海域设计了岛国**毛里求斯**。毛里求斯岛的形状是印度齐整化之后再南北颠倒的结果（颠倒是为了暗示毛里求斯向在其北方的印度回归），其地形和印度相似，沿海是平原，中部是高原山地，其居民大多数是印巴人的后裔，信仰印度教，其余居民则主要信仰基督教、伊斯兰教和佛教，体现了印度教在世界宗教史中的中介作用。印度是毛里求斯主要的人口来源国，其传统文化、宗教甚至种姓制度都对毛里求斯有深刻影响，而毛里求斯的湿婆节则可以说是印度之外最重要的印度教节日。[②]总的来说，科摩罗、塞舌尔和毛里求斯实现了马达加斯加隐含但无法实现的地理因素，因此四国构成了不可分割的整体，2007 年共同组成了印度洋岛国（CMMS）地区组。这四个非洲国家起源于大洋洲的地理意义。随着它们的设计，非洲地理的设计也就彻底完成了。

大洋洲的地理意义不仅影响了非洲，还影响了欧洲。虽然太极已经设计了新西兰和马达加斯加来指引美洲和非洲（通过澳大利亚和东南亚）向中国方向回归，美洲和非洲的互补关系仍然使它们通过大西洋相互吸引，产生相互运动的趋势。这种相互运动的天然趋势无法消除而只能释放出来，以某种方式纳入二者向中国方向回归的运动。但这种天然趋势的直接释放会抵消美洲和非洲向澳大利亚的运动，所以它只能通过其他中介释放出来。这种中介必须自身就有向中国运动的趋势，同时又在地理上靠近美洲和非洲。这种中介就是前面已经设计的西欧。世界哲学史的起点和终点是中国，

① 参见《太极之音》第 513 页。
② 参见百度百科“毛里求斯”词条。

但其运动的主要过程在西欧。从世界哲学史的内在逻辑来看，西方哲学本质上就是从中国哲学而来、向中国哲学回归的。所以，承担了西方哲学史的西欧可以通过其运动本性来帮助美洲和非洲向中国方向回归。前面的地理设计已经使西欧与其南方的非洲隔地中海相望，同时与其西方的美洲隔大西洋相望。因此，位于西欧西南角的法国最适合于帮助美洲和非洲向中国方向回归。然而西欧地理的发展方式决定了法国具有（经比利时和卢森堡）向荷兰运动的天然趋势。所以，太极就让法国向西南方向延伸出**西班牙**来代表它去释放美洲和非洲相互运动的天然趋势，同时将这种天然趋势纳入它们向中国方向回归的运动。

西班牙的形状是法国的齐整化。由于西班牙南边就是非洲，所以西班牙实际上释放出来的是非洲向美洲运动的天然趋势，导致它和非洲相互吸引，在海岸线上形成指向非洲（摩洛哥）的凸角，共同夹成了仅有十几公里宽的直布罗陀海峡，使后者成为地中海国家通向大西洋的咽喉要道。然而西班牙把非洲带向美洲（进一步带向中国）的趋势来源于西欧从中国发展而来、向中国方向回归的运动本性。所以，西班牙指向非洲的凸角的东边还形成了一条细长海岬（直布罗陀）来指向非洲，象征西欧的运动本性。这种运动本性中隐含英国（经冰岛、格陵兰和加拿大）向美国运动、通过美洲向中国方向回归的成分，经过历史发展实现在了直布罗陀，使之成为英国在西班牙的飞地（海外领地）。和直布罗陀隔海相望，被直布罗陀所指的非洲尖角则形成了休达自治市，成为西班牙在非洲的飞地，象征西欧的运动本性在非洲的落脚点。但直布罗陀过于突出了英国在西欧的意义。因此，休达东边较远的海岸边还以背向休达的方式形成了梅利利亚自治市，纯粹地象征西欧的运动本性在非洲的落脚点，成为西班牙在非洲的第二块飞地。休达和梅利利亚是欧洲在非洲大陆仅有的两块领土。和西班牙隔海相望而且拥抱休达和梅利利亚的摩洛哥分享了西班牙（代表西欧）将非洲带向美洲的运动本性，成为西欧、非洲和美洲地理意义的交汇处。

西班牙地形以高原和山脉为主，地势比法国高很多，因为它在法国基础上附加了统一美洲的宗教性天志。法国和意大利边界上的阿尔卑斯山脉向西发展出了法国和西班牙边界上的比利牛斯山脉。阿尔卑斯山脉南端的摩纳哥公国相应地变成了比利牛斯山脉东段上的**安道尔公国**，构成从法国向西班牙过渡的中介，受到法国和西班牙的双重保护。阿尔卑斯山脉西边从北向南流向地中海的索恩—罗讷河变成了比利牛斯山脉南边从西北向东南流向地中海的埃布罗河。法国注入大西洋的四条河流（塞纳河、卢瓦尔河、多尔多涅河、加龙河）变成了西班牙注入大西洋的四条河流（杜罗河、塔霍河、瓜迪亚纳河、瓜达尔基维尔河）。但西班牙南部的山脉和复杂地形使得瓜迪亚纳河和瓜达尔基维尔河无法像多尔多涅河和加龙河那样向西汇合，只能向南拐弯，分别注入大西洋中。比利牛斯山脉（西班牙一侧）还发源了加龙河最远的支流，象征性地把西班牙的河流带回其在法国的起源。总的来说，西班牙地理中隐含的意志性比法国更加强烈，同时其位置比法国更南方，更加靠近非洲，故其人民热情奔放、性格开朗、富于想象，同时还隐含了凶猛的斗志。

由于靠近非洲并且相互指向，西班牙的运动本性是横渡大西洋到达美洲，再越过美洲到达太平洋，最后通过菲律宾向中国方向回归，借此将非洲向美洲运动的天然趋势释放出来，纳入向中国方向回归的运动。西班牙实际上只能释放非洲和美洲相互运动趋势的一半。为了把美洲向非洲运动的天然趋势也释放出来，并纳入向中国方向回归的运动，太极从西班牙继续向西南延伸出了**葡萄牙**。葡萄牙的形状是西班牙西南角的长条形空缺被填满的结果，象征它弥补了西班牙的缺陷。葡萄牙的地形以山地、丘陵和沿海平原为主，地势比西班牙低很多，因为美洲向非洲的运动隐含从统一美洲的科迪勒拉山系转向非洲高原的意义，构成了天志的下降运动。葡萄牙虽然也靠近非洲，但和非洲没有相互指向。葡萄牙的运动本性是向西南渡过大西洋到达美洲最东部（且有统一作用）的巴西，然后折回非洲，沿其西海岸南行，以逆时针方式绕过非洲最南端，到达印度洋，最后通过印度和东南亚向中国方向回归，借此将美洲向非洲运动的天然趋势释放出来，纳入向中国方向回归的运动。葡萄牙的意志性不像西班牙那样强烈，但其运动本性并不亚于西班牙。这种运动本性使西班牙人和葡萄牙人都是天生的航海民族，在大航海时代起到了重要的作用。必须注意的是，西班牙和葡萄牙的运动本性只是其地理凝聚的先天意义，其在历史发展中的实现方式受到许多其他因素（包括历史的时代精神、两国的复杂关系等）的影响，因此这种意义只是大航海时代的地理基础，和大航海在历史中的实际发生不是同一回事。

大航海时代就是中世纪向现代社会过渡的时代（15到16世纪）。在这个时代中，基督教的普世性开始向世俗普世性转化。基督教的种子本来就先天地隐藏在美洲和非洲的土壤中。这个过渡时代因此激发了西班牙人和葡萄牙人通过海洋将基督教扩展到欧洲之外的欲望。向世俗普世性的转化同时也激发了他们从海外获取经济利益的欲望。在宗教热忱和世俗利益的双重推动下，西班牙人和葡萄牙人开始了通过航海征服世界的行动。西班牙船队在哥伦布率领下，带着通向印度和中国的愿望向西航行，发现了美洲的西印度群岛，随后又发现了中美洲，后来在麦哲伦的率领下成功地从南美洲南端的海峡进入太平洋，到达了菲律宾，最后船队横渡印度洋，绕道非洲返回西班牙，实现了人类第一次环球航行。葡萄牙船队则沿着非洲西海岸南下，绕过最南端的好望角，开辟了通向印度的航路，并且到达了东南亚和中国，开辟了西欧和亚洲的海上通道。葡萄牙还把许多非洲黑人运到美洲，为西班牙在美洲的殖民地提供了大量的廉价劳动力。西班牙和葡萄牙曾经在1494年共同签署了《托尔德西里亚斯条约》，意图将世界瓜分为二。根据此条约（以及1529年在萨拉哥撒再签的新约），西班牙几乎独占了整个美洲，而葡萄牙的势力范围则在亚洲和非洲的广大地区。虽然西班牙殖民地遍及中美洲、西印度群岛和南美洲，但不包括巴西。巴西对应印度，具有从亚洲而来的增强南美洲统一性、帮助美国回收加勒比圆圈和南美洲圆圈的作用，而且它还被排列在美洲靠近非洲的最东部。巴西因此成为葡萄牙在美洲具有代表性的落脚点。葡萄牙人不仅从非洲通向印度，还直接横跨大西洋通向巴西，把巴西变成了葡萄牙在美洲的殖民地，甚至曾把里约热内卢变成葡萄牙（在国王流亡时）的首都。巴西后来争取了独立，成为地球上讲葡萄牙语人数最多的国家。

西班牙和葡萄牙的大航海行动（和与之伴随的殖民活动）充满了掠夺、暴力和杀戮，暴露了资本主义萌芽时期现代人追求利益、崇尚征服、恃强凌弱的本性，以及对异质文化的缺乏理解和尊重。但大航海行动（包括后来居上的英法荷等西欧国家的航海行动）并不仅仅是人类追求利益的行动。它不但是基督教的普世性向非基督世界扩散的行动，同时还隐藏着来自太极的另外一种目的，就是把美洲和非洲结合起来，通过西欧的运动本性把它们带回以中国为起点和终点的天下大同格局。目前美洲、非洲和亚洲的许多国家（包括其边界）就是在反抗殖民地宗主国、争取独立的过程中逐步形成的。但历史的局限性使得参与大航海行动的西欧诸国并没有认识到这种行动隐含的通向天下大同的意义。

大航海时代在中国也有所表现，即明朝（15 世纪初）郑和的七下西洋。郑和的船队访问了亚非三十多个国家和地区，最远曾经到达非洲东海岸（15 世纪末的葡萄牙人就是利用了郑和以及印度和阿拉伯人的航海成就，开辟了绕道非洲南端通达印度的航线）。郑和下西洋的路线和葡萄牙人的路线是相反的，但有着相似的意义，而且还通过建立大明王朝在亚洲和非洲地区的威望来怀柔天下，展现了以中国为起点和终点的天下大同理想。[①] 然而大航海时代的精神实质是西欧国家通过自身的运动结合美洲、非洲和亚洲；天下大同只是这个时代隐藏的、指向未来的意义。因此，这个时代即使在富于大同精神的中国也只能激发出一闪而过的壮举。中国在郑和下西洋之后就基本上封闭了海洋，而西欧国家则继续在世界范围内继续其航海行动，最终把世界五大洲连成了不可分割的整体，并迫使中国向西方打开了自己的大门。今天，中国已经在吸收西方现代文明之后重新崛起，而且正在通过“一带一路”等行动积极地开启中国通往亚洲其他地区、欧洲、非洲、大洋洲和美洲的通道。这个具有几千年悠久历史的古老国度的重新崛起意味着人类历史正在迈向一个全新的时代。

① 郑和下西洋还包含宗教方面的内容。其航海行动帮助了伊斯兰教（以及佛教和道教）在东南亚的传播。

总论 世界地理与天下大同

一、人类的家园

世界地理不是地球演变的偶然产物，而是太极在大地上形成的无与伦比的杰作。当我们欣赏到这幅杰作时，我们对世界地理的哲学意义还有什么可怀疑的吗？世界地理就是太极在大地上绘成的历史蓝图。这张蓝图甚至在万物诞生之前就已经在太极的智慧中形成，直到宇宙大爆炸产生了微观宇宙，演化出宏观宇宙，形成太阳系和地球，这张蓝图才通过地球几十亿年的演变一步步地实现在地球表面上。然而何为太极？太极何为？太极就是阴阳合一、生生不息的本源，就是乾父坤母、天父地母，就是孕育了宇宙生命，把人类生出到天地之间，最终通过世界历史实现自身的最古老的爱。太极在其宇宙智慧中思考了自身从始至终的发展，明白了世界历史必须经历的发展阶段，为世界各民族设计了恰当的居所，然后才化身为人，变成历史戏剧的演员，去演出自己早已编好的故事。这个故事就是太极在成为人之后重新认识自己的故事，是人类在分化出世界各民族之后重新走到一起的故事，是人类最终醒悟自己的原始父母，理解了天下一家的真正意义，在大地上实现天下大同的故事。故事的蓝图就默默地凝聚在大地上的高山、平原、沙漠、盆地中，展现在大海、河流、湖泊、瀑布中。太极为人类准备的家园不但多姿多彩，而且意味无穷。然而，当我们一味地拥挤在繁华的大都市，远离山山水水的时候，我们还认得出自己的家园吗？当我们热衷于在外太空寻找新的家园的时候，我们是否意识到了自己的无家可归？即使在我们无家可归的时候，大地不还是郁郁葱葱的吗？在拥挤不堪的都市外头，不还是有着无比广阔的天地和多姿多彩的山水吗？我们并不是真的无家可归，而只是遗忘了家在何处。

或许是自然科学误导了我们，使我们以为科学可以解释宇宙的一切事情。科学能够认识宇宙万物的相互作用，深入其最核心的奥秘，详细分析宇宙的演变过程，但却不知道宇宙为什么存在，人类为什么产生，生命有什么意义，历史通向何处。科学不问为什么，而只问如何。[①] 科学回答“为什么”的方式是从宇宙的某种状态追溯到其之前的状态，将“为什么”转化为“如何”来回答。科学的本质就是追问作用和效果，而不是追问目的和意义。但如果我们面对一幅精心绘成的美丽图画，仅仅关心这幅画的形成过程，从最初的素描开始，弄清每一步使用了哪些颜料，颜料之间如何调和，用的是什么样的油或水，在什么样的画布上涂抹……我们就永远无法真正看懂这幅图画。相反，如果我们把它当成凝聚在画布上的有意义的形象，日夜用心参悟，我们总会对它有所领悟，甚至有一天大彻大悟。世界地理就是这样一幅必须用心参悟的图画。其作者不是人，也不是某种喜怒无常、可以自由行动的神灵。太极的一切作为都出于自身的必然，其思考是纯粹的自我认识，其行动是纯粹的自我实现，因此太极从不随意思考，也从不任意行动。太极无心无情，却有智有慧；寂然不动，却推动万物。科学看到了太极在地球上的杰作，甚至看得比普通人更详细、更全面，却不明白这幅杰作的真正意义。虽然如此，科学仍然可以为我们理解这幅杰作提供很大的帮助。科学对地球演变的研究和考证，对世界地理的观察和探测等可以大大拓展我们的视野，帮助我们更全面地看到这幅杰作，从而更好地理解它的意义。但为了真正理解其意义，我们又不能仅仅停留在科学所追问的如何，而必须进一步追问其为什么。为什么大地上既有海洋又有陆地？为什么刚好有几块相对自我统一的陆地？为什么这些陆地上形成了如此多种多样却又密切相关的世界各民族？因为世界历史需要这样的大地，因为世界历史需要这样的民族。

让我们看看这块大地和这些民族。地球表面的大部分覆盖着浩瀚无际的海洋，日夜翻腾，生生不息，象征着被人类共享的、尚未分化的世界。在这个海洋之上，几块大陆升起到了天地之间，为世界各民族提供了栖居的家园。

---

① 参见《太极之音》第七讲《天地与万物》第四节“宇宙智慧 科学真理”。

其中，欧亚大陆具有最复杂、最丰富的地形，默默地凝聚了太极对世界哲学史的先天思考。在亚洲大陆面向辽阔太平洋的地方，亦即我们称之为中国的地方，世界哲学史的发展过程被完整地凝聚在了各省的山水中，以至于各地的山水和人民都有其独特的品格，产生了非常丰富多彩的方言和地方文化。中国大地在哲学意义上的完整性使中国人从古代开始就发展出了天下一家的情怀。中国人目光远大，从不把国家当成最高事物，而是把国家归属到天下，相信四海之内皆是兄弟姐妹，因此中国总是希望天下太平，世界各民族和谐共处，即使在其遭受凌辱时还是心怀天下，在其最强大时也不恃强凌弱，而总是希望能够兼善天下，共趋大同。中国的存在就是人类走向大同的希望。我们甚至无法把中国仅仅当成世界诸多国家中的一个，因为她完整地凝聚了散布在世界各地的哲学因素。在中国大地乃至中国人的精神气质中，早已隐含了丰富多彩的西方因素。然而这些因素又仅仅是作为中国地理的成分存在，作为中国文化的内容表现出来。中国无法仅凭自身把所隐含的西方因素充分发挥出来。这些因素的充分发挥就留给了西欧。

从世界地理来看，西欧只是一块狭小的陆地（和一些海岛），但它却凝聚了世界哲学史最漫长的一段发展历程，产生了人类最变化多端、最精细入微的一些思想。西欧曾经是人类精神最生气勃勃的地方。它的每次变化都惊心动魄，影响深远，在人类历史的发展中留下了不可磨灭的痕迹。西欧产生的许多思想至今仍然是人类思想的宝库，在此基础上建立起来的现代文明大大改善了人类的现实生活。但西欧同时也是人类精神最动荡不安的地方，许多不同的思潮一个接一个地涌现，各领风骚数十年，然后就退到背景中，让位于下一思潮，因为这些思潮通常都是从某个独特的狭隘角度发展出来的，缺乏中国哲学那种宏大的、包容万有的格局。然而，它们独特的思考角度和精细入微的思考方式却能够深深地刺激中国哲学，促使后者自我反思，自我超越，发现新问题，开辟新思路。从世界哲学史的角度来说，西欧和中国有着最为内在的关联，但这种关联还没有在世界历史中得到充分的实现。我们只有吸收西欧文化传统中的优秀成分，才能充实中国文化的全世性，以世界性的方式实现中国文化复兴，而古老的欧洲也将在中国找到其文化传统的深刻而又隐蔽的源泉。

中国的周围环绕着许多亚洲国家。这些国家的起源多种多样，意义各有不同，但它们都和中国代表的开端性或统一性相关，在感性、身体性、判断力、想象力、意志性等许多方面进一步发展了隐含在其地理中的中国因素，共同构成了底蕴深厚、活泼生动、色彩浓郁、百花齐放的亚洲。朝鲜、韩国、日本和蒙古国是从中国地理凝聚的矛盾和张力发展出来的，和中国的地理意义相互补充，一起构成了在历史发展中密不可分的东亚。东南亚不仅发展了从中国而来的世界统一性，而且还通过逆时针运动向中国方向回归，成为世界地理向其最初起点回归的最终途径。中国的哲学特性使之不会从自身产生世界性宗教。发展和传播世界性宗教的使命落在了西亚、南亚、中亚和西北亚（土耳其、塞浦路斯和南高加索）。基督教、伊斯兰教和佛教从亚洲起源，传遍了全世界，深刻地影响了世界历史的发展。虽然世界性宗教不是起源于中国，但中国代表了世界历史的开端，和世界宗教史的开端相互呼应。所以，和非洲接壤、代表世界宗教史开端的西亚（以及西北亚）隐含了和中国相似的开端性意义，和中国一样同属于亚洲。亚洲的根本特性就是其在世界历史（包括世界宗教史）中无法替代的开端性。亚洲是世界的东方，是太阳升起的地方，其古老的文化传统对人类历史有十分重要的意义。伴随中国文化复兴的进程，亚洲其他国家也会出现相应的文化复兴，共同为人类走向大同提供富有深厚历史底蕴的精神基础。

在中国和西欧之间横亘着东欧和北欧。东欧和北欧的地理和三连贯运动有直接或间接的关联，凝聚了超前地走向大同的意义，因此它们和超前地走向大同的共产主义运动发生了直接或间接的相互呼应。虽然共产主义运动从欧洲到中国不断发展变化，潮起潮落，并最终离开了欧洲，在中国以新的方式继续发展，但它在欧洲历史上仍然留下了深刻的痕迹，其赖以发展的地理基础仍然联结着欧亚大陆的许多国家。东欧和北欧地理凝聚的三连贯意义仍然潜在地把西欧连向中国，构成西欧和中国相互关联的纽带。只要多瑙河依然汹涌澎湃，欧洲就不会丧失它向大同世界前进的潜在趋势，并将在人类走向大同的进程中发挥重要的推动作用。欧洲和中国不但可以通过经济合作实现互惠互利，而且还可以通过文化交流促进相互理解。中国古代文化一直以天下大同为其终极境界。共产主义运动虽然从西方起源，但它超前地隐含了中国文化的天下大同精神。中国的社会主义道路就是从小康通向大同的道路。但中国自古以来的大同精神同时也意味着我们不会把自己的文化或文明强加给任何其他国家。中国古人流传下来的理想就是“天下一家，和而不同。”孔子说，“远人不服，则修文德以来之”。中国应该在开放的格局中吸收世界各国的优点，努力做好自身的文明建设，同时努力复兴中国文化，让世界各民族看到一个人民生活得到保障，个人权利得到保护，精神自由而高尚，文化多彩而高雅，风俗醇厚，礼乐兴盛，自然美丽，家庭和睦，人人都可以充分发挥其才能，同时积极为社会和人类做贡献的国家。只要我们能建设这样一个国家，自然就会吸引世界各民族，和中国一起走向大同。

当我们的目光转移到地球另一面的美洲，我们就看到了历史短暂但对世界影响深刻的一种崭新文明。美国超越了历史性和民族性的局限，将自由、平等、民主、法治、商业、科技等普世文明推向了发展的极致。中国的改革开放在很多方面学习和借鉴了美国。加入以美国为主导的世界市场对中国的发展也曾经起到了很大的帮助。虽然近年来美国开始把目光转回国内，不断放弃对世界的责任，使人类在全球化道路上出现了退潮，但这实际上只是以美国为代表的文明普世性的退潮，而不是人类走向大同趋势的退潮。大同世界并不仅仅是靠文明普世性统一起来的、抹杀了历史性和民族性的世界，而是世界各民族在保留民族性的基础上实现出来的更高层次的联合。近年来在西方出现的民族主义浪潮其实是人类开始迈向**太极易**时代的征兆。在这个时代中，世界哲学的精神将从西方转回中国，中国文化的全世性将开始发挥作用。这种文化全世性可以容纳不同层次、不同个性的事物，让一切事物都实现其独特的自性，因而不同于以唯一标准来衡量一切的文明普世性。欧洲从近代开始举起了文明普世性的大旗，而美国则在20世纪把其代表的文明普世性推向全世界，但这种纯粹的文明普世性缺乏对世界各民族的独特意义和人类历史终极目标的深刻理解，因此无法独自承担起带领人类走向大同的历史使命。当人类开始迈向**太极易**时代的时候，虽然历史的终极目标不会马上被理解，但世界各民族的独特意义仍然会激发出民族主义的浪潮。在西方现代社会以文明主导文化的大环境下，这种民族主义首先并不表现为民族文化的复兴，而是表现为文明普世性的衰落；各民族国家越来越关注自身的利益，而非人类的共同利益（在当代西方缺乏历史性关怀的背景中进一步派生出了民粹主义）。但任何哲学位置都不是专属于一个民族的，而是被当成人类的时代精神送出到世界各民族中，所以西方民族同样会吸收到**太极易**的暗流涌动，最终也会振兴其已经衰落的传统文化，唤醒已经沉睡的历史意识，和东方民族一起走向“天下一家，和而不同”的大同时代。文化全世性并不排除文明普世性，而是赋予后者以意义和目的性，将之提升为大同世界的现实基础。因此，近年来人类在全球化道路上的退潮只是暂时的。民族主义引发的国际冲突越是激烈，就越会迫使人类寻求解决的办法，最终促使世界各民族相互合作，在大同精神的引导下走向更高层次的联合。

美洲和大西洋彼岸的非洲相互呼应，密切关联。非洲以前历史的方式超越了历史。但前历史并不意味着没有历史意义。相反，非洲是为人类历史奠基的地方，其原始宗教是人类最初组成社会的方式，同时也是通向世界性宗教的基础。如果说亚洲是太阳升起的地方，是世界历史（包括世界宗教史）的开端，那么非洲就是黎明的曙光，是开端前的开端。现代人的生活已经远离了天地人神的境界。人们不再感到有什么是值得敬畏的。在这点上，世界各民族（特别是少数民族）保留下来的原生态文化是非常值得珍惜的，因为这是现代社会中仍然残留的天地人神相互通达、人与自然万物相互和谐的文化。在世界范围来说，非洲这块土地为人类保留了最丰富的原生态文化。世界各民族都有可能从中吸收到有益的养料，振兴现代人因为拼命追求效率和奢侈而变得疲惫不堪、软弱无力的精神。非洲曾经发展出辉煌的古代文明，但在现代文明的发展中处于不太有利的地位。人类应当联合起来，帮助非洲国家摆脱贫困和疾病。但非洲文化保留了人类最原始的精神，最强大的自然力量，是人类应该加以珍惜的。

当我们把目光从美洲和非洲转移到其最遥远的反面，就看到了把二者结合起来，让它们通过东南亚向中国方向回归的大洋洲。在这里，世界地理的发展进入了最后阶段，欧洲、美洲、非洲和亚洲的地理意义开始交汇在一起。大洋洲是汇聚世界五大洲的桥梁，是世界地理从终点返回起点的地方。不论从经济还是文化来说，大洋洲都应该进一步加强与东南亚和中国的来往。澳大利亚近几十年已经形成了比较开放的融入亚洲的国策，但全球化的退潮使其前进的方向逐渐变得模糊起来。澳大利亚需要更有意识地、坚定不移地承担起自己的历史使命，在和美英等西方国家保持密切关系的同时不断加强与东南亚和中国的沟通与合作。大洋洲还没有真正实现其将世界地理的发展通过东南亚带回中国的作用。然而可以预料的是，在人类迈向天下大同的道路上，大洋洲必将充分实现其地理的独特意义，成为天下大同从普世性向全世性回归的真正通道。

虽然中国和美国都是具有世界性的国家，但二者的世界性有不同的特点。中国是世界哲学史的起点和终点，其地理完整地凝聚了世界哲学史的发展过程，具有天然的包容天下、团结万邦的精神气质。美国则是纯粹普世文明的代表，是超越历史性和民族性的崭新文明起点。中国的民族性就是其世界性，而美国的世界性就是其民族性。但美国虽然是崭新的文明起点，其自身却无法构成相应的终点。美国在地理上的运动趋势是从欧洲而来，向拉丁美洲和非洲前进，最终通过大洋洲转向东南亚和中国。美国是世界地理发展过程中产生的新起点，却无法在进一步的发展中回归自身，因此它为世界提供的统一性总是隐含不稳定性。欧洲则以永不止息的运动为其根本特性。欧洲不是世界地理的起点和终点，却构成了它的主要发展过程，对世界历史的发展起着重要的推动作用。天下大同只有在中国、美国和欧洲的共同主导下，通过世界各国的共同努力才可能实现出来。世界各国不论大小都是平等的，但不同的国家有不同的历史意义，在人类大家庭中发挥作用的方式各有不同。国家越大责任就越大，就越应该保护弱小国家，努力为世界和平做出应有的贡献。

虽然世界地理隐含天下大同的意义，但人类的现状离天下大同还有相当的距离。人们对世界地理的认识仍然停留在地缘政治学层次，把世界地理仅仅看成国与国之间展开博弈的基础。人类虽然都是天父地母所生，却没有真正醒悟自己是一家人，以致几千年来的世界历史充满了国家之间的冲突、斗争甚至残酷的战争。这种历史不仅是用汗水，也是用血水和泪水写成的。从另一方面看，人类的种种战争曾经把小国家合并成大国家，也曾经迫使人类通过相互碰撞学会相互妥协，实现更高层次的联合；人类历史的一些进步也曾经通过战争间接地实现出来。但如果人类意识到太极对世界地理的运作是为了通过世界各民族的努力实现天下大同的终极目标，就可以通过更好的途径来实现人类的联合。[①] 我们对世界地理的哲学分析

① 参见《太极之音》对历史终极目标的论述（第 395—397 页）。

已经充分表明：天下本来是一家；世界各民族是失散多年的兄弟姐妹；国家之间的争斗是人类的内耗；一切战争都是人类的内战。虽然目前世界各国没有像20世纪上半叶那样卷入世界性的战争，但国与国之间仍然在不断较劲，通过发展军备甚至发动贸易战来保护自己、损害对方，其结果只能是两败俱伤。人类在现代社会的内耗是现代主体性在最高层次上的表现。现代主体性不仅在个人层次上表现为个人与自然、他人及社会的对立，而且还在国际层次上表现为国与国之间界限分明的相互对立、相互防范、相互损害。人类要走向大同，就必须走出现代主体性造成的种种分裂。这个过程不会一帆风顺，因为我们首先要明白历史的终极目标，才能走出现代主体性的困境，否则再深刻的现代性批判都会在现代社会的惯性面前显得苍白无力。然而，世界历史的发展方式早已凝聚在世界地理中。只要我们静下心来聆听玄妙高远的太极之音，用心参悟太极在大地上绘成的美丽的历史蓝图，就能够醒悟人类历史的终极目标，知道历史应该往哪个方向前进。我们并不需要在黑暗中摸索，把自己的命运交付给不可知的偶然，因为大地上的山山水水就是我们前进的路标。人类真正的家园不在遮天蔽日的高楼大厦中，而是在默默回响着太极之音的山水之间。

二、走出现代，走向大同

《太极之音》问世之后两个月，亦即2020年1月，新冠肺炎疫情开始在世界各国陆续爆发开来，逐渐成为一场全球性灾难。从历史的角度来说，这场全球性灾难并不是偶然发生的，而是人类走出现代，走向大同不得不经历的阵痛和前奏。人类目前正在从晚期现代向人类历史的最后阶段即天下大同的时代过渡。从现代到大同是人类历史的一次巨大的转折。这次巨大的转折伴随着某种和世界地理以及人类身体相关的否定性事件，亦即目前正在全球范围内流行的新冠疫情。

历史的否定性来自历史本身。世界历史发展的主要线索是世界哲学史，而世界哲学史的内在逻辑决定了它必须以自我否定的方式不断向前发展：一个哲学位置的局限性导致哲学史不得不否定它而进入下一个位置，直至到达最终位置，实现对太极的完整认识（甚至每个哲学位置的内部发展过程也隐含不断自我否定的意义）。每个哲学位置的送出都会造就新的时代精神。因此世界历史是在自我否定中不断前进的。伴随世界历史自我否定式的发展，地球表面有可能发生相应的否定性事件，通常以“自然灾害”的面目出现。这不是说人类的历史活动“引发”了这些自然灾害，而是说历史和地理密不可分的先天关联使其隐含的否定性相互对应地发生。[①]除了自然灾害，人类历史的发展还伴随许多和人的身体直接相关的否定性事件。这是因为人的身体是生命的物化，是从大地生长出来、承载历史发展的自然之物（人类历史是通过男女结合产生后代的“世代生成”而不断向前发展的）。[②]这种和身体相关的否定性事件中最常见的就是流行性传染病，最典型的就是急性呼吸道传染病（如流感和新冠肺炎）。呼吸物化了天志落入生命和回归自身的运动，[③]而天志就是推动世界历史不断发展的意志。伴随世界历史的阶段性发展，和人的身体相关的否定性事件通常会自然地实现为呼吸道传染病。春夏秋冬把太极的自我生成运动（先天大道的生长收藏）物化在天地之间，成为太极通过人的历史活动实现自身的原始时间。[④]春夏秋冬的循环就是历史不断地在自我否定中前进的象征，而每年秋冬季节发生的流感则是与之相应的否定性事件（秋天收敛而肃杀，冬天隐藏而萧索，但隐含向春天转化的契机，故秋冬最适合否定性意义的实现）。然而春夏秋冬只是历史发展的基础。历史的阶段性发展引发的否定性事件不是每年都发生的，而是伴随历史的巨大转折发生。虽然历史的转折是天志推动的，但每次转折隐含的否定性都有其独特性，所以历史转折伴随的可能是呼吸道传染病，也可能是其他类型的传染病。必须注意的是，这里所说的“否定性”不是消极的。太极的发展是从不完善走向完善的过程，因此自然地会以自我否定的方式向前进，尤其是人类历史就更是如此。正是不断的自我否定才使得历史不断向前发展，进入新的历史阶段，直至到达

① 这种对应不是绝对和直接的，因为地球有其自身的演变方式，而且世界地理和世界历史的关系是空间和时间的关系，其对应十分复杂。历史的否定性可能会通过自然灾害表现出来，但并非所有自然灾害都是历史否定性的表现。这些道理对下面谈到的传染病也是适用的。

② 参见《太极之音》第27—28、202—203、385页。

③ 参见《太极之音》第183页。

④ 参见《太极之音》第356页。

最终目的地。作为历史发展承担者的人类因此不得不承受否定性事件带来的阵痛。

人类已经承受了许多这种阵痛。希腊从前**苏格拉底**时代向后**苏格拉底**时代的转化是重大的历史转折，表现为**普罗塔哥拉**对应的雅典鼎盛时期经过伯罗奔尼撒战争而走向衰落（伯罗奔尼撒半岛凝聚了从**苏格拉底**到**亚里士多德**的发展。参见前面对希腊地理的分析）。这次历史转折伴随的雅典大瘟疫导致近 1/4 的居民死亡，但并没有波及伯罗奔尼撒（其病理解释有鼠疫和呼吸道传染病等多种说法，至今尚无定论）。从中世纪向现代的巨大转折则伴随 14 世纪中叶在欧洲（特别是意大利和法国）大规模爆发的鼠疫（黑死病），并导致欧洲 1/3 人口的丧生。从世界哲学史的角度来说，所谓现代就是介于**阿奎那**对应的时代（中世纪）和**太极易**对应的时代（大同）之间的历史阶段。① 人类目前正在准备迈向的就是天下大同的时代。从现代到大同是人类历史最后也是最重要的转折，其本质就是“走出现代，走向大同”。② 这个历史转折伴随的否定性事件就是在 2020 年席卷了全球的新冠肺炎疫情。“走出现代”不是针对现代文明，而是针对以现代主体性为根本特征的现代文化。③ 文明和文化都是人类的历史活动，亦即太极通过人将自己实现在世界中的活动。但二者的本质有所不同：文明（政治经济、科学、技术、劳动等）是现实性活动，实现的是太极和人的现实关联，而文化（爱情、哲学、艺术、品德等）则是理想性活动，实现的是太极的理想意义。以个体为本位的现代文化脱离了人的超越根源，成为现代文明的附庸，丧失了文化自身的理想性。④ 为了走向大同，我们必须从主体开始回归真我，回归天地，回归太极，⑤ 从人的超越根源出发实现大同世界，所以“走向大同”的前提是“走出现代”。当我们走出现代文化的狭隘视

① 尽管**黑格尔**之后的西方哲学史批判了从**笛卡尔**到**黑格尔**的现代哲学，但并未将人类带出现代主体性和现代文化的框架，其所对应的时代仍然属于广义的现代，亦即晚期现代。关于现代社会早中晚三个阶段的划分，参见《太极之音》第 100 页。

② 参见《太极之音》第 7—8、118—119 页。

③ 参见《太极之音》导论的第三节“中国文化复兴之路”。

④ 以个体为本位的现代文化来自现代哲学将人转化为主体，与自然、他人及社会对立起来的倾向。

⑤ 参见《太极之音》第 8 页。

野时，现代文明也会因此获得不同的意义，以新的符合大同时代的方式继续发展。现代文明的发展已经为我们带来了更好的卫生环境和医疗技术，使我们可以更好地控制这次全球性疫情并最终战胜它。但我们在通过现代文明抗击疫情的同时，必须深刻地反思现代文化的问题，才能明白时代精神必须发生的彻底转变，主动地顺应和实现这种转变，把这场全球性的灾难转化为人类走出现代、走向大同的契机。

2020 年的新冠肺炎疫情是“走出现代，走向大同”的历史转折伴随的否定性事件，反映了这种历史转折将人类拉出现代、拉向大同时遇到的阻力。人类越是主动顺应这种历史转折的拉力，团结起来抗击疫情，就越是能够将疫情控制住。几千年来的中国文化一直以天下大同为理想，因此中国很快就顺应了这种拉力，全民团结一致全力以赴地共渡难关，只用了短短几个月就基本控制了疫情，并在控制疫情后积极援助其他国家，表现出了天下一家的情怀。这种精神已经超越了现代文化以个体为本位、以民族国家为至上的狭隘格局，闪烁着人类走向大同的希望。反之，在现代社会的“自由主义文化”盛行的许多西方国家，严格的防控措施被看成对个人自由的侵犯，因此不但政府在疫情暴发时行动迟缓，民众也不够配合甚至提出强烈抗议，把生活问题上升为政治问题，[①] 以致这些国家难以实现全民团结一致的高效率的抗疫，其疫情自然就会比其他国家更为严重。疫情的历史和地理意义正是通过人们的行为实现出来的。

这是非常值得深思的事情。新冠病毒仿佛是专门针对“自由主义文化”的：人们越是把个人自由当成生命的最高意义，就越不愿意为了其他的意义暂时约束自己的行为，严格的防控措施也就越难被采纳，疫情也就越加严重；相反，人们越是能够走出狭隘的现代主体性，超越以自由为最高意义的“自由主义文化”，越是愿意为他人和社会负责，疫情就越容易得到控制。抗击疫情的阻力主要不是来自现代文明，而是来自现代文化（作为现代文明的重要成果，科学技术在这次抗击疫情中起到了重要的作用）。超越以个体为本位的现代文化并不意味着抛弃现代政治对个人自由的保护。这种保护是现代文明的一个重要组成部分，是应该继续发扬光大的。

---

① 这是“自由主义文化”将生活政治化的一种表现。参见《太极之音》第 388 页。

但任何文明活动都只能为人类生活提供现实基础，而无法为生活本身提供意义。政治只能保护人们自由行动的权利，却无法告诉人们怎样运用这种自由去实现有意义的生活（这是文化活动才能做到的）。然而，在当代西方社会中，文化已经被文明主宰而丧失了独立性，丧失了和超越根源的关联，以致人们只能从文明活动的“普世价值”出发理解生命的意义；现代政治保护的个人自由于是被默认为生命的最高意义。[①]如果一个人自觉自愿地为了某种有意义的事情约束自己的行为，他或她就是在恰当地运用其自由，因为自由是行动的现实基础，其目的就是为了实现有意义的生活。不愿意约束自己行为的人看起来似乎更加自由，其实只是把自由本身当成了目的，遮蔽了自由所要实现的真正目的。事实上，即使政府不采取严厉的惩罚措施，只要如实告诉人民病毒的危害性，提供各种必要的防控物资，一个珍惜自己和他人生命的人自然会采取恰当的防控措施，而其行为没有在任何意义上损害了自由（他或她自由地决定约束自己来成就更高的意义，正如一个人为了保持美好的身材而控制饮食）。相反，只要人们被“自由主义文化”误导，把当下不受任何束缚的行为方式当成生命的最高意义，即使政府采取严厉的惩罚措施，人们还是不愿意配合。[②]受到这种误导的人们其实很难自由地实现其生命的意义，因为这样的人甚至无法为了未来的正常生活忍受当下生活的暂时不便，丧失了自我超越地把握自己生命的自由。这就是“自由主义文化”把现代人带入的困境。这种困境在国家层次上进一步表现为有些西方政府将疫情的政治化上升到了决策层次，为是否采取某些基本的防控措施争论不休，甚至把医疗和科学问题也加以政治化，以致政府无法采取迅速有力的措施来实现其应该为社会提供的保护作用。

新冠病毒不仅针对“自由主义文化”，同时也在迫使人类团结起来，共同解决我们面临的全球性问题。世界各国越是团结一致共同抗击疫情，各国的抗疫资源和抗疫措施就越能够相互配合、相互补充，最大限度地发

① 参见《太极之音》导论的第三节“中国文化复兴之路”。

② 许多西方国家颁布的强制性防控措施比中国更加严厉，但效果却比不上中国，因为中国民众自觉自愿地采取防控措施。中国人的这种做法既是为了自己也是为了他人和社会(因为病毒是传染的）。这就是中国文化精神的表现。

挥作用，“走向大同”遭遇的阻力也就越小，疫情也就越容易在世界范围内得到控制（共享疫苗将是未来最重要的合作之一）。大致说来，2020 年的疫情可以分为上半年的第一期和下半年（大约从 8 月开始陆续爆发）的第二期。第二期疫情的发展比第一期有更多不可预测的因素。首先，第二期疫情覆盖的面更广，传播能力更强，跨国关联和跨国传播的可能性更大。控制疫情不再仅仅是为了本国人民，更是为了全世界。另外，第一期疫情突如其来，针对的是经过长期发展形成的现代文化，激发世界各国的政府和人民自然而然地做出习惯性的反应，这些习惯性反应就是其历史和地理意义在现代社会中长期积累的结果，而第二期疫情则把人们唤向未来，激发的是人们形成新的生活方式的能力。虽然“走向大同”的转折在世界各国遇到的阻力有其历史和地理的原因，但第一期疫情已经迫使人们开始反思现代主体性造成的种种分裂，在第二期疫情中就有可能主动地、自由地选择更好的生活方式来顺应新时代的呼唤。第二期疫情的不可预测因素就是来自其更强烈的全球性和人类的自我改变、自我超越的能力。不论一个国家的历史和地理意义是怎样的，其人民都有可能通过对现代文化的反思改变以往把个人和自然、他人及社会对立起来的生活方式，其政府都有可能在大同精神的召唤下重新确定未来的前进方向，不断加强国际合作，和其他国家一起走向未来的大同时代。从目前的情况来看，世界疫情仍在继续发展。虽然目前“走向大同”的阻力主要来自欧美国家，但从世界地理的发展过程来看，“走向大同”的运动最终会向中国方向回归，因此第二期疫情有可能在某些国家激发出新疫情，并向中国发展。但中国本身具有强烈的走向大同的因素，因此只要我们继续齐心协力，精准防控，同时与世界各国合作抗疫，就一定可以和世界各国一起取得抗疫的最终胜利。

今天人类面临的很多重大问题都是全球性的。疫情只是其中最迫切、历史意义最突出的一个。面对全球性的灾难，任何民族都无法独善其身。即使人类躲过了这次疫情，如果人类没有真正联合起来，下一场全球性灾难到来时又该怎么办？还要发生什么样的全球性灾难才能让我们明白：天地是人类的共同父母，天下本来是一家？新冠疫情已经给全人类敲响了警钟：人类在国家之间展开的争斗不能再延续下去了。仅仅实现国家之间的联盟是远远不够的。这次疫情已经显示出任何国际联盟都随时可能被国家的自私自利干扰和破坏。未来的时代需要的是能够保护全人类的世界政府。只有组成世界政府，人类才能从几千年来不断困扰人类的、无可奈何的内耗中解脱出来，合理地、有良好规划地利用大地的资源，让世界各地的资源和人才互通有无，集中全球力量来帮助贫困国家，让科学技术为建设一个有意义的世界服务，还可以大量削减军费，仅仅保留维持世界和平需要的人类军队。天下本来是一家。一家人不打一家人。然而到目前为止人类还只是以比喻的方式理解人类大家庭，不知道我们的共同父母是谁，更不用提在父母为我们准备的大地上联合起来，真正成为一家人。人类的许多战争都潜在地和争夺自然资源有关。太极给不同民族分配的自然资源是很不同的，有些很丰富，有些很贫乏。这不是因为太极偏心或对某些民族情有独钟。太极无心无情，谈不上偏心或情有独钟。自然资源是随着世界哲学史的设计而凝聚在大地中的，反映了世界各地的哲学特性，但任何哲学位置都只是世界哲学史的一环。自然资源是全人类的共同财富，但并没有以平均分配的方式实现在世界地理中。这是为什么人类要通过经济互通有无的一个重要原因。然而经济的本质（地养）是实现所有人的需求都得到满足的大同世界，而不仅仅是国与国之间的互通有无（这种互通有无总是有可能被国与国的对立损害）。在人类还没有实现统一的前提下，自然资源在世界各地非常不平均的分布始终是世界战争的一个潜在根源。除非人类真正统一起来，实现了天下大同，否则战争就永远都是可能的。

国家是太极在世界中的现实的、局部的实现。世界上有许多相互独立、随时可能发生战争的国家意味着太极处于自我分裂中。只有当人类组成世界政府、实现天下大同的时候，太极才真正在世界中实现了自己，人类在天地之间的生活才有了可靠的现实基础。然而，天下大同并不意味着消除国家之间的区别。世界各民族被太极分配了不同的地方居住，承担了不同的历史使命。目前世界上存在的（被世界广泛公认的）民族国家都有其历史发展的合理性。人类未来将要组成的共同体必须把历史发展形成的民族独特性考虑进来。这样的命运共同体应该是以目前的国家为次级单位的人类联邦。人类联邦必须有统一的、反映人类历史天命的宪法（把法治提升为天治），在此基础上建立统一的世界政府和世界军队，保护地球上每个人作为世界公民的权利和利益。但各个国家仍然可以保留相对独立的地方自治，拥有地方立法权，可以独自处理地方事务，同时还可以保留自己的宗教信仰和社会制度。宗教的起源和传播在世界上形成了许多相关的国家。然而世界性宗教的意义并不局限在这些国家。反过来，这些国家的意义也不局限在宗教。任何国家都必须为其人民提供良好的政治经济环境，保障人民的权利和利益，这是国家最重要的职能。不同的宗教应该在哲学的引导下相互理解、相互宽容、相互交流、自我更新。没有哪个国家可以把宗教信仰强加给别的国家，也没有哪个国家可以强迫其人民接受或不接受宗教。宗教归根到底是关乎个人生命的，应该由每个人自己去决定。宗教和国家其实是人类活动的两个不同领域。只要这两个领域不企图互相代替，就不存在什么本质性的冲突。共产主义运动以超前的方式向人类未来的大同世界前进，而大同世界自然地需要包含普世文明方面的内容。因此，不同社会制度的国家可以相互学习，相互借鉴，和谐共存。

归根到底，人类只有一个家园，一个历史。人类历史就是从相互争斗走向天下大同的历史。一切分歧都不过是人类大家庭的内部分歧。我们没有什么理由在自己的家园中和自己的兄弟姐妹斗个你死我活。2020 年是现代社会的问题开始全面暴露的一年。随着历史不断向未来的大同时代前进，这种暴露在今后若干年中将会越来越多。问题暴露得越多，反思就越多，解决的思路就越加清晰，解决的时刻也会越早到来。近年来全球化的退潮和越来越多的国际争端并不会阻挡人类走向大同的进程，相反，只会迫使人类团结起来，达到更高层次的联合。然而这种联合的前提是充分理解世界各民族的历史差异和历史的终极目标。历史差异是以地理差异为基础形成的。千姿百态的世界地理不是偶然产生的混乱组合，而是有整体意义的、和大同世界一致的美丽图画。只要我们充分理解了世界地理的哲学意义，就可以在理性、仁爱、合作的基础上探索人类走向天下大同的具体途径，将大地真正实现为人类的共同家园，而不再是你争我斗的战场。黎明前的黑暗是最幽深的，但同时也是即将破晓的黑暗。让我们相信，太阳必定会再次从东方升起，驱散黑暗，带来光明，直至普照天下，将人类带向天下一家的大同世界。

参考文献

[1] 龙晶 . 太极之音——中国文化复兴之路 [M]. 北京：中国社会科学出版社 , 2019.

[2] [德] 黑格尔 . 黑格尔历史哲学 [M]. 潘高峰 , 译 . 北京：九州出版社 , 2011.

[3] [德] 黑格尔 . 自然哲学 [M]. 梁志学 , 薛华 , 钱广华 , 沈真 , 译 . 北京：商务印书馆 , 2006.

[4] [法] 孟德斯鸠 . 论法的精神 [M]. 许明龙 , 译 . 北京：商务印书馆 , 2009.

[5] [法] 丹纳 . 艺术哲学 [M]. 傅雷 , 译 . 北京：人民文学出版社 , 1983.

[6] 马克思恩格斯选集（第 1 卷）[M]. 北京：人民出版社 , 2012.

[7] Georg Wilhelm Friedrich Hegel. *The Philosophy of History* [M]. J.Sibree. Dover Publications Inc, 1956.

[8] Georg Wilhelm Friedrich Hegel. *Lectures on the History of Philosophy* [M]. E. S. Haledane. University of Nebraska Press, 1995.

[9] Georg Wilhelm Friedrich Hegel. *Phenomenology of Spirit* [M]. trans. by A. V. Miller, Oxford University Press, 1977.

[10] Georg Wilhelm Friedrich Hegel. *Logic* [M].Being Part One of the *Encyclopaedia* of *the Philosophical Sciences (1830)*, trans. by William Wallace, Oxford at The Clarendon Press, 1975.

[11] Georg Wilhelm Friedrich Hegel. *Philosophy of Mind* [M].Being Part Three of the *Encyclopaedia of the Philosophical Sciences (1830)*, trans. by William Wallace, Oxford University Press, 1971.

[12] Martin Heidegger. *Basic Writings* [M]. ed. by David Farrell Krell,

Harper SanFrancisco, 1993.

[13]Martin Heidegger. *An Introduction to Metaphysics*[M]. trans. by Ralph Manheim, Yale University Press , 1987.

[14]Martin Heidegger. *Contributions to Philosophy (from Enowning)*[M]. trans.by Parvis Emad and Kenneth Maly, Indiana University Press, 1999.

[15]Martin Heidegger. *The Question Concerning Technology and Other Essays*[M]. trans. by William Lovitt, Harper Torchbooks, 1977.

[16]Martin Heidegger. *Poetry, Language, Thought* [M].trans. by Albert Hofstadter, Harper & Row Publishers, 1975.

[17]Martin Heidegger. *On the Way to Language*[M]. trans. by Peter Hertz, Harper SanFrancisco, 1971.

[18]Martin Heidegger. *The End of Philosophy*[M]. trans. by Joan Stambaugh, University of Chicago Press, 2003.

[19]Martin Heidegger: *Pathmarks*[M]. ed. by William McNeill, Cambridge University Press, 1998.

[20]Martin Heidegger. *Nietzsche, Vol. One and Two*[M]. trans. by David Farrell Krell, Harper SanFrancisco, 1991.

[21]Martin Heidegger. *Nietzsche, Vol. Three and Four*[M]. ed. by David Farrell Krell, Harper SanFrancisco, 1991.

[22]Friedrich Nietzsche: *The Portable Nietzsche*[M]. ed. by Walter Kaufmann, Penguin Books, 1982.

[23]Karl Marx. *Selected Writings*[M]. ed. by David McLellan, Oxford University Press, 1977.

[24]*The Oxford Companion to Philosophy*[M]. ed. by Ted Honderich, Oxford University Press, 1995.

[25]Simon Blackburn. *The Oxford Dictionary of Philosophy*[M]. Oxford University Press,1994.

[26] 张岱年 . 中国哲学大辞典（修订本）[M]. 上海：上海辞书出版社 , 2014.

[27] 张其成．易学大辞典［M］．北京：华夏出版社，1995.

[28] 张立文．宋明理学研究（增订版）［M］．北京：中国人民大学出版社，2016.

[29] 周赟：《正蒙》诠译［M］．北京：知识产权出版社，2014.

[30] 袁庭栋．周易初阶［M］．成都：巴蜀书社，2004.

[31] 高亨．周易古经今注（重订本）［M］．北京：中华书局，1984.

[32] 高亨．周易大传今注［M］．济南：齐鲁书社，2009.

[33] 黄寿祺，张善文．周易译注（最新增订版）［M］．北京：中华书局，2016.

[34] 伏羲，周文王．名家批注周易［M］．合肥：黄山书社，2012.

[35] 郑红峰．周易全书［M］．北京：光明日报出版社，2012.

[36] 陈德述．周易正本通释 百年名家说易［M］．成都：巴蜀书社，2013.

[37] 金景芳．周易全解（修订本）［M］．上海：上海古籍出版社，2005.

[38] 幺峻洲．论语说解［M］．济南：齐鲁书社，2003.

[39] 任继愈．老子新译（修订本）［M］．上海：上海古籍出版社，1985.

[40] 董平．老子研读［M］．北京：中华书局，2015.

[41]（汉）河上公，（唐）杜光庭等注．道德经集释［M］．北京：中国书店，2015.

[42] 陈鼓应．庄子今注今译［M］．北京：中华书局，2016.

[43] 顾实．杨朱哲学［M］．长沙：岳麓书社，2010.

[44] 李季林．杨朱、列子思想研究［M］．合肥：安徽人民出版社，2012.

[45] 汪子嵩．希腊哲学史［M］．北京：人民出版社，2014.

[46] 刘放桐，俞吾金．西方哲学通史［M］．北京：人民出版社，2005—2012.

[47] 邓晓芒，赵林．西方哲学史［M］．北京：高等教育出版社，2005.

[48] 李超杰．近代西方哲学的精神［M］．北京：商务印书馆，2011.

[49] 李超杰．现代西方哲学的精神［M］．北京：商务印书馆，2009.

[50] 赵林．基督教与西方文化［M］．北京：商务印书馆，2013.

[51] [美] 阿利斯特·E. 麦格拉思．基督教概论 [M]. 孙毅，马树林，李洪昌，译，上海：上海人民出版社，2013.

[52] 陈钦庄．基督教简史 [M]. 北京：人民出版社，2004.

[53] [英] 玛丽·坎宁安．拜占廷的信仰 [M]. 李志雨，译，北京：北京大学出版社，2005.

[54] 秦惠彬主编．伊斯兰文明 [M]. 福州：福建教育出版社，2008.

[55] [联邦德国] 赫伯特·戈特沙尔克．震撼世界的伊斯兰教 [M]. 阎瑞松，译．西安：陕西人民出版社，1987.

[56] 马通．丝绸之路上的穆斯林文化 [M]. 银川：宁夏人民出版社，2000.

[57] 邱永辉．印度教概论 [M]. 北京：社会科学文献出版社，2012.

[58] 黄忏华．佛教各宗大意 [M]. 扬州：江苏广陵书社有限公司，2009.

[59] DK 宗教百科全书 [M]. 柴晨清，等，译，北京：中国大百科全书出版社，2017.

[60] 袁珂．山海经全译 [M]. 北京：北京联合出版公司，2016.

[61] 邓辉．世界文化地理 [M]. 北京：北京大学出版社，2012.

[62] 胡兆量．中国文化地理概述 [M]. 北京：北京大学出版社，2017.

[63] 胡兆量，韩茂莉，冯健．图说中国文化地理 [M]. 北京：北京大学出版社，2013.

[64] 杜瑜．中国人人格地图 [M]. 北京：金城出版社，2010.

[65] 温骏轩．谁在世界中心 [M]. 北京：中信出版社，2017.

[66] 王铮，夏海斌，吴静．普通地理学 [M]. 北京：科学出版社，2010.

[67] [美] 阿瑟·格蒂斯，朱迪丝·格蒂斯，杰尔姆·D. 费尔曼．地理学与生活 [M]. 黄润华，韩慕康，孙颖，译，北京：北京联合出版公司，2018.

[68] 李问渠．不可不知的 2000 个地理常识 [M]. 北京：新世界出版社，2008.

[69] 王成家．各国概况（亚洲）[M]. 北京：世界知识出版社，2002.

[70] 王成家．各国概况（欧洲）[M]. 北京：世界知识出版社，2002.

[71] 王成家．各国概况（非洲）[M]. 北京：世界知识出版社，2002.

[72] 王成家．各国概况（美洲 大洋洲）[M]. 北京：世界知识出版社，2002.

[73] 刘稚，罗圣荣主编．东南亚概论 [M]. 昆明：云南大学出版社，2016.

[74] 张鹏．拉丁美洲概况 [M]. 天津：南开大学出版社，2015.

[75] [法] 皮埃尔·古鲁，非洲（上）[M]. 蔡宗夏，刘凭，译，北京：商务印书馆，1984.

[76] [法] 皮埃尔·古鲁，非洲（下）[M]. 刘凭，等，译，北京：商务印书馆，1984.

[77] 胡振华．中亚五国志 [M]. 北京：中央民族大学出版社，2006.

[78] 沈永兴，张秋生，高国荣．澳大利亚 [M]. 北京：社会科学文献出版社，2010.

[79] 刘新生，潘正秀．文莱 [M]. 北京：社会科学文献出版社，2010.

[80] 张立汉．中国山河全书 [M]. 青岛：青岛出版社，2005 年．

[81]《中国河湖大典》编纂委员会．中国河湖大典 [M]. 北京： 中国水利水电出版社， 2010.

[82] 王苏民、窦鸿身．中国湖泊志 [M]. 北京：科学出版社，1998.

[83] 朱道清．中国水系图典 [M]. 青岛：青岛出版社，2010.

[84] 陆孝平，富曾慈．中国主要江河水系要览 [M]. 北京：中国水利水电出版社，2010.

[85] 谢凝高．中国的名山大川 [M]. 北京：中国国际广播出版社，2010.

[86] 岭南文库编辑委员会，广东中华民族文化促进会．雷州文化概论 [M]. 广州：广东人民出版社，2014.

[87] 刘志强．珠海历史文化行述 [M]. 珠海：珠海出版社，2010.

[88] 中国地理百科丛书编委会．琼岛沿海 [M]. 广州：世界图书出版广东有限公司，2015.

[89] 李家泉．台湾总览 [M]. 北京：中国友谊出版公司，1991.

[90] 满都呼．内蒙古地理 [M]. 北京：北京师范大学出版社，2016.

[91] 马戎．中国民族史和中华共同文化 [M]. 北京：社会科学文献出版社，2012.

[92] 田晓岫 . 中华民族发展史 [M]. 北京：华夏出版社 ,2001.

[93] 杨圣敏，丁宏副 . 中国民族志 [M]. 北京：中央民族大学出版社 ,2004.

[94] 武寅，郭小凌 . 简明世界历史读本 [M]. 北京：中国社会科学出版社 ,2014.

[95] [美] 亨德里克·威廉·房龙 . 人类的家园 [M]. 雅瑟，编译，北京：新世界出版社 ,2014.

[96] [英] 赫伯特·乔治·韦尔斯韦尔斯 . 世界史纲 [M]. 吴文藻，冰心，费孝通，译，南京：译林出版社 ,2015.

[97] [美] 斯塔夫里阿诺斯 . 全球通史——从史前史到 21 世纪 [M]. 吴象婴，等，译，北京：北京大学出版社 ,2012.

[98] 郭鹏 . 中国古代史 [M]. 北京：北京语言大学出版社 ,2002.

[99] 柏杨 . 中国人史纲 [M]. 香港：天地图书出版社 ,1995.

[100] 陈会颖 . 中外历史对比年表 [M]. 北京：中华书局 ,2016.

[101] 张芝联，刘学荣 . 世界历史地图集 [M]. 北京：中国地图出版社 ,2002.

[102] 谭其骧 . 简明中国历史地图集 [M]. 北京：中国地图出版社 ,1991.

[103] 范毅，周敏 . 世界地图册 [M]. 北京：中国地图出版社 ,2020 年 1 月修订版 .

[104] 马金祥 . 世界地图册（地形版）[M]. 北京：中国地图出版社 ,2020 年 3 月修订版 .

[105] 中国地图出版社 . 中国地图册 [M]. 北京：中国地图出版社 ,2020 年 1 月修订版 .

[106] 中国地图出版社 . 中国地图册（地形版）[M]. 北京：中国地图出版社，2020 年 3 月修订版 .

[107] 地图窝 ,http://www.onegreen.net/maps/

[108] 地之图 ,http://map.ps123.net/china/

[109] 百度百科 ,https://baike.baidu.com/

[110] 中文百科 ,http://m.zwbk.org/

[111] 标准地图服务，http://bzdt.ch.mnr.gov.cn/
[112] 中国旅游网，http://www.51yala.com/
[113] 中国地情网，http://www.zhongguodiqing.cn/